安泽年鉴

2017

安泽县史志办公室 编

方志出版社
Publishing House of Local Records

图书在版编目(CIP)数据

安泽年鉴.2017/安泽县史志办公室编.—
北京:方志出版社,2018.4
ISBN 978-7-5144-3057-8

Ⅰ.①安… Ⅱ.①安… Ⅲ.①安泽县—2017—年鉴
Ⅳ.①Z522.54

中国版本图书馆CIP数据核字(2018)第084937号

安泽年鉴(2017)

编　　者:安泽县史志办公室
责任编辑:范　静

出 版 人:冀祥德
出 版 者:方志出版社
地址　北京市朝阳区潘家园东里9号(国家方志馆4层)
邮编　100021
网址　http://www.fzph.org
发　　行:方志出版社图书经销中心
电话　(010)67110500
经　　销:各地新华书店
印　　刷:山西省史志印刷厂

开　　本:889×1194　1/16
印　　张:28.25
字　　数:570千字
版　　次:2018年4月第1版　2018年4月第1次印刷
印　　数:001~500册

ISBN 978-7-5144-3057-8　定价:208.00元

《安泽年鉴》编纂委员会

《安泽年鉴》编纂人员

安泽县地图

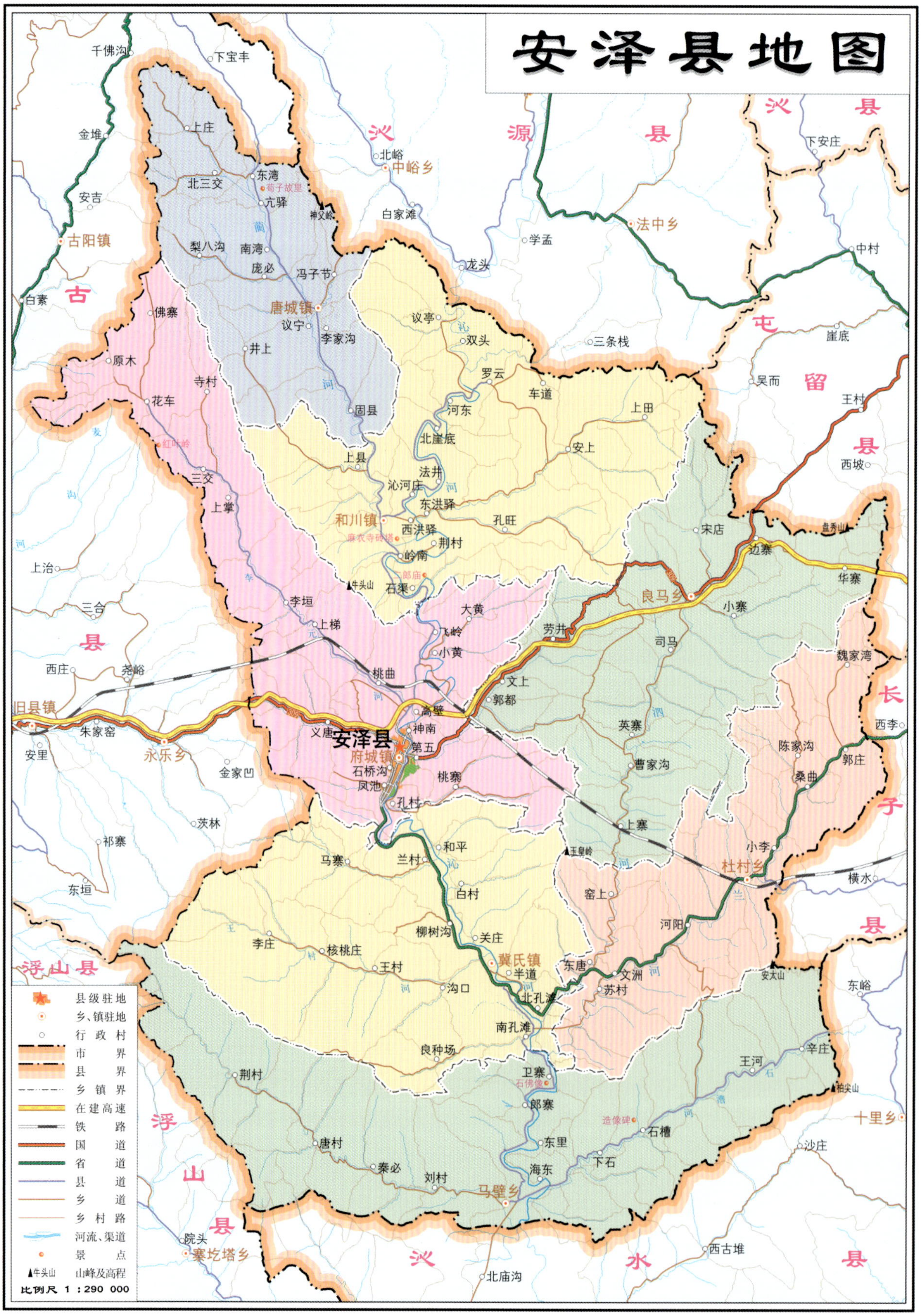

审图号：晋S(2018)017号

中国共产党安泽县第十四届委员会第一次全体会议

中国共产党安泽县第十四次代表大会

中国共产党安泽县纪律检查委员会十四届第一次全体会议

临汾市委书记岳普煜在安泽调研扶贫攻坚，走访看望府城镇上掌村贫困户毕小秋家

2016年10月28日临汾市创建国家卫生城镇动员会暨安泽现场推进会

山西省第十届市报社长总编业务研讨会在安泽召开

2016年12月7日山西省政协人口资源环境委副主任杨波带领省环境保护督察组在安泽县督查环境保护工作

安泽县2016年度县乡党委书记抓基层党建工作“面对面”述评会议

安泽县委书记李强，县委副书记、政府县长牛庆国等四大班子领导在和川镇调研百里沁河带旅游扶贫工作

安泽县委副书记、政府县长牛庆国在交通局规划城市公路建设

安泽县与山西省建筑工程（集团）总公司战略合作签约仪式

安泽县委副书记、政府县长牛庆国，县委副书记郭婷慧在永鑫焦化考察安全生产

二轮续修《安泽县志》专家评审会

12.27“太行文化、红色文化”县际研讨会

12.26第三届“感动安泽”人物颁奖会

重阳节安泽县委书记李强（中）看望慰问唐城村百岁老人王秋英（左二）

安泽县“长寿之星”风采展

安泽县妇联“恒爱行动”为孤残儿童献爱心毛线发放仪式

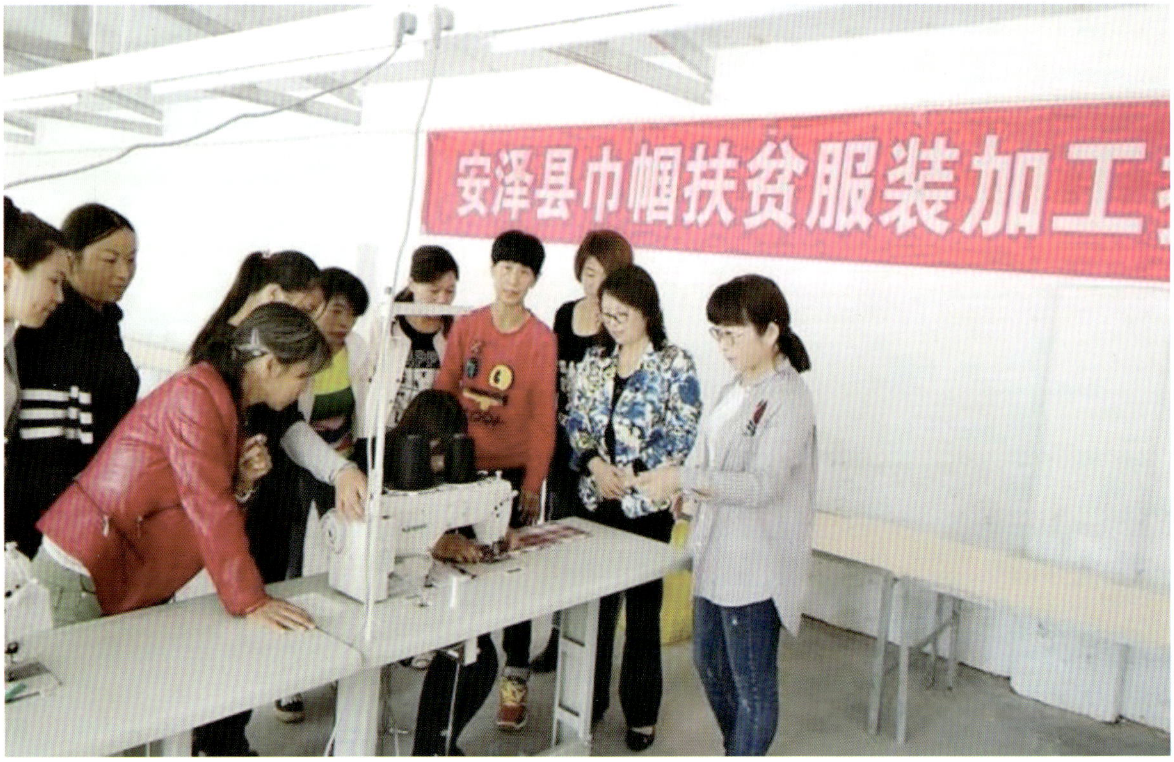

安泽县巾帼扶贫服装加工厂

“相约府城 红叶传情”主体旅游活动开幕

2016年4月在黄花岭举办“春行在安泽”主题活动开幕

杜村乡红色之旅

刘少奇路居

首届安泽麻衣寺乡村休闲旅游节

首届龙门口乡村旅游节——马壁张峰水库龙门口的水域景观

李强书记在府城镇飞岭村实地察看玉露香梨长势

飞岭大棚蔬菜

飞岭葡萄园

飞岭桃园

马壁村苹果园硕果累累，迎接八方来客采摘

郎寨村辣椒种植基地

养殖大户李新军创办新盛养殖专业合作社

郎寨村为壮大集体经济收入，通过多方考察，第一书记带领村两委班子成立了养鸡场，目前养鸡量达到2万只

安泽连翘地标

安泽县和川镇上田村柴胡千亩种殖基地

连翘花

连翘果

杜村乡苏村黄芩种植基地

安泽县中药材大全上下册

安泽中药材标本

编纂说明

一、《安泽年鉴》是由中共安泽县委、安泽县人民政府组织、安泽县史志办公室主办编纂的大型史册性资料工具书，是安泽县唯一的地方综合年鉴。旨在逐年全面记载本行政区域自然、政治、经济、文化、社会等各个方面的情况。

二、《安泽年鉴（2017）》记述时限为2016年1月1日至12月31日，个别条目突破断限，意在增强事件的完整性。

三、《安泽年鉴（2017）》采用分类编排法，设栏目类目，条目三个层次，少数类目和条目之间设有分目，不同层次的标题用不同的字号或字体加以区别。条目为全书基本记述实体，其标题统加“【】”表示

四、本年鉴资料均由县直各单位、各乡镇和企事业单位组织专人提供，并经各单位负责人审核。统计资料由安泽县统计局提供。稿件内容在反映原貌的前提下，编辑时只求体例完备、语句通顺，其余不做变动。所有数据由于统计来源、方法、时间的不同而有差异，均以统计局提供的资料为准。

五、本年鉴采用的稿件，作者名在文尾，有的稿件因作者不详，未作署名，谨致歉意。

六、《安泽年鉴》的编纂得到全县各有关单位的大力支持和全体撰稿人员的积极配合，在此深表谢意。错讹之处，敬请指正。

《安泽年鉴》编辑部

2017年12月8

目 录

特 载

大事记

县情概览

中国共产党安泽县委员会

安泽县人民代表大会

安泽县人民政府

社会团体

军　事

法 治

经济管理

工业经济

农业经济

建设　环保

财政　税务

金融　保险

商 贸

科技 教育

文化　旅游

卫生　医药

乡镇　社区

安泽县国民经济和社会发展第十三个五年规划纲要（草案）

（2016—2020）

《安泽县国民经济和社会发展第十三个五年（2016—2020）规划纲要》，根据中共安泽县委十三届十五次全会《中共安泽县委关于制定国民经济和社会发展第十三个五年规划的建议》及中共安泽县第十四次代表大会系列文件编制，主要明确我县未来五年经济社会发展的宏伟目标、战略重点和主要任务，是我县加快壮大县域经济、实现全面振兴、绿色崛起的行动纲领和路线图、政府履行职责的重要依据和引导市场主体行为的重要参考。

第一章　“十三五”时期经济社会发展的形势

“十三五”时期是安泽县如期实现第一个百年目标、全面建成小康社会的攻坚决胜阶段，也是着力加强去产能、去库存、去杠杆、降成本、补短板为重点的供给侧结构性改革，加快建设山水田园城和精品旅游县，全力保持经济平稳健康发展，努力实现安泽全面振兴、绿色崛起的重要五年。为此必须切实加强党的领导，紧紧围绕“全面建成小康社会”这个总目标，自觉践行“五大发展理念”，主动适应经济发展新常态。确保我县全面建成小康社会，推动经济社会建设迈上新台阶。

第一节　“十二五”时期我县发展取得的新成绩

“十二五”时期，面对错综复杂的国际环境和艰巨繁重的国内发展改革任务，在中央、省委、市委的坚强领导下，县委、县政府团结带领广大党员干部和人民群众，深入学习贯彻习近平总书记系列重要讲话精神，坚决贯彻落实中央省市委各项决策部署，以富民强县和加快转变经济发展方式为主线，主动适应经济发展新常态，一手抓全面从严治党，一手抓经济社会发展，向改革要动力，向结构调整要助力，向民生改善要潜力，全县经济建设、政治建设、文化建设、社会建设、生态文明建设取得新进展、新成绩。“十二五”规划确定的目标任务基本完成，为“十三五”时期经济社会发展打下坚实基础。

经济实力稳定增长。到“十二五”末，全县地区生产总值完成42.1亿元，年均递增5.5%；规模以上工业增加值完成20.7亿元，年均增长6.7%；固定资产投资完成63.4亿元，年均增长29.6%；社会消费品零售总额完成8.5亿元，年均增长12.9%；公共财政预算收入完成3.1亿元；粮食生产保持增长，2015年粮食总产达13万吨。

产业转型明显加快。农业上，改造中低产田2万亩，新增节水灌溉面积2.29万亩，规模养殖大户达到210户，畜禽总量达到164万头（只）；核桃挂果面积达到4000余亩；新发展蔬菜日光温室106座、春秋棚372座；完成“安泽连翘”国家地理标志产品认证工作；合作社总量达到404个，农产品加工销售收入突破1亿元。工业上，坚持“以煤为基、多元发展”思路，改造提升传统产业，加快发展新兴产业。完成煤炭资源整合煤矿兼并重组和焦化整合工作，全县原煤产能由390万吨提升到510万吨、焦炭产能由120万吨提升到240万吨；完成120万吨干熄焦、12万吨甲醇、6万吨合成氨等转型标杆项目建设，实现以焦为主向焦化并举转变，甲醇和合成氨等化工产能达到26万吨、发电量3亿千瓦时，形成了集煤焦、发电、化工回收为一体的产业链条。同时，狠抓唐城煤焦化深加工工业园区建设，统筹推进园区内电力、道路、网络通讯等基础设施改造，基本完成了唐城村、车村移民搬迁工程，园区承载能力显著提升。三产上，大力实施“旅游带动”战略，弘扬荀子文化、红色文化、生态文化，持续推进荀子文化园建设，扩大红叶岭、黄花岭的影响力，旅游综合收入稳步攀升，带动相关的服务业取得明显的发展。全县三次产业结构由7.4:81.2:11.4调整为9.4:72.8:17.8。

人民群众生活不断改善。县委、县政府始终把富民工作作为全县工作的重中之重，加快发展经济，完善社会保障，推进群众增收致富。“十二五”期间，基础养老金发放率100%，城镇医疗保险实现市级统筹；城镇失业率始终控制在4.2%以内；建立了城乡一体的社会救助体系，城乡贫困救助、大病医疗救助、灾害救助工作有序开展；城乡居民收入持续增长，2015年城镇居民人均可支配收入为23836元，年均增长10.3%；农村居民人均可支配收入预计为7811元，年均增长10.4%。人民群众生活不断改善。

教育、文化事业发展取得新成绩。实施了“十二年教育全免费”等惠民工程，在全省率先通过“全国义务教育均衡县”验收；文化惠民力度加大，持续举办“感动安泽”系列人物评选活动以及运动会、消夏月等群众文化活动；“乐在周五”“农民健身舞”等活动深入人心，文化进村实现全覆盖。

城乡基础设施建设取得新发展。在县城建设上，实施了垃圾处理厂、奥体中心、保障性住房、县城街巷道改造、县城绿化改造等城建工程，县城面貌焕然一新，综合承载能力进一步提升；在新农村建设上，完成所有行政村街道亮化工程，改善了1.84万人的饮水不安全问题；实施农村环境整治工程，农村生产生活条件明显改善。交通建设上，重点实施了城乡公交项目、杜村河阳至马壁石槽的乡镇连通路、唐城工业园区外环路等交通工程，基本实现了镇通公路大循环。城乡建设推动了城镇化的发展，截至2015年底，全县城镇化率为39.8%，五年间增长了7.92个百分点。

生态环境不断改善。全县林木绿化率达到67.2%，水土流失生物治理率达到75.7%，公路绿化工程绿化率达到98.6%，通道两侧宜林荒山绿化达93.9%，全县104个行政村先后推行了绿化、美化等生态化工程，2011年，被省人民政府授予“生态县”称号。城镇生活垃圾处理、城镇污水处理工程、沁河及义唐河县城段治污工程相继启动，万元GDP综合能耗累计下降4.52%。

社会治理成绩显著。探索社会治理体制创新、改进社会治理方式，以“三级中心，一网一格”体系为载体，确保“事有人管”，实现“事要解决”，构筑起多元化社会矛盾治理机制，保持社会和谐稳定，群众安全感和满意度调查在全市及全省均排在前列，并荣获全国平安县的称号。

安全生产扎实推进。严格落实部门监管、企业主体和乡镇属地管理责任制，扎实开展安全生产大检查，认真抓好各行业、各领域安全工作，各项指标均控制在市定控制指标以内。实施煤矿安全生产责任制度，确保隐患排查治理到位。强化县森防大队、乡应急分队、村瞭望监控的森林防火体系建设。

第二节　“十三五”时期我县经济社会发展面临的发展环境

从全球发展环境看，世界多极化、经济全球化、文化多样化、社会信息化深入发展，世界经济在深度调整中曲折复苏，新一轮科技革命和产业变革蓄势待发，信息工程、生物技术、新能源、智能制造将成为产业竞争的制高点，新一代信息技术与产业的深度融合步伐加快，机遇和挑战相互交织，但时势总体于我有利。

从国内宏观发展环境看，我国经济发展进入新常态，经济发展方式加快转变，新的增长动力正在孕育形成，经济长期向好基本面没有改变，仍处于大有作为的重要战略机遇期。党中央确定了创新发展、协调发展、绿色发展、开放发展、共享发展理念，加快实施“一带一路”、京津冀协同发展、环渤海地区合作发展等重大发展战略，实施创新驱动战略、中国制造2025、“互联网+”行动计划、供给侧改革等，必将夺取全面建成小康社会决胜阶段的伟大胜利，推动社会主义现代化建设迈上新台阶。

从省市区域发展环境看，省委、省政府主动适应经济发展新常态，提出了“重塑山西美好形象，实现山西振兴崛起”的工作要求，坚持构建良好政治生态和推动经济稳定向好“两手硬”，加强和改进党委对经济工作的领导。并强调要狠抓发展第一要务，狠抓改革第一动力，狠抓民生第一关切，狠抓党建第一责任，为我们发展指明了方向和重点。市委三届七次全会确定了“十三五”时期我市经济社会发展的主要目标、重点任务、重大举措。随着创新发展，改变单纯依赖煤炭资源发展模式，深入推进综改试验区建设、深度融入“一带一路”，主动对接京津冀协同发展，加快融入环渤海经济圈，积极承接东部地区先进产业转移；以及临汾市列入晋陕豫“黄河金三角”区域合作国家战略、入围国家66个区域级流通节点城市、百里汾河生态经济带综合开发等战略的实施，以及公路、铁路、航空“三位一体”交通体系的初步形成，都为我县提供了融入全国、全省、全市发展的战略机遇。

第三节 “十三五”时期我县经济社会发展面临的机遇和挑战

“十三五”期间，国际、国内经济发展的环境将会发生一系列深刻变化，对安泽未来发展将会产生一系列重要影响。

一、“十三五”时期面临的发展机遇

伴随着改革开放的进程，全县经济社会发展始终保持了稳中有进、稳中有为的态势，发展方式不断转化，发展环境不断优化，特别是经过这些年的积累和储备，三次产业、基础设施、公共服务、农村建设有了长足的发展，具备了“十三五”期间实现持续健康发展的综合优势。

“十三五”期间，国家加大对农产品主产区和重点生态功能区的转移支付力度，强化激励性补偿，建立横向和流域生态补偿机制，对我县加大植树造林及天然林保护，发展林果经济、林下种养经济提供了巨大的动力。

我县是享誉全国的野生连翘生产第一县，伴随我国中医药事业的发展与人民群众日益增强的绿色大健康理念和对天然绿色道地、养生、保健中药材需求的增加，为建设高标准的集加工、检验、包装、运输为一体的中药材产业发展创造了条件。

我县森林覆盖率位于山西省前列，是国家级生态示范区、省级生态示范县。生态环境优美，特殊的地理环境形成独特的气候特征，是晋南、晋东南地区，春赏黄花、夏避酷暑，秋赏红叶，冬听松涛的首选之地。为大力发展自然、人文旅游业，乡村休闲旅游度假、县城养老、养生项目，促进县域消费服务业快速发展奠定了基础。良好的生态环境使得县域内日光通透性高于市域内大部分县区，有助于提高光电转换率。充分利用这一自然优势，积极发展并网式光伏、分布式光伏发电项目，为对外输出绿色能源，增加农民收入提供了保障。

干熄焦余热余压发电、废水深度处理技术成功应用与县域内丰富的主焦煤资源结合，为我县走出一条“革命兴煤”的路子奠定了坚实的物质基础。

依托县域内路网、水网、电网、通信网等基础设施建设的全面升级，特别是中南铁路运输大通道和建设中的长临高速公路，为我县融入临汾一小时经济生活圈，加快发展工农业、旅游业提供了良好的基础设施条件。

随着“三级中心，一网一格”体系的社会治理体制创新、社会治理方式的改进，我县政治社会大局稳定，干部群众团结一致、奋发有为，为我县经济社会持续健康发展提供了坚实工作基础和作风保障。

二、“十三五”时期面临的挑战

站在新的历史起点上，既有发展的机遇，也有发展的挑战。我县正处在转型升级、跨越发展的关键时期。面临加快结构调整与保持经济稳定增长、产业转型升级与创新动力不足、城镇化加速与公共服务均衡发展、产业发展与资源、生态环境约束趋紧等诸多矛盾。

经济发展水平和质量不高，财政实力弱；经济增长对煤炭的依存度仍然很大，“一煤独大”的局面尚未实质改变，经济结构性矛盾突出；创新动力探索不够，缺乏科技型企业和创新型企业；现代服务业尤其是旅游业发展滞后，新型工业化、城镇化步伐缓慢，农业现代化短板突出；城乡居民收入增长不快，且城乡居民收入差距明显；基本公共服务和社会保障体系还不完善，社会民生事业与群众期盼有明显的差距；经济增速下行压力、社会矛盾压力、生态环境约束压力、要素保障压力等均为我县“十三五”发展带来极大挑战。

总体来看，我县加快发展大有可为，转型压力也前所未有。科学谋划我县“十三五”经济社会发展，把握好新常态这个大势，按照党中央提出的“五大发展”理念和习近平总书记提出的“三大规律、三大发展”新论断，全面认识发展规律和趋势，坚决贯彻省委、市委提出的战略决策，充分调动各方面的积极性、主动性和创造性，凝神聚力、攻坚克难，全面开拓我县经济社会发展的新局面，到2020年如期全面建成小康社会。

第二章 “十三五”时期经济社会发展的指导思想和发展目标

“十三五”时期，按照省委十届七次全会、市委三届七次全会的战略部署，认真分析发展基础，准确把握发展机遇，结合我县实际情况，明确经济社会发展指导思想和发展目标。

第一节 指导思想与发展原则

一、指导思想

高举中国特色社会主义伟大旗帜，以邓小平理论、三个代表重要思想、科学发展观为指导，深入贯彻党的十八大、十八届三中四中五中全会和习近平总书记系列重要讲话精神，按照“五位一体”总体布局和“四个全面”战略布局，围绕“全面建成小康社会”这个总目标，以生态建设为特色，以改革创新为动力，以结构优化为重点，以民生改善为根本，以安全稳定为保障，全力保持经济平稳健康发展，加快建设山水田园城和精品旅游县，努力实现安泽全面振兴、绿色崛起。

二、发展原则

坚持深化改革。坚持以改革的总目标为引领，充分发挥市场配置资源的决定性作用和更好地发挥政府作用，全面推进经济、政治、文化、社会、生态各领域改革，加快形成引领经济发展新常态的机制体制和发展方式，切实增强改革的突破性和先导性作用，激发强大发展动力，以深化改革推动发展，以深化改革推动转型。

坚持创新驱动。坚持把创新摆在核心位置，贯穿于发展全局。以创新激活发展动力，以创新挖掘发展潜力，让创新成为发展新常态。深入实施创新驱动战略，推动以科技创新为核心的全面创新，大力培育创新文化，加快产业转型升级，推进大众创业、万众创新，培育新的增长动力，加快形成以创新为主要引领和支撑的经济体系和发展模式，推进经济发展由主要依靠要素带动向创新驱动转变。

坚持生态优先。坚持绿色发展、绿色富县、绿色富民，加强生态文明建设，落实主体功能区定位，加强环境保护，推进低碳循环发展模式，构建资源节约型社会；筑牢生态安全屏障，促进人与自然和谐共生，构建环境友好型社会，建设生态宜居、宜养基地。

坚持开放合作。坚持开放发展、合作发展，持续扩大内外开放，加快形成全方位、宽领域、多层次的开放格局。深入推进区域合作，在基础设施互通、生态环保共建、产业升级转移、区域市场统一、要素资源有序流动等重点领域取得实质性突破。加快唐城和冀氏开发区建设，全面深化与经济发达区域合作；加快融入临汾百里汾河生态经济带。

坚持协调统筹。坚持区域协同、城乡一体、物质文明与精神文明并重，经济建设和社会建设统筹，工业集群化、农业现代化、新型城镇化、信息化同步发展，提升文化软实力，在协调发展中拓展发展空间，在统筹发展中增强发展后劲，提高发展的整体性、包容性和可持续性，努力实现更高质量、更有效率、更可持续的发展。

坚持共建共享。坚持以人民为中心的发展思想，始终把实现好、维护好、发展好最广大人民的根本利益作为发展的出发点和落脚点，保障基本民生，完善公共服务，增进人民福祉，加快城镇化和新农村建设，推进公共服务均等化，建立更加完善的公共服务体系。促进人的全面发展，维护社会公平正义，发展人民民主，使全县人民在共建共享发展中共同富裕，共同迈入全面小康社会。

第二节　战略重点和发展目标

一、战略重点

“十三五”期间，紧紧抓住脱贫攻坚、生态建设和产业振兴三大环节，推进经济社会全面发展，建成小康社会。

举全县之力，打赢脱贫攻坚战，共创全民小康社会伟业。把脱贫攻坚作为“十三五”期间头等大事和第一民生工程来抓，把精准扶贫、精准脱贫作为基本方略，以更坚定决心、更精准思路、更有力措施，苦干实干，坚决打赢脱贫攻坚战。到 2017 年全县 4056 户，9983 口农村贫困人口提前完成脱贫，40 个贫困村摘掉贫困帽子，摘掉省级贫困县的帽子，共创全民小康社会伟业。

厚植生态优势，创建山水田园城，实现绿色崛起。依托我县良好的自然生态环境，以太行山绿化工程为支撑，加快通道绿化、沁河百公里防护绿化、交通沿线荒山绿化、山水园林村镇建设、环城林业建设和城区绿化六大林业工程建设，努力打造天然绿色屏障，持续保持全省最高林木覆盖率和独特小气候，全面提升生态环境质量，推进森林公园提标升级，五年内创建 10 个国家级、省级森林公园，以“青山绿水，换金山银山”推动绿色发展，建成全国级连翘生产加工基地，打造生态宜居、宜养产业基地，建成三晋“绿心”，实现绿色崛起。

以产业为根本，全力推进工业提质、三产升级，打造经济发展新引擎。以供给侧结构性改革为抓手，推动农业及传统工业转型升级，实现内涵式发展。坚持创新驱动，大力培养壮大新兴能源、新型建材、特色农副产品加工业，建成临汾市绿色能源、新型煤化工基地；发展新型消费业态，持续提升三产比重，增强服务业发展活力；积极培育民营经济，营造新兴产业成长极；鼓励各类金融机构为县域经济提供积极金融支持，消除资金制约；鼓励社会大众参与“创新创业”，为县域经济注入活力。

二、发展目标

按照党的十八届五中全会和省委十届七次全会提出的全面建成小康社会新的目标要求，综合考虑未来发展趋势和条件，确定“十三五”时期，力争生产总值年均增长6.5%；公共预算收入年均增长6%；社会消费品零售总额年均增长6%；城镇居民人均可支配收入年均增长6%；农村居民人均可支配收入年均增长6.5%。具体目标如下：

综合发展水平跃上新台阶。主动适应经济发展新常态，力争经济较快增长，确保到2020年实现地区生产总值和城乡居民人均收入比2010年翻一番，实现我县与全国同步全面建成小康社会。传统产业转型发展，竞争力不断增强，煤炭安全、绿色、清洁、高效开发利用水平不断提高，新兴接替产业形成规模，服务业比重不断提高。农业现代化迈上新台阶，粮食安全基础更加巩固。

创新创业开启新步伐。把创新摆在发展全局的核心位置，推动科技创新、产业创新、企业创新、市场创新、产品创新、业态创新、管理创新等，初步形成适应创新驱动发展要求的制度环境，创新创业主体日趋完善，科技型中小企业健康发展，强化企业创新主体地位和主导作用，形成一批有竞争力的中小创新型企业。

转变发展方式实现新突破。围绕转变经济发展方式，坚持以提高经济发展质量和效益为中心，努力实现经济转型和创新驱动有效对接，形成以创新为主要引领和支撑的经济体系和发展模式。着力实施传统产业与新兴产业“双轮驱动”战略，按照“立足煤、延伸煤、超越煤”思路，煤炭工业重在推进“三去一降一补”，依托科技创新，延伸产业链，实现提质增效；非煤产业重点发展和培育新能源、新材料、农副产品加工业，提高农业和现代服务业在三次产业中的比例关系，做优一产，做强二产，做活三产，推进产业结构优化升级。

民生幸福水平显著提高。现行标准下的贫困人口全部稳定脱贫，消除区域性整体贫困。就业保障，教育、社会保障、医疗、住房等公共服务体系更加健全，基本公共服务均等化水平显著提高。教育现代化取得重要进展，劳动年龄人口受教育年限明显提高。人民健康水平显著提升。收入差距缩小，中等收入人口比重上升，实现城乡居民收入与GDP同步增长、农村居民收入增速快于城镇居民收入增速。新型城镇化加速推进，城乡一体化发展迈上新台阶，人民文明素质和社会文明程度显著提高。

文化建设呈现全新局面。文化强县建设步伐进一步加快，文化发展主要指标、文化事业整体水平、文化产业综合实力明显提升。中国特色社会主义和社会主义核心价值观更加深入人心，爱国主义、集体主义、社会主义思想广泛弘扬，向上向善、诚信互助的社会风尚更加浓厚，人民思想道德素质、科学文化素质、健康水平明显提高。公共文化服务体系基本建成，文化产业增加值不断提高，文化创造力、影响力增强。

生态建设实现稳步提升。主体功能区布局和生态安全屏障基本形成，生产方式和生活方式逐步转变、绿色低碳化水平显著提高。能源资源使用效率大幅提高，能耗和水资源消耗、建设用地、碳排放总量得到有效控制，主要污染物减排完成市级下达任务，大气、水、土壤污染治理取得新成效。生态环境持续改善，森林、草地覆盖率进一步提高，“山水田园城”的建设初见成效，城乡人居环境明显改善，到2020年林木绿化率达70%。

民主法治建设成效显著。人民民主不断扩大，法治政府基本建成，司法体制改革基本到位，司法公信力明显提高。服务型政府建设成效显著，政府公信力和行政效率进一步提高，“311”服务体系得到进一步完善，民主法制更加健全，社会治理能力和水平不断提高，社会更加和谐稳定。

第三章　推进创新发展，着力加快产业转型与升级

全面实施创新驱动发展战略，聚集创新资源、营造创新环境，着力解决产业发展动力问题，以供给侧结构性改革为抓手，改造升级传统产业、培育战略性新兴产业，打造经济发展新引擎，建成临汾市绿色能源输出基地、新型煤化工生产基地、休闲生态旅游基地、生态宜居、宜养产业基地、绿色农产品生产加工基地、国家级连翘加工基地和山西省中药材集散中心。

第一节　实施“创新与人才”推动战略

全力实施创新驱动和人才强县发展战略，聚集优质发展要素，向创新要动力，向人才要活力，为县域经济发展奠定基础。

提高企业科技创新能力。充分发挥企业主体作用，鼓励支持企业加大科技投入，深化产学研合作，主动对接京、沪、深、西安的高新技术开发区、高等院校、科研院所，开发新技术、新工艺、新产品，大力推动产业转型升级。

加大引技引智力度。积极吸引国内外科研院所、高等院校、知名企业在我县设立研发中心，建立转化基地，促进技术与市场对接、生产与需求对接，将区位、资源、人力、技术、物流、市场等要素集合起来，形成综合竞争力。

大力发展职业教育。根据我县产业结构调整和经济社会转型发展的需求，调整专业设置和专业布局，建立职业教育与产业、行业对接对话机制，深化校企合作，满足我县产业转型升级对技能型人才的需求。

完善成人教育体系。促进各级各类学校和培训机构向社区、农村延伸开放。实施技能型人才培养培训、农村劳动力转移培训、农村实用人才培训和以提高职业技能为重点的成人继续教育和再就业培训等工程；提高在职职工、新增劳动力、城镇失业人员、农村转移劳动力的就业、创业能力；推进农村实用人才带头人素质提升计划和新农村实用人才培训工程。鼓励和支持农村实用人才带头人牵头建立专业合作组织和专业技术协会，加快培养农业产业化发展急需的企业经营管理人员、农民专业合作组织带头人和农村经纪人。

第二节　实施传统产业与新兴产业“双轮驱动”战略

“十三五”期间，立足于我县仍处于工业化初级阶段的基本县情，突出“两条腿走路”，实现传统产业与新兴产业“双轮驱动”，煤炭工业按照“立足煤、延伸煤、超越煤”的思路，重在推进“三去一降一补”，依托科技创新，延伸产业链，推动产业转型升级，实现提质增效；非煤产业重在发展和培育新能源、新型建材、农副产品加工业，加快经济增长动力的转换，加快构建现代产业体系。

一、着力推进煤炭产业由数量速度型向质量效益型转变

鼓励、支持煤企采取不同主体煤矿资产置换，不同企业煤炭资源整合或煤矿企业、选煤企业资产重组等方式，推进煤矿及选煤企业战略重组，进一步减少办矿主体和独立选煤厂数量，扩大企业规模，促进企业生产集约化；煤矿企业积极采用煤炭洗选、低阶煤提质、水煤浆制备等煤炭加工技术，使生产过程清洁化、利用高效化，为县域经济中高速增长奠定基础。强化各类企业的经营管理，实施严格精细化管理和资本管控，优化运营模式，降低实体经济企业成本，增强盈利能力。

二、坚持走煤炭资源综合利用的发展路径

以唐城煤焦化深加工园区为依托，以传统煤焦化为龙头，焦油深加工、焦炉煤气综合利用为主线，向现代煤化工、煤制精细化学品延伸，将现代煤化工与传统煤焦化有机结合在一起。积极采用"近低零排放"技术，打造"采煤—洗选—电力—建材""采煤—焦化—焦炉煤气—甲醇—合成氨""采煤—焦化—焦油深加工"等循环产业链，力促全县煤炭产能的就地转化率达到70%以上。

大力发展循环经济，推动煤炭产业与焦化、精细化工等产业的融合。支持企业扩大煤焦油的深加工能力，沿着煤制甲醇—烯烃的路径发展精细化工产品；积极推进县域部分矿井建设项目和二甲醚项目；支持永鑫公司1000吨/年甲醇制丙烯分子筛催化剂、200吨/年钛硅分子筛催化剂项目、铁路专用线项目建设，使煤化工产业成为全县新的主导企业，实现产业向下游延伸，产品向高端发展。

持续抓好煤—电转化项目，推行煤电一体化开发，因地制宜发展煤矸石综合利用项目；发展节能环保的新型材料，启动瓦斯抽采利用、煤层气开发项目，提升煤矸石等煤炭共生伴生资源利用率。"十三五"期间，持续推进冀氏镇煤电气化工业园区建设。

三、发展清洁能源

充分利用县域内生态环境优良，日光通透性好的自然资源条件，积极发展并网式光伏、分布式农村光伏发电，充分发挥我县生物质资源丰富的优势，发展生物质开发利用产业，促进煤层气抽采等重大项目落地，切实构建以煤层气、光伏能源为主，生物质能为辅的清洁能源新体系。"十三五"期间，建设一批光伏发电、风电等清洁能源项目，推动安泽县天然气输配系统、天然气加气站、煤层气液化工厂及煤层气热电联产等项目的落地及建设，建设临汾市绿色清洁能源输出基地。

四、积极发展县域农产品加工产业

充分利用享誉全国的野生连翘生产第一县的资源优势，顺应我国中医药事业的发展与人民群众日益增强的绿色大健康理念和对天然绿色道地、养生、保健中药材需求的增加趋势，积极引进中药材企业建设以连翘为主的道地中药材加工基地项目，发展符合标准的中药材加工企业，开发以连翘为主的中药材产品，将资源优势转化为经济优势；鼓励扶持润祥农贸、蔺泉酿酒等现有企业，扩规模、创品牌、延长产业链，提高农产品加工转化率和

市场占有率；全力推进山西瑞生园农业科技有限公司有机玉米产业化项目，扩大农产品初加工、深加工的品种与规模；做好招商引资文章，完善农业招商优惠办法，加强宣传和推介力度，重点围绕玉米深加工、中药材、核桃深加工，精准招商，积极引进和培育一批具有市场竞争优势、带动能力强的龙头企业落地安泽。

五、完善唐城煤焦化深加工园区基础设施

按照空间集聚开发，资源集约使用，产业集群发展，服务集中配套的工业园区发展路径，继续推进唐城煤焦化深加工园区基础设施建设。围绕永鑫铁路专用线引入物流企业，建设集仓储、信息服务、第三方物流、金融服务、税收服务、通信服务等为一体的现代物流基地。鼓励物流企业向综合化、一体化、专业化、集聚化方向发展，提升物流企业整体服务水平；完善园区供水，污水处理项目；建立开放式的研发中心、小微企业孵化基地，开展设备租赁、科技评估、技术转移、人才服务、科技咨询、科技检测、科技投融资服务。

六、积极探索“互联网+工业”绿色发展模式

“十三五”期间，积极构建绿色服务体系，深化物联网、互联网在工业中的应用，加快工业生产向网络化、智能化、柔性化和服务化转变，延伸产业链，发展基于互联网的协同制造新模式。充分利用物联网、移动互联网等新一代信息技术手段，加快推进低能耗产业能源体系建设，提高绿色开采和清洁生产能力。加强重点用能单位能耗在线监测，实现对工业企业、资源环境的动态监测信息互联共享。重点推进煤焦企业到“十三五”末基本完成“两化融合”工作，确保企业信息化推进力度不断加大，完善企业移动监测、动态监测平台建设。

专栏1　工业产业发展方向

煤炭及煤化工产业：鼓励、支持煤企进行资源整合和重组，推动煤炭产业与焦化、精细化工等产业的融合，发展甲醇制丙烯分子筛催化剂、钛硅分子筛催化剂等项目；持续抓好煤—电转化项目，推行煤电一体化开发，因地制宜发展煤矸石综合利用项目；启动瓦斯抽采利用开发项目，提升煤矸石等煤炭共生伴生资源利用率。

清洁能源：积极发展并网式光伏、分布式农村光伏发电、煤层气、生物质能源、天然气等新兴、绿色、清洁能源，建设临汾市绿色清洁能源输出基地。

农产品加工：重点围绕玉米深加工、中药材、核桃深加工三个方向进行精准招商。

唐城煤焦化深加工园区：完善基础设施，建设集仓储、信息服务、第三方物流、金融服务、税收服务、通信服务等为一体的现代物流基地；建设研发中心、小微企业孵化基地、促进煤炭产业向深加工方向转化。

第三节　实施农业现代化发展战略

依托我县特有农业资源禀赋，以转方式、调结构、惠民生为基点；以提高农业发展质量、效益为中心；以农林结合、农牧结合、循环发展为导向，优化农业种植养殖结构，积极发展农副产品加工业，完善农业服务体系，推动农业“一二三”产业融合发展。

一、坚持因地制宜发展农业

调整优化农业结构，提高农产品综合生产能力和质量安全水平，形成结构更加合理、保障更加有力的农产品有效供给。重点以产业化、规模化、集约化为发展路径，着重加快农业结构调整，提高经济作物比重，调整各类养殖结构，推动农业向优质、高效、生态的方向发展，形成区域优势产业的集聚，提高农业经济效益。

“十三五”期间，全县农业产业按照“一主两优四辅”的思路，优化农业产业体系。到2020年，全县粮食播种面积稳定在25万亩以上，粮食生产能力稳定在13万吨左右，争取达到良种全覆盖；黄牛、猪、羊、鸡等畜禽饲养量规模不断扩大；肉蛋产量逐年增长。

一主：主导产业——玉米。以府城、冀氏、和川、马壁四个乡镇为重点，建设玉米丰产基地，优化玉米种植结构，推进有机玉米产业化发展，大力推广新品种、新技术、新装备，推进良种良法配套、农机农艺融合，不断提升单产水平。

两优：优势产业——蔬菜产业、中药材产业。蔬菜基地以府城镇、和川镇、冀氏镇等为重点，沿沁河流域发展设施蔬菜、秋延迟露地蔬菜等，通过集中连片，形成特色农业示范园区。中药材产业应重点加强百万亩野生连翘封禁抚育、精细化管理，鼓励发展林下中药材种植，力争新增中药材种植面积5万亩，全力打造国家级连翘加工基地和山西省中药材集散中心。

四辅：潜力产业——核桃、杂粮（谷子）、油用牡丹、畜牧业。核桃基地，在适宜栽植的山地，发展优质核桃产业，重点强化规模化示范园建设与管理。谷子基地（包括小杂粮），以安泰山红泥寺优势谷子生产带、劳井山优势谷子生产带、府城镇三交沟优势谷子生产区、冀氏镇王村沟优势谷子生产区、和川镇罗云沟优势谷子生产区“两带三区”为依托，建设绿色无公害谷子基地。油用牡丹基地，选择土层深厚，土质松软，土壤肥沃，排灌方便，酸碱度为中性的沙壤土种植。养殖基地（片区），积极发展构树种植，为畜禽养殖提供多种饲料来源。肉羊养殖片区，推进良种繁育，加快肉羊标准化养殖园区建设，鼓励扶持养殖大户，重点在条件较好的马壁、府城、冀氏等乡镇发展肉羊养殖。肉牛养殖片区，加快黄牛改良、草地和青贮窖建设，重点在和川镇发展肉牛养殖。生猪养殖片区，重点在条件较好的唐城镇、良马乡发展生猪规模养殖。家禽养殖区，积极创新林业立体种养模式，大力发展林下家禽养殖业，重点发展杜村乡蛋鸡养殖。

二、努力提高农业的比较效益

1. 改善玉米产业的发展条件

加快发展玉米产业园区建设。推动玉米产业“面积型”向“质量型”转变。重点以府城、冀氏、和川、马壁四个乡镇为基地，建设高产玉米集中连片、规模较大、特色鲜明、带动能力强的优势产业农业示范园区，引领农业生产上水平。重点推广玉米新品种，使丰产玉米种植面积达到6万亩。

推广“一增四改”、秸秆还田、机耕深松等技术，不断提升单产水平。对不适应机械化种植的玉米品种，需以机械化为核心，调整玉米品种，选择矮秆、耐密植、适宜机械作业的新品种；对不适宜机械化种植的土地，引导农民合理调整种植结构，改种其他适宜品种。支持惠源科贸开展 QS 认证工作，努力在这一领域迈出新步伐；全力推进山西瑞生园农业科技有限公司有机玉米产业化项目建设。

2. 促进蔬菜产业集中连片发展

“十三五”期间，将蔬菜产业作为优势产业大力扶持。按照因地制宜、相对集中的原则，以沁河流域河谷川区为重点，加大设施蔬菜和露天蔬菜建设步伐。重点打造府城、冀氏、马壁、杜村 4 个设施蔬菜园区和良马、和川、唐城 3 个冷凉蔬菜集中连片、规模较大、特色鲜明、带动能力强的蔬菜示范园区，促进种植结构调整。在此基础上，积极发展蔬菜流通合作社、经纪人等流通主体，促进蔬菜产业“生产与销售”有序连接，保障蔬菜种植户的利益，推进山西瑞生园农业科技有限公司发展蔬菜产业化项目。

在蔬菜示范园区建设上，按照发挥优势、效益优先、示范带动、集约经营、产业化发展的原则，借鉴长子、沁县等地经验，加强合作对接，巩固现有示范园区。从组织形式、管理模式、科技应用、机械化作业、产业化经营、市场开拓等各个方面探索，创造经验，推行规模化、标准化生产，以现代农业技术取代传统技术，不断提高蔬菜种植的科技含量，推动产业升级，逐步形成专业化生产、产业化经营、社会化服务和科学化管理的蔬菜示范园新格局，把示范园区建设成为现代农业的先行区和示范区。

3. 健全中药材种植、加工、流通产业体系

充分发挥“全国连翘第一县”的优势，坚持因地制宜、合理规划，把以连翘为主的中药材产业做强做大。

“十三五”期间，在稳定中药材的种植规模，优化品种结构的基础上，延伸中药材产业链上下功夫，将中药材的资源优势转化为产品优势。积极扶持中药材加工企业在安泽投资建厂等相关项目。引导中药材加工企业通过公司+合作社+农户模式，建设符合国家标准的中药材初、深加工项目。建设高标准的集加工、检验、包装、运输为一体的中药材集散市场，吸引晋陕豫各种道地中药经营户入住，形成以连翘为主，黄芩、柴胡等多种道地中药材一地集中采购的集散中心，推进中药材龙头企业在安泽建设以连翘为主的道地中药材加工基地。

4. 强化核桃产业的全过程管理

坚持“规模化栽植、集约化经营”，严把种苗关，严把穗条质量关，按照群众投入与政府扶持相结合，积极争取上级补助资金的支持等，采取多种措施，积极引导、扶持核桃产业健康发展。

加强核桃基地建设，释放核桃产业生产力。对原有核桃种植面积进行有效地统计及管理，对低质低效林进行改培，更换优质品种，进行抚育和复壮，在面积不变的基础上提高核桃产量和质量，充分释放原有核桃基地的生产力。

在坡耕地进行种植结构调整，立足于土地现状，坚持“因地制宜、适地适树”的原则，将土层深厚的宜林荒山和坡耕地作为重点区域。在抓好核桃产业基地建设的同时，通过财

政、金融、税收等方面的手段，加大招商引资力度，积极引进和培育一批具有市场竞争优势、带动能力强的龙头企业，提高核桃初、深加工能力，挖掘核桃的潜在经济效益，不断拉长核桃生产的产业链条，逐步实现生产、加工、销售一体化，力争五年内核桃挂果面积达到 1 万亩。

5. 推进谷子等其他作物适度发展

加大谷子生产基地标准化栽培技术推广，鼓励建设无公害优质谷子示范区，按照无公害农产品、绿色（有机）农产品标准要求，立足可持续发展，严格控制化肥、农药用量，把握好土壤处理、肥料使用、病虫害防治，制定绿色食品谷子生产技术规程，通过实行全程质量监控，确保谷子产品安全。到 2020 年，力争使谷子达到无公害标准，播种面积达到 1.5 万亩左右。

6. 大力推广油用牡丹种植

合理布局油用牡丹种植区域，扶持大户及龙头企业扩大种植面积，到 2020 年，全县发展油用牡丹 5 万亩。

7. 提高畜牧业的发展速度

加强规范建设，将无害化设施建设与财政奖补挂钩，发展舍饲圈养，优化畜禽结构；"十三五"期间，畜禽规模化养殖场达到 70 个左右；在畜牧养殖重点村普遍建立畜禽粪污治理点，在杜村、唐城、良马三个乡镇各建立病死动物无害化处理点 1 个，实现病死畜禽无害化处理点乡镇全覆盖。

三、积极推进农业发展方式的转变

1. 培育新型农业经营主体

依托农业资源和技术储备，用足用好国家、省、市对农业的扶持政策，积极争取项目扶持资金，大力发展以"农产品精深加工"为龙头的农业产业化体系，做大农业产业化龙头企业，延长农业产业链，全力打造知名品牌，提高农产品的附加值。培育新型农业主体，鼓励发展家庭农场、专业大户、合作社、种养企业等经营主体，发展农业适度规模经营。推动农业生产与文化创意、农产品加工、冷链物流、电子商务、农村旅游等有机结合，促进农村经济的一二三产业融合发展。

（1）推进农业的适度规模经营。在土地承包经营权确权登记颁证工作的基础上，积极引导农民依法采取转包、出租、互换、转让、入股等方式流转承包地，促进规模经营。通过贴息贷款，项目支持等方式，发展种养大户、家庭农场、农民合作社等规模化经营主体。到 2020 年，全县所有行政村至少每个村发展 1~2 个辐射带动面较大的种养大户、或家庭农场、或农民合作社；争取全县有省级示范合作社 2~3 个，市级 8 个，县级 20 个，力争到 2020 年，全县自愿加入合作社的农户均有合作社可加，大部分的农产品通过农民专业合作社生产销售。

（2）扶持龙头企业的发展。鼓励扶持润祥农贸、蔺泉酿酒等现有企业，扩规模、创品牌、延长产业链，提高农产品加工转化率和市场占有率；做好招商引资文章，完善农业招商优惠办法，加强宣传和推介力度，重点围绕玉米深加工、中药材加工、核桃深加工，进行精准招商。

2. 创新农产品流通方式

推进电商进村工作，充分发挥互联网的交易功能，促进安泽特色农产品通过互联网，进入全国市场销售；提升现有中小型农产品交易市场的交易效率，形成特色鲜明、服务周到、设施先进、涵盖面积广的农产品综合交易市场若干个；加强对农民经纪人、中介组织的培训，形成一支活跃在农村，服务于农民的中介队伍、农产品网点店主。

3. 培育农业知名品牌

围绕全县农业特色产业，利用农业综合开发专项资金，扶持农副产品加工龙头企业和农村合作社，全力打造知名品牌。力争到2020年，无公害农产品认证6个以上，争取达到绿色、有机认证。

4. 提高农产品质量安全水平

（1）加快农产品质量安全检测体系建设。

在农作物的种植生产上，加大无公害农产品生产基地的建设，优化生产基地区域配置；改善农业生态资源环境，加大农村环境污染治理力度，从土壤、水源、大气三个方面改善和提升环境质量；积极推广科学的使用化肥、农药和农膜，推广测土配方施肥、平衡施肥、缓释氮肥、生物防治病虫害等实用技术，强化农产品质量安全检测体系建设，实现从农田到餐桌的农产品质量安全全过程监管。

在养殖畜牧业方面，要按照规模化、标准化、生态化的要求，加快畜牧小区和畜禽规模养殖场的建设，继续完善动物防疫基础设施建设，提升基层兽医站办公软件环境，加快建设重大动物疫病监测预警、动物疫病预防控制、动物防疫检疫监督、动物防疫技术支持及动物防疫物资保障等系统，形成上下贯通、横向协调、运转高速、保障有力，与现代畜牧业发展相适应的动物防疫体系。在此基础上，严格执行国家畜产品、种畜禽、饲料、兽药质量标准。整顿规范饲料、兽药市场，保证畜产品在加工、销售环节的安全。为有效地掌握动物及其产品质量安全信息，逐步在全县推行以电子信息技术为依托的动物及其产品标识管理系统，开展动物及其产品质量安全溯源与追踪，保障人民群众的食肉安全和身体健康。

（2）加强良种推广体系建设。良种推广体系建设中，在种植业方面，重点引进推广新品种、新型实用技术，推广新的耕作技术和种养模式，运用各种途径使主要粮食作物良种全覆盖，并逐步提高农业先进技术覆盖率、配方施肥成功率、农作物病虫害综合防治面积占总面积及农村实用新技术入户率。在养殖畜牧业方面，最大限度的做好肉牛、肉羊的品种选育工作，在此基础上加强繁育改良工作，适当通过杂交培育出适合安泽饲养的新型品系。

四、建立健全农业技术服务体系

1. 健全公益性农业技术服务体系

县乡农业技术推广部门，发挥公益性服务的功能，以农业技术的推广为重点，进一步深化科技特派员以及农技“110”信息服务系统试点推广工作；充分发挥基层供销社在发展现代农业、建立农产品生产、加工、销售、流通、社会化服务等方面的龙头带头作用。同时，积极实施“互联网+三农”行动计划，成立全县农业信息服务网络中心。重点围绕农业生产资料、本县农产品销售价格、外县农产品交易市场等诸多信息整理，积极开展网上广告、网上营销、网上交易等业务，大力推进市场、科技、政策和劳务等信息进村入户，到2020年，全县所有乡镇、农民合作组织、农产品批发市场、种养大户、农村经纪人均纳入农业信息网。

2. 引导非公益性农业技术服务体系建设

积极鼓励具有一技之长的各类人员兴办农业技术服务公司、农村科技合作社等服务组织。依托公司、合作社等，开展农业生产有偿服务活动，提高农业生产领域的专业化水平。争取到2020年，全县培养农业技术员50人以上，带动科技示范户200户以上；青壮年农民每年接受一次农业技术方面的培训，全面提高农民科技种养水平，从而使全县农业服务体系得到良好的发展。

五、强化农业基础设施建设

1. 加快高标准农田建设

搞好农业综合开发，以高标准农田建设和改善生态环境相结合为目的，把耕地保护和土地治理有机结合起来，鼓励农民开展土壤改良，推广测土配方施肥和保护性耕作，积极引导农民调整产业结构，大幅度增加高产稳产农田比重。“十三五”期间，分年度完成冀氏、良马、和川、杜村、马壁五个乡镇共2.86万亩高标准农田建设。

2. 加快发展农业机械化

实施农机化示范引领、经营主体培育、机械化生态保护等工程的推广，实施机耕道路等农田基础设施建设、构建农机化技术推广、质量监督、安全监理、新技术推广、教育培训、信息服务等六大体系，因地制宜引导和推广、普及在全县具有良好效益的新农机具、新技术，实现秋粮作物灌溉、植树种草、养殖业、加工业的机械化，走出符合安泽地理条件、作物特点的农机化路子。

3. 加强农田水利建设

深入推进农田水利工程建设，特别是小型农田水利重点县建设，初步实现基本农田“旱能灌、涝能排”，农业生产条件明显改善，综合生产能力明显提高，抗御自然灾害能力明显增强。在全县7个乡镇打深水井6眼，打浅水井35眼，为全县的农田灌溉、农村饮水提供应急备用水源。

第四节 持续提升三产比重，形成现代服务新体系

“十三五”期间，大力营造有利于服务业发展的政策和体制环境，增强服务业发展活力。继续将加强市场流通体系建设，发展新型消费业态，增加就业、创业机会作为第三产业发展的主线。突出现代物流、金融服务、科技信息服务等生产性服务业的发展；突出商贸、旅游等传统消费服务业的改造提升；大力推动我县煤炭、农产品、旅游等具有产业特色的电子商务平台建设；促进与民生密切相关的公共服务、社区服务和家庭服务业的协调发展。

一、提升生产性服务业的水平

1. 充分利用永鑫铁路专用线的便利，推进唐城工业园区仓储物流中心的建设。围绕中南铁路贯通、长临高速建设开通的交通便利优势，积极发展与仓储物流配套的包装服务业、住宿餐饮服务业、车辆维修服务业、交通管理服务等传统服务业和信息服务、第三方物流、金融服务、税收服务、通信服务等现代服务业。

2. 推进府城农副产品集贸市场及中药材加工仓储物流中心建设，使其成为我省最大的以野生连翘、黄芩、柴胡等多种道地药材加工、检验、包装、仓储、运输为一体的中药材集散市场。

3. 积极探索发展工业、农业发展的融资租赁、小额贷款、担保公司、投资性公司等类金融产业。重点探索中小微企业、农副产品加工与类金融产业的对接发展，结合企业需求，引导金融机构提供融资租赁等融资服务。挖掘现有企业信息资源，多方获取投资信息，主动联络对接，支持实体经济的发展。

4. 培育发展电子商务。以特色农产品、农副加工产品为主要方向，加快培育电子商务产业发展。支持社区、乡镇电子商务应用发展，规范电子商务市场发展秩序。建设专业化的县城、乡镇电子商务培训服务点。

积极鼓励各行各业融入到“互联网+”模式中，引导企业利用阿里巴巴、乐村淘、农芯乐等知名电商平台，建立自主营销渠道，打造安泽的电子商务平台建设，到2020年，社会消费品零售总额力争达到10亿元以上，仅电子商务一项达3亿元以上。

专栏2　生产性服务业重点工程

仓储物流：充分利用永鑫铁路专用线的便利，推进唐城工业园区仓储物流中心的建设。

集贸市场：推进府城农副产品集贸市场及中药材加工仓储物流中心建设，使其成为我省最大的以野生连翘、黄芩、柴胡等多种道地药材加工、检验、包装、仓储、运输为一体的中药材集散市场。

电子商务：建设专业化的县城、乡镇电子商务培训服务点，引导企业利用阿里巴巴、乐村淘、农芯乐等知名电商平台，建立自主营销渠道，打造安泽的电子商务平台建设。

二、全力推进旅游、文化产业发展

依托全县优良的自然环境和丰富的旅游资源，大力实施旅游立县战略，着力构建“全域旅游”的发展格局，培育新的经济增长极。力争“十三五”期末，打造1~2个AAAA级景区，培育乡村旅游示范村10个以上，实现综合收入新突破。

1. 着力打造精品旅游项目

以“生态观光游、休闲度假游、文化寻踪游”为设计理念，加大荀子文化园服务设施、娱乐设施的建设，全面提升府城沿河精品旅游带的影响力，将其打造成特色鲜明、魅力独具、临汾地区最具吸引力的旅游目的地之一。

全面完成黄花岭、红叶岭、青松岭等旅游景区的开发建设，按照现代企业制度，健全这些景区的经营管理主体，编制景区开发建设规划，多渠道筹集资金，打造生态休闲、避暑度假、森林旅游等特色旅游精品，扩大安泽的影响力。

整合“红色”资源，打造“红色”旅游名片。“十三五”期间重点对326省道线上杜村乡一带的小李村“太岳行署旧址”、“行政干校”、桑曲村“太岳军区司令部旧址”、郭庄村“政治部旧址”；二道河“太岳新华印刷厂编辑部”；陈家沟“新华印刷厂旧址”；红泥沟“兵工厂旧址”以及辛庄村“王光烈士殉难处”和“王光烈士陵墓”等革命旧址进行开发，组建红色旅游开发主体，编制总体开发规划，筹集资金，启动红色旅游带的建设。

培育乡村旅游。在沁河流域，结合新农村建设，选择一些村落有特色，交通区位良好、村民有积极性的村庄，开发乡村旅游。同时结合黄花岭、红叶岭、青松岭等景区的开发，引导周边农村的居民，发展住宿、餐饮、购物等旅游配套服务，扩大景区游览内容，统筹完成景区旅游接待服务、生活服务设施配套建设工程。同时完成郎寨塔塔刹维修工程及周边环境整治工程。

完善旅游配套服务。以县城为主要旅游集散地，引导社会资金发展大众化的旅游接待酒店（如快捷酒店），发展特色旅游纪念品制作和经营，开发特色餐饮和娱乐项目，形成安泽旅游业的后发优势。

搞好旅游产品营销。全面创新市场营销模式和手段。根据相关景区开发进程，启动“互联网+”的营销模式，开展高密度的营销活动，大力开拓客源市场，采取灵活多样的形式，推出2~3日游特色旅游线路，开发临汾、运城、太原等客源市场，拓展晋陕豫黄河金三角客源市场。推进“依法治旅”，把加强执法监督与建立健全旅游法规体系结合起来，实现对旅游市场从部门分头管理向行政联合执法转变，建立健全综合治理的长效机制，优化旅游发展环境。加强宣传推介。积极创造条件，把安泽旅游纳入临汾旅游经济圈，强化与周边县市的联系，打造精品线路，延伸旅游链条，实现资源共享，努力把全县旅游业做大做强。

专栏3　旅游业重点工程

府城沿河精品旅游带：重点完成荀子文化园的续建工程及沁河沿河绿化、美化工程的建设。

红色旅游线路：重点对“326”省道线杜村乡境内与周边的革命纪念地进行资源整合，在2015年对太岳军区司令部旧址进行维修的基础上，对其进行以抗战文物和老一辈革命事迹为主要内容的展厅布展工程，结合之前维修的太岳行署，打造我县红色旅游名片。

2. 发展壮大文化产业

依托丰富的历史文化资源，发展与旅游产业相匹配的文化产业，“十三五”末期，力争文化产业综合收入占到当年GDP的1%。

加强文化遗产保护，在保护基础上合理开发利用，造福于民。认真研究借鉴外县市文化产业发展经验，围绕荀子道德教化思想，注重经济发展和礼治、法治建设相结合，规范人的行为，促进社会安定，发展相应的礼法文化产业，继续办好荀子文化节，开发具有荀子思想特色的旅游项目和纪念品。“十三五”期间完成荀子文化园续建工程。

推进农村文化记忆工程建设。“乡村文化记忆工程”是推进新农村建设和生态文明建设过程中故土流根、文脉传承、记得住“乡愁”的载体；是激活文化记忆，完善文化体系，传承优秀传统文化的重大举措。将乡村文化记忆工程与精神文明建设、美丽乡村创建、乡村旅游、公共文化服务体系巩固提升等有机结合起来，在条件成熟的乡村建设乡村文化记忆展（厅）室、民俗生态博物馆、乡村博物馆，收集和展览富有安泽地域文化、生态文化特色和群体记忆的文化遗产，形成乡村文化保护的的长效机制。

继续推进文化体制改革，为文化产业发展注入新的活力。积极主动推动文化大发展、大繁荣，让人民群众共享文化发展成果。大力支持民间演艺团体在规范化基础上发展，开展送戏、送电影下乡活动，弘扬正能量。积极引导五大景区开发，将文化产业与旅游娱乐相结合，增强景区文化内涵和吸引力。

三、加快发展消费服务业，建设“三晋绿心”、宜居、宜养基地

提升县城新区、重点乡镇、工业园区商贸经济功能。积极推进县城商贸中心的建设，使之成为汇聚中高端商业、激励创业、引导消费的新商圈，突破老城旧有的商业格局。实施农贸市场建设工程，以方便周边城乡居民聚集进行农副产品、日用消费品等现货交易；结合重点乡镇的发展和工业园区的规划布局，整合现有流通资源，全面提升商业层级。

大力发展居民服务业。围绕家庭服务需求，建立家庭服务行业标准，充分发挥家庭服务业协会的作用，规范各种家政经营行为，重点发展家教、维修、护理等家政服务，提高居民生活质量。扎实推进“十五分钟便民商圈”建设、社区蔬菜直销店等工作。加快居家养老服务中心项目建设，发展公益性社区服务业，努力拓展纠纷调解、社会保障、就业等社区服务业态。

加快发展健康、养老服务业。充分利用“三晋绿心”的自然生态优势，发展健康、养老服务业。积极建立规范的健康养老服务业准入制度，鼓励社会资本投资健康、养老服务业。鼓励社会力量在县城新区、沁河两岸，积极发展康复医院、老年病医院、护理院等医疗机构，推进护理服务的专业化、规范化，实现中高端养老服务业产业化、低端养老服务业普及化。积极探索发展健康保险、在线医疗等新兴健康服务业。加快健康、养老产业与生态农业、保健食品加工业、旅游产业、互联网融合发展。

第五节　全力推进“三个突破”

一、加快科技创新

推动科技创新发展行动计划，提升县域创新体系整体效能。强化企业技术创新主体地位，引导企业建立开发经营和科技创新一体化决策机制，支持企业建立省级重点（工程）实验室、工程（技术）研究中心、市级企业技术中心等研发机构，鼓励企业加大技术研发投入，引导企业牵头科技攻关和创新成果转化，围绕煤炭、煤化工，以及新能源、新材料、农产品加工，开展重大科技研发行动，突破一批具有引领和带动作用的核心关键技术，形成一批有竞争力的新产品、新企业、新业态。

加大高层次人才及团队引进力度。推动企业与科研院所、机构的深度融合，开展技术攻关、成果转化合作；建设面向全国、全省优选科技成果信息平台，加快培育一批熟悉科技政策和行业发展的社会化、市场化、专业化科技中介服务机构。大力培育和宣传创新文化，激发全社会想创新、学创新、敢创新、会创新的动力和活力，努力营造遵循规律、鼓励创新、宽容失败的创新创业氛围。

力争到2020年，科技进步对农业贡献率达78%以上，对工业贡献率达59%以上。加强重点领域的关键技术创新和综合集成创新，提升优势产业领域的技术应用水平，到2020年，高新技术产业占工业增加值的比例增加到20%以上。加大科技研发力度，增加服务业技术含量，促进现代服务业发展，鼓励科技人员发明创造，全县每万口人发明专利拥有量6件以上，拥有有效发明专利2件以上。建立健全企业技术创新、科技资源组织、科技投资支撑、科技人才开发、技术中企服务、地方科技法规六大科技体系，提高对外科技合作与交流水平，形成科技资金投入的稳定增长机制。力争到2020年，每年全社会研究与开发（R&D）经费达1200万元以上。

二、加快发展民营经济

推动民营经济发展。进一步破除体制机制障碍，放开民间投资领域，重点推进农产品加工、文化创意产业、乡村旅游、农村电商以及其他服务性领域民营企业的发展，为活跃县域经济做出贡献。

鼓励大众创业。政府结合全县实际，针对性的制定创业扶持政策和办法，在资金、人才、土地等方面为民营经济发展提供要素支持，推动更多社会成员兴办经济实体。

加强企业品牌建设。持续推进中小企业规范化管理提升行动，引导民营企业建立现代企业制度，注重品牌创建和培育，提升企业市场竞争力。加强民营企业家队伍建设，调动企业家、创新人才的积极性、主动性、创造性，推动县域民营经济健康快速发展。推进科技为民营企业服务的平台建设，创立科研成果购买机制，促进科技成果转化，引导企业向“专精特新”发展。

“十三五”期间，力争培育50家中小微企业，全县中小微企业总产值达50亿元，品牌认知度得到显著提升。

三、大力促进金融振兴

强化金融对实体经济的支持力度。积极争取大中型商业银行、保险公司、信托公司在我县设立分支机构。适应形势发展需要，建立常态化政银企保对接机制。

加大金融业对产业发展的扶持力度，鼓励引导股权投资企业、担保公司等社会资金支持中小企业投资发展，推进煤化工、新型建材、农产品加工、中小微企业发展专项资金的设立及落实，加大对中小企业特别是小微企业支持力度，推进设立企业项目融资担保机构及政府风险补偿金。

深化金融改革和创新，成立民间融资登记服务中心，加快推进农信社改制农商行；积极倡导普惠金融，加大政策性担保机构资本金注入力度，试点小额贷款保证保险，积极引导民间资本成立私募股权基金、小额贷款公司、融资担保公司、融资再担保公司、融资租赁公司、金融租赁公司等。

加快发展绿色金融，强化信用体系建设。深入贯彻落实《社会信用体系建设规划纲要（2014—2020年）》和《中华人民共和国政府信息公开条例》，依托人民银行征信系统，大力开展企业信用升级行动和万家农户信用等级评定行动，完善失信披露和惩戒行动，努力构建功能完备、分工明确、运行高效、监管有力的社会信用体系。

加强金融市场监管，严厉打击非法集资、非法融资。严肃查处银行内部与不符合贷款条件企业和个人勾连的违规放贷行为，着力构建金融风险防控机制。

第四章　推进城乡协调发展，构建区域发展新格局

落实协调发展理念，坚持走新型城镇化道路，加快构建新型城乡关系。按照“山水相依、品位高雅、原始自然、文蕴深厚”的要求，全力建设“山水田园城”，增强县城的承载力和辐射力，加快城市化进程；加强中心镇、中心村建设，进一步完善农村基础设施，改善农村生产生活环境，提高农村公共服务水平。推动实现城乡要素平等交换、基本公共服务均等化，实现城乡共同繁荣、协调发展。到2020年，常住人口城镇化率达46.3%左右，户籍人口城镇化率达到25%左右。

第一节　优化县域的空间结构

按照“南延北拓”的建设思路，以整合发展空间、提升环境质量为重点，整合城镇建设用地，重组城镇空间结构。

一、建设山水田园城

县城按照生态城市、宜居城市的要求，重污染企业逐步退出主城区，改善城市环境质量。积极加快老城区、城中村的全面改造，新建住宅小区，提高城市居民生活居住质量。到2020年，县城内主次干道纵横成网，地下设施基本配套，服务功能基本到位；初步形成城市特色景观，以沁河为纽带，建设城河相连、林水相间的沁河水上游园；以荀子文化园、滨河南路沿河绿化带为重点，加快园林绿化建设，优化城市人居环境，凸显“山水相依、品位高雅、个性鲜明、文蕴深厚”的山水田园特色；力争五年内创建成“国家级卫生县城”和7个“国家级卫生乡镇”，县城常住人口规模达到3.1万人。

专栏4　山水田园城景观布局

一心：安泽广场与公园

三轴：公共景观主轴线、滨水景观轴线、门户性景观动线

三区：城市公共景观风貌区、现代城市居住风貌区、自然景观风貌区

七片：安泽公园、李垣河公园、神南公园、光明公园、义唐河公园、石桥沟公园、凤池公园

十一节点：高速联络线开始端、泽明路南北端、309国道东西出入城市点、泽明公园、高壁组团中心区、神南组团中心区、光明公园、石桥沟公园、凤池公园。

二、培育特色小城镇

依据要有特色鲜明的产业形态、和谐宜居的美丽环境、能够彰显特色的传统文化和便捷完善设施服务的方向和要素，择优培育 1~2 个特色小城镇，成为县域经济的副中心。根据人口的聚集速度，统筹推进镇所在地小城镇建设总体设计及建设规划，推进路网、供水、供电有序建设，加快污水、垃圾处理设施的建设，建成与县城相呼应的卫星小镇。

三、加快新型农村社区建设

结合农业发展特征，全县规划 37 个中心村，每个乡镇规划几个经济发达、基础设施条件较好、人口规模较大、地理位置适中的村作为中心村，其中，府城镇规划中心村 6 个，唐城镇 6 个，和川镇 6 个，冀氏镇 7 个，良马乡 4 个，杜村乡 5 个，马壁乡 3 个；每个乡镇规划适当个数的基层村，并鼓励邻近的小村庄进行拆迁合并。

四、加快建设美丽乡村

以提高农村建设水平、实现城乡基本公共服务均等化为目标，立足乡村自然条件、资源禀赋、产业发展、民俗文化，因地制宜、突出特色，有序推进美丽乡村建设。建成科学规划布局美、设施完备生活美、村容整洁环境美、服务健全身心美、创业增收致富美、乡风文明和谐美的“六美”乡村。

第二节　统筹城乡经济社会发展

坚持产业发展与城镇空间拓展相协调，走以产带城、以城促产的路径，积极推进城镇化进程。按照城镇化最大受益者是农民的要求，努力推进农村一二三产业的融合，逐步改变城乡二元结构，努力实现城乡一体化发展。

一、依托工业化统筹城乡发展

依托工业化统筹城乡发展。按照城乡协调发展的要求，加强产业园区建设，打造承接平台。把唐城煤焦化深加工园、冀氏镇煤电气化工业园区的发展与城镇建设统筹谋划推进，把园区打造成资本流入的洼地、人才聚集的高地和创业创新的福地。以产业集聚区和特色产业园为载体，着力培育一批市场竞争力强的优势产业、优势企业和优势产品，加快城镇化进程。依托唐城工业园区，发展生产性服务业；依靠现代技术，推进新能源、新型建材、农副产品加工业的发展壮大；依托县城优越的生态环境、丰富的历史文化资源，培育发展文化、旅游、健身等产业，建成三晋大地著名的宜居、宜养基地，带动县域经济社会全面发展。

二、依托产业融合统筹城乡发展

依托我县农业和生态优势，促进农业一二三产业融合发展。积极探索农业与休闲旅游、健康养老等深度融合，培育农村电商、农产品定制等“互联网+”新业态；引导大中专毕业生、返乡人员等领办合作社和家庭农场，支持龙头企业通过直接投资、参股经营、签订长期合同等方式，带动农民发展多种形式的适度规模经营；扶持龙头企业联农带农与国家扶持政策挂钩的激励机制，鼓励种粮大户、家庭农场、农民合作社等以土地经营权、产品、原料等多种形式参股农业龙头企业，通过各种形式的联结，重点探索形成长期稳定的购销关系和合理的农产品购销价格，逐步建立一二三产业之间的利益联结机制，让从事第一产业的农民分享产业链增值、价值链提升带来的收益。强化政策支持，积极向上争取政策的同时，配合相关部门，落实各项优惠政策。

三、依托基本公共服务统筹城乡发展

进一步完善基本公共服务体系，使服务项目更加全面，覆盖对象更加广泛，服务标准持续提高，城镇、农村和群体之间的差距持续缩小，织牢织密基本民生保障网。

建立城乡一体的公共服务机制，弥补农村教育、医疗、文化、社会保障等公共服务短板。大力发展农村教育，促进教育公平，提高农民科学文化素质，培育有文化、懂技术、会经营的新型农民，促进城乡教育均衡发展。深化城乡医疗卫生服务和保障制度改革，建立城乡一体化的公共卫生、基本医疗和药品供应服务保障体系。建立城乡统筹的文化事业发展体制，使城市丰富的文化资源、要素和服务加快向农村地区延伸，满足农民日益增长的精神文化需求。加快整合城镇和农村各项社会保险制度，建立城乡全部覆盖、有效衔接、机制灵活的一体化社会保障保险体系。逐步缩小城乡间保障水平的差距，将已稳定非农就业的本县农村劳动力纳入城镇职工社会保险体系。根据县情财力，适当调整社会救助的涵盖范围和保障标准，形成更加细密的保基本、兜底线、促公平、可持续的基本公共服务安全网。统筹城乡社会治理，加快推进乡镇机构改革和农村社区建设。根据城乡结合部、远郊镇（乡）村等不同地区人口结构和规模，建立起适合和谐社区、和谐村镇建设要求的新型社会治理体系。

第三节　促进城乡公共基础设施均衡配置

做好新型城镇化与新农村建设的有机衔接，逐步形成城乡一体的基础设施体系，提升县域经济发展能力。

一、完善市政公建配套

加快县城市政基础设施建设。借助于长临高速公路开通，积极融入“临汾一小时经济生活圈”，全面提升县城综合服务功能和承载能力。重点改建、新建和拓宽县城街、巷道，打通县城“丁字路”干道；实施农村公交、县城公交站场建设工程；推进公共自行车使用站点建设。实施县城“硬化、绿化、亮化、净化”四化工程；在人口密集区域新建或改建高标准公厕，加快建设安泽县县城集中供气、供热（暖）工程；到 2020 年，县城区集中供气入户率达到 95%以上；城市集中供热率达到 65%以上。完善新城区供水管网，改造老城区供水管网，饮用水质标准达到国家规定要求，自来水普及率达 95%。进一步完善排水设施，加强污染源综合治理，实行雨污分流制，并逐步实现中水回用，城市生活垃圾收集清运率达 90%，建筑垃圾厂全部建成投运。

统筹推进农村水、电、路、绿化及垃圾、污水集中处理等基础设施建设。推进农村河道综合整治工程建设，实现河沟池塘水清流畅。深入推进新农村电气化、信息化建设。积极推广太阳能，大力发展生物质气化工程等。“十三五”期间，实施农村污水管网改造村庄 10~13 个，截至 2020 年全县完成 60 个以上村庄生活污水收集处理和达标排放，治理村庄生活污水收集处理率达到60%以上，开展农村生活污水防治的村庄数量不低于本县行政村庄总数的10%，且所治理村庄暖和污水收集率达到60%以上。乡镇生活垃圾收集清运率达80%，农村生活垃圾收集清运率大于70%。完善农村小型水利设施，抓好沁河水利用项目，加强农村饮水安全巩固提升工程建设，解决农村饮水不安全问题，农村自来水普及率达99%。

移民搬迁要搬得出留得住。全面解决马壁乡马壁村、海东村、和川镇荆村、南湾村4个整体搬迁村及和川村、西洪驿村淹没区移民搬迁后扶持发展项目；完成唐城镇三交村及上庄村移民搬迁工程；推进不适宜居住的山村窝铺异地搬迁，新建移民村水电路等基础设施基本完善，移民后的群众生产、生活得到完善安居。

二、推进交通路网建设

以面向产业，服务城镇，协调区域，满足物流畅通为目标，统筹发展各种运输方式，全面优化我县公路网空间布局及技术等级结构，构建布局合理、功能完善、便捷高效、机动安全的现代化的公路网络。到2020年，全县公路网总里程达到1083公里。

积极推进县城至冯子节39公里县道升级为国道，改造升级县乡道路53公里，实施村道等外路改造141公里，积极推进309国道安泽县城段改线，新建及扩建县城至红叶岭风景区道路。进一步对309线、326线等国道和省道深入推行一系列养护措施，逐步建立和实施“精做、细养、严管”的养护管理机制，进一步打造国省干线文明样板公路。“十三五”期间，改造和新建公路里程300公里以上，公路密度每年增加10%以上。

三、优化电源电网建设

紧紧抓住新一轮农网改造升级的契机，按照“结构优化、布局合理、运行可靠、供电质量高、电能损耗低”的目标，完善县域内主网网架及农网。

“十三五”期间高压项目新建35千伏变电站4座，新增主变8台，新增变电容量42.6MVA，新建35千伏线路105公里；中压配电网共新建10千伏线路19回，其中架空线168.36公里，电缆线4.2公里，新增柱上开关49台，新建电缆分支箱1座；中压配电网共改造10千伏线路7回，其中架空线28.4公里，电缆线0.8公里，改造柱上开关12台，改造电缆分支箱4座；低压配电网共新建改造10千伏线路63.75公里，新建配变70台，新增容量7330千伏安；改造配变68台，改造容量7460千伏安；新建低压线74.787公里，改造低压线39.155公里；新增户表1571台，接户线51.17公里；配电自动化共安装三遥开关108台，改造环网柜7座，安装一遥故障指示器333套，敷设光缆16.5公里。

到2020年，全县配网转供电率提高36.24%，自动化覆盖化率提高74.07%，供电可靠率提高0.11%，供电可靠率达到99.85%。

四、提高水资源保障能力

优化水源结构，完善城乡水源调配应急预案。加快水资源配置工程建设，提高城乡供水保证率。开展应急备用水源建设，提高应对突发水污染事件的能力。推广应用中水回用等非常规水资源，提高应对抗旱的应急供水水平。

进一步完善西里水电站工程设施；建设和川水库提水工程，解决唐城煤焦化深加工园区9个工业项目用水问题；采用县污水处理的中水、西里水电站兴利库容和当地煤矿采煤排水建设冀氏工业项目供水工程；配套完善中药材加工项目供水工程；对建设早、标准低、水源不足和水质不达标的7个乡镇的饮水不安全问题进行提升改造，基本实现“一村一井，一户一表”的目标；完成抗旱应急水源工程6处。继续搞好农村饮水安全水质检测中心建设，形成完善的水质监测网络，保障城乡居民饮用水安全。

五、完善防洪减灾体系

合理调节和利用洪水，加强沁河一级支流周边堤防、河道等的建设，提高防御中小河流洪水和小流域山洪灾害的能力。完善县城、重点集镇防洪工程体系。到2020年，在蔺河和兰河等中小河流新建堤防23公里，疏浚河道11公里，总可保护人口2万人，保护耕地2.5万亩；在马壁河、石槽河和白村河实施山洪沟道防治工程，包括疏浚河道6公里，修筑堤防13公里，可保护人口7200人，保护耕地6000亩。

专栏5　水利工程重点项目

水资源开发利用工程：完成唐城煤焦化深加工园区和川水库提水工程、冀氏工业项目供水工程及中药材加工项目供水工程。

民生水利工程：在全县7个乡镇，改造农村饮水不安全问题，建设农村集中供水工程应急预备水源6处；完成农村饮水工程管护服务体系建设及沁河特有鱼类国家级水产种质资源保护区建设。

沁河生态修复工程：完成沁河生态修复40平方公里。

防洪抗旱减灾工程：完成中小河流治理及山洪沟道防治工程，建设抗旱应急水源、西里水电站水库，完成防汛及抗旱监测系统及人才队伍建设。

水土保持治理项目：水土流失综合治理面积70平方公里。

移民后期扶持项目：马壁乡马壁村、海东村，和川镇荆村、南湾村4个整体搬迁村及和川村、西洪驿村淹没区移民后扶工程建设。

六、大力推进信息网络建设

在县城、乡镇大力推进4G网络建设的基础上，继续完善深度覆盖，加快推进农村4G网络建设，积极推进全光网建设，提高移动宽带4G网络覆盖，致力于提升安泽信息化水平，促进信息消费。

宽带业务实现光纤到小区、到楼宇、到户目标，到2020年新增宽带18000线，覆盖县城所有楼宇、社区和全县行政村和自然村。移动通信设施新建4G基站139座，将覆盖长临过境高速、309国道、中南部过境铁路、326省道、县乡公路、工业园区和全县所有行政村，以减少网络信号盲区，提升4G网络覆盖，努力为广大人民群众提供良好的网络通信服务。

七、进一步完善测绘成果

根据我县的经济发展和需求建立符合实际情况的地理信息数据更新制度，每五年为周期对全县基础地理信息数据进行全面更新。对测绘标志进行定期维护，使之真正成为三维、动态、高精度的平面、高程的参考框架。

第四节 健全城乡发展一体化体制机制

着力破除城乡分割体制，健全城乡发展一体化体制机制，加快实施新型城镇化战略，积极统筹城乡要素配置，加快形成以城带乡、城乡互惠的新型城乡关系。

按照城镇化最大受益者是农民的要求，努力建设社会主义新农村，积极探索城乡空间、土地等要素布局与管治措施，努力实现城乡一体化发展。

一、推进以人为核心的新型城镇化

提高城市规划、建设、管理水平。全面落实我县户籍管理制度改革政策，建立“以人为本、规范有序”的新型户籍制度，有序推进农业转移人口市民化，提高户籍人口城市化水平。实施居住证制度，努力实现基本公共服务常住人口全覆盖。

健全财政转移支付同农业转移人口市民化挂钩机制，建立城镇建设用地增加规模同吸纳农业转移人口落户数量挂钩机制。维护进城落户农民土地承包权、宅基地使用权、集体收益分配权，支持引导其依法自愿有偿转让上述权益。深化住房制度改革，积极推行不动产登记制度，加大城镇棚户区和城乡危房改造力度；支持做好农村土地承包经营权确权登记颁证工作，探索建立多种形式的农村产权流转交易市场和服务平台，稳定农民土地经营预期，增加农民财产性收入。

二、稳步推进农村居民点用地整合

加强农村宅基地的管理，结合国家易地搬迁扶贫移民、地质灾害搬迁移民和采煤沉陷区搬迁移民等政策，积极引导农村住宅有规划、按时序向集镇和中心村集中。积极实施城乡建设用地增减挂钩政策，实现农村居民点用地集约与生活环境改善。推动开展撤并行政村、撤乡并镇工作，开展远郊区闲置地、废弃地、零星居民点整治工作，提高农村居民点土地利用效率。强化集镇及中心村基础设施建设，共建共享中心村基础设施，合理布局市政基础设施和公共服务设施，提高资源的利用效益，逐步实现城镇基础设施和公共服务向中心村延伸。

三、稳步推进多规合一

按照上级政府安排，稳步推进多规合一试点，重点加强发展规划与城市规划、社区建设总体布局规划、土地规划、环保规划的衔接，切实将县域发展与布局、资源开发与保护、短期利益与长期利益统筹考虑。

结合新型城镇化综合试点工作，选择有一定基础的一个镇（乡）率先推进“多规融合”试点工作。在镇域发展总体规划中重点强化空间发展思路、布局和目标等指引内容，明确镇域工业化和城镇化、农业发展、服务业发展、生态保护等功能空间结构与布局，以此为基础提出经济社会发展与资源环境保护路径和对策，作为其他空间规划衔接的基础和平台。镇村规划、土地利用规划、生态环境规划根据镇域发展总体规划提供的空间蓝图和管制框架，按照自身规划职能予以衔接落实，形成规划的空间管控合力。同时，探索镇域发展总体规划与其他规划编制、审批和实施的衔接机制，探索建立新型城镇化“多规融合”的规划体系架构及部门职责等。

全县将在镇试点的基础上进一步创新体制机制和理念方法，强化规划实施，提高空间治理能力。严格限制规模，控制建设用地，改变简单追求发展速度与空间规模扩张的传统发展模式，从以往的“增量规划”转向“存量规划”，甚至是“减量规划”。加强城乡规划与土地利用规划、产业功能区规划的衔接，推动城市存量土地二次开发，完善公共服务设施和基础设施配置，分步骤、有重点地对各类旧区进行更新改造与环境综合整治，推进城市内涵式发展，整体提升全县环境品质。

第五节　促进物质文明和精神文明协调发展

在推进城乡一化发展中，重视物质文明与精神文明的协调发展，提高全县发展的软实力。

一、努力培育和践行社会主义核心价值观

努力培育和践行社会主义核心价值观，加大宣传、教育力度，使社会主义核心价值观深入人心。加强公民思想道德建设，特别是未成年人思想道德建设，依托“山西好人”、“临汾市道德模范”、“感动安泽”等先进模范人物评选、宣传活动，教育和影响广大干部群众崇德向善、见贤思齐；壮大主流思想对未成年人思想道德的引导，推动中国特色社会主义理论体系进课堂、进头脑。深化中国特色社会主义、中国道路、中国梦宣传教育，大力弘扬“三个文化”，深入挖掘山西精神，打造一批以“中国梦”和“三个文化”为主题的精品力作，倡导全民阅读，建设书香社会。积极开展各类文明创建活动，推进文明县城、文明单位、文明村镇、文明社区、文明家庭和文明个人创建活动，不断提升居民文明素质，打造我县文明品牌。推动传统媒体和新兴媒体融合发展，实施网络内容建设工程，形成良好网上舆论导向，发挥网络正能量。大力弘扬志愿服务精神，以“文明荀乡、公益使者”志愿服务队为基础，加大招募力度，丰富活动内容，使我县志愿服务水平再上新台阶。

二、进一步促进文化产业发展

实施我县一些重大文化工程，培育一批有较强带动力的文化企业，促进文化产业的发展。以荀子文化园为龙头，挖掘飞岭村高跷队、迎亲曲、花灯制作手工技艺、义唐熏醋、蔺泉酿酒技艺、“自死墓的传说”等非物质文化遗产的价值，创新发展演出、节庆、技艺表演等文化产业。积极推动与临汾、“晋陕豫黄河金三角经济区域”文化交流合作机制，培育特色文化企业与产业，努力提高我县文化市场占有率，更好地展示荀子文化的独特魅力。

第五章　推进绿色发展，着力建设美丽安泽

继续大力实施“生态立县”战略，把生态建设作为转变发展方式、厚植发展优势的内在要求，作为增强县域竞争力、提升群众获得感的重要抓手，按照建设资源节约型和环境友好型社会的要求，进一步强化生态环境建设和保护，推动绿色低碳发展，强化环境保护“党政同责”和“一岗双责”的要求，全面改善生态环境质量，推进绿色发展。

第一节 加强生态环境保护与建设

以提高环境质量为核心，实行最严格的环境保护制度，形成政府、企业、公众共治的环境治理体系。

一、加强大气污染物减排管理

深入实施大气污染防治行动计划，落实省以下环保机构监测监察执法垂直管理制度，提升和优化环境治理体系。提高煤炭等矿产资源的全过程污染物排放总量控制标准，扎实做好化学需氧量、氨氮、二氧化硫、氮氧化物等主要污染物的减排工作。加强重点区域粉尘、烟尘、总磷、总氮等污染物的减排，完成山西永鑫煤焦化有限责任公司及太岳焦化有限责任公司焦炉烟气脱硫脱硝项目。严格控制重金属、持久性有机物污染等有毒有害污染物的排放，加快县区重污染企业搬迁改造，推动燃煤电厂超低排放改造，有效预防重污染天气。加强中心城区烟尘、粉尘、机动车尾气等的治理力度，确保完成减排任务指标。

到 2020 年，全县主要污染物排放量 SO_2 控制在 0.1742 万吨以下，COD 控制在 0.3378 万吨以下，PM10 浓度较上年下降 11%，全县二级以上天数达到 340 天。

二、强化其他污染物减排管理

加强重点流域和区域水污染防治，重点加强对饮用水源、河道、风景名胜区、重要生态功能区等环境污染的治理，在有效控制工业点源与城镇生活点源的基础上，推进垃圾分类及处理，建筑垃圾厂全部建成投入运营，并完成一座标准化医疗废物处置场的建设。到 2020 年，全县工业污染源达标率 100%；工业污水处理率及回用率 100%；工业固体废物综合利用率、处置率 100%；医疗废物集中处置率 100%；危险废物安全处理处置率 100%。城区环境噪声功能区达标率大于 85%；城镇生活垃圾收集清运率 90%。

重视对农业面源污染的治理，加强测土配方施肥，实施农药减量控害增效工程。开展规模化畜禽养殖污染控制，合理布局畜牧业，加快标准化小区建设，基本建立与农田消纳能力相当的畜禽养殖总量控制制度。到 2020 年，全县规模化养殖场和集中式养殖区粪便综合利用率大于 80%，农村生活垃圾收集清运率大于 70%，秸秆气化率大于 30%。

三、加强生态环保基础设施建设

继续抓好沁河等重点区域水土保持与生态建设。在沁河安泽段建乌苏里拟鲿、唇鱼骨国家级水产种质资源保护区一处，保护区内沁河总长 89.4 公里，保护区总面积 1741 公顷；加强沁河沿岸的生态环境修复，实施沁河安泽段 109 公里生态修复工程，实施生态修复面积 40 平方公里；加快推进水土流失综合治理，实施水土流失综合治理面积 70 平方公里。到 2020 年沁河达到Ⅲ类水质标准，地表水、地下水点位达标率 100%，县城饮用水源地水质达标率为 100%，其他乡镇饮用水源地水质达标率为 100%。

强化土壤污染治理，开展对受污染土壤的生态修复，实施工矿废弃地综合整治和复垦利用。推进以垃圾无害化处理和污水处理为重点的农村环境整治，加大对乱倒乱建及非法违占集体权益行为的打击惩处力度。强化农业面源污染治理和畜禽养殖污染治理，统筹农村饮水安全、改水改厕、垃圾处理。每年推进农村污水管网改造村庄不少于两个，五年实施建设及通过验收 10~13 个村庄，截至 2020 年全县完成 60 个以上村庄生活污水收集处理和达标排放，治理村庄生活污水收集处理率达到 60%以上。

四、加强生态屏障建设

大力推进生态功能区建设，在重要生态功能区、生态环境敏感区和脆弱区划定生态红线，确保生态功能不降低、面积不减少、性质不改变。探索建立资源环境承载能力监测预警机制，对资源消耗和环境容量接近或超过承载能力地区，及时采取区域限批等限制性措施。

以太行山绿化工程为支撑，加快通道绿化、沁河百公里防护绿化、交通沿线荒山绿化、山水园林村镇建设、环城林业建设和城区绿化六大林业工程建设，主要项目包括实施太行山绿化工程 3 万亩，低质低效林改造 1.0 万亩，退化防护林修复 3.56 万亩，国家级森林生态效益补偿 42.31 万亩，中幼林抚育 1.5 万亩，未成林造林地抚育管护 1.5 万亩等，全面提升生态环境建设质量。到 2020 年林地面积达到 107078.33 公顷，创建 10 个国家级、省级森林公园，林木绿化率达到 70%。全县林木绿化率达 70%；建成区绿化覆盖率大于 35%；自然保护区占全县国土面积的比例达 10.52%。

加大林业法律法规宣传力度和各部门综合执法力度，提高农牧民群众守法意识，组织开展专项行动，加强巡逻检查、依法管护森林，加强森林火灾预防和扑救，加强森林有害生物和病虫害防治，严厉惩治毁林开荒、乱砍乱伐、未批先占林业用地等违法行为，发动群众积极为监督执法机关提供线索，对案件侦破做出贡献的群众给予一定奖励，力争在“十三五”期间，杜绝毁林开荒、乱砍乱伐现象。严防森林火灾发生，全县森林火灾受灾率控制在 3‰以下，森林病虫害成灾率控制在 3.8‰以下。

五、优化城乡人居环境

全面推进绿化美化，加快综合性公园、中心小广场和县城绿道、绿廊建设，持续实施县城周边山系绿化美化，让整个县城充满绿色；以建设海绵城市为依托，大幅度减少县城硬覆盖面积，不断增加公共绿地、小区绿化面积，提高雨水就地蓄积。渗透比例。持续推进源头治水，全面整治县城黑臭水体，加快推进沁河流域生态治理，沁河及义唐河县城段治污工程建设；进一步完善县城排水设施建设，实行雨污分流，加强污染源综合治理，改造提升污水管网，确保县城生活污水处理率持续提高。持续狠抓空气治理，全面开展 PM2.5 检测，建立大气污染联防联控机制，大力推进新能源汽车使用，倡导健康环保的出行方式，多措并举加强废气和扬尘污染治理，努力实现环境空气质量稳居全市第一。

积极创建生态文明村。推进农村绿化美化，以增加农民收入为重点，实施公共休闲绿地、乡村道路绿化、河道（水库）绿化、房前屋后绿化、村庄周边山地绿化、森林景观点建设等项目，努力提高人均绿化面积，实现生态效益、社会效益和经济效益相结合，切实改善和提高农民生活环境质量。完成对规划保留、尚未整治的行政村的环境及土地综合整治，逐步把历史文化底蕴深厚的传统村落培育成为传统文明和现代文明有机结合的文化特色村。因地制宜开展村庄环境治理，满足农民发展生产、改善生活的基本需要，使中心村成为规划科学、环境优美、设施配套、功能齐全、辐射带动能力较强的美丽乡村。

第二节　推进资源节约利用、集约利用

一、提高土地综合利用效益

按照建设“资源节约型”社会的要求，继续实施更加严格的耕地保护战略，保持我县耕地数量的稳定。继续采取适度从紧的土地供应政策，严格控制城乡建设用地规模。按照“有限指标保重点，一般项目靠挖潜”的基本思路，保障经济社会发展的必要用地。制定、完善土地节约集约利用的各项政策，提高土地集约利用水平；遵循人与自然和谐共处的原则，协调土地利用与生态建设的关系，促进生态环境良性发展；以优化土地利用结构和布局为主线，推进城镇低效用地再开发和工矿废弃地复垦，严格控制农村集体建设用地规模，探索实行耕地轮作休耕制度试点。

到 2020 年，力争全县耕地保有量达到 17638.94 公顷以上，基本农田保护面积稳定在 13742.22 公顷。全县建设用地总规模控制在 3842.50 公顷以内，全县新增建设用地规模控制在 1791.67 公顷以内。

二、强化节能工作

加快产业结构调整步伐，严控高耗能、高排放、高污染“三高产业”发展。实施工业能效提升计划，加快推动煤炭、煤电、煤化工、煤建材、煤焦化、煤气化等重点领域节能技术改造，强化单位产品能耗标准，全面推行能效对标，促进企业节能降耗和产业转型升级。积极推广建筑节能、交通节能、照明节能。鼓励开发利用太阳能、生物质能等新能源，调整能源消费结构。

加大农业机械节能减排。加强节能型农业机械研发与推广，加快淘汰和更新高耗能农业机械，全面提升农机化生产性能和农作物机械化水平；加快农业提水排灌机电设施更新改造，推进雨养农业、节水农业等提高水资源利用率，减少泵站能源消耗；推广少耕免耕法、联合作业等先进的机械化农艺技术，减少农业机械作业量，降低农业机械的电力消耗；固定作业场地优先使用电动机。

深化考核评价机制改革，坚决落实节能减排“一票否决”，建立领导干部任期节能减排责任制度，对造成资源环境生态严重破坏的，严格追责问责。

三、实施最严格的水资源管理制度

建立和完善区域环境网格化监管责任制，强化县级政府环境监管主体责任，清晰划分各负有环境监管职责部门的具体环境监管职责，全面建立县乡村三级网格化环境监管体系。

积极推进水资源管理制度，以水定产、以水定城，建设节水型社会。坚持水资源开发利用控制、用水效率控制、水功能区限制纳污三条红线管理，以建设“节水型安泽”为目标，大力推进农田水利工程建设，加强中小水库灌区节水配套改造，推广农业节水技术，推进农业节水。完善城镇供水管网，推广使用节水型器具、再生水利用，开展地下水超采区综合治理，完成山西永鑫煤焦化有限责任公司及太岳焦化有限责任公司水深度处理项目。

第三节 大力发展循环经济

一、全面推行清洁生产

认真贯彻落实《安泽县绿色发展规划纲要（工业）（2016—2020)》，全面推进煤炭、化工、建材等传统产业的绿色发展，引导企业大力推广余热余压回收、水循环利用、重金属污染减量化、有毒有害原料替代、废渣资源化、脱硫脱硝除尘等绿色工艺技术装备。加快发展风能、太阳能和地热能，加大煤层气开发力度，积极推进先抽后采。“十三五”期间，完成山西永鑫煤焦化有限责任公司及太岳焦化有限责任公司焦炉烟气脱硫脱硝装置建设，重点推进焦化企业干熄焦项目建设，并将清洁生产工作由焦化行业拓展到煤矿，将玉和泰煤业有限公司、玉华煤业有限公司、登茂通煤业有限公司、安鑫煤业有限公司4家煤矿清洁生产审核列入重点工程，并限定于2016年底通过审核，2017—2020年分段实施。积极发展并网式光伏、分布式农村光伏发电等新兴、绿色、清洁能源，建设临汾市绿色清洁能源输出基地，力争到2020年，全县清洁能源使用率大于50%。

二、大力发展循环产业

实施循环发展引领行动，推行企业循环式生产、产业循环式组合、园区循环式改造，减少单位产出物质消耗。在唐城工业园区大力发展循环经济，建立废物循环利用企业链、生态链、项目链，努力促进循环经济在生产、流通、消费、回收各个环节和企业、园区、社会各个层面的发展。在农业领域积极推广种养结合、农牧结合、林牧结合的生态立体农业循环模式，建设一批生态循环农业示范区和示范项目。健全生活垃圾分类收集回收体系和再生资源循环利用体系，提高大宗固体废弃物综合利用水平，推动废弃物处理方式由无害化处理为主向资源化利用为主转变。加强煤矸石、粉煤灰等大宗工业废物的综合利用，推广工业固体废物生产建材、节能保温材料等。“十三五”期间，大力推进以工业废渣再利用为主的资源综合利用企业发展壮大。

三、推动低碳循环发展

推进能源革命。建设清洁低碳、安全高效的现代能源体系。通过合理控制化石能源消费总量，优化发展传统能源，加快发展太阳能、生物质能源、水能、地热能，改变能源利用方式，提高非化石能源比重，改善能源利用效率。

推进交通运输低碳发展。实行公共交通优先，鼓励自行车等绿色出行。实施新能源汽车推广计划，提高电动车产业化水平。

推广绿色建筑。全县新建保障性住房、各类政府投资项目以及大型公共建筑，全面执行绿色建筑标准。积极引导社会投资项目、其他新建项目按照绿色建筑标准建设。到2020年，全县50%的城镇新建民用建筑按绿色建筑标准设计建造。

第六章 推进开放发展，着力开创开放合作新局面

抢抓重大发展战略机遇期，紧紧围绕“建设山水田园城”战略目标定位，依托临汾承接产业转移示范区建设，主动适应新常态，全面开放对接，积极谋求新突破，打造发展新

优势，推进县域经济健康发展。

第一节 加大招商引资力度，拓宽招商引资渠道

一、强化招商方式创新

制定安泽县关于支持承接加工贸易转移的政策措施，积极承接长三角、珠三角、京津冀等发达地区产业转移，“走出去”宣传自己、推介自己，以存量引增量，以资源引资金，以市场换技术。

深化“走出去”招商。积极参加国家、省、市、县重大招商活动，根据市委、市政府统一安排，计划组织参加中博会、西博会、厦洽会、能博会、晋商大会等国家、省、市有关重要招商活动。组织召开安泽县旅外乡贤联谊会，倾听安泽在外同乡杰出代表的意见和建议。拓宽招商引资渠道。通过以会招商、登门招商、以商招商、委托招商、以乡招商、以情招商、以园招商等多渠道，立足资源优势，把引进战略投资者作为招商引资项目工作的重点和主要着力点来抓，努力发展、延伸产业链，逐步形成以大产业、大项目为核心，中小产业、项目为依托的产业招商格局。深化领导高位推动招商。通过县领导、部门领导对重要客商亲自接待洽谈，对重点项目亲自调度、跟踪服务，增强客商在安泽的投资信心，促进项目落地。

二、坚持项目招商

着力打造项目载体，创新理念，拓宽思路，切实以项目促招商、带投入，做到策划一批、储备一批、实施一批，吸引更多的有利于转型的生产要素进入安泽。

全面实施精准化招商。梳理现有招商项目，删除不符合实际的招商项目，充实完善可操作性强的项目资料；向各相关部门收集整理最新的县域资源概况，整合优势资源，确定全新的招商项目；聘请专业公司围绕我县实际，设计包装招商项目；利用参加国家、省、市、县重大招商活动进行宣传推介重点招商项目，吸引更多客商来我县考察投资。立足资源、生态、人文优势，把引进战略投资者作为招商引资项目工作的重点和主要着力点来抓。

三、强化招商服务跟踪推进

对已签约的太阳能光伏发电项目抓紧办理前期手续，力促企业早开工、早建设；加强与重庆财信环保集团、中电投、北京科诺等一批大企业、大集团的沟通联系，力争取得实质进展。

第二节 打造开放发展平台

一、发展开放型经济

以更加开放的思维对县域经济进行谋划，把产业的发展定位放在全市、全省乃至更大的市场格局中。要紧紧瞄准周边经济圈的发展，跟紧和发展一系列配套企业和上下游产业，在区域经济发展中找准自身的切入点和落脚点。瞄准晋陕豫黄河金三角经济区终端消费市场，紧紧围绕本地特色商品和特色产业的集聚与精细做文章，大力推动产业转型升级、抱团发展；加强与发达地区的合作，积极探索发展“飞地经济”，通过信息共享、税收分成、共同管理等模式加强园区合作，弥补资金、管理上的不足，提高产业承接的整体水平；瞄准更大的国内、国际消费市场，大力发展电子商务和对外贸易，让我县的特色产品走得更远，实现价值的最大化。

二、全力打造开放平台

全力打造开放平台。顺应国内市场的变化，全方位提升我县的开放水平，紧紧围绕“建成临汾市绿色能源输出基地、新型煤化工生产基地、休闲生态旅游基地、绿色特色农产品基地、建设华北最大的野生连翘加工基地”，积极融入“一带一路”战略，扩大我县与“一带一路”沿线地区的经贸交流。引导县域内企业利用阿里巴巴、敦煌网、中国制造网等知名跨境电商平台，逐步建立自主营销渠道，发展跨境电子商务。积极引导新的企业加入出口队伍，力争到“十三五”末，实现进出口贸易总额达100万美元以上；继续帮助外贸出口企业申请出口信用保险。让更多企业学会利用出口信用保险这一政策工具，降低出口收汇风险，提高融资能力。对外贸企业实行“一对一”的包干服务，及时解决进出口环节中出现的困难和问题，为企业排忧解难。

第三节　加快推进区域合作

一、建立区域合作的发展机制

深化与京津冀、环渤海经济圈协同发展，积极承接京津冀地区新材料、节能环保、高新技术等疏解产业，推进我县特色农产品进入京津市场，实现与京津冀地区旅游资源共享，加快我县与临汾市“百里汾河生态经济带”的对接。

二、完善互利共赢的合作机制

建立与相邻县域合作长效机制。在上级政府的引领下，探索与相邻县（区）建立联席会议制度，定期召开会议，在旅游开发、农产品加工、商贸物流基地建设等领域开展合作发展，避免重复建设、低水平恶性竞争。建立信息沟通机制，凡涉及区域合作的重大事项，及时向相邻县（区）通报情况，实现信息共享。建立行为约束机制，明确共同遵守的原则，保障区域合作健康发展，实现互利共赢。

第四节　营造良好发展环境

一、营造开放发展的环境

坚持内外统筹、破立结合，坚决破除一切阻碍对外开放的体制机制障碍，加快形成有利于培育新的比较优势和竞争优势的制度安排。要从制度和规则层面进行改革，推进包括放宽市场投资准入、完善市场准入和监管、产权保护、信用体系等方面的法律制度，清理不适应经济发展的文件和收费项目。着力营造开放发展的环境。推进“阳光政务”，创造公平公正的法治环境。建立健全信用激励和惩戒机制，创造诚实守信的信用环境，在全县上下形成亲商、安商、容商、富商良好社会氛围。

二、优化服务环境

继续推进转变政府职能，创造公平、公正、公开的服务环境。对执收执罚部门实行公开承诺制，向社会公开服务项目和收费标准，自觉接受群众的监督。积极转变职能，完善行政审批服务制度，实现“一条龙”式服务，提高办事效率，极大的方便人民群众。

健全公共法律服务体系建设，要以满足群众基本公共法律服务为导向，不断向民生领域拓展。整合资源，创新载体，全方位提供法律咨询、人民调解、法律援助、司法鉴定、普法宣传、公证、律师等法律服务。

三、优化执法环境

以整治软环境为主，坚持依法办事，从严治政。对到企业乱检查、乱收费、乱罚款、乱摊派的行为予以严惩。

四、优化软环境

广泛动员全社会参与，增强广大干部群众对整治软环境重要性的认识。各级党委及部门应加大宣传整治软环境的政策措施，并付诸行动。在全县形成人人关心软环境，人人参与软环境整治，人人都是良好投资环境的维护者。

第七章　推进共享发展，持续改善民生福祉

坚持普惠性、保基本、均等化原则，以保障和改善民生为出发点和落脚点，从解决人民最关心最直接最现实的利益问题入手，打好六个民生战役，全面解决好人民群众关心的教育、就业、收入、社保、医疗卫生、食品安全、扶贫等问题，增强政府职责，提高公共服务共享水平，让改革发展成果更多、更公平、更实在地惠及广大人民群众。

第一节　举全县之力，打赢脱贫攻坚战

深入贯彻落实习近平总书记系列重要讲话精神，围绕“四个全面”战略布局，牢固树立并切实贯彻创新、协调、绿色、开放、共享的发展理念，把精准扶贫、精准脱贫作为基本方略，按照省委扶贫开发工作会议部署要求，以更坚定决心、更精准思路、更有力措施，苦干实干，坚决打赢脱贫攻坚战。到 2017 年全县 4056 户，9983 口农村贫困人口提前完成脱贫，40 个贫困村摘掉贫困帽子，摘掉省级贫困县的帽子。2018—2020 年按照扶持政策、扶持力度、扶持范围不变，巩固脱贫成效，防止返贫现象出现。到 2020 年稳定实现全县农村贫困人口不愁吃、不愁穿，义务教育、基本医疗和住房安全有保障。实现贫困县农民人均可支配收入增长幅度高于全省平均水平，基本公共服务主要领域指标接近全省平均水平。

一、完善建档立卡，建立精准扶贫工作机制

对建档立卡贫困村、贫困户和贫困人口定期进行全面核查，建立精准扶贫台账，做到户有卡、村有册、乡有簿、县有档，做到致贫原因清、收入来源清、扶贫对策清、脱贫目标清、帮扶责任清。按照标准对建档立卡贫困村、贫困户和贫困人口实施动态管理，严格把好新进、延续和退出关口，实现有进有出的动态监测和调整。

建立精准扶贫工作机制。全面掌握贫困人口的数量、分布、贫困程度、致贫原因等，使所有扶贫措施与贫困识别结果相衔接，因村施策、因户施策、因人施策，做到扶持对象精准、项目安排精准、资金使用精准、措施到户精准、因村派人精准、脱贫成效精准，改“大水漫灌”为“精确滴灌”，扶真贫、真扶贫。2016—2017 年，通过发展生产、易地扶贫搬迁、生态补偿、发展教育、社会保障兜底“五个一批”解决全县 4056 户，9983 口农村贫困人口提前完成脱贫。

二、实施产业、就业扶贫，促进农民稳定脱贫

按照“一村一品、一县一业”的推进思路，以片区开发为载体，实施特色产业开发为

核心的扶贫板块推进战略，着力做强主导产业，培育壮大优势产业和特色产业，有效增加贫困人口的收入，促进贫困人口稳定脱贫。

依托百企千村计划，实施非农产业扶贫开发，着力解决贫困劳动力转移就业。非农企业扩大生产规模新增就业岗位应吸纳贫困劳动力就业人数，达到企业用工人数的50%以上。

重点落实好光伏产业扶贫项目。2016—2017 年在全县 40 个贫困村每个村建设一座装机容量为 30 千瓦~100 千瓦的光伏发电站。2016 年计划完成 24 个贫困村的光伏发电站建设，2017 年完成 16 个贫困村的光伏发电站建设，力争再争取两个扶贫企业发展 10 兆瓦的光伏发电站两座。

三、推进就业、教育扶贫，实现稳就业拔穷根

坚持就业扶贫。根据人力资源市场需求，举办多样化贫困农户劳动力就业技能培训，组织实施好“两后生”、“雨露计划”、“新型职业农民”培训，提高贫困劳动力的就业能力，实现劳动力稳定就业。

坚持教育扶贫。建立健全覆盖“建档立卡”识别出的家庭经济困难学生资助体系，对“建档立卡”贫困户中当年考取、就读二本 B 类以上普通本科院校的学生给予资助；对全县“建档立卡”贫困户中接受中职中技、高等职（专）业教育的贫困学生给予资助；完善九年义务教育，贫困户适龄儿童入学率达到 100%，确保每名家庭经济困难学生不因贫困而失学。通过教育扶贫，努力做到让每个贫困家庭孩子都能顺利入学，完成学业，接受公平的有质量的教育，阻断贫困代际传递，奠定稳定脱贫和长远发展基础。

坚持培训扶贫。对建档立卡系统的贫困生提供技能培训，引导贫困村有培训愿望的劳动力参加职业技能培训，使每个贫困户都有一人掌握一至两项实用技术。重点培训培育建档立卡贫困户、贫困村劳动力和有带动贫困劳动力产业发展的能人大户。

四、开展易地扶贫搬迁，根治生存环境引致贫困

统筹城镇保障性安居工程、农村人居环境改善、新型城镇化等项目，尊重群众意愿，采取易地搬迁，整体搬迁、插花安置、就近搬迁、改善条件等多种方式，加快扶贫搬迁步伐。

按照“搬得出、稳得住、能发展、可致富”的要求，对实施易地移民搬迁的贫困户，依据地理条件和村情民意，引导实施产业发展项目，把后续产业发展同步纳入易地扶贫搬迁总体规划。

五、实施整村推进，改善贫困村可持续发展能力

对片区开发没有覆盖和易地扶贫搬迁不能涉及的贫困村实施整村推进，立足资源优势和产业发展潜力，通过改善生产、生活的基础设施条件，实现中心村道路、饮水、学校、广电、医疗“五个全覆盖”，达到村镇布局合理、基础设施配套、服务功能齐全的新农村建设目标，增强其自我发展能力。

到 2020 年，全县 80%以上的贫困户住上砖瓦结构房屋，100%的贫困村和贫困人口通电、通路，用上安全饮用水。

六、加大低保救助扶贫，消除绝对贫困现象

根据经济发展状况和上级政策，逐年提高农村社会救助标准，坚持“输血”与“造血”

并举，做到精准救助与精准扶贫相衔接，促使其通过扶贫支持和社会救助两条路径实现脱贫致富。逐步提高医疗救助水平，根据预算资金增长情况，逐步扩大重特大疾病医疗救助病种，提高救助水平，通过“基本医保+大病保险+医疗救助”的路径，缓解农村贫困家庭就医难和因病致贫的问题。

七、整合各类资源，加大帮扶力度

一是积极争取上级资金支持，提高扶贫标准。在争取中央、省政府逐年增加扶贫投入上，进一步加大本级财政配套投入，确保当年本级财政预算安排扶贫资金总量增长到10%以上；改进财政专项扶贫资金分配机制，增加财政扶贫资金的投入，加大资金管理力度，完善扶贫资金绩效分配的机制，探索以奖代补等竞争性分配办法。

二是整合部门投入，捆绑各类涉农资金用于扶贫开发，提高资金的使用效益。

三是落实好“山西省金融扶贫富民工程”，通过建立融资担保、风险补偿、小额信贷保险等机制和加大贷款贴息等方式，为贫困群众贷款保驾护航，确保贫困户贷得着、用得好、还得上；在扩大“扶贫小额信贷”“富民贷”“强农贷”的基础上，进一步创新金融产品和服务，为贫困户量身设计金融产品和服务。

四是大力引导社会投入，积极争取中央、省、市各级部门、专业公司等组织在我县挂联帮扶，增加帮扶的力度。大力组织县直部门、机关干部开展驻村到户帮扶，促使干部驻村、党员挂联、能人带动等多种帮扶形式的有机统一，确保贫困村、贫困户帮扶全覆盖。

五是提高扶贫队伍的能力素质和道德水平，把扶贫开发工作队伍建设作为打好扶贫开发攻坚战的保障措施来抓，推动全县扶贫开发事业科学发展、跨越发展。

专栏6　精准扶贫	
总目标	到2017年全县4056户，9983口农村贫困人口提前完成脱贫，40个贫困村摘掉贫困帽子，摘掉省级贫困县的帽子。2018—2020年按照扶持政策，扶持力度、扶持范围不变，巩固脱贫成效，防止返贫现象出现。到2020年稳定实现全县农村贫困人口不愁吃、不愁穿，义务教育、基本医疗和住房安全有保障
具体内容	易地搬迁扶贫：按照“搬得出、稳得住、能发展、可致富”的要求，2016—2017年，通过移民搬迁解决部分人口脱贫。 产业扶贫：2016—2017年，通过发展一批光伏产业项目解决部分人口脱贫。 就业、教育扶贫：坚持就业、培训扶贫，提高贫困劳动力的就业能力，实现劳动力稳定就业；通过教育扶贫，努力做到让每个贫困家庭孩子都能顺利入学，完成学业，接受公平的有质量的教育，阻断贫困代际传递，奠定稳定脱贫和长远发展基础。 整村推进扶贫：通过改善生产、生活的基础设施条件，实现中心村道路、饮水、学校、广电、医疗“五个全覆盖”，达到村镇布局合理、基础设施配套、服务功能齐全的新农村建设目标，增强其自我发展能力。 兜底救助扶贫：通过“基本医保+大病保险+医疗救助”的路径，缓解农村贫困家庭就医难和因病致贫的问题。通过社会保障兜底，使全县完全或部分丧失劳动能力的贫困人口脱贫

第二节　促进公共教育健康发展，打好教育均衡发展推进战

按照中央、山西省相关制度建设要求，进一步完善基本公共教育服务体系，强化保障功能，保障所有适龄儿童、少年享有平等受教育的权利，提高国民基本文化素质，促进学校、家庭、社会共同办教育，为安泽县实现转型发展提供智力支持。

一、九年义务教育

巩固九年义务教育普及成果，合理配置教育资源，加强素质教育，全面提高义务教育的质量和水平，着力推进义务教育均衡发展。义务教育小学入学率达到100%，巩固率达到98.5%，初中入学率达到100%，保留率达到98.5%以上。根据我县适龄儿童、少年的数量和分布状况，以流入地全日制公办中小学为主，保证农民工随迁子女平等接受义务教育。

全面改善中小学办学条件，推进义务教育学校标准化建设，提升教育装备水平及现代信息技术水平，加强中小学教师配备，实现教育手段现代化和优质教育资源的共享。推进课程和教学方法改革，切实减轻中小学生课业负担。积极创造条件，推行小班化教学。“十三五”期间，有效解决县城小学“入学难”问题。

二、高中阶段教育

稳步推进“十二年教育全免费”等惠民工程，加强政府统筹，促进普通高中和中等职业教育协调发展。推动普通高中多样化发展，促进办学体制多元化，扩大优质资源。

鼓励普通高中学校根据各自特点，形成富有特色的多样化办学模式。加强普通高中学校内涵建设，力争安泽一中进入全市名校行列。建立普通高中家庭经济困难学生国家资助制度，落实好、实施好高中阶段学费、书费、住宿费全免费政策。

加强中等职业教育基础能力建设。大力改善县职业学校办学条件，使其达到国家基本设置标准。加强实训基地建设，显著提高实训水平。围绕全县经济结构调整和支柱产业发展，不断优化专业设置，坚持学校教育与职业培训并举，完善产学合作机制，全面推行工学结合、校企合作、顶岗实习、半工半读、订单培养的职业教育人才培养模式，增强人才培养的针对性和适应性。

三、普惠性学前教育

建立政府主导、社会参与、公办民办并举的办园体制，构建“广覆盖、保基本、多形式、有质量”的覆盖城乡、布局合理的学前教育公共服务体系。鼓励发展公办幼儿园，以及优质公办幼儿园举办分园或合作办园。支持街道、农村集体和有条件的行政事业单位、企业办幼儿园。鼓励社会力量发展面向大众、收费较低的普惠性民办幼儿园发展。农村充分利用中小学布局调整富余的校舍和教师，进行功能改造后增设附属幼儿园举办幼儿园（班）。“十三五”期间，有效解决县城幼儿“入园难”问题。

加强管理，提高保教质量。建立幼儿园准入和督导制度，规范办园行为。强化幼儿园管理，补充幼儿园教师配备。建立幼儿园保教质量评估监管体系，尊重幼儿成长规律，促进儿童健康快乐成长。

四、教师队伍建设

加强校长队伍建设。制定并落实“中小学校长工作考核细则”，引导校长在业务和生活两方面关心教师、支持教师、爱护教师。

加强中小学教师队伍建设。继续加强校长、教师两支队伍建设，抓好优秀班主任、优质高效课、优秀教研团队“三优”培养选拔工程。建立合理的中小学教师长效补充机制和激励机制，推进校长、教师交流机制和教师“县管校聘”制度改革。继续强化课堂改革和教学研究，从不同学科、不同学段有针对性的邀请教育专家作专题讲座，组织好区域教研、连片教研等全县大教研活动。

深入开展国培计划，建立相关机构，组织全体校长和教师参与学习和交流，加强校长、教师队伍的专业成长。加强特岗教师的管理和使用。

第三节　积极扩大就业，打好就业创业促进战

建立健全覆盖城乡的劳动就业公共服务体系，以农村转移劳动力、城镇就业困难人员、零就业家庭和高校毕业生为重点服务对象，全面提升就业全过程公共服务能力，努力创造平等就业机会，积极构建和谐劳动关系。

一、着力扩大城乡就业

统筹开展农村剩余劳动力、转移人口和传统产业转型中分流的富余人员、城镇困难人员、退役军人、残疾人等群体的就业工作。精心实施高校毕业生就业能力提升计划、大学生创业引领计划，精心组织开展系列专项就业服务活动和未就业大学生的跟踪后续服务。强化公共就业服务，建设县、乡镇公共就业服务信息系统，实现省、市、县、乡镇四级就业服务机构信息网络互联互通，推动就业信息与全国相关系统联网。拓展就业服务体系的功能，实施就业政策法规咨询、信息发布、职业指导和职业介绍、就业失业登记等免费服务，为求职者提供更加均等高效、优质便捷的服务。到2020年，城镇登记失业率控制在4%之内。

二、积极拓宽就业渠道

实施“大众创业、万众创新”行动，积极鼓励和支持高校毕业生、高职高专毕业生以及其他有创业意愿的城乡创业者自主创业，努力扩大就业。积极开拓劳务协作基地，为企业用工搭建服务平台。积极发挥基层劳动保障所的组织优势，配合产业转型升级，加强各类技能培训服务，特别是农村转移就业技能培训和实用人才培训，建立培训补贴政策与促进就业创业效果挂钩机制。力争到2020年，就业培训中心完成创业培训600人，农民工职业技能培训11000人，新成长劳动力培训1500人，城镇失业人员再就业培训2300人。

建立完善促进就业创业资金投入长效机制，建立政府投资、招商引资和重大建设项目新增就业岗位预估和考核制度，加强就业创业扶持政策落实和资金投入绩效考核。

三、推进残疾人多元化就业

鼓励社会各方面兴办福利企业，稳定和发展残疾人集中就业。推进残疾人庇护工场建设并与社区康复工作密切结合，开发智力、精神残疾人保护性就业的岗位、项目和产品。

建立残疾人手工艺品展卖窗口，形成独特的市场品牌，扶持智力残疾人和其他重度残疾人在家庭从事手工艺品生产。规范盲人按摩业市场，促进盲人按摩行业自我管理和发展。大力扶持残疾人个体就业、自主就业，鼓励和帮助有一技之长、有经营意识和能力的残疾人创办私营企业，形成多元化的就业方式。

完善残疾人就业信息网络，推行残疾人就业能力评估，形成残疾人求职登记、职业能力测评、职业指导及职业介绍一条龙服务，促使失业残疾人尽快实现就业。

四、劳动关系协调和劳动权益保护

全面推行劳动合同制度。巩固正规企业劳动合同签订率，着力提高小微企业和农民工劳动合同签订率，扩大集体合同覆盖面。全面推进实施劳动用工备案制度。推动劳动用工备案信息化，建立县劳动用工备案基本数据库，基本实现对用人单位签订、解除和终止劳动合同的动态监管。

完善劳务派遣规定，加强对劳务派遣用工的规范引导，重点查处劳务派遣用工中存在的不签订劳动合同、不参加社会保险、违法解除劳动合同、同工不同酬以及将直接用工转化为劳务派遣的违法行为，严禁矿山井下岗位使用劳务派遣。完善企业裁员机制，规范企业规模裁员行为。加强对不定时工作制和综合计算工时工作制的审查管理。

健全工资支付保障机制，落实最低工资和工资指导线制度。充分发挥政府、工会和企业方面代表在拟订劳动标准、调节收入分配、促进集体协商等方面的重要作用。推动劳动关系三方协调机制向乡镇、工业园区延伸，并与基层人力资源和社会保障平台互相衔接。以建筑、公路、水利等建设领域和餐饮服务等行业以及发生过拖欠现象的企业作为重点监控对象，完善解决欠薪的惩防制度，严肃查处工资拖欠行为，切实维护农民工的合法权益。

完善劳动监察案件快速处理和劳动关系预测预警体系。建立健全重大集体劳动争议应急调处机制。按照“城乡并重、不留空白”的原则，严格落实劳动保障监察执法责任制，全面推进网格化、网络化管理，探索建立劳动保障诚信评价制度，完善劳动案件办理协查制度。建立劳动保障重大违法行为“黑名单”和社会公布制度。

发挥劳动人事争议仲裁机构和调解组织在构建和谐劳动关系中的基础性作用。加强仲裁员队伍建设，着力提升仲裁员的素质。进一步规范完善仲裁案件审理程序，坚持重大疑难案件的讨论制度。建立健全仲裁工作规章制度，保证办案程序规范，质量提高。坚持“预防为主、调解优先”的工作原则，加大案件调处力度，积极推进基层调解组织和企业调解委员会建设，完善现有基层调解组织功能建设，充分发挥基层调解组织化解劳动争议的作用。切实加强推进仲裁院实体化建设步伐。

五、形成合理收入分配格局

落实各家的一系列收入分配政策和改革的举措，努力实现城乡居民收入增长和经济发展同步、劳动报酬增长和劳动生产率提高同步，提高城乡居民收入在国民收入分配中的比重，提高劳动报酬在初次分配中的比重。

积极拓宽城镇居民增收渠道，突出做好企业职工、中低收入者和困难家庭增收工作。

以非公有制企业、中小微企业为重点，积极稳妥推进工资集体协商，建立健全治理欠薪工作机制。积极创造条件，建立促进农民收入多元化增长的长效机制，努力缩小城乡收入差距。根据国家政策，推进机关事业单位工资制度改革。

第四节 完善基本医疗卫生体系，打好医疗卫生保卫战

建立健全基本医疗卫生体系，为全县城乡居民提供安全、有效、方便、价廉的基本医疗卫生服务，提高疾控中心检验能力，加强基础设施建设，提升公共医疗卫生服务能力，切实保障人民群众身体健康。到2020年，全县孕产妇死亡率≤18/10万、婴儿死亡率≤9‰、5周岁以下儿童死亡率≤5.72‰；孕产妇住院分娩率达98%以上，高危孕产妇住院分娩率达99%以上，孕产妇系统管理率达95%以上；3周岁以下儿童系统管理率和7岁以下儿童健康管理率均达95.44%、97.20%以上。全县居民人均期望寿命达到76周岁。

一、全面实施国家基本公共卫生服务项目

实施国民健康行动计划。根据经济社会发展水平和疾病防治工作需要，逐步为县域常住人口免费建立统一、规范的居民电子健康档案。完善覆盖全县的癌症等慢性病和重性精神病报告网络监测系统，加强危险因素干预，深入开展慢性病筛查。为全县城乡适龄儿童提供安全、有效、免费、均等化的国家免疫规划疫苗的预防接种服务，提高接种人员的工作效率和服务质量；开展麻疹主动监测工作，适时开展不同人群麻疹疫苗强化免疫活动，逐步降低麻疹发病率，实现消除麻疹目标，继续保持无脊灰状态。

加强传染病疫情监测。建立覆盖全县主要病种的疾病监测网络，提高各级医疗机构传染病报告及时率、审核率、完整率，降低漏报率，重点加强全县艾滋病和结核病等的防治，保持全县传染病报告质量稳居全市前列；建立与我县经济社会发展相适应的地方病防治长效工作机制，全面落实防治措施，持续消除重点地方病危害；根据国家卫生计生委和发改委优先安排已落实建设用地县的要求，继续保障疾病控制业务用房，加强人才编制队伍建设，完善疾病预防控制体系，保障全县人民群众身体健康。深入开展新时期爱国卫生工作，积极改善居住环境，消除病媒孳生地，切断传染病传播途径，“十三五”期间，建设符合隔离要求的传染病区。

完善医疗应急体系。依托县级医院实施农村院前急救服务体系建设，加强突发公共事件紧急医学救援能力和突发公共卫生事件监测预警、应急处理能力建设，定期开展应急演练，提高应急队伍的应急能力，科学有效处置突发公共卫生事件。

二、进一步完善提升医疗服务

按照“大病不出县”“小病不出乡镇”的要求，加大政府对公共卫生投入力度，调整优化医疗卫生资源布局，鼓励优质卫生资源向农村辐射，推进乡镇卫生院和村卫生室一体化，健全县级医院为龙头、乡镇卫生院和村卫生室为基础的三级医疗卫生服务网络建设，健全以社区卫生服务为基础，社区卫生院、医院和预防保健机构分工协作的城市医疗卫生服务体系。

加快建立分级诊疗、双向转诊和全科医生首诊制度。逐步实现基层首诊、双向转诊、

上下联动、急慢分治。以形成分级诊疗秩序为目标，积极探索县级医院与省、市三甲医院组建医联体和实施远程医疗服务的模式，充分利用信息化手段，促进优质医疗资源纵向流动，建立起三甲医院与县级医院、乡镇卫生院之间共享诊疗信息、开展远程医疗服务和教学培训的信息渠道。

充分发挥中医医疗预防保健特色优势，不断完善县中医院、乡镇中医药服务机构和民间合法中医的医疗服务体系，增强中医的服务能力。加强中西医临床协作，整合资源，强强联合，优势互补，协同协作，提高重大疑难病、急危重症临床疗效。统筹用好中西医两方面资源，提升县、乡镇医院中西医两种手段综合服务能力，到2020年，力争使我县乡镇卫生院和70%的村卫生室具备与其功能相适应的中医药服务能力。

落实国家的相关政策，鼓励社会力量举办中医类专科医院、康复医院、护理院（站）以及口腔疾病、老年病和慢性病等诊疗机构。鼓励药品经营企业举办中医坐堂诊所，鼓励有资质的中医专业技术人员特别是老中医开办中医诊所。允许医师多点执业。

加强以全科医生为重点的乡村医疗卫生队伍建设，健全在岗培训制度，鼓励乡村医生参加学历教育。落实国家医药卫生人才流动的政策引导，推动医药卫生人才向乡村流动。研究实施乡镇卫生院全科医生及县级医院专科特设岗位方案。创造良好的职业发展条件，鼓励和吸引医务人员到乡村工作。

三、推进医疗机构与养老机构等加强合作

发展健康养老产业。根据人口老龄化进程，逐步建立健全医疗机构与养老机构之间的业务协作机制。鼓励开通养老机构与医疗机构的预约就诊绿色通道，协同做好老年人慢性病管理和康复护理。增强医疗机构为老年人提供便捷、优先优惠医疗服务的能力。重点支持县医院、中医院设置养老床位，开展老年病、老年护理、康复疗养等服务。在养老服务中充分融入健康理念，强化医疗卫生服务支撑。

发展乡镇（社区）健康养老服务。努力提高乡镇（社区）卫生院为老年人提供日常护理、慢性病管理、康复、健康教育和咨询、中医养生保健等服务的能力，鼓励乡镇（社区）卫生院将护理服务延伸至城乡居民家庭。推动开展远程服务和移动医疗，逐步丰富和完善服务内容及方式，做好上门巡诊等健康延伸服务。

四、加强人口和计划生育工作

坚持计划生育基本国策，完善人口发展战略，全面落实一对夫妇可生育两个孩子政策，进一步释放生育潜力，减缓人口老龄化压力，增加劳动力供给，促进人口均衡发展。推进出生缺陷一级预防工作，实行孕前优生健康检查，将免费孕前优生健康检查覆盖到全县。建立健全重大经济社会政策人口发展影响评估机制。加强出生人口性别比偏高综合治理，广泛宣传男女平等观念，制定实施有利于女孩健康成长和妇女发展的实施方案。

大力开展“生育关怀行动”，关心帮扶失独、伤残家庭的生产生活问题。制定惠民便民政策，确保计划生育家庭优先分享改革发展成果。抓好流动人口管理，实现流动人口和常住人口公共服务均等化。加快卫生计生信息互联互通，整合妇幼、疾控、计生等方面信息。

第五节 健全社会保障体系，打好社会保障体系完善战

坚持广覆盖、保基本、多层次、可持续的方针，以增强公平性和适应流动性为重点，着力完善制度，扩大覆盖范围，逐步提高保障水平和统筹层次，建立健全覆盖城乡居民的社会保障体系，基本实现人人享有社会保障，深入拓展健康长寿养生产业，全力打造健康安泽、长寿安泽。到2020年力争实现城乡基本养老保险覆盖率达到90%以上；城乡基本医疗保险实现全民覆盖；城镇失业保险覆盖率达到80%；城镇工伤保险覆盖1.4万人以上；城乡最低生活保障实现低于保障标准人群全覆盖；公共财政中社会保障与就业类支出达到公共财政总支出比重、相对于GDP的比重均达到山西省平均水平。

一、完善社会保险体系

进一步落实基本养老保险制度。以农民工、非公有制经济组织从业人员和灵活就业人员为重点，扩大职工基本养老保险覆盖面。推动机关事业单位养老保险制度改革。努力实现城乡居民社会养老保险制度全覆盖，完善被征地农民基本生活保障制度，实行先保后征。贯彻落实好基本养老保险关系转移接续办法。

扩大基本医疗保险制度覆盖范围。重点提高农民工、个体工商户和灵活就业人员参保率。巩固提高新型农村合作医疗参合率和城镇居民基本医疗保险参保率，根据山西省统一部署和安排，创造条件稳步推进城乡居民医疗保险并轨，医疗保险和生育保险的合并。贯彻落实好省内异地就医即时结算制度，为各类参保人群提供优质服务。

扩大工伤、失业参保率。将国有企业、民营企业的工伤人员全部纳入工伤保险统筹管理。充分利用现有医疗和康复资源，加强工伤康复基地建设。与人才市场结合，建立失业人员信息登记制度，扩大失业保险制度覆盖面。完善生育保险制度，加强与基本医疗保险制度的衔接。以农民工、非公有制经济组织从业人员等为重点，扩大工伤、失业保险覆盖面。

实施社会保险服务保障工程。重点改善乡镇就业和社会保障所生活条件，配置必要的设备，改善参保缴费、社会保险关系转移接续、待遇核发、社会保险档案管理、异地就医结算等经办服务条件，为城乡居民提供方便、快捷、高效的经办服务。重点推进马壁乡、良马乡、和川镇、府城镇就业和社会保障服务站建设。政府各级社保部门应强化对社会保险制度及政策宣传、解释力度，提高职工、城乡居民对社会保险制度的知晓率。

二、完善社会救助体系

加快推进城乡低保标准一体化进程。进一步完善低保分类救助，加大对“三无”人员、五保对象、老人、残疾人、单亲家庭、未成年人和重病患者等特殊群体的救助力度。健全并实施符合县情的低收入家庭收入和财产认定、核查办法。建立起城乡低保与最低工资、失业保险等制度相互衔接的机制，形成层次分明、配套合理的贫困救助体系。加强城乡生活无着落的流浪乞讨人员救助管理，加大流浪未成年人保护力度。

进一步完善城乡医疗救助制度。不断扩大救助范围，积极探索形式多样的医疗救助模式，完善医疗救助制度，城乡统筹发展，加强与基本医疗保险、城乡居民大病保险、疾病应急救助及各类补充医疗保险、商业保险等制度的有效衔接，加强与慈善事业有序衔接，

形成制度合力，实现政府救助与社会力量参与的高效联动和良性互动。进一步畅通医疗救助渠道，优化救助流程，简化结算程序，提高救助效率，逐步实行诊疗费用即时救助，健全“因病返贫”防范机制。建立和完善“一门受理，协同办理”等制度，切实解决“救急难”的问题。

健全自然灾害监测预警、评估调查、信息发布、应急救援和应急物资储备体系。推进救灾工作应急机制、协调机制、社会动员机制、信息共享机制和监督督查机制的建设，全面落实救灾工作分级管理、救灾资金分级负担和救灾监控探视制度。加强救灾应急队伍组建、救灾物资储备、救灾装备配置、灾害信息评估、紧急救援、灾情监测、预警、救助捐赠等工作体系建设。建立县、乡（镇）二级减灾、防灾、救灾信息网，普及减灾、防灾、救灾知识，提高灾害紧急救助能力和减灾救灾综合协调能力，提高公众自救互救能力，及时有效地保障好人民群众的生命财产安全，保障受灾群众的基本生活。积极推进县级救灾物资储备库项目建设，满足县级救灾物资储备的需求。

三、完善社会福利服务体系

加大社会福利事业投入。建立健全民办公助、公办民营等优惠扶持政策，引导和鼓励民间资本兴办福利事业，重点支持儿童福利设施、未成年人保护设施、农村三留守人员服务保护设施和精神卫生福利服务设施建设，逐步建立政府投入兴建和购买服务，社会力量兴办、福利机构自主经营的社会福利事业运行机制。

建立健全养老服务体系。发挥政府的主导作用，调动社会各主体的积极性，共同承担养老责任。重点支持老年养护院、医养结合设施、社区日间照料中心、光荣院、农村敬老院建设，具体包括良马、和川两个乡镇敬老院新建项目，2 所民办养老机构建设项目。落实养老机构床位运营补贴政策，纳入县级财政预算。逐渐形成以老年人为中心的由家庭、社区、养老机构、其他社会成员和组织等组成的多层次养老服务体系，实现“政府公共服务职能到位、养老服务和产品充足、老年人选择空间充分”的养老服务目标。到 2020 年，达到每千名老年人拥有养老床位数 50 张以上，日间照料服务设施覆盖城市社区和 50%以上的农村；农村五保供养服务机构集中供养能力达到 60%。

健全残疾人服务体系。统筹发展残疾人社保、康复、教育、就业、托养、扶贫、文体、组织、维权、无障碍等专项服务，完善县级残疾人规范化的康复、托养机构。加强乡镇（社区）康复站建设，建立 1~2 所示范性的残疾人康复站，提高残疾人社会服务水平。贯彻落实中央、省市贫困残疾人生活补贴和护理补贴政策。维护残疾人合法权益，提高残疾人社会地位，加大按比例安置残疾人就业力度，让残疾人同全社会一同步入小康。

四、健全双拥优抚安置体系，提高服务能力和水平

稳步推进双拥优抚安置工作，创建双拥模范县城。进一步强化对全县各级各界干部群众的国防意识、爱国主义宣传教育工作，强化双拥工作领导机制和工作体系建设，广泛动员人民群众大力支持人民军队建设，协调军地开展具有时代特色的军民共建活动，全面落实抚恤、补助、优待等政策规定。未来五年，县城达到双拥模范县标准，力争得到国家或

省命名，优抚对象的生活达到城乡中等以上生活水平，重点优抚对象的“三难”问题全面解决。

深化退役士兵安置改革。探索建立安置就业、扶持就业、经济补偿和自谋职业相结合，多渠道、多形式安置退役士兵的保障体系，加大退役士兵安置经费投入，加强对退役士兵的技能培训和就业中介服务，加大军地两用人才和优秀士兵培养、选拔和使用力度，有组织、有计划地开展育才、荐才、用才一体化服务。

五、建立基本住房保障制度

加大保障性安居工程建设力度，增加保障性住房供应，加快解决城镇居民基本住房问题和农村困难群众住房安全问题，建立健全基本住房保障制度。

廉租住房和公共租赁住房。保障性住房实行分散配建和集中建设相结合。集中建设保障性住房，要优先安排在交通便利、基础设施齐全、公共事业完备、就业方便的区域。健全廉租住房保障方式，实行实物配租和租赁补贴相结合。完善租赁补贴制度，通过发放租赁补贴增强低收入家庭在市场上承租住房的能力。重点发展公共租赁住房，逐步使其成为保障性住房的主体，并逐步实现与廉租住房统筹建设、并轨运行。

棚户区改造。全面推进县城和地方煤矿棚户区危房改造。稳步推进非成片棚户区、零星危旧房改造。稳步实施“城中村”改造，改善基础设施条件，完善居住功能。

农村危房改造。继续推进农村危房改造，优先帮助住房最危险、经济最贫困农户解决住房安全问题。落实建设基本要求，强化工程质量安全管理，完善档案管理和产权登记，推动农村基本住房安全保障制度建设。

保障性住房管理。加快基本住房保障地方立法工作，做好廉租住房、公共租赁住房和经济适用住房等各类保障性住房的政策衔接。建立健全多部门联动的收入（财产）和住房情况动态监管机制，制定公平合理、公开透明的保障性住房配租政策和监管程序，严格规范准入、退出管理和租费标准。健全保障性住房管理服务机构，提升住房保障管理人员素质，加强规范化管理。

第六节 繁荣文化体育事业，打好文化繁荣持久战

围绕建设社会主义核心价值体系和满足城乡居民精神文化需求的要求，坚持公益性、基本性、均等性、便利性，建立健全公共文化服务体系，扩大公共文化产品和服务的供给。推进全民健身公共服务体系建设。

继续实施文化惠民工程。以农村基层为重点，加快公共文化基础设施建设。推进建立县级公共电子阅览室和未成年人公益性上网场所。推动文化科技卫生“三下乡”、“送欢乐下农村”等活动制度化，充分发挥流动文化服务车、流动电影放映车作用。广泛开展村镇文化、校园文化、家庭文化等群众性文化活动，积极开展面向农民工和残疾人等群体的公益性文化服务。加大非物质文化遗产保护力度，逐步提高面向公众展示的水平。

落实农村文化记忆工程全覆盖，加强乡镇文化站基础设施建设，实现每个乡镇都有系统完整、图文并茂的文化发展记录，并依托乡镇综合文化站等设施加以展示；每个乡镇都

有全面生动、翔实准确历史文化资料数据库，并建立健全保护利用、检查评估、保障措施等长效机制。

加强基层公共体育设施建设。大力推动公共体育设施向社会开放，健全学校等企事业单位体育设施向公众开放的管理制度。全面实施全民健身计划，健全基层全民健身组织服务体系，扶持青少年和老年人体育俱乐部和体育健身站（点）等建设，发展壮大社会体育指导员队伍，大力开展全民健身志愿服务活动。积极推广广播体操、工间操以及其他科学有效的全民健身方法，广泛开展形式多样、面向大众的群众性体育活动。推动落实国家体育锻炼标准，加强学生体质监测，制定残疾人体质测定标准，定期开展国民体质监测。

“十三五”期间，围绕文化体育事业的发展，重点推进县美术馆建立；实施篮球馆及奥林匹克活动中心漫水桥续建工程；完成旧文化馆、原影剧院改造工程；建设以展览、学习、教育和娱乐为一体的现代化博物馆；推进村级小型文体广场建设；充实乡（镇）文化站；新建标准化综合性档案馆一座，初步实现以信息化为核心的档案管理现代化服务能力，提高档案工作服务经济社会发展的水平。

第七节　重视其他社会事业发展

一、完善广播电视服务体系

加强直播卫星平台建设。在有线网络未通达、无线网络不能覆盖的农村地区开展直播卫星公共服务。继续推进农村电影数字放映，将观看爱国主义教育影片纳入中小学教育教学计划。加强地面数字电视建设，逐步完成地面模拟信号向数字信号的转换，逐步推进有线电视的双向改造，不断提高无线广播电视公共服务的质量和水平。积极推进国家应急广播体系建设。

二、加强现代气象业务体系

进一步完善农业气象服务体系和气象灾害防御体系建设，探索气象为农服务新模式，提高气象预报预测能力、气象防灾减灾能力、应对气候变化能力、开发利用气候资源能力和台站建设水平。力争到2020年，建成20个气象信息示范村、2个农业气象观测示范站及3个社区气象防灾减灾示范社区；加密气象区域自动站监测网点，站数增加到17个。

三、强化应急抢险救灾体系

提高地震监测预报、震害防御、应急救援能力，推进防震减灾治理体系和治理能力现代化，提升全县防震减灾综合水平。加强应急救援队伍训练基地建设，建设标准规范、安全实用的应急避难场所，完善安泽一中操场国家二类标准应急避难场所的功能。健全应急管理体制，形成统一指挥、功能齐全、反应灵敏、运转高效的应急机制。强化监测系统，强化震害防御系统，重点做好全县重大项目工程的安全性评价工作，做好防震减灾法及科普知识的宣传普及，使城乡居民了解并掌握建设工程抗震设防的相关常识，提高公众安全意识和应对突发灾害的能力。

强化物资储备系统，按照全县8000人应急的要求，以每人三天的生活需求，准备充足的食品、药品及其他物品。

四、丰富基础测绘公共产品

加大公开版地图、地图集的监督和开发，建立县域内权威的地图网络，在保证国家机密得到保障的条件下大力促进综合减灾和风险管理信息共享平台，为地质灾害、资源私挖盗采的监测提供综合地理信息服务和测绘公共基准服务，实现基础测绘社会化服务。

建立普及宣传国家版图意识教育的长效机制，对我县所有中小学进行国家版图意识宣传教育活动，使广大学生从小就形成自觉维护国家主权及领土完整的尊严性。

五、推进其他社会事业健康发展

完成第二次地名普查的勘察、变更、命名、成果转化等相关工作。根据国家的部署，加强地名数据库建设，做好地名命名、更名和地名标志设置、维护，全面推进地名标准化进程。

推进专项社会事务管理法制化建设。积极推进婚姻登记改革，完善婚姻登记信息化管理系统，婚姻登记率达到95%以上，婚姻登记合格率达到100%。推进殡葬基本公共服务体系建设，重点支持新建公共殡仪馆和公益性公墓建设，实现公益性骨灰安放设施县域覆盖率达到70%。加强收养登记工作，建立国家供养、个人收养、家庭寄养等多样化机制，实现收养登记要件、材料出证、信息资料收集储存微机化管理，收养登记合格率达到100%。

依法加强统战、民族宗教事务管理。全面排查化解安全隐患，确保民族宗教领域安全稳定。做好工会、群团及妇联工作，为我县社会经济发展助力。

第八章　持续推进安全稳定，营造平安和谐新环境

发展是第一要务，安全是第一保障，坚持以人民为中心，牢固树立总体安全观，始终把安全稳定放在首要位置，不断强化“红线”意识、牢筑“底线”思维，全力确保社会平安和谐。

第一节　全面推进法治建设

大力推进依法执政，旗帜鲜明地把党的领导贯彻到依法治县全过程，把党总揽全局、协调各方同人大、政府、政协、政法机关依法依章程履行职能、开展工作统一起来，努力推进人大监督和协商民主法制化。大力推进行政，加快法治政府建设，深入落实《关于贯彻党的十八届四中全会精神加快推进法治安泽建设的实施意见》和《关于加强社会治安防控体系建设的实施意见》精神，全面提升全县党员干部法治思维和依法工作能力。形成党委领导、人大监督、政府实施、全社会参与的新模式，坚持全面推进多层次多领域依法治理，同步推进城乡法制建设，努力形成党政善治、社会共治、基层自治的良好局面。加强以德治国，用道德思想涵养法律，大力推进全民守法，健全依法维权和化解纠纷机制，努力形成办事依法、遇事找法、解决问题用法、化解矛盾靠法的良好法治氛围，引导全县群众用法治的思维、法治的方式自觉维护和谐稳定。大力推进法治文化建设，丰富法治文化活动载体和形式，利用“互联网+”推进法治文化阵地建设。加强公共法律服务体系建设，完善法律援助制度，构建完备的法律服务体系。积极稳妥推进司法体制改革，贯彻实施

"阳光司法"工程五年规划，深入开展执法司法规范化建设，不断提高司法质量、效率和公信力。切实加强政法队伍正规化、专业化、职业化建设。全面加强公检法司行政基层组织建设、业务建设、基础设施装备建设、保障能力建设和队伍建设，完成安泽县公安局业务技术用房及行政办公用房、人民法院审判法庭、唐城法庭和7个乡镇司法所的建设，充分发挥基层司法行政职能作用，为维护社会和谐稳定、促进经济社会发展做出积极贡献。

第二节　全力以赴确保安全生产

完善和落实安全生产责任和管理制度。严格落实"党政同责、一岗双责、失职追责"要求，完善领导干部定期研究、常态督查、履职登记、倒逼问责等制度机制，严格目标责任考核和"一票否决"。严格落实企业安全生产主体责任，实施企业安全生产诚信激励和失信惩戒机制，切实做到安全生产责任到位、投入到位、培训到位、基础管理到位和应急救援到位，推动创建本质安全型企业。

建立健全公共安全保障体系。加强全民安全意识教育，健全公共安全体系。深入开展煤矿、非煤矿山、危险化学品、道路交通、燃气、建筑施工、烟花爆竹、公共场所和人员密集场所安全等重点行业领域安全专项整治，从严打非治违，坚决防控重特大安全生产事故，减少较大事故和一般事故。完善道路交通安全设施建设，加强网络犯罪等重点行业安全管理，强化对流动人口的服务管理，强化对严重精神障碍患者等特殊人群的服务管理，减少公共安全隐患。

落实消防安全责任制，将消防安全标准化管理纳入乡镇、部门年度工作考核，督促社会单位严格落实消防安全监管主体责任。将消防安全"网格化"管理纳入社会服务指导中心"311"网络平台运行管理；认真落实城乡消防规划，对宾馆饭店、高层建筑等人员密集场所进行经常性检查，夯实农村火灾防控基础，提高社会公共消防安全保障水平、公民消防安全素质、社会消防安全管理水平，推动全县消防工作建设。

到2020年，全县基本形成较为完善的安全生产机制体系、技术支撑体系、信息体系、培训体系、宣传教育体系和专业化救援体系；事故总量、亿元CDP生产安全事故死亡率、工矿商贸从业人员10万人生产安全事故死亡率下降，坚决防控较大以上事故的发展。

政府应当加强对辖区内学校安全工作的领导，建立部门间互相协作的安全管理工作机制，教育行政部门负责制定学校安全工作考核标准和办法，建立安全工作责任制和事故责任追究制，公安机关及有关部门应当积极与学校建立治安管理联系制度。

实施食品安全战略，健全完善食品药品安全监管体系，加强食品药品监管队伍建设，提升全县食品药品安全治理能力，建立食品安全全程追溯制度，加快药品医疗器械审评审批制度改革，形成严密高效、社会共治的食品药品安全治理体系。

建立健全检验检测体系。提高县级检验检测能力建设水平，对县综合检验检测中心建设加大投入。建设规划科学、安全规范的检验检测实验室，统筹安排，科学布局，保证检验检测工作应急机制高效运转。健全检验检测专业人才培养机制，使人才培养工作长效化、高效化发展，切实提高检验检测人员技能水平。力争到2020年，县综合检验检测中心可独立完成上级规定的所有检验检测项目，检验检测能力在全市处于前列，为食品、药品、农产品等相关监管部门提供科学、有效、精确的技术保障与数据支撑，为我县社会民生发展助力。

落实粮食储备工作，完成国家下达的粮食储备任务，支持国有粮食企业开展异地储备和动态轮换工作，推进粮食储备主体多元化发展。完善粮食供应和应急体系，确保粮食市场供应。最大限度地减少紧急状态时期的粮食安全风险，避免社会恐慌情绪的爆发。

加强地震、大型灾害等预报及应急救援队伍和训练基地建设，建设标准规范、安全实用的应急避难场所，推广普及防灾文化，加强安全生产基础能力和防灾减灾能力建设。

加大监管执法力度，及时排查化解安全隐患。强化预防治本，改革安全评审制度，实行网格化和分类分级监管模式，提高风险动态监测和实时预警能力。强化安全生产宣传教育力度，定期组织开展“三责”教育，提高全社会安全意识。加强防灾减灾能力建设，切实维护人民生命财产安全。

第三节　持之以恒维护社会稳定

深入推进平安安泽建设。完善党委领导、政府主导、社会协同、公众参与、法治保障的社会治理体制。巩固、完善“三级中心，一网一格”体系的社会治理体制，推进社会治理精细化；深入实施“六六创安”，持续开展打黑除恶专项斗争，妥善做好邪教防范和处理工作，推进公安警务云应用平台建设，加快各部门及社会组织信用信息系统的互联互通和信息共享，推动大数据应用，构建全民共建共享的社会治理格局。

完善社会治安综合治理体制机制。落实中央《健全落实社会治安综合治理领导责任制规定》，严格落实属地管理和谁主管谁负责的原则，形成党委领导、政府主导、综治协调、各部门齐抓共管、社会力量积极参与，社会治安综合治理的工作格局。以信息化为支撑加快建设社会治安立体防控体系，加强各类社会稳定风险评估制度，完善社会矛盾排查预警和调处化解综合机制，加强和改进信访和调解工作，有效预防和化解矛盾纠纷。严密防范、依法惩治违法犯罪活动，维护社会秩序。健全利益表达、利益协调、利益保护机制，引导群众依法行使权利、表达诉求、解决纠纷。增强社区服务功能，实现政府治理、社会调节和居民自治良性互动。

大力推广党建、社会治理、公共服务网格化管理。不断完善网格化管理机制，加强基层综合服务管理平台建设和应用。加强社会治理基础制度建设，按照国家统一要求，建立人口基础信息库、统一社会信用代码制度和相关实名登记制度，完善社会信用体系。建立健全守信激励和失信惩戒机制。加强诚信教育与诚信文化建设，加快培养信用专业人才。健全社会心理服务体系和疏导机制、危机干预机制。贯彻国家总体安全观，落实重点领域国家安全政策，依法严密防范和严厉打击暴恐、邪教活动。

第九章　全面深化改革，为经济社会发展提供持续动力

围绕国家顶层设计，稳步推进各领域改革，在改革破题上下功夫，在改革创新上出举措，以改革争取战略主动，用改革激发生机活力。“十三五”时期，以改革引领山水园林

城建设，开创安泽建设的新局面。

第一节 加快推进转型综改试验区建设

发挥转型综改试验区建设的统领作用，聚焦我县资源型经济转型面临的突出问题和体制机制障碍，提高改革精准发力和精准落地能力，对已经出台的重大改革举措，强化力量统筹、质量统筹、落地统筹，确保改革举措落到实处。科学制定“十三五”综改试验规划和实施方案，围绕综合能源基地建设、社会管理、市场体制、行政管理、对外开放等重点领域，大胆探索、攻坚克难，建立完善支撑资源型经济转型的政策体系和体制机制，努力为全省其他资源型地区转型发展创造更多可复制、可推广的经验和办法。

第二节 深化市场经济体制改革 激发市场活力

引深重点领域和关键环节改革，加快形成有利于市场经济体系完善的市场环境、产权制度、要素市场、国有资产管理体制。深化投融资体制、财税体制改革。

推进产权制度、要素市场建设。科学界定产权，明确资产所有权归属，建立归属清晰、权责明确、保护严格、流转顺畅的现代产权制度。进一步完善资源要素的市场配置机制，加快建立城乡统一的建设用地市场和统一开放的人力资源市场，大力发展技术交易市场，促进人才、资金、科研成果等在城乡、企业、高校、科研机构间有序流动。

深化国有企业改革。创新国有资产监管和收益管理体制，完善国有资产保值增值、产权交易、统计评价、国有资本经营预算监管制度和国有资本收益共享机制。加快国有、集体企业分类改革，鼓励民营企业依法进入更多领域参与改革，鼓励国有资本以多种方式入股非国有企业。完善法人治理结构，建立社会化职业经理人市场准入制度。

加快形成统一开放、竞争有序的价格形成机制。建立公用事业定价机制。全面放开竞争性领域产品价格，不断完善市场决定价格机制，推进水价、电价、热价征收标准和费用补偿标准的市场化改革，让资源性产品价格反映市场供求、资源稀缺程度、生态环境损害成本和修复效益，用活价格杠杆促进资源节约。健全自然资源资产管理和监管体制，加快建设主体功能区。建立公平竞争保障机制，打破地域分割和行业垄断。

深化投融资体制改革。注重发挥财政资金的引导和杠杆作用，社会资本、民间资本等各类资本都可以进入法律没有明文禁止的领域。积极推广政府与社会资本合作（PPP）模式。促进私募基金企业加快发展，积极引进股权投资基金、产业风险投资基金、天使基金、并购基金。完善支持私募股权投资基金发展的政策措施，重点解决基金募集、政府跟投、市场退出等问题，激励私募基金扩大在我县的投资规模。通过政府参与股权投资基金和股权投资基金的市场化运作支持我县新兴产业发展壮大。

第三节 加快政府职能转变 建设法治政府

深化行政审批制度改革。全面清理行政审批事项，全部取消非行政许可审批事项。最大程度减少对生产经营活动的许可，最大限度缩小投资项目审批、核准的范围，最大幅度减少对各类机构及其活动的认定。取消不符合行政许可法规定的资质资格准入许可，加大取消和下放束缚企业生产经营、影响群众就业创业行政许可事项的力度，做好已取消和下放行政审批事项的落实和衔接。全面清理规范行政审批中介服务，对保留的行政审批中介服务实行清单管理并向社会公布，建立健全政府购买公共服务机制，加大教育、文化、卫生等领域政府购买服务力度。坚决整治“红顶中介”，切断行政机关与中介服务机构之间的利益链，推进中介服务行业公平竞争。

大力推行权力清单、责任清单、负面清单制度并实行动态管理。在全面梳理、清理调整、审核确认、优化流程的基础上，将政府职能、法律依据、实施主体、职责权限、管理流程、监督方式等事项以权力清单的形式向社会公开，逐一厘清与行政权力相对应的责任事项、责任主体、责任方式。

深化财税体制改革。建立事权和支出责任相适应的制度。建立全面规范、公开透明预算制度，完善政府预算体系，实施跨年度预算平衡机制和中期财政规划管理。建立规范的地方政府举债融资体制。健全优先使用创新产品、绿色产品的政府采购政策。优化企业发展环境，清理和规范涉企行政事业性收费，减轻企业负担，完善公平竞争、促进企业健康发展的政策和制度。创新公共服务提供方式，能由政府购买服务提供的，政府不再直接承办；能由政府和社会资本合作提供的，广泛吸引社会资本参与。加强财政收入管理，优化财政支出结构，提升财政资金绩效。

优化政府组织结构。深化政府机构改革和职责整合，加快事业单位分类改革，推进事业单位去行政化；深化行政体制改革，优化政府机构设置、职能配置、工作流程，理顺部门职责关系，积极稳妥实施大部门制。完善行政组织和行政程序法律制度，推进机构、职能、权限、程序、责任法定化。创新行政管理方式，完善政府绩效管理，加强绩效考核，探索建立政府绩效第三方评估机制，努力提高政府行政效能。推进各级政府事权规范化、法律化。

加强市场监管。清理、废除妨碍全国统一市场和公平竞争的各种规定和做法，破除部门保护、地区封锁和行业垄断。深化商事制度改革，继续清理工商登记前置审批，加快工商登记后置审批改革。进一步推进工商注册登记制度便利化，实现工商营业执照、组织机构代码证、税务登记证“三证合一”“一照一码”。推行电子营业执照和全程电子化登记，实行“一址多照”和“一照多址”。加强事中事后监管，创新市场监管方式，完善市场监管体系，建立透明、规范、高效的投资项目纵横联动、协同监管机制，实行综合监管，推广随机抽查，探索“智能”监管。加强社会信用体系建设，建立健全全国统一的社会信用代码制度和信用信息共享交换平台，推进企业信用信息公示“全国一张网”建设，依法保护企业和个人信息安全。

不断加强统计、审计、调查等干部队伍建设，着力提高统计数据质量和服务水平，努力提升统计监测和执法水平，认真履行审计机关法定职责和社会责任，积极探索发展资源环境审计，加强民生审计，为县委县政府科学决策提供及时、准确的信息依据，服务深化改革发展大局。

第十章　强化党的组织领导，为全面建成小康社会提供保障

深刻认识发展是党执政兴国的第一要务，深刻认识安泽如期全面建成小康社会的复杂性、艰巨性，改进党领导经济社会发展的工作体制机制，更好推动全县经济社会发展，确保“十三五”规划建议目标圆满完成。

第一节　健全完善党领导经济社会各项事业发展的体制机制

坚持党总揽全局、协调各方，充分发挥各级党组织领导核心作用。适应、把握、引领经济发展新常态，提高党委把握方向、谋划全局、提出战略、制定政策、推进改革的能力。加强党委领导经济社会工作的制度化建设，强化全委会决策和监督作用，完善党委研究经济社会发展战略、定期分析经济形势、研究重大方针政策的工作机制，推动党领导经济社会发展制度化、规范化、程序化。完善决策机制，提高科学决策能力，确保制定的重大战略、出台的政策措施符合客观规律。

坚持以解放思想为先导。坚定富民强县、全面建成小康社会的信心，坚决破除制约发展的思想障碍和体制机制障碍，始终保持充满激情、干事创业、攻坚克难的精神状态。坚持用习近平总书记系列重要讲话精神解放思想、凝聚共识、指导行动，准确把握精神实质，毫不动摇抓好贯彻落实，紧紧围绕“全面建成小康社会”这个总目标，自觉践行“五大发展”理念。

第二节　全面推行从严治党

强化政治担当，自觉履行主体责任。坚决地把管党治党作为重大的政治任务去严抓严管、真抓真管，全力营造风清气正的良好氛围。全面落实主体责任，全县各级党委（党组）要发挥纵览全局、协调各方的作用，始终把主要精力放在把方向、议大事、管全局上，切实担负起统一领导、直接主抓、全面落实的重大责任。层层压实压牢责任，全面贯彻落实《中国共产党问责条例》，坚持责任覆盖无盲区、压力传导不断档，全力构建科学完备、齐抓共管的责任体系。严肃考核问责追责，坚持以科学考核问责追责，进一步完善细化全县各级领导班子和领导干部考核细则，科学设定考核指标和权重，细化考核内容、从严考核标准，切实考准考实各级党委（党组）和领导干部。

突出思想引领，狠抓思想建设。坚持把思想建设作为党建工作的基础，全面强化理论武装，深入推进学习型党组织建设，坚持“两学一做”学习教育作为锤炼党性、转变作风、加强队伍建设的有效载体，积极培育核心价值观，牢牢把握正确舆论导向，坚持党管宣传、党管媒体，层层履行好主体责任、守土责任、管理责任，掌握意识形态工作领导权、话语权和主动权。

全面从严治吏，狠抓队伍建设。从严干部选拔任用，严格执行《党政领导干部选拔任用工作条例》，从严落实好干部“20字标准”，始终坚持“德才兼备、崇尚实干”的用人导向。严抓干部监督管理，落实中央《推进领导干部能上能下若干规定（试行）》，增强“为官会为”能力，追究“为官不为”责任，营造“为官愿为”环境，努力形成干事创业的良好氛围。统筹抓好各级队伍建设，加强人才队伍建设。强化自律功能，认真执行民主集中制，各级党员领导干部带头发扬党内民主，带头开展批评与自我批评。

围绕真抓实干，狠抓作风建设。大兴调查研究之风，扎实开展党员领导干部下乡驻村联户活动，健全完善领导干部基层联系点、蹲点调研、下访预约、结对帮扶等制度。大兴求真务实之风，坚持把求真务实贯彻到治党理政的全过程，确保县委的决策部署不折不扣地落到实处。大兴艰苦奋斗之风，各级党员干部要始终保持艰苦奋斗的优良传统。驰而不息狠刹“四风”，始终保持反对“四风”的高压状态，坚持“抓常”，加强对中央“八项规定”精神贯彻落实情况的监督检查，坚持“抓长”，建立完善长效机制，从制度层面祛除“四风”、树立正风。

坚持从严从实，狠抓党风廉政建设。坚持“标本兼治、综合治理、惩防并举、注重预防”的反腐倡廉方针，以严的标准、严的举措、严的执行推进党风廉政建设，切实以反腐倡廉实际成效取信于民。持续强化教育预防，坚持系统化、常态化抓教育预防。强化监督、执纪、问责“三项职能”，深入推进纪律建设、责任落实、“四风”整治、纪律审查、基层反腐、自身建设“六大任务”，努力打造风清气正的良好政治生态。

第三节　加强社区、农村基层党组织的建设

加强党组织对各类基层组织的领导。突出基层党组织的政治责任和政治属性，切实强化政治引领功能，提升服务能力和水平，加强对基层各类组织的统一领导和对群众的教育引导。

着力强化党的政治引领、思想引领、制度引领和作风引领。加强社区党组织对居委会、业委会和乡镇党组织对村党组织的领导。全面增强基层党组织战斗力，全面提升基层政权建设水平，推进基层治理体系和治理能力现代化，进一步巩固党的执政基础。

强化基层党组织整体功能。强化政治功能，不断强化社区、机关、企事业单位等基层党组织建设，切实加大“两新”组织党建工作力度，全面推进党的组织、党的工作党员作用发挥“三个全覆盖”；强化发展功能，牢固树立“引领就是发展”理念，不断强化基层党组织在集体经济发展壮大的引领功能，坚持因地制宜、因村施策，找准符合各村实际的发展途径。

着力健全完善基层工作六个体系。责任体系更加明晰，形成一级抓一级、层层抓落实、各部门齐抓共管的良好格局；组织体系更加严密，基层党员干部担当有为，基层党组织坚强有力，基层各类组织作用充分发挥；基层社会治理体系更加健全，党领导的多元主体参与、法治德治自治相结合的基层治理机制逐步完善；基层联系服务体系更加高效，广大群众有更多的获得感；基层工作制度体系更加完备，基层权力运行更加规范。基层基础保障体系更加有力，人财物资源进一步向基层倾斜。

强化农村基层党组织的领导核心地位。加强村党组织对村级组织机构和村级事务的领导，支持和保证村级其他组织机构依法依规行使职权，明确村级组织换届选举候选人（自荐人）资格条件，从源头上把好村干部素质关。坚持和完善村党组织书记主持村务联席会议制度，完善社区“两委”议事协调机制。

第四节　坚持群众路线，凝聚富民强县强大合力

充分发扬民主，贯彻党的群众路线，提高宣传和组织群众能力，加强经济社会发展重

大问题和涉及群众切身利益问题的协商，依法保障人民各项权益，激发各界人士的主人翁意识。加强思想政治工作，创新群众工作体制机制和方式方法，注重发挥工会、共青团、妇联等群团组织的作用，正确处理人民内部矛盾，最大限度凝聚全社会推进改革发展、维护社会和谐稳定的共识和力量。高度重视做好意识形态领域工作，切实维护意识形态安全。

巩固和发展最广泛的爱国统一战线，充分发挥民主党派、工商联和无党派人士作用，支持人大、政府、政协、司法机关和工青妇等人民团体依法开展工作。做好新形势下民族、宗教、侨务和对台等工作。加强协商民主制度建设，创新协商内容和形式，推进协商民主广泛多层制度化发展。支持国防和军队建设，做好双拥工作，巩固发展军政军民团结。

第五节 坚持人才强县，创新人才培养集聚体制机制

加强和改进党对人才工作的领导。坚持柔性引进，积极与大专院校、科研院所合作，大力发展“院县共建”工作，加强“院县共建”人才工作基地建设，实现合作共赢。重点培育高层次人才、高技能人才、企业家人才和乡土实用人才四支人才队伍。对有影响力的专家学者优先聘请为县委政府顾问或争取在县政府挂职。着力打造产业转型、文化旅游产业升级和农业一二三产业融合发展三个人才高地。推进人才发展体制机制创新，制定乡土人才培养规划，建立健全以政府奖励为导向、用人单位和社会力量奖励为主体的人才奖励体系。制定完善支持创新型小微企业、创新型人才成长政策体系，形成具有特色和竞争力的人才制度优势。

第十一章 健全保障实施机制，确保规划组织落实

确保规划组织落实，必须建立健全规划执行的监督评估机制，明确规划的法定性、权威性、指导性和严肃性。

第一节 明确规划的法定性、权威性、指导性和严肃性

“十三五”规划是政府为社会提供的最重要的公共产品之一，具有法定性、权威性、指导性和严肃性。本规划的制定凝聚了各个方面的智慧，反映了广大人民群众的意愿。各级政府和部门要认真组织实施，切实把规划确定的宏伟蓝图落实到实处。全县各专项规划要与本规划确定的战略指标、重点任务、重大项目衔接，使本规划目标任务通过各专项规划的实施得到落实。

第二节 建立健全规划执行的监督评估机制

本规划纲要是统领全县经济社会发展全局的发展规划，是编制其他各类规划的依据。本规划确定的各项指标，要纳入各级政府综合评价和绩效考核。县发展和改革局要加强对本规划实施情况的跟踪分析，有关部门也要跟踪分析相关领域规划的实施情况，及时向县发展和改革局反馈意见。各级政府各部门要自觉接受同级人民代表大会及其常务委员会对本规划实施情况的监督检查。

在本规划实施的中期阶段，要组织对规划实施情况进行中期评估，检查规划落实情况，分析规划实施效果，找出规划实施中的问题，提出解决问题的对策建议，形成中期评估报

告，上报县政府。经中期评估，若需要对本规划进行修订，县政府提出修订方案，提请县人民代表大会常务委员会批准实施。

本规划在实施期间，如遇国内外环境发生重大变化或其他重要原因导致实际运行与规划目标发生重大偏离时，县政府将适时提出调整方案，提请县人民代表大会常务委员会审议批准。

“十三五”时期是我县实现富民强县发展战略，全面建成小康社会攻坚决胜期。全县各级组织要在县委、县政府的统一领导下，高举中国特色社会主义伟大旗帜，为实现我县国民经济和社会发展第十三个五年规划，全面建成小康社会而努力奋斗！

附件1

“十三五”时期安泽县经济社会发展主要指标情况表

指标名称	2015年完成	2020年目标	年均增长或累计	属　性
一、经济发展（5项）				
1. 地区生产总值（GDP）（亿元）	42.13	58	6.51%	预期性
2. 全员劳动生产率（万元/人）	36.12	41	3%左右	预期性
3. 城镇化率（%）				
常住人口城镇化率（%）	39.8	46.3	[6.5]	预期性
户籍人口城镇化率（%）	20.72	25	[4.28]	预期性
4. 服务业增加值比重（%）	17.8	25	[7.16]	预期性
5. 旅游总收入（亿元）	2.2	3.4	10%	预期性
二、创新驱动（3项）				
6. 研究与试验发展（R&D）经费投入强度（万元）	978	1200	4.18%	预期性
7. 每万人口发明专利拥有量（件）	1	6	1	预期性
8. 互联网普及				
固定宽带接入用户普及率（%）	12	37	5	预期性
移动互联网用户普及率（%）	57	75	3.6	预期性
三、民生福利（8项）				
9. 居民人均可支配收入（元）				
城镇常住人口人均可支配收入（元）	23836	31898	6%	预期性
农村常住人口人均可支配收入（元）	7811	10702	6.5%	预期性
10. 学前阶段毛入园率（%）	97.8	100	0.44	预期性
高中阶段教育毛入学率（%）	88.7	90	26	

续表

指标名称	2015年完成	2020年目标	年均增长或累计	属　性
11. 城镇新增就业人数（人）	1027	1129	0.80%	预期性
12. 贫困人口脱贫（人）	3000	9983	46.55%	约束性
13. 城镇棚户区住房改造（套）	501	400		约束性
14. 人均预期寿命（岁）	75	76	[1]	预期性
15. 卫生发展				
婴儿死亡率（‰）	5.72	≤9	—	预期性
孕产妇死亡率（1/10万）	13.51	≤18	—	预期性
16. 每千名老年人拥有养老床位数（张）	40	50	5%	预期性
四、生态文明（8项）				
17. 万元地区生产总值用水量（立方米）	2.56	2.56	—	约束性
18. 单位地区生产总值能源消耗降低（%）	4.52	—	[15]	约束性
19. 单位地区生产总值二氧化碳排放降低（%）	3	—	[18]	约束性
20. 森林发展				
林木绿化率（%）	67.2	70	0.54	约束性
森林覆盖率（%）	44.32	46.54	0.44	约束性
森林蓄积量（万立方米）	457	530	14.6	约束性
21. 空气质量				
空气质量优良天数比例（%）	99.7	100	[0.3]	约束性
细颗粒物（PM10）浓度下降（%）	11	0	4	约束性
22. 主要污染物排放总量减少（%）				
二氧化硫（%）	5	3	0.6	约束性
化学需氧量（%）	10	5	1	约束性
氮氧化物（%）	5	3	0.6	约束性
氨氮（%）	10	5	1	约束性
烟尘（%）	3	0.8	0.16	约束性
粉尘（%）	3	0.8	0.16	约束性
五、安全发展（2项）				
23. 亿元地区生产总值生产安全事故死亡率（人/亿元）	0.095			约束性
24. 煤矿百万吨死亡率（人/百万吨）	0	0	0	约束性

注：1. GDP、全员劳动生产率、居民收入绝对数和增长速度按2015年可比价格计算；

2. [ ] 内为5年累计数

附件 2

名词解释

1.“四个全面”：全面建成小康社会、全面深化改革、全面依法治国、全面从严治党。

2. 五位一体总体布局：是十八大报告的“新提法”之一。指经济建设、政治建设、文化建设、社会建设、生态文明建设五位一体。

3. 五大发展：创新发展、协调发展、绿色发展、开放发展、共享发展。

4. 供给侧结构性改革：从提高供给质量出发，用改革的办法推进结构调整，矫正要素配置扭曲，扩大有效供给，提高供给结构对需求变化的适应性和灵活性，提高全要素生产率，更好满足广大人民群众的需要，促进经济社会持续健康发展。

5. 三去一降一补：指去产能、去库存、去杠杆、降成本、补短板。

6. 经济新常态：指经济发展进入高效率、低成本、优结构、中高速、可持续的发展阶段，表现为速度变化、结构优化、动力转换三大特征，即经济增长速度从高速增长转向中高速增长，经济结构从增量扩能为主转向调整存量、做优增量并存的深度调整，经济发展动力从要素驱动、投资驱动向创新驱动转换。

7.“一带一路”：指“丝绸之路经济带”和“21 世纪海上丝绸之路”的简称，是依靠中国与有关国家既有的双多边机制，借助既有的、行之有效的区域合作平台，旨在借用古代“丝绸之路”的历史符号，高举和平发展的旗帜，主动地发展与沿线国家的经济合作伙伴关系，共同打造政治互信、经济融合、文化包容的利益共同体、命运共同体和责任共同体，努力实现政策沟通、道路联通、贸易畅通、货币流通和民心相通。

8. 京津冀协同发展：核心是京津冀三地作为一个整体协同发展，要以疏解非首都核心功能、解决北京“大城市病”为基本出发点，调整优化城市布局和空间结构，构建现代化交通网络系统，扩大环境容量生态空间，推进产业升级转移，推动公共服务共建共享，加快市场一体化进程，打造现代化新型首都圈，努力形成京津冀目标同向、措施一体、优势互补、互利共赢的协同发展新格局。

9.“环渤海地区”亦或是“环渤海经济圈”：狭义上是指辽东半岛、山东半岛、环渤海滨海经济带，同时延伸辐射到山西、辽宁、山东以及内蒙古中东部，分别约占全国国土面积的 13.31%和总人口的 22.2%。区域内包括北京、天津、沈阳、大连、太原、济南、青岛、保定、石家庄等多座城市。

10. 晋陕豫“黄河金三角”地区：包括山西省运城市、临汾市，陕西省渭南市和河南省三门峡市四个市。共辖 47 个县（市、区）。其中：临汾市 17 个县（市、区），安泽县包括在内，运城市 13 个县（市、区），渭南市 11 个县（市、区），三门峡市 6 个县（市、区）。

11.“百里汾河生态经济带”：北起霍州，南至侯马，南北长约 106 公里，东西以汾河为轴线各外延 10 公里，东西宽约 22 公里，总面积约 2200 平方公里。覆盖了临汾下辖的 6 个县（市、区），是临汾经济社会发展的核心区域。

12. 中国制造 2025：是中国政府实施制造强国战略第一个十年的行动纲领。计划通过

"三步走"实现制造强国的战略目标：第一步，到 2025 年迈入制造强国行列；第二步，到 2035 年中国制造业整体达到世界制造强国阵营中等水平；第三步，到新中国成立一百年时，综合实力进入世界制造强国前列。

13. "三个突破"：意指实现科技创新、民营经济、金融振兴的突破。

14. "三大规律，三大发展"：发展必须是遵循经济规律的科学发展，必须是遵循自然规律的可持续发展，必须是遵循社会规律的包容性发展。

15. 研究与试验发展（R&D）经费支出：指统计年度内全社会实际用于基础研究、应用研究和试验发展的经费支出。包括实际用于研究与试验发展活动的人员劳务费、原材料费、固定资产购建费、管理费及其他费用支出。

16. "多规融合"：各类规划相互矛盾，覆盖广度、深度不一，带来城乡分割、重城轻乡、用地粗放等一系列问题。各类规划在工作目标、空间范畴、技术标准、运作机制方面存在交叉，又缺乏科学有效的编制实施衔接机制，相互之间的矛盾日益突出，尤其以空间安排、空间管制等方面的矛盾最为突出，直接影响城镇建设项目的落地和生态环境的保护。因此，将专项规划各成体系到建立一套能实现新型城镇化战略发展目标的高度协调、统一、权威的空间规划制度体系，即为"多规融合"。

17. "互联网+"：指一种新的经济形态，即充分发挥互联网在生产要素配置中的优化和集成作用，将互联网的创新成果深度融合于经济社会各领域之中，提升实体经济的创新力和生产力，形成更广泛的以互联网为基础设施和实现工具的经济发展新形态。

18. 农村面源污染：是指农村生活和农业生产活动中，溶解的或固体的污染物，如农田中的土粒、氮素、磷素、农药重金属、农村禽畜粪便与生活垃圾等有机或无机物质，从非特定的地域，在降水和径流冲刷作用下，通过农田地表径流、农田排水和地下渗漏，使大量污染物进入受纳水体（河流、湖泊、水库、海湾）所引起的污染。

19. BOO：即建设—拥有—经营，承包商根据政府赋予的特许权，建设并经营某项产业项目，但是并不将此项基础产业项目移交给公共部门。

20. PPP 模式：即公私合营模式，指部分政府责任以特许经营权方式转移给社会主体（企业），政府与社会主体建立起"利益共享、风险共担、全程合作"的共同体关系。通过公私合营，政府的财政负担减轻，社会主体的投资风险减小。

21. "飞地经济"：指两个相互独立、经济发展存在落差的行政地区打破原有行政区划限制，通过跨空间的行政管理和经济开发，实现两地资源互补、经济协调发展的一种区域经济合作模式。

22. 全域旅游：是指在一定区域内，以旅游业为优势产业，通过对区域内经济社会资源尤其是旅游资源、相关产业、生态环境、公共服务、体制机制、政策法规、文明素质等进行全方位、系统化的优化提升，实现区域资源有机整合、产业融合发展、社会共建共享，以旅游业带动和促进经济社会协调发展的一种新的区域协调发展理念和模式。

23. "三级中心，一网一格"："三级中心"就是在县级建立安泽县社会服务管理指导中心，在7个乡（镇）成立了乡镇社会服务管理中心，在103个行政村成立了村级社会服务管理中心。同时还在45个县直部门组建了便民服务室，组成了一支“三级联动”的服务队伍，形成了县委主导、乡镇主体、农村主动的工作格局；

“一网”就是“安泽社会管理党建联动服务网”，即安泽县在探索实践中整合基层党建网、阳光农廉网和平安创建网，搭建起一个多功能的网络服务平台；

“一格”就是安泽县在城区同步实施、在农村有序推进网格化管理。

24. 六六创安：包括着力打好打黑除恶、打击两抢一盗、治爆缉枪、打击电信诈骗、打击传销、破案追逃等“六场硬仗”；开展对城乡接合部、城中村、工矿区、出租房屋、九小场所、校园及周边等社会治安重点地区“六项整治”；推进街面防控网、社区防控网、单位内部防控网、视频监控网、区域警务协作网、虚拟社会防控网“六网覆盖”；化解征地拆迁、村矿矛盾、劳动关系、医患关系、交通事故、环境污染等“六类纠纷”；抓好刑释解教人员、社区矫正对象、吸毒人员、具有肇事肇祸倾向的精神病人、易感染艾滋病病毒危险行为人群、社会闲散青少年等“六类特殊人群”管控帮教；深化以平安家庭、平安社区、平安单位、平安矿区、平安乡镇、平安县市为主要内容的“六安联创”活动。

25. 新三板：原指中关村科技园区非上市股份有限公司进入代办股份系统进行转让试点，因挂牌企业均为高科技企业而不同于原转让系统内的退市企业及原STAQ、NET系统挂牌公司，故形象地称为“新三板”。新三板的意义主要是针对公司的，会给该企业，公司带来很大的好处。目前，新三板不再局限于中关村科技园区非上市股份有限公司，也不局限于天津滨海、武汉东湖以及上海张江等试点地的非上市股份有限公司，而是全国性的非上市股份有限公司股权交易平台，主要针对的是中小微型企业。

26. 主体功能区制度：主体功能区是根据不同区域的资源环境承载能力、现有开发密度和发展潜力，统筹谋划未来人口分布、经济布局、国土利用和城镇化格局，确定不同区域的主体功能，并据此明确开发方向，完善开发政策，控制开发强度，规范开发秩序。按开发方式，将我国国土空间划分为优化开发、重点开发、限制开发和禁止开发四类；按开发内容，分为城市化地区、农产品主产区和重点生态功能区。推进形成主体功能区，有利于推进经济结构战略性调整，缩小地区间基本公共服务差距，促进资源节约和环境保护，加强和改善区域调控。建立健全主体功能区制度，需要健全保障形成主体功能区布局的法律法规、体制机制、规划和政策及绩效考核评价体系。

新作为引领新常态　新形象谱写新篇章
为全面建成小康社会而努力奋斗

——2016年8月5日在中国共产党安泽县第十四次代表大会上的报告

安泽县委书记　李　强

一、回顾“十二五”，县域经济和社会各项事业取得阶段性胜利

“十二五”期间，我们按照县十三次党代会的总体部署，紧紧围绕“一创六县三转化三目标”工作思路，大力实施“六县战略”，全面加强党的建设，全力加快建设生态安泽、富裕安泽、幸福安泽，全县始终保持了大局稳定、经济发展、社会和谐、人民安康的良好局面。

一是大力实施“生态立县”战略，绿色优势全面彰显。五年来，始终把生态作为安泽的最大财富、最大优势和最大潜力，持续实施造林绿化，林木覆盖率稳居全省第一；坚持绿化管理并举，持续开展“护林攻坚”和“绿剑一号”专项行动，严厉打击毁林开荒、乱砍乱伐等违法犯罪行为，打造了绿水青山。深入开展“环境提升年”活动，重点实施生态治理等五项提升工程，扎实推进沁河流域治理等工作，全县空气质量始终保持在二级以上，其中一级天数稳定在170天以上，稳居省市前列。

二是大力实施“农业固县”战略，主导产业提质增效。五年来，立足“绿色、有机、生态”优势，全力推进五大主导产业健康发展，大力实施“双千万”惠农促农工程，精准奖补资金1131万元，全县玉米产量稳定在14万吨以上；规模养殖大户达到210户，畜禽总量达到164万头（只）；核桃面积稳定在5.5万亩，4000余亩挂果见效；新发展蔬菜日光温室106座、春秋棚372座；合作社总量达到404个，农产品加工销售收入突破1亿元；全面摸清了全县中药材资源底数，我县被确定为全省中药材“一县一业”基地县，“安泽连翘”顺利通过国家原产地地理标志产品认证，农民人均纯收入增幅达73.3%，农业产业扩规提质、农民持续增收。

三是大力实施“工业强县”战略，经济平稳健康运行。五年来，全力推进煤焦产能提升，全县煤矿产能由390万吨提升为510万吨，两个焦化企业焦炭产能提升为240万吨、甲醇产能达到20万吨、发电量3亿千瓦时、焦油8万吨，产业链条不断延伸升级，形成了集煤焦、发电、化工回收为一体的产业链条。特别是在经济下行、煤焦市场持续低迷的情况下，全县上下联动、一企一策，帮助企业共渡难关，全县工业企业始终保持了满负荷生产，永鑫120万吨/年焦化干熄焦余热余压发电废水深度处理回用等项目相继投产，走出了一条“革命兴煤”的新路子。

四是大力实施“城镇塑县”战略，城乡面貌焕然一新。五年来，全力推进“山水园林

城”建设，先后编制完成3个总体规划和14个专项规划体系，县城面积扩大到4.17平方公里。有序推进“一纵一横”旧城改造提升、奥体中心等城建重点工程，相继建成了一批高档住宅小区，县城综合承载能力和城市品位明显提升。着力统筹城乡发展，全力加快“一廊两道七区”新农村建设，全县村容村貌焕然一新，农民生产生活条件持续改善，城乡实现协调发展。

五是大力实施“文化兴县”战略，发展软实力显著增强。五年来，深入挖掘地方特色文化，持续打响打靓荀子文化品牌，完成了荀子文化园内涵充实等工程建设，杜村太岳革命旧址成功申报为省级爱国主义教育基地；着力开发特色旅游产业，打造了春游黄花踏青、夏游生态避暑、秋游登高赏红、冬游雪松冰瀑四季精品旅游路线。大力弘扬“三个文化”，深入践行核心价值观，先后举办两届“感动安泽”系列人物评选活动，成功创建省级文明县城，全县文明水平显著提升。在全省率先完成行政村文体活动场所全覆盖、数字电视安装收看全免费；“乐在周五”“农民健身舞”等群众文化活动实现村村全覆盖，群众文化享受“零费用”、文化参与“零距离”、文化培训“零门槛”，极大满足了群众日益增长的精神文化生活需求。

六是大力实施“民生和县”战略，群众幸福指数持续攀升。五年来，坚持把改善民生作为一切工作的出发点和落脚点，持续实施十二年教育全免费、玉米保险、全县群众人身意外保险等28个民生实事全覆盖，坚持每年力办10件民生实事，始终保持民生支出只增不减，最大限度地提高群众获得感。教育上，累计投入2.7亿元，先后完成了县一中和21所乡镇中小学幼儿园新建提升工程，硬件建设堪称省市一流；全面推进素质教育，义务教育均衡通过国家验收，让孩子在家门口就受到了良好教育。卫生上，累计投入6400余万元，先后完成新中医院、县医院新住院部以及七个乡镇卫生院改扩建等工程建设，顺利完成了公立医院改革任务，新型农村合作医疗参合率稳定在99%以上，成功创建全国中医药工作先进县、计划生育优质服务县。交通上，大力实施乡镇连通路、村村通、户户通等交通路网工程，全面开通了城乡公交、城市公交，极大地方便了群众出行。饮水上，大力实施农村安全饮水工程、县城饮水提质工程，让全县群众喝上了优质放心水。社会保障上，全面推行“社会保障一卡通”，养老、医疗、工伤、失业等社会保险应保尽保，城乡低保、农村五保保障范围和标准逐年提高，80周岁以上老人补助、离职村两委干部补贴等举措深得人心。平安建设上，大力实施“六六创安”，建成城区出入境高清监控和350M数字集群无线通信指挥系统，民兵预备役和双拥工作全面加强，社会持续和谐稳定，群众安全感和满意度名列全省第一。

七是全力聚焦党建主业，坚定不移地推进全面从严治党。五年来，连年开展“党建提升升级年”活动，狠抓思想建设。每年组织15次以上县委中心组学习。持续强化党性教育，深入开展党的群众路线教育实践活动、学习讨论落实活动、“三严三实”专题教育、“两学一做”学习教育等一系列活动，具体做法和实际成效得到中央、省、市充分肯定。持续强化干部教育培训，在全市率先举办“干部大学堂”，累计举办81期，培训干部2.6万人次；统筹推进培训资源整合进党校，常态化开展各类专题培训，全县干部队伍视野更加开阔，思想更加解放，能力素质全面提升。狠抓队伍建设。紧紧围绕“一提高五加强”工作思路，狠抓领导班子建设，各级班子的凝聚力、向心力和执行力全面加强。持续强化“德才兼备、注重基层、注重实绩、注重民意”的用人导向，扎实推进“三个一批”，深入开展“六查”，从严干部选任程序纪律，将全面从严贯穿了干部监督管理全过程。在全市率先建立农村支部书记激励机制，打造了农村不走的工作队，各类队伍齐头并进，提供了坚强的队伍保障。狠抓组织建设。着眼于全面增强基层党组织的政治功能和服务功能，探索完善提升了“三级中心、一格一网”工作体系，服务量连年大幅度上升，信访量连年下降。着眼于全面提升基层党组织引领和服务发展的能力，持续开展“双引领双服务”主题活动，基层党员和党组织引领发展和服务发展的能力全面提升，全县村集体经济由弱变强。着眼于全面提升基层党组织服务群众的能力，扎实开展“三联两报到”活动，全县党员干部在直接联系服务群众中改进了工作作风。着眼于全面推进主业主责落实和工作规范法治运行，创新开展“亮、述、晒、评、转”工作法，形成了职责清、责任明、法治化、透明化、规范化的工作机制。狠抓党风廉政建设。从严履行党委主体责任和纪委监督责任，统筹推进责任落实、教育预防、作风建设等各项工作，乡镇纪检组织实现全覆盖。始终保持作风建设的高压态势，驰而不息狠刹“四风”，始终保持严惩腐败高压态势，严查各类腐败案件，构造了良好的政治生态。

各位代表、同志们，过去的五年，是我们凝心聚力、团结奋进的五年；是我们科学应对、克难攻坚的五年；是我们开拓创新、积极探索的五年；是我们抢抓机遇、乘势而上的五年，先后荣获全国绿化模范县、全国生态文明先进县、全国平安建设先进县、全省林业生态县、省级卫生县城等荣誉称号。这一切都凝聚着广大干部群众和社会各界的心血与汗水。在此，我代表中共安泽县第十三届委员会，向全县广大党员干部群众，向所有关心和支持我县发展的各级领导和社会各界，表示衷心的感谢！

二、站在新起点，谋求新发展，确保如期全面建成小康社会

谋事贵在审时，发展首在度势。我们只有全面审时度势，正确认知优劣，准确地把握发展脉搏，科学谋划发展路径，才能全力加快安泽发展。

从国际环境看，和平与发展仍是当今时代的主题，世界多极化、经济全球化、文化多样化、社会信息化深入发展，世界经济在深度调整中曲折复苏，新一轮科技革命和产业变革蓄势待发，为我县产业转型发展和结构优化提供了契机。同时，国际金融危机深层次影响继续显现，国际投资贸易格局和多边投资贸易规则酝酿深刻调整，世界经济环境的不确定性依然存在。

从国内环境看，我国进入全面建成小康社会决胜阶段，经济长期向好基本面没有改变，发展仍处于可以大有作为的重要战略机遇期，经济发展新常态的特征更加明显，特别是党中央确立了五大发展理念，积极推进供给侧结构性改革，为未来发展明确了思路、方向和路径。国家加快实施"一带一路"、京津冀协同发展、环渤海地区合作发展等重大战略，特别是山西被纳入《京津冀协同发展规划纲要》和《环渤海地区合作发展纲要》，为我们借势发展、融合发展、开放发展提供了难得的历史机遇。加之，国家实施创新驱动战略、中国制造2025、"互联网+"行动计划等，为我县加快产业转型升级提供了重大政策利好。

从省内环境看，省委、省政府主动适应经济发展新常态，提出了"重塑山西美好形象，实现山西振兴崛起"的工作要求，新任省委书记骆惠宁同志指出，要以习总书记系列重要讲话精神为指引，毫不动摇地贯彻党的基本路线，坚持构建良好政治生态和推动经济稳定向好"两手硬"，加强和改进党委对经济工作的领导。并强调要狠抓发展第一要务，狠抓改革第一动力，狠抓民生第一关切，狠抓党建第一责任，这些都为我们发展指明了方向和重点。

从全市环境看，我市经济总体保持稳中有进、稳中有为的良好态势，随着临汾被列为国家66个区域级流通节点城市、国家节能减排财政政策综合示范城市、国家信息惠民试点城市，特别是"百里汾河生态经济带"被列入黄河金三角区域合作规划上升为国家战略，以及公路、铁路、航空"三位一体"交通体系的初步形成，都将为我们推动发展增添了更多活力、提供了更大"红利"，为我们实现融合发展提供了空间。

从我县内部环境看，全县经济社会发展始终保持了稳中有进、稳中有为的态势，发展方式不断转变，发展环境不断优化，特别是经过这些年的积累和储备，具备了实现持续健康发展的综合优势。生态资源得天独厚，我县是国家级生态示范区、省级生态示范县，全县林木覆盖率高达67.2%，稳居全省首位，全县森林蓄积量401万立方米，人均48.9立方米，其中有安泽县森林公园和红叶岭两个省级森林公园、红泥寺省级自然保护区，境内野生动植物品种达800余种，优质中药材达288种，仅野生连翘面积就达150万亩，开发利用价值巨大；漫山遍野不仅物丰景更美，春有黄花、夏有青松、秋有红叶、冬有冰瀑，令人留连向往，"绿山青山"就是我们的"金山银山"。全县水资源丰富，人均水资源占有量是全省人均的9倍；黄河一级支流、全省第二大河、唯一一条无污染河流——沁河纵贯全县南北109公里，23条较大河流和145处小泉小水交相辉映，水使安泽处处充满着灵气和生机。安泽气候温和，年平均气温9.4℃，春天温暖、夏无酷暑、秋凉气爽、冬无严寒，阳光充足，雨量充沛；全县空气质量良好，二级以上天数连年稳定在364天以上，其中2015年一级天数达215天，稳居省市前列，在安泽居住既养身、又养生、更养心。伴随着我国已进入大众化旅游时代、全国各地雾霾天气的不断恶化，安泽的蓝天白云、青山绿水、清新空气、宁静生活必将成为有志之士投资的热土，必将成为人们休闲养生旅游度假的最佳目的地。产业资源优势明显，全县矿产资源丰富，煤、铁、铝矾土、煤层气等品种诸多，其中煤炭资源面积达1944平方公里，占全县总面积的98.8%，储量达240多亿吨，仅有唐城上庄、三交一带约40平方公里优质主焦煤正在开发，县城以南1904平方公里优质电煤尚未开发。虽然目前煤焦市场低迷，但随着"三去一降一补"工作任务的推进，我县优良的煤焦品质、现代化的企业管理模式，将会赢得市场主动权；煤焦作为一种基础资源，在短时间内不可能全部被新型能源所替代，通过延伸产业链条仍能增值增效。特别是全县煤层气储量巨大，尚未开发利用，煤层气审批权下放省级，将给我们提供十分难得的发展机遇。区位优势更加明显，我县是临汾的“东大门”，东联长治、南接晋城，随着中南铁路通车和长临高速即将全线贯通，交通枢纽的区位优势必将形成大量的人流、物流、信息流、资金流、技术流，必将会兴起旅游、服务、商贸等产业的蓬勃发展，全县的发展格局将会进一步拉大，将会形成西接“百里汾河经济带”、东融“环渤海地区经济圈”、北连“京津冀经济圈”、南通“中原经济区”的发展新格局。城镇化发展潜力巨大，我县目前的城镇化率仅为39.5%，对照2020年全国城镇化率达到60%的目标，按照城镇化率每提高1个百分点，可拉动GDP增长1.5%、拉动消费增长1.6%、拉动投资增长3.7%的规律，我们可拓展的空间很大，发展的潜力巨大。对内来讲，随着农民收入的增加，对子女教育的重视，生活品质的提高，必将会有大量的农民市民化，加快城镇化建设既能顺应群众期盼，又将拉动经济发展。对外来讲，宜游宜居的安泽，必将会集聚大量的外来人口安家兴业。全县大局稳定，县委持之以恒狠抓党的建设，持续改善民生，最大限度地统一了全县干部群众思想，凝聚了发展的强大合力；始终从严推进党风廉政建设，全县发展环境不断优化，政治生态不断净化；特别是通过县乡换届换出了新面孔、换出了新作风、换出了新干劲、换出了新面貌，全县始终保持着政治清明、大局稳定、干群思进的良好态势，这些都是我们难得的政治优势和队伍保障。

在看到优势的同时，我们也要清醒地认识到，我县发展还存在着一些迫切需要解决的突出困难和问题。作为典型的资源型县份，发展不充分、不协调、不全面、不可持续的问题尚未得到根本解决，后发展欠发达的基本县情没有根本改变，尤其是全面建成小康社会还存在突出短板，发展不足、规模不大、结构不优、质量不高、效益不好、创新不够的问题仍然突出。经济总量小、全市占比低，加快发展的任务艰巨；经济结构性矛盾突出，“一煤独大”的局面尚未实质性改变，调整产业结构的任务艰巨；城乡发展不平衡，城镇化水平较低，推进城乡一体化发展的任务艰巨；全县贫困人口还有9983人，脱贫摘帽的任务艰巨；基本公共服务和社会保障体系还不完善，保障和改善民生的任务仍然艰巨；干部作风建设和党风廉政建设任重道远，这些都需要我们在今后的工作中全力破解，重点解决。

在科学分析判断经济形势的基础上，今后五年，全县工作的总体思路是：高举中国特色社会主义伟大旗帜，以邓小平理论、三个代表重要思想、科学发展观为指导，深入学习贯彻党的十八大、十八届三中四中五中全会和习近平总书记系列重要讲话精神，切实加强党的领导，统筹推进“五位一体”总体布局和协调推进“四个全面”战略布局，紧紧围绕“全面建成小康社会”这个总目标，自觉践行“五大发展”理念，主动适应经济发展新常态，着力推进绿色生态、工业提质、三产升级、城乡建设、民生改善、创新驱动、安全稳定，加快建设山水田园城和精品旅游县，全面从严加强党的建设，努力实现安泽全面振兴、绿色崛起。

实现以上目标，必须全面加强和改进党对经济工作的领导，理直气壮地狠抓发展第一要务，统筹稳增长、调结构、促改革、惠民生、防风险，全力推进经济持续稳定向好，重点做好以下几方面工作：

一是持续厚植生态优势，展现美丽安泽新形象

生态绿色是安泽最大的优势、最大的财富、也是最大的潜力。我们要坚定不移地推进绿色发展，建设好绿水青山、打造好金山银山。

一要持续推进林业生态建设。久久为功狠抓植树造林，见缝插针、全面添绿，以太行山绿化工程为支撑，加快通道绿化、沁河百公里防护绿化、交通沿线荒山绿化、山水田园村镇建设、环城林业建设和城区绿化六大林业工程建设，努力打造天然绿色屏障，持续保持全省最高林木覆盖率和独特小气候，成为名副其实的三晋“绿心”。要积极推进森林公园提标升级，三年内创建2个国家级森林公园，3个省级森林公园。要坚持标本兼治、系统治理，坚决杜绝毁林开荒、乱砍乱伐等行为，全力守护好绿水青山。要加快生态林向经济林转变、植树造林向管护开发转变，抢抓国家和省政府政策红利，进一步加大退耕还林还草力度，大力发展既有观赏价值、又具经济价值的新品种经济林，加大油用牡丹、构树等品种的种植推广力度，力争到2020年，油用牡丹种植面积突破5万亩。要积极发展林下经济，加快连翘、黄芪、党参、柴胡等中药材的野生抚育，大力发展林禽、林菜、林菌等产业，尽快让“满山尽宝”变为“绿色银行”。要积极引导吸纳全县群众特别是贫困户参与植树造林、林业管护，最大限度实现植树绿化、生态保护和群众增收的有机融合，在建设青山绿水中收获真金白银。

二要全面夯实生态农业基础。全力改善农业基础设施，为发展生态农业打好基础。要持续抓好农田水利建设，突出抓好农业综合开发、中低产田改造、小流域治理、土地整理和复垦开发，着力建设农村林网、路网、水网，大力发展节水农业、抗旱农业和设施农业，努力实现基本农田“旱能灌、涝能排”，不断提升我县农业综合生产能力和抗御自然灾害能力。要积极推进农业机械化发展，因地制宜引导和推广农业机械化，构建农机化技术推广、质量监督、安全监理、新技术推广、教育培训、信息服务等六大体系，走出符合安泽地理条件、作物特点的农机化路子。要扎实开展农村面源污染治理，积极有序推进土壤检测，加大测土配方施肥技术推广使用力度，精准实施土壤改良，不断减少化肥和农药使用量，积极推进养殖粪污资源化利用，农药合理化使用和农业生产废弃物资源化处置，大力整治农业面源污染，不断提高土壤肥力，为有机化农业生产打下坚实基础。

三要全力发展现代生态农业。立足安泽绿色生态有机优势，以扩大规模、提高品质、提升效益为目标，努力构建循环产业链。要做大做强中药材产业，加快以野生连翘为主的中药材产业发展，全面打响“安泽连翘”品牌，坚持产业发展与资源管护并举、龙头带动与基地建设并进、品牌建设与科技创新并重，引进更多药企落地安泽，把“自古连翘出安泽”的资源优势转化为产业优势，加快构建药源生产体系、中药材加工体系、市场营销体系和中药材产业服务体系建设，推进我县中药材全产业链开发，全力打造国家级连翘加工

基地和山西省中药材集散中心。要推进种植养殖循环发展，紧紧围绕市场需求，进一步优化玉米种植结构，推进有机化种植，最大限度提高土地效益；要实施精细化的核桃管理，大力发展核桃药材间作等模式，不断提高产业效益；要适度规模发展蔬菜种植，配套抓好仓储、保鲜、加工、销售为一体的产业链条延伸；要大力推进生态畜牧养殖，突出抓好草食畜发展，以此带动巨菌草等牧草种植和玉米饲料加工，形成循环产业链条，打造有机食品供应地。要加强经济组织培育，积极对接服务好县域内龙头企业，引进更多农业龙头企业落地安泽，实行“公司+合作社+基地”的模式，大力发展订单农业，最大限度地将安泽特色农产品加工增值、打包“上市”，走进中高端市场，实现农业转型升级。进一步扩大农民专业合作社的规模和效益，全面提高农民进入市场的组织化程度。进一步加强农产品市场建设，建立通畅的农村市场体系。要积极扶持发展家庭农场，不断促进农业规模化、集约化、商品化生产经营，全面实现农业的提质增效。要千方百计促进农民增收，强化农民职业教育和培训，大力培育懂经营、有技术、会管理的新型农民，扶持鼓励农民创业，增收致富；积极搭建农村劳务合作平台，引导农村富余劳动力转移就业，增加农民工资性收入；要通过产业培育带动、能人创业带富，吸纳群众参加新型经济组织，带动全县农民持续增收。

二是持续推进工业转型提质，打造经济发展新引擎

要做好“煤与非煤”两篇文章，努力提高煤矿企业经济效益和竞争力，大力促进非煤工业发展，精心培育新的经济增长点，全力打造经济增长新引擎。

一要做大做强传统煤焦产业。以新型化、循环化、集约化为方向，着力推进煤炭资源循环利用、高端开发，形成循环经济产业链，将煤吃干榨净、由黑变绿。煤炭企业要重点向激活和增强煤炭产业内生动力、提高核心竞争力上转变，积极引进现代科技管理模式，进行全方位升级改造。同时，大力推进煤转电、煤转化、煤转材发展。焦化行业要加快转变焦化产业发展方式，不断延伸产业链条，提高市场竞争力。要抢抓我省成为电力体制改革综合试点的契机，大力推进煤转电发展，加快冀氏煤电气化工业园区建设，全面推进煤焦产业的提质升级。

二要积极培育新兴产业。紧抓煤层气探矿权、采矿权下放我省审批的政策机遇，大力推进煤层气产业发展。要充分利用我县生态环境优良，日光通透性好的自然资源条件，积极推进光伏产业发展。要充分发挥我县生物质资源丰富的优势，积极做好生物质能开发利用工作，切实构建以煤层气、光伏能源为主、生物质能为辅的清洁能源新体系，让安泽成为临汾绿色清洁能源主要输出基地。

三要大力发展循环产业。要扎实推进唐城煤焦化工业园区建设，实施循环发展引领行动，推行企业循环式生产、产业循环式组合、园区循环式改造，建立废物循环利用企业链、生态链、项目链，努力促进循环经济在生产、流通、消费、回收各个环节和企业、园区、社会各个层面的发展；要加强煤矸石、粉煤灰等大宗工业固体废物的综合利用，推进资源综合利用企业发展壮大；积极推进能源结构调整，严控高耗能、高排放、高污染“三高产

业”发展，进一步加快企业节能技术创新，积极推进节能技术推广应用；要不断加大节能减排力度，严控节能减排指标，扎实推进环境治理，坚决落实节能减排“一票否决”，努力实现环境效益、经济效益与社会效益多赢。

三是持续提升三产比重，形成现代服务新体系

安泽良好的生态优势、富集的产业优势、优越的区位优势，发展旅游服务等第三产业优势独特。我们要以更加开阔的视野、开放的姿态和市场的手段来提升第三产业，全力优化三次产业结构。

一要全力加快流通产业发展。立足区位优势，全力加快永鑫铁路专用线建设，尽快实现与中南铁路的联通；加快长临高速引线等联通网路的建设，适时推进县乡村三级公路提标改造工程，全力构建四通八达的交通网线，全面畅通人流、物流、商流渠道，以更快捷便利的交通吸引外来人口。要依托中南铁路客运站等站口，加快周边仓储物流中心建设，配套加强商贸、服务等功能区建设，不断加快区位优势向流通优势的转化。

二要全面加快旅游产业发展。要牢固树立大规划引领、市场化运作的先进理念，持续构建政府引导、社会参与的旅游资源发展模式。要主动融入全省、全市文化旅游发展大格局，加强文化遗产保护，深入挖掘荀子文化、红色文化和地方特色文化，大力发展文化创意经济，通过文化创意和科技创新，将我县丰富的文化资源转化成经营资源，创造多样化的文化产品，满足人们日益增多的文化需求，做好文化旅游的大文章。依托森林公园、自然保护区、大小河流等山水美景，精心打造一批集观赏、健身、野趣、水上娱乐等一体的精品旅游线路，实现与省市旅游路线的融合。要紧紧围绕“吃、住、行、游、购、娱”旅游六要素，跟进配套旅游线路的基础设施建设，不断提高全县旅游接待能力。要积极探索“文化旅游+金融+互联网”经营模式，建立安泽旅游线上、线下销售平台，推动景区运用新媒体营销，扩大安泽旅游影响力。要大力发展以旅游为龙头的服务业，促进文化旅游深度融合，在积极拓展观光旅游的同时，着力培养休闲度假、文化体验、康体养生、演艺摄影、文物博览、节庆赛事、乡村旅游等新型业态。

三要全力加快服务产业发展。积极发展健康、养老、养生等服务产业，鼓励引导社会力量在县城新区、沁河两岸积极发展康复、护理等养老服务机构，实现中高端养老服务产业化、保障性养老服务业普及化。要顺应生活消费升级，贴近群众生活，加快居家养老服务中心项目建设，发展公益性社区服务业，努力拓展社区服务业态，着力构建形式多样化、服务多元化的第三产业发展新格局，不断推进三产优化升级，使三次产业结构更趋合理。

四是持续推进城乡建设，构建区域发展新格局

城乡建设，是人居环境的重要标志，是群众生活的家园和载体。只有统筹城乡建设，才能推动经济发展大升级，让群众生活更美好。

一要着力建设美丽宜居县城。按照“山水相依、品位高雅、原始自然、文蕴深厚”的要求，全力建设“山水田园城”。着力优化县城空间布局。坚持“规划一张图，城乡全覆盖”，以县城改造为抓手，以路桥建设为重点，全力畅通城市“动脉”，大力推进旧城改造，

不断拓展城市空间，塑造城市形象，提升城市品位。着力推进交通设施建设。积极协调省市推进309国道安泽县城段改线工程、沁河大桥改建工程、县城至红叶岭风景区道路拓宽改造工程建设，以城市道路的大发展促进城市品质的大提升。着力完善基础设施建设。坚持处处注重细节、处处彰显精致、处处体现人性的原则，持续完善城市路网、水网、地下管网等公共基础设施建设，不断增强城市综合承载能力；要全面加强街道通道建设，优化县城快速路、主次干路和支路配置，配套搞好自行车道、步行绿道，形成更加人性化、便捷化的道路网。加快建设县城集中供气供热工程，持续完善改造城区供水管网，让群众生活得更加舒适舒服舒心。着力改善县城环境。要全面推进绿化美化，加快综合性公园、中心小广场和县城绿道、绿廊建设，持续实施县城周边山系绿化美化，让整个县城充满绿色；以建设海绵城市为依托，大幅度减少县城硬覆盖面积，不断增加公共绿地、小区绿化面积，提高雨水就地蓄积、渗透比例。要持续推进源头治水，全面整治县城黑臭水体，加快推进沁河流域生态治理，沁河及义唐河县城段治污工程建设；要进一步完善县城排水设施建设，实行雨污分流，加强污染源综合治理，改造提升污水管网，确保县城生活污水处理率持续提高。要持续狠抓空气治理，全面开展PM2.5检测，建立大气污染联防联控机制，大力推进新能源汽车使用，倡导健康环保的出行方式，多措并举加强废气和扬尘污染治理，努力实现环境空气质量稳居全市第一。要持续创新县城治理，探索开展城市管理综合执法改革，有效实施系统治理、联合执法。要围绕“净、畅、美”三个字做文章，加快大型农贸批发市场建设，深入开展环境卫生、私搭乱建、乱停乱放、交通拥堵等专项整治，让县城更加宜居，吸引更多的外来人口来我县安家兴业。

二要大力发展特色宜业城镇。按照“规划先行、功能齐备、设施完善、生活便利、环境优美”的城镇建设要求，有序推进小城镇向规模化、集约化和特色化发展。要加快编制中心城镇发展规划，以绿色、低碳、人文为导向，充分挖掘自然生态、资源禀赋和文化底蕴等优势，加快建设各具特色的中心城镇。要积极争取中央、省、市城镇建设各类优惠政策和扶持资金，进一步加大建设资金投入，统筹推进中心镇路网、水网、电网建设升级，加快污水、垃圾处理等基础设施建设，增强公共服务、休闲娱乐和居住商贸功能，努力构建特色鲜明、优势互补、产业集聚、带动强劲的城镇发展新体系。

三要加快建设美丽宜游乡村。以提高农村建设水平、实现城乡基本公共服务均等化为目标，遵循乡村自身发展规律，注重一村一韵、一村一景，保护田园风光和文化遗产，保持乡村味道，保留乡村风貌，留住田园乡愁，做到多留遗产，少留遗憾。要加快农村森林景观、田园风光、庭院美化、山水资源和乡村文化的建设，科学推进乡村旅游、田园生活的相关配套设施建设。要坚持建管并举，深入推进乡村清洁工程，持续推进农村生活污水治理、垃圾治理等工作，全力创造更加清洁美好的田园生活新环境。

五是持续改善民生福祉，创造美好幸福新生活

我们的一切发展都是为了人民，人们对美好生活的向往就是我们工作的目标。要坚持共享发展，从解决人民最关心最直接最现实的利益问题入手，全力打好民生六大战役，不断增强人民群众的获得感和幸福感。要坚决打赢脱贫攻坚战，脱贫攻坚不仅是最硬的政治任务，也是重大的发展机遇。要坚持把脱贫攻坚作为第一民生工程，用好用足国家和省市出台的优惠政策，严格落实“六个精准”要求，实施好“五个一批”工程，着力构建专项扶贫、行业扶贫、社会扶贫“三位一体”的大扶贫格局，确保2017年全部完成4056户、9983人的脱贫摘帽任务。要坚决打好教育均衡发展推进战，坚持教育优先发展，全面提升教育质量。初步构建起布局合理、全面覆盖的学前教育公共服务体系，确保适龄儿童都能入学。进一步巩固义务教育均衡化验收成果，推进义务教育学校标准化建设，加快推进素质教育。实施高中教育、中等职业教育提升计划，不断提高高中和职业教育的普及率。加强师资力量建设，统筹优质教育资源，促进各类教育协调发展，努力办好人民满意的安泽教育。要坚决打好就业创业促进战，不断拓宽城乡居民增收渠道，实施“大众创业、万众创新”行动，实施更加积极的就业政策，坚持以创业带动就业，统筹做好各类重点群体就业。建立健全覆盖城乡的劳动就业公共服务体系，以农村转移劳动力、城镇就业困难人员、零就业家庭和高校毕业生为重点服务对象，全面提升就业全过程公共服务能力。强化职业教育和职业培训，针对性分类培训，全面推行劳动合同制度，保证劳动关系协调和劳动权益保护。要坚决打好医疗卫生保卫战，持续深化医药卫生体制改革，调整优化医疗卫生资源布局，鼓励优质卫生资源向农村辐射，建立起城乡协调的医疗卫生服务体系，全面实现“大病不出县”“小病不出乡”。进一步提高疾控检验预防能力，提升公共医疗卫生服务能力，切实保障人民群众身体健康。坚持计划生育基本国策，完善城乡一体的公共卫生服务体系，让群众切实享受到更方便更放心的医疗卫生服务。要坚决打好社会保障体系完善战，加快推进城乡低保标准一体化进程，进一步落实基本养老保险制度，扩大基本医疗保险制度覆盖范围，大力实施社会保险服务保障工程，切实做到应保尽保。不断加大对困难企业、特殊人群的扶持和救助，建立完善高龄、特困老人救助扶持制度，不断提高社会救助水平。不断完善社会福利服务体系、养老服务体系、双拥优抚安置体系，积极创建双拥模范县。加大保障性安居工程建设力度，增加保障性住房供应，全面改善群众居住条件。要坚决打好文化繁荣持久战，持续加强精神文明建设，大力弘扬社会主义核心价值观，全力创建文明县城。坚持文化育人，积极弘扬社会正能量，持续提高市民素质和社会文明程度，营造向上向善的社会风尚。全力实施文化惠民工程，持续开展好“乐在周五”和“农民健身舞”等群众性文化活动，最大限度地满足全县群众的精神文化生活。

六是持续推进创新驱动，增添产业强县新动力

习近平总书记指出，创新是引领发展的第一动力。要坚持把创新驱动作为推动全县发展最根本、最关键的动力，全力推动思想理念创新，体制机制创新和方式方法创新，不断增强发展的活力和动力。

一要不断推进思想理念创新。新常态需要新状态，新理念需要新思想。要积极解放思想，要敢于冲破传统观念和依赖思想的束缚，彻底从资源依赖、政府依赖、计划依赖中解放出来，放眼全局看安泽，跳出资源找出路，创新观念谋发展。要大胆创新理念，善于用

“五大发展”理念研究解决工作中的新情况、新问题，提高科学应对经济新常态的能力，尽可能争取综合效益最大化；要提高政策对接能力，对中央、省、市各项政策逐项逐条下功夫精学细研、吃透拿准、用足用活，最大限度发挥政策效应，力争在争取上级政策、资金、项目等扶持上抢得先机；要提高资本运作能力，学习和掌握现代金融工具和融资办法，拓宽融资渠道，降低融资成本，保障重点建设资金需求。要善于谋新求变，要善于“有中生有”，依托资源换产业、换资本、换技术、换项目；更要善于“无中生有”，用胆气和才智抢抓发展机遇，用开放思维、创新思维不断开拓发展新天地，真正靠科技创新和思想转变走出一条科学发展、绿色崛起之路。

二要不断推进体制机制创新。要不断释放改革红利，大力营造有利于创业创新的体制机制环境，促进经济创新发展。要积极推进市场创新，进一步健全土地市场、资本市场、技术市场、人力资源市场的调节机制，充分发挥市场配置资源的决定性作用。要积极推进投融资模式创新，要进一步拓宽民营经济投资领域，放宽市场准入，完善服务体系，优化发展环境，为民营经济发展创造公平竞争环境。推广 PPP 投融资方式，鼓励民间资本更多地参与政府开发，合力走好“政府监管、企业开发、市场运作、共同受益”发展之路。要着力加强银企合作，建立政府、银行、企业三方协调沟通机制，发挥投资公司、担保公司等平台的作用，拓宽融资渠道，实现产业资本与融资资本、国有资本与民间资本的有机融合。要多种形式盘活全县闲置资源，努力实现资产向资本、资金的转变，有效激发投资活力，进一步形成大众创业、万众创新的热潮。要积极推进经营体制创新，进一步完善土地所有权、承包权、经营权分置办法，引导农户开展土地流转或以土地入股、劳力入股、资金入股等办法，促进土地向专业大户、农民专业合作社、家庭农场集中，发展多种形式的适度规模经营。要坚持“谁投资、谁受益”的原则，对森林资源、旅游资源等要素，采取股份制的形式合作经营，加快产业发展。要积极推进科技创新，强化企业主体地位，启动实施一批重点科技计划、应用示范工程和产业化项目，支持企业建立市级以上重点（工程）实验室、工程技术研究中心等研发机构，鼓励有条件的企业牵头开展重大科技研发活动。要着力推动大数据应用，要依托公安部门人口等基础数据资源，加快各部门及社会组织信用信息系统的互联互通和信息共享，通过大数据资源整合，构建我县“大数据”平台，实现数据资源开放共享，让“数据多跑路、群众少跑腿”，推动建立“用数据说话、用数据决策、用数据管理、用数据创新”的管理机制，更好地服务促进我县经济社会发展。要积极加快商密通讯建设，加快无纸化办公进程，使大数据成为创新发展的新突破。

三要不断推进招商引资方式创新。积极承接长三角、珠三角、京津冀等发达地区产业转移，“走出去”宣传推介自己，以存量引增量，以资源引资金，以市场换技术。要创新招商方式，积极参加国家、省、市重大招商活动，组织召开安泽县旅外乡贤联谊会，通过以会招商、以商招商、以人招商、项目招商等渠道，着力打造具有潜力的绿色项目载体，把引进战略投资者作为招商引资的重点和着力点，逐步形成以大产业项目为核心，中小产业项目为依托的产业招商格局，做到策划一批、储备一批、实施一批，吸引更多有利于转型的生产要素进入安泽。要构建“亲”和“清”的政商关系，毫不动摇地支持非公经济发展，真心真情帮助支持本土企业发展壮大，以同等的政策和条件鼓励吸引本土企业家在安泽投资兴业，最大限度地把资本留在安泽、把事业放在安泽。

七是持续推进安全稳定，营造平安和谐新环境

发展是第一要务，安全是第一保障。要坚持以人民为中心，牢固树立总体安全观，始终把安全稳定放在首要位置，不断强化“红线”意识、筑牢“底线”思维，全力确保社会平安和谐。

一要全面推进法治建设。大力推进依法执政，旗帜鲜明地把党的领导贯彻到依法治县全过程，把党总揽全局、协调各方同人大、政府、政协、审判机关、检察机关依法依章程履行职能、开展工作统一起来，努力推进人大监督和协商民主法治化。大力推进依法行政，全力加快法治政府建设，全面提升全县党员干部法治思维和依法工作能力。大力推进全民守法，努力形成办事依法、遇事找法、解决问题用法、化解矛盾靠法的良好法治氛围，引导全县群众用法治的思维、法治的方式自觉维护和谐稳定。

二要全力以赴确保安全生产。始终把安全生产放在首位，严格落实安全生产“党政同责、一岗双责、失职追责”责任，切实把安全责任落实到每个环节、每个人头，努力形成“人人都有责任心、事事都有责任制、处处都把责任落到实处”的工作局面。要不断加强安全教育，将安全教育纳入干部培训之中、植入文化宣传之中、融入企业生产之中，切实增强全县干部群众的安全发展理念。要抓好重点领域安全生产工作，深入持久地开展安全生产大检查，以加强隐患排查治理为重点，持续抓好煤矿、非煤矿山、危化、森林防火、人口密集区、交通运输、食品药品等领域的安全工作，坚决遏制安全事故发生，确保安全形势持续向好。

三要持之以恒维护社会稳定。深入实施“六六创安”，持续开展打黑除恶专项斗争，妥善做好邪教防范和处理工作，加快构建社会治安立体化防控体系，全面深化“平安安泽”和社会治理规范化建设。切实加强重点行业、重点领域、重点部位和重点人群隐患排查，及时发现并解决问题，进一步优化净化社会发展环境。大力开展平安乡镇（社区中心）、平安村（居委会）、平安单位、平安家庭等创建活动，不断夯实“平安安泽”建设根基，确保全县社会和谐稳定、群众安全感和满意度进一步提升。

三、全面推进从严治党，为全面建成小康社会提供坚强的政治保障

要完成“十三五”时期经济社会发展的各项目标，必须以从严从实的举措加强和推进党的建设，不断提高党领导经济社会发展的能力和水平，为夺取全面建成小康社会的新胜利提供坚强的政治保障。

一要强化政治担当，自觉履行主体责任。必须坚决地把管党治党作为重大的政治任务去严抓严管、真抓真管，全力营造风清气正的良好氛围。要全面落实主体责任。全县各级党委（党组）要发挥总揽全局、协调各方的作用，始终把主要精力放在把方向、议大事、

管全局上，解决好全局性、战略性、前瞻性的重大问题，定期分析研判、及时解决问题，切实担负起统一领导、直接主抓、全面落实的重大责任。各级党委（党组）书记要把抓好党建作为首要大事、必担之责，大力实施“一带三创”，坚持以党建促进脱贫攻坚，持续壮大村集体经济，用好管好党建工作经费，全面提升党建水平。各级领导班子成员要严格履行分管领域从严治党责任，全力尽好组织领导之责、率先垂范之责、教育管理之责、正风肃纪之责、检查考核之责、责任追究之责和支持帮助之责，切实以主体责任的全面落实带动各方面责任落到实处。要层层压实压牢责任。坚持责任覆盖无盲区、压力传导不断档，全力构建科学完备、齐抓共管的责任体系。全县各级党委（党组）要逐项列出、列清、列细“责任清单”，层层签订目标责任书，建立健全工作台账，确保目标任务到岗到人，倒逼主体责任落实。要进一步健全完善党代会例会制度，全县各级党委（党组）要在年中、年末向同级党代会和全委会专题报告全面从严治党履职情况，真正把主体责任覆盖到“神经末梢”。要严肃考核问责追责。坚持以科学考核问责追责，进一步完善细化全县各级领导班子和领导干部考核细则，科学设定考核指标和权重，细化考核内容、从严考核标准，切实考准考实各级党委（党组）和领导干部。对党建工作突出的干部要大胆提拔重用，对不落实主体责任的党委（党组）和班子成员要进行严肃问责，坚决以刚性的纪律确保主体责任落到实处。

二要突出思想引领，狠抓思想建设。坚持把思想建设作为党建工作的基础，全面强化理论武装，深入推进学习型党组织建设，坚持把“两学一做”学习教育作为锤炼党性、转变作风、加强队伍建设的有效载体，深入学习贯彻习近平总书记系列重要讲话精神，把学习贯彻党章党规党纪作为日常性工作抓紧抓实，通过党内教育的经常化、制度化、规范化，不断增强全县广大党员干部的政治意识、大局意识、核心意识、看齐意识，始终坚定政治方向。不断强化各级党委中心组学习，完善领导干部述学评学考学制度，确保中央、省委和市委部署在安泽落地生根；要持续用好“干部大学堂”平台，大规模、多层次、常态化地开展专题教育培训，着力提升党员干部应对经济新常态、社会治理等方面的能力；不断拓展党校宣讲路径，紧紧围绕县委中心工作，在中心组学习设讲堂、在党校阵地办学堂、在基层一线立讲台、在田间地头办讲座，确保党校教育与经济社会发展、人民群众期盼互促共进。要积极培育核心价值观，要以培育先进典型为引领，加大“感动安泽”人物评选表彰力度，推荐评选一批体现传统美德、突出时代精神、凸显行业特色的先进典型，弘扬时代正气，引领社会风尚。要以推动实践养成为手段，广泛开展志愿服务活动、道德实践活动、社会公益活动，为凡人好事立传，让善行义举上榜。要以增强思想凝聚为根本，依托现有资源打造一批核心价值观主题公园、主题广场，着力把价值观培育融入国民教育、经济发展和法治建设的全过程，努力营造主动践行核心价值观的良好氛围。要牢牢把握正确舆论导向，坚持党管宣传、党管媒体，层层履行好主体责任、守土责任、管理责任，牢牢掌握意识形态工作领导权、话语权和主动权。要加强宣传引导，广泛开展“深入生活、扎根人民”主题实践活动，讲好安泽故事，凝聚发展正能量。要强化网络监管，加强分析研判，积极推进依法管网、依法办网、依法上网，全面净化网络空间，确保舆论安全，牢牢把握宣传工作的主动权。

三要全面从严治吏，狠抓队伍建设。办好安泽的事情，关键在党，关键在各级干部。要狠抓领导班子和队伍建设，在全县形成选好一名干部、配强一个班子就是树好一面“旗帜”的良好局面。要从严干部选拔任用，严格执行《党政领导干部选拔任用工作条例》，从严落实好干部“20字标准”，始终坚持“德才兼备、崇尚实干”的用人导向，着力在基层一线培养干部，在推动发展中识别干部，在服务群众和急难险重任务中考察干部，把优秀干部精心培养起来、及时发现出来、合理使用起来。要深入推进干部人事制度改革，探索完善干部脱颖而出的成长机制。要强化干部实践锻炼，鼓励干部在基层一线、复杂环境、关键岗位上经受锻炼、增长才干。要严抓干部监督管理，以落实中央《推进领导干部能上能下若干规定（试行)》为契机，探索建立我县干部调整退出动态化常态化机制，使动力与压力、奖励与惩戒、能上与能下、严管与关爱相统一，真正实现能者上、平者让、庸者下，在全县不断强化“为官必为”意识，增强“为官会为”能力，追究“为官不为”责任，营造“为官愿为”环境，努力形成干事创业的良好氛围。要统筹抓好各级队伍建设，在书记队伍建设上，要选优配强县直党委书记和机关党支部书记，着力增强县直党委、机关党支部的政治功能和服务功能；要加强农村带头人队伍建设，健全完善村“两委”班子管理制度和奖惩机制。在党务干部队伍建设上，认真做好乡镇和县直党委党务干部选配工作，党务干部要做到理论上成熟、政治上可靠、业务上过硬。在党员队伍建设上，把好党员发展关，加大高层次人才和基层优秀人才、致富能手、发展带头人中发展党员的力度，及时处置不合格党员，优化党员结构，全面提升党员质量。要加强人才队伍建设，坚持引好、育好、用好、服务好各类人才，坚决打破身份、年龄、资历、学历束缚，在创新人才培养选拔上大胆探索，把各方面优秀人才团结凝聚到各项事业中来。要健全引才机制，继续深化“院县共建”工作，拓展合作内容，提升合作层次，认真组织各类人才深入基层为群众提供优质服务。要通过评模、评优、评先，激励更多人见贤思齐，在全县努力营造尊重人才、爱护人才、人尽其才、才尽其用的良好氛围。

四要着力固本强基，狠抓组织建设。坚持统筹整合各种资源，不断创新党建载体，不断增强基层组织功能。要强化政治功能，要不断强化社区、机关、企事业单位等基层党组织建设，切实加大“两新”组织党建工作力度，全面推进党的组织、党的工作和党员作用发挥“三个全覆盖”。要巩固健全区域化党建工作，全面推进社区党建标准化规范化建设。要不断深化农村党建工作，着力提升基层组织战斗力。要强化发展功能，牢固树立“引领就是发展”理念，不断强化基层党组织在集体经济发展壮大的引领功能，坚持因地制宜、因村施策，找准符合各村实际的发展途径；坚持依法依规、大胆实践，探索发展壮大集体经济的方式方法；坚持立足长远、高标推进，大力培育能带动壮大集体经济和农民增收的主导产业；坚持统筹协调，采取县委统揽、乡村引领、涉农部门支持的办法扎实推进，确保如期完成村集体经济“破零行动”。要强化服务功能，坚持“党建+”的工作理念，积极推进基层党建工作与服务发展统筹结合，持续深入开展“双引领双服务”活动，切实增强农村党组织引领产业发展、机关党组织服务转型发展的能力。要积极推进基层党建工作与服务群众统筹结合，不断完善提升“三级中心、一格一网”工作体系，全力走好为民服务“最后一公里”。要积极推进基层党建工作与脱贫攻坚统筹结合，引深开展“三联两报到”活动，实行县直单位包村、党员包贫困户一包五年不变，坚决做到村里不变样不走、贫困户不脱贫不撤，着力走好联系服务群众的“最后一步路”，真正以服务推动发展、凝聚人心、促进和谐。要强化自律功能，要认真执行民主集中制，各级党员领导干部要带头发扬党内民主，带头开展批评和自我批评。要认真落实“三会一课”、民主生活会、民主评议党员制度等党内生活制度，确保基层党组织生活正常化。要深入推进党务公开，健全党内情况通报制度，大力推行“四议两公开”、“定查评”等工作法，全力确保各项基层民主管理规范化。

*五要围绕真抓实干，狠抓作风建设。*作风决定人心向背、工作成败和事业兴衰。要持续推进作风建设，以良好的党风政风促民风正社风。要大兴调查研究之风，深入开展马克思主义群众观教育，扎实开展党员领导干部下乡驻村联户活动，健全完善领导干部基层联系点、蹲点调研、下访约访、结对帮扶等制度，坚持问政于民、问需于民、问计于民，力戒脱离群众、脱离实际，确保各项工作合民情、得民心、顺民意。要大兴求真务实之风，坚持把求真务实贯彻到治党理政的全过程，要力戒空谈浮躁，着力在精简文件会议上下功夫，切实改进文风会风；要重拳治理庸懒散软，坚决纠正急功近利、弄虚作假、敷衍塞责等不良风气，严肃处理不作为、慢作为、乱作为等怠政行为。要从严工作落实，大力弘扬“马上就办、真抓实干”的优良作风，确保县委的决策部署不折不扣地落到实处。要大兴艰苦奋斗之风，各级党员干部要始终保持艰苦奋斗的优良传统，在精神状态上，要始终保持高昂斗志，锐意进取，顽强拼搏，自强不息；在工作落实中，要始终坚持吃苦耐劳，不畏艰辛，兢兢业业，埋头苦干；在日常生活中，要始终坚持勤俭朴素，厉行节约，珍惜资源，保持正派健康的生活情趣和积极向上的精神追求。要驰而不息狠刹“四风”，要始终保持反对“四风”的高压状态，坚持“抓常”，持续加强对中央“八项规定”精神贯彻落实情况的监督检查，对公款吃喝、公款送礼、公车私用、大操大办等突出问题，不断加大查处、曝光力度。坚持“抓细”，紧盯“四风”问题新形式、新动向，及时发现和查处隐形“四风”问题，决不让“四风”问题改头换面、反弹回潮。坚持“抓长”，建立完善长效机制，从制度层面祛除“四风”、树立正风。

*六要坚持从严从实，狠抓党风廉政建设。*坚持“标本兼治、综合治理、惩防并举、注重预防”的反腐倡廉方针，以严的标准、严的举措、严的执行推进党风廉政建设，切实以反腐倡廉实际成效取信于民。要持续强化教育预防，坚持系统化、常态化抓教育预防，广泛采取领导领学、理论宣讲等方式，切实加强全县党员干部的纪律规矩学习，坚持以上率下形成严守纪律的良好氛围。充分利用廉政教育基地等平台，开辟党纪法规学习专栏，运用身边反面典型案例，深入持久开展警示教育，引导全县党员干部切实做到守纪律、懂规矩、顾大局、听招呼。要强化权力运行监督，切实规范权力运行，进一步健全完善县委议事规则、党政机关一把手“五个不直接分管”、“末位表态”和“三重一大”议事细则等工

作制度，让各项工作始终在法律框架和规范有序中运行。要切实增强监督合力，充分发挥好党内监督、人大监督、民主监督、行政监督、司法监督、审计监督、社会监督和舆论监督“八大监督”主体作用，切实加强对各项制度执行情况的监督检查，确保权力依法行使。要严查各类腐败案件，强化严管就是厚爱的意识，坚持挺纪在前，把握好“四种形态”，要抓实抓长第一种形态，让批评教育成为常态；要抓早抓小第二种形态，让党纪轻处分、组织调整成为大多数；要抓严抓准第三种形态，让重处分、重大职务调整的是少数；要抓狠抓死第四种形态，让立案审查的只是极少数，真正用纪律规矩管住各级党员干部。要不断加大案件查办力度，持续强化公、检、法、司以及组织、人事、审计、信访等部门与纪委的沟通协调，及时发现和处置案件线索，特别是要着力推进基层反腐工作，努力打造风清气正的良好政治生态。

各位代表、同志们，美好宏伟蓝图催人奋进，建成小康社会时不我待。让我们以境界高远、追求卓越的创新精神，以坚忍不拔、攻坚克难的拼博精神，以胸怀全局、和谐团结的协作精神，以海纳百川、诚信友善的包容精神，真抓实干，砥砺奋进，为推进安泽全面振兴、绿色崛起，如期实现全面建成小康社会的宏伟目标而努力奋斗！

安泽县人民代表大会常务委员会工作报告

——2016 年 8 月 15 日在安泽县第十六届人民代表大会第一次会议上

安泽县人大常委会主任　韩建辉

五年来的工作回顾

县十五届人大常委会任期的五年，是我县抢抓机遇，后发赶超，经济和社会建设取得显著成就的五年，也是我县着力推进民主法制建设进程，人大工作取得长足进步的五年。五年来，在县委的正确领导下，县人大常委会全面贯彻党的十八大和十八届三中、四中、五中全会精神，以邓小平理论、“三个代表”重要思想和科学发展观为指导，自觉服从服务于全县工作大局，依法履职，为促进安泽经济发展、民生改善、社会和谐做出了积极贡献。五年来，常委会共召开主任会议 62 次，常委会会议 36 次，听取和审议“一府两院”工作报告 53 项，开展视察调研活动 31 次，对重大事项作出决议、决定 12 项，任免国家机关干部 81 人，有效发挥了地方国家权力机关的作用。

一、主动融入全县工作大局，凝聚改革发展正能量

常委会始终把人大工作放在全县经济和社会发展大局中来谋划，认真履行重大事项决定权。“十二五”期间县委提出工业强县战略，决定在唐城设立煤焦化工业园区，为使县委主张上升为全县人民的意志，凝聚发展合力，常委会在深入调研，广泛听取意见的基础上，作出了关于设立唐城煤焦化工业园区的决议。对唐城工业园区的规划、移民搬迁、具

体实施提出了指导性意见，使唐城工业园区建设得以有序推进。并在第 29、34 两次常委会上做出了关于向永鑫公司拨付留存税款奖励资金的决议，缓解了企业当前面临的经济困境，提升了市场竞争力。针对全县政府投资类重点工程与民生实事欠款较多，形成了较重的财政负担，影响部分农民工利益的情况，常委会表决通过了《关于同意向全县政府投资类重点工程拨付资金的决议》，保障了农民工利益，维护了社会稳定大局。为进一步加大沁河保护力度，促进沁河水资源的可持续利用，常委会表决通过了《安泽县河道管理实施办法》，为保护沁河生态，建设美丽安泽提供了刚性约束。

二、突出监督重点，促进经济社会发展提质增效

常委会认真贯彻落实监督法，强化对重点、难点、热点问题的监督，督促政府以更有力的措施、更强的执行力，加快经济发展方式转变和民生事业改善。一是牢固树立发展意识，强化对经济工作的监督。面对煤焦市场持续低迷，经济不断下滑的形势，常委会组织了多次视察调研，深入了解企业发展中遇到的困难，广泛征求工业转型升级的意见建议，形成了《关于发展循环经济的调研报告》《关于工业园区建设和发展循环经济外出考察情况的报告》和《加快推进煤焦产业升级转型步伐的报告》等多份具有较高参考价值的调研报告，为县委县政府提供了决策依据。同时筛选出粉煤灰制砖、中煤煤泥矸石发电、工业废水集中综合处理等一批适合我县中小企业的工业循环经济项目。目前，投资 1000 万元的唐城镇宏泰 1.2 亿块煤矸石烧结砖项目建设已接近尾声。定期听取和审议财政预算草案和财政预算执行情况的报告，督促政府建立规范完整的全口径预算管理体系，强化财政调控职能，狠抓增收节支，提高了财政资金的使用效益。常委会重视发挥审计监督作用，听取审议了县本级审计工作报告，并跟踪问效听取审计整改情况的专题报告，提升政府科学理财水平。此外，常委会还对全县工业企业生产经营运行情况暨新安全法落实情况进行了视察，要求企业要引进先进的管理理念和经营模式，建立煤、焦、化工、建材等生产一条龙的企业间、行业间的合作新模式，从而提升我县煤焦企业整体竞争优势。同时要把安全生产摆上更加重要的位置，大力开展安全隐患排查治理，从源头上减少、控制和预防事故的发生。组织开展了保险业服务县域经济社会发展情况的调研。要求各保险公司要及时开办中小微企业信贷保险、养老医疗补充保险等，为破解安泽中小微企业融资难和社会繁荣稳定作出贡献，实现地方经济社会与保险行业相辅相成、互利共赢、共同发展。二是牢固树立大局意识，强化对重点工程项目的监督。重点工程项目建设事关全县发展大局，常委会制定并严格落实了《安泽县人大常委会关于加强对重点工程和民生事实监督实施方案》，每年都要组织市县代表对重点工程项目进行视察，每次常委会都至少听取 2~3 个承担重点工程项目单位的工作报告，每次会前都要深入一线进行调研，每次会后都要形成审议意见，要求政府及各职能部门认真落实。通过强有力的监督措施，使人大对重点工程的监督实现了规范化、常态化，有力推动了全县重点工作的落实。同时将重点工作与 “三账” 监督有机结合，建账要求各部门要围绕重点工程和民生实事建 “重点账”，确保每年的重点工程和民生实事全部纳入建账范围。查账不回避矛盾，直指问题要害，杜绝 “人情账”，交账对照建账内容，

一一兑现，交“明白账”，对没有按期完成年度任务的，坚决予以通报。三是牢固树立群众意识，强化对农业产业化的监督。农业发展事关农民增收，是关系广大农村群众切身利益的大事。常委会围绕农业“四大主导”产业，多次深入到各乡镇就有机玉米、优质核桃、生态畜牧和道地连翘四大农业主导产业的发展情况进行调研。在调研中听取了各相关部门工作汇报，实地查看“四大主导”产业在各乡、镇、村的发展情况，召开由各乡镇主要领导、各职能部门负责人、人大代表、产业发展带头人等各方面代表参加的座谈会，共同解析产业发展中遇到的问题，向县委提出农业产业化要立足我县良好的自然环境优势，把粮食、蔬菜、菌类种植和草食畜养殖等一并纳入我县大农业的发展格局，坚持走生态农业、有机农业、高效农业的路子。同时要以基地建设为抓手，以成功典型为引导，带动农户主动调产；建立农业产业化发展风险基金，当产业项目遇到市场变化，无法继续经营时，对项目给予支持，避免产业遇险夭折等意见建议。特别是针对核桃产业发展有规模，无效益的问题，常委会持续关注，寻求破解良策。可以说核桃产业的发展是我们调研次数最多，和基层群众交流最多，向县委、县政府提意见建议最多的事情。在深入调研，广泛征求群众意见的基础上，我们提出的控制栽植规模，重点保成活，发挥精品核桃园区示范带动作用等建议，引起了县委、县政府的高度重视，从 2013 年开始，我县启动了“核桃管理年”活动，核桃产业从规模发展转向提质提效，并取得了一定的经济效益。对县林业工作进行了专项评议，要求林业部门要科学地定位我县林业的发展方向，在保护好现有森林资源的同时，大力发展经济林和林下经济，并以林业为依托，着力打造一批精品旅游景点，以旅游带动整个三产链条，将我县良好的生态优势转化为发展优势，在强县富民上实现新突破。

三、坚持共享发展理念，着力增进人民群众福祉

让人民群众共享改革发展成果，这是社会主义的本质要求，也是人大工作的出发点和落脚点，常委会坚持把保障和改善民生摆在更加突出的位置，积极回应社会关切，不断增强人民群众的获得感、认同感和幸福感。关注城市建设，改善人居环境。常委会多次听取审议县政府关于“一纵一横”工程推进情况的报告，多次深入“一纵一横”施工现场进行指导，督促政府加快建设进度，确保按期完工。对县环保局近三年来的工作进行了专项评议，建议政府尽快启动城市排污管网改造和建筑垃圾填埋场项目，进一步提升城市排污能力，为全县人民打造一个环境优美、功能完备、宜居宜业的现代城市。关注师资队伍，优化教育环境。对全县教师队伍素质提升情况进行了调研，客观分析了我县教师队伍的现状及存在的问题，要求强化师德师风建设，让名校、名校长、名师真正发挥“头羊效应”，带动安泽教育事业再上一个新台阶。关注食品安全，净化市场秩序。听取和审议食品药品监管、商务工作等专项工作报告，对卫生工作进行专项评议，提出了完善市场安全监管体系、加大执法工作力度等意见建议，“拧紧了舌尖上的安全阀”，净化了食品药品市场，保障了广大群众身体健康和生命安全。关注民生热点，提升幸福指数。先后对人民群众十分关心的天然气入户、城市饮水、数字电视和教育等热点难点问题开展了监督。经过不懈努力，

全县3000户居民有2000余户通上了天然气；城市水源地由原先的3处增加为5处，日供水能力达到3000吨，解决了供水能力不足、供水设施不全的问题。我县在全市实现了三个“率先”，即率先实现了数字电视初装、收视费全免；率先实现了从小学到高中阶段教育费用全免；率先实现了全县人民人身意外伤害保险全覆盖，广大群众享受到了改革发展的红利。

四、认真贯彻依法治国方略，全力推动法治安泽建设

常委会坚持把保障宪法及各项法律法规在全县范围内的贯彻实施和促进依法行政、公正司法作为推进法治安泽建设的主题。先后组织开展了农村土地承包法、农村土地承包经营纠纷调解仲裁法、食品安全法、城乡规划法、水污染防治法、宗教事务条例、旅游法、山西省旅游条例和山西省促进旅游产业发展条例等九部法律的执法检查，督促和支持县政府改进和加强执法工作，使“一府两院”及其组成部门法制观念得到进一步增强，依法行政水平得到进一步提高。听取和审议了法检“两院”全年重点工作的报告，检察院关于贯彻《山西省预防职务犯罪条例》情况的报告和司法局关于“六五”普法等专项工作报告，并作出了关于加强法制宣传教育的决议。组织召开了全县政法工作座谈会，实施了新任命国家工作人员向宪法宣誓制度，激励国家机关工作人员自觉树立宪法意识，带头遵守宪法法律，为贯彻落实党的十八届四中全会关于全面推进依法治国的重大部署，加快依法治国建设进程发挥了积极作用。

五、坚持代表主体地位，全面提升代表素质，代表作用得到充分发挥

保障代表依法履职就是保障人民当家作主。常委会高度重视并不断改进代表工作，努力为代表依法履职创造条件，代表主体作用得到充分发挥。一是把提高代表履职能力放在更加突出的位置。坚持为代表订阅多种学习资料，聘请专家、教授对常委会组成人员、乡镇人大主席、人大代表进行法律培训和理论辅导，并在每次常委会召开之前，都开展一次法律知识讲堂，极大的促进了组成人员学法、懂法、用法。召开了省、市、县、乡四级人大代表履职交流座谈会，共同研讨新时期人大代表执行代表职务的新方法、新途径，为代表提高履职能力搭建了相互学习交流的平台。二是高度重视代表意见建议办理工作。每次人代会后，及时召开代表意见建议交办会移交县政府办理，并责成人事代表工委每季度督查一次办理情况。对一些重要的、涉及面广的意见建议要求面对面答复代表，提高了办理实效。实行了代表满意度测评制度，代表对意见建议答复不满意的，经常委会研究，需重新答复的，将责成相关单位重新答复，直至代表满意。几年来，县人代会收到的代表建议意见均全部办结，办结答复率达100%。从办理情况看，办理质量大幅提高，代表建议办理的满意率逐年上升。三是充分发挥代表在闭会期间的作用。坚持人大主席、人大代表列席常委会制度，每次会议都邀请各乡镇人大主席和10名人大代表列席，扩大了代表对常委会工作的参与度。注重发挥代表的专业特长，邀请代表参加常委会组织的调研、视察和专题审议等活动，许多专业的意见建议被采纳到常委会的审议意见中。积极推荐代表参加征求意见、民主测评、行风政风监督等各类会议，扩大代表

知情知政的渠道，为代表发挥作用创造了条件。

六、坚持自我完善，不断改善工作作风，常委会自身建设得到全面加强

常委会把加强自身建设摆在重要位置，不断强化理论武装，改进工作作风，提高履职能力，努力打造为民务实、敢于担当、作风清廉的地方国家权力机关。在理论学习上，以创建学习型组织、学习型机关为目标，深刻学习领会党的十八大和习近平总书记系列讲话精神，不断提高人大代表和人大工作者的政治素养，保证人大工作的正确方向。在制度建设上，制定了《县乡人大代表闭会期间活动办法》，进一步明确了代表在闭会期间的权利义务。制定了《常委会委员联系代表与代表联系群众暂行办法》，办法促使委员、代表更多的深入基层，倾听群众呼声、反映群众意愿，接受群众监督。出台了《安泽县人大常委会关于加强和改进人大监督工作的决定》，提高了人大监督的针对性和实效性，使人大监督工作进一步科学化、制度化、规范化。在硬件建设上，升级更新了电脑、打印机等办公设备，机关办公效率进一步提高；新建了常委会会议室，启用了电子表决系统，改进了人大常委会会议表决方式，提高了会议质量，彰显了民主进步。在工作作风上，坚持实事求是，注重调查研究，把工作开展在一线，特别是对基层、群众反映的难点、焦点问题，立即办、主动办、认真办、跟踪办，增强了人大工作的实效性。扎实开展了党的群众路线实践教育活动、学习讨论落实活动和“三严三实”教育活动，深刻查摆“四风”方面存在的突出问题，坚持立行立改，自觉正风肃纪，兑现公开承诺，得到了代表和群众的认可。在廉洁自律上，严格落实“两个责任”，切实履行“一岗双责”，做到党风廉政建设与人大工作同部署、同检查、同落实、同考核，坚持把纪律和规矩挺在前面，推动党中央全面从严治党的要求落到实处，营造了人大机关良好的政治生态，形成了干净干事、务实作为的浓厚氛围。

过去五年，我们各项工作取得了一定的成绩，这与县委的正确领导、人大常委会组成人员的共同努力、各级人大代表的大力支持和“一府两院”积极配合密不可分。在此，我谨代表县人大常委会，向关心、支持人大工作的所有同志和各界人士表示衷心的感谢!

几年来的工作体会

回顾总结过去五年我县人大工作实践和发展的历程，主要有以下几点体会：

一、坚持党的领导，是做好人大工作的政治保证

人大工作必须坚持和依靠党的领导，在工作中自觉把人大各项工作置于县委的领导之下，坚决维护县委权威，重要工作及时向县委请示汇报，重大事项取得县委同意。坚持把党的领导、人民当家做主和依法治国有机结合起来，保证县委的主张依法上升为人民意志，从制度上、程序上保证党委意图的实现，使人大工作始终沿着正确的政治方向前进。

二、坚持以民为本，是人大工作的根本目的

必须把实现人民的愿望、体现人民的意志、维护人民的利益作为人大工作的根本出发点和落脚点，把解决人民群众最关心、最直接、最现实的利益问题作为工作重点来抓，密

切联系群众，充分依靠群众，不断增强人大工作的使命感和责任感，才能有效发挥人大作为国家权力机关的重要作用，保障和促进人民民主权利的实现。

三、坚持推动发展，是人大工作的首要任务

必须坚持以科学发展观为指导，围绕中心、服务大局，突出工作重点，加强工作监督，努力提高监督的针对性和实效性，把工作支持与工作监督有机地结合起来，始终把“促进全县经济、政治、社会全面协调可持续发展”当作人大工作的首要任务，人大的工作职能才会在实际工作中得到充分的体现。

四、坚持开拓创新，是人大工作的不竭动力

人大及其常委会只有不断地开拓前进，才能不断适应新形势、新常态的需求，只有始终坚持解放思想、与时俱进，勇于创新，注重研究新情况、解决新问题，冲破条条框框的束缚，才能寻找出更多更好的与国情和时代要求相适应的民主方式和监督渠道，为在宪法和法律范围内探索加强和改进人大工作注入新的活力。

对今后五年工作的建议

各位代表，县第十四次党代会对我县今后五年的主要任务作出了全面安排部署，今后五年，是全县人民奋战“十三五”全面建成小康社会的五年，县人大及其常委会肩负的责任十分重大。面对新形势、新任务、新要求，新一届人大及其常委会一定要高举中国特色社会主义伟大旗帜，以邓小平理论、“三个代表”重要思想、科学发展观为指导，深入学习贯彻党的十八大和十八届三中四中五中全会和习近平总书记系列讲话精神，坚持党的领导、人民当家作主、依法治国的有机统一，认真履行宪法和法律赋予的各项职权，全力助推我县破解发展难题、增强发展动力、厚植发展优势，为安泽全面振兴、绿色崛起做出新的更大的贡献。

一、以贯彻党的决策部署为着力点，更加扎实服务中心工作

认真贯彻中央、省委、市委和县委关于推进经济社会持续健康发展的一系列重大决策部署，进一步统一思想认识，增强坚持党的领导、人民当家作主、依法治国有机统一的自觉性，增强坚持和完善人民代表大会制度的坚定性，增强人大及其常委会工作服务和保障全县工作大局的主动性。特别是要结合“十三五”规划的实施，全面部署和统筹安排常委会开展监督、决定重大事项等各项工作，更好地发挥地方国家权力机关的作用。要充分发挥县人大常委会党组的核心领导作用，自觉服从服务于全县工作大局，积极承担县委确定的重点工作任务，深入一线调查研究，督促指导，协调解决有关问题，切实推动全县中心工作的落实。

二、以服务发展为根本，更加注重监督工作实效

紧紧围绕发展这个主题和调整经济发展结构这条主线，正确把握加强监督与支持工作的关系，综合运用听取和审议专项工作报告、执法检查、调研视察、专题询问、跟踪督查等形式，突出监督重点，完善监督方式，加大监督力度，提高监督实效，推动经济社会协调发展和民生改善，推动环境建设和生态保护，推动依法行政和公正司法。

三、以宪法和法律为依据，更加注重法定职权行使

以宪法和法律为依据，进一步完善行使重大事项决定权的程序和规则，依法及时有效的行使法定职权，保证县委重大决策部署的贯彻落实。深入基层、深入群众，掌握实际情况，确保常委会各项决议、决定，符合科学发展要求，符合安泽实际，符合人民意愿。始终坚持党管干部原则与人大依法任免的有机统一，进一步规范和完善人事任免工作。积极探索和加强对常委会任命干部的监督，确保人民赋予的权力始终用来为人民服务。

四、以制度建设为契机，更加注重代表作用发挥

坚持执行好常委会委员联系代表与代表联系群众制度、代表和乡镇人大主席列席常委会会议制度，进一步加强常委会与代表、代表与群众的联系。坚持邀请代表参加常委会组织的调研视察和执法检查活动，落实好代表闭会期间活动暂行办法，进一步扩大代表参与常委会活动的范围，保障代表知情权、监督权、参与权、表达权的行使。结合新一届代表结构特点，探索建立代表培训长效机制，努力提高代表的法律素养和履职能力。

五、以思想政治建设为重点，更加注重常委会履职能力提升

面对新时期日益繁重的工作任务，常委会必须不断强化自身建设。要深入学习，自觉坚持党的领导，牢固树立政治意识、大局意识、核心意识、看齐意识，始终把握人大工作正确的政治方向。把坚定制度自信和不断改革创新统一起来，以改革思维创新工作，以法治方式推进工作，保持人大工作的生机与活力。深入推进党风廉政建设和反腐败斗争，以优良作风促进各项工作。加强对人大制度和人大工作的宣传，毫不动摇的坚持和完善好人民代表大会制度。加强对乡镇人大的联系与指导，形成人大工作创新发展的整体合力。

各位代表，同志们，全面深化改革的时代大潮波澜壮阔，推进民主政治建设的宏伟事业任重道远！让我们紧密团结在以习近平同志为总书记的党中央周围，在中共安泽县委的坚强领导下，以更加饱满的政治热情和勇于担当的责任意识，奋发向上，开拓进取，为实现安泽全面振兴、绿色崛起而努力奋斗！

政府工作报告

——2016年8月15日在安泽县第十六届人民代表大会第一次会议上

安泽县人民政府县长　牛庆国

一、“十二五”时期工作回顾

“十二五”时期是我县发展历程中极不平凡的五年。五年来，在县委的坚强领导下，在县人大、县政协的监督支持下，县政府紧紧依靠全县人民，认真贯彻落实党的十八大、十八届三中、四中、五中全会和习近平总书记系列重要讲话精神，围绕“一创六县三转化三

目标”工作思路，大力实施“六县”发展战略，坚持稳中求进工作总基调，主动适应经济发展新常态，扎实推进稳增长、促改革、调结构、惠民生各项工作，全县经济社会发展取得了新的成就。

五年来，我们积极应对下行压力，经济发展稳中有进。充分发挥投资对稳增长的关键作用，紧紧围绕基础设施、产业转型、城乡建设、社会民生事业等方面加大投资，以财政资金撬动社会投资达100亿元以上，有效拉动了经济增长。尤其注重工业企业运行对稳增长的支撑作用，坚持“一企一策”帮助企业解决生产、销售和融资难题，采取“减、免、缓”等办法为企业减负2.4亿元，确保企业轻装上阵、正常运转。“十二五”末，全县地区生产总值完成42.1亿元，年均增长5.5%；规模以上工业增加值20.7亿元，年均增长6.7%；社会消费品零售总额8.5亿元，年均增长12.9%；城镇居民人均可支配收入23836元，年均增长10.3%；农村居民人均可支配收入7811元，年均增长10.4%。固定资产投资63.4亿元，公共财政预算收入3.1亿元，全县综合实力进一步增强。

五年来，我们加快转变发展方式，产业结构持续优化。农业上，我们立足绿色生态优势，大力实施“双千万”惠农工程，全力推动主导产业发展壮大。五年来，累计改造中低产田2万亩，粮食总产量连年稳定在13万吨以上；全县规模养殖大户达到210户，畜禽总量突破160万头（只）；核桃挂果面积达到4000余亩；新发展日光温室、春秋棚等设施蔬菜500座；全县合作社总量进一步扩张，农产品加工销售收入突破1亿元；全面摸清了全县中药材资源底数，“安泽连翘”通过国家地理标志产品认证，成功引进广州香雪制药企业入驻安泽，农业主导产业规模化、产业化发展步伐持续加快。工业上，坚持“以煤为基、多元发展”思路，积极推进煤炭资源和焦化行业整合，全面改造提升传统产业。全县原煤产能由390万吨提升到510万吨、焦炭产能由120万吨提升到240万吨、甲醇和合成氨等化工产能达到26万吨、发电量达到3亿度，120万吨干熄焦、12万吨甲醇、6万吨合成氨等转型标杆项目先后建成投产，形成了煤焦电、煤焦化、煤焦气产业链条。同时，狠抓唐城煤焦化深加工工业园区建设，基本完成了车村移民搬迁工程，工业转型的基础不断得到夯实。三产上，大力发展文化旅游、商贸物流、电子商务等产业，先后完成荀子文化园基础建设、太岳军区司令部旧址抢救性修缮等一批工程，重点实施了中南铁路安泽站站前广场等项目建设，并大力推进“农芯乐”、“乐村淘”等农村电子商务发展，三产水平进一步提升。全县三次产业结构由7.4:81.2:11.4调整为9.4:72.8:17.8，三次产业结构持续优化、更趋合理。

五年来，我们着力推动改革创新，发展动力不断增强。积极推进行政审批制度改革，承接、调整、取消行政审批事项87项。不断深化医药卫生体制改革，县级公立医院综合改革、基层医疗体制改革基本完成，公办基层医疗卫生机构和村卫生室全部实行基本药物制度，人均基本公共卫生服务经费由30元提高到45元，“健康安泽”建设步伐明显加快。有序推进煤炭管理体制改革，全面清理规范涉煤收费项目，全县仅保留了4项经省级以上政府批准的涉煤税费项目，煤炭资源税变从量计征为从价计征，促进了煤炭资源合理开采利用，增强了企业发展后劲。稳步推进农村改革，集体林权主体改革任务基本完成，农村土地承包经营权确权登记颁证全面展开。改革的全面深化，为全县发展提供了不竭动力。

五年来，我们聚焦城乡统筹发展，人居环境明显改善。全力推进宜居县城建设，编制完成了县城总体规划，重点实施了“一纵一横”旧城改造提升、沁河县城段综合治理、奥体中心、污水处理厂、垃圾处理厂等一批市政工程，县城区集中供气入户基本覆盖，县城综合承载能力进一步提升。全面加快新农村建设，完成所有行政村街道亮化工程，启动实施乡镇公路联通大循环工程；完成涉及1.84万人的农村饮水安全工程，农村生产生活条件明显改善。同时，持续实施造林绿化，累计完成植树造林12.28万亩。深入开展“环境提升年活动”，重点实施生态治理等五项提升工程，全县空气质量始终保持在二级以上，其中一级天数稳定在170天以上，稳居省市前列。

五年来，我们奋力建设幸福安泽，民生水平显著提高。持续实施十二年教育全免费、数字电视全免费、群众人身意外伤害保险等民生实事。先后完成22所中小学、幼儿园新建提升工程，完成新中医院以及乡镇卫生院改扩建等建设。实现文体活动室、农家书屋、体育健身设施行政村全覆盖，积极开展“送戏下乡”“乐在周五”等群众文化活动。全面推行“社会保障一卡通”，五项社会保险参保率稳步提升。此外，扎实开展安全生产大检查，安全生产形势保持稳定。创新实施“三级中心、一网一格”服务体系建设，主动服务群众成了各级干部的价值追求，群众的幸福指数明显提升。

各位代表，过去五年，是我们沉着应对下行压力、爬坡过坎开创新局的五年，是经济协调健康发展、人民生活显著改善的五年，是创新加强社会治理、和谐建设取得突破的五年。五年来，我们先后荣获全国绿化模范县、全国义务教育发展均衡县、全国生态文明先进县、全国平安建设先进县、全国中医药工作先进县、全省林业生态县、省级卫生县城等荣誉称号。先后迎来全省创新社会管理、全市电商发展、全市自然生态及农村环境保护工作、全市公共机构节能等现场会在安泽召开。在推进经济社会发展的同时，我们扎实开展群众路线、“三严三实”专题教育，从严从实整治“四风”，抓紧抓实廉政建设，营造了风清气正的政治生态、团结奋进的发展氛围。

成绩来之不易，创业蕴含艰辛。五年的实践使我们深刻认识到，做好政府工作，推动安泽经济社会持续平稳发展，必须坚持从严治政，坚决落实两个责任，把纪律和规矩挺在前面，在清正廉洁中干事创业；必须坚持问题导向，勇于改革，敢于担当，针对发展短板，有的放矢、精准施策；必须坚持底线思维，牢牢抓住安全生产、环境保护等关乎全局的重点工作，为经济社会发展营造良好的环境；必须坚持以人为本，切实保障和改善民生，让人民群众得到更多的实惠，增强群众的获得感，凝聚共谋发展的强大合力。

各位代表，过去五年我们所取得的成绩，得益于县委的正确领导，得益于县人大、县政协的监督支持，得益于全县广大干部群众的群策群力、团结拼搏。在此，我代表县人民政府，向辛勤工作在各行各业的广大干部群众，向给予政府工作大力支持的人大代表、政协委员，向所有关心安泽建设和发展的各界人士，表示崇高的敬意和衷心的感谢！

在肯定成绩的同时，我们也清醒地看到，我县经济社会发展仍然存在不少困难和问题，主要是经济下行压力依然较大，实体经济发展面临着较多困难；产业结构性问题依然突出，一产不优、二产不强、三产不大，中药材、煤层气、生态文化旅游等资源尚未转化为经济优势；城乡基础建设仍需加大力度，民生社会事业仍存在薄弱环节，部分领导干部创业的意识和创新的能力有待进一步加强，等等。对此，我们一定要保持清醒头脑，采取有效措施，切实加以解决。

二、“十三五”时期经济社会发展主要目标和任务

“十三五”时期是推进“四个全面”战略布局的关键期，是全面建成小康社会的决胜期，也是新一届县政府践行“五大发展”理念，实现安泽全面振兴、绿色崛起的攻坚期。

面对新挑战、新任务，只有准确把握形势才能顺势而上、主动作为；只有强化问题导向才能精准施策、重点突破。

从全国来看，我国经济进入新常态，经济增长速度从高速转为中高速，发展方式从规模速度型转向质量效益型，经济结构调整从增量扩张为主转向调整存量、做优增量并举，发展动力从主要依靠资源和低成本劳动力等要素转向创新驱动。尽管全国经济面临较大下行压力，但发展的基本面、基本特征、基础和条件及前进态势没有改变，发展仍处于可以大有作为的重要战略机遇期。中央要求必须强化五大发展理念，坚定不移推进供给侧结构性改革，不断培育新的经济结构，强化新的发展动力，这为我们的发展指明了方向。

从全省来看，全省经济实现了低位企稳、稳中有进、稳中向好，但稳中有忧，经济增长下行压力依然很大；新旧动能转换胶着，结构调整任务艰巨；民生刚性需求加大，财政保障能力减弱，全省经济仍处于改革开放以来最困难的时期。对此，省委提出了以习总书记重要讲话为指引，坚持构建良好政治生态和推进经济稳步向好“两手硬”，“重塑山西美好形象、实现山西振兴崛起”的重要思路和要求，特别是强调要以经济建设为中心，理直气壮地狠抓经济发展。我县经济总量不大，更应毫不动摇地把发展作为第一要务，聚精会神抓发展。

从全市来看，虽受宏观环境和自身结构性矛盾影响，但始终致力于改革发展不放松，产业转型的基础更加牢靠，基础设施建设全面跃升，“百里汾河生态经济带”被列入黄河金三角区域合作规划上升为国家战略等。特别是十三五规划中提出了要把临汾建设成为中西部经济强市、旅游强市、生态强市的总体目标，这为我们安泽实现融合发展、开放发展提供了广阔空间和有利条件。

从我县来看，通过全县上下综合施策、沉着应对、攻坚克难，全县始终保持着平稳健康的运行态势。但面对严峻复杂的经济形势和持续下行的经济压力，我们更需未雨绸缪、科学谋划、借势发力、奋力作为。绿色生态优势需要加快转化、培育产业，全县山水相依、地绿景美，要使青山绿水变为金山银山，仍需我们久久为功地植树造林、增绿添绿，精心打造省级乃至国家级森林公园，主动融入国家、省、市旅游发展格局，创新“多元化开发、市场化运作”发展模式，加快建设精品旅游县，实现可持续发展。丰富资源禀赋需要深度开发、提质增效，全县遍地有煤而且品质较好，做好“煤”这篇大文章，仍需我们坚定不移地延伸煤焦产业链条、发展煤层气等新兴产业，推进循环经济发展，推进工业产业转型升级；全县境内漫山遍野都蕴藏着中药材资源，品种达355种，大宗品种22种，是名副其实的“三晋大药场”，做强“中药材”这一大产业，仍需我们用好“安泽连翘”这个金字招牌，千方百计地引进更多制药企业落地安泽，全力打造国家级连翘加工基地和山西省中药材集散中心，让全县的绿色宝藏成为富民强县的有力支撑。区位优势发挥需要加快建设、完善提升，我县地处临汾、长治、晋城三市交界处，破解长期以来的交通瓶颈制约，全面将区位优势转化为流通优势，构建起对外开放融合发展大格局，仍需我们全力以赴加快联通路网建设、提标改造县级公路，以道路的畅通促进全县百业兴旺。城镇化建设需要提升档次、强力推进，我县的城镇化率还不高，深入挖掘城镇化建设潜力，形成经济增长带动力，就需要我们始终不渝地按照“山水田园城”建设思路，强化规划引领、完善公共设施建设、注重系统治理，依法有序地推进城乡建设治理，打造更加美丽宜居的新安泽。

综合研判当前经济形势，机遇与困难同在，挑战与发展并存。按照中央、省、市和县第十四次党代会的部署要求，结合我县实际，“十三五”期间全县经济工作的总体思路是：高举中国特色社会主义伟大旗帜，以邓小平理论、三个代表重要思想、科学发展观为指导，深入贯彻党的十八大、十八届三中四中五中全会和习近平总书记系列重要讲话精神，按照“五位一体”总体布局和“四个全面”战略布局，围绕全面建成小康社会这个总目标，以生态建设为特色，以改革创新为动力，以结构优化为重点，以民生改善为根本，以安全稳定为保障，全力保持经济平稳健康发展，加快建设山水田园城和精品旅游县，努力实现安泽全面振兴、绿色崛起。

“十三五”时期的主要预期目标是：力争地区生产总值年均增长6.5%；公共财政预算收入年均增长6%；社会消费品零售总额年均增长6%；城镇居民人均可支配收入年均增长6%；农村居民人均可支配收入年均增长6.5%。

要实现上述目标，“十三五”期间我们的主要任务是：

（一）积极主动作为，推动经济持续平稳发展

稳定企业生产经营。坚持领导包联企业机制，深入企业摸实情、出实招、办实事，用“一企一策、精准施策”的办法帮助企业解决“产供销”难题，帮助企业挖潜增效，努力保生产、保增长、保指标。认真落实国家、省、市一系列惠企政策，建立完善涉企收费清单制度，切实减轻企业负担。引导企业加强内部管理，削减非生产性开支，降低人工、物流、财务等综合成本。推动煤电联营、煤化联营，支持企业“抱团取暖”，增强抵御市场风险的能力。积极开展“政银企”对接，抓好“助保贷”工作，帮助企业融通资金、

开拓市场、稳定生产。

激活社会发展潜力。创新投融资机制，完善政府和社会资本合作模式，鼓励社会资本参与基础设施、公共服务设施等建设。坚持不懈抓好项目建设，力争每年争取上级投资、调动社会投资10亿元以上。努力扩大消费需求，创新连锁经营、电子商务等新型流通方式，力争到“十三五”末，社会消费品零售总额达到12亿元以上。同时，鼓励大众创业、万众创新，针对性的制定创业扶持政策，在资金、人才、土地等方面为民营经济发展提供要素支持，兴办更多的经济实体。进一步破除体制机制障碍，放开民间投资领域，重点扶持农产品加工、文化创意产业、乡村旅游、农村电商领域民营企业发展。

（二）优化产业结构，促进经济转型升级

加强工业改造提升。围绕煤炭产业转型，着力推进煤矿井下产量监测、人员定位、安全监控等智能化平台建设，加快瓦斯发电项目建设，延伸煤炭产业链条，促进煤炭就地转化。推动煤焦化电深度融合，致力打造“煤焦化、煤焦电、煤焦气”循环链条，狠抓煤电一体化、煤层气抽采等重大项目落地；支持煤制甲醇项目建设；完成填补国内同类产品空白的永鑫千吨甲醇制丙烯分子筛催化剂项目建设，力争五年内把安泽建成临汾重要的煤化工基地。推动清洁能源产业发展，将清洁生产由焦化行业拓展到煤矿，4座煤矿清洁生产审核要列入重点工程，于2017—2020年分段实施；加快发展光伏发电、风力发电等清洁能源，使安泽成为临汾绿色清洁能源输出基地。

补齐三产发展短板。落实《全省进一步支持服务业发展若干措施》，加快文化旅游业、商贸物流业发展。在文化旅游上，围绕建设“精品旅游县”的目标，构建政府引导、社会参与的旅游发展模式。要深入挖掘荀子文化、红色文化和地方特色文化，加强文化遗产保护，发展文化创意经济，创造符合时代需求的文化产品，推动文化与旅游的深度融合。要借助长临高速融入临汾、长治一小时经济圈，依托我县的雅静清凉、自然田园、山水林村，精心发展休闲避暑、文化体验、康体养生、采摘垂钓等乡村旅游，力争培育乡村旅游示范村10个以上。要加快旅游景区品牌提升，全力创建10个国家级、省级森林公园，创建1~2个AAAA级景区，并将景区、景点串珠成链形成精品线路，跟进“吃住行游购娱”旅游要素建设，不断提升旅游接待能力和旅游产业发展水平。在商贸物流上，要依托中南铁路站口、长临高速引线，加快仓储物流中心建设，配套商贸、服务等功能区，实现区位优势向流通优势的转化；要适时推进县乡村三级公路提标改造工程，构建四通八达的交通网线；要规划建设县城标准化农贸市场，规范农产品市场经营；要积极推行“互联网+”模式，推进电商名优特产品展厅和电商体验馆建设，完善“乐村淘”“农芯乐”电商平台，促进电商与物流协同发展。

（三）全力做好“三农”和脱贫攻坚工作，推进农业增效农民增收

加快发展现代农业。本着提高劳动生产率、土地生产率和农产品商品率的原则，加快农业产业结构调整。一是着力提高农业综合生产能力。大力推进农田水利基本建设，力争五年内建设高标准农田5万亩以上。二是着力发展经济作物。巩固优质核桃产业，加大油

用牡丹、构树等品种的种植面积，力争五年内核桃挂果面积达到1万亩，油用牡丹面积突破5万亩。三是着力推进生态畜牧养殖，突出发展草食畜，力争五年内畜禽总量达到200万只，向社会提供肉2万吨、蛋7000吨。四是着力发挥“品牌”效应。利用好“安泽连翘”地理标志产品认证，未来五年新增中药材种植面积5万亩，建成10个500亩以上中药材示范基地，引进加工龙头企业2个以上，力争全县中药材收益突破亿元。五是着力实施龙头带动工程。在巩固提高好现有合作社的基础上，精心培育省级以上示范合作社3~5个，充分发挥企业的龙头中介作用，大力发展订单农业、电商农业，把安泽的有机玉米、无公害杂粮、绿色蔬菜推进市场，提高农产品的经济效益。

坚持精准扶贫、精准脱贫。盯紧“2017年脱贫摘帽”的目标，坚持输血与造血相结合、治贫与治患相结合，多措并举，统筹兼顾，使建档立卡贫困人口通过生产就业、发展教育、易地扶贫搬迁、生态补偿、社会兜底脱贫。一是突出抓好易地扶贫搬迁。采取集中安置、分散安置等方式，分年度、有计划组织实施1640人的易地扶贫搬迁工程。特别是山庄窝铺、人口极少、生产生活条件恶劣的村庄，要努力做到应搬尽搬，尽量实现自然村整体迁出，实现搬迁贫困户、特困户、供养户等各类贫困人群宜居安居。二是突出抓好光伏扶贫项目。推广建设村级和户用光伏电站，帮助贫困村和贫困户建立长久增收渠道，加快扶贫对象脱贫致富步伐。力争两年内，在40个贫困村每村建设一个100千瓦~200千瓦的光伏扶贫电站。三是突出抓好生产就业扶贫工作。实行扶持对象、项目安排、资金使用、措施到户、因村派人、脱贫成效“六个精准”的举措，抓好政策落地、项目衔接、资金筹集、力量配备，确保贫困群众如期脱贫。同时，统筹推进健康扶贫、生态扶贫、消费扶贫、水利扶贫等工作，努力实现全县农村贫困人口不愁吃、不愁穿，义务教育、基本医疗和住房安全有保障。

（四）深化改革扩大开放，增强经济发展活力

全面深化各项改革。深化行政审批制度改革，全面落实“两集中、两到位”，推行部门权力清单和责任清单制度。推动工商制度改革，强化“先照后证”改革后的事中事后监管。深化农村改革，全面完成农村土地承包经营权确权工作，完成农村产权交易市场建设，稳步推进不动产统一登记，加快推进农村集体产权制度、集体林权配套制度、国有林场、小型水利设施产权制度改革，健全农业保险制度。实施煤炭体制、财税、金融等领域改革，最大限度激发市场活力。

着力扩大对外开放。以更加开放的思维，对县域经济进行谋划，大力实施“引进来”、“走出去”双向开放战略。积极“引进来”先进企业、专家人才，突出要素招商、环境招商，灵活开展点对点、一对一、面对面的招商活动，抓住我省承接加工贸易产业转移的大好机遇，引进科技含量高、辐射范围大、吸纳就业能力强的大项目、好项目。围绕建设“临汾绿色能源输出基地、国家级连翘加工基地、精品旅游县”等重大目标，以精准招商、专题招商实现“招大引强”。要积极“走出去”，主动对接“一带一路”倡议推动外向型经济发展，充分利用中博会、能博会、文博会等平台宣传安泽、推介安泽，扩大知名度，使

我们的特色产品有更大的市场空间、企业有更广阔的发展空间。

（五）积极推进城乡一体化发展，努力改善人居环境

高标准建设山水田园城。坚持规划为纲、改建并举、精细管理，全力打造“山水相依、品位高雅、原始自然、文蕴深厚”的“山水田园城”。一要明确“山水田园城”定位。按照县党代会精神，“山水田园城”是广义的“城”，是“覆盖安泽全境”的县域城镇化、城乡一体化的“山水田园”图景。我们要尊重自然生态、历史文化，重视现代科技、环境艺术，推动城乡规划对接、设施对接、产业对接，促进人与自然和谐相处。二要加快县域城镇化步伐。统筹推进中心城镇路网、水网、电网建设，加快城镇商贸、人居等公共服务基础建设，构建特色鲜明、优势互补、产业集聚、带动力强的城镇发展体系。尤其要注重城镇建设与精品旅游的衔接，在保留乡村特色风貌的基础上有序开发建设，使田园在城中、城在田园中，让城镇宜居宜业宜游。三要推动县城智慧型发展。创新县城经营理念，探索以城养城、以城建城的城建市场化之路，吸纳社会资金注入城市开发与管理，提升经营城市水平。加强县城规划执法，坚决维护规划的权威性和严肃性，把县城发展建设纳入法治化轨道。加大县城建设力度，加快实施309国道县城段改线工程、沁河大桥改建工程，布局建设城南、城北新区，拉大县城框架；加快推进城市绿化、硬化、亮化、净化、美化，规划建设湿地、公园、休闲广场，重点实施县城集中供气供热工程，完善基础服务功能，让群众生活得更舒适、更舒心。提升县城管理水平，突出精细化、规范化，狠抓市容市貌和环境卫生管理，严厉打击破坏公共基础设施等不文明行为，加大乱停乱放、乱搭乱建治理力度，整治脏乱差，整出洁净美，力争三年内创建成“国家级卫生县城”，五年内创建成7个“国家级卫生乡镇”。同时，争创“全国双拥模范城”。

大力度建设美丽宜游村。着力改善农村人居环境，配合完成长临高速建设，推动县城至红叶岭风景区道路的拓宽改造，提升改造县乡公路，力争五年内形成布局合理、便捷高效的现代化公路网络；解决好农村安全饮水问题，基本实现“一村一井、一户一表”的农村安全饮水巩固提质目标；加快村庄生活污水、生活垃圾处理设施建设；加强农村危房危窑改造，保证农民群众居住安全。着力提升乡村文化品位，统筹好生产、生活、生态三大布局，促进生产空间集约高效、生活空间宜居适度、生态空间山清水秀。尤其要延续历史文脉、彰显民俗之美，让群众看得见山水、记得住乡愁，打造有记忆、有特色、有田园风光的美丽乡村。

（六）加强生态文明建设，全面推动县域绿色发展

培育生态文明理念。弘扬安泽“咬定青山不放松”的绿化精神，培育生态文化，凝聚群众投身绿化、保护生态的思想共识。不断提高公众绿色环保意识，加快推动消费模式向简约适度、文明健康转变，大力推行政府低碳采购和低碳办公，倡导绿色出行、绿色生活，形成人人、事事、时时崇尚生态文明的社会氛围。

推进生态工程建设。持续实施造林绿化工程，力争完成太行山绿化3万亩，林木绿化率达到70%。同时，围绕“身边增绿”，继续推进县城绿化、乡村绿化、厂矿绿化、校园绿

化、通道绿化和废弃山庄绿化工程，不断巩固和扩大生态建设成果。尤其要着力抓好沁河等重点区域生态建设，建设国家级水产种质资源保护区，推动沁河生态修复工程和沁河一、二级支流治理工程，让母亲河焕发神采。

加强生态环境保护。严格落实新《环保法》、新《大气法》，严守资源消耗上限、环境质量底线、生态保护红线。强化节能减排，实行能源和水资源消耗、建设用地等总量和强度双控行动，促进节能、节水、节地、节材、节矿。加强环境治理，全面打响大气、水、土壤污染防治“三大战役”。保护生态资源，重点打击毁林开荒、盗伐林木和河道采砂、电鱼等破坏生态的违法行为，打造天更蓝、山更绿、水更清、空气更清新、城乡更宜居的良好生态环境。

（七）抓好社会治理创新，维护社会安全稳定

毫不放松抓好安全生产。牢固树立“总体安全观”理念，严格落实新《安全生产法》的要求，全面实行“党政同责、一岗双责、失职追责”，强化企业安全生产主体责任，落实各级各部门安全生产监管责任，切实做到管行业必须管安全、管业务必须管安全、管生产经营必须管安全。建立健全安全检查全留痕、安全专家会诊等工作机制，重点抓好煤矿、非煤矿山、危化、森林防火、道路交通、学校、人员密集场所、建筑施工、城镇燃气、防汛、食品药品等重点行业的安全工作，坚决杜绝重特大事故发生，减少一般性事故的发生，促进安全生产形势持续明显好转。

加强和创新社会治理。健全党委领导、政府主导、社会协同、公众参与、法治保障的社会治理体制，巩固、完善“三级中心、一网一格”体系建设，推进社会治理规范化、精细化、制度化，构建全民共建共享的社会治理格局。整合数据资源，构建大数据平台，推进信息网络建设，推动安泽智慧城市建设，全面提高公共服务水平。扎实推进“平安安泽”、“法治安泽”建设，强化社会治安防控体系，提高群众的安全感和满意度。加强应急管理和防灾减灾工作，推进应急救援体系建设，妥善处理各类突发事件，确保社会和谐稳定。

（八）坚持以人为本，着力保障和改善民生

优先发展教育事业，围绕办好人民满意的教育目标，全力推进我县教育由均衡发展向优质教育转变。要加快幼儿园布局和建设，有效解决幼儿入园难问题。要以内涵提升为核心，大力开展优秀班主任、优质高效课、优秀教研团队“三优”培养选拔工程，打造优秀师资队伍，努力使我县初中、高中教育进入全市一流行列。要以就业需要为方向，因地制宜促进职业教育特色化发展。要进一步实施好教育惠民政策，不断创优教育发展环境，吸纳更多的优质教育资源进入安泽，推动社会、家庭、学校有机融合，形成全社会兴学重教的浓厚氛围，努力让安泽的每一个孩子都能上起学、上好学，为每一个孩子成长和安泽未来发展奠定良好的基础。

加快发展卫生事业，围绕“大病不出县”“小病不出乡”的目标，健全县级医院为龙头、乡镇卫生院和村卫生室为基础的三级医疗卫生服务网络。推动县医院、中医院与市三甲医

院组建医联体，完善分级诊疗、双向转诊制度，将住院就诊率由目前的60%提高到80%。补充城乡医护队伍，巩固新农合、基本药物制度，为城乡居民提供安全、有效、方便、价廉的医疗卫生服务。实施全民健康行动计划，切实提升广大人民群众的健康素养。

繁荣发展文化事业，落实农村文化记忆工程全覆盖，打造具有浓郁地域特色的文艺精品；推动县级公共电子阅览室、博物馆和美术馆、标准化综合性档案馆建设，实施旧文化馆、原影剧院改造工程，深入推进文化科技卫生“三下乡”“乐在周五”等活动，让文化惠民工程深入人心。

不断完善社保体系，围绕建设“保基本、广覆盖、可持续”的社会保障体系，积极做好群众就业工作，“十三五”期间，城镇登记失业率控制在4%以内；稳步扩大社保覆盖范围，到2020年城乡基本养老保险覆盖率达到90%、基本医疗保险实现全覆盖，城镇工伤保险应保尽保。同时，完成全国第二次地名普查工作；积极顺应老龄化趋势，大力发展社会养老事业，使安泽老年人真正健康幸福。

此外，进一步发展妇女儿童、青少年、残疾人和慈善等事业，进一步做好监察、统计、审计、人防、人武、档案、史志、气象、优生优育、红十字会等各项工作，促进社会各项事业全面进步。

（九）狠抓政府自身建设，全面提升工作水平

打造创新政府。坚持用全局眼光和战略思维推动工作，跳出安泽看安泽，善于借鉴先进经验，勇于突破思维定势，增强有效思维、创造思维、超越思维。坚持把先行先试、放胆实践贯穿于政府工作，抢抓综改试验区政策机遇，敢于“探脚试水”，敢于打破常规，用足、用活各项支持发展的政策。

打造法治政府。坚持“法无授权不可为、法定职责必须为”，自觉运用法治思维和法治方式推动工作，始终做到政府工作法治化、政府事务公开化。自觉接受人大法律监督、政协民主监督和社会舆论监督，认真办理人大代表议案、建议和政协提案，广泛听取社会各界意见。

打造务实政府。改进文风会风，坚持少开会、开短会、少发文，力戒形式主义、官僚主义，把更多的精力用在推动发展上。狠抓工作落实，坚持“干”字当头，“实”字当先，把工作开展在一线、问题解决在一线，对定下的工作不松手，一以贯之，一抓到底。

打造服务政府。简政放权、放管结合、优化服务，破除制约企业和群众办事创业的体制机制障碍，形成低成本、高效率的政务环境。全面加强效能建设，不断提高公共服务质量和效率，大力整治行政不作为、慢作为等现象，打通服务群众的“最后一公里”。

打造为民政府。深入践行“三严三实”，深入基层，深入群众，拉近与老百姓的距离，尽心竭力为群众办实事、办好事。坚持“权为民所用，利为民所谋，情为民所系”，广泛听取民意，集中民智，凝聚民力，真正使群众成为经济发展的主体、社会进步的主力。

打造廉洁政府。牢固树立政治意识、大局意识、核心意识、看齐意识，坚决把政治纪律和政治规矩挺在前面。认真落实“中央八项”规定，坚持不懈狠刹“四风”。加强政府系统党风廉政建设，强化对重点领域、关键环节、重要岗位权力运行的监督制约。扎实开展

“两学一做”学习教育，切实履行向人民群众作出的廉政承诺。

各位代表，我们相信，有县委的坚强领导，有人大、政协的有效监督，有全县干部群众的团结奋战，经过五年的努力，一个经济更加繁荣、社会更加和谐、生态更加优美、人民更加幸福的新安泽必将呈现在我们面前!

三、扎实做好当前工作

2016年是“十三五”规划的开局之年。开好局、起好步至关重要。今年，我县经济社会发展的主要预期目标是：地区生产总值增长6.5%，规模以上工业增加值增长3.5%，全社会固定资产投资完成65亿元，公共财政预算收入完成3.2亿元，社会消费品零售总额增长6%，城镇居民人均可支配收入增长6.5%，农村居民人均可支配收入增长7%。节能减排等约束性指标，要确保全面完成市下达的年度任务。

五年看头年，头年看当前。现在距离年底还有4个多月时间，各项工作已经到了最后关口。可以说，时间紧，任务重。我们要紧紧围绕县第十四次党代会精神，精准发力，实处着力，以拼抢的劲头、奋发的状态，重点做好以下六方面工作：

（一）突出抓好经济运行调度。完善工业经济运行调度机制，将工业指标按月分解落实到部门和企业，确保完成年度目标。切实落实“三去一降一补”任务，严格执行煤矿276天减量化生产制度。加快推进焦化行业环保节能改造和化产延伸，年内永鑫废水深度处理回用项目、锅炉烟气脱硫脱硝项目投入使用；重点推进永鑫千吨甲醇制丙烯分子筛催化剂项目建设，力争年内完成可研、立项等前期手续的办理，明年开春投入实质性的建设。

（二）突出抓好重点项目建设。深入开展“百日攻坚”行动，严格“双包双联”、月调度、周对接等关键举措，倒排工期、加快推进。要抢抓当前项目建设“黄金期”，加快中南铁路安泽站站前广场、通站道路等在建项目进度，形成更多实物工作量；要加大项目前期工作力度，建台账、抓调度，力争落地开工联社营业大楼、县城污水管网改造、沁河及义唐河县城段治污等市政府“百日攻坚”行动重点监测项目。同时，要围绕省、市“十三五”规划和国家投资导向，有针对性地抓好项目的谋划和争取工作。组织好能博会等招商活动的项目推介、政企对接，争取引进一批带动能力强、发展前景广的好项目。

（三）突出抓好“三农”工作和脱贫攻坚。集中精力完成高标准农田建设项目以及小流域治理、保护性耕作等工程。着力巩固万亩有机玉米基地建设，推动瑞生园有机玉米龙头企业8月底投入生产。积极推广油用牡丹、构树等经济林种植，力争年内发展油用牡丹1万亩。尤其要重点推进中药材产业发展，继续加大中药材的人工种植、野生抚育力度，加快广州香雪制药等加工龙头企业建设，积极与山东宏济堂等现代药企对接，探索“药农+基地+药企”发展模式；全面完成中药材调查任务，完成中药材标本展厅建设。按照“六个精准”和“五个一批”要求，瞄准扶贫对象，压实扶贫责任，强化政策支持，全面启动产业扶贫、健康扶贫、消费扶贫、生态扶贫、水利扶贫以及财政资金统筹整合使用等工作。年内完成府城、和川、冀氏、良马、马壁5个乡镇99户185人的易地扶贫搬迁工作；完成和川、杜村、马壁3个乡镇的18个村脱贫摘帽任务，确保5500贫困人口脱贫。

（四）突出抓好城乡建设。重点推进“一纵一横”提升改造工程，确保年内取得明显进展。启动“国家级卫生县城”创建工作，下力气抓好卫生清洁行动，力争今年起好步、三年见成效。完成644户农村危房改造任务。完成石槽至沁水界出境路工程、良马小寨至杜村魏家湾联通工程。抓好桃曲村、小黄村省级美丽宜居示范村和沁河庄村、唐城村市级示范村的创建工作。完成马壁乡东里村、和川镇石渠村的农村生活污水防治项目。

（五）突出抓好安全生产和维稳工作。按照“全覆盖、零容忍、严执法、重实效”的要求，深入开展各行业、各领域安全生产大检查、安全隐患排查和专项治理活动，坚持不懈打非治违，严厉打击各种非法违法生产经营建设行为。严格按照“四不两直”的要求，建立安全生产明察暗访常态机制，扎实开展督查督导工作。加大考核问责力度，严格落实安全生产“一票否决制”，实施安全隐患挂牌督办制，始终保持安全生产高压态势。同时，加强和创新社会治理，抓好信访、矛排、民调工作，积极妥善化解社会矛盾纠纷。

（六）突出抓好民生改善。实施好和川、良马、杜村中心幼儿园建设及安泽一中标准化建设工程，进一步改善办学条件。启动教师县管校聘制度改革，建立校长、教师交流机制，不断激发教师队伍活力。完成县医院医技综合楼、中医院住院综合楼工程主体建设，健全完善医疗卫生服务体系。加强与省市医疗单位对接合作，深入开展“对口援医”活动，提升医疗服务能力。继续推进奥体中心工程，做好文化场馆免费开放、农家书屋建设等工作，丰富群众文体生活。进一步扩大五项保险覆盖面，年内完成全民参保登记工作，逐步提高社会保障水平。

要完成好全年工作目标，我们政府部门必须以只争朝夕的精神状态，以高效率、快节奏、真抓实干的工作作风奋力拼搏。重点工作要“清单式”管理，各级各部门要对照市、县考核指标，对照县委、政府中心工作和部门职责，列出“责任清单”“问题清单”“整改清单”，进一步明确目标任务、工作标准、责任主体、完成时限，把各项决策部署落实到事，落实到人，落实到具体措施，落实到时间节点，确保按时保质完成。重点工作要“快节奏”推进，将马上办、主动办、抓紧办贯穿于政府工作全过程。政府部门人员必须在岗在状态，决不允许缺岗失职，更不允许在岗不干活、出勤不出力。推行限时办结制，要三步并作两步走，抓好当下每一天、干好当前每一件事，雷厉风行地推动工作。大兴团结协作之风，坚决杜绝推诿扯皮，对重点工程、重点项目要建立项目审批绿色通道，加强各级各部门的协调配合，形成推动工作的强大合力。重点工作要“常态化”督查，对县委、政府部署的工作要进行跟踪督查，落实交办、督办、查办制度，确保政令畅通，切实提高工作执行力。要建立完善行政问责等机制，坚决纠正不作为、乱作为，坚决克服懒政、怠政，确保各项决策部署落地生根。

各位代表，新起点开启新征程，新蓝图承载新梦想。让我们在县委的坚强领导下，在县人大、县政协的监督支持下，紧紧依靠和团结全县人民，凝心聚力，奋发进取，为实现“十三五”良好开局，推动安泽全面振兴、绿色崛起而努力奋斗！

聚焦发展 资政建言 关注民生 倾情履职 在安泽全面振兴绿色崛起中勇于担当不辱使命

——在政协第九届安泽县委员会第一次会议上的报告

安泽县政协主席 高成锁

过去五年工作回顾

过去五年是我县深化改革、扩大开放，建设生态、富裕、幸福安泽奋力前行的五年，也是我县社会主义民主政治建设全面推进，人民政协事业深入发展的五年。五年来，县政协常委会根据省委、市委的要求，在中共安泽县委的坚强领导下，牢牢把握团结和民主两大主题，紧紧围绕全县工作中心和发展大局，切实履行政治协商、民主监督、参政议政职能，充分发挥了协调关系、汇聚力量、建言献策、服务大局的作用，为推动我县经济发展、民生改善、社会和谐，为推进民主政治建设、扩大公民有序政治参与做出了重要贡献。

一、五年来，常委会注重协同各方，扎实凝聚协商民主亲和力

一是发挥自身优势，实现协商效能最大公约。五年来，政协常委会开展议政协商、专题协商、对口协商30余次，形成协商建议80余条。搭建平台，不断增大议政协商“弧度”。五年来，共收集委员们提交的发言材料57份，并在每次例会上组织10余名委员作专题发言。他们就我县经济结构调整、环境保护、城市建设、社会保障等方面提出了许多富有见地的意见和建议，其中“大力发展煤炭产业循环经济，加快工业强县建设进程”“加快教育均衡化发展，努力打造教育强县”等发言得到了县委政府的重视和采纳。深入基层，不断延伸专题协商“经度”。八届政协常委会分别就我县重点工程建设、土地确权工作、义务教育均衡发展等课题，召开专题协商会13次。经专题协商后形成的10余篇报告得到了县委政府主要领导的批示。组织座谈，不断扩展对口协商“纬度”。各专委会加强了与发改、财政、国税、法院等部门的工作交流，走访了城建、卫生、人社、教科等机关单位，既为委员知情明政更好地履职创造了条件，又协助党委政府做好了协调关系、理顺情绪、化解矛盾、维护稳定的工作。通过协商座谈所形成的《关于我县“一财两税”工作情况的调研报告》《关于我县招商引资情况的调研报告》等推动了相关领域工作的开展。

二是汇聚各界力量，推进协商成果纵深发展。提案工作是政协履行职能的基础性工作之一。五年来，共收到政协委员提案460件，表彰优秀提案24件。围绕中心，争取党政“合力”支持。提案工作重点在于契合党委政府中心工作。常委会注重引导委员紧扣发展主题，建睿智之言，献务实之策。委员们提出的“关于我县在工业发展上要有新突破的建议”

"加强生态环境建设，大力发展生态经济"等提案聚焦经济建设，紧扣发展脉搏，为促进安泽经济发展发挥了积极作用。服务大局，融合部门"共振"力量。提案工作特点在于结合相关部门的工作。常委会组织委员深入基层，掌握第一手资料，为改革发展献计出力。委员们提出的"创建标准化普惠幼儿园、乡镇中心幼儿园，缓解县城幼儿园班容量过大""关于加强我县物业管理的建议"等提案推动了全县各项事业的发展。协调各方，凝聚各界"同频"共识。提案工作的落脚点在于凝聚各方共识，汇集各界力量，维护社会稳定，促进经济发展。委员们提出的"建设平安城市社会治安指挥综合调度系统""提高农村社会服务管理中心投入，夯实农村社会稳定基础"等提案从不同角度、不同侧面，突出主题，为促进我县社会和谐稳定发挥了积极作用。

二、五年来，常委会注重学干结合，有效提升建言献策影响力

一是勤学善思，以为民之心谋积极之为。八届政协高度重视学习，共举办委员、信息员培训班5次，以学习为抓手积极督促委员履职尽责、做出贡献。注重学习，夯实履职基础。我们在坚持机关每周一、周四集中学习的同时，还采取报告会、培训会、座谈会等形式，组织委员系统学习政治理论和政协知识。先后邀请了省、市专家、老师对委员和信息员就社情民意工作和"十八大精神""习近平总书记系列讲话"精神进行专题培训。内联外引，编撰文史资料。五年来，先后编印了《安泽文史资料》第十一、十二辑，2015年10月重新翻印了《安泽文史资料》第一至六辑，较好发挥了文史工作存史、资政、团结、育人的社会功能。编印了《政协委员风采录》将委员们五年来关注发展、服务社会的辉煌业绩收录成册。倾听民生，不忘履职初衷。反映社情民意信息是建言献策、履职为民的重要体现。五年来，共收集社情民意信息872篇，编报415篇，被全国政协采用7篇，被省政协转报全国政协8篇，被省政协采用11篇，被市政协采用140余篇。这些信息中，《"东方之星"游轮倾覆事故警示我们重视航运安全刻不容缓》被全国政协采用，并被中共中央政治局常委、全国政协主席俞正声批示；《建议采取多种措施帮助小微企业减轻银行承兑贴现带来的资金压力》被全国政协采用，并被中共中央政治局委员、国务院副总理马凯批示；《建议国家对廉价药品生产厂家给予新政策扶持》被省政协评为优秀社情民意信息。

二是实干笃行，以务实之心谋主动之为。常委会共组织委员开展调研29次，考察27次，形成各类调研报告50余篇。基调求准，紧扣重点调研。八届一次会议以来，我们先后就我县"三级中心、一网一格"工作落实情况、粮食安全工作、扶贫攻坚等方面组织委员开展重点调研13次，形成调研报告10余篇，这些报告中有8篇被时任县委政府领导批示，《关于我县粮食安全、转化和营销工作的调研报告》以社情民意形式报送市政协后得到市委常委、副市长的批示。立场求稳，侧重热点调研。五年来，我们先后组织委员就我县唐城工业园区建设、红色资源开发与利用、中小微企业发展等工作开展调研考察17次，形成各类报告15篇，这些报告中有13篇被县委政府领导批示，《关于红色资源保护和利用的调研报告》被相关部门重视采纳，杜村太岳革命旧址得到修缮，并成功申报为省级爱国主义

教育基地。发声求响，贴合焦点调研。我们先后组织委员就我县闭路电视全免费、食品药品安全、水利工作、卫生人才梯队建设等工作开展调研考察20余次，所形成的17篇报告均得到了县委政府领导的批示，《关于我县中小微企业情况的调研报告》以社情民意形式上报后，被省市政协采用。

三、五年来，常委会注重宽严并济，努力激发政协组织创造力

一是构建严格体系，在规范中提升保障能力。共建立健全各项制度30余条，为政协机关服务委员、改进作风、提高效能提供了全面制度保障。立制规矩，抓好委员管理。坚持开展半年检查和年终述职工作，增强了委员履职的积极性和主动性。先后制定了《政协安泽县委员会委员管理办法》等制度，进一步明确政协委员职责，量化委员考核。严明纪律，转变机关作风。以打造“学习型、创新型、服务型、和谐型”机关为目标，在机关深入开展作风转变活动，建立健全了机关岗位责任制、办事限时制等多项制度。进一步改进会议服务、调研视察、领导活动、联络接待、后勤保障等工作。提高认识，严肃专题活动。按照县委安排，分别开展了党的群众教育实践活动、学习讨论落实活动、“三严三实”专题教育和“两学一做”学习教育等活动。针对活动中在干部作风方面查摆出的突出问题，通过建立健全各项规章制度，有力地纠正了机关少数干部中存在的不思进取、得过且过、效率低下、纪律松弛等突出问题，使机关工作作风明显改善，工作效率明显提升。

二是营造宽松氛围，在创新中提升履职水平。八届政协通过开展丰富多彩的活动，进一步创新服务载体，拓宽知情渠道。优化服务，拓宽知情渠道。我们创新开展了委员约谈工作，邀请委员对政协工作开展评议，充分发挥委员主体作用，调动委员履职积极性。同时，开展了由主席、副主席联系常委、政协常委联系委员、政协委员联系群众的包联帮扶工作，收到良好效果。创新形式，激发委员活力。一是尝试开展联合调研和座谈，有效地整合界别力量。二是依托委员活动组，增进界别互动交流。三是各专门委员会进一步加强了对界别活动的协调服务，委员参与面更广，活动形式更加灵活多样。鼓劲造势，展现筑梦风采。五年来，委员围绕社会公益事业、扶贫济困、支持新农村建设及教育事业发展等方面累积捐款、捐物价值300余万元，办好事实事600余件。他们在各自岗位上发挥着模范带头作用，自觉树立和展示了政协委员的良好形象。

各位委员、同志们，回顾五年的工作，我们看到，八届县政协始终牢记使命和责任，立足发展大势，倾情履行职责，从长远谋划，着点滴入手，协调各方关系，化解社会矛盾，所做的各项工作，既扩大了政协的“朋友圈”，又增加了委员的“点击率”，为我县政协事业的发展，经济社会的全面进步做出了积极贡献，得到了省市政协和县委的充分肯定，赢得了社会各界的广泛认可，也为我们今后的工作奠定了坚实基础。

看到成绩的同时，我们还必须认识到与新形势新任务和广大委员的要求相比，政协工作还存在一定差距。比如，政协专题议政的水平有待提高，民主监督的形式与渠道有待进一步拓展，委员的主体作用有待进一步发挥，这些问题亟待在以后的工作中加以改进，并

真诚希望广大委员提出意见建议，群策群力，共同推进政协各项工作的开展。

今后五年工作建议

九届政协任期的五年，正处于我县全面建成小康社会的决胜阶段，我们承担的责任重大，肩负的使命光荣，履职的前景广阔。今后五年工作的总体思路是：高举中国特色社会主义伟大旗帜，以邓小平理论、“三个代表”重要思想、科学发展观为指导，深入学习、全面贯彻中共十八大和十八届三中、四中、五中全会及习近平总书记系列讲话精神，紧紧围绕我县“十三五”规划和县第十四次党代会提出的目标任务，通过广泛开展协商民主实践，认真履行政治协商、民主监督、参政议政职能，充分发挥协调关系、汇聚力量、建言献策、服务大局的作用，凝聚各方力量，着力于“找到最大公约数，画出最大同心圆”，为安泽全面振兴、绿色崛起做出积极贡献。

一、思想引领、广学博采，汇聚改革发展正能量

一是博学多闻、广学博采。现代社会知识更新、科技更新日益加速，微博、微信进入并充实着人们的生活，作为政协委员要适应时代的飞速发展，就必须博学多闻、广学博采不断提升自身素质。九届政协要紧紧围绕“十三五”规划和县第十四次党代会精神，紧跟时代前进的节奏脉搏和我县发展的阶段特征，深刻把握“创新、协调、绿色、开放、共享”五大发展理念，研究协调战略布局中的理论与实践问题，组织委员开展广泛而深入的学习。组织经企界委员，学习和掌握现代金融工具和融资办法，降低融资成本，协助政府推广 PPP 融资方式。引导他们运用自身的资源和优势，大力推介安泽，以商招商、以人招商，将各种资本容纳入我县绿色产业发展上来；引导他们实现资源共享、发展共赢，积极壮大本土企业发展，最大限度地把资本留在安泽、把事业放在安泽。组织农林界委员，学习掌握先进的种养殖技术，促进节水农业、抗旱农业、设施农业和生态农业的发展。引导他们率先学习掌握油用牡丹培育、核桃药材间作、有机玉米种植、草食畜牧发展技术知识，积极发挥他们在行内的带动力和影响力，真正使政协委员成为产业发展的先头兵、领头羊。组织科技界委员，学习前沿的科技知识，推动全县的科技创新。引导他们结合自身专业帮助企业创建重点（工程）实验室、技术研究中心，并积极鼓励引导有条件的企业开展重大科技研发活动，以科技创新引领企业发展。政协组织要发挥人才荟萃、智力密集优势，扎实推进人民政协理论创新、制度创新和工作创新，为实现富民强县，建设美丽安泽聚智谋略。

二是学以致用，知行合一。坚持与县委思想同心、目标同向、行动同步；丰富民主形式、畅通民主渠道、加强协商民主建设，共谋团结之计、共聚改革理念、共商发展大事。为生态建设献计出力，围绕三晋“绿心”建设规划，鼓励政协委员在林业工程建设、经济林发展、构树种植、林下产业方面带头做引领、做示范，为我县三年内创建 2 个国家级森林公园、3 个省级森林公园做贡献；为产业发展出谋划策，协助县委政府发展循环产业和新兴产业，通过调研视察、专题协商积极推进煤转电、煤转化、煤转材、光伏产业、生物质

能开发等产业的发展，利用社情民意“直通车”优势，积极向省、市建议尽快审批我县煤层气探矿权、采矿权，早日将资源优势转化为产业优势；为文化繁荣贡献力量，以政协文史委为依托，组织专家学者深入研究荀子文化，适时开设荀学讲堂，在全社会营造学习传统文化的良好氛围。引导委员和社会各界投资参与发展红色文化、特色文化旅游和文化创意经济，力促文化产业发展。政协组织要进一步发挥工商联和无党派委员的作用，加强各方团结联系，在调查研究、专题协商、专项视察等活动中，为社会各界人士提供舞台，搭建平台。着力加强与新经济组织、新社会组织、新社会阶层代表人士的联系，引导他们支持和推动全县工作的开展。

三是真抓实干，敢于担当。政协的各项工作要紧紧围绕县委提出的改革发展的总体目标和工作重点，找准着力点和切入点，真正参政参到点子上、议政议到关键处、监督做到需要时。要真正从县委政府中心工作和全县发展大局出发，勇担职责、真抓实干，要立足自身优势扎实开展民主监督工作。加强民主评议工作，积极探索与纪检、组织等相关部门开展联动评议工作，通过评议帮助基层群众解决反映强烈的热点、难点问题，帮助部门发现和纠正工作中存在的缺点和不足，推进社会主义民主政治建设；建立特邀监督机制，从各个委员活动组中选定特邀监督员，根据自身工作特点派往各相关部门，特邀监督员主要做好三件事：一是每年参加两次以上工作座谈会，定期听取各方面的建议和意见，掌握监督情况和信息；二是坚持经常联系，与被监督单位互通情况，掌握工作进度和行风情况；三是平时注重收集被监督单位服务对象和社会群众的意见和反映，及时反馈给有关部门加以改进工作。定期听取工作通报，每年，召开2~3次专题常委会，根据当年县委政府各个阶段工作重点，邀请有关部门向政协常委会通报工作，邀请县委政府分管该项工作的领导和社区、企业、事业等单位的代表参加。一是听取近期工作情况和下步工作思路；二是组织参会者畅所欲言协商讨论，听取他们的意见和建议；三是会后将收集到的意见和建议整理汇总，形成专题报告或工作建议，报送县委政府作决策参考，同时反馈给相关部门，督促其改进工作。

二、建言资政、献策改革，推动协商民主新作为

一是拓展深度，力促协商内容“有的放矢”。着力建立与县委政府共同出题、共同调研、共同协商、共同落实的工作制度，主动与县委政府商定并组织实施年度协商计划。在农业上，围绕中药材野生抚育、林下产业发展、生态畜牧、订单农业方面加大调研力度，广泛收集社会各界的意见建议，积极引导政协委员和社会资本投入到这些产业发展上，集众智、聚合力推动产业发展；在工业上，围绕煤炭清洁开发、煤矸石综合利用、焦化产业链条延伸、唐城煤焦化工业园建设等方面，组织政协委员开展调研视察，提出切实可行的意见建议，为提升我县经济的发展质量和效益提供参考；在三产上，围绕仓储物流中心建设、旅游资源开发利用、公益性社区服务等方面，组织政协委员开展专题调研，为我县构建形式多样化、服务多元化的第三产业新格局建言献策、贡献力量。

二是优化密度，力求协商建言“掷地有声”。着力搭建协商平台、创新协商载体，推动

形成县委重视、政府支持、政协主动、各方配合的工作格局。着力增加协商密度、提高协商成效，使政协协商在重大事项推进中“亮相”，在重要决策形成中“亮嗓”，在重点一线工作中“亮剑”。我们要按照县第十四次党代会部署，在交通建设上，围绕永鑫铁路专线、长临高速引线、309 改线、沁河大桥改建、县乡村三级公路提标改造、县城主次干道和支路配置等方面，开展专题调研活动，推动相关工作的开展；在城乡建设上，围绕群众持续关注、呼吁强烈的城市集中供热问题及县城黑臭水体整治、沁河义唐河县城段治污工程、大型农贸批发市场建设、县城停车场建设、中心镇基础设施建设等方面，组织委员深入基层、深入群众，倾听群众呼声，为县委政府科学决策提供有益参考。在维稳促和上，按照中共中央印发的《关于加强社会主义协商民主建设的意见》扎实推进协商民主法制化进程，妥善做好邪教防范和处理工作，围绕扶贫攻坚、学前教育、城乡医疗协调服务、保障性住房建设、困难群众就业等方面，深入开展协商议政，多建可用之言，勇担强县之责，为我县创建文明县城和双拥模范县做出积极贡献。

三是加大力度，力推协商成果“落地开花”。规范政协履职成果办理、反馈、督办和跟踪问效机制，让更多有价值的委员意见在实践中落地。认真做好提案交办督办工作。坚持“围绕中心、服务大局、提高质量、讲求实效”的工作方针，进一步规范提案办理程序和办理方式，提高提案办理质量和办理时效。通过县委政府领导批办、政协主席副主席督办、常委会听取承办单位办理情况汇报等形式，促进重点提案办理落实，使得委员所提的提案能够真正落实到位。扎实做好社情民意信息工作。着力提高社情民意工作的“领导批示率、委员参与率和上级政协采用率”，充分发挥社情民意信息在政协参政议政中“直通车”和“主渠道”的重要作用。完善社情民意信息量化考评激励机制，充分调动广大政协委员反映信息的积极性，进一步拓展信息来源，畅通信息渠道，提高时效和质量，推进县政协信息工作迈上新台阶，为县委政府科学民主决策提供更加广泛的民意基础。积极做好文史资料编撰工作。坚持实事求是原则，注重把握亲历、亲见、亲闻特色，做好文史资料工作，动员广大委员和社会有关人士，围绕改革开放以来安泽发生的重大历史事件，抢救出一批原始的珍贵史料，力争将安泽的历史客观地反映出来，向当代及后世昭示一批内容翔实的文史读物，发挥存史、资政、团结、育人的作用。

三、严于尽责、真心履职，强化自身建设促提升

一是切实加强委员队伍建设。按照“懂政协、会协商、善议政”的要求，加强政协委员队伍建设。创新委员联系和服务的方式和载体，开通“安泽县政协”微信公众号，搭建委员交流和互动平台；加强委员学习培训，引导委员说政协话、办政协事，鼓励委员提升素质、修好内功，带领委员下基层、接地气、办实事；注重发挥少数民族、宗教界委员的独特作用，组织开展宗教事务管理专题调研活动，促进在政治上的团结合作和信仰上的相互尊重，推进民族团结、宗教和睦；建立“关爱委员”活动机制，尊重和保护委员权利，完善委员履职服务与管理办法，强化激励约束机制，积极发挥好乡镇和工委“两代表一委员”工作室作用；加强委员履职全过程管理，完善委员进退机制，借力“输血”、强身“造

血”，努力打造一支行得正、站得直、叫得响的委员队伍。

二是切实加强专委会建设。专委会是组织委员参加活动的重要机构，发挥好专委会作用有利于激发委员活力，全面生动地开展好各项工作。树立精品意识，抓好专题调研。专委会的调研工作要努力做到建言立论有鲜明的主张、新颖的观点、可靠的依据、切实可行的意见和建议。要抓住经济社会发展的热点和难点，精谋其政，为县委政府决策提供具有前瞻性、宏观性和可操作性的建议和对策，促进经济社会健康、快速、稳定发展。发挥人才优势，增强履职能力。要注重发挥政协委员的专业特长，在开展活动时，把一些专家型委员和相关界别的专家学者吸收、组织到调查研究、委员视察、对口协商、提出提案、反映社情民意等工作中，努力把他们的知识、经验和智慧转化为专委会的工作优势，体现专委会工作的特色。创新工作方式，增强工作实效。要根据形势发展的要求，不断创新履行职能的方式，拓宽履行职能的渠道，努力提高履行职能的能力和水平。

三是切实加强政协机关建设。进一步巩固专题教育活动成果，扎实开展“两学一做”学习教育，加强政协机关思想、组织、作风和信息化建设，不断增强机关干部爱岗敬业、忠诚服务的使命感和责任感。严格执行中央和省、市、县委关于改进工作作风、密切联系群众的有关规定，厉行勤俭节约，杜绝铺张浪费。继续优化工作机制，提高履职实效，努力提高机关办文、办会、办事水平，着力建设一支务实创新、尽职奉献、团结协作、风清气正的政协干部队伍，为开创政协工作新局面提供有力保障。

各位委员、同志们，“惟其艰难，才更显勇毅；惟其笃行，才弥足珍贵”。“十三五”的蓝图已经绘就，脱贫攻坚的号角已经吹响，让我们在中共安泽县委的坚强领导下，按照县第十四次党代会部署，以更加强烈的责任意识、更加务实的工作作风、更加坚定的发展信心，履职尽责、服务大局，为不断开创政协事业新局面，加快我县全面建成小康社会，实现安泽全面振兴、绿色崛起做出新的更大的贡献！

关于安泽县2015年财政预算执行情况和2016年财政预算草案的报告

——2016年8月15日在安泽县第十六届人民代表大会第一次会议上

安泽县财政局局长　赵红兵

一、2015年财政预算执行情况

2015年，在县委、县政府的正确领导和县人大、县政协的监督支持下，面对复杂严峻的经济形势和艰巨繁重的改革发展任务，我们按照“稳增长、调结构、促改革、惠民生”的总体要求，认真落实积极的财政政策，全力保障改善民生，努力做好新常态下的财政工作，全县财政运行总体良好，促进了全县经济社会健康平稳发展。

（一）2015年收入完成情况

2015年，全县公共财政预算收入完成31027万元，占预期目标51854万元的59.83%，短收20827万元，同比减少36.46%，减收17800万元。在全市按计划任务进度排队第14名，增长排名第14名，总量排队第9名。分部门完成情况为：国税部门完成5670万元，占预期目标的95.83%，同比增长10.23%，增收526万元；地税部门完成9972万元，占预期目标的112.72%，同比增长18.98%，增收1591万元；财政部门完成15385万元，占预期目标的41.48%，同比减少56.42%，减收19917万元。

2015年，全县政府性基金收入完成5645万元，为预算的152%，同比增长106.55%。

2015年，全县社会保险基金收入完成10280万元，为预算的135.3%，同比增长18.75%。

（二）2015年支出执行情况

2015年，全县公共财政预算支出年初安排55270万元，债券还本支出年初安排81万元。在预算执行中，由于中央、省下达专项拨款及转移支付补助增加20603万元，上年结余资金7106万元，债券转贷收入24257万元，调入预算稳定调节基金2000万元，调入资金23万元；全县总财力变动为109340万元，剔除安排预算稳定调节基金997万元，政府债券还本支出21338万元，上解支出26万元，全县公共财政预算支出安排由年初的55270万元变动为86979万元，年终公共财政预算支出实际执行82567万元，结转下年4412万元，实际支出为变动预算的92.61%，同比增长6.24%，比上年增加支出5353万元。其中：一般公共服务支出9860万元，为调整预算数的98.28%；公共安全支出4353万元，为调整预算数的100%；教育支出17968万元，为调整预算数的99.61%；科学技术支出978万元，为调整预算数的100%；文化体育与传媒支出1497万元，为调整预算数的100%；社会保障和就业支出11216万元，为调整预算数的98.69%；医疗卫生支出10738万元，为调整预算数的92.39%；节能环保支出1666万元，为调整预算数的91.19%；城乡和社区事务支出1279万元，为调整预算数的100%；农林水事务支出15312万元，为调整预算数的93.08%；交通运输支出981万元，为调整预算数的94.6%；资源勘探电力信息等事务支出349万元，为调整预算数的100%；商业服务业等事务支出484万元，为调整预算数的100%；国土资源气象等事务支出2596万元，为调整预算数的60.36%；住房保障支出2652万元，为调整预算数的93.38%；粮油物资储备等管理事务支出334万元，为调整预算数的100%；援助其他地区40万元，为调整预算数的100%；国债还本付息支出264万元，为调整预算数的100%。

经汇总，2015年，全县"三公"经费支出执行694.42万元，同比减少32.19%，其中，因公出国（境）经费4.5万元，同比减少4.26%；公务接待费132.09万元，同比减少17.55%；公务用车购置及运行维护费557.83万元，同比减少35.08%。

2015年，全县政府性基金支出执行4333万元，为调整预算的55.08%，同比减少17.51%。

2015年，全县社会保险基金支出执行7431万元，为预算的101.03%，同比增长14.13%。

（三）当年收支平衡情况

2015年全县总财力为109340万元，其资金构成为：全县公共财政预算收入31027万元，中央两税返还收入737万元，所得税基数返还-293万元，成品油税费改革收入222万元，中央、省下达专项拨款及转移支付补助44261万元，上年结转7106万元，债券转贷收入24257万元，调入预算稳定调节基金2000万元，调入资金23万元。2015年全县公共财政支出82567万元，债券还本支出21338万元，上解上级支出26万元，安排预算稳定调节基金997万元，结转下年使用4412万元。总财力与总支出和结转下年相抵，实现当年收支平衡。

（四）全县地方债务情况

截至2015年底，经审计，全县地方政府债务金额为70030万元，其中：政府负有偿还责任的债务60433.18万元（一般债务33594.4万元、专项债务26838.78万元）、政府负有担保责任的债务1665.04万元、政府负有救助责任债务629.27万元、政策性挂账7302.19万元。除此之外，我县隐形债务还有25000万元，主要为城投公司、投资开发公司、担保公司、土地收储中心注册资金以及县重点工程历史欠款。两项债务共计近100000万元。

（五）落实县第十五届人民代表大会第五次会议情况

回顾过去的一年，全县财政部门认真落实县第十五届人民代表大会第五次会议有关决议，努力做了以下几方面工作。

1. 争资融资成效明显。2015年，我局积极向上级财政申请置换地方政府债券21257万元，用于置换2014年底审计认定和清理甄别的地方政府债务；申报新增地方债券资金3000万元，主要用于医院综合楼、新建乡镇幼儿园、街巷改造、中南铁路站前广场及通站道路等项目建设，为经济发展增砖添瓦。充分发挥中小企业信用担保公司融资作用，全年共为2家企业提供担保贷款395万元。加大对小微企业的支持力度，认真贯彻《山西省减轻企业负担促进工作稳定运行若干措施的通知》精神，全年累计为小微企业融资贷款17093万元。此外，县政府还与县建行合作，在全县开展小微企业“助保贷”业务，帮助解决融资难题。通过一系列措施，积极减轻企业负担，确保企业轻装上阵、正常运转，助推全县经济发展。

2. 强农惠农力度加大。认真贯彻落实中央和省、市出台的各项强农惠民政策，2015年，共兑付粮食直补、退耕还林、良种补贴等补贴资金2100余万元；发放冬季取暖煤货币化补贴744.85万元；农业综合开发建设1887万元；发放“一事一议”财政奖补资金330万元；农业生产保险保费601.25万元；支持“一县一业”“一村一品”建设404万元；农村危房改造资金518万元；支持农民专业合作社和龙头企业发展380余万元等，使支农惠农各项政策得到了有效落实，农民生产生活面貌有效改善。

3. 民生保障不断提升。2015年，我县在财力十分困难的情况下，做到了民生保障力度不减。全年民生支出达6.63亿元，占公共预算支出的比重为77.31%，同比增长10.01%，增加支出6029万元。优先保障公教人员工资。投入1.2亿元，补发了全县所属行政事业单位津贴补贴、增加离退休人员离退休费、在职人员增加基本工资、补发保留津贴等。支持教育事业发展。全年教育支出达1.8亿元，完善了教育经费保障机制，足额落实上级教育政策，实施“全县教育十二年全免费”政策，并顺利通过国家级“教育均衡化验收”。推进社会保障事业发展。全年社会保障事业支出达2.3亿元，其中：实施医疗卫生体制改革投入2521万元；新农合和城乡医疗救助补偿投入2281万元；实施数字电视全免费工程投入600万元；加强职业培训，解决就业问题投入129万元；实施“全县城乡居民意外伤害保险”投入139.79万元；财政供养人员免费体检投入75.6万元。全力支持重点工程建设。投入1.36亿元支持“一纵一横”改造提升工程、奥林匹克中心建设、中南铁路站前广场等重点工程建设及民生实事。

4. 财政改革持续深化。积极推进全口径预算管理，公共财政预算、政府性基金预算进一步细化，并实行绩效管理，国有资本经营预算和社会保险基金预算逐步规范，政府预算体系不断完善。深入推进预决算公开，及时公开了2015年公共财政收支预算和“三公”经费预算情况。加强财政结余结转资金管理，累计收回调回总预算结余结转资金5386万元。实现了国库集中支付局与全县行政事业单位联网工程，优化支付流程，提高资金运行效率。规范政府采购管理，科学编制政府采购预算。加强存量账户管理，对全县财政专户进行了清理整顿；加强预算绩效管理，开展了项目绩效评价工作；完善财政监督检查机制，组织开展乡镇预决算、会计信息质量检查等，规范财经秩序和收支行为；加大财政投资评审力度，全年共评审预决算项目80个，评审资金2.48亿元，审减金额1800万元，审减率7.25%。

各位代表，总的来看，2015年是极为不易的一年，全县上下积极克服经济下行对财政收入的巨大影响，财政运行总体平稳。这得益于县委、县政府的正确领导和科学决策，得益于县人大、县政协及代表委员们的监督指导和鼎力支持，是全县人民不畏难、不避险，主动作为，攻坚克难的结果。同时，我们也清醒地看到，当前面临的困难和挑战依然很多：一是后续财源严重缺乏，煤焦市场不稳定因素较多，财政增收乏力；二是刚性支出规模加大，收支矛盾加剧，财政平衡和资金保障压力前所未有；三是资金使用效益仍然不高，绩效理念仍需加强等等，我们将高度重视这些问题，通过全面深化财政改革、加强预算管理等措施，逐步加以解决。

二、2016年财政预算草案

（一）预算编制指导思想

根据全县经济形势和改革要求，2016年财政工作和预算编制指导思想是：深入贯彻落实党的十八大、十八届三中、四中、五中全会和习近平总书记系列重要讲话精神，按照中央、省、市财政工作会议及全县经济工作会议的要求，牢固树立依法理财理念，主动适应经济发展新常态，以提高经济发展质量和效益为中心，以深化财政改革为主线，以规范财政管理为抓手，优化支出结构，加强绩效管理，厉行勤俭节约，保障改善民生，为加快建设山水田园城和精品旅游县，努力实现安泽全面振兴、绿色崛起提供财力支撑。

（二）预算编制基本原则

——以收定支、实行包干、超支不补、结余收回，实行跨年度收支平衡；

——以“保工资、保运转、保民生”为目标；

——统筹兼顾、保证重点，会议费、培训费只减不增；

——全面实行预算公开，控制“三公经费”及实行公开制度；

——根据全口径预算管理要求，编制以公共财政、政府性基金、国有资本经营、社会保险基金为内容的“四本预算”。

（三）2016年预算草案

1. 公共财政预算

2016年，全县公共财政预算收入预期目标为3.17亿元，比上年完成数31027万元增长2.06%。其中：税收收入15000万元，减少4.1%；非税收入16667万元，增长8.33%。

2016年，全县公共财政预算支出安排88204万元，比2015年向县人大常委会备案预算同口径增长17.2%（系剔除上级专项转移支付提前下达数后的同口径比较，下同）。主要项目安排情况是：一般公共服务支出9763万元，增长52.37%；公共安全支出3823万元，增长15.88%；教育支出11308万元，减少38.26%；科学技术支出267万元，减少78.29%；文化体育与传媒支出1100万元，减少45.73%；社会保障和就业支出10988万元，增长25.36%；医疗卫生与计划生育支出5628万元，减少0.95%；节能环保支出4247万元，增长72.22%；城乡社区支出1811万元，减少15.37%；农林水支出6530万元，减少14.14%；交通运输支出805万元，减少28.19%；资源勘探信息等支出398万元，增长31.79%；商业服务业等支出274万元，增长31.1%；国土海洋气象等支出660万元，减少81.35%；住房保障支出2450万元，增长8.88%；粮油物资储备支出261万元，减少49.9%；预备费2000万元，其他支出20220万元，援助其他地区支出40万元，债务付息支出5631万元。

2. 政府性基金预算

2016年，全县政府性基金预算收入2000万元，比上年实际完成数减少64.57%；政府性基金预算支出安排2000万元，比上年实际支出减少53.84%，主要用于全县重点工程“一纵一横”提升改造项目建设。

3. 社会保险基金预算

2016年，全县社会保险基金预算收入9786万元，其中，各项保险缴费1161万元，财政补贴收入8490万元（县级配套118万元），利息收入123万元，转移收入12万元；社会保险基金支出6850万元，主要用于企业养老保险、城乡居民养老保险、新农合和城乡居民医疗保险。当年预算收支结余2936万元。

4. 国有资本经营预算

我县暂无国有资本经营收入。

（四）完成2016年预算任务的主要措施

1. 严格组织收入，依法收税管费。一是加强财税收入征管。坚持依法收税管费，健全“一财两税”部门联动机制，强化税源动态监管，确保应收尽收、足额入库；完善收入征管机制，强化收入目标考核，调动部门征收积极性；依法组织收入，严格执行法律、行政法规规定，严禁擅自减免税或通过财政垫付税款、转引税款、列收列支等形式虚增收入等现象发生；分析研究“营改增”政策对我县税收收入的影响，积极制定应对预案。二是严格非税收入管理。确保非税收入按征缴程序，在规定期限内，及时足额上缴国库或财政专户，不拖延滞后，不坐收坐支、挤占挪用，不人为调节收入进度。严格区分非税收入资金性质，严格按规定列入相应预算，严禁违规调库、混库。三是积极向上争取支持。围绕县委、政府中心任务和重点项目，加大政策及资金争取力度，积极梳理对接资金扶持项目，准确把握上级财政支持项目建设的重点和趋向，在争取项目资金上把思想放开、放宽、放活，真正把上级各项财政政策用足、用活、用好，在补助资金争取方面实现新的突破，力争全年争取上级补助资金达1亿元以上，切实增强财政服务保障能力。

2. 严格支出管理，提高支出绩效。一是严格专项资金使用管理。加大资金分配环节审核力度，防止虚报伪造资料套取骗取财政资金问题。加快推进政策信息公开，严禁隐瞒政策、暗箱操作，严禁冒领侵吞、截留挪用。严格执行专项资金信用负面清单制度，加大对各类违规违纪行为的惩戒力度。二是严格公务支出管理。严格执行各项开支范围、开支标准和有关规定，严禁超范围、超标准安排支出。严格执行公务审批和清单制度，不得报销无公函的公务接待费用、不得用公款报销或者支付应由个人负担的费用，不得将休假、探亲、旅游等活动纳入公务接待范围。三是严格控制一般性支出。严格控制各部门、各单位机关运行经费和楼堂馆所等基本建设支出，严格控制“三公”经费支出，特别是项目支出中的一般性支出，切实控制和降低行政运行成本。四是切实提高支出绩效。全面推进预算绩效管理，增强花钱的责任意识和效率意识，切实做到“花钱必问效、无效必问责”。进一步扩大绩效评价范围，加大项目支出绩效评价工作力度，将评价结果与下年度项目支出预算安排挂钩，凡绩效评价较差或不合格的项目，下年度不再安排类似经费，项目支出预算实行“零增长”或“负增长”。

3. 增强民生保障，推进民生建设。一是大力支持脱贫攻坚。坚持财政扶贫资金投入只增不减，始终把脱贫攻坚摆在改善民生的首要位置。建立财政扶贫资金精准化支持机制，按照“五个一批”扶贫攻坚行动计划，努力打好扶贫攻坚战。加强财政扶贫资金监督检查，对财政扶贫资金使用管理中出现的违法违纪行为严肃问责，确保每一分钱都用到贫困群众身上。二是积极落实强农惠农政策。继续支持农村危房改造，乡村清洁工程建设，农村饮水工程等，着力改善农村人居环境。继续贯彻落实粮食直补、退耕还林、良种补贴等政策，做好粮油储备工作，保障粮食安全，促进农民增收。积极推进村级“一事一议”财政奖补工作，促进村级公益事业建设。加强土地出让收入的管理，支持地质灾害治理防治、土地整理、农田开垦、高标准农田建设和农田水利建设等项目。加大财政支农项目绩效评价力度，加强政策落实监督检查，提升财政支农资金使用效益。三是保基本、兜底线、惠民生。支持教育发展。建立城乡统一、重在农村的义务教育经费保障机制，统一城乡义务教育学校生均公用经费基准定额；落实国家资助政策体系，在保证县级配套资金落实工作的同时，继续实施好我县“十二年教育全免费”和“住宿生交通补助”等教育惠民工程，确保家庭经济困难学生上得了学、上得起学。保障就业稳定。加大对就业资金的补助，支持实施大学生就业促进计划和创业引领计划，推进农民工返乡创业、退役军人安置和就业困难人员帮扶；落实好援企稳岗、社保补贴等政策。完善社会保障制度。探索研究城乡低保、临时救助等社会救助政策，支持建立社会救助核对平台信息系统建设，加强资金管理，促进社会公平；健全企业退休人员基本养老金正常调整机制，积极稳妥落实机关事业单位养老保险改革实施方案；足额安排养老、失业、医疗、工伤、生育、就业及城乡低保、城乡医疗救助县级财政配套资金；继续实施数字电视全免费工程，保证全县人民免费看电视；扎实推进城乡居民意外伤害保险工作，为全县城乡居民撑起“保护伞”。

4. 突出预算管理，推进财政改革。一是严格预决算编制。按照“全口径”预算管理要求，理清公共财政预算、政府性基金、国有资本经营以及社保基金预算的功能定位，明确收支范围，加强统筹协调，避免资金安排交叉重复。进一步加强各预算单位非税收入的资金管理，按部门综合预算的要求，在认真足额编制各项收入预算的基础上，合理编制各项支出预算。二是全面推进预决算公开。进一步细化公开内容、严格公开时限、扩大公开范围、拓宽公开渠道，除涉密信息外，所有财政资金的部门决算和“三公”经费预算决算全部公开，并建立预决算公开工作问责机制。三是切实规范政府债务管理。严格执行国务院《关于加强地方政府性债务管理的意见》和财政部《关于对地方政府债务实行限额管理的实施意见》规定，在上级批复的限额内举债融资，并将债务收支全面纳入预算管理。不得超限额或在预算之外举借债务；不得以支持公益性事业发展名义举借债务用于经常性支出或楼堂馆所建设；不得挪用债务资金或改变既定资金用途；不得违法为任何单位和个人的债务以任何方式提供担保。加快推进我县政府和社会资本合作（PPP）工作扎实开展，吸引社会资本参与基础设施、产业发展、社会事业等重点领域建设。四是严格规范财政对外借款。制定财政对外借款内部审核程序，对符合规定且确需借款的，报经县人民政府常务会议批准同意后办理借款手续。未经县人民政府常务会议批准或不签订借款协议的，不得擅自出借库款。五是加大存量资金盘活力度。继续清理收回两年及两年以上结转资金。建立健全财政存量资金和预算安排统筹结合机制，对 2015 年末财政存量资金规模较大的部门，将适当压缩 2016 年财政预算安排规模，编制项目支出预算或安排专项转移支付先消化存量，再考虑安排增量。

5. 强化纪律约束，加强财政资金监管。认真贯彻《党政机关厉行节约反对浪费条例》，严格落实全县党政机关公务接待及机关会议费、培训费、差旅费等管理办法，全面实施公务卡制度，积极推进公车改革，坚决堵住乱花钱乱支出的口子。加强内控机制建设，健全单位内部和业务层面内部控制制度，明确风险控制流程和关键控制节点，建立单位内部事前防范、事中控制、事后监督纠正的动态监控机制。加强财政资金监督检查，及时发现违规违纪问题，督促整改并依法追究责任。自觉接受人大代表监督指导，虚心听取政协委员的意见和建议，积极配合开展审计监督，不断改进和加强财政工作。

各位代表，2016年财政工作任务艰巨而繁重。我们将在县委、县政府的正确领导下，在县人大、县政协的监督支持下，进一步坚定信心、锐意进取，积极作为、扎实工作，采取更加科学有效的措施，努力完成财政各项工作目标，为加快建设山水田园城和精品旅游县，努力实现安泽全面振兴、绿色崛起提供财力支撑，奋力实现“十三五”良好开局。

安泽县人民法院工作报告

——2016年8月15日在安泽县第十六届人民代表大会第一次会议上

安泽县人民法院院长　陈建国

过去五年工作回顾

五年来，安泽县人民法院在县委的坚强领导下，在县人大和上级法院的监督指导下，在县政府、县政协和社会各界的大力支持下，认真贯彻党的十八大和十八届三中、四中、五中全会精神，忠实履行宪法和法律赋予的职责，狠抓审判执行工作，大力加强自身建设，各项工作取得长足发展。共受理各类案件3760件，审结3714件，年度综合结案率达98.7%以上，审限内结案率100%，服判息诉率达到95.85%，为维护辖区和谐稳定、促进经济社会发展作出了积极努力。

一、坚持公正司法，维护社会公平正义

宽严相济惩治犯罪。刑事审判工作始终坚持宽严相济的刑事政策，依法从重从快严厉打击危害群众生命财产安全的刑事犯罪。坚持惩罚犯罪与保障人权并重，实行量刑规范化和刑事和解制度，落实未成年人犯罪记录封存制度，体现司法文明。参与社会治安综合治理，积极开展缓刑人员案后回访，主动参与社区矫正工作，全力维护社会稳定。五年来，共受理刑事案件207件，审结207件，案件年度审结率100%，审限内结案率100%。

调判结合化解纠纷。民事审判工作突出民生优先，及时稳妥审结婚姻家庭、劳动争议、损害赔偿、民间借贷等案件，依法维护当事人的合法权益。加强案件繁简分流，积极开展巡回审判和诉前调解工作，依法适用简易程序和小额诉讼程序审理案件数量占案件总数的55.66%，减轻了当事人诉累。坚持“调解优先、调判结合”，推行全员、全程、全面调解制度，完善诉调对接机制，运用多元化调解手段疏导和化解矛盾纠纷。五年来，共受理各类民商事案件2739件，审结2718件，案件年度审结率达96%以上，审限内结案率100%。其中：调撤结案1713件，调撤结案率达60%以上。

稳妥解决行政争议。行政审判工作坚持监督、维护、协调有机统一的原则，通过主动走访、强化协调、司法建议等形式，强化与行政机关的沟通、联系，向有关行政机关发出司法建议书16份，促进和支持行政机关依法行政。同时，加强了对具体行政行为合法性审查，切实保护行政相对人合法权益。五年来，共受理行政案件20件（含行政非诉执行案件13件），审结20件，案件年度审结率100%，审限内结案率100%。

全力破解执行难题。执行工作围绕公正高效、无执行积案工作目标，推行了“一案一策执行、和解工作到位、强制措施恰当”的执行工作模式和执行110处警模式，大力推进执行规范化建设。建立了执行联动机制和失信被执行人信用惩戒机制，督促被执行人自觉履行义务。开展涉民生案件集中执行、反规避执行“雷霆行动”、清理执行积案等专项执行活动，切实提高了案件执结率和执行兑现率。五年来，共受理执行案件794件，执结769件，采取执行强制措施200余人次，采取信用惩戒措施160余次，执结金额5000余万元，案件年度执结率达92%以上，执限内结案率100%。

二、坚持从严治院，提高司法服务能力

加强思想政治建设。我院始终坚持抓党建带队建促审判，以强化纪律作风为抓手，认真开展了党的群众路线教育实践活动、学习讨论落实活动、三严三实等专题教育活动，围绕“叫响我是共产党员，始终牢记服务宗旨”主题，深入开展“四风”问题和纪律作风专项整治，努力消除“庸、散、懒、慢、拖”现象。认真落实党风廉政建设“两个责任”，每年年初层层签订党风廉政建设责任书，广泛开展党性、党风、党纪教育和职业道德教育。先后举行升旗和宣誓仪式12次，收听收看先进人物事迹报告会、优秀影视剧15次，组织廉政专项教育活动8次。坚持严管和厚爱相结合，在县委、人大的关心支持下，解决干警职级待遇和法律任职25人次，招录公务员10名，干警队伍结构进一步优化。五年来，涌现出一批先进个人，先后有33名干警受到县级以上表彰58人次，其中获得省级以上表彰14人次。我院党建工作“‘四步走’搭建山区法院党建工作新机制”被最高人民法院评为“全国法院党建创新优秀案例”。

推行规范工作管理。我院高度重视制度建设，突出人员分类管理，加强对重点环节、重点岗位、重点人员的监督和制约，制订、修改、完善管理制度64项并汇编成册，把全院各项工作纳入制度化管理轨道。坚持“四位一体”案件监督管理体系，立案庭对每起案件的审理（执行）实行流程跟踪监督，审判监督庭每半年对审（执）结案件进行评查，监察科对改判、发回重审、涉诉信访和超期归档案件进行督查，办公室加强诉讼档案管理，对工作中发现的问题及时进行督促整改。推行了干警《工作日志》、部门工作周报公示、院领导值周督查、随案发放廉政监督卡、案件质量评查通报、案后回访当事人等措施，强化落实各项制度，有效提升了办案质效，全院案件审执各项指标始终保持全市基层法院前列。

三、坚持文化兴院，营造奋进司法氛围

加强司法能力建设。我院以创建学习型机关为抓手，坚持每天晨会集体学习制度，每周组织一次专题业务培训，每月举办一场专题知识讲座，结合工作实际定期开展书记员技能考核、法官庭审观摩、优秀法律文书评比、司法警察技能考评等活动，鼓励支持干警参加研究生学历教育和专项业务培训。五年来，我院先后举办各类专题知识讲座56

次，组织干警外出培训80批225人次，同42个法院6个相关单位交流学习70次，7名干警通过全国司法资格考试，3名法官考取了山西大学法律硕士，新增审判人员12名。在全县创建学习型社会推进会上，我院作了典型发言，与会同志到法院参观了学习型机关建设成果。

大力发展特色文化。我院大力加强法治文化平台建设，建立了文化陈列室、院史陈列室、文化墙等设施，在审判区域、大厅、过道、楼梯口等有效空间，布置装饰了以廉政文化、党建文化、法律文化等为内容的文化长廊和牌匾，用先进人物事迹、名言、警句、字画陶冶干警情操，大力弘扬政法干警核心价值观。积极开展法治宣传工作，编辑印制《安泽法院年度工作报告》《安泽法院年鉴》《安泽县人民法院六十年》《法官以案讲法普法读本》《预防未成年人犯罪教育读本》等宣传图册8种1万余本，深入乡村、社区、企业、学校开展宣传服务54场次，制作《工作专题片》5部，编发信息590期，被上级法院和各大媒体宣传报道1127篇次，全方位、多角度展示了安泽法院的工作理念、文化内涵和法官风貌。不断丰富干警业余文化生活，定期组织干警开展、参加各项文体活动23次，调动了干警的工作积极性，营造了团结民主、协作奋进的工作氛围。

四、坚持科技强院，提升为民司法水平

加强信息网络建设。我院着力构建以科技为支撑的诉讼保障体系，先后完成了内、外网的改造，建成2个“数字法庭”，建立了人民法院数据集中管理平台和执行指挥中心，把案件审判执行过程纳入信息化管理，实现了各项工作、人员岗位专网全连通、数据全覆盖。添置了远程提讯系统、安检门及全方位视频监控系统，保障诉讼参与人的人身安全。进行了审判办公楼四区分离改造，对两个基层人民法庭进行了规范化、标准化建设，更新应用了数字法院管理系统，全面优化了办公办案环境。

实施阳光司法工程。我院以信息化建设为抓手，积极推进审判流程公开、裁判文书公开、执行信息公开三大平台建设，安装了案件信息查询系统，完善了新闻发言人制度和法院开放日制度，开通了法院官方网站和新浪、腾讯官方微博，着力构建开放、动态、透明、便民的阳光司法新机制。2015年实现了全院案件信息网上全部录入，电子档案率达到了100%，生效法律文书依法上网率100%，官方网站群众点击量居全市基层法院前列。

五、坚持公信立院，推进法院健康发展

完善为民司法服务。我院以创建“文明窗口”为目标，建设了“一站式”立案信访服务大厅，加强了诉讼引导、查询咨询、判后答疑等工作，规范了法官的接待行为和用语，为群众提供了热情周到的诉讼服务。把开展“一村一警”联系走访活动和法庭包片、法官驻村工作有机结合，采取法官错时办案、巡回办案、法官“六进”等措施，拓宽司法服务的时间、空间和方式。强化法院人文关怀，对困难群众依法开展司法救助和包联帮扶工作。五年来，文明接待群众、提供法律咨询服务2.4万余人次，诉前调解或指导人民调解组织化解纠纷620件，接访化解群众初访案件28件，为17件执行案件申请人发放救助金26.5万元，为31案31名困难当事人减缓免诉讼费22.4万元，为包联村提供帮扶资金10万元。省委常委、政法委书记王建明在我院调研时，对我院司法为民工作给予了充分肯定。

自觉接受各方监督。我院始终坚持党的领导，重大事项和问题及时向县委、人大请示汇报，定期向人大常委会报告工作，积极邀请人大代表、政协委员到我院视察指导工作，主动把工作置于人大、政协、检察机关及社会各界的监督之下。五年来，人大代表、政协委员到法院视察指导工作、旁听庭审、监督案件执行350余人次；我院主动走访人大代表、政协委员征求意见380余人次；实施了人民陪审员数量“倍增”计划，增选人民陪审员10名，人民陪审员陪审率达95%以上。人民群众和社会各界的监督支持，有力地推进人民法院工作健康发展。

各位代表，过去的五年，我院各项工作呈现出整体提升、亮点突出、健康发展的良好局面。先后获得县级以上表彰78次，被省委政法委评为“全省组织政法干警核心价值观教育实践活动先进集体”，被省高院评为“无执行积案先进法院”“诉调对接”工作先进单位、“财务统计工作先进单位”“民事审判调解工作标兵单位”，被省劳动竞赛委员会授予“山西省五一劳动奖状”，被临汾市委、市政府授予“临汾市文明和谐单位”等荣誉称号。这些成绩的取得与县委的正确领导、县人大的有力监督以及县政府、县政协和社会各界的大力支持和关心是分不开的。在此，我代表全院干警向关心、理解和支持法院工作的各位领导、各位代表、各位委员和社会各界表示衷心的感谢!

在充分肯定过去五年成绩的同时，我们也清醒的认识到，法院工作依然存在一些亟待解决的问题和困难：一是参与多元化化解社会矛盾的能力还有待提高；二是法院干警的整体素质与新时期的要求还有差距，办案水平和政务管理水平还有待提高；三是执行工作受一些客观条件的制约，“执行难”在一定程度上依然存在；四是法庭基础建设处于全市基层法院落后水平，办案用房已经不能满足现实工作需求。对此，我们将在有关方面的支持帮助下，采取有效措施，切实予以解决。

今后五年工作安排

“十三五”是实现全面建成小康社会宏伟目标的决胜阶段，人民法院服务保障发展、维护公平正义的任务更加繁重。今后五年我院工作的总体思路是：全面贯彻党的十八大和十八届三中、四中、五中全会精神，深入学习贯彻习近平总书记系列重要讲话精神，以“四个全面”战略布局、“五大发展理念”为统领，以“努力让人民群众在每一个司法案件中感受到公平正义”为目标，以司法为民、公正司法为主线，强化审判执行工作，稳妥推进司法改革，不断加强自身建设，全面发挥职能作用，为全县经济社会和谐发展提供有力的司法保障。为此，重点抓好六个方面工作。

一、坚持司法公正，在服务大局发展上有新作为。全面贯彻中央、省、市、县关于经济社会发展的重大部署，坚持能动司法，妥善审理我县实施创新驱动发展、推进经济结构调整中发生的各类案件，及时提出司法建议，促进经济持续稳定向好发展。着眼于服务发展，加强对物权、债权、股权等权利的司法保护，维护市场经济秩序。高度重视、妥善审理涉及农村经济组织、农业基础建设、农民群众增收案件，促进“三农”工作发展。依法惩治刑事犯罪，进一步增强人民群众安全感，推进平安安泽建设。依法审理涉及社会管理、环境保护、资源开发等案件，推进美丽安泽建设。

二、坚持司法为民，在办案服务举措上有新突破。始终坚持以人为本，牢记群众利益无小事，妥善审理事关民生的各类案件，依法维护人民群众合法权益。加强司法便民利民工作，推进诉讼服务大厅、诉讼服务网、12368 诉讼服务热线“三位一体”的诉讼服务中心建设，为当事人提供线上线下、方便快捷的诉讼服务。推行网上立案、巡回立案，加强人民法庭工作，开展诉前调解，完善诉调对接，加强繁简分流，依法适用简易程序、小额诉讼程序，减轻群众诉累。加强执行工作信息化建设，进一步完善执行联动机制和失信被执行人信用惩戒机制，努力实现“用两到三年时间基本解决执行难问题”工作目标。着力完善弱势群体司法救助制度，建立健全司法救助与社会救助对接机制，切实帮助涉诉群众解决实际困难。不断强化包联帮扶和精准扶贫工作，切实提高贫困群众的增收能力。

三、坚持司法廉洁，在法院队伍建设上有新进步。继续坚持抓党建带队建促审判，扎实组织开展“两学一做”学习教育，突出抓好法院队伍政治思想建设和职业道德建设，自觉践行“公正、廉洁、为民”司法核心价值观。更加注重司法能力建设，开展多形式业务教育培训，积极参与课题研究、学术交流、优秀裁判文书评选等活动，提升干警正确适用法律、维护社会公平正义的能力。更加注重纪律作风建设，坚持将纪律挺在前面，认真贯彻中央八项规定精神，从严教育、从严管理、从严监督，严格规范司法行为，持之以恒改进司法作风。更加注重反腐倡廉建设，进一步落实党风廉政建设“两个责任”，完善惩治和预防腐败体系，加大对违纪违法行为的查处力度，促进公正高效廉洁司法。

四、坚持司法公开，在司法公信建设上有新举措。坚持法律面前人人平等，以事实为根据，以法律为准绳，依法公正裁判案件，平等地保护当事人的合法权益，做到不偏不倚、不枉不纵。进一步深化司法公开，扎实开展数字法院建设，实现审判执行工作全面留痕，不断完善案件依法公开查询制度，进一步加大裁判文书上网、审判执行信息公开工作力度，以公开树形象，以公正立公信。加强法制宣传，切实做好法院官方微博、微信、网站管理应用工作，大力弘扬社会主义法治精神，增强全社会学法遵法守法用法意识，促进法治安泽建设。

五、坚持司法改革，在体制制度建设上有新进展。按照上级法院的统一部署，扎实推进人员分类管理改革，稳妥开展法官员额制改革，进一步提升法院队伍正规化、专业化、职业化水平。积极推进以审判为中心的诉讼制度改革，重点在刑事诉讼庭审实质化、刑事案件速裁程序、家事审判方式和工作机制改革方面取得进展。推行院庭长办案常态化，推进以司法责任制为核心的审判团队办理案件工作制度，创新和加强审判管理，加强法官职业保障，提高办案效能。增强工作主动性，积极取得党委、人大、政府对司法改革的支持，勇于克服各种困难，确保各项改革措施到位，稳步推进法院工作。

六、坚持司法民主，在主动接受监督上有新成效。人民法院要始终把自觉接受党委领导，接受人大、政协监督，作为公正司法的重要保障，把各方监督贯彻到法院的各项工作中，落实到每个法官的具体行动上。坚持重要部署、重点工作及时向县委、人大汇报，确保法院工作的正确方向。进一步细化人大代表、政协委员联络制度，主动邀请人大代表和政协委员视察、参加会议、旁听庭审、监督执行。扩大司法民主，不断完善人民陪审员制度，努力提高陪审率和案件调解参与度，普通程序案件陪审率达到100%。自觉接受检察机关以及社会各界的广泛监督，加强与相关部门的联系和沟通，主动征求各方的意见和建议，不断改进人民法院的各项工作。

各位代表，做好“十三五”时期人民法院工作，使命光荣，责任重大。安泽法院将在县委的坚强领导下，在县人大的有力监督和县政府、县政协及社会各界的大力支持下，认真落实本次大会精神，勤勉工作，锐意进取，为推进安泽全面振兴、绿色崛起，如期实现全面建成小康社会的宏伟目标做出新的更大的贡献！

安泽县人民检察院工作报告

——2016年8月15日在安泽县第十六届人民代表大会第一次会议上

安泽县人民检察院检察长　张临生

县十五届人大一次会议以来，在县委和上级检察机关的正确领导下，在县人大及其常委会的有力监督下，在政府、政协及社会各界的大力支持下，我院深入贯彻党的十八大和十八届三中、四中、五中全会精神，紧紧围绕建设“生态安泽、富裕安泽、幸福安泽”的奋斗目标，忠实履行宪法和法律赋予的职责，全面加强队伍建设，各项检察工作取得了新的发展和进步。

一、围绕中心、服务大局，积极保障县域经济发展

我院紧紧围绕全县中心工作，充分发挥检察职能，为县域政治、经济、社会平稳较快发展提供坚强的法制保障。

一是致力维护社会和谐稳定。充分发挥批捕、起诉职能作用，突出打击破坏社会秩序、影响人民群众安全感的犯罪活动，共批准逮捕各类刑事犯罪121人，提起公诉195件260人，贯彻宽严相济刑事司法政策，不批准逮捕46人，不起诉30件31人。坚持检察长接待制度，落实首办责任制，把涉检信访纳入法治轨道，引导群众依法解决诉求，受理举报、控告、申诉信访130件次，息诉罢访21件。

二是大力开展基层社会服务。切实搞好检察环节的社会治安综合治理工作，开展了5次主题举报宣传周活动，80余次预防宣传，发放宣传资料2000余份，接受群众咨询和举报55余人次。扎实开展“一村一警”和“三联两报到”活动，全院干警下基层走访达1000余

次，提供政策宣传350余次，化解矛盾纠纷18次。积极协调争取各项资金，改善包联村基础设施条件，投资12.6万元改造义唐村引水工程；争取村级道路修建款80万元，对全村重点路段路面进行水泥路硬化；协调有关部门修建了污水处理站，积极改善全村环境卫生；帮助争取平田整地资金5万元、荒山造林资金10万元，改善该村农业生产设施条件；几年来共发展小杂粮种植500亩，劳务输出500余人，群众收入明显增加，由原来的后进村一跃成为全镇产业发展的先进村。

三是全力保障经济健康发展。以预防职务犯罪“五进”活动为抓手，积极开展“进企业”活动。组织干警深入永鑫、太岳等企业，提高企业依法维权意识，帮助企业建立和完善规章制度，健全管理机制，堵塞管理漏洞，促进检察机关服务企业常态化。开展预防职务犯罪“十百千”工程建设专项领域调研活动，对全县近年来的重点工程进行调研，对发现问题的项目下发检察建议责令改正，并对部分工程进行跟踪监督，全程预防，保证政府投资工程真正能够成为“民心工程”、“放心工程”。同时加强对招投标市场和政府采购行为的监督和规范，共受理查询1015次，被查询单位3491家，法人及建造师5717人，有行贿记录10人。

二、打防并举、重在预防，全面推进反腐倡廉工作

我院坚决贯彻上级关于反腐败斗争的决策部署，坚持有腐必反、有贪必肃、有案必办，保持查办案件的强劲势头。

一是加大职务犯罪查办力度。坚决贯彻县委、市院反腐败工作部署，针对人民群众反映强烈的突出问题，不断加大查办职务犯罪工作力度。共立案查处贪污、贿赂、滥用职权、玩忽职守等职务犯罪案件20件24人，其中办理大案20件24人，科级干部6人，为国家挽回经济损失1300余万元。案件办理全部做到程序合法、事实清楚、证据确凿、效果良好、经得起的检验。尤其在反渎领域另辟新径，严肃查办了玩忽职守导致假冒伪劣化肥案、退耕还林案，受到了上级检察机关的表彰。

二是拓宽职务犯罪预防渠道。坚持“标本兼治、惩防并举”的方针，积极探索遏制腐败、预防职务犯罪的有效途径。完成了全省首家3D网络预防职务犯罪警示教育基地，供广大党员干部、群众随时随地接受警示教育，目前点击量已达到3000余次。在全县开展警示教育宣传月活动，先后组织全县50余家单位赴预防职务犯罪廉政文化警示教育基地接受警示教育，受教育人数2800余人。首映了由我院自主拍摄的预防职务犯罪微电影《不该播下的种子》，用身边的事教育身边的人，收到了良好的宣传效果。这部微电影在全国检察系统预防职务犯罪微电影评比中荣获优秀奖，在全省荣获三等奖。此外，不断转变方式、创新机制，与县纪委建立预防职务犯罪警示教育活动联系制度；与县委组织部、县委党校共同建立预防职务犯罪廉政教育长效机制，把预防职务犯罪知识纳入党校课程之中；与县审计部门建立案件线索移送制度。这些举措进一步畅通了联系渠道，确保了预防工作的连续性、实效性。

三是注重办案方式效果。加强对办案过程的监督，认真落实职务犯罪侦查工作“八项禁令”，严格执行全程同步录音录像制度，严格适用强制措施，慎重扣押涉案款物，切实保障犯罪嫌疑人的合法权利。强化与纪检监察、行政执法、审计、金融及通信等部门的配合，形成反腐败工作整体合力。加强与发案单位党政领导的沟通，及时通报办案情况，帮助采取应对措施，努力维护正常的工作秩序。

三、立足职能、强化监督，全力维护司法公平公正

我院抓重点，补短板，促提升，不断加大诉讼力度，增强诉讼监督实效，努力坚定人民群众对司法公正的信心。

一是加强刑事诉讼监督。加强对公安机关立案和侦查活动的监督，共监督立案 20 人、监督撤案 6 件次、纠正漏捕 7 人、纠正漏诉 4 件次，监督纠正侦查活动违法 20 件，确保不枉不纵、不漏不错。加强刑事审判活动监督，纠正刑事审判活动违法 6 件。

二是加强刑事执行监督。积极维护监管场所秩序，加强检查监督，纠正违法减刑、假释、暂予监外执行等问题，保护在押人员的合法权益。发出纠正违法建议 110 份，羁押必要性审查 13 件次，纠正监外执行违法 52 件次。

三是加强民事行政诉讼监督。深入贯彻实施修改后民事诉讼法和行政诉讼法，积极构建工作机制一体化、监督手段多元化的立体监督格局。受理不服法院生效判决的民事申诉 23 件。其中，提请抗诉 3 件，不支持监督申请 3 件次；支持起诉案件 28 件，民事执行监督 13 件，督促履行职责 67 件次。

四、开门纳谏、阳光检务，主动接受社会各界监督

我院以“检察权来源于人民，向人民负责，受人民监督”为宗旨，进一步规范司法行为，主动接受外部监督，切实把检察权关进“制度的笼子”。

一是自觉接受人大监督。进一步强化“接受人大监督就是接受人民监督，对人大负责就是对人民负责”的意识，始终把检察权置于人大监督之下。严格执行县人大常委会的决议，通过年初建账、年中查账、年底交账、专项工作报告等方式，向人大常委会报告工作情况 34 次。定期召开人大代表座谈会，对人大代表提出的意见和建议认真办理、及时反馈。选聘市、县人大代表在内的 28 名“阳光检察”评议员参加检察机关重要活动及案件的听证工作。

二是自觉接受政协、社会监督。及时向政协通报检察工作情况，充分听取意见，诚恳接受监督。主动接受法院、公安和司法行政机关的监督制约，不断改进自身工作。深入推行“阳光检务”，把检察机关的职能、受案范围、司法依据、程序和结果公布于众，把检察机关的重大部署、重要活动和重大案件查办情况及时公开，建成了集接待受理、案件查询、法律咨询等功能为一体的检务公开大厅。加强检察门户网站、微信、微博平台建设，公开案件程序性信息 200 余条，重要案件信息 7 条，打破了检察机关神秘感，增强了检察工作透明度。

三是自觉加强内部监督制约。严格执行案件集中管理，对各项执法办案活动全面实施源头控制、全程管理、动态监督、案后评查、综合考评的案件集中管理机制，提升执法规范化水平；全面上线运行统一业务应用系统，对所有执法办案活动实行全程、统一、实时、动态管理和监督；制定出台了《案件管理工作实施办法》《刑事案件受理细则》等业务管理机制，确保各项检察工作规范、有序运转。

五、强基固本、注重培育，努力建设过硬检察队伍

我院以打造“政治强、业务精、作风硬、纪律严”检察队伍为目标，全面加强队伍建设。

一是思想政治建设得到新武装。认真扎实地开展了党的群众路线教育实践活动、“三严三实”专题教育活动、“两学一做”学习教育和规范司法行为专项整治工作，不断加强政治理论和日常学习，引导干警牢固树立正确的世界观、人生观、价值观、权力观、地位观和利益观，提升党性修养，时刻与县委、上级检察机关在思想上、政治上、行动上保持一致。

二是业务能力建设得到新提升。认真落实省院《“351”人才选拔培养工程》，以领导素能、任职资格、专项业务和岗位技能培训为重点，结合工作实际开展针对性、实用性教育培训，不断提高干警的实际工作水平和能力，共举办业务培训 80 余次；积极开展检察调研，撰写《我国审前羁押制度的实证研究》等论文 18 篇；派出 29 名业务骨干分赴党校、中小学开展法治讲座；先后选派 30 余名干警参加省、市检察机关组织的专业培训，多措并举，干警的各项素质得到了明显提升。

三是检察文化建设取得新成果。以社会主义核心价值观为统领，结合荀子文化，对我院的历史沿革和发展特色进行了认真深入的梳理、分析，进一步充实拓展八字检察文化内核，强化四种精神。依靠内核驱动、精神促动、干群互动，陆续开展了检察文化内涵讲座、检察文化主题演讲比赛、摄影比赛、读书月等活动。干警的工作积极性和主观能动性得到了明显的提升，职业道德素养和法律文化素质得到了显著的提高。

四是党风廉政建设取得新风貌。严格落实“两个责任”，检察长与分管副检察长、分管副检察长与科室负责人层层签订党风廉政建设责任状，责任分解横向到边、纵向到底，坚持把党风廉政建设与业务工作齐抓共管、共同推进。组织干警认真学习党纪政纪相关制度规定及新修订的《廉洁自律准则》和《纪律处分条例》，强化检察干警纪律意识和规矩意识，拧紧纪律的“螺丝钉”。同时采取“三个一”的模式，切实加强职业道德教育和党风廉政教育。一是每年进一次基地。要求全体干警每年至少到预防职务犯罪廉政文化教育基地接受一次现场教育，不断增强干警职业道德素养和拒腐防变能力。二是每季举办一次高端讲座。邀请专家学者，每季度为干警开办一次检察职业道德和廉政建设专题讲座，使广大干警对执法为民、廉洁从检有了全面的思考和清醒的认识。三是每半年进行一次谈心活动。定期开展“检察官职业道德”专题谈心活动，检察长与分管副检、副检与分管科室负责人、科室负责人与普通干警面对面谈话、心贴心交流，切实增强了专题教育的互动效果，使全体干警在上行下效中，自觉坚守“爱岗敬业、恪尽职守、文明办案、执法为民”的职业操守。

各位代表，在过去的五年，我院全体干警团结协作、奋力拼搏，先后取得了“市级学习型模范单位”“市级文明和谐单位”等荣誉称号，先后有10人次受到上级检察机关的记功和嘉奖，在市检察院历年业务考核中都圆满完成了工作任务。检察工作成绩的取得是我们全体干警辛勤劳动的成果，这些成果的取得得益于县委的正确领导，得益于人大的有力监督，得益于政府、政协及社会各界的大力支持，更是得益于在座各位代表和广大人民群众的理解、支持、参与和帮助。在此，我代表安泽县人民检察院全体干警，向大家表示崇高敬意和衷心的感谢!

在总结成绩的同时，我们还清醒地看到检察工作还存在服务中心工作能力不足，扶贫济困解决群众困难办法少、法律监督水平不高、查处大要案少等问题，这需要我们在今后工作中不断加工作力度、提升工作水平、增强工作效率，努力为党和人民群众交上一份更满意的答卷。

各位代表，今后一个时期我院工作的总体思路是：深入学习党的十八大和十八届三中、四中、五中全会精神以及习近平总书记的系列讲话精神，认真贯彻县委、上级检察机关相关会议精神，主动适应经济发展新常态，以加强司法规范化建设为抓手，以深化司法体制改革为动力，全面依法履行检察职能，深入创建学习型、服务型、创新型、实干型、廉洁型、和谐型检察机关，为实现安泽全面振兴、绿色崛起的发展战略提供有力的司法保障。围绕这一思路，我们将重点抓好以下几方面的工作：

一、着眼全局，打防兼举，切实创优经济社会发展环境

把防控风险、服务发展、提高司法公信力摆在更加突出的位置，认真分析“全面振兴、绿色崛起”战略布局对检察工作提出的新要求，找准服务大局的切入点和着力点。积极服务推进供给侧结构性改革，着力构建法治化营商环境，平等保护企业合法权益。尤其是要重视加强对非公有制经济的保护，确保国有、民营、小微企业诉讼地位和诉讼权利平等、法律适用和法律责任平等、法律保护和法律服务平等。同时，还要讲究办案方式，注意加强沟通，严格慎用拘留、逮捕措施，在法律允许范围内最大限度维护企业声誉，减少对正常生产经营活动的影响。要积极参与创新社会治理，依法严厉打击严重刑事犯罪，加大对民生权益的保护，切实维护社会和谐稳定，不断增强服务经济社会发展的实效，为经济发展创造良好环境。

二、着眼焦点，标本兼治，切实保持反腐高压态势

要深刻认识当前反腐败斗争的新形势，进一步增强政治意识、大局意识和责任意识，坚决贯彻县委和上级检察机关反腐败工作的决策部署，坚持办案力度不减、节奏不变、尺度不松，继续保持惩治腐败的高压态势。要坚决查办危害经济发展环境、影响重大经济政策实施、影响重大改革措施落实的职务犯罪。要积极查办发生在群众身边、损害群众利益的职务犯罪，坚决惩治就业创业、社会保障、教育医疗、拆迁征地等民生领域的职务犯罪。

要严肃查办群众反映强烈的为官不为、为官乱为的渎职侵权犯罪。贯彻宽严相济刑事司法政策，严格区分罪与非罪的界限，把改革创新中出现的失误，与故意违反国家法律政策、造成严重后果的职务犯罪区分开来，依法惩治犯罪者、支持改革者、教育失误者，积极营造支持改革、宽容失误的良好法治环境，使广大干部尽心谋事、尽力干事、尽责成事。同时进一步深化侦防一体化机制建设，继续抓好预防调查和咨询、预防建议、行贿犯罪档案查询等工作。针对近年来医疗卫生系统领域职务犯罪多发、频发的新态势，今年，我院与县卫生系统开展为期一年的“预防职务犯罪推行阳光医疗”试点工作，着力提高医疗卫生系统工作人员拒腐防变意识，努力从源头上遏制医疗卫生领域职务犯罪的发生。

三、着眼公信，多方兼听，切实加强和改进诉讼监督

要深入贯彻落实修改后的三大诉讼法，坚持敢于监督、善于监督、依法监督、规范监督，进一步增强监督的主动性、创新性、精准性和权威性，使人民群众感受到公平正义就在身边。要强化对侦查活动中突出违法行为的监督，加大对有案不立、有罪不究、插手经济纠纷等问题的监督纠正力度，确保监督质量和效果。加强对派驻公安机关检察室的工作指导，积极探索派驻检察室加强对公安机关监督的工作方法，努力实现对侦查活动同步动态监督。加强对刑事审判活动的监督，着力纠正量刑畸轻、畸重等问题。加强和规范羁押必要性审查，规范办案流程、完善办案机制。完善社区矫正服刑罪犯脱管漏管的发现、纠正和责任追究机制。完善民事检察多元化监督格局，运用抗诉、检察建议等多种手段对生效裁判、审判程序及执行程序中的违法行为开展有力监督。

四、着眼长远，内外兼修，切实健全阳光检察机制

进一步加强自身监督，完善阳光检察机制，不断提高司法公信力。主动接受人大监督，及时向人大及其常委会报告工作，主动邀请人大代表评议和视察，认真办理人大及其常委会交办转办的案件，对人大代表提出的意见和建议，抓紧抓好落实，做到件件有着落，事事有回音。主动向政府、政协通报检察工作情况，自觉接受民主监督和社会各界人民群众的支持和监督。进一步推进阳光检察，实施电子检务工程，积极探索“互联网+检察”工作模式，充分发挥“两微一端”的作用，加强与媒体沟通，加大检察宣传力度，及时将能公开的信息和案件向社会公开，实现检察工作与社会大众良性互动，畅通群众诉求渠道，让人民群众更加了解检察工作，树立检察机关良好的社会形象。

五、着眼自身，理法兼学，切实打造过硬的检察队伍

坚持抓党建促队建，抓班子带队伍，统筹抓好党的建设、领导班子建设和队伍建设。深入开展“两学一做”学习教育，坚定干警的理想信念，确保干警的政治立场不移，工作方向不偏。重视检察队伍专业化、职业化建设，扎实开展教育培训和岗位练兵活动，不断提高干警执法能力素质。要坚决落实从严治党、从严治检的主体责任，层层传导压力，级级落实责任。要进一步加强检务督察，对发生违纪行为的检察干警，发现一起，查处一起，绝不姑息。深入推进司法体制改革，积极稳妥地开展主任检察官办案责任制、检察人员分类管理和人财物省级垂管等改革，最大限度地凝聚检察改革的正能量，努力打造一支信念

坚定、执法为民、敢于担当、清正廉洁的过硬检察队伍。

各位代表，我院将在县委和上级检察机关的领导下，在县人大及其常委的监督下，认真贯彻落实本次会议精神和决议，攻坚克难，勇于担当，积极作为，为实现“全面振兴、绿色崛起”的战略布局做出更大的贡献！

附：相关用语解释与说明

1. 法律监督：我国宪法第129条规定：“中华人民共和国人民检察院是国家的法律监督机关”。由此确定了我国检察机关履行法律监督职能的宪法法律定位。同时，根据我国三大诉讼法及人民检察院组织法规定，人民检察院通过依法参与刑事、民事、行政诉讼等法律活动，对有关国家机关和人员的执法行为、司法行为是否合法实行专门监督。检察机关履行法律监督的主要方式为：审查批捕、审查起诉、侦查职务犯罪及对公安机关、人民法院的诉讼活动进行法律监督。

2. 阳光百姓工程：是指以村为基础，在各村建立预防工作联系点，聘请村民代表担任联络员；以乡为重点，在每个乡镇设立联络站，专门管理涉农资金档案；在县检察院设立专门管理中心，负责建立健全涉农资金管理档案，汇总数据，方便群众查询，并设立村民维权接待日和便民热线。从而建立起县、乡、村三级联动的涉农职务犯罪预防网络，全面推广预防涉农领域职务犯罪。

3. 宽严相济刑事司法政策：是指根据社会治安形势和案件情况的不同，严格依法区别对待，该严则严，当宽则宽，宽严适度。对严重刑事犯罪依法从严打击，对因婚姻家庭、民事纠纷引发的轻微刑事犯罪以及未成年人犯罪、初犯、偶犯和过失犯罪，依法从宽处理，实现宽与严的有机统一，教育挽救被告人与保障被害人合法权益的有机统一，执法的法律效果和政治效果、社会效果的有机统一。

4. 讯问职务犯罪嫌疑人全程同步录音录像制度：是指检察机关在办理职务犯罪案件时，必须对讯问犯罪嫌疑人的活动进行全程、同步、连续录像，是规范执法行为、防止刑讯逼供、保护犯罪嫌疑人合法权利的重要措施，也是固定证据、保证犯罪嫌疑人供述的证据合法性、保障刑事诉讼顺利进行的重要手段。

5. 行贿犯罪档案查询：为打击商业贿赂违法犯罪，促进社会信用体系建设，2006年，最高人民检察院决定建立行贿犯罪档案查询系统。任何个人和单位都可向检察机关提出查询申请，查询结果供个人或单位在进行商业活动时参考。

6. 案件集中管理：是指检察机关设立案件管理机构或指定其他机构，对案件流程、案件质量和案件统计信息等进行集中管理，以利于加大对执法办案活动的横向监督制约，强化检察业务工作统筹管理。这是2010年以来我省检察机关重点推进的改革项目。目前，我省三级检察院均已成立案件管理机构或者指定其他机构负责此项工作，各项业务工作也已全面展开。这项改革受到最高人民检察院和省委的充分肯定，最高人民检察院将案件集中管理列入“十二五”时期检察工作的重要内容。

附：报告中有关用语说明

1. 各类案件：指刑事、民事、行政等三大诉讼中的一审、再审案件以及民事执行、非诉行政执行等案件。

2. 综合结案率：指本院刑事、民事、行政、执行案件的受理数与审结数的比率。

3. 审限内结案率：指在每个统计期间，所有在审理期限内审结的案件与该统计期间应审结案件总数的比率。

4. 执结率：即执行案件结案率，是已执行结案数与全部申请执行案件数的比率，其中既包括实际执行完毕的案件，也包括因被执行人无可供执行的财产而暂时中止执行的案件和因被执行人死亡且没有可供执行的财产而终结执行的案件。

5. 量刑规范化：为实现量刑公开公正，人民法院在法律规定的量刑幅度内，按照统一的量刑尺度和方法，将量刑纳入法庭审理程序，规范刑法裁量权。最高人民法院决定从2014年1月1日起在各级法院全面实施量刑规范化工作。

6. 涉民生案件：指追索劳动报酬、赡养费、抚养费、抚恤金、医疗损害赔偿、交通事故人身损害赔偿、工伤赔偿等案件。

7. 人民陪审员数量“倍增”计划：是指最高人民法院在2013年启动的一项完善人民陪审员制度的工作举措，要求各级法院结合本地实际，增加人民陪审员的数量，实现全国法院人民陪审员达到20万左右的目标，进一步扩大司法民主，推进法治建设，确保司法公正。

8. 司法公开三大平台建设：最高人民法院提出的工作要求，主要内容是依托现代信息技术，通过审判流程公开、裁判文书公开、执行信息公开三大平台建设，打造阳光司法工程，增进公众对司法的了解、信赖和监督。

9. 案件陪审率：是指法院每年由人民陪审员参与审理的案件数量占普通程序审结案件总数的百分比。

10. 家事审判方式和工作机制改革：旨在探索家事纠纷的专业化、社会化和人性化解决方式。人民法院设立家事审判合议庭，审理家事案件，实现家事审判司法功能与社会功能的有机结合，维护婚姻家庭关系稳定，依法保护妇女儿童和老年人的合法权益，促进社会建设和谐稳定发展。

11. 刑事案件庭审实质化改革：指推动建立以庭审为中心的刑事诉讼制度，促进侦查、审查起诉活动进一步规范，全面贯彻证据裁判要求，充分发挥庭审在查明事实、认定证据、保证诉权、公正裁判中的决定性作用，确保证据质证在法庭、案件事实查明在法庭、诉辩意见发表在法庭、裁判理由和审理结果形成在法庭，从根本上杜绝冤假错案。

大事记

1月

5日

安泽县召开第二轮续修《安泽县志》专家评审会。山西省志办、临汾市志办相关专家领导，《安泽县志》编撰人员参加会议，政府副县长崔斗庆出席会议。

6日

安泽县委书记任秀红主持召开县四大班子联席会议。会上，县委书记任秀红传达山西省经济工作会议精神并研究安泽县2016年重点工程。县委副书记、政府县长毛跟云传达山西省脱贫攻坚大会精神并研究安泽县脱贫攻坚相关事宜。县委副书记牛庆国传达山西省《冬季行动实施方案》，大同冬季行动经验并研究相关工作。

安泽县召开县委常委班子“三严三实”专题民主生活会，临汾市委常委、副市长李东洪参加会议并作重要讲话。

7日

安泽县委书记任秀红先后在扶贫局、和川镇沁河庄村、老干部局调研扶贫工作及老干部工作。

8日

安泽县召开护林防火工作会议。政府副县魏书亮出席会议，县林业局，各乡镇、各林场负责人参加会议。

11日

安泽县召开2015年政协提案督办会。县委常委、政府常务副县长高成锁出席会议，政协副主席宋晓琴主持会议。各相关部门负责人及部分政协委员参加会议。

临汾市道路交通安全考核组对安泽县2015年度道路交通安全工作进行考核。县委常委、政府常务副县长高成锁出席汇报会。

12日

安泽县委副书记、政府县长毛跟云主持召开政府党组民主生活，政府党组成员出席会议。

临汾市政府考核组对安泽县2015年度气象防灾减灾工作进行考核。政府副县长魏书亮出席汇报会，并代表县政府向考核组汇报安泽县2015年度气象防灾减灾工作。

安泽县组织人员收听收看临汾市述纪述廉述作风述主体责任电视电话会议。县委书记任秀红在主会场就“四述”工作进行汇报，县领导毛跟云等及相关部门在安泽县分会场参加会议。

13日

安泽县委副书记、政府县长毛跟云，政府常务副县长高成锁带领各有关部门实地督查“冬季行动”“六权治本”推行权力清单工作情况。

14日

山西省综治办副主任刘永生一行前来安泽县督查考核2015年社会治安综合治理工作，临汾市政法委书记陈小洪，县委副书记牛庆国，县委常委、政法委书记连忠武陪同考核。

15日

安泽县委书记任秀红，副书记牛庆国，县委常委、政府常务副县长高成锁对2015年度城建工作进行调研。

安泽县召开2015年度目标责任考核安排工作会议。县委常委、政府常务副县长高成锁，县委常委、组织部部长安海清出席会议。会议宣读了《安泽县2015年度目标责任考核实施方案》并就考核工作程序及实施细则进行了安排部署。

19日

安泽县召开县委常委会。任秀红学习传达习近平总书记在中央政治局“三严三实”专题民主生活会上的讲话精神。毛跟云传达临汾市经济工作会议讲话精神。

临汾市专项整治考评组在安泽县考评基层干部不作为乱作为等损害群众利益问题专项整治工作。县委副书记牛庆国，县委常委、组织部长安海清，临汾市专项整治考评组组长贾林森出席考评会。

20日

中共安泽县委召开第十三届委员会第十五次全体（扩大）会议。县领导任秀红、毛跟云、牛庆国、陈鹏飞、高成锁、安海清、连忠武出席会议，全体县委委员、候补委员、不是委员、候补委员的县级领导干部，各乡镇党委书记、乡镇长，社区党工委书记、主任，县直工作部门和企事业单位负责人参加会议。县委书记任秀红在会上代表县委常委会作工作报告，县委副书记、政府县长毛跟云对《中共安泽县委关于制定国民经济和社会发展第十三个五年规划的建议》进行说明。

安泽县召开县委常委班子“三严三实”专题民主生活情况通报会，县委书记任秀红主持会议并通报民主生活开展情况。县四大班子领导，县委委员、候补委员、全县正科级以上领导干部参加会议。

21日

安泽县召开全县经济会议。县四大班子领导出席会议，全县副县级以上领导，县直单位一把手，各乡镇书记、乡镇长，社区党工委书记、主任参加会议，县委书记任秀红提出2016年经济工作的总体要求、目标原则、重点任务。县委副书记、政府县长毛跟云回顾总结2015年安泽县经济工作，并对2016年安泽县经济社会发展重点工作做出安排部署。

安泽县召开脱贫攻坚大会。县四大班子领导出席会议。副县级以上领导，各乡镇书记、乡镇长，社区党工委书记参加会议。县委常委政府常务副县长高成锁主持会议。

22日

安泽县召开推行权责清单制度领导组联席会议。县委副书记、政府县长毛跟云，县委常委、政府常务副县长高成锁，县委常委、政法委书记连忠武出席会议。推行权责清单制度领导组成员单位参加会议。

25 日

安泽县组织收听收看山西省纪委十届六次全会第一次会议。县委常委、县人大、县政府、县政协、县人民检察院、县法院等领导在安泽县分会场参加会议。

26 日

安泽县召开 2015 年度目标责任考核大会。临汾市委常委、副市长李东洪，临汾市考核组组长、市人大城建环保工委主任李安民出席会议。县委书记任秀红，县委副书记、政府县长毛跟云，县四大班子领导，副县级以上领导，各乡镇书记、乡镇长，社区服务中心书记、主任，县直单位负责人参加会议。县委书记任秀红代表班子作述职报告，并作个人述职述廉。临汾市常委、副市长李东洪对安泽县 2015 年度目标责任完成情况给予充分肯定。

临汾市委常委、副市长李东洪，深入安泽县社会福利中心，走访慰问困难企业、军烈属、老劳模和困难群众，为他们送去慰问品、慰问金以及新春的祝福。县领导任秀红、毛跟云、牛庆国随同走访慰问。

27 日

安泽县委副书记、政府县长毛跟云带领安监局等部门负责人深入和川镇、唐城镇实地检查安泽县安全生产情况。

28 日

安泽县召开乡镇党委书记、县直党工委书记述纪述廉述作风述主体责任“四述会议”，县委书记任秀红，县委副书记、政府县长毛跟云，县委副书记牛庆国，县委常委、纪委书记陈鹏飞，县委常委、组织部部长安海清出席会议。各乡镇党委、纪委书记、社区党工委书记、县直党工委书记、县直单位负责人、县纪委机关科室主任以上干部参加会议。

安泽县召开食安办冬季大行动“两节”期间食品安全整治部署会。政府副县长崔斗庆出席会议。

临汾市农业综合开发办主任孙延震深入和川镇对黄牛养殖基地进行实地查看。县委副书记、政府县长毛跟云，县政协副主席、财政局局长赵红兵陪同此次活动。

29 日

安泽县 2016 年第一期干部大学堂开课。特邀临汾市委党校教授刘继鹏以生态文明建设与绿色发展作专题讲座。

2 月

1 日

安泽县委副书记、政府县长毛跟云带领民政、扶贫等相关部门深入杜村乡、冀氏镇就扶贫工作、春节期间安全生产进行调研。

2 日

安泽县委副书记、政府县长毛跟云主持召开政府党组“三严三实”专题民主生活会情况通报会。政府党组全体成员、各乡镇政府负责人、政府系统各部门负责人参加会议。

安泽县召开安全生产会议。县委副书记、政府县长毛跟云，县委常委、政府常务副县长高成锁，县委常委、宣传部部长杨玉果，政府副县长崔斗庆、李峻石、县长助理苏国珍，政府党组成员、公安局局长李胜出席会议。

安泽县委常委、政府常务副县长高成锁带领县工商局和质量监督管理局组成检查组对县城节日市场进行了监管检查。

安泽县召开政协八届十九次常委会。县政协第八届全体常委出席会议。会议表决通过增补高成锁同志为安泽县政协委员。

3日

安泽县委副书记、政府县长毛跟云带领民政、扶贫等相关部门深入马壁乡精准扶贫进行调研。

5日

安泽县第十五届人民代表大会第六次会议举行第一次、第二次全体会议。会议表决通过县人大常委会副主任向大会提交的辞呈，选举产生两名第十五届县人大常委会副主任，县委书记任秀红在会上作重要讲话。会议以无记名投票方式，选举苏国珍、张俊宏为县人大副主任。

中国人民政治协商会议第八届安泽县委员会召开第六次全体会议，选举政协第八届安泽县委员会主席。会议以无记名投票的方式，选举高成锁为政协第八届安泽县委员会主席。

安泽县委副书记、政府县长毛跟云带领民政、扶贫等相关部门深入良马乡、府城镇、唐城镇、和川镇就扶贫工作、春节期间安全生产工作进行调研。

安泽县马壁乡太岳山国有林管理局段峪河林场吴家沟小南庄因村民上坟引发火灾。接警后，安泽县森林防火大队、太岳林局消防大队、马壁乡党委、政府立即组织人员赶赴火场扑救。各部门共同努力使火情得到及时扑救，没有造成重大损失。

6日

安泽县领导牛庆国、连忠武、张俊宏、李峻石走访慰问春节期间继续坚守在工作岗位的干部职工。先后来到山西电力有限公司安泽分公司、县自来水公司、县广电中心、县森林防火大队、县交警大队、县人民医院、县中医院、县公安局给他们送去慰问品及党和政府的温暖。

15日

安泽县委书记任秀红，县人大副主任、县委办主任张俊宏，县人大副主任、县长助理苏国珍，政府副县长李峻石带领安监、环保、国土、发改等单位负责人在唐城镇调研工业安全生产工作。

17日

安泽县委副书记牛庆国带领农业、林业、果树中心，各乡镇书记等县直有关单位负责人赴陵川县考察学习中药材产业。

24日

安泽县委书记任秀红就长临高速公路建设情况进行调研，并召开座谈会。县政协主席、县委常委、政府常务副县长高成锁，县人大常委会副主任、县委办主任张俊宏及交通、国土、发改、财政等相关职能部门陪同调研。

25日

安泽县委书记任秀红，主持召开县委中心组学习会议，县委中心组成员参加会议。会上，县委书记任秀红传达学习王儒林书记在省管主要领导干部专题研讨班上的讲话和中共中央、国务院《关于给予中共天津市委、天津市人民政府通报批评的通知》及王儒林书记、李小鹏省长、罗清宇书记的批示精神。县委常委、纪委书记陈鹏飞学习传达习近平、王岐山同志在第十八届中央纪律检查委员会第六次全体会议上的讲话精神。县委常委、组织部部长安海清学习传达《关于加强换届风气监督的通知》及《中国共产党地方委员会工作条例》。

安泽县委副书记牛庆国，政府副县长崔斗庆深入城关小学、安泽二中、高壁小学、桃曲小学等地检查新学期开学情况。

26日

中共安泽县第十三届纪律检查委员会召开第六次全体会议。县委书记任秀红在会上作重要讲话，县委常委纪委书记陈鹏飞作《坚持挺纪在前　忠诚履行使命　坚定不移推进全面从严治党》的工作报告。副县级以上领导及县第十三届纪律检查委员会委员出席会议。陈鹏飞主持会议。

安泽县组织人员收听收看山西省特种设备安全工作电视电话会议，县政协主席、县委常委、政府常务副县长高成锁，县直相关部门，在安泽县分会场参加会议。

27日

安泽县组织人员收听收看山西省农村工作电视电话会议。县四大班子领导，各乡镇书记、乡镇长，县直各单位负责人在安泽县分会场参加会议。

3月

1日

安泽县委副书记、政府县长毛跟云，县政协主席、县委常委、常务副县长高成锁，政府副县长魏书亮，县人大副主任、县长助理苏国珍在县森林防护大队召开座谈会。

安泽县委常委、宣传部部长杨玉果带领宣传部、县文广新局等单位，深入安泽县奥体中心篮球馆项目工地、祥和数字影院实地检查工作。

安泽县召开2016年度“冬季行动”暨重点工程项目推进会。县领导毛跟云、高成锁等出席会议。县委常委、宣传部长杨玉果通报安泽县2015—2016年度上级投资重点项目及2016年度重点工程进展情况。县交通局、住建局、文体局、发改局就2016年重点工程开展情况做表态发言。

安泽县召开2016年土地确权工作会议。县委副书记牛庆国、政府副县长魏书亮出席会议。各乡镇长、分管负责人参加会议。

2日

安泽县委书记任秀红就安泽县中药材产业种植、发展情况进行专题调研，并召开座谈会。县领导牛庆国、高成锁、连忠武、张俊宏、魏书亮、赵红兵，各乡镇书记、乡镇长及县直相关单位负责人陪同调研。调研中，任秀红一行先后在天乐农民专业合作社、红运种植农副产品集散中心、中药材种植基地，实地了解连翘、黄芩等种植要求、成活率、效益等情况，并听取相关负责人对安泽县中药材种植条件及市场分析。

安泽县召开城乡居民养老保险经办工作会议，会上，县人社局、信用联社负责人就城乡居民养老保险新政策进行解读，并对参（续）保范围、征缴时间、缴费标准、行动安排等内容作详细说明。

7日

安泽县召开全县脱贫攻坚推进会。县委副书记、政府县长毛跟云，政府副县长魏书亮出席会议。各乡镇书记、乡镇长，县扶贫、财政、发改、农委等相关职能部门参加会议。会上，县扶贫局通报全县扶贫工作进展情况，各乡镇书记结合本乡镇基本情况分别汇报扶贫工作开展情况。

安泽县北门小学举办“我们是相亲相爱的一家人”庆“三八”活动，邀请学生家长来到学校，和师生一起欢庆“三八”国际妇女节的到来。

8日

安泽县委副书记、政府县长毛跟云深入唐城镇就安泽县煤矿安全生产经营运行情况进行调研并召开座谈会。县人大副主任、县长助理苏国珍，政府副县长李峻石陪同调研。

临汾市消防安全目标责任考核组对安泽县消防安全工作进行考核，县政协主席、县委常委、常务副县长高成锁参加汇报会。

9日

安泽县召开经济运行分析会。县领导毛跟云、高成锁、李峻石、赵红兵出席会议，县发改、财政、人社、农委、环保等相关职能部门负责人参加会议。县统计局、重点办通报2015年安泽县主要经济指标完成情况。各相关职能部门汇报2016年临汾市确定的主要经济指标任务、完成情况、存在问题及下一步打算。

11日

临汾市委常委、组织部部长李新春深入安泽县农村、机关就基层党建工作进行调研。县委书记任秀红，县委副书记、政府县长毛跟云，县委副书记牛庆国，县委常委、组织部部长安海清，县人大副主任、县委办主任张俊宏，县法院院长孙立杰，政府党组成员、公安局局长李胜先后陪同调研。

14日

安泽县委副书记，政府县长毛跟云，政府副县长魏书亮带领农业、畜牧、扶贫、民政等单位负责人深入杜村乡、冀氏镇等实地调研扶贫开发工作。

15日

安泽县工商和质量监督管理局及有关成员单位，在县城主要街道举办“3·15”主题宣传活动。县委副书记、政府县长毛跟云参加宣传活动。宣传的主题是“新消费、我做主”，发放各类宣传资料3000多份。

山西家晨地产开发公司董事长高贵发，山西宝盖晋文化产业公司董事长乔琰一行，在安泽县考察文化旅游产业投资环境，县委书记任秀红出席座谈会，县委常委、宣传部部长杨玉果，县招商、旅游等相关部门负责人陪同考察。

16日

安泽县召开全县组织工作暨县乡领导班子换届工作会议，县领导任秀红、牛庆国、陈鹏飞、安海清，各乡镇党委书记、副书记、科级以上领导干部参加会议。县委常委、组织部长安海清在会上做组织工作报告，县委常委、纪委书记陈鹏飞传达县乡领导班子换届工作纪律作风要求，县委书记任秀红在会上作重要讲话。

临汾市委县乡换届工作督导六组长董桂絮在安泽县督导县乡工作推进情况，县委书记任秀红，县委副书记牛庆国，县委常委、纪委书记陈鹏飞，县委常委、组织部部长安海青先后陪同督导活动。

18日

安泽县召开2016年重点工程协调办公会。县委副书记、政府县长毛跟云，县政协主席、县委常委、政府常务副县长高成锁等出席会议。各项目承办建及项目服务单位参加会议。县发改、住建、交通等项目承建单位汇报重点工程进展情况及存在的问题。

安泽县召开公车制度改革领导组会议。县委副书记、政府县长毛跟云，县政协主席、县委常委、政府常务副县长高成锁出席会议。会议宣读了《安泽县公务用车制度改革实施方案》以及《机关公务用车服务保障暂行办法》。

安泽县召开2016年农村“领头雁”培训班，县委副书记牛庆国、政府副县长魏书亮在培训班上授课。以《走绿色发展之路 建设生态优美生产高效生活幸福新农村》为主题，向广大镇村干部深入分析安泽县未来的发展趋势。

24日

安泽县召开2016年教育工作暨党风廉政建设工作会议。全县各中心校校长、中小学校长、幼儿园园长，县教科局机关股室负责人参加会议。会议回顾“十二五”期间的工作，安排部署“十三五”规划的总体要求及2016年教育工作和党风廉政建设工作。

25日

安泽县召开第一季度矛盾纠纷排查调处协调会，县委副书记牛庆国，县委常委、政法委书记连忠武出席会议，各乡镇及相关部门负责人参加会议。

28日

安泽县组织人员收听收看全省春季森林防火工作电视电话会议，政府副县长魏书亮及各乡镇，县直相关单位负责人在分会场参加会议。会议传达了中央森林草原春季防火工作会议精神，安排部署全省春季森林防火工作。

安泽县组织人员收听收看国务院廉政工作电视电话会议，县领导毛跟云，高成锁等在安泽县分会场参加会议。会议要求各部门、各地方政府系统要认真学习贯彻习近平总书记在中纪委六次全会上的重要讲话精神，落实中纪委六次全会部署，同时按照《政府工作报告》有关要求，总结去年党风廉政建设工作，明确今年反腐倡廉重点任务。

30日

安泽县召开全县政法工作会议，县领导牛庆国、连忠武、李树清、县法院院长孙立杰、检察院检察长郭丽生、政府党组成员、公安局长李胜出席会议。县委常委、政法委书记连忠武在会上作工作报告，县委副书记牛庆国主持会议并讲话。各乡镇党委书记、副书记、县直单位负责人参加会议。

安泽县召开总工会六届九次全委（扩大）会议。县委副书记牛庆国，县政协主席、县委常委、政府常务副县长高成锁，县人大副主任尹淑兰、政协副主席宋晓琴出席会议。各基层工会主席参加会议。会议全面总结2015年工作任务，对优秀单位和个人进行表彰。并对2016年工作进行安排部署。

安泽县委副书记、政府县长毛跟云，政协主席、县委常委、政府常务副县长高成锁带领府城镇、水利、住建、环保、林业等单位负责人深入府城镇神南村、凤池村等地，实地调研城市垃圾清洁整治工作。

安泽县召开全县宣传工作会议，会议传达全国、全省、全市宣传部长会议精神，回顾总结2015年工作，安排部署2016年工作任务，宣读了《关于开展“我为好人点赞”活动的通知》。

31日

临汾市教育局局长傅遵师一行在安泽县调研教育工作。县委书记任秀红、县委副书记、政府县长毛跟云陪同调研。先后到县城关小学、冀氏幼儿园、冀氏中学、安泽一中、职业中学检查指导工作。

4月

1日

安泽县组织收看全省城市工作电视电话会议，县四大班子领导、各乡镇党委书记、乡镇长、县直单位负责人在安泽县分会场参加会议。山西省委书记王儒林同志在会上指出，要深刻领会把握中央城市工作会议精神，坚持正确的问题导向，着力补齐短板，全面提高城市管理的科学化水平。

安泽县召开全县统战会议，县委副书记牛庆国，县人大常委会副主任、县委办公室主任张俊宏，县政协副主席、统战部部长李树清出席会议。

6日

安泽县首家高清数字影院——祥和数字影院开业，标志着安泽县城乡电影院进入了数字化时代。祥和数字影院位于党校西侧，总投资130余万元，拥有一个放映厅，75个座位，配置了超大银幕，安装了品牌数字放映机和原声音像，满足了2D和3D数字影片的放映需求。

7日

安泽县召开2016年共青团工作会议。会议传达中央、省、市群团工作会议精神。进行了汇报总结安泽县共青团2015年工作，安排部署2016年的各项工作。

12日

安泽县召开县委常委会议，县领导任秀红、毛跟云等参加会议。会议传达学习《山西省委关于印发〈深化政治巡视25条〉的通知》及换届工作相关文件要求。

安泽县召开中国共产党安泽县第十三届委员会第十六次全体(扩大）会议，县领导任秀红、毛跟云等出席会议，县委委员、候补委员、副县级以上领导干部、县纪委副书记、组织部副部长、县委工作部门、政府组成部门和人民团体主要领导，各乡镇党政领导正职参加会议。会议传达学习四川南充和湖南衡阳贿选案的相关情况，县委书记任秀红主持会议并讲话。

安泽县委副书纪、政府县长毛跟云，县政协主席、县委常委、政府常务副县长高成锁，带领住建、水利、发改、政府等部门相关负责人在县城周边调研环境治理工作和中南铁路安泽站站前广场工程建设进展情况。

安泽县举办中药材、果树培训班，政府副县长魏书亮出席开班仪式。此次培训为期三天，邀请有关专家就中药材、果树栽植技术以及中药材产业发展做专题讲座。

14日

山西省委换届风气第十督导组在安泽县督导换届工作进展情况。县委书记任秀红，县委副书记牛庆国，县人大主任韩建辉，县委常委、组织部部长安海清，县政协副主席、统战部部长李树清，县人大副主任张俊宏先后参加工作汇报会和实地督查活动。

18日至22日

安泽县在黄花岭启动“农信怀春行在安泽”主题活动。先后举行开幕式、“安泽写生基地”授牌仪式、健康生活钓鱼比赛、健康生活沿沁河自行车骑车活动、招商引资项目推介会暨签约仪式。招商引资活动共发放招商项目册、投资指南2000余册，签约项目4个，总投资43.5亿元。

18日

安泽县组织收听收看全省“两学一做”学习教育视频会，县四大班子领导在安泽县分会场参加会议。会议就全省开展“两学一做”学习教育作出安排部署。

19日

安泽县委副书记、政府县长毛跟云，政协副主席、统战部部长李树清带领政府办、扶贫局、交通局、重点办等相关单位负责人，深入马壁乡实地调研扶贫开发道路交通工作。

安泽县举办“两学一做”专题讲座，特邀山西省委党校崔建周教授就“两学一做”专题教育活动进行深入解读，县委副书记牛庆国主持讲座，县直机关副科级以上领导干部、县委支部全体党员聆听讲座。

25日

安泽县召开乡镇换届推进会，县委副书记牛庆国出席会议，各乡镇党委书记、乡镇长，县乡换届工作督导组全体成员参加会议。会议宣读了《关于调整充实换届工作督导组的通知》，并对安泽县乡镇换届工作进行再安排、再部署。

长临高速安泽段盘秀山隧道路段举行坍塌事故演练。临汾市委常委、副市长李东洪，省交通厅重点办专职副主任刘玉柱，安泽县委书记任秀红，县委副书记、政府县长毛跟云出席活动。李东洪一行对各参演单位进行检阅，听取项目负责人的简要汇报。任秀红致欢迎词，并简要介绍安泽县县情及应急演练准备情况。临汾市安委会成员单位，各县市分管副县长，安监局、交通局负责同志出席此次活动。

27日

安泽县府城镇召开第四届党员代表大会，县委副书记牛庆国出席会议，府城镇全体党员代表、党委班子成员参加会议。

安泽县召开巡视整改“回头看”工作汇报会。临汾市委常委、副市长李东洪出席会议。县领导任秀红、毛跟云、牛庆国、陈鹏飞、安海清参加会议。会上，县委书记任秀红就安泽县关于巡视整改“回头看”工作情况进行汇报。

28日

安泽县和川镇召开第十四次党员代表大会。会议听取并审议通过上一届和川镇《党委工作报告》和《纪委工作报告》并依法选举产生了新一届中共和川镇纪委书记、副书记，党委书记、副书记。

5月

3日

安泽县委书记任秀红深入和川镇沁河庄村就当前精准扶贫工作进行调研。县人大副主任、县委办主任张俊宏，政府副县长魏书亮及扶贫局等相关部门负责人陪同调研。

4日

安泽县委书记任秀红主持召开县委常委会，会议对安泽县关于召开党代会、人代会的相关事宜等工作进行讨论。县领导任秀红、毛跟云、牛庆国、高成锁、陈鹏飞、杨玉果、安海清、连忠武、张红山出席会议，县人大主任韩建辉、副主任张俊宏、县政协副主席李树清应邀列席会议。

5日

安泽县召开中国共产党安泽县第十四次代表大会选举工作会。会议安排部署中国共产党安泽县第十四次代表大会代表选举的具体工作任务、日程安排。县委副书记牛庆国、县人大副主任、县委办主任张俊宏出席会议。各乡镇、县直各有关单位负责人参加会议。

9日

安泽县组织收听收看全国推进简政放

权、放管结合优化服务改革电视电话会议。县委副书记、政府县长毛跟云，各相关单位负责人在安泽县分会场参加会议。

10日

安泽县委副书记、政府县长毛跟云就长临高速公路建设情况进行调研，并召开座谈会。县政协主席、县委常委、政府常务副县长高成锁及交通、财政等相关职能部门陪同调研。

11日

安泽县召开政府常务会暨经济运行分析会，会议安排部署政府党委"两学一做"相关工作，通报安泽县第一季度各项指标完成情况，县委副书记、政府县长毛跟云在会上讲话，相关职能部门和重点工程承办单位负责人参加会议。

山西省中药材产业发展考察交流活动座谈会在安泽县举行。山西省农业厅副巡视员张红星、临汾市副市长王振宇、县领导任秀红、毛跟云、牛庆国、高成锁、连忠武、张俊宏、魏书亮及百余名医药专家、中药材企业出席座谈会。省农业厅副巡视员张红星主持会议。副市长王振宇就全市中药材发展作情况介绍，全面总结临汾中药材产业发展现状，根据临汾中药材产业发展"十三五"规划，临汾市将中药材产业作为四个百万亩特色农业基地和三大特色板块之一，在加大野生资源保护、标准化配置、培育科技型农民上下功夫，同时希望各县之间加强对接，共同发展。

山西省纪委离退休人员管理室、正处级检查员王跃平带领省换届工作督导组在安泽县督导县乡换届工作。县委书记任秀红，县委常委、组织部部长安海清陪同调研。

安泽县和川镇召开第十七届人民代表大会，和川镇全体人大代表参加会议。会议听取并审议通过上一届《政府工作报告》《人大主席团工作报告》和《财政预算书面报告》，并通过投票选举方式依法选举产生新一届和川镇人大主席、镇长、副镇长。

12日

安泽县召开推进县乡党委巡查工作动员大会。县领导任秀红、毛跟云、牛庆国、陈鹏飞出席会议。各乡镇党委书记、乡镇长、纪委书记，县直相关单位负责人参加会议。县委副书记牛庆国宣读《关于建立县乡巡查制度的意见》；县委常委、纪委书记陈鹏飞宣读安泽县巡查领导小组组成人员名单。

安泽县召开脱贫攻坚工作会议，政府副县长魏书亮出席会议。各乡镇、县直各单位负责人参加会议。会议贯彻落实县委、县政府调研扶贫攻坚工作的具体要求和主要精神。并通报安泽县脱贫攻坚工作进展情况和工作中遇到的问题等，并就下一步工作进行具体安排。

安泽县食药局举办药械不良反应监测培训活动，全县医护人员参加此次培训。特邀山西省食药局药品不良反应检测中心段文娟老师，临汾市食药局不良反应检测中心周李平主任就药品医疗器械不良反应（事件）监测业务知识，医疗器械不良事件监测重点品种监测等方面进行培训。

13日

安泽县组织收听收看全省县乡两级人大换届选举工作学习培训会，会议传达学习全国县乡换届工作会议精神，习近平总书记对换届选举工作的重要指示和省委书记王儒林关于做好县乡换届工作的重要批示精神。县领导牛庆国、韩建辉等在安泽县分会场参加会议。

安泽县组织人员在县城繁华街道开展打击非法集资知识宣传活动，县政协主席、县委常委、政府副县长高成锁及安泽县打击非法集资领导组成员单位出席活动。

17日

安泽县委副书记牛庆国在县委办党支部全体党员“两学一做”学习会上做专题党课辅导。

18日

安泽县扶贫局在和川镇举办扶贫攻坚培训会。会上，县扶贫局相关人员从生产就业，易地搬迁、发展教育、生态补偿、社会兜底五个方面对各村扶贫工作负责人进行详细讲解。

安泽县委副书记、政府县长毛跟云带领财政、安监、环保等部门深入唐城镇调研煤矿安全生产工作。

19日

安泽县召开全县第一轮巡查工作动员暨业务培训会。县委常委、纪委书记陈鹏飞出席会议。

22日

2016御景湾中国国际少儿模特海选赛在安泽县御景湾举行。数百名小选手展开激烈的角逐。

23日

安泽县召开“六权治本”向乡村延伸工作推进会议，贯彻落实全市“六权治本”向乡村延伸工作推进会精神，对安泽县“六权治本”向乡村延伸工作进行安排部署。县领导牛庆国、高成锁出席会议。

安泽县举办“两学一做”学校教育专题讲座，特邀临汾市讲师团贾成奎教授对广大党员领导干部进行深入辅导。县委副书记牛庆国主持讲座。

24日

安泽县组织人员收听收看全省脱贫攻坚推进电视电话会议。县四大班子出席会议，县法院院长孙立杰、县检察院院长郭丽生，各乡镇书记乡镇长、社区书记主任、十大党工委书记在安泽县主会场参加会议。县直相关单位负责人在安泽县分会场参加会议。会议进一步深入落实中央扶贫开发工作会议精神，深入学习贯彻习近平总书记关于扶贫开发的战略思想和系列重要讲话精神，深入推进全省扶贫攻坚工作。

临汾市重点项目改革督查组在安泽县就重点事项改革推进落实情况进行专项督查。县领导牛庆国、高成锁陪同督查。

26日

安泽县委副书记、政府县长毛跟云带领扶贫、交通、农业等相关单位负责人深入和川镇就扶贫工作进行调研。

安泽县委党校召开参加全市党校系统教师演讲汇报会。县委副书记、县委党校校长牛庆国出席会议。

安泽县人社局举办预防和解决拖欠农民工工资政策法规培训班。查处重大劳动保障违法联席会议成员单位参加培训。

29日

安泽县召开“两学一做”学习教育送教下乡工作会议。县委副书记牛庆国出席会议。各乡镇负责人、党校教师参加会议，县委党校常务副校长田淑珍主持会议。

6月

1日

临汾市申办全省旅游发展大会投票和宣

传工作督察组在安泽县对投票和宣传工作进行督查，宣传部部长杨玉果陪同督查。来到高壁村、荀子文化园、家乐福超市、县人民医院、城关小学等地，对宣传咨询的设立，宣传海报的发放、青年志愿者面对面指导群众投票等情况进行认真检查。

临汾市委党校副校长刘树芳，临汾市委党校副教授、副教育长刘佶鹏，地方党校指导处处长席文芳一行在安泽县调研党校建设情况。县委副书记、县委党校校长牛庆国，县委党校常务副校长田淑珍陪同调研。

2日

临汾市副市长陈忠辉一行在安泽县调研文化旅游开发、教育均衡、基层卫生等工作，先后到冀氏镇中学、冀氏中心幼儿园、冀氏中心卫生院、兰村小学、荀子文化园、望岳楼安泽史情馆、安泽一中、县城“一纵一横”提升改造工程、城关小学对安泽县文化旅游、教育均衡、基层卫生等工作进行实地调研。县领导任秀红、毛跟云和教育、卫计、旅游等相关部门负责人陪同调研。

安泽县在县城清华园及月亮湾社区举办临汾申办旅游发展大会投票工作宣传活动。县委书记任秀红、县委副书记政府县长毛跟云，县委常委宣传部部长杨玉果亲自向群众讲解活动的重要意义。

3日

安泽县委书记任秀红在唐城镇调研。先后对玉和泰煤矿、玉华煤业调度中心、安鑫污水处理厂的安全生产工作，对镇、村“两委”班子成员、包村干部就党建工作及精准扶贫工作进行调研。

6日

安泽县举行第十六届人民代表大会代表选举工作，县四大班子领导，分别在各选区投票并监督投票。

6日至7日

安泽县召开“关于落实市委宣传部关于申办全省旅游发展大会投票工作督查的安排”会议。

安泽县公安局发布关于开展打黑除恶、铲除黄赌毒、治爆缉枪“三大战役”的通告

安泽县政协副主席、统战部部长李树清，政协副主席宋晓琴、党爱贞及住建局负责人一行在财苑小区西路、希望街实地视察城市道路修建情况。此次修建缓解了学生上下学高峰期车辆交通拥堵情况。

7日

安泽县委书记任秀红主持召开县委常委会议，就“讲政治、有信念”进行专题研讨并对安泽县脱贫攻坚推进会相关议程进行讨论。

安泽县委书记任秀红、副书记牛庆国在安泽县安泽一中高考考点进行巡视，要求相关部门做好服务，全力保障高考顺利进行。

安泽县召开全县脱贫攻坚推进会，会议对安泽县脱贫攻坚工作进行全面部署，县委书记任秀红在会上讲话，政府县长毛跟云主持会议。县四大班子领导、各乡镇、县直单位负责人、村支部书记、驻村第一书记参加会议。

临汾市安委办“平阳平安媒体采访行”检查组在安泽县玉华煤业就企业落实安全生产主体责任、隐患排查治理工作进行检查。检查组有省、市新闻媒体和有关专家、执法人员组成。

11日

山西省图书馆、县文体广新局主办、县图书馆承办的“2016年大型高考报考巡回公益讲座”在安泽县举行。特邀中国教育学

会高考报考学普及工程高级讲师王涛老师为安泽县各位家长和考生进行专题讲解。

12 日

安泽县委书记任秀红带领财政、气象、水利、农业等相关单位负责人在马壁乡、杜村乡、冀氏镇调研农业生产和防汛工作。

13 日

安泽县委书记任秀红先后在良马乡、高壁小学、安泽二中就基层党建工作、精准扶贫工作、学校工作进行调研。县领导和相关单位负责人陪同调研。

安泽县召开政府常务会议。政府县长毛跟云等政府党组成员出席会议。县人大副主任、政协副主席、全县各乡镇及政府组成单位参加会议。

14 日

临汾市中级人民法院院长翟瑞卿在安泽县调研基层法院工作。县领导任秀红、毛跟云、牛庆国以及县人民法院院长孙立杰陪同调研。

安泽县政府县长毛跟云就汛期气象预报预警信息发布、气象业务服务工作在气象局、飞岭水文站、和川引水枢纽实地调研，政府副县长魏书亮陪同调研。

安泽县召开全县消防安全工作会暨全县夏季消防检查动员部署会议。县政协主席、县委常委、政府常务副县长高成锁出席会议并讲话。各乡镇长、县直单位负责人参加会议。

安泽县委常委、宣传部部长杨玉果带领宣传部党支部全体党员在省级爱国主义教育基地——杜村乡太岳革命旧址，开展宣传部党支部“七一”党员活动日主题活动。

15 日

安泽县委副书记、政府县长毛跟云在县安监局调研安监工作。

安泽县举办公务车制度改革取消车辆拍卖会。政协主席、县委常委、政府常务副县长高成锁，政协副主席、财政局局长赵红兵，县纪委相关负责人参加此次拍卖会。

16 日

安泽县委书记任秀红就安泽县党建暨集体经济发展进行调研，县委副书记牛庆国，组织部部长安海清，各乡镇书记乡镇长，涉农相关单位负责人陪同调研。

17 日

安泽县召开新任正职干部集体谈话会议，县领导任秀红、陈鹏飞、安海清参加会议并对新任干部提出具体要求，县委常委、组织部长安海清主持会议。

安泽县铁路护路办会同教科局、铁路派出所等单位开展爱路护路宣传活动。针对铁路沿线乡镇、学校开展铁路知识讲座。

20 日

安泽县人民政府实施不动产统一登记通告，根据国务院《不动产登记暂行条例》规定，经县政府批准，自 2016 年 6 月 30 日起，在全县范围内实施不动产统一登记。

21 日

安泽县委书记任秀红就市场供应、食品安全及消防安全工作进行调研，县政协主席、县委常委、政府常务副县长高成锁及食药监局、工商局等相关单位负责人陪同调研。

22 日

安泽县召开全县经济运行分析会，政府县长毛跟云等县领导、政府党组成员、公安局长参加会议。会上，县统计、发改、财政、人社等部门负责人详细汇报今年 1—5 月份全县经济运行情况和在全市的各项指标排名。县住建、交通、教科等重点工程承办单位负责人汇报今年重点工程建设进展情况及存在的问题。

安泽政府县长毛跟云带领交通、林业、安监、教育等部门负责人在和川镇、唐城镇调研教育、安全生产等工作。政府副县长崔斗庆陪同调研。

临汾市军分区政治部主任李洪在安泽县调研民兵工作并走访慰问困难军人家属，县委常委、武装部部长张红山，武装部政委杨巨松陪同调研。

24日

安泽县组织人员收听收看全省深化医药卫生体制改革工作电视电话会议。政府县长毛跟云、副县长崔斗庆及各相关单位负责人在安泽县分会场参加会议。

安泽县召开全县防汛工作会议，会议全面部署当前及夏季防汛工作，政府县长毛跟云、政府党组成员、公安局长参加会议。

安泽县召开食品安全工作会暨食品安全委员会2016年第一次全体会议。政府副县长崔斗庆出席会议，食安委会成员单位、食品经营单位、各乡镇分管负责人参加会议。

临汾市医保中心精准扶贫工作队60余名专家赴和川镇罗云村进行免费义诊活动。

27日

安泽县中医院、妇幼保健站组织10余名医务工作者开展“三联两报到”进冀氏镇义诊活动。

安泽县政府副县长魏书亮主持召开扶贫移民易地搬迁推进会。传达临汾市委、市政府关于易地扶贫搬迁工作推进会议的重要讲话精神，并对当前工作进行部署安排，县扶贫局及各乡镇长参加会议。

28日

安泽县召开七一“党员风采”工作安排会议，县委副书记牛庆国出席会议并讲话，各乡镇党委书记、县直系统党委书记、社区、组织部相关负责人参加会议。

29日

临汾市委常委、副市长李东洪在安泽县乡镇进农村调研指导“两学一做”学习教育，为基层党员讲党课。县委书记任秀红、县委副书记、政府县长毛跟云、县委副书记牛庆国、县政协主席、县委常委、政府常务副县长高成锁陪同参加活动。

30日

安泽县委书记任秀红主持召开县委常委会，会议对安泽县“三联两报道”活动方案和七一表彰会的相关事宜进行讨论。

7月

1日

安泽县召开庆祝建党95周年暨基层党建活动评比表彰大会。县领导任秀红、毛跟云等出席会议。全县副县级以上领导，各乡镇党委书记、乡镇长，社区党支部书记，县直相关单位负责人参加会议。

山西省会计函授学校副校长付刚，临汾市会计函授学校校长杨慧丽一行10人到安泽县乡镇财管所进行农村财会人员财政支农政策培训调研。县政协副主席、财政局长赵红兵陪同调研。

2日至4日

安泽政府副县长魏书亮带领民政局、水利局、农委等相关单位负责任先后到杜村乡陈家沟、郭庄村、良马乡华寨村、唐城镇东湾村实地查看玉米等农作物受灾情况并现场指导抗灾自救工作。

4日

安泽县水利局召开汛期水利行政执法协调会议，政府副县长魏书亮及各乡镇、水利、国土、公安、环保等相关负责人参加会议。

5日

安泽县召开中药材发展及连翘抢青工作会议。县委副书记牛庆国，县政协主席、县委常委、政府常务副县长高成锁出席会议。

安泽县人大主任韩建辉，县人大副主任张俊宏等深入杜村乡实地调研农业产业化发展情况。

临汾市政府第二考核组在安泽县督查2016年上半年消防安全工作，县政协主席、县委常委、政府常务副县长高成锁出席汇报会。

6日

安泽县委书记任秀红主持召开县四大班子联席（扩大）会议，专题研究环保和安全工作。

安泽县"永远跟党走、唱响中国梦"为主题的2016年消夏月文艺活动拉开帷幕。

8日

安泽县召开全县干部大会暨安全工作会议。县领导任秀红、毛跟云、牛庆国、韩建辉、高成锁出席会议。全县副县级以上领导，各乡镇党委书记、乡镇长，社区党工委书记、主任，县直各单位负责人参加会议。

安泽县举办不动产统一登记启动仪式，县政协主席、县委常委、政府常务副县长高成锁出席启动仪式。

9日

安泽县委副书记、政府县长毛跟云，政府副县长魏书亮组织水利、林业、交通、安监、气象等相关单位负责人在安泽县防汛办召开防汛会议。

11日

安泽县交通运输局组织挖掘机，铲车对第安线沿线进行公路应急排险。

12日

临汾市行政审批制度改革专项督查组第三组在安泽县督查行政审批制度改革各项工作。县政协主席、县委常委、政府副县长高成锁，县委常委、纪委书记陈鹏飞参加检查并出席汇报会。

13日

安泽县召开全县扶贫攻坚推进会。县委副书记、政府县长毛跟云出席会议。各乡镇书记、乡镇长，县直相关单位负责人，各包村第一书记参加会议。

山西省综治办曹晓亮处长一行三人在安泽县调研社会管理服务体系试点工作进展情况。县委常委、政法委书记连忠武陪同调研。

14日至15日

安泽县委副书记、政府县长毛跟云就汛期防汛工作进行调研，在气象局实地了解当前安泽县降雨和气象预报分析情况。

15日

安泽县委副书记、政府县长毛跟云在唐城镇玉华煤业召开全县煤焦企业调研座谈会。县政协主席、县委常委、政府副县长高成锁等领导及安监等相关职能部门，各相关企业参加会议。

临汾市住建局考核组在安泽县考核上半年住建工作目标责任完成情况。

18日

安泽县委副书记、政府县长毛跟云，政

府副县长魏书亮，县武装部政委杨巨松出席水利、气象、国土等相关单位在防汛办召开防汛工作会议，进一步安排部署安泽县防汛抗洪工作。

安泽县召开项目开工“百日攻坚”安排推进会。县委副书记、政府县长毛跟云，县政协主席，县委常委、政府常务副县长高成锁出席会议。

19 日

安泽县委副书记，政府县长毛跟云带领交警、国土部门负责人在府城镇、良马乡等地，实地调研防汛工作。

20 日

安泽县组织人员收听收看全市整治取缔“土制锅炉”“土制压力容器”专项行动动员会。县政协主席、县委常委政府常务副县长高成锁，县直各单位负责人在安泽县分会场参加会议。

安泽县召开迎接国家林业局森林资源管理抽查工作会。政府副县长魏书亮出席会议。

22 日

安泽县人大常委会举行任命领导干部任前法律知识考试，8 名县直机关领导干部参加考试。县人大副主任尹淑兰、张俊宏、苏国珍巡视考场。

安泽县委书记任秀红就防汛及防汛物资储备、农村土地确权、农业综合开发项目、有机玉米项目进行调研。县委副书记牛庆国，县委常委、政法委书记连忠武，政府副县长魏书亮及农委、水利、扶贫等相关部门先后陪同调研。

25 日

安泽县召开“两客一危”暨道路交通安全工作会议，县政协主席，县委常委，政府常务副县长高成锁出席会议。各相关单位负责人参加会议。

26 日

安泽县领导牛庆国、郭婷慧等在府城镇、良马乡关于经济社会总体运行状况、基层党建与干部队伍建设情况、农牧业生产生活情况、民生工作基本情况、社会稳定工作情况等进行调研。实地察看府城镇 311 便民服务室、良马乡黄花香养殖农民专业合作社。

安泽县召开第十五届人大常委会第三十四次会议。会议审议通过《关于公开拍卖出让 2013 年度第三批次第一地块国有建设用地土地使用权的议案》《关于向永鑫公司拨付留存税款奖励资金的议案》《关于向永鑫、太岳两个焦化企业返还排污费的议案》《关于将 2016 年地方政府债券资金纳入统计预算的议案》。以投票表决通过“一府两院”12 名同志的任职，颁发任命书。

28 日

安泽县召开全县干部大会。市委常委、军分区党委书记、政委王振富，市委组织部干部二科科长王林波出席会议，县四大班子，全县县级领导干部，退下来的正县级领导干部，近三年退下来的副县级领导干部，县委全委会其他委员、候补委员，县直单位主要负责人，乡镇社区党政正职参加会议。任秀红同志主持会议。会上，市委组织部干部二科科长王林波宣读省委、市委关于安泽县县委、县政府主要领导同志调整的决定。任命李强同志为中共安泽县委书记，提名牛庆国同志为安泽县副县长、代县长，任命晋红峰同志为安泽县委常委、纪委书记。任秀红同志不再担任安泽县委书记职务，毛跟云不再担任安泽县委副书记、政府县长职务。

安泽县举办学习贯彻习近平总书记“七一”重要讲话精神选举报告会，特邀临汾市委党校兰雅莉教授就习总书记“七一”讲话进行深入讲解。

29 日

安泽县召开安泽县第十五届人大常委会第三十五次会议。会议任命牛庆国同志为安泽县政府副县长，决定代理县长。

8 月

1 日

安泽县委书记李强深入府城镇就基层党建、特色农业及民生工作进行调研，县人大主任韩建辉等领导陪同调研。

安泽县委书记李强主持召开县委中心组学习会，全面学习贯彻习近平“七一”讲话精神，会议传达省市有关会议精神。

2 日

安泽县召开中国共产党安泽县第十三届委员会第十七次全体（扩大）会议，会议提交审议县委工作报告、县纪委工作报告、全县党费收缴、使用和管理情况报告，表决通过中共安泽县第十四次代表大会选举的十四届县委委员、后补委员、县纪委委员候选人预备人选建议名单。县委书记李强主持会议并讲话。

安泽县委书记李强对安泽县政府网站建设及宣传工作情况进行检查指导。

3 日

安泽县委书记李强、政府代县长牛庆国调研中南铁路高壁至桃曲铁路引线工程。县委办、城建、交通、土地等部门陪同调研。

省环保巡查组督政二组在安泽县考核沁河出境断面水质情况。政府副县长李峻石、张可新陪同检查。

4 日至 6 日

安泽县召开中国共产党安泽县第十四次代表大会。县委书记李强代表中国共产党安泽县第十三届委员会，向大会作题为《新作为引领新常态　新形象谱写新篇章　为全面建成小康社会而努力奋斗》的工作报告。县委常委、纪委书记晋红峰代表中国共产党第十三届纪律检查委员会作题为《坚持挺纪在前　忠诚履行使命　奋力开创全县党风廉政建设和反腐败斗争新局面》的报告。大会以投票选举的方式选举产生新一届县委委员、候补委员、纪委委员和出席临汾市第四次党代会代表。

中国共产党安泽县第十四届纪律检查委员会召开第一次全体会议。会议选举产生中国共产党安泽县纪律检查委员会常务委员会、书记、副书记和常委。

中国共产党安泽县第十四届委员会召开第一次全体会议，会议选举产生中国共产党安泽县第十四届委员会常务委员会和县委书记李强、副书记郭婷慧；通过了中国共产党安泽县纪律检查委员会第一次全体会议选举结果的报告；新当选的县委书记李强在会上讲话并作表态发言。

8 日

安泽县委书记李强在唐城镇玉华煤业、和川镇和川酒厂、危房改造、和川引水枢纽和瑞生园有机玉米生产基地调研。

9 日

安泽县征兵体检工作正式启动，安泽县 138 名应征适龄青年在安泽县中医院参加体检。

10日至11日

安泽县委书记李强在马壁乡、杜村乡调研防汛、扶贫，攻坚、农业产业发展、红色文化资源保护等工作。

11日

安泽县委书记李强主持召开县委常委会议。会议研究讨论安泽县十六届人民代表大会第一次会议上的《政府工作报告》，《安泽县国民经济和社会发展第十三个五年规划纲要（草案）》《关于安泽县2015年国民经济和社会发展规划执行情况与2016年国民经济和社会发展计划（草案）的报告》，以及《2016年预算编制草案》《关于2015年财政预算执行情况和2016年财政预算草案的报告》。

13日至15日

安泽县召开中国人民政治协商会议安泽县第九届委员会第一次会议。县政协主席高成锁在会上作《聚焦发展　资政建言　关注民生　倾城履职　在安泽全面振兴绿色崛起中勇于担当不辱使命》的工作报告。政协副主席宋晓琴作《中国人民政治协商会议安泽县委员会常务委员会关于八届会议以来五年题案工作情况的报告》，县委书记李强在会上作重要讲话。会议以投票选举方式选举产生政协第九届安泽县委员会主席、副主席、秘书长及常务委员。

14日至16日

安泽县召开第十六届人民代表大会。大会应到代表135名，实到代表134名，符合法定人数。会议以举手表决的方式，通过安泽县人民政府工作报告的决议，安泽县2015年国民经济和社会发展计划执行情况与2016年国民经济和社会发展计划的决议，安泽县2015年财政预算执行情况与2016年财政预算的决议，安泽县人大常委会工作报告的决议，安泽县人民法院工作报告的决议，安泽县人民检察院工作报告的决议、安泽县国民经济和社会发展第十三个五年规划纲要。会议以投票选举的方式选举产生新一届县人大常委会主任、副主任、委员、政府县长、副县长、法院院长、检察院检察长和出席临汾市第四届人民代表大会的代表。

17日

安泽县召开长临高速公路建设进展情况座谈会。会上，县委书记李强听取长临高速公路项目负责人的汇报后，强调：　长临高速公路是省委、省政府确定的重点工程，是一项德政工程、民生工程，对于方便群众出行、拉动全县经济社会发展具有重大意义。县委副书记、政府县长牛庆国对长临高速下一阶段工程进展提出指导性的意见和建议。

18日

省爱国卫生督导组在安泽县督导城乡环境卫生整治工作。督导组通过听汇报、实地查看等形式，详细了解安泽县乡镇环境卫生整治工作情况，希望安泽县要坚持不懈地做好宣传工作，提高全民环保卫生意识，各司其职，相互配合，整合资源，完善基础设施，进一步改善城乡环境卫生面貌。

临汾市安全隐患风险大排查大整治工作督查组在安泽县督导检查安全隐患风险大排查大整治工作开展情况。政府县长牛庆国、县委副书记郭婷慧、政府副县长张建出席会议。县安监、发改等相关职能部门参加会议。

19日

安泽县召开创建“国家卫生县城”和

"国家卫生乡镇"动员大会。县委书记李强指出：创建"国家卫生县城"和"国家卫生乡镇"是安泽加快建设山水田园城、打造精品旅游县的基础性工作，更是实现安泽县全面振兴、绿色崛起的首要任务。

23日

安泽县组织收听收看全市安全隐患风险大排查大整治再动员再部署工作推进会和市政府安全生产座谈会。会后，安泽县随即召开全县安全隐患风险大排查大整治推进会。县委副书记、政府县长牛庆国要求：全县上下要以严和实的作风抓好安全生产工作，安委会办公室要把中央、省、市关于安全生产工作的重要指示印发成册并下发安委会成员单位；各级各部门和相关领域在抓安全生产工作中做到全留痕，建立健全相关制度和工作日志确保把安全生产工作作为一项常态工作；安全生产的监管部门要强化督促检查和完善问责、追责机制，全力把安全稳定各项任务落到实处。

24日

临汾市政府"百日攻坚"专项督查组在安泽县督查。督查组通过实地察看听取汇报后对安泽县项目开工"百日攻坚"行动进展情况给予肯定。要求安泽县未开工的项目要加快项目前期准备工作，突出解决影响项目开工的问题，为项目开工创造良好条件。

26日

临汾市委副书记雷健坤在安泽调研，县委书记李强、政府县长牛庆国陪同。

29日至31日

安泽县委书记李强带领住建、国土、宣传、卫计、工商质监、电力、交警、府城镇等部门赴太原市杏花岭区，忻州市岢岚县、保德县等地针对绿化、亮化、美化和改造等工作实地考察。

30日

国家林业局北京专员办钱能志副专员、处长徐庆元在临汾京都花园召开安泽县森林资源目标管理责任制汇报会，省林业厅资源处处长邓海明、副市长王兵、市林业局局长丁向阳参加，安泽政府县长牛庆国就安泽县森林资源目标管理责任制进行了专题汇报。

9月

1日

临汾市副市长陈忠辉在安泽县进行"百日功坚"专项督查，对安泽县重点工程项目和乡村旅游资源开发进行督导，县委书记李强、政府县长牛庆国，县委常委、政府副县长李峻石、刘合生、张建先后陪同督导调研。

安泽县委书记李强，县委常委、政府副县长李峻石、刘合生、张建在府城镇调研创建国家卫生县城环境卫生整治工作，县委办、政府办、府城镇等相关部门负责人陪同调研。

安泽县举办"严格依法行政　打造廉洁公正　高效服务型政府"专题讲座，特邀临汾市政府法制办主任贾民远作专题辅导。政府县长牛庆国，政府副县长张可新，公安局长崔军，各乡镇、社区一把手和分管副职，县直各单位股级以上领导干部参加专题学习。

由临汾市人才交流服务中心主任景小卫带队的临汾市委督察组在安泽县，就贯彻落实中央八项规定精神暨党委廉政建设“两个责任”情况进行督查。县委书记李强，纪委书记晋红峰及相关部门负责人参加汇报会。

3日

安泽县委机关为积极响应县委、县政府创建国家卫生县城的号召，对大院内的闲置房、破旧建筑进行拆除，为建设花园式机关和国家卫生县城做好榜样。

5日

安泽县召开四大班子联席会议，研究讨论关于安泽县创建省级双拥模范县和创建国家卫生县城相关工作。县委书记李强主持会议。

安泽县召开“各类项目受理大起底”工作会议。政府县长牛庆国、政府副县长张可新参加会议，各相关单位负责人参加会议。

6日

安泽县举行200兆瓦/年光伏组件生产线项目签约仪式，县委书记李强及晋城硕阳光电有限公司董事长王志强出席签约仪式。

安泽县委书记李强深入府城镇孔村、桃寨村就扶贫攻坚和旅游资源开发工作进行调研。组织部部长张曙光，县委办、府城镇负责人陪同调研。

临汾市文明办检查组在安泽县检查“乡村少年宫”建设运行情况，县委副书记郭婷慧，宣传部部长魏书亮陪同检查。

安泽县召开第二次全国地名普查工作推进暨培训会。政府副县长盖勇出席会议。

7日

安泽县召开国家森林资源管理检查反馈会，县委副书记、政府县长牛庆国，政府副县长刘剑出席会议。

10日

安泽县北门小学组织全体教师、部分学生及家长在309国道沿线绿化带，清理卫生死角、清捡绿化带内的白色垃圾，以实际行动参与到创建国家卫生县城工作中去。

11日

安泽县召开油用牡丹产业发展座谈会。特邀油用牡丹种植负责人就安泽县发展种植油用牡丹产业进行座谈。县委副书记、政府县长牛庆国出席会议。各乡镇党委书记、乡镇长参加会议。

12日

安泽县召开县四大班子联席会议，研究关于沁河橡胶坝管理职权移交和教师节表彰相关事宜，县委书记李强主持会议。

安泽县委书记李强主持县委中心组学习会。围绕国际关系进行《彰显大国思维 促进合作共赢》专题辅导，会议还传达省委书记骆惠宁在长治调研座谈会上的讲话精神和中共山西省委办公厅《关于做好2016年中秋国庆期间贯彻落实中央八项规定精神、坚持不懈纠正“四风”工作的通知》。

13日

安泽县委书记李强带领政府副县长刘合生，县教科、住建、县委办、府城镇、安泽一中负责人对安泽县教师住房问题进行专题调研。

安泽县开展节前安全大检查。县委副书记、政府县长牛庆国带领公安局长、县安监、住建、食药监、工商、消防等部门负责人先后到家乐福超市、城南加油站、县医院门诊楼项目工地、济群液化气站、安泽一中等地检查。

国家林业局西北调查规划设计院副院长李谭宝带队的国家森林资源管理工作检查

组在安泽县召开反馈会。政府县长牛庆国、副县长刘剑出席会议，县直各有关单位负责人参加会议。

14日

安泽县召开严厉打击涉林违法犯罪专项行动暨国家森林管理工作检查反馈问题整改动员会。县领导牛庆国等出席会议。各乡镇党委书记、农村支部书记，各乡镇分管林业、国土的乡镇长，县直各部门一把手参加会议。

15日

武警山西总队派出野战文化小分队为安泽县武警战士、消防官兵送了一台精彩的文艺演出。

18日至19日

安泽县委书记李强先后在和川镇岭南村、马壁乡就基层党建、脱贫攻坚、乡村旅游发展等工作进行调研。县委副书记、统战部长郭婷慧等领导及县委办、宣传部、文化、广电、旅游等相关单位负责人陪同调研。

20日

安泽县委书记李强主持召开县四大班子联席会，对安泽县举办首届乡村休闲旅游节和创建国家卫生县城的相关事宜进行提交讨论。

安泽县召开迎接国务院督查会议，县领导牛庆国、李峻石等出席会议。县住建、环保、交通、发改、安监等相关职能部门参加会议。

临汾市整治取缔“土制锅炉”“土制压力容器”督察组在安泽县检查工作，政府副县长张建陪同检查。

安泽县举办治理车辆非法超限超载宣传活动。县四大班子领导，县交通、工商、公路段、交警大队、运管所等单位参加了活动。

21日

山西省公安厅副厅长边智慧带队在安泽县检查指导消防工作。县委书记李强，县委副书记、政府县长牛庆国陪同调研。

安泽县组织人员收听收看全国“双随机一公开”监管工作电视电话会议，县委副书记、政府县长牛庆国，副县长李峻石在安泽县分会场参加会议。

21日至28日

安泽县举办“迎国庆、创国卫”全民健身运动，献礼祖国67华诞。县委副书记郭婷慧等领导参加活动。

22日

安泽县委书记李强主持召开县委常委会，结合“两学一做”活动对“学习贯彻系列讲话　解决若干突出问题”进行交流。

安泽县委副书记、政府县长牛庆国主持召开政府常委会，政府副县长李峻石等领导出席会议。会议主要就农业产业发展政策、项目建设、道路交通、旅游产业发展等相关事宜进行讨论研究。

安泽县召开第三届“感动安泽”系列人物评选活动安排会，县委常委、宣传部长魏书亮出席会议。

23日

安泽县委书记李强、宣传部部长魏书亮、原临汾市委副秘书长梁红运一行在杜村乡、马壁乡督查国庆假日期间旅游准备工作。

安泽县举办涉危行业安全风险知识培训班，特邀临汾市化工专家李福红授课。各乡镇，各相关企业，县直相关部门参加培训。

23日至26日

山西（运城　临汾　吕梁）特色农产品北京展销活动新闻发布会暨休闲农业与乡

村旅游推介活动在北京举办。安泽县选派5个农民合作社代表携带5大类12种产品远赴北京参加活动。

24日

安泽县委书记李强在府城镇、和川镇调研旅游资源开发工作。政府副县长刘合生，政协副主席娄和伟，县林业、安监、县委办、宣传部、府城镇、和川镇等单位负责人一同调研。

安泽县城关小学举办“播种好习惯、为孩子导航”为主题的家长会。

26日

安泽县召开环境卫生整治协调推进会。政府副县长刘合生出席会议。各乡镇、县直各相关单位负责人参加会议。

安泽县总工会举办2016年家政、月嫂培训。邀请具有多年月嫂经验的老师为下岗职工及无业群众进行月嫂知识培训。

27日

安泽县人社局召开全面治理拖欠农民工工资问题专项联席会议。人社局、信访局、交通局等相关单位负责人参加会议。

28日

安泽县召开九月份安全生产工作例会，贯彻省、市安全工作相关会议精神，分析当前安泽县安全生产形势，查摆突出问题，对国庆节及两会期间安全生产工作进行强调部署。县委常委、政府常务副县长李峻石主持会议。

29日

安泽县首届麻衣寺乡村休闲旅游节、马壁乡龙门口乡村休闲旅游节、杜村乡红色旅游节隆重开幕，乡村休闲旅游节采用政府主导、市场运作、社会参与的运作模式，从9月29日至10月7日，面向社会各界人士开放。

山西省住建厅总工程师张学锋带队的专项督查组在安泽县，就安泽县全面治理拖欠农民工工资问题进行专项监督。县领导牛庆国、李峻石，临汾市人社局局长韦阳出席汇报会。

30日

安泽县四大班子领导在烈士纪念日到安泽烈士陵园举行纪念活动；在杜村乡开展以“追寻红色足迹、接受红色教育”为主题的实践活动。在王光烈士陵园重温入党誓词，太岳行署旧址聆听党课；观看以抗战为载体的文艺演出。参加活动的还有各乡镇书记、乡镇长，县直各单位负责人。政府副县长盖勇主持活动仪式。

安泽县委书记李强深入马壁乡调研国庆节期间安全工作，县委常委、政法委书记连忠武，政府副县长张建，县委办、安监局、工商局等相关单位负责人陪同调研。调研中，李强一行在马壁乡龙门口景区进行实地查看，详细了解近两天游客接待情况和景区运营情况。

10月

1日

安泽县委书记李强亲切看望慰问老干部及高龄老人，为他们带去党和政府的关爱和问候。李强详细了解老人的生活、医疗、赡养及其家庭基本情况，叮嘱其家人要赡养好老人，照顾好老人起居。同时，要求随行的乡镇和相关部门，要密切关注高龄老人健康及其家庭情况，及时做好服务、帮助工作，让他们能够安享晚年的幸福生活。

2日

安泽县和川镇岭南村、马壁乡马壁村举办“首届安泽乡村休闲旅游节”。和川镇岭南村举办“首届安泽麻衣寺乡村休闲旅游节”以“畅游绿色乡村、体验田园风情”为主题，有摄影展、书画展、钓鱼比赛、非物质文化遗产展示区、动植物标兵展示区、乡村动物乐园吸引游客。马壁乡马壁村举办“首届龙门口乡村休闲旅游节”以“龙门福地、美丽马壁”为主题，有快艇体验、休闲垂钓、品茶烧烤、乡村产品展示、真人野战CS等活动。

5日

首届安泽县红叶文化旅游节在府城镇上掌村开幕。上午十时，旅游节正式开幕。此次红叶岭文化月举办日期10月5日至10月30日，以“相约府城、红叶传情”赏枫攻略为主题的旅游活动。旅游节期间设有摄影交流、民间艺术展、农特产品展、集体婚礼、徒步登山、骑车、文艺演出等活动。

7日

临汾市安全生产督查组在安泽县督查安全生产隐患风险大排查大整治工作。县委副书记、政府县长牛庆国，政府副县长张建出席汇报会，县安委会成员单位参加会议。督察组对安泽县安全生产工作给予了肯定并对存在的问题提出了改进意见和建议。

8日

安泽县委书记李强召开党政联席会议。县四大班子领导参加会议。会上，通报安泽县办公用房调查摸底情况并对下步工作作具体安排部署。

9日

安泽县纪委组织人员学习贯彻临汾市第四次党代会会议精神，县委常委、纪委书记晋洪峰出席会议，各乡镇纪检书记，县直机关纪检组长参加会议。会议学习传达临汾市委常委、纪委书记张晓永在全市第四次党代会上所作的工作报告和在市纪委第一次全委会议上的讲话精神。

临汾市扶贫局项目指导科副科长贾新秀、产业扶贫科副科长柴爱国在安泽县调研督查异地扶贫搬迁及产业扶贫工作。县委书记李强一同参加活动。在府城镇红叶岭景区、和川镇麻衣寺景区、马壁水库、杜村太岳革命旧址等地，督察组一行实地查看各地休闲旅游环境，了解旅游扶贫工作。

10日

安泽县召开县长办公会。县委副书记、政府县长牛庆国，县委常委、政府常务副县长李峻石等领导出席会议，县直各相关单位负责人参加会议。会上，牛庆国传达临汾市党代会精神，详细介绍“三个强市、四大攻坚、五条路径”的发展战略。

12日

由国家能源局煤炭司司长赵大棚带队，中国煤炭协会、山西省煤监局、山西省能源局、反垄断局、山西煤炭厅等领导一行16人在安泽县调研煤矿276个工作日制度执行情况。临汾市煤炭局副局长郭海涛、临汾市煤炭局办公室主任郭江平陪同调研。县委副书记、政府县长牛庆国，副县长张建陪同调研活动。调查组听取汇报会，对安泽县在煤炭供给侧改革、严格执行276个工作日制度、限产压产方面所做的工作给予充分肯定。

13日

安泽县老干部局举办2016年老干部联谊会。县委常委、宣传部部长魏书亮，县委常委、组织部部长张曙光，县老年大学校长许九明，县老体协主席贺临生与广大老年朋友一同观看演出。

14日

安泽县人社局开展实施全民参保，共享发展成果为主题的宣传活动，县委常委、政府常务副县长李峻石出席活动。活动通过设立咨询台、摆放宣传版面、发放宣传资料、悬挂标语横幅等形式，对全面参保的登记对象、内容、方式以及重大意义进行全面深入的宣传。

安泽县2016年新任乡镇党委班子成员暨新选聘大学生村官培训班在党校举行开班仪式。组织部部长张曙光，县委党校常务副校长田淑珍出席培训开班仪式。

16日

安泽县组织人员收听收看全省干部驻村精准帮扶推进电视电话会议。县四大班子领导，各乡镇、县直各单位负责人参加会议。会议安排部署新形势下干部驻村精准帮扶工作，落实领导联系贫困户、帮扶贫困户责任，落实“两包三到”精准帮扶联动机制和“挂图作战”精准帮扶要求，推动帮扶责任人和帮扶对象、帮扶政策措施和帮扶对象两个精准对接。

17日

今天是第三个全国扶贫宣传日，县委书记李强，副书记郭婷慧与扶贫局工作人员在县城主要街道向过往群众发放扶贫宣传资料，讲解扶贫政策。

安泽县住建局召开城市集中供热工程专题工作会议，对城市集中供热工程PPP项目招商工作进行安排。

安泽县青少年活动中心围棋基地揭牌暨“围棋送教下乡”启动仪式在冀氏镇冀氏中学举行。

安泽县委中心组集体学习临汾市党代会和“两会”精神。县委书记李强主持会议并分别传达临汾市第四次党代会和临汾市人大四届一次会议精神。县委副书记、统战部长郭婷慧传达临汾市政协四届一次会议精神。

2016年山西省委党校“送教下乡”安泽县培训班，特邀山西省委党校决策咨询部主任、副教授王飞作“《干部教育培训工作条例》的精神、新要求”专题讲座。县四大班子领导，全县副科级以上干部共同聆听讲座。县委常委、组织部部长张曙光主持讲座。王飞教授从干部教育工作的目标任务、主要内容、突出要求和执行保障四个方面对《干部教育培训工作条例》做深入、系统的阐述和辅导。

18日

安泽县委副书记、政府县长牛庆国主持召开2016年第三次政府常务会议，政府班子领导及发改、财政、安监等相关单位负责人参加会议。会上，县委副书记、政府县长牛庆国传达临汾市两会精神、临汾市政府第一次扩大会及党风廉政建设约谈会精神。副县长盖勇提请研究安泽县后三个月工业增加值预测情况；研究采煤沉陷区综合治理相关事宜。副县长张建提请研究入企服务活动中相关事宜。副县长刘剑提请研究国家林业局森林资源管理专项检查情况的通报，与西北林业规划院合作制定建设国家级森林公园、湿地公园事宜。

临汾市政协副主席杨益民为安泽县副科级以上女领导干部和广大妇女代表作题为“让柔韧成为人生的贵宾卡——严以修身使女性人生更加灿烂”的女性文化专题讲座。

县委副书记、统战部长郭婷慧，政协副主席宋晓琴，县委党校常务副校长田淑珍与广大妇女一同聆听了讲座。

19日

安泽县委书记李强主持召开脱贫攻坚项目光伏发电推荐工作座谈会。县委副书记、政府县长牛庆国，副县长刘剑出席会议。府城镇、扶贫局等相关单位负责人参加会议。会上，县委书记李强指出在全县范围内开展“全力打赢光伏脱贫77日攻坚战”专项活动，就是要大力推进光伏扶贫，在具备条件的农村特别是贫困村建设村级光伏电站，带动贫困群众可持续脱贫。

安泽县组织人员收听收看山西省生态脱贫攻坚暨提前启动实施新一轮退耕还林还草电视电话会。县委副书记、政府县长牛庆国，政府副县长张建和和相关部门负责人在安泽县分会场参加会议。

临汾市项目开发“百日攻坚”行动督察组在安泽县进行第二轮督察，县委常委、政府常务副县长李峻石及相关部门负责人陪同督察活动。

临汾市2016年度目标责任考核组在安泽县就前三季度工作进行督导检查。县领导李强、牛庆国等先后参加汇报座谈会和实地调研。在综合汇报会上，临汾市委年度目标责任考核组组长刘智勇讲话，他对此次前三季度目标责任考核的目的意义、工作要求以及考核纪律作详细说明和要求。县委书记李强在会上向考核组汇报安泽县今年前三季度各项工作推进情况。第二天上午召开专题座谈会，县委组织部、法治办、发改局、扶贫局相关负责人分别就本部门承担的重点工作、重点工程项目进展情况和各项任务指标完成情况进行汇报。

20日

安泽县召开脱贫攻坚集体约谈暨工作推进会议。县四大班子领导出席会议，全县副县级以上领导干部，各乡镇书记、乡镇长、分管副职、各贫困村第一书记，县直各单位一把手参加会议。县委副书记、政府县长牛庆国主持会议。会上，县委书记李强传达山西省脱贫攻坚工作集体约谈会议精神，安排部署当前全县脱贫攻坚工作，以决战决胜的信心和决心打赢“决战77天、奋力脱贫攻坚”这场“硬仗”。

安泽县召开党员领导干部廉政谈话会议，县四大班子领导出席会议。各乡镇书记、乡镇长，县直各相关单位负责人参加会议。县委常委、纪委书记晋红峰主持会议。

山西省森林公园管理中心主任赵旭峰一行在安泽县对申报国家级森林公园工作进行实地考察。县委书记李强及相关部门陪同考察。

安泽县委副书记、政府县长牛庆国主持召开全县政府系统领导干部传达临汾市“两会”精神会议。县委副书记、政府县长牛庆国在会上指出，“政府工作报告”中提出的“12345”工作任务，既是对临汾市委提出的“345”战略的细化落实，也是对未来五年政府工作的具体安排。

安泽县组织人员收听收看山西省临汾市冬春火灾防控工作动员部署电视电话会议，会议要求各地各级公安、消防部门要在此阶段高度重视，加强消防安全责任管理，压实责任、履行职责，做好排查防范工作。

21日

安泽县委书记李强主持召开“决战77天，奋力脱贫攻坚”例会。县委、县政府研究决定，自2016年10月17日至2016年

12月31日，在全县范围内开展“决战77天，奋力脱贫攻坚”专项行动以来，县扶贫、电力、财政、农委、金融及各乡镇积极开展工作，深入调查摸底，对全县的贫困户进行梳理排查。

安泽县召开第三次全国农业普查工作推进会，会议贯彻落实全国第三次农业普查工作精神，相关负责人汇报全县农业普查工作准备工作情况，安排部署下一步工作任务。宣传部、财政局、农委等部门分别做表态发言。

22日

安泽县委书记李强带领县委办、创卫办、住建局、工商质监局、运管等相关职能部门走上街头对安泽县创建国家卫生县城推进情况和环境卫生综合整治工作进行专题督导。

安泽县委副书记、政府县长牛庆国主持召开全县扶贫工作会议。政府副县长刘剑在会上传达全国扶贫开发2016年扶贫对象动态调整和建档立卡信息采集培训会议精神。

安泽县委副书记、政府县长牛庆国带领财政、住建、光伏发电企业等部门在马壁乡郎寨村、荆村就光伏发电和易地扶贫搬迁工作进行调研。

24日

安泽县委书记李强、县政协主席高成锁带领相关部门在府城镇督查指导创建国家卫生县城工作。县委书记李强强调：各级各部门要强化责任分工，加强督导考核，完善部门联动机制，形成合力；要善于发现问题，集中整治薄弱环节，快速消除盲点和死角，整治乱源，重点整治乱丢、乱扔、乱摆、乱搭等现象；对发现问题要及时整改落实和跟踪督查，做到件件落实，要广泛动员全县群众共同参与，确保全县创建国家卫生县城目标顺利推进。

安泽县委书记李强、中国饭店业商会副会长屈启晓一行在府城镇、马壁乡实地调研旅游开发工作。先后查看马壁乡张峰水库、海东村废旧窑洞、石槽村邓小平路居、荀子文化园等地。就如何开发水库资源、革命旧址、废旧窑洞再利用等进行讨论交流。

临汾市民航机场组织市场营销部工作人员在安泽县文体广场开展宣传活动。临汾市民航机场自2016年1月25日正式通航，并开通了北京、上海、广州等6条航线，通达11个城市，并为乘客提供了中转航班。

26日

安泽县委书记李强主持召开县四大班子联席会议，传达学习落实临汾市委书记岳普煜在安泽县调研时的讲话精神并对安泽县脱贫攻坚、旅游开发、森林防火、安全生产、城市建设、创建国家卫生县城取得的成绩给予充分肯定。

安泽县委副书记、政府县长牛庆国主持召开县长办公会，研究部署当前各项重点工作。县委常委、常务副县长李峻石提请研究成立安泽县投融资工作领导组及成立安泽县经济发展投融资有限责任公司相关事项。政府副县长刘合生提请研究关于创卫工作、提高班主任的津贴及卫生系统相关事项。政府副县长盖勇提请研究关于县保障性安居工程投资有限公司和商品房网签系统相关事宜。政府副县长张建提请研究建设智慧城市相关事宜。政府副县长刘剑提请研究关于异地搬迁工作相关事宜。

会议还研究关于瑞生园召开2016年首届山西安泽甜玉米、糯玉米种植与产销研讨会相关事宜，以及中药材工作和旅游扶贫工作相关事宜。

安泽县纪委召开全县党风政风业务专题培训会。会上，主要针对党风廉政建设、贯彻落实中央八项规定精神，落实“两个责任”以及纠正“四风”问题等专项培训。

临汾市委书记岳普煜在安泽县就扶贫攻坚等工作进行调研。县委书记李强、县委副书记、政府县长牛庆国陪同调研。调研中，临汾市委书记岳普煜一行先后深入安泽县耀阳能源科技有限公司、红叶岭景区、府城镇上掌村，实地了解光伏扶贫项目建设、旅游扶贫及森林防火、脱贫攻坚、易地扶贫搬迁等方面工作情况并走访看望农户。

安泽县委书记李强带领府城镇、县委办相关负责人深入府城镇大黄村就脱贫攻坚工作进行实地调研。在贫困户张银祥老人家中，县委书记李强与老人亲切交谈。了解老人多病又是孤寡老人时，李强要求镇村两级和包村干部要保障老人的日常生活。

安泽县召开全县10月份安全生产工作例会。县委副书记、政府县长牛庆国及各乡镇长、县安委会成员单位、各相关企业负责人参加会议。会议通报安泽县1—10月份安全生产工作情况，安排部署下阶段安全生产工作。

安泽县召开县、乡、村三级团组织换届工作会。县委副书记、统战部部长郭婷慧出席会议，团县委、各乡镇、社区党委副书记及团委书记，县直各单位、学校和非公有制经济组织的团支部书记参加会议。会议宣读《关于做好县、乡、村三级团组织换届工作通知》，就换届工作作安排部署。

安泽县召开全县冬春火灾防控部署会。会议宣读《2016年安泽县冬春火灾防控工作方案》，通报2016年全县火灾形势。政府副县长张建与各乡镇、各单位签订冬春火灾防控目标责任书。

27日

安泽县委书记李强冒雨在府城镇桃寨村看望贫困户，调研精准扶贫工作。县委办、府城镇及县信用联社、邮政储蓄等单位陪同调研。县委书记李强在贫困户李爱萍和李小三家中，了解他们的致贫原因、存在的困难和需求，同时向他们宣传和介绍精准扶贫政策，制定帮扶救助措施，通过适合的产业扶贫脱贫。

28日

临汾市创建国家卫生城镇动员会暨安泽现场推进会在安泽县召开，临汾市委副书记、市长刘予强，山西省卫计委副主任、山西省爱卫会专职副主任谢红，临汾市副市长、市爱卫会主任陈忠辉与临汾市爱卫会部分成员单位，临汾市各县市区分管副县长、爱卫办主任，安泽县委书记李强，县委副书记、政府县长牛庆国参加现场会。与会人员实地查看安泽县月亮湾湿地公园、泽民路义唐河清淤工程施工现场、城关小学、污水处理厂。会上，临汾市卫计委主任、临汾市爱卫会副主任王山宣读全市创建国家卫生城镇的具体工作计划。临汾市委副书记、市长刘予强与首轮创建国家卫生城市（县城）的县（市）长签订目标责任书。

安泽县委书记李强在府城镇飞岭村调研扶贫工作，县委办等相关单位负责人陪同调研。县委书记李强在府城镇飞岭村贫困户毋小平家中，了解他们的致贫原因、家庭成员情况、经济收入来源、存在的困难和需求，向他们宣传和介绍精准扶贫政策和光伏发电项目。同时要求镇村两级要因户施策，因户制宜，精准扶贫，结对帮扶，帮他们排忧解难，不断增加收入，争取早日脱贫致富。

29 日至 30 日

山西省第十届市报社长总编业务研讨会在安泽县召开。来自全省 11 个市党报的社长总编围绕“纸媒转型探索”这一主题进行深入研讨和交流。临汾市委常委、宣传部长李朝旗，县委副书记、政府县长牛庆国，县委常委、宣传部部长魏书亮出席会议。会上，县委书记李强介绍安泽县的基本情况、地理优势、历史渊源等，希望各报社能够领略山水乐趣，多推介安泽，让更多人知道安泽、了解安泽、乐享安泽。李朝旗希望大家要以研讨会为契机，加强兄弟市党报之间的交流互通，实现平台共建、资源共享、提升整体的服务水平和宣传功效。就安泽荀子文化、生态环境、旅游发展等工作进行实地调研。与会人员先后在马壁乡、杜村乡、和川镇、府城镇等地，对安泽县的乡村旅游文化、优美的生态自然等景观进行集体参观采风，对安泽县的秀美风景、民俗文化、淳朴民风等给予高度评价和充分肯定。

安泽县举办“PICC”杯首届羽毛球团体比赛。

29 日

山西大学老干部摄影协会组织 20 余人在安泽县进行摄影采风活动。

安泽县足球协会格格屋足球队与长子县足球协会足球队进行足球邀请赛。

安泽县召开扶贫工作推进会。县委副书记、政府县长牛庆国出席会议。政府副县长刘剑在会上就扶贫工作推进会进行了安排部署。牛庆国要求各村干部及包联单位必须将建档立卡底子摸清，各乡镇提前一个月向上级报告，并要求召开班子会，做好贫困户思想工作。

31 日

中国共产党山西省第十一次代表大会隆重开幕，安泽县四大班子领导与全县副科级以上领导干部一同在安泽县分会场观看省党代会开幕式直播实况。

11 月

1 日

安泽县组织人员收听收看住建部全国去库存工作电视电话会议。

2 日

安泽县召开环境保护工作会议。县委副书记、政府县长牛庆国要求各级各部门要清醒认识到当前环境保护工作面临的严峻形势，加大监管检查力度，各物业公司要严格落实环境保护各项工作制度，发挥社会监督，做好新闻媒体的监督工作。

安泽县委副书记、政府县长牛庆国主持召开县长办公会，研究部署当前各项重点工作。会上，县委常委、政府常务副县长李峻石提请安泽县新增债券项目及新型农村医疗保险机构整体移交人社局的相关事项，经会议研究，通过安泽县中南铁路引线、北外环等 3 个新增债券项目，决定按照上级安排部署将于 11 月 15 日将安泽县新型农村医疗保险机构整体移交人社局。副县长刘合生提请研究关于提高班主任津贴标准的相关事项，经会议研究通过，将于研究之日起下拨。副县长盖勇提请煤矿、洗煤厂等上报项目用地相关事宜。副县长刘剑宣读《山西省脱贫攻坚工作小组精准脱贫的办法》提请会议研究安泽县农村饮水“一村一井、一户一表”等相关事宜。最后县委副书记、政府县长牛庆国指出政府班子成员要抓紧时间深入包联群众家中，因户施策、因人施策、因村施策。确保年底前安泽县基本脱贫。

临汾市组织部组织科三科科长柳剑一行在安泽县就“两学一做”学校教育、加强干部选任监督管理、基层党建“7+3”等重点任务的推进情况进行督查。

3日

临汾市人大常委会副主任王国平在马壁乡开展驻村精准帮扶工作。县人大常委会主任韩建辉，县委常委、人武部部长张红山陪同调研。王国山详细了解安泽县精准扶贫，同时对贫困户进行慰问。

临汾市政协主席陈小洪在包联村县杜村乡小李村开展驻村精准扶贫工作。临汾市交通运输局局长白建成，县委副书记、政府县长牛庆国等领导参加活动。

4日

临汾市政协副主席、民盟临汾市主委杨益民在安泽县马壁乡刘村开展驻村精准帮扶工作。县委副书记、政府县长牛庆国，县政协主席高成锁陪同调研。杨益民到刘村通过查看资料，听取汇报，详细了解扶贫攻坚工作的开展情况，为他们送去慰问品。

临汾市委组织部副部长、老干部局局长张瑞萍带领市老干部局及市中心医院30余人在安泽县马壁乡下石村开展扶贫帮困工作，县委常委、组织部长张曙光陪同调研。张瑞萍一行来到贫困户家中，详细了解情况，为他们送去慰问品，同时还在家中为贫困老人义务体检。

山西省委组织部选派省委党校“送教下乡”活动安泽培训班在安泽县黄河京都开班。特邀省委党校教授郑文靖作《践行“两学一做”、争做合格党员》专题培训。县四大班子领导、副科级以上领导干部、农村、社区、村党支部书记、第一书记、大学生村官参加培训。县委常委、组织部部长张曙光主持培训。

8日

安泽县委书记李强深入府城镇寺村贫困户家中，实地调研扶贫工作。县委常委、组织部长张曙光陪同调研。详细了解贫困户家中情况后，叮嘱随行的镇村领导，要以最大的爱心和善心来关心贫困村民，齐心协力，力争在2017年全部脱贫。

临汾市委宣传部副部长、临汾市驻安泽下乡工作团团长张宏亮在安泽县和川镇岭南村开展驻村精准帮扶工作。张宏亮一行通过查看资料、听取汇报，详细了解和川镇岭南村扶贫攻坚的进展情况。同时，下乡工作团成员为贫困户送来百余套图书和衣物。

安泽县召开传达贯彻第十一次党代会精神会议。县四大班子领导出席会议，县直各党工委书记，县直各单位负责人，各乡镇书记、乡镇长，社区党工委书记、社区主任参加会议。县委常委、政府常务副县长李峻石主持会议。会上，县委书记李强传达临汾市委书记岳普煜在全市传达贯彻山西省第十一次党代会精神大会上的讲话精神。县委副书记、政府县长牛庆国传达山西省第十一次党代会精神和省委十届一次全会精神，对当前安泽县经济工作进行安排部署。县委常委、纪委书记晋红峰传达山西省纪委工作报告和省纪委十一届一次全会精神。

安泽县委书记李强主持召开县委常委班子“讲奉献、有作为”专题研讨会。

9日

临汾市今冬明春森林防火模拟实战演练在安泽县举行。临汾市副市长王兵，县委书记李强，县委副书记、政府县长牛庆国，山西省林业厅总规划师黄守孝，临汾市政府副秘书长吴茂林，山西省森林防火指挥部、常务副主任聂贵仕，临汾市森林防火成员单位负责人，各县市区分管森林防火工作的副县、市、区长，观看演练。

由山西省地税局党组成员、副局长张澎湧带队的督查组在安泽县督导检查组织收入及资源税改革等情况。

安泽县组织收听收看山西省、临汾市整合城乡居民基本医疗保险制度工作电视电话会议。

10日

安泽县委书记李强在府城镇、和川镇调研脱贫攻坚和乡村旅游资源开发工作。县委办、府城镇、和川镇相关负责人先后陪同调研。

安泽县人大召开第十六届人大常委会第三次会议，听取和审议2015年预算执行和其他财政收支审计查出问题整改情况的报告，并根据人大常委会主任会议及县政府提请任免名单进行人事任免。投票表决通过26名同志的任职，并颁发任命书。

11日

安泽县召开校园及周边、建筑工地食堂食品安全专项整治工作会。

安泽县召开传达临汾市政府双月县长例会精神暨政府工作推进会。县委副书记、政府县长牛庆国传达临汾市政府双月县长例会精神，要求各部门要认真贯彻会议精神，明确责任、奋力攻坚，及早谋划明年工作，转变作风、提高效率，全面抓好安全生产工作。

临汾市委宣传部副部长张宏亮、王全名带领宣传部干部职工在安泽县和川镇岭南村开展包联扶贫工作。实地了解当地建档立卡情况，并为岭南村送上电脑、打印机等办公用品。

12日

由山西省、临汾市法制办统一指导监督举办山西省行政执法人员安泽考点资格认证考试，来自全县的600余名行政执法单位工作人员参加考试。山西省法制办副主任李云涛巡视考场，县委副书记、政府县长牛庆国，县委常委、政府常务副县长李峻石陪同巡视。

14日

安泽县委副书记、政府县长牛庆国主持召开政府党组会议。县委副书记、政府县长牛庆国传达山西省第十一届党代会一次会议精神和临汾市长例会点出的安泽县问题及临汾市政府相关要求。县委常委、政府常务副县长李峻石汇报安泽县2016年58项重点工程项目及10项民生实事进展情况。副县长张可新提请研究安泽县煤矿采空区综合治理及冬季取暖锅炉奖励实施方案的相关事宜。副县长盖勇汇报安泽县长临高速协调拆迁进展情况。副县长张建汇报安泽县安全生产情况。副县长刘剑提请研究安泽县连翘中药材发展的相关事宜。

安泽县委副书记、政府县长牛庆国主

持召开政府党组“讲奉献、有作为”专题研讨会。

安泽县举办山西省委党校“送教下乡”安泽培训班。特邀请山西省委党校教授王鹏飞作《领导干部要培育创新思维》专题讲座。县四大班子领导、副科级以上领导干部参加培训。

15日

临汾市道路交通安全隐患大排查快整治督导组在安泽县督导工作。

安泽县委书记李强在冀氏镇耀阳能源科技有限公司，调研光伏企业产业发展与光伏能源扶贫工作。李强进车间、看流程、观产品、问效益、实地了解企业生产情况。听取企业负责人介绍后指出，光伏发电清洁环保，技术可靠，收益稳定，是安泽县完成脱贫攻坚任务改善农村人居环境，实现贫困户持续增收的一条好路子，值得大力推广。

安泽县政府副县长张建在玉和泰煤业有限公司检查安全工作。听取汇报，实地检查雷管炸药的安全管理规章制度的落实情况。

16日

临汾市老干部局副局长刘月明带队的督察组对安泽县老干部局开展的“不忘初心，夕阳更红”正能量活动进行督察。督察组一行在月亮湾社区通过听取汇报、查看资料的方式详细了解安泽县离退休老干部生活情况及“四就进”服务活动情况，并在清华园社区观看老干部们带来的精彩表演。

临汾市文联党组书记、主席李青萍，副主席许爱英，山西师大旅游系主任卫红一行在安泽县走访慰问贫困户，调研旅游资源开发工作。

安泽县政府副县长张建带领安监、质监、消防等单位相关负责人到永鑫煤焦化公司进行安全生产调研。

17日

临汾市粮食局纪检组长宋国清带队市干部驻村精准帮扶工作及第一书记履职情况第五督查组在安泽县督查干部驻村精准帮扶工作第一书记履职情况。督查组先后在府城镇、和川镇、马壁乡、杜村乡等4镇10村实地查看。

安泽县组织人员收听收看山西省扶贫攻坚帮扶工作电视电话会议。县领导李强、牛庆国等在安泽县分会场参加会议。会议要求各级各部门要提高干部帮扶意识，包村干部要真正的下到帮扶村去，坚持实事求是、因地制宜，不断提高精准扶贫的针对性和实效性。

安泽县委常委、纪委书记晋红峰在良马乡，实地检查乡镇纪委规范化建设情况，并走访慰问贫困户。

安泽县在唐城镇召开煤炭危化行业安全工作会议。县委副书记、政府县长牛庆国，副县长张建出席会议。会上，县安监局负责人安排部署近期煤矿及危化企业安全生产工作。

临汾市委宣传部副部长张红亮带领银河证券临汾营业部志愿者在安泽县和川镇岭南村，走访慰问贫困户。为他们送去米面油等慰问品。

18日

安泽县文广局举办农家书屋图书管理员培训。特邀山西省图书馆副馆长赵谞炳就图书的管理、图书的分类上架、建立藏书档案、完善图书借阅制度、规范开放时间、加强日常管理等方面进行了交流指导，还就实际工作中容易出现的问题做现场解答。

临汾市国土资源局党组书记、局长毕研华一行在安泽县调研土地利用总体规划调整完善工作。县委副书记、政府县长牛庆国，副县长刘合生出席座谈会，县国土、住建、发改、扶贫、交通等单位负责人参加会议。毕研华对安泽县国土资源管理工作给予充分肯定，结合安泽县实际，对安泽县土地利用总体规划调整完善工作提出具体的指导性意见。

19 日

安泽县委副书记、政府县长牛庆国带领政府办、林业局、果树中心等单位负责人分组在唐城镇、和川镇、良马乡、杜村乡、马壁乡实地查看野生连翘抚育工作。牛庆国要求各级各部门要制定连翘抚育管理方法，加大宣传力度，引导农民爱护资源，约束群众，形成科学合理的采摘习惯。

安泽县政协主席高成锁，副主席宋晓琴，安泽县三晋文化研究会会长高剑峰带领县三晋文化研究会会员等一行 20 余人赴晋城高平市就荀子文化发展，炎帝文化发展进行文化交流、考察。在高平市参观长平之战纪念馆、炎帝陵、羊头山等地，学习了解炎帝文化发展经验。座谈会上，两地相互交流炎帝文化书刊及史料，并邀请原高平市副市长、炎帝文化研究会会长米东明先生据史立论讲说“炎帝与安泽”。

22 日

安泽县组织人员收听收看山西省道路交通安全工作紧急电视电话会议。会议传达党中央、国务院及山西省委、省政府关于京昆高速公路平阳段“11·21”交通事故的重要批示精神，并对冬季道路交通安全工作进行安排部署。

安泽县委副书记、统战部部长郭婷慧带领县委办、统战部相关人员到包联村马壁乡马壁村、海东村等地开展包联帮扶工作。为贫困户送去慰问金和米、面、油等生活必需品。

23 日

安泽县与山西省建筑工程（集团）总公司战略合作签约仪式在太原市举行。县委书记李强，县委副书记、政府县长牛庆国，政府副县长盖勇，山西省建工集团总公司副总经理郝登朝出席签约仪式。会议由山西省建工八建集团董事长赵斌主持。

安泽县组织人员收听收看山西省委、省政府环境保护督察组督查临汾市动员会。县领导牛庆国、韩建辉等相关部门负责人在安泽县分会场参加会议。

安泽县麻衣寺风景区，迎来二百余只白天鹅在沁河河面上嬉戏游玩，与蓝天、白云、雪山、绿水形成一道独特的风景。

24 日

安泽县纪委召开纪委机关科级干部集体廉政谈话会。县委常委、纪委书记晋红峰要求广大党员干部遵规守纪、勇于担当、廉洁自律、学思践悟等方面联系自身工作实际，争当廉政楷模。

安泽县财政局组织举办行政事业单位内控规范及内控基础性评价工作培训会。邀请临汾市科友科技发展有限公司刘莉老师详细讲解行政事业单位内部控制建设的定义、运行和评价等知识要点。

25 日

安泽县政协组织举办第九届政协委员培训会，邀请临汾市委党史研究室主任屈波就“如何做一名政协委员”作专题讲座。

县政协主席高成锁主持会议并讲话。

安泽县组织人员收听收看临汾市应对重污染天气紧急电视电话会议，会议传达临汾市委常委会、市政府专题会议精神，宣读山西省应对重污染天气调度令和《临汾市大气污染防治“冬十条”》。会议强调，按照山西省、临汾市安排部署，迅速采取行动，把各项应对措施落到实处。

26日

安泽县团委、县格格屋创业足球队邀请临汾市跑不动足球队在县一中举行友谊交流赛。

28日

安泽县委书记李强主持召开县委中心组集体学习会议。会议集中学习了党的十八届六中全会精神，县委副书记、统战部长郭婷慧传达山西省系列文件精神以及关于认真贯彻落实《中共中央办公厅关于认真学习宣传党的十八届六中全会精神的通知》精神。县委书记李强指出，要迅速传达学习会议精神。领导干部带头学习，学深学透、入心入脑，要广泛宣传，推动全会精神进机关、进学校、进园区、进企业、进农家、进社区，实现全会精神在全县各级党组织、全体党员干部、广大群众中“全覆盖”。

安泽县委书记李强组织召开县委常委会议。针对环保工作任务和工作重点难点，李强指出，要做好环保相关工作资料的收集和整理，组织专项督查，明确重点难点，补齐短板，结合最新要求，做好应急预案。针对扶贫工作，李强要求，脱贫攻坚是当前最重要、最紧迫的政治任务，按照时间节点，将扶贫资金拨付到位，加快光伏电站建设，今年必须完成18个村5000口人的脱贫任务。针对安全生产工作，李强指出，要严格落实“两个责任”，做到守土有责、守土尽责，采取“四不两直”的方法，加强各领域的督查检查力度。

29日

安泽县委副书记、统战部部长郭婷慧，县政协副主席娄和玮在和川镇调研脱贫攻坚工作。在和川镇孔旺村、上县村，实地查看光伏扶贫项目建设进展情况，并深入农户家中了解光伏发电的安装情况。查阅脱贫攻坚工作建档立卡情况并提出具体意见和要求。

安泽县组织人员收听收看山西省安全生产电视电话会议。

安泽县委书记李强在冀氏镇调研林业扶贫攻坚工作，李强希望牢固树立造林扶贫“一盘棋”工作思路，要坚持用好“林间课堂”积极组织开展实地专业技术培训，坚持变“冬闲”为“冬忙”。主动协调为其缴纳工伤等各类保险，真正让贫困群众通过做好“增绿”文章，获得物质和精神的“全面”幸福感。

30日

安泽县人大常委会主任韩建辉在冀氏镇关庄村包联贫困户家中调研。了解情况后又向贫困户讲解安泽县光伏发电政策和油用牡丹种植的相关技术。

安泽县召开建档立卡贫困户饮水安全、水利帮扶暨脱贫攻坚工作会。县委副书记、政府县长牛庆国出席会议。水利局、扶贫局负责人对安泽县贫困户饮水资源，饮水安全及脱贫攻坚工作进行汇报，政府副县长刘剑对此次建档立卡贫困户饮水安全和水利技术帮扶工作作具体的安排部署。县委副书记、政府县长牛庆国作重要讲话。

安泽县委副书记、统战部部长郭婷慧调研全县妇女创业就业工作，县妇联及冀氏、杜村等相关部门负责人陪同调研。先后到森海人家松针枕加工点、西外环煎饼加工厂、二中路鞋垫加工店、冀氏镇手工编织工艺品点和羊肚菌栽培试验基地、杜村乡养猪场和养鸡场等地实地查看。

30日起

按照临汾市委统一部署，临汾市巡察组工作领导小组派出翼城县巡察组进驻安泽县对教育卫生系统开展专项巡察。

12月

1日

安泽县组织收听收看山西省开发区改革创新发展电视电话会议，县领导李强、牛庆国、李峻石、张曙光，各乡镇、县直主要负责人在安泽县分会场参加会议。会上，山西省委副书记、省长楼阳生对全省开发区改革创新发展工作进行了总动员、总部署。会议要求，要把全省开发区改革创新发展工作作为一个新的经济突破口来抓，要贯彻五大发展理念、坚定不移的推进六大发展，高标准、高起点的开展开发区改革创新工作。

安泽县组织人员收听收看全国、全省、全市第三次农业普查电视电话会。

安泽县举办第22期干部大学堂。邀请全国著名创业辅导师顾品教授讲解《立足生态优势　发展四新经济　构筑安泽崛起新优势》的专题讲座。今年干部大学堂以习近平总书记系列重要讲话精神为重点，紧紧围绕“十三五规划”、脱贫攻坚等中心工作，共举为22期“干部大学堂”。培训干部6100余人次。其中，理想信念类3期，党性修养类4期，政治理论类8期，政策法规类4期，科技创新3期。

2日

安泽县举行第五个“全国交通安全日”。以“社会协同治理，安全文明出行”为主题的宣传活动。县公安交警大队，通过在街头设立咨询台、发放宣传手册和播放交通安全警示片等方式使交通安全知识深入人心。

安泽县组织收听收看山西省脱贫攻坚帮扶政策措施精准落实到村到户电视电话会。县委副书记、政府县长牛庆国在县分会场参加会议。

3日

安泽县委副书记、政府县长牛庆国带领安监、环保部门，坚持“四不两直”方式，在唐城镇突击检查企业安全生产和环保工作。先后到太岳、永鑫两焦化和玉华煤矿，实地察看企业污水处理、在线监测等环保设施运行情况和企业生产调度情况，查看安监、环保部门驻厂监管人员在岗值守情况。

5日

安泽政府副县长张可新在唐城镇就环境卫生整治工作进行调研。先后到唐城镇玉和泰煤业有限公司、永鑫煤焦化有限责任公司、太岳焦化有限公司等地。详细了解安泽县煤焦化企业垃圾治理、污水处理、大气污染等环境整治工作进展情况。

6日

安泽县举办野生连翘抚育培训会。县委常委、政府常务副县长李峻石出席会议。特邀山西省林业厅有害生物防治局原局长王加强进行连翘抚育专题授课。

山西省、临汾市治超工作督导组贯彻落

实全国治超工作电视电话会议精神和国家有关部委出台相关文件情况、整治货车超限超载和非法改装、车辆运输车违法运输行为专项行动以及新形势下治超各项工作开展情况。县委副书记、政府县长牛庆国，政府副县长、治超领导组组长盖勇以及治超办，交通、交警、安监、工商、公路等单位负责人陪同检查。

安泽县老年书法协会，在马壁乡开展红色春联下乡扶贫活动，县老年书法协会主席孙玉成参加活动并致辞。

7日

安泽县委副书记、统战部部长郭婷慧召开与分管单位科级干部廉政谈话会。会上，传达了中央、省委、市委从严治党的方针政策并结合安泽县实际情况，要求分管单位要统一思想认识，全面从严治党。各分管单位负责人要强化责任担当，坚决把从严治党责任落到实处。坚持以上率下，切实做好从严治党的表率。

由山西省政协人口资源环境委副主任杨波带队的省环境保护督察组在安泽县进行环境保护督查工作。县委书记李强，县政协主席高成锁陪同督查。先后到和川镇引水枢纽、县人民医院、污水处理厂、垃圾填埋场、太岳焦化有限公司、永鑫煤焦化有限责任公司、安鑫煤业等地调研。

安泽县冀氏镇中心供销社组织百余名村民举办庄稼医院培训会。特邀油用牡丹专家就油用牡丹的种植方法、前景和种植过程中可能会发生的病虫害、成熟后的采摘、成品的制作方法及推广范围进行深入的讲解。

8日

临汾市人大常委会副主任王金珍在安泽县开展市人大常委会主任联系代表活动，县委书记李强，县人大常委会主任韩建辉，陪同调研。在安泽县中医院、站前广场听取负责人的情况汇报，王金珍要求安泽县各级各部门要认真履行职责，主动开展工作，人大代表要充分发挥好深入群众、联系群众、服务群众的优势，深入了解人民群众关注的热点和难点问题，以及群众的愿望和诉求。

由曲沃县人大常委会主任刘伟、副主任祁文学带领的曲沃县市人大代表小组在安泽县考察工作，县人大常委会主任韩建辉，县委常委、政府常务副县长李峻石陪同视察。先后在县中医院、耀阳能源公司、中南铁路站前广场详细了解各单位、企业的情况。

由县委宣传部牵头，县文明办、县妇联、文化局、扶贫局、中医院、新华书店，县志愿者服务联合会、团委青年志愿小分队、爱心商家志愿者等组成志愿联盟。组成文艺和医疗两个小分队在安泽县杜村乡小李村、郭庄村开展形式多样的扶贫宣传和脱贫攻坚志愿服务活动。

9日

安泽县召开深化监察体制改革试点工作小组第一次会议。县领导李强出席会议。县深化监察体制改革试点工作小组成员单位参加会议。会上，县委常委、纪委书记晋红峰传达山西省委书记骆慧宁在全省深化监察体制改革试点工作培训会上的讲话精神。县委书记李强就全县深化监察体制改革试点工作强调各级各部门要强化政治意识，从严落实深化监察体制改革试点工作。切实把思想和行动统一到中央、省委和市委的决策部署上来，积极稳步推进安泽县监察体制改革试点工作。

北京首创集团负责人一行在安泽县就旅游开发、环境提质、棚户区改造及城市基础设施建设等方面进行考察洽谈，并召开座谈会。县委书记李强参加考察洽谈活动。

12 日

安泽县召开全县法制宣传教育工作会议。县委常委、宣传部部长魏书亮，县委常委、政法委书记连忠武出席会议。会议全面总结“六五”普法工作，并就“七五”普法重点任务作出部署。对全县“六五”普法先进单位和先进个人进行表彰。

13 日

临汾市监察体制改革试点工作调查组在安泽县就监察体制改革试点工作进行专题调研。临汾市纪委常委、监察局副局长刘建勇出席座谈会并讲话。县委书记李强对安泽县的监察体制试点工作进行汇报。县深化监察体制改革试点工作领导小组成员分别进行发言。刘建勇肯定了安泽县的监察体制改革试点工作。他指出，安泽县高度重视监察体制改革试点工作，党委第一责任人履行到位，干部思想状态平稳，工作有力推进，为安泽县的监察体制改革试点工作奠定了坚实的基础，希望继续做好此项工作，确保各项工作任务圆满完成。李强指出，监察体制改革试点是安泽县当前一项重要工作，要严格按照临汾市委的部署要求，高质量、高标准的将这项工作落实好。

安泽县召开 2016 年度　县乡党委书记抓基层党建工作“面对面”述评会议。临汾市非公经济组织和社会组织工委专职副书记、临汾市委组织部组织一科科长任丽岗，副科长柏海涛出席会议。县四大班子领导，县党建工作领导小组成员，各乡镇党委书记、副书记、组织委员，社区中心党工委书记、副书记、县直党委书记、党办负责人、县委组织部部委会成员相关科室负责同志，以及两代表一委员，服务对象代表参加会议。县委副书记、统战部部长郭婷慧主持会议。会上，7 个乡镇党委书记和 10 个县直党委书记分别就履行基层党建工作第一责任人职责情况进行现场和书面述职，县委书记李强逐一点评，并指出每个乡镇党委书记抓基层党建工作中的特色和亮点及存在的问题与不足。参会人员对各乡镇党委书记、县直党委书记抓基层党建工作情况进行民主测评。

安泽县组织收听收看全国改善农村人居环境工作电视电话会议，县委副书记、政府县长牛庆国，出席会议。会议全面部署“十三五”时期改善农村人居环境重点工作。

安泽县人大常委会主任韩建辉带领安泽县临汾市人大代表赴隰县进行交叉视察，隰县人大常委会主任任静，政府常务副县长王志华陪同视察。先后视察隰县经济果业基地，中国玉露香梨高新技术产业园区，隰县电商扶贫开发孵化基地，隰县农村电商扶贫培训基地等，实地查看重点项目。

14 日

安泽县举办县域电子商务专题讲座，全县副县级以上领导，各乡镇党政一把手，分管副职，农村第一书记，大学生村官，致富带头人，商务局全体人员，县电商协会会员参加会议。特邀山西电子商务协会执行会长顾宁以“新常态，新经济”为题紧扣电子商务发展的趋势和政策导向，结合自己的创业经历，对电子商务知识进行详细讲解。

安泽政府副县长张建带领安监局相关人员，先后来到玉和泰、玉华、安鑫煤业有限公司等煤矿进行突击检查。

安泽县召开2016年度临汾市干部驻村帮扶工作汇报会，临汾市委宣传部副部长、驻安泽下乡工作团团长张红亮、临汾市文联副主席、临汾市委驻安泽下乡工作团政委许爱英，安泽县政府副县长刘剑出席会议，县委宣传部、下乡办及12位临汾市干部驻村工作团成员参加会议。刘剑汇报安泽县2016年干部驻村帮扶情况。张红亮对安泽县干部驻村帮扶工作给予肯定，并指出今年是脱贫攻坚最重要的一年，各级各部门要统一思想、共同努力，坚决打赢脱贫攻坚这场硬仗。

15日

安泽县组织人员收听收看“铁腕治污行动”电视电话会，安排部署相关工作。县委副书记、政府县长牛庆国参加会议。

临汾市农业普查督察组一行在安泽县督查第三次农业普查工作。刘剑向督察组汇报全县农业普查工作的进展情况，并就下一阶段工作做了安排部署。督察组对安泽县农业普查工作给予充分肯定，认为安泽县对第三次全国农业普查工作高度重视、资料完善、设备齐全、各项工作落实到位。同时要应对遇到的各种困难，做好最后的冲刺，确保第三次全国农业普查工作顺利完成。

17日

安泽县人民政府与北京首创资本投资管理有限公司就改善安泽县基础设施及公用事业领域各方面的工作签署战略合作协议。临汾市委常委、军分区政委王振富，北京首创资本副总经理山西省区域总经理郭少杰，山西省保障性安居工程投资有限公司董事长梁晓军，山西省八建集团有限公司董事长赵斌及安泽县委书记李强，县委副书记、政府县长牛庆国出席仪式。县委书记李强表示：首创集团是北京市国资委所属大型国有集团公司，必将为安泽县带来全新的发展理念，希望双方能准确把握国家政策，发挥各自优势、精诚团结合作，高标准起步、高质量推进合作项目，推进PPP项目尽快落地，为安泽县发展注入不竭的源头活水。县委副书记、政府县长牛庆国与北京首创集团代表进行签约。

19日

安泽县召开安泽县十六届人大常委会第四次会议。会议听取安泽县《2016年1月—11月份预算调整草案的报告》和《关于全县开展法制宣传教育第七个五年规划草案》。临汾市四届人大代表尉亚萍作述职发言。举手表决通过《关于批准2016年公共预算调整方案的决议草案》以及《在全县开展法制宣传教育的第七个五年规划的决议草案》。

安泽县马壁乡举办村级光伏扶贫电站并网仪式。

安泽县召开县委常委会。县委副书记、统战部部长郭婷慧传达学习中央经济工作会议精神。县委书记李强要求各级各部门要深刻领会中央经济工作会议精神实质，要把思想和行动统一到中央决策部署上来，准确把握安泽县经济发展的方向，切实增强做好明年经济工作的信心和决心。县委副书记、政府县长牛庆国传达临汾市开发区改革创新发展推进会情况，并通报了安泽县重大资金拨付情况。会议还研究脱贫攻坚工作情况。

安泽县委办召开党支部第一小组党员活动日学习会。县委办党小组组长吕海瑾领学关于新形势下党内政治生活若干准则。入党积极分子汇报思想情况，全体党员现场缴纳党费。

由安泽团县委携手格格屋青年创业实践基地爱心助学暨足球进二中活动在安泽二中举行。

20日

安泽县召开全县今冬明春森林防火工作会议。县委副书记、政府县长牛庆国出席会议。会议通报2016年安泽县火情，安排部署今冬明春森林防火工作。并与各乡镇、各林场签订森林防火目标责任制书。

安泽县召开全县新一轮退耕还林工作推进会。会议回顾当前安泽县退耕还林工作，安排部署下一步工作任务。各乡镇还就退耕还林工作中出现的问题进行讨论交流。

安泽县委副书记、政府县长牛庆国主持召开县长办公会。县委常委、政府常务副县长李峻石提请研究县财政资金拨付相关事宜。政府副县长盖勇提请研究承建及运营安泽县通航机场及消防设施维修等相关事宜。政府副县长刘剑提请研究关于安泽县农业产业精准扶贫及《国有林场改革实施方案》的相关事宜。

临汾市督察组在安泽县督查应对重污染天气防治情况。县委常委、政府常务副县长李峻石及环保、发改、煤炭等相关单位负责人陪同检查。先后在安泽县唐城镇佳润鑫成煤业有限公司、太岳、永鑫煤焦化有限公司。实地察看，详细了解县域内工业企业的生产经营情况及环境治理情况。

根据临汾市统一部署，临汾市委第一巡察组将从2016年12月21日至2017年1月20日对安泽县的脱贫攻坚工作开展为期一个月左右的专项巡察。

21日

安泽全县学习贯彻党的十八届六中全会暨习近平总书记系列重要讲话精神集中轮训班开班，进一步统一思想认识，凝聚发展合力，推动安泽振兴崛起。全县副县级以上领导出席培训班，第一期参训的全体学员参加培训。县委副书记、统战部部长郭婷慧主持培训班开班仪式。县委书记李强作动员讲话和专题辅导。

临汾市委巡查一组专项巡查安泽县脱贫攻坚工作。临汾市委组织部部务委员、临汾市非公工委副书记、临汾市委第一巡查组组长刘生明出席会议并作讲话。刘生明就开展脱贫攻坚专项巡视工作作重要讲话。他指出，开展脱贫攻坚专项巡察，是全面落实精准扶贫、精准脱贫的政治任务，是巩固党的执政基础的内在要求，是完善临汾市巡察制度的现实需要。县委书记李强汇报安泽县2015年以来脱贫攻坚工作开展情况。同时要求全县各级领导干部，在思想上要高度重视，牢固树立政治意识、大局意识、核心意识、看齐意识，自觉把思想和行动统一到市委对巡视工作的部署要求上来；在行动上要密切配合，竭尽全力做好服务工作，积极主动接受巡视监督，客观公正反映实际情况，为实现安泽全面振兴、绿色崛起做出新贡献。

22日

临汾市委讲师团副团长常风鸣在安泽县开展党的十八届六中全会和省市党代会精神宣讲报告会。常风鸣从党的十八届六中全会的成果、意义和背景、以及省市党代会重要精神等方面为广大领导干部做了深入阐述。会后，牛庆国对脱贫攻坚、森林防火、创卫等工作进行进一步安排部署。随后，县委宣传部有关负责人就习近平总书记系列重要讲话精神进行集中轮训。

山西省脱贫攻坚工作成效考核综合督察组在安泽县对精准扶贫工作进行专项督查。县委副书记、政府县长牛庆国详细汇报安泽县脱贫攻坚工作进展情况及农业产业脱贫、异地移民搬迁等工作。督察组要求安泽县要进一步认识到精准脱贫攻坚的重要意义和当前形势，严格按照省委、省政府的要求，把责任扛在肩上，落实到行动上，狠抓细节，全面完成 2016 年的脱贫任务。

安泽政府副县长张可新主持召开黄标车及老旧车辆淘汰工作推进会。各乡镇汇报近期黄标车及老旧车辆淘汰工作的进展情况并对下一步工作进行表态。

23 日

安泽县委副书记、政府县长牛庆国主持召开县长办公会。会议研究香雪制药股份有限公司入驻安泽相关优惠政策及 2017 年公务员招录计划等相关事宜。

26 日

安泽共青团安泽县第十四次代表大会隆重开幕，共青团临汾市委书记，县四大班子领导出席会议，全县各界团员代表参加会议，县委副书记、统战部部长郭婷慧主持会议。赵宁伟代表共青团安泽县第十三届代表大会向大会作工作报告。会议全面回顾总结了过去三年安泽县共青团工作，规划了今后三年安泽县共青团工作的总目标。报告后，共青团临汾市委书记王栋对安泽县共青团过去三年的工作给予肯定，并希望安泽县在今后工作中要认真贯彻学习党的十八大和十八届三中、四中、五中、六中全会精神，紧紧围绕党政中心，紧扣建功育人主线，在服务大局、服务青年、维护青少年合法权益、加强基层组织建设上下功夫，为全面建成小康社会、实现经济社会的全面振兴崛起凝心聚智。县委书记李强提出具体要求，希望各级团干要始终听党话、跟党走，坚定正确的思想方向，做服务大局的主力军；要坚持学字为先、干字当头，充分发挥青年人蓬勃向上的精神风貌，勇做干事创业的先锋队；要发挥群团优势，主动作为，积极引导青年思想、凝聚青年力量，为安泽县全面振兴、绿色崛起贡献当代青年的智慧和力量。

安泽县德耀荀乡第三届“感动安泽”人物评选活动结果揭晓，有 10 位道德模范荣获“第三届感动安泽人物”殊荣。临汾市委宣传部副部长张红亮、团市委书记王栋、市文明办主任郭亮，县四大班子领导与全县各界群众共同见证这一时刻。

共青团临汾市委书记王栋一行在安泽县和川镇孔旺村，实地调研产业发展和扶贫工作。

27 日

“太行文化、红色文化”县际研讨会在安泽县召开。安泽县委副书记、政府县长牛庆国，安泽县委常委、宣传部部长魏书亮，浮山县委常委、宣传部部长李学良，古县政府副县长史澎分别带领各相关单位负责人出席会议。会上，牛庆国简要介绍了安泽县红色文化旅游节举办情况。随后，各县旅游局、史志办等相关单位负责人分别就各县实际，研究探讨太行文化、红色文化的下一步发展规划。

安泽县委副书记、政府县长牛庆国在交通局就道路建设情况进行调研。牛庆国详细了解安泽县十三五期间的道路规划情况及明年要完成的道路建设任务。就集中供热站和农贸市场的选址情况进行实地察看。

临汾市委宣传部副部长张宏亮、临汾市文明办主任郭亮在安泽县和川镇岭南村走访慰问贫困户。详细了解贫困户的家庭情况后，为他们送去米、油、挂历等慰问品。并希望随行的镇村工作人员要多关心他们的生产生活，积极协调解决贫困户的问题和困难，推进各项扶贫政策措施精准落实到位。

临汾市盐务分局和临汾市盐业公司联合安泽县盐业公司，在安泽县开展强化食盐零售许可制度，规范零售市场经营秩序宣传活动。通过设立宣传咨询台、发放宣传资料的方式向广大群众讲解盐产品的知识。

28 日

安泽县委副书记、政府县长牛庆国主持召开县长办公会。会议研究明年工作思路以及重点工程项目、重要工作安排。传达山西省人民政府办公厅关于贯彻落实“约法三章”进一步加强督促检查的意见精神。

安泽县政协召开九届一次常务会议，会议学习贯彻临汾市政协委员会培训会及临汾市政协四届一次常委会精神。研究讨论“大众创业、万众创新”工作报告、脱贫攻坚工作调研报告、一财两税工作报告及推动安泽县旅行发展报告。

29 日

安泽县人大副主任苏国珍、政府副县长刘剑、县政协副主席娄和玮在杜村乡参加桑曲村集中式光伏发电站并网发电仪式。

县情概览

地理资源

【位置 面积】 安泽县位于山西省南部，临汾市东北、太岳山东南麓，东与屯留、长子交接，西与古县、浮山接壤，北与沁源毗邻，南同沁水相连，是临汾、长治、晋城三市交汇地。地理坐标北纬35°53′28″~36°32′38″之间，东经112°05′01″~112°34′20″，南北长91公里，东西宽43公里，周边246公里，总面积1967.3平方公里，309国道纵贯东西，326省道南北通行，山西第二大河流沁河由北向南横穿而过，流经全境109公里。县城所在地府城镇居县域中部略偏西，以县城为起点，西距古县界12公里，东距屯留县界31公里，北距沁源县界38公里，南距沁水县界48公里，西去临汾市80公里，东抵长治市112公里，北趋省会太原市314公里，东北上首都北京市（公路）744公里。

【地质 地貌】 安泽位于太岳山腹地东南麓，整体地貌形似马鞍，境内山峦起伏，沟壑纵横，地形复杂。整个地势北高南低，东部山峰有安泰山，泉庙凹、盘秀山等，海拔都在1400米以上，以安泰山为最高，海拔1592米。西部有大东沟梁、牛头山等，海拔在千米以上。南部沁河谷地，地势较低，土质肥沃，良田万顷，海拔在800米左右。河流以沁河最大，是黄河一级支流，山西第二条大河，由北向南纵贯全境，其主要支流有王村河、李垣河、蔺河、泗河、兰河、石槽河等23条。土壤分2个大类、7个亚类、24个土属，51个土种。褐土系安泽县的地带性土壤，从海拔750—1592米的沟川丘陵及低中山岭各地表遍有分布，面积19.27万公顷，占全县总面积的98.89%。草甸主要分布于沁河及各大支流两边地下水位较高的一级阶段地和少量河漫地。大体可分为褐化浅色草甸土，浅色草甸土2个亚类，3.3万亩，占总面积的1.11%。

安泽县属低土石山区，东西两翼高高隆起，中间川谷相对平缓。西侧有从北平至永乐突起的霍山分支草峪岭与东坞岭北南高翘，形如马鞍；东侧受太行山“山”字形构造的控制，安泰山、盘秀山、安子山并肩耸立，错落有致，气势昂然。全境各山脉自成体系又相互交错，形成了山峦叠起、沟壑纵横、丘陵发育、深谷遍布的景象。全县海拔高度平均在1000米以上，最高处杜村乡安泰山海拔1592米，最低处马壁乡马壁前滩海拔750米。西北部界古县的祭星台海拔1511.1米，相对拔高569米；西南隅界古县的将军墓海拔1446.2米，相对拔高620.7米；东部界屯留的盘秀山海拔1575米，相对拔高461米；东北隅界沁源的安子山海拔1399米，相对海拔557米。全境海拔1400米以上的山峰57座。总的趋势是东西诸山峰逐渐向内倾斜，构成宽窄不等的沁河川谷。黄河一级支流、山西第二条大河沁河北南流向穿越全境，入境处高程942米，出境处高程732米，落差210米。两翼有支流23条，网络着610条5公里以上的沟壑山谷。

【气候特征】 安泽属亚热带大陆性气候，一年四季分明，春季干燥多风，温升缓慢；夏季短期炎热，雨量集中；秋季温和凉爽，多阴雨天；冬季西北风凛冽，雨雪偏少。境内气候差异很大，西、南温和，东、北寒冷，年均气温9.5℃，极端最高气温35℃，极端最低气温-20℃。年降雨量500毫米左右，雨季多集中于夏、秋两季，冬、春比较干旱。霜冻期为10月上旬至次年四月中旬，无霜期180天左右。

日照　2016年日照2083.8小时，比历年日照平均2246.1小时偏少162.3小时。春季总日照579.5小时，比历年636.4小时偏少56.6小时；夏季总日照566.9小时，比历年600.1小时偏少33.2小时；秋季总日照为445.6小时，比历年511.4小时偏少65.8小时；冬季总日照为491.8小时，比历年498.2小时偏少6.4小时。

气温　2016年全年年平均气温9.9℃，比历年9.4℃偏高0.5℃；春季平均气温10.9℃，比历年10.6℃偏高0.3℃；夏季平均气温21.9℃，比历年21.7偏高0.2℃；秋季平均气温11.1℃，比历年12.1℃偏低1℃；冬季平均气温-3.7℃，比历年-4.3℃偏低0.6℃；

2015—2016年安泽县日照情况

表1　　单位：小时

年份	一月	二月	三月	四月	五月	六月	七月	八月	九月	十月	十一月	十二月	合计
2015	143.7	154	156.2	215.3	224.6	170.1	233.2	180.5	151	177.4	74	144.2	2024.2
2016	151	191.6	182.7	199	197.8	226.7	165.6	174.6	174.7	122.3	148.6	149.2	2083.8
历年	169.3	162.3	183.6	218.5	234.3	217.9	197.4	184.8	165	175.2	171.2	166.6	2246.1

2015—2016年安泽县气温情况

表2　　单位：℃

年份	一月	二月	三月	四月	五月	六月	七月	八月	九月	十月	十一月	十二月
2015	-4.2	-1.9	5.3	11	16.7	19.8	21.9	20.5	16.6	9.7	4.1	-3
2016	-6.5	-3	4.7	12.8	15.4	20.6	22.6	22.7	17.6	10.7	5.1	-1.6
历年	-6.1	-2.7	3.8	11.2	16.7	20.9	22.9	21.5	18.6	11.7	6.1	-4.1

降水　2016年全年平均降水量593.3毫米比历年539.1偏多54.2毫米；春季平均降水量129.9毫米，比历年92.8毫米偏多37.1毫米；夏季平均降水量331.8毫米，比历年290.9毫米偏多40.9毫米；秋季平均降水量为116.1毫米，比历年137.2毫米偏少21.1毫米；冬季平均降水量为15.5毫米，比历年18.2毫米偏少2.7毫米。

【自然资源】　安泽县有丰富的自然资源。生物垂直分布明显，且种类繁多。有林木、果木、药材、花卉、菌类647种，其中野生乔灌木144种，草卉215种，中草药288种，野生连翘量大、质优，产量占到全国的四分之一，是中国连翘主产地之一，主要销往河北安国、安徽亳州、四川成都等中药材市场。干果以核桃为主，年产量在1000吨左右。动物种类繁多。其中兽类有金钱豹、狍子、青羊、山猪、山羊、野兔、石貂、獾等23种。鸟类47种，其中鸢、苍鹰属国家二级重点保护动物。

【土地资源】　安泽县总面积294万亩，已利用土地面积245.17万亩，未利用土地面积48.38万亩。耕地面积21.53万亩，林地面积152万亩，牧草地面积65万亩，水域面积2.14万亩，园地面积5743亩。安泽县域辽阔，地广人稀，人均土地资源丰富，农民人均林地面积24亩，农民人均牧草地面积10亩，农民人均耕地面积3.6亩，发展林果业、高效农业、畜牧养殖、水产养殖前景广阔。

【森林资源】　安泽境内杨柳成荫，油松满山，林木面积152万亩，林木蓄积量330万立方米，林木覆盖率高达67.2%，位列全省第一。良好的生态成为安泽发展的靓丽名片，是安泽农民增收的绿色银行，也为工业发展提供了环境保障。同时，每年春、冬两季也是安泽县森林防火的特险期。

【水利资源】　安泽有较大河流12条。其中最大的河流为沁河，发源于沁源县西北山麓二郎神沟，自和川镇议亭村东铁布山入境，流经和川、府城、冀氏、马壁四乡镇35个村，于马壁村入沁水县。纵贯全县109公里，北南落差达210米，东西两侧有23条支流汇入，枯水季节清水流量保持在每秒1.2—1.5立方米，1993年8月5日1时许，出现了百年罕见的特大洪峰，最高流量每秒2300立方米。境内全年来水量5亿立方米，年径流量4.933亿立方米，其中：清水流量为1.78亿立方米，洪水流量为3.153亿立方米。安泽水资源充足，为工农业的发展奠定了坚实基础，在县城以北和川镇岭南村建有引沁入汾工程引水水库，

2015—2016年安泽县降水情况

表3　　　　单位：毫米

年份	一月	二月	三月	四月	五月	六月	七月	八月	九月	十月	十一月	十二月	合计
2015	9.5	6.3	4.6	37.9	37.7	83	66.1	66.4	67.3	44.1	68.1	0.6	491.6
2016	0.6	7.3	2.2	40.6	87.1	58.9	230.9	42	15.4	81.7	19	7.6	593.3
历年	4.9	8.2	16.7	26	50.1	62.5	117.8	110.6	80.6	39.2	17.4	5.1	539.1

在县城以南马壁乡郎寨村建有西里水电站，沁水张峰水库延伸至安泽县马壁乡马壁村。

【煤炭资源】 安泽境内已探明煤炭贮藏面积达 1944 平方公里，占全县总面积的九成多，总贮量达 247 亿吨，煤层气贮量高达 4400 多亿立方米。除北部唐城一带约 40 平方公里的主焦煤正在开发外，其余的煤炭资源尚待开发。其中县城以北贮藏面积约 200 平方公里，贮量约 5 亿吨的优质主焦煤，灰分 11%—12%，热量为 8500 大卡，含硫量低于 0.4%；县城以南的 2#、3#、9#、11# 煤，灰分 6%—23%，热量为 7500—8500 大卡，含硫量低于 0.5%，属贫瘦煤或贫煤（优质电煤）。

【旅游资源】 安泽县旅游资源丰富，生态环境良好，名胜古迹较多，主要旅游景点有荀子文化园、黄花岭、红叶岭、青松岭、龙门口、荆村小瀑布、麻衣寺、安泰山、红泥寺等。近年来，县委、县政府凭借良好的生态人文资源，围绕“精品旅游县”目标，做好“黄花、红叶、荀子”三篇文章，深入推进绿色生态游、红色文化游、休闲娱乐游，成功举办了首届乡村旅游节，全力推进全域旅游，实现了村集体经济和贫困户双增收。

人口　民族　宗教

【人口】 据 2016 年人口抽样调查，年末全县常住人口为 84869 人，比上年末增加 465 人。出生人口 689 人，人口出生率为 8.12‰；死亡人口 379 人，死亡率为 4.47‰；自然增长率为 5.49‰。（县统计局）

表 4　**2016 年抽样人口数据表**

	单位	2016 年	2015 年	+ – %
全县常住人口	人	84869	84404	0.55
男	人	43875	44979	–2.45
女	人	40994	39425	3.98
性别比	%	107.0	114.09	–7.09
城镇人口	人	35020	33596	4.24
比重	%	41.26	39.8	1.46
乡村人口	人	49849	50808	–1.89
比重	%	58.74	60.2	–1.46

【民族】 人口主要为汉族，约占总人口的 99.8%，散杂居有 7 个少数民族，分别是回族、佤族、彝族、黎族、蒙古族、满族、拉祜族，少数民族人口有 47 人，约占总人口的 0.06%，其中以回族人口居多，约 21 人，占少数民族总人口的 44.6%。（县民政局）

【宗教】 全县境内有 2 个宗教团体，天主教和基督教，依法登记的宗教 324 人，合法活动场所 3 处，已备案的宗教教职人员 3 人。天主教信徒 165 人，宗教教职人员 1 人，宗教活动场所 1 处；基督教信徒 159 人，教职人员 2 人，宗教活动场所 2 处。

（李　丽）

建置区划

【建置沿革】 安泽县历史悠久，据境内府城镇义唐遗址、川口遗址、白村遗址，冀氏镇南庄遗址，和川镇西洪驿遗址挖掘出的断崖灰坑，大量灰、红两色泥质陶片和石斧、石锤等石器考证，早在新石器时代就有人类在此繁衍生息。

上古至唐、虞、夏、商之时，俱属冀州。

春秋属晋国。

战国时期，先属韩，后归赵。

秦，属上党郡。

汉，置猗氏县，治同今。北部谷远县治沁源地，也属上党郡。

晋，猗氏省县入襄陵。

北魏，太和十一年（487），析襄陵于原猗氏地置冀氏县治冀氏村。景明元年（500）析长子寄氏于汉猗氏地置合阳县，治兰河中游河阳村。北魏建义元年（528）置冀氏郡，领冀氏、合阳二县；析谷远地置义宁、安泽县。北魏永熙三年（534）安泽取境内安吉、泽泉两村名首字始称之，治安吉之南泽泉以北的古阳村（今古县古阳镇）。是时北有安泽、义宁，南有冀氏、合阳共四县。义宁治和川村，后义宁置郡，义宁、安泽并属之。北齐冀氏省郡、合阳省县入冀氏。

隋，冀氏归属临汾郡。开皇三年（583）义宁省郡，后改义宁称和川县，属沁州。大业二年（606）安泽县治南移至西赤堡（今古县旧县镇），更名岳阳，属临汾郡。第二年和川省县入沁源。

唐，武德元年（618）复和川县，仍属沁州。贞观六年（632）岳阳县治移至今古县老城。冀氏、岳阳同属晋州。

宋，熙宁五年（1072）和川省县入冀氏。元祐元年（1086）和川复为县。和川、冀氏、岳阳俱属河东路平阳府。

金，和川、冀氏、岳阳俱属河东路平阳府。

元，至正二年（1342）省和川、冀氏入岳阳，后省岳阳复冀氏县，至正十三年（1353）再省冀氏复岳阳县，属河东山西省晋宁路。

明，岳阳属山西省平阳府。

清，岳阳属山西省平阳府。

中华民国，民国3年（1914）岳阳复名安泽。民国26年（1937）划入山西省第三行政区。民国29年（1940）8月析安泽西部置岳阳县，安泽、岳阳俱属晋冀鲁豫边区太岳行政公署二专署。次年6月省岳阳入安泽。1949年6月划属翼城专区。

1950年11月属临汾专署。1954年属晋南专员公署。1971年8月经国务院批准，安泽、古县分治。

2001年，临汾地区撤区设市，安泽县隶属临汾市。

【行政区划】 安泽县治自古多有变迁。今治府城村，西汉猗氏县治即此，曾名故城，亦称附城。唐中叶戍府兵设府城关。宋置府城寨。明清复称关。民国称镇，第三区行政公所治地。民国27年（1938）7月1日安泽县治由岳阳（今古县县城北1公里处老城）迁往和川。战争年代先后驻罗云、双头、唐城、义亭、周家沟、石仁平、义宁、野虎沟、亢驿、北三交等地。民国35年（1946）11月重新驻和川。1951年5月6日由和川移驻府城村至今。

安泽县所属行政区划，历史上也曾多次变更。清代实行里甲制（以区划里，分户编甲，10户为1甲），全县共划分15里（分别是崇信里、归化里、西池里、并侯里、古县里、永乐里、府高里、冀氏里、卫寨里、苏村里、和川里、唐城里、宝丰里、金堆里、董必里），下辖277个村庄。

民国6年（1917），阎锡山仿照日本町村制和中国古制开始在山西推行“村制改革”。将农村中300户左右编为一个编村，25户设一闾，5户设一邻，分级设村长（村副）、闾长、邻长。民国8所（1919），全县共设4个区，一区治城关（岳阳老城），二区治旧县镇，三区治府城镇，四区治唐城镇；四个区共领54村、632闾、2748邻。抗日战争爆发后，实行大编村制，全县仍设4个区，共领29编村。之后南北分治、区划屡变，直到民国31年（1942）趋于稳定。

安泽县抗日政府领6区58村，民国34年（1945）日军投降后，又增设第七区。民国32年（1943）时，冀氏县抗日政府领4区，29村。

民国35年（1946）10月，安泽冀氏合并，调整为11区97村。

新中国成立初期，安泽县调整为7区98村。1953年划分为81乡。1956年全县省区并为42乡。1958年并42乡成立了府城、冀氏、杜村、和川、北平、岳阳、古县7个人民公社，106个管理区。1961年8月全县调整为17个人民公社（分别是：府城、和川、唐城、冀氏、杜村、马壁、石槽、郭都、三交、罗云、北平、热留、下冶、岳阳、石壁、古县、永乐）、177个生产大队、786个生产队。1971年6月，国务院批准组建古县，分安泽、古县2县；分安泽县西部七个公社（北平、热留、下冶、岳阳、石壁、古县、永乐）84个大队设置古县，同时将屯留县良马公社5个大队47个生产队划归安泽县。1984年8月，根据《中华人民共和国宪法》关于改变“政社合一”体制的有关规定，经山西省人民政府晋改〔1984〕94号文件批准，改人民公社称乡（镇），生产大队为行政村，生产队为村民小组；全县计4镇7乡（即：城关镇、冀氏镇、和川镇、唐城镇、杜村乡、马壁乡、石槽乡、良马乡、英寨乡、罗云乡、三交乡），105个行政村。2001年3月，根据党中央、国务院《关于地方政府机构改革的意见》中发〔1999〕2号“党中央关于地方党委机构改革的要求”和《山西省关于撤乡并镇工作方案》精神，安泽县合乡并镇。安泽县现辖4镇3乡（即府城镇、和川镇、唐城镇、冀氏镇、杜村乡、马壁乡、良马乡），104个行政村。

府城镇辖府城、高壁、飞岭、小黄、大黄、桃曲、神南、第五、孔村、桃寨、凤池、石桥沟、义唐、三交、花车、佛寨、原木、寺村、上掌、李垣、上梯21个行政村。和川镇辖和川、石渠、岭南、荆村、上县、西洪驿、东洪驿、孔旺、沁河庄、法井、罗云、议亭、双头、车道、安上、上田、北崖底、河东、麦地庄18个行政村。唐城镇辖唐城、上庄、北三交、东湾、亢驿、南湾、庞壁、梨八沟、义宁、冯子节、李家沟、固县、井上13个行政村。冀氏镇辖冀氏、兰村、马寨、柳树沟、和平、白村、关庄、半道、北孔滩、李庄、核桃庄、王村、沟口、南孔摊、斜沟15个行政村。马壁乡辖马壁、郎寨、卫寨、东里、海东、刘村、秦壁、唐村、荆村、石槽、辛庄、王河、下石13个行政村。杜村乡辖杜村、桑曲、郭庄、魏家湾、陈家沟、小李庄、河阳、文州、苏村、东唐、窑上、良种场12个行政村。良马乡辖宋店、华寨、边寨、小寨、良马、郭都、劳井、司马、英寨、东上寨、文上、曹家沟12个行政村。

根据第五次全国人口普查的数据，2000

年，安泽县总人口为76139人，各乡镇人口分别是：城关镇22813人，和川镇7633人，唐城镇10023人，冀氏镇9637人，英寨乡2465人，三交乡2052人，罗云乡3847人，马必乡4579人，石槽乡2791人，杜村乡6197人，良马乡4102人。2001年3月重新调整为4镇3乡，全县有行政村105个，自然村1132个。2011年末辖府城、冀氏、和川、唐城4个镇，杜村、马壁、良马3个乡，共7个乡级政区；设有4个社区居民委员会，102个村民委员会。

经济建设

【概述】 2016年，安泽人民在县委、县政府的领导下，按照中央“四个全面”战略布局、省委“一个指引、两手硬”重大思路和市委、市政府“345”发展战略、“12345”工作思路要求，统筹推进党的建设、经济发展、产业转型、民生改善等各项工作，加快建设山水田园城和精品旅游县，全力推进安泽的全面振兴、绿色崛起，经济和社会各项事业取得显著成就。全县地区生产总值达到42.8亿元，同比增长2.9%；财政总收入达到6.8亿元，同比下降15.4%；规模以上工业增加值达到21.3亿元，同比增长4.4%；固定资产投资完成额完成55.9亿元，同比下降11.8%；社会消费品零售总额完成9亿元，同比增长6.6%；城镇居民人均可支配收入达到25195元，同比增长5.7%；农民人均可支配收入达到8335元，同比增长6.7%。 （县统计局）

表5　安泽县国民经济主要指标（一）

	单位	2016年	2015年	+ - %
年末总人口	万人	8.49	8.44	0.55
地区生产总值	万元	428065	421257	2.9
第一产业	万元	39577	40920	3.1
第二产业	万元	306314	305443	1.4
第三产业	万元	82174	74895	8.9
人均生产总值	元/人	51208	50026	2.4
农林牧渔业总产值	万元	82674	74047	11.65
公路通车里程	公里	890	890	—
全社会固定资产投资额	万元	558759	633538	-11.8
财产总收入	万元	67721	80003	-15.35
# 公共财政收入	万元	30005	31027	-3.29
公共财政支出	万元	85744	82567	3.85
社会消费品零售总额	万元	90480	84876	6.6

表6　安泽县国民经济主要指标（二）

	单位	2016年	2015年	+ - %
城乡居民储蓄存款余额	万元	243959	209454	16.47
农村居民人均可支配收入	元	8335	7811	6.7
城镇居民人均可支配收入	元	25195	23836	5.7
在岗职工平均工资	元/人	51496	52332	-1.59
粮食总产量	吨	154258	148142	4.13
小麦产量	吨	—	2240	—
玉米产量	吨	150576	142242	5.86

续表 6

	单位	2016 年	2015 年	+ - %
油料产量	吨	653	633	3.21
水果产量	吨	2368	2325	1.85
药材产量	吨	4859	4697	3.45
蔬菜产量	吨	43501	34203	27.14
肉类总产量	吨	1824	1327	37.5
原煤产量	万吨	446.25	500	-10.76
焦炭产量	万吨	230.59	243	-4.96

表 7　　全县生产总值

	单位	2016 年	2015 年	+ - %
地区生产总值	万元	428065	421257	2.9
第一产业	万元	39577	40920	3.1
第二产业	万元	306314	305442	1.4
工业	万元	286725	285911	1.5
规模以上工业	万元	—	—	—
规模以下工业	万元	—	—	—
建筑业	万元	19589	19531	
第三产业	万元	82174	74895	8.9
交通运输仓储及邮电业	万元	5669	5520	2.0
金融业	万元	10272	8966	14.0
房地产业	万元	14234	11786	19.6
其他服务业	万元	38609	35176	9.1
批发零售	万元	8719	9062	-4.3
住宿餐饮	万元	3450	3271	2.4

注：增长按可比价计算

【农业】　2016 年，全县农作物种植面积 379471.5 亩，比上年减少 2695.5 亩。其中，粮食种植面积 346212 亩，减少 2685 亩；油料种植面积 3448.5 亩，减少 0.5 亩；烟叶种植面积 4323.5 亩，比上年减少 11.5 亩；蔬菜种植面积 14440.5 亩，比上年增加 860.5 亩；瓜类种植面积 924 亩，比上年增加 21 亩。在粮食种植面积中，玉米种植面积 328170 亩，增加 8394 亩；小麦种植面积无。全年粮食产量 154257.7 吨，增加 6115.7 吨，增产 4.13%。秋粮 346212 吨，增产 2.17%。全年完成造林 373 公顷，减少 57.51%。全年全县猪牛羊肉总产量 1824 吨，增长 37.45%。其中，猪肉产量 778 吨；牛肉产量 307 吨；羊肉产量 253 吨；禽蛋产量 2965 吨，增长 4.77%。年底全县农业机械总动力 71476 千瓦。机械耕地面积 24 万亩，比上年减少 2.04%；机械播种面积 24 万亩，比上年增长 26.98%；机械收获面积 3.6 万亩，比上年减少 26.5%。全县农机经营总收入达到 1267 万元，同比减少 27.95。　（韩　军）

表 8　　农林牧渔业总产值（当年价值）

	单位	2016 年	2015 年	+ - %
农林牧渔业总产值	万元	82674	74047	11.65
农业产值	万元	62913	54403	15.64
林业产值	万元	4689	5058	-7.3
牧业产值	万元	12508	12245	2.15
渔业产值	万元	4	3	5.88
农林牧渔服务业	万元	2560	2338	9.63

注：发展速度按可比价计算

表 9 农林牧渔业增加值（当年价值）

	单位	2016 年	2015 年	+ - %
农林牧渔业增加值	万元	16163	42035	9.82
农业	万元	35365	31282	13.05
林业	万元	2398	2535	-5.4
牧业	万元	7095	7101	-0.09
渔业	万元	2	2	5.56
农林牧渔服务业	万元	1303	1115	16.89

表 10 农作物播种面积和产量

	单位	2016 年	2015 年	+ - %
农作物总播种面积	亩	379471.5	382167	-0.71
一、粮食播种面积	亩	346212	348897	-0.77
总产量	吨	154257.7	148142	4.13
亩产量	公斤	446	425	4.94
小麦面积	亩	—	10050	—
总产量	吨	—	2240	—
亩产量	公斤	—	223	—
秋粮面积	亩	346212	338847	2.17
总产量	吨	154257.7	145902	5.73
亩产量	公斤	446	431	3.48
1、玉米面积		328170	319776	2.62
总产量	吨	150575.9	142242	5.86
亩产量	公斤	459	445	3.15
2、谷子		9823.5	10353	-5.11
总产量	吨	1403.4	1402	0.1
亩产量	公斤	143	135	5.93
3、高粱面积	亩	1258.5	1298	-3.04
总产量	吨	410.5	414	-0.85

续表 10

	单位	2016 年	2015 年	+ - %
亩产量	公斤	326	319	2.19
4、薯类面积	亩	3631.5	3892	-6.69
总产量	吨	6589.2	6464	1.94
亩产量	公斤	1814	1661	9.21
5、大豆面积	亩	2965.5	3528	-15.94
总产量	吨	462.1	551	-16.13
亩产量	公斤	156	156	—
二、油料面积	亩	3448.5	3449	-0.01
总产量	吨	653.3	633	3.21
亩产量	公斤	189.4	183	3.5
其中：花生面积	亩	1663.5	1664	-0.03
总产量	吨	305.7	293	4.33
亩产量	公斤	184	176	4.55
三、烟叶面积	亩	4323.5	4335	-0.27
总产量	吨	738	715	3.22
亩产量	公斤	170.7	165	3.45
四、蔬菜面积	亩	14440.5	13580	6.34
总产量	吨	43500.8	34214	27.14
亩产量	公斤	3012.4	2520	19.54
五、瓜类面积	亩	924	903	2.33
总产量	吨	2971.6	2861	3.87
亩产量	公斤	3216	3174	1.32

表 11 农业生产情况

	单位	2016 年	2015 年	+ - %
农村用电量	万千瓦	512	473.38	8.16
化肥施用量	公斤	29896	29399	1.69
氮肥	公斤	15104	14940	1.1
磷肥	公斤	12220	11798	3.58

续表 11

	单位	2016 年	2015 年	+ - %
农用薄膜使用量	公斤	265	257	3.11
农药使用量	公斤	45	45	—
水果产量	公斤	2368	2325	1.85
苹果	万株	1127	1115	1.08
梨	万株	436	412	5.83
果园面积	亩	2680	2844	-5.77

表 12　　林业生产情况

	单位	2016 年	2015 年	+ - %
当年造林面积	公顷	373	878	-57.5
# 用材林	公顷	—	—	—
经济林	公顷	100	307	-67.4
防护林	公顷	273	571	-52.2
义务植树	万株	—	35	—
四旁植树	万株	65	65	—
其中：本年新增育苗面积	公顷	230	387	-40.6
连翘	吨	2245	1919	16.99
核桃	吨	493	421	17.1

（县统计局）

【工业和建筑业】　2016 年，规模以上工业企业 9 家。规模以上工业实现增加值 21.26 亿元，同比增长 4.4%，增速比全年预期目标高 0.9 个百分点，比全市平均水平高 4.8 个百分点，位居全市第 9 位。工业产品产销率为 100.19%，比上年上涨 0.34 个百分点。规模以上工业实现利税 80141 万元，增加 119.68%；实现利润 3.2 亿元。建筑业实现增加值 19589 万元，和上年基本持平。

表 13　　规模以上工业总产值与增加值

	单位	2016 年	2015 年	+ - %
现价工业总产值	万元	578761	544282	6.33
其中：轻工业	万元	—	—	—
重工业	万元	578761	544282	6.33
其中：国有企业	万元	46305	48800	-5.12
股份企业	万元	473543	450792	5.05
其他	万元	105217	93490	12.54
工业增加值	万元	212588	207417	4.4
其中：轻工业	万元	—	—	—
重工业	万元	212588	207417	4.4
其中：国有企业	万元	22685	23908	-7.2
股份企业	万元	161043	153776	3.0
其他	万元	51546	45801	8.9

表 14　　规模以上工业销售收入与实现利税

	单位	2016 年	2015 年	+ - %
工业产品销售收入	万元	486582	455004	6.94
轻工业	万元	-	-	-
重工业	万元	486582	455004	6.94
国有企业	万元	45698	32909	38.86
股份制企业	万元	437970	400980	9.23
其他	万元	48612	54024	-10.02
工业企业利税总额	万元	80141	36481	119.68
轻工业	万元	-	-	-
重工业	万元	80141	36481	119.68
股份制企业	万元	79259	34563	129.32
其他	万元	882	1918	-54.04

表 15　规模以上工业主要产品产量与销售产值

	单位	2016 年	2015 年	+ - %
原煤	万吨	446.25	500	-10.76
焦炭	万吨	230.59	242.62	-4.96
洗精煤	吨	154.06	137.06	12.4
发电量	万度	44692	29887	49.54
工业销售产值	万元	579882	543492	6.7
其中：轻工业		—	—	—
重工业	万元	579882	543492	6.7
国有工业	万元	46594	48469	-3.87
集体工业	万元	—	—	—
其他	万元	105217	93490	12.54

（县统计局）

【固定资产投资】　2016 年，全县完成固定资产投资 55.88 亿元，同比下降 11.8%，完成月度进度目标，全市排名第 15。其中：第一产业投资 6.1 亿元，增长 39.2%；第二产业投资 17.6 亿元，下降 23.8%；第三产业投资 32.2 亿元，下降 10.3%。投资结构由上年的 7.1∶36.4∶56.5 调整为 10.8∶31.5∶57.7。从资金来源来看，国家预算资金 14.3 亿元，占全部资金的 45.2%；自筹资金 17.3 亿元，占全部资金的 54.7%。各项应付款合计 24.6 亿元，其中工程款 23.4 亿元。

（县统计局）

表 16　固定资产投资完成情况

	单位	2016 年	2015 年	+ - %
一、固定资产投资完成额	万元	558759	633538	-11.8
# 国有及国有控股	万元	351252	349300	0.6
按性质分：				
# 新建	万元	95123	92376	3
扩展	万元	142822	152241	-6.2
改建	万元	266087	294051	-9.5
按构成分：				
建筑工程	万元	412529	473235	-12.8
安装工程	万元	50474	55968	-9.8
设备及工器具购置	万元	79484	81122	-2.0
其他费用	万元	16272	23213	-29.9
按行业分：				
农牧林渔业	万元	60492	44530	35.8
采矿业	万元	57924	114520	-49.4
制造业	万元	59201	44545	32.9
电力燃气及水的生产和供应业	万元	58836	68557	-14.2
二、施工项目个数		165	158	4.4
# 本年新开工项目个数	个	157	142	10.6
本年投产项目个数	个	161	152	5.9
三、本年新增固定资产	万元	553084	613454	-9.8

【能源】　2016 年，全县原煤产量 446.25 万吨，同比减少 10.76%；焦炭产量 230.59 万吨，同比减少 4.96%；洗精煤产量 154.06 万吨，同比增长 12.4%；发电量 44692 万度，同比增长 49.54；生产粗苯 2.22 万吨，同比减少 7.45%；生产甲醇 12.57 万吨，同比减少 24.92%。

表 17　**2016 年煤焦产销存情况**

	单位	年初库存	生产量	销售量	年末库存
原煤	万吨	11.04	446.25	454.5	2.79
洗精煤	万吨	0	154.06	154.0	0.06
焦炭	万吨	4.2	230.59	233.08	1.71
大机焦	万吨	4.2	230.59	233.08	1.71

表 18　**综合能耗**

	单位	2016 年	2015 年	+ - %
综合能源消费量	吨标准煤	910151	933774	-2.53
地区生产总值	万元	433405	421257	2.88
万元 GDP 综合能耗	吨标准煤/万元	2.1	2.22	-5.41
工业增加值	万元	290113	285911	1.47
万元工业增加值综合能耗	吨标准煤/万元	2.44	2.72	-10.3

注：地区生产总值为可比价数据（县统计局）

【贸易】 2016 年，全县实现社会消费品零售总额 9.05 亿元，同比增长 6.6%，增速比全年预期目标高 0.6 个百分点，比全市平均水平高 0.1 个百分点，位居全市第 13 位。分区域来看：城镇市场明显快于乡村，城镇和乡村实现零售额分别为 7.02 亿元和 2.02 亿元，增长 7.3%和 4.3%。从限上限下来看，限额以上企业发展较快。限额以上实现零售额 3.2 亿元，增长 6.1%；限额以下实现零售额 5.8 亿元，增长 5.5%，限上企业比限下企业快 0.6 个百分点。按消费形态统计，商品零售额 85858.2 万元，增长 6.53%；餐饮收入额 4621.3 万元，增长 8.06%。

（县统计局）

表 19　**贸　易**

	单位	2016 年	2015 年	+ - %
社会消费品零售总额	万元	90479.5	84875.5	6.6
(一)按零售额分	万元			
限额以上零售额	万元	31991.2	30151.8	6.1
限额以下零售额	万元	58488.3	54723.7	6.88
(二)按销售单位所在地分	万元			
城镇	万元	70239.8	65475.4	7.28
乡村	万元	20239.7	19400.1	4.33
(三)按消费形态分	万元			
餐饮收入	万元	4621.3	4276.5	8.06
商品零售	万元	85858.2	80599	6.53

【交通、邮电】 安泽交通便利，309 国道横贯东西 45 公里，326 省道连接安泽、长子 106 公里，县道马唐公路南北贯通 94 公里。2016 年，公路通车里程 890 公里，客运车辆 27 辆，城市公交车辆 25 辆。公交线路 4 条，客运出租运营车辆 27 辆。城市公共交通共运送乘客 263 万人次，其中公共汽车客运量 215 万人次，出租汽车客运量 48 万人次。山西中南铁路投入运营，临长高速正在建设之中，安泽至沁水的高速公路也正在规划实施之中。

全年完成邮电业务总量 4623 万元，增长 4.19%。其中，邮政业务总量 429 万元，增长 31.6%；电信业务总量 4194 万元，增长 1.02%；年末固定电话 71627 部，减少 1992 部；固定电话和移动电话普及率是每百人 86.37。计算机互联网用户 11472 户。

（县统计局）

表 20　　交通和邮电

	单位	2016 年	2015 年	+ - %
公路通车里程	公里	890	890	-
货运车辆	辆	918	961	-4.47
总吨位	万吨	9734	10082	-3.45
客运车辆	辆	27	28	-3.57
客位	万人次	631	617	2.27
邮电业务量	万元	4623	4437	4.19
其中：联通	万元	1672	1659	0.78
邮政	万元	429	326	31.6
移动	万元	2522	2452	2.85
本地电话用户	部	71627	73619	-2.7
计算机互联网用户	户	11472	11469	0.03
电话普及率每百人	门	86.3	87.2	-0.97

【金融和保险】　2016 年，全县金融机构人民币各项存款余额 35.97 亿元，增长 14.03%。其中，个人储蓄存款余额 24.4 亿元，增长 16.47%。人民币各项贷款余额 17.94 亿元，增长 16.37%。全县保费收入 4660.6 万元。其中，寿险业务保费收入 861.25 万元；财产险业务保费收入 1263.3 万元；太平洋保险保费收入 2536.05 万元。各类赔款支出 794.43 万元。

表 21　　金融机构信贷现金收支

	单位	2016 年	2015 年	+ - %
各项存款余额	万元	359738	315475	14.03
# 政府存款	万元	67984	60205	12.92
住户存款	万元	243959	209454	16.47
非金融企业存款	万元	47795	45820	4.31
各项贷款余额	万元	179396	154155	16.37
住户贷款	万元	76746	75143	2.13
短期贷款	万元	19133	14246	34.3
中长期贷款	万元	57613	60897	-5.39
非金融企业及机关团体贷款	万元	102650	79012	29.9
短期贷款	万元	11918	11714	1.74
中长期贷款	万元	80712	67298	19.93

社会建设

【教育　科学技术】　2016 年末，有职业高中 1 所，普通高中 1 所，普通初中 4 所，小学 32 所；注册幼儿园 10 所。小学学龄儿童入学率 100%，小学六年巩固率 100%，初中三年保留率 98.67%，高中阶段毛入学率达到 89%。成人培训（职工农民）共 10611 次。全年共申报专利 5 件，比上年增长 60%；获得专利 5 件，其中发明专利 5 件，实用新型专利 5 件。有 2 个项目列入各类科技计划。申报临汾市级科技项目 2 项。全县民营科技企业总数达到 10 家。产品质量检验 4 批（次），检定计量器具台 684（件），强制检定率达到 93%。年末，共有 3 家企业取得工业产品生产许可证。

【卫生】 2016年底，全县有卫生机构（含诊所）142个，其中：村卫生所103个，私人诊所25个。全县卫生机构（含诊所）共有床位426张。卫生防疫、防治机构1个，妇幼保健所1个。全县卫生机构共有卫生技术人员462人，其中：县直医疗机构242人，乡镇卫生院（站）64人，防疫、防治与妇幼保健卫生技术人员34人。参加农村新型合作医疗人数达到5.85万人次，筹资3165万元，补偿2400万元。

【人民生活 社会保障】 2016年，全年城镇居民人均可支配收入25195元，增长5.7%；农村常住居民人均可支配收入8335元，增长6.7%；城镇单位在岗职工平均工资51496元，降低1.59%。城镇市场实现消费品零售额70239.8万元，同比增长7.3%，占全部消费品零售总额的77.6%；乡村市场实现消费品零售额20239.7万元，同比增长4.3%，占全部消费品零售总额的22.4%。餐饮收入实现4621.3万元，同比增长8.06%，占社会消费品零售总额的5.1%。年末参加城镇基本养老保险的人数11839人，比上年增加129人；参加农村社会养老保险人数为33196人，比上年增加1431人；年末参加城镇基本医疗保险的人数20490人，比上年增加50人；参加失业保险的人数为5108人，比上年增加3人；参加工伤保险的人数为15878人，比上年增加1004人；参加生育保险的人数为8851人。全县纳入城市最低生活保障的居民600人，比上年减少102人，发放城市低保资金298.1万元，比上年减少52.52%；纳入农村最低生活保障的居民955人，比上年增加286人，发放农村低保资金225.48万元，比上年减少47.46%万元；城乡医疗救助2076人次，发放救助金129.6万元。全县共建立各种社区服务设施13个，其中综合性社区服务中心4个。全年销售社会福利彩票641.48万元。

【资源 环境 安全生产】 2016年末，境内全年来水量5亿立方米，年径流量4.933亿立方米，其中：清水流量为1.78亿立方米，洪水流量为3.153亿立方米。安泽水资源充足，为工农业的发展奠定了坚实基础，在县城以北和川镇岭南村建有引沁入汾工程引水水库，在县城以南马壁乡郎寨村建有西里水电站，沁水张峰水库延伸至安泽县马壁乡马壁村。

森林面积152万亩，林木蓄积量330万立方米，林木覆盖率高达67.2%，位列全省第一。森林火灾率控制在0.4‰以内，达到国家要求标准。全县耕地面积21.53万亩，林地面积152万亩，牧草地面积65万亩，水域面积2.14万亩，园地面积5743亩。2016年，按照新的评价标准，空气质量优良天数322天，其中二级以上天数为279天，一级天数达到43天。年末城区建成区绿化覆盖面积134.95万平方米，新增绿化面积5.2万平方米，绿化覆盖率达到39.26%，人均绿地面积0.007平方米；城市污水处理率95%；生活垃圾无害化处理率100%。

全年共发生生产经营性道路事故4起，死亡4人。全年各类自然灾害造成直接经济损失820.14万元，农作物受灾面积969公顷，较上年减少0.33%。

【旅游】 全年共接待游客101万余人次，

综合旅游收入 3.036 亿元，增长 22.22%。

文化建设

【公共文化体系】 2016 年，有文化馆 1 个，文化站 7 个，农村文化活动场所 104 个，民间艺术表演团体 15 个，图书馆 1 个（1995 年 4 月在全省公共图书馆首次评估定级工作中被山西省文化厅评定为四类图书馆；2009 年在第四次全国公共图书馆评估中被评为三级图书馆；2013 年在第五次公共图书馆评估中被评为二级图书馆），史情馆 1 个，体育场所及设施 236 处，公共体育场馆面积达到 10.53 万平方米。拥有广播电视台 1 座，广播节目 1 套，有线电视节目 136 套，有线电视用户 31543 户，广播人口覆盖率 100%，电视人口覆盖率 96%。省级非遗项目 4 个，市级项目 12 个，县级项目 15 个。销售体育彩票 789 万元。免费开放各个场馆，体育训练馆、棋牌室、舞蹈排练厅分别接待上万人次，图书馆共接待读者近 5000 余人次，借阅 13000 余册。2008 年山西省农村流动图书库为安泽县 103 个行政村各配送 300 册图书，2 个图书柜，省财政厅馈赠流动图书车 1 辆。自 2009 年以来，国家实施农家书屋建设工程，全县 103 个行政村实现了全覆盖工程，每年农家书屋图书进行补充更新，先后配送了 1430 册图书，100 件电子音像制品，2015 年各书屋补充更新图书 76 册，2016 年重点为 40 个书屋补充更新图书各 177 册。

【群众性文化活动】 农家书屋工程于 2008 年开始在全县全面实施，至 2011 年累计建成农家书屋 103 个，实现了各行政村农家书屋全覆盖。每个书屋建筑面积均在 20 平方米以上，配备了 4 节以上的书柜、1 个以上的报刊架、10 人以上同时阅览的桌椅和消防水桶，统一制作悬挂了三项管理制度牌，统一对出版物进行了规范、严格、完备的分类、编目、排架、建账、备案，统一规范出版物借阅登记手续，统一规定书屋开放时间（每周不少于 30 个小时）。每个书屋都配备村委会成员兼任或退休教师等专任的书屋管理员。开展楹联展览、乡村文化记忆展览和保护工作、大型高考报考公益讲座、暑期羽毛球培训、全县农家书屋图书管理员培训和知识竞赛，举办 4 场消夏月晚会，“乐在周五”坚持每周五为百姓举办文艺演出，累计演出 534 场，带领空竹协会 51 人参加临汾市第四届梨花奖广场舞大赛，并取得了三等奖的好成绩。

【文化市场环境优化】 每月开展监督检查网吧不少于 4 次，对歌舞娱乐场所、新闻出版（书店、印刷业、音像制品）等不少于 2 次日常巡查，并连续开展假日、周末检查行动，2016 年底，共出动检查 300 余人次。并与文化市场经营单位签订了安全目标责任书，要求文化经营单位制定文化场所突发事件应急预案。依法办理文化市场、新闻出版物市场行政审批（年检）24 件，其中网吧换证 8 件，KTV 换证 5 件，新闻出版经营 10 件，电影放映 1 件。校园周边文化环境集中整治，共出动人次 20 多人次，车次 10 多车次，共检查互联网上网营业场所 12 家次；书刊、音像制品店 7 家次，有效的遏止了校园周边的文化娱乐场所向学生乱伸“黑手”的现象。集中开展“扫黄打非”“护苗”

“秋风”“清源”等专项整治行动，共检查经营场所42家次，出动120人次，有效遏制了违规行为，净化文化市场环境。

机构设置和领导人名录

中共安泽县委员会

书　记　任秀红（女）（7月免）
　　　　李　强（7月任）
副书记　毛跟云（7月免）
　　　　牛庆国（7月任）
　　　　郭婷慧（女）（7月任）
县委常委　陈鹏飞（7月免）
　　　　　高成锁（7月免）
　　　　　杨玉果（女）（7月免）
　　　　　安海清（7月免）
　　　　　连忠武　张红山
　　　　　李峻石（7月任）
　　　　　魏书亮（7月任）
　　　　　晋红峰（7月任）
　　　　　张曙光（7月任）

安泽县人大常委会

主　任　韩建辉
副主任　孙玉成（7月免）
　　　　刘春成（7月免）
　　　　尹淑兰（女）
　　　　高文生（7月免）
　　　　景豫晋（7月免）
　　　　崔斗庆（7月任）
　　　　张俊宏（2月任）
　　　　苏国珍（2月任）
常委会办公室主任　孟晋鹤

安泽县人民政府

县　长　毛跟云（7月免）
　　　　牛庆国（7月任）
副县长　高成锁（7月免）
　　　　李峻石（常务副县长）7月任
　　　　崔斗庆（7月免）
　　　　吴　勇（7月免）
　　　　魏书亮（7月免）
　　　　张可新（7月任）
　　　　刘合生（7月任）
　　　　盖　勇（7月任）
　　　　张　建（7月任）
　　　　刘　剑（7月任）

政协安泽县委员会

主　席　王孝恩(7月免)
　　　　高成锁（7月任）
副主席　李树清
　　　　宋晓琴（女）
　　　　党爱贞（女）
　　　　娄和玮（7月任）
秘书长　王　军

县委工作部门

县纪律检查委员会

书　记　陈鹏飞（8月免）
　　　　晋红峰（8月任）
副书记　宋晓军（常务副书记）
　　　　王若刚（5月免）
　　　　马辉峰（8月任）
常　委　高　军
　　　　亓根平（5月免）
　　　　翟海元（8月任）
　　　　郝亚俊（8月任）
监察局长　王若刚（8月免）
副局长　马辉峰（8月免）
　　　　陈伟芳（女）
　　　　闫张俊（5月免）

县巡察办

组　长　陈鹏飞(8月免)县委常委、纪委书记
　　　　晋红峰(8月任)县委常委、纪委书记
副组长　安海清(8月免)县委常委、组织部长
　　　　张曙光(8月任)县委常委、组织部长
成　员　宋晓军(5月任)县纪委常务副书记
　　　　宋林乔(5月任)县委组织部常务副部长
　　　　高军(5月任)县纪委常委、县委巡察办主任

县委办公室

主　任　王朝峰
防范办主任　郝　瑞
副主任　王　莉（女）（12月任）
　　　　吕海瑾　雷　军
　　　　崔　伟　陈晓霞（女）
信息化中心主任　吕　瑞

县委组织部

部　长　安海清（7月免）
　　　　张曙光（7月任）
副部长　宋林乔　李　伟
　　　　李建华（5月任）

县委宣传部

部　长　魏书亮
副部长　袁洪生　李软萍（女）
精神文明办主任　赵　鹏

县委统战部

部　长　郭婷慧（女）（8月任）
副部长　焦红胜　武秋红（8月任）

县委政法委员会

书　记　连忠武
副书记　张玉生　雷巧萍（女）
　　　　曹旭东
综合治理委员会办公室主任
　　　　雷巧萍（女）（10月任）

县机构编制委员会办公室

主　任　闫秀武（3月免）
　　　　曹金强（3月任）
副主任　曹　莉（女）
登记局副局长　李念东
主任科员　任海云（女）

县直机关工作委员会

书　记　卫建华

县委老干部局

局　长　冯清华（女）
副局长　张　宏　王　洁（女）

县委、县政府信访局

局　长　李拴香（女）
副局长　宋艳红

县委机要局（国家密码管理局）

局　长　李庆霞（女）
副局长　张田云

县史志办

主　任　郭　胜
副主任　亢　琳（女）

县老龄工作委员会办公室

主　任　张爱虎
副主任　曹　卿

中共安泽县委干部下乡办公室

主　任　王文涛（3月任）

县人大各工作机构

办公室主任　孟晋鹤
人事代表工委主任　冯占先
财经工委主任　李社明
农村工委主任　李光明
教科文卫工委主任　薛增立
内务司法工委主任　王少华

县政协各工作机构

秘书长、办公室主任　王　军

专门委员会提案委主任　李福明
经济委主任　杨清河
文史委主任　徐向党

县政府工作部门

县政府办公室
主　任　任泰成
副主任　马　勇　杨洪泉
　　　　申俊伟
应急办公室副主任　冯　伦（女）
政务大厅管理中心（事业）
主　任　杨洪泉
副主任　曹　秀　茹吉祥
县民族宗教事务局
局　长　武秋红
县发展和改革局
局长、党支部书记　贾　伟（5月免）
　　　　　　　　　白　璞（5月任）
副局长　吴红祥　刘玉贵
　　　　王海燕（女）
县安全生产监督管理局
局长、党支部书记　李世明
安监一队队长　蒋绪宏
副局长　王双喜
副局长　杨惠明
县教育科技局
局　长　刘合生（5月免）
　　　　魏金平（5月任）
副局长　侯敬峰　李新华
　　　　郭玉红
政府教育督导室主任　苏玉河
县卫生和计划生育局
局　长　邓宏斌
副局长　赵志梅（女）　刘引霞（女）
　　　　宋国庆
纪检组组长　任少杰
县食品药品监督管理局
局　长　任丽锋（女）
副局长　杨剑峰
县疾控中心
主　任　蒋璟爱（女）
副主任　黄秀全　焦红玲（女）
　　　　李　斌
纪检组组长　田红芳（女）
县妇幼保健和计划生育服务中心
主　任　李爱梅（女）
县红十字会
专职副会长　滕新年（女）
秘书长　董　慧（女）（10月免）
县民政局
局　长　王家国
副局长　石冰玉（女）
　　　　杨俊明
县审计局
局　长　娄和玮（6月免）
　　　　王若刚（6月任）
副局长　张拴成　周新利
总审计师　卢志云
县文化局
局　长　郝爱民（5月免）
　　　　雷改萍（女）（5月任）
副局长　李满裕　谭　伟
　　　　刘祎玲（女）
县财政局
局　　长　赵红兵
副 局 长　郭红江　李　丰
纪检组组长　常　巍（女）
总 会 计 师　武方杰
县交通运输局
局　长　付顺有（8月免）

副局长　李建设
　　　　窦超有（8月免）
代理副局长　李安刚（10月任）
　　　　　　曹安庆（10月任）
纪检组组长　雷云庆
治超办主任　展瑞刚

县中小企业局

局　长　张天云
副局长　朱宏新

县统计局

局　长、党支部书记　李玉安
副局长　申丽峰（女）
　　　　王　芳（女）
总会计师　张春红（女）
党组成员、监测中心主任　王洪星

县人力资源和社会保障局

局　长、党支部书记　任志勇
副局长　闫忠信　　周安红
　　　　弓志润（女）　窦安明
纪检组组长　孙彦云

县住房保障和城乡建设管理局

局　长　白　璞（5月免）
　　　　张拥军（5月任）
副局长　李垠锁（5月任）
　　　　李国民
纪检组组长　宋书红
总 工 程 师　王学勇

县环保局

局　长　郭万泽
副局长　张俊玲（女）　晋春萍（女）
　　　　郝亚敏
总工程师　郝亚敏

县水利局

局　长　李　晓
移民办主任　赵　红
副局长　武生军　孙学灵
　　　　张俊萍（女）
总工程师　王国盛
水资办主任　谭　英（女）

县林业局

局　长、党支部书记　刘东昕
副局长　杜　军　杨玉真
纪检组组长　陈晓宏
林管局局长　任晓红
党总支副书记　侯红军
总工程师　周栓柱

县农业委员会

主　任　魏金平（5月免）
　　　　赵春亮（5月任）
副主任　尚旭峰　邱树强　李海春
纪检组组长　张向卫
总 农 艺 师　王国宝

县社会主义新农村建设领导组办公室

主　任　王文涛
副主任　白洪斌

县商务局

局　长　曹金强
副局长　曹文川　赵保忠
总工程师　武　印

县畜牧局

局　长　邱东升（12月免）
副局长　高　山
纪检组组长　孙延云
执法队队长　申光耀

县粮食局

局　长　邱金亮
副局长　杨建明
　　　　任红叶（女）
总结经济师　曹广乐
工会主席　张年成

县农机局

局　长　谢军平

副局长　李少峰　李向东　弓常斌

纪检书记　胡宇波

大型站站长　卫永生

县工商和质量监督管理局

局　长　张拥军（5月免）

　　　　王新文（5月任）

副局长　朱建青（女）

　　　　张爱廷　刘　刚

纪检组组长　田俊丽（女）

党组成员、主任科员　赵世宏　夏东升

副主任科员　宋金北

县国土资源局

局　长　郭　龙（6月免）　毋宏祥（6月任）

副局长　刘志刚

主任科员　郭明星

矿业开发中心主任　刘　峰

土地收购储备中心主任　王　鑫

土地执法监察大队大队长　李清龙

县扶贫局

局　长　高建忠（11月免）

　　　　丁　波（11月任）

县气象局

局　长　李爱萍（女）

副局长　夏林喜　陈虎英

政法工作部门

县人民法院

院长、党委书记　孙立杰（6月免）

　　　　　　　　陈建国（6月任）

副院长　牛瑞明　郭新田

　　　　王玉玲（女）

党组成员　郭保忠　郭建江

　　　　　赵和平

政治处主任　郭建江（12月免）

执行局局长　赵和平（10月免）

审判委员会专职委员　尚绪安

　　　　　　　　　　尚晓琴（女）

县人民检察院

检察长、党委书记　张临生

常务副检察长　刘　军

副检察长　张建国

纪检书记　赵　勇

党组成员　申艺俊

检察委员会专职委员　王少俊　李　伟

县公安局

局长、党委书记　李　胜（7月免）

　　　　　　　　崔　军（7月任）

政　委　席俊峰（12月免）

　　　　朱新民（12月任）

党委副书记　席俊峰（12月免）

　　　　　　朱新民（12月任）

　　　　　　李晋生　王雄虎

副局长　程和平

纪检书记　段吉峰

工会主席　刘玉喜

交警大队队长　张盛茂（12月免）

　　　　　　　刘学平（12月任）

指挥中心主任　白　娟（女）

交警大队

队　长　张盛茂（12月免）

　　　　刘学平（12月任）

教导员　徐安生

副大队长　王小青　李安刚　孙　维

消防大队

教导员　曹跃亮

大队长　史爱福

司法局

局　长　张安红

副局长　关军辉　任志恩

军　事

人民武装部

部　　长　张红山

政治委员　杨巨松

副 部 长　庞红平

政工科干事　谢海涛（7月任）

后勤科科长　乔志成

武警中队

中队长　任杰军

指导员　刘浩森

群团组织

县工会

主　席　李　颖（女）

副主席　郭振玲（女）

共青团县委

书　记　王　莉（女）（12月免）

　　　　赵宁伟（12月任）

副书记　项　军（12月免）

　　　　郑霓霓（女）（12月任）

县妇女联合会

主　席　王秀娟（女）

副主席　徐　尧（女）

县科学技术协会

主　席　裴祥亮

副主席　元成宝

县工商业联合会

主　席　张宏星

副主席　杨巧梅（女）

县残疾人联合会

理 事 长　卢青泰

副理事长　郭彩琴（女）　王　芳（女）

县文学艺术界联合会

主　席　赵俊峰

副主席　高凌飞

县直事业单位

县委党校

校　长　郭婷慧（女）（7月任）

常务副校长　田淑珍（女）

副 校 长　马新梅（女）　尉小芳（女）

主任科员　展天亮

县新闻网络中心

主　任　吴桂平

副主任　单少华

通讯组

组　长　苏晓峰

副组长　腾　宁

县人民防空办公室

主　任　任泰成

专职副主任　丁　波

县机关事务管理局

局　长　李　勇

副局长　宋宏伟

县档案局

局　长　张爱林

副局长　崔　敏（女）（4月免）

县地震局

局　长　冯应端

县广播电视服务中心

主　任　李根明

副主任　秦安生　董晨梅（女）

县文物旅游局

局　长　冯俊跃

副主任科员、博物馆馆长　逯秀珍（女）

副主任科员　安丽丽

县国际资金管理局

局　长　尚道亮

采购中心

主　任　元忠平

副主任　尚玉平

国库集中支付局

局　长　范文庆

预算中心

主　任　崔永斌

副主任　王　萍（女）

农业综合开发办公室

主　任　王文亮

副主任　窦书庆

县招商局

局　长　吴卫忠

招标办

主　任　倪志俊

房地产管理局

局　长　韩艺卿

县果业中心

主　任　亢建峰

副主任　刘彦明　田高升

县重点项目办

主　任　宋国宏

联动中心

主　任　吕晓娟（女）

副主任　党辉亮　李晓晖（女）

县城镇集体工业联合社

主　任　贺玉宁

县供销合作社联合社

主任、党支部书记　王耀东

副主任　郭向阳

县综合检验检测中心

主　任　郑汉星

县卫生监督所

所　长　宋设生

副所长　李志刚　孔　宁

县人民医院

院　长、党委书记　迟同斌

党委副书记、纪检组组长、副院长　王永铭

副院长　孙战彬　蒋青峰　张旭昀

工会主席　李庆文

县中医院

院长、党支部书记　赵红林

党委副书记、副院长　任红生

副院长　李卫国　王清泉

县一中

校长、支部副书记　张安祥

支部书记　侯勇军

副校长　王建忠　杨秀文

纪检组长　孟爱玲（女）

职　高

校　长　武庆和

支部书记、副校长　王君棋

副校长　安俊峰　韩志宏

工会主席　于建胜

县二中

校　长、支部副书记　张建青

支部书记　李香红（女）

副校长　段伦亮　赵俊武　赵东生

教务处主任　朱　莉（女）

烟　办

主　任　马红岩

副主任　臧洁民　张雪莲（女）

乡镇　社区

唐城镇

党委书记　李世民（4月免）
　　　　　张俊生（4月任）

党委副书记、镇长　张福增（4月免）
　　　　　　　　　亓根平（4月任）

人大主席　李建军

党委副书记　孟连根

纪检书记　罗艳丽(女)(4月免)
　　　　　李春明（4月任）

党委委员、政府副镇长　王小方　张玉忠
政府副镇长　李红梅（女）
　　　　　　黄　娟(女)(4月任)
党委委员、武装部部长　王国栋
党委委员、组织委员　吴　瑾（女）

和川镇

党委书记　王朝峰（4月免）
　　　　　张福增（4月任）
党委副书记、镇长　周来群（4月免）
　　　　　　　　　张里锁（4月任）
人大主席　李垠锁（4月免）
　　　　　冯安芳(女)(4月任)
党委副书记　李淑玲(女)(4月免)
　　　　　　魏海军（4月任）
纪检书记　赵　龙（4月免）
　　　　　姜冬云（4月任）
党委委员、政府副镇长　牛国根（4月任）
　　　　　　　　　　　王　蕾（女）
政府副镇长　李泽敏（4月免）
　　　　　　郭　峰（4月免）
　　　　　　刘　振（4月任）
　　　　　　赵　芳(女)(4月任)
党委委员、武装部部长　李　军
党委委员、组 织 委 员　范成仁
　　　　　　　　　　　王秋林（4月任）

府城镇

党委书记　牛福生（4月免）
　　　　　张建富（4月任）
党委副书记、镇长　张建富（4月免）
　　　　　　　　　牛宏军（4月任）
人大主席　薛长森
党委副书记　卫建华（4月免）
　　　　　　王力士（4月任）
纪检书记　王力士（4月免）
　　　　　李喜俊（4月任）

党委委员、政府副镇长　曹安庆
　　　　　　　　　　　段　东（4月任）
政府副镇长　吴素青　崔　敏(女)(4月任)
党委委员、武装部部长　董德良
组织委员　余俊萍（女）

冀氏镇

党委书记　张俊生（4月免）
　　　　　付　强（4月任）
党委副书记、镇长　任云智（4月免）
　　　　　　　　　窦金亮（4月任）
人大主席　卢国梁
党委副书记　袁翠英（女）
纪检书记　曹　斌
党委委员、政府副镇长　娄雁楠
　　　　　　　　　　　宋红梅（女）
政府副镇长　高金凤(女)(4月任)
　　　　　　田　龙（4月任）
党委委员、武装部部长　裴文静
党委委员、组 织 委 员　高　峰

良马乡

党委书记　赵春亮（4月免）
　　　　　周来群（4月任）
党委副书记、乡长　张国强（4月免）
　　　　　　　　　李淑玲(女)(4月任)
人大主席　宋海林
党委副书记　孙爱民（4月免）
　　　　　　罗艳丽(女)(4月任)
纪检书记　姜冬云（4月免）
　　　　　马旭鹏（4月任）
党委委员、政府副乡长　王红刚　宋文彬
政府副乡长　高金凤(女)(4月免)
　　　　　　张红俊（4月任）
　　　　　　李根虎（4月任）
党委委员、武装部部长　李连宏
党委委员、组织委员　李春梅(女)(4月任)

马壁乡

党委书记　雷改萍(女)(4月免)
张国强（4月任）
党委副书记、乡长　刘建军（4月免）
许勇辉（4月任）
人大主席　张里锁（4月免）
孙爱民（4月任）
党委副书记　任德茂
纪检书记　李春明（4月免）
郝　云（4月任）
党委委员、政府副乡长　宋海兵　胡东侠
政府副乡长　邱璐璐（女）
高玉芳(女)(4月任)
武装部部长　李　博（4月任）
党委委员、组织委员　郭海龙

杜村乡

党委书记　王新文（4月免）
刘建军（4月任）
党委副书记、乡长　付　强（4月免）
刘　宁（4月任）
人大主席　张桠杰（4月任）
党委副书记　张桠杰（4月免）
赵　龙（4月任）
纪检书记　曹　斌（4月免）
李泽敏（4月任）
政府副乡长　仇　辉（2月免）
刘　钊（4月任）
刘香兰(女)(4月任)
党委委员　李林峰（4月免）
武装部部长　赵宁伟（4月任）
党委委员、组织委员　卢华平

社区服务指导中心

主　任　郭有锁
副主任　成跃红
社区党工委书记　王根宝
社区党工委副书记　王海霞（女）

驻安泽县单位

国税局

党组书记、局长　王永红(2015年4月免)
党组成员、副局长　范红军　党辉斌
刘安生

地税局

党组书记、局长　张建兵
党组成员、副局长　李海生　尚宪�
苏永刚
党组成员、纪检组组长　崔永辉

地电安泽分公司

党支部书记、经理　陈晓斌（5月免）
刘力杰（5月任）
党组成员、副经理　王俊萍(女)(10月免)
李宏宇（10月任）
郝爱军（10月任）
党组成员、工会主席　原国宏

临汾市住房公积金管理中心安泽管理部

主　任　崔生岳

银监办

主　任　杨建民

中国人民银行安泽支行

党组书记、行长　曹新跃（3月免）
刘志平（3月任）
党组成员、副行长　梁亚军　秦永文
党组成员、纪检组组长　赵建宏
副主任科员　魏晓明

中国农业银行股份有限公司安泽支行

党组书记、行长　崔金昌
党组成员、副行长　宋宏伟
党组成员、工会主席　郭俊峰

中国农业发展银行安泽支行

党组书记、行长　王国荣

党组成员、副行长　段徐军　夏　岩

安泽县农村信用合作联社

党委书记、理事长　王九生

党委副书记、主任　徐　红（女）

纪检书记、监事长　吉守智

党委委员、副主任　郭海军　曹志伟

安泽邮政

局　长　成长青

中国移动通信集团山西有限公司安泽县分公司

经　理　柴云青

副经理　毛　鹏

中国联合网络通信有限公司安泽县分公司

经　理　程晓栋(8月免)　由院丰(8月任)

副经理　郭小军

中国电信股份有限公司安泽县分公司

经　理　宋国华

中国石油化工股份有限公司山西临汾安泽石油分公司

经　理　周新华

副经理　何　凡

中国人寿保险股份有限公司临汾分公司安泽县支公司

经　理　杨　勇

副经理　张海宏

中国人民人寿保险股份有限公司临汾市中心支公司安泽营销服务部

经　理　刘改娥（女）

安泽公路段

党支部书记、段长　杨洪昌

党支部副书记、副段长　许春生　于　涛
任　华

工会主席　秦安平

安泽烟草专卖局

局长、经理　武俊平

副局长　焦红萍（女）
梁文虎

山西省临汾交通运输执法局安泽县分局

局　长　任记廷

副局长　王海珍（女）

药材公司

经　理　王雨胜

副经理　范志进

新华书店

经　理　李东生

中国共产党安泽县委员会

综　　述

【党建工作】　坚持党建工作常态化、项目化推进，制定县乡书记抓党建工作“三个清单”，细化任务指标94项，全部按序时进度完成任务。新一届班子组成后，纷纷深入各自包联乡镇、党建联系点开展指导工作，形成了合力狠抓党建的良好局面；创新形式开展书记面对面述职，四大班子全部参加、逐一点评，并在全县通报、责令整改，把管党治党的责任落到了实处。

【思想建设】　坚持把思想政治建设作为生命线，扎实开展“两学一做”学习教育，各级领导干部讲党课1048次，集体学习6224次，开展专题讨论1572次，建立问题清单266个，查摆问题1126个，已整改1076个。坚持每周一次县委中心组学习，常态开展干部教育培训，举办干部大学堂22期，培训党员干部9000余人次；坚持用好党校主阵地，党校利用率达到90%以上。坚持多形式开展党性教育，全县各级干部接受红色教育3000余人次。启动完成第三届“感动安泽人物评选”，以榜样的力量教育全县干部群众。思想教育的持续推进，全县党员干部“四个意识”不断增强，思想行动更加自觉统一到党中央、省委、市委和县委的各项部署上来。

【组织建设】　扎实推进“7+3”基层党建重点任务，全面完成170个机关企事业单位党组织换届，全县72家非公企业全部实现“两个全覆盖”。18个软弱涣散党组织全部转化完毕，解决突出问题27个。引深拓展“定查评”，目标任务全部完成。优先保障党建工作经费，村均党建经费达到10万元以上；投入120余万元维修改造行政村组织活动场所44个。持续引深“双引领双服务”“三联两报到”活动，完善提升“三级中心一格一网”工作体系，全县104个行政村集体经济收入提前50天全部实现“破万”；三级中心今年提供便民服务32339人次，基层党组织政治功能、服务功能、发展功能全面增强。

【队伍建设】　按照县乡换届的“四好”目标要求，从严换届的标准程序和纪律，县四大班子均已全票和高票当选；原乡镇班子调整率达64.7%，新班子平均年龄比上届下降2岁，专科以上学历提高4.73%，县乡班子结构全面得到优化，选出了忠诚干净担当的好干部、配出了结构优功能强的好班子、换出心齐气顺劲足的好面貌。不断加大村“两委”干部激励和关爱，“七一”评选表彰3名功勋支部书记、3名红旗书记，为村离任干部发放生活补贴41万余元；选拔46名优秀干部担任村“第一书记”，15名大学生村官转岗乡镇工作，打造了基层不走的工作队。

【作风建设】 县委常委班子成员坚持以上率下，积极开展“一带三创”活动，带动全县干部只争朝夕抓落实，将作风的改进体现到各项工作中。建立四大班子、党委书记、乡村旅游、脱贫攻坚等工作微信群，各级干部通过微信亮晒进度、互相交流，打起了“擂台赛”，只争朝夕抓落实，仅用65天时间，投资1亿元年产值8亿元的临汾耀阳光伏组件生产项目就成功投产试运行；仅用十天左右时间，4个乡镇30多个村就成功打造多个休闲旅游节等，创造了一个个“安泽速度”和“安泽纪录”。工作作风的不断改进，赢得了民心、加快了发展。

【党风廉政建设】 坚持把党风廉政建设纳入全县工作大局，第一时间学习传达中央省市会议精神、每次会议都做安排部署、时时处处督查强调党风廉洁建设。制订了《安泽县2016年党风廉政建设工作计划》，层层落实党风廉政建设主体责任清单、问题清单和整改清单。全力支持纪委开展工作，优先保障纪检经费，借助县乡换届机会将36名同志配进纪委系统，为纪委提供了条件最好的办公场所，硬件建设全面提标。积极推进监察体制改革试点工作，各项工作走在了全市前列。全面加强巡察工作，先后对13个单位开展首轮巡察，发现问题线索86个。从严执纪问责，努力用好“四种形态”，2016年受理问题线索190人209件，结案160件，给予党政纪处分160人，其中科级干部19人，重处分22人，移送司法机关1人，切实将党风廉洁建设“两个责任”落到了实处。

【生态建设】 坚定不移地推进绿色发展，建设好绿水青山，打造好金山银山。久久为功狠抓植树造林，全年造林0.56万亩；加快建设一个国家级森林公园和一个国家级湿地公园，全力打造三晋“绿心”；大力发展林下经济，加大油用牡丹等经济林种植力度，落实种植1.09万亩；全力推进有机农业发展，持续发展壮大主导产业，巩固有机玉米种植1万亩，全县黄牛、猪、羊、家禽存栏分别达到1.3万头、3.1万头、10.4万只、61万只，肉类总产量达1.83万吨，禽蛋产量达0.55万吨，奶产量达0.82万吨。全力加快以连翘为主的中药材产业发展，新增中药材人工种植4500余亩，新建野生连翘抚育基地3900亩，不断加大招商引资力度，努力打造国家级连翘加工基地和山西省中药材集散中心。全面贯彻落实新《环境保护法》，大力开展大气、水、土壤污染防治“三大战役”，2016年二级以上天数达322天，其中一级天数达到43天，全力守护了安泽的青山绿水、清新空气。

【工业转型】 坚持做大做强传统煤焦产业，累计取消10项收费项目，为企业减免税费共计4962万元，扎实开展干部“入企服务”活动，千方百计为企业破解发展困难，全年生产原煤445万吨，焦炭240万吨，洗精煤160万吨，煤炭和焦化企业实现了满负荷生产。致力打造国家级循环经济示范园区和低碳生态园区，加快推进唐城循环经济园区建设，永鑫千吨甲醇制丙烯分子筛催化剂项目建设已完成可研，省发改委已经备案。积极培育新兴产业，着力构建煤层气、光伏能源等清洁能源新体系。总投资1亿元的耀阳光电200兆瓦/年光伏组件生产线项目已投产，预计年销售额8亿元，利税5000余万元。在北京举办的大型招商引资推介会上，与河北建投集团签署了总投资18亿元的风力发电项目，工业项目转型升级迈出了实质性步伐。

【“精品旅游县”建设】 坚持将旅游作为三产提质升级的重要突破，充分挖掘安泽丰富的旅游资源，启动制定全县旅游发展规划，精心做好“黄花、红叶、荀子”三篇文章，全力推进全域旅游。以绿色生态游、红色文化游、休闲娱乐游等为主攻方向，国庆节期间，4个乡镇38个村同时举办多个乡村旅游节，接待游客32万余人次，旅游总收入达4800余万元，带动村集体经济和贫困户增收70余万元，实现了乡村旅游向全区域、全要素、全产业链的发展，三次产业结构更趋合理。

【“山水田园城”建设】 积极推进沁河治理、旅游公路、309国道安泽县城段改线、县城集中供气供热工程等项目建设。旧城改造提升工程“一纵”基本完成，“一横”正加快推进；安福路、希望街、新星巷等6条街巷改造工程已全部完成；中南铁路安泽站站前广场、通站道路，工程量均完成90%以上，城市基础功能持续完善。先后与山西建筑工程（集团）总公司、北京首创资本投资管理有限公司签订战略合作协议，从根上破解了“谁来建设”“谁来投资”等建设难题，为全面开工打下了坚实的基础。

【创建“国卫”工作】 全县积极创建国家卫生县城和国家卫生乡镇，县级领导带队开展环境整治2000余人次，大力实施城市净化、蓝天碧水、绿色魅力、街道畅通、亮化提升、市容美化、花园机关、健康教育“八大工程”，全县城乡环境卫生面貌极大改善，做到了从时间上提前、在范围上全覆盖。

【脱贫攻坚】 面对全县3470户、8514口人的脱贫任务，坚持以脱贫攻坚统揽全县发展大局，全县一个目标合力抓脱贫、每户一本手册精细抓脱贫、每户一支队伍帮扶抓脱贫、每日一次例会推进抓脱贫、用好一个微信实时抓脱贫、坚持过好一个生日亲情抓脱贫，开展“决战77天，奋力脱贫攻坚”行动，各级干部坚持扶贫先扶心，与贫困户照全家福、为贫困户过生日，发送祝福短信399条，为264个贫困户过生日，让群众心情更愉悦，进一步密切了党群干群关系；积极探索“党建+产业+扶贫”新模式，大力实施乡村旅游、光伏发电、油用牡丹种植等举措，169户（贫困户96户278人）安装分布式光伏板，户均年收益可达5000—10000元；3个集中光伏电站建设全部完成，将带动40个贫困村年增加村集体收入500万元以上。持续推进易地搬迁，集中安置91户160人，分散安置8户25人，已竣工6户19人。持续推进教育扶贫，全面落实贫困生补助，精准推进“雨露计划”，帮扶914人，资助在校大学生30名；持续实施“五类困难家庭学生”资助等十项“免补”政策，全面推进“十二年教育全免费”，帮助贫困家庭全面“减负”。持续推进健康扶贫，投入13.61万元，为全县贫困户投保大病医疗补充保险；县乡两级卫生医疗机构结成医联体，采取“组团+菜单”式服务，定期到贫困村开展“义诊”，目前已为1900余名贫困群众进行了健康体检。持续推进民政扶贫，全面加大因病致贫返贫救助力度，全年发放困难群众临时救助金31.92万元、农村低保金194.5万元；为202名贫困患者发放救助资金62.2万元，为1124名重度残疾人发放护理补贴65.03万元。目前，1678户4400人已实现稳定脱贫。

【民生改善】 从解决人民最关心最直接最现实的利益问题入手，全力打好教育均衡发展、医疗卫生、社会保障、文化繁荣等民生保障改善攻坚战役。教育上，重点实施了和川、杜村、良马中心幼儿园建设、安泽一中标准化建设和教育信息化提升工程，全方位、多渠道开展了教师培训，全县教育教学质量稳步提升。卫生上，完成了杜村乡卫生院业务用房、县人民医院医技门诊综合大楼和县中医医院住院楼建设项目主体楼建设；持续实施“四免一降”惠民措施。“新农合”参合率稳定在99%以上，累计支付4.4万人次，支付基金1686万元；分层开展“对口援医”，省市下派专家20余人，县乡医生基层坐诊52人次，培训乡村医务人员150余人次，全县医疗水平全面提升。文化上，持续实施文化惠民育民工程，深入开展乐在周五、春行在安泽、创国卫运动会等文体活动，持续开展“感动安泽”人物评选宣传，全面聚合了发展正能量。社会保障上，全县养老、医疗、工伤、失业等保险应保尽保，城乡低保、社会福利、救灾救济等工作持续推进；新增就业岗位878人，转移农村劳动力1581人，群众幸福指数不断提升。

【安全稳定】 牢固树立总体安全观，认真履行安全生产党政同责，对辖区内4580家生产经营单位、124家行业领域单位和62项在建工程项目全部从严压实监管责任，实现县、乡、村、企党政同责“四级五覆盖”，扎实开展安全大检查和隐患大排查大整治，严格按照“五落实”要求立整立改，共排查整治各类安全隐患1422条，不断完善建立长效机制，全力以赴确保安全生产。全面推进法治建设，安泽县荣获全国法治宣传教育先进集体。扎实推进平安建设，深入开展打黑除恶、“六六创安”专项行动，不断强化社会治安防控，群众安全感和满意度名列省市前列。

巡　察

【机构和编制】 2016年5月，市县巡察工作正式开展。根据上级有关要求，全县巡察工作迅速启动。2016年5月4日，县委常委会对巡察工作进行专题研究，5月12日，召开了全县推进县乡党委巡察工作动员会，确保了巡察工作的如期启动和有序推进。1. 成立县委巡察工作领导小组，组长由纪委书记担任，副组长由组织部部长担任，纪委、组织部各1名主管领导和1名纪委常委为成员。县委换届后及时调整领导小组成员。2. 组建巡察工作领导小组办公室（简称巡察办），为县委常设工作部门，设在县纪委。办公地点为县政府一楼。3. 成立县委巡察组。组织机构分设巡查一组、巡查二组及巡查三组，设立了3名专职巡查专员。

根据《关于建立我县巡察工作机构的通知》（安编办发〔2016〕19号）文件，巡察办机构规格为正科级，核定行政编制3名，其中主任1名，副主任1名。巡察组核定行政编制6名，每组2名。每组设组长1名（由正科级以上干部担任，不占巡察机构行政编制，从巡察组组长库中抽选授权），巡察专员1名（副科级），配备专职巡察干部1名。巡察办和3个巡察组共核定9名行政编制。根据工作需要，组建了由8名正科级干部组成的巡察组组长库和由14名专业人员组成的巡察人才库。

【巡察工作制度】 2016年5月12日，安泽县委印发了“一个意见三个办法”，即《中共安泽县委关于建立县级巡察制度的意见（试行）》（安发〔2016〕16号）、《中共安泽县委巡察工作实施办法（试行）》、《中共安泽县委巡察组组长库管理办法（试行）》、《中共安泽县委巡察组人才库管理办法（试行）》（安发〔2016〕17号），为全县巡察工作开展提供了根本遵循。

【县委巡察工作领导小组工作职责】 1. 贯彻中央、省委、市委和县委有关决议、决定；2. 研究提出县委巡察工作规划、年度计划和阶段性任务安排；3. 听取巡察工作和巡察情况汇报；4. 研究巡察结果运用，分类处置，提出相关意见和建议；5. 向县委报告巡察工作情况；6. 对县委巡察组进行管理和监督；7. 领导全县巡察工作；8. 研究处理巡察工作中的其他重要事项。

【县委巡察办工作职责】 1. 传达贯彻县委和领导小组的决策部署，向领导小组报告工作情况；2. 承担巡察工作的综合协调、政策研究、制度建设等工作；3. 对县委和领导小组决定的事项、巡察整改及巡察移交事项进行督办；4. 对巡察人员进行培训、考核、监督和管理；5. 与纪检、组织、政法、审计、信访等机关和部门进行沟通联络、工作协调；6. 负责与市委巡察办的日常联络工作；7. 负责巡察工作的后勤保障和巡察资料的统一保管；8. 办理领导小组交办的其他事项。

【县委巡察组工作职责】 1. 认真贯彻、严肃执行县委和县委巡察工作领导小组有关巡察工作的决议、决定，承担巡察任务，向县委巡察工作领导小组及巡察办负责并报告工作；2. 经县委“五人小组”和领导小组审定后，及时向被巡察党组织领导班子及其主要负责人分别反馈巡察情况，指出问题，有针对性地提出整改意见。3. 研究巡察成果的运用，提出相关意见、建议；4. 发现并移交经县委巡察领导小组审定的违纪违法问题及线索；5. 研究处理巡察工作的其他事项。

【巡察工作开展情况】 全县巡察工作以来，根据市委和县委巡察工作部署，县委巡察组认真贯彻中央和省、市、县巡视巡察工作方针，从党的领导弱化、党的建设缺失和全面从严治党不力等方面入手，坚持问题导向，深入开展巡察。对于巡察中发现的问题线索，全部及时移交纪委部门处理。同时，认真督促抓好整改落实工作，初步发挥了巡察震慑、遏制、治本作用，确保了巡察工作取得实效。

1. 第一轮巡察。根据县委和县委巡察工作领导小组安排，2016 年 5 月 16 日至 7 月 15 日，开展了对良马乡、马壁乡 2 个乡镇和扶贫局、农机局 2 个涉农单位的常规巡察。

2016 年 7 月 1—15 日，开展了对国土、发改、安监、公安、编办、环保、水利、人社、审计 9 个涉矿单位的专项巡察。

2016 年 10 月 8—27 日开展了对良马乡、马壁乡 2 个乡镇和扶贫局、农机局 2 个涉农单位“党内政治生活制度”的专项巡察。

2. 第二轮交叉巡察。2016 年 11 月，根据市委统一部署，安泽县派出 3 个巡察组 15 人，赴曲沃县对该县教育、卫计系统 8 个单位及其曲沃县脱贫攻坚工作开展了专项巡察。市委第一巡察组联系指导翼城县委派出的巡察组对安泽县教育、卫生系统 9 个单位及其全县脱贫攻坚工作开展了专项巡察。

县委办公室

【办文质量】 文稿质量的高低是衡量办公室工作水平好坏的重要标志。2016 年严把起草关、创新关和审核关，认真完成了县第十四次党代会、县“两会”、全县经济工作会等县委主要领导讲话和各类工作汇报材料 120 余篇，制发县委文件 50 期，印发县委办公室文件 97 期，承办上级来文 300 余件，很好地起到了以文辅政的作用；在市级报刊发表了《安泽县扎实推进党建工作再提升》《安泽县“农业固县”显成效》《安泽县强化“四个保障”助力中药材产业发展》《安泽县助力村级集体经济“破零”》等通讯报道 15 篇，进一步扩大了安泽对外知名度和影响力。

【信息报送】 2016 年充分发挥信息科、社情民意通道和信息化中心等各个平台作用，坚持全员办信息，积极拓展延伸信息渠道，密切关注社情民意和经济社会发展动态，严格执行信息日常报送、紧急信息报送制度，努力在第一时间发现和捕捉各类信息，为县委把握大局、科学决策、推动工作提供可靠服务。今年共收集编发《安泽信息·普刊》102 期；上报省、市委信息 153 条。信息工作排名全市前列。

【会务工作】 会务工作的底线是“零失误”。为此，做到坚持提前预备、分工负责、层层把关，做到会场布置整洁庄重，会场服务细致周到，会议材料齐备无差错。全年共办理临时交办事项 300 余件，办理会议通知事项 150 余件，接处紧急重要情况报告 3 件次，承办了全委会、全县经济工作会议、县党代会、县“两会”等重要会议及大型活动 20 场，全部做到了忙而不乱、有条不紊、万无一失。此外，还切实加强对台工作，充分借助广播、电视、分发宣传材料等形式，广泛宣传对台方针、政策和理论知识，在全社会营造起关心支持对台工作的良好氛围。

【督查工作】 2016年坚持“高效、有序、务实、创新”抓督查，积极构建上下畅通、左右衔接、内外结合、覆盖全县的督查工作网络体系，并进一步健全完善督查工作机制，坚持围绕全局督大事，共制发各类会议及日常督办通知10件，登记、催办县委领导批示事项12件，所有事项均在限期内办理完毕，办结率达100%；坚持关注民生督实事，认真对县委、政府确定的重点工程和民生实事进行督查17次，并及时准确、全面客观的反馈给县委、政府主要领导，特别是定期对县委主要领导亲自督查事项进行“回访”督查，全力推动了县委决策部署的落实；坚持紧扣热点督难事，积极探索推行了“双向互动工作法”。此外，共编发上报《督查专报》15期，较好地履行了督促检查职能，为促进安泽经济社会的平稳较快发展发挥了重要的作用。

【保密工作】 机要保密局严格按照《密码工作条例》和有关规定，报批密码和密码设备配置，做到了所需经费足额落实到位，密码和相关设备有专柜存放、专人管理，登记规范、齐全，递送符合保密要求。2016年共发明传电报26份、发密码电报21份、收明传电报627份、收密码电报347份，没有出现泄密事件，确保了县委与上级党委机关的工作联系和信息畅通，保证了中央、省市重大决策和重要工作部署的迅速贯彻落实。同时，还采取悬挂标语、发放宣传资料、开设专题讲座等多种方式，在全县范围内加大保密法规宣传力度。

组　　织

【“两学一做”学习教育】 2016年全县各级党组织制订学习计划和日程300多个，组织集体学习5160次，书记讲党课786次，开展专题讨论1310次。具体做到了“五个坚持”：一是坚持以上率下，层层带动。县四大班子带头学习、带头研讨，县级领导干部以身作则，以普通党员身份参加所在支部的组织生活。各级党组织书记认真履行第一责任，亲自抓，领着做，切实发挥示范带动作用。二是坚持六学并进，“学”有实效。采取原原本本学、专题辅导学、树立榜样学、送教下乡学、网络平台学、集中测试学等形式，围绕习近平总书记系列讲话、脱贫攻坚等内容，将学习融入日常、抓在经常。三是坚持载体推动，“做”有实功。用好“双引领双服务”、“311”服务体系、“三联两报到”等特色载体，推行了“党员示范田”，切实把各级党组织和党员的力量聚焦到“双攻坚”等中心工作上。四是坚持严督实导，问效问责。组建5个督导组，对各单位进行了三轮督导，采取不打招呼、突击检查、现场提问、全县通报的形式，对266个党支部进行全面督查，发出问题清单，限期整改。五是坚持宣传引导，营造氛围。编发工作简报52期，发放必知必会知识问答手册800余本，在安泽党建网、政府网开设专栏，开展了主题征文，在全县营造了良好氛围。

【领导班子和干部队伍建设】 1.圆满完成县乡领导班子换届。具体做到了三个“从严”，即代表（委员）推选从严、选举程序从严、换届风气从严，取消53名候选人资格，对代表（委员）进行了反面警示与正面引导，省市县三级督导组全程监督，确保了换届风清气正。换届后，新一届县乡两级领导班子结构进一步年轻化、知识化、科学化，尤其是乡镇班子平均年龄38.38岁，比上届下降2岁，大专以上学历占98%，实现了“绘出好蓝图、选出好干部、配出好班子、换出好风貌”的目标。

2. 从严推进“三个一批”。按照“六查”要求，分3批次对乡镇领导班子成员75人、县直单位班子成员17人进行了审查，所有人员均征求县纪委等六部门意见，委托社区进行了“八小时外”考察，入户走访谈话930余人次；同时，严格干部人事档案审核。通过以上措施，有效地杜绝了带病提拔、带病上岗等现象，进一步推进了“三个一批”工作常态化。

3. 强化干部培训工作。坚持一月一次专题培训，一季一次高端讲座，紧紧围绕“十三五规划”、脱贫攻坚等中心工作，共举办20期“干部大学堂”，培训干部5500余人次。举办了为期6天的“2016年新任乡镇党委班子成员培训班”，全县29名新任乡镇党委班子成员、全体组工干部和党校教师身着八路军服，徒步20多公里到杜村乡红色革命教育基地，踏寻王光烈士足迹，现场聆听党课，吃“忆苦思甜”饭，分组进行拓展训练，亲身感受太岳革命精神。同时抓好干部在线学院的学习，注册学员平均学时达59个，上线率达100%。

4. 从严干部监督管理。出台了《干部八小时外监督办法》，建立干部监督员制度，组织召开了“2016年干部监督联席会议”；组织全县113名正科级实职干部填报了《领导干部个人重大事项报告表》；结合实际，采取多种调整方式，于9月底前顺利完成11名超职数配备干部整改消化任务；大力推进职务职级并行工作，对125名干部进行了调资备案；认定疑难干部人事档案18卷。

【基层组织建设】 坚持把基层党建摆在全县发展大局的重中之重，认真落实基层党建“一带三创”和全市“7+3”重点任务，着力夯实基层基础，增强党组织的凝聚力和战斗力。

1. 强化党建责任落实。县、乡、村三级层层签订基层党建目标责任书，建立了县乡党委抓农村基层党建“三个清单”，明确了94项任务。9月份召开了基层党建工作推进会，总结工作，查找问题，部署任务，12月底前对乡、村党建目标任务完成情况进行检查验收，并将检查结果进行全县通报。

2. 夯实基层组织基础。主要抓了六项工作：按期完成基层党组织换届。印发了换届工作手册，明确了党组织候选人条件、换届程序以及文件范本，规范了基层党组织换届工作，于11月中旬顺利完成269个党组织的换届工作。强力推进非公企业和社会组织“两个覆盖”。分9组对53家正常经营企业实行“七清三建”，单独组建党组织4个，联合建6个，成立党小组11个，下派27名党建工作指导员，实现党的组织和工作“全覆盖”。强化组织活动场所建设。全县4个社区组织活动场所面积均达到市定标准。县财政专项拨付补贴资金71.34万元，用于25个贫困村的活动场所建设。强化党建经费保障。在省、市财政投入的基础上，县财政下拨农村党建工作经费438万元，确保每个村党建经费平均达到10万元；县财政列支50万元经费，专项用于村级组织活动场所的修缮、改造。认真开展软弱涣散党组织专项整顿，全县18个软弱涣散基层党组织全部实现转化升级。六是深入落实“定查评”工作法，今年共确定2252个目标，目前已完成94.01%。

3. 建强基层骨干队伍。继续推行“七个一”工作法，抓好46名农村第一书记的日常管理；举办了农村“领头雁”培训班，对290余名村（社区）“两委”主干进行了为期3天的集中培训；认真开展党员组织关系集中排查，共核查出失联党员107人；开展了党费收缴、使用和管理自查自纠工作，制定下发了党费收缴明白卡；建立“党代表工作室”月报制度，强化18个“党代表工作室”的日常管理；推行《大学生村官工作日志》制度，在大学生村官中考核录用了13名事业单位工作人员。

4. 倾力推进抓党建促脱贫攻坚。开展村集体经济“破零”行动，县委与乡镇、乡镇与农村层层签订“破零”责任书，同时与101个包村单位签订“破零”责任书，动员全县力量打响脱贫攻坚战。坚持因村施策、用足资源，在巩固资产资源发包增收的基础上，通过光伏发电、乡村旅游、油用牡丹、引进龙头企业等推进脱贫攻坚，促进增产增收。在国庆长假期间，安泽县府城镇、和川镇、马壁乡、杜村乡举办了各具特色的旅游节，共吸引接待游客32万人次，带来经济收入4800余万元，带动村集体增收51.4万元，带动84户贫困户增收15.12万元。2016年，村级集体经济呈现健康发展的良好态势，所有村都达到1万元以上，3万元以上的达30%。

【人才工作】 坚持“党管人才”原则，大力推进人才强县战略，采取多项措施，着力打造一支数量充足、素质优良的人才队伍。1. 完善人才机制。制定了《关于开展院县共建柔性引进人才的实施办法》和《安泽县县委联系专家管理办法（试行）》；组织召开了“院县共建”工作座谈会。2. 更新信息库。开展了农村实用人才、安泽籍在外优秀人才信息采集工作，对党政管理人才、高技术高技能人才、县委联系专家信息库进行了梳理更新。3. 引进高层次人才。参加了“2016国家‘千人计划’临汾行活动”，与4名国家“千人计划”专家签订了合作意向；永鑫煤焦化有限公司在2016年引进了中科院煤化所603工作组，成立了中科永鑫科技有限责任公司。4. 发挥各类人才作用。积极开展人才服务基层活动，组织县委联系专家和各类专业技术人才深入基层，开展技术指导153次，举办培训23期，培训人员达4236人次，送科技图书2万册。

宣　传

【强化党委中心组学习】 县委中心组按照年初制定的学习计划及“两学一做”学习教育安排，采取专题辅导、领导领学、集中研讨、专题讲座、观看影像等形式，今年集中学习12次，自学时政热点篇目19篇。强化意识形态研判。严格落实党委（党组）意识形态工作责任制，召开了全县意识形态领域分析研判座谈会，加强对意识形态领域情况的定期分析研判，牢牢掌握意识形态工作的领导权和主动权。强化理论特色品牌引领。“干部大学堂”坚持高端前沿时效，围绕理论热点、时政焦点，今年邀请中央、省、市专家学者先后举办了“生态文明与绿色发展”“奋战十三五全面建小康”“坚持正确方向提高传播引导力”“学习领会习近平总书记‘七一’讲话精神”等22期干部大学堂，参训6000余人次，进一步提高了全县领导干部主动适应新常态的理论素养和工作能力。强化学习型党组织建设。不断加强对全县各部门各单位理论学习的检查指导，指导推动各单位开展理论宣讲、知识竞赛、技能比赛、读书会等各种形式的学习活动，扎实做好党员干部日常理论培训、业务培训、道德礼仪培训，进一步提高了全县党员干部的理论水平。强化科学理论送基层。组织理论骨干、党校教师深入各单位、乡镇、农村、厂矿、企业，围绕开展“两学一做”学习教育、习近平总书记“七一”讲话、扶贫政策解读等基层群众普遍关心的热点难点问题开展宣讲活动，累计受训人数达3000余人。

【新闻宣传】 2016年新闻宣传工作瞄准全县重点工作、重大项目，以增强安泽对外影响力、提高舆论引导力为目标，整合新闻线索，深挖报道主题，捕捉新闻亮点，改进报道方式，全面宣传报道县委、县政府发展新思路、新举措、新成效。全年共采制电视新闻1700余条，编制《安泽新闻》100余期，拍摄制作“冬季行动”、“春行在安泽”系列活动、“两学一做”学习教育、扶贫攻坚等9个专栏，为活动有序有效开展营造了良好氛围。上送省市台并被采用的新闻达到131条，比去年同期增加4条。在各级报刊发稿260余篇，省级以上媒体刊发稿件35篇。在聚焦脱贫攻坚工作上，围绕“六个精准”“五个一批”，结合安泽县实施的扶贫专项行动，在《山西经济日报》《临汾日报》刊发《安泽构建扶贫新格局　打赢脱贫攻坚战》《安泽：脱贫路上齐力攻坚》《安泽倾力畅通扶贫“最后一公里”》等稿件。在反映安泽县产业转型上，在《山西经济日报》和《临汾日报》分别刊发稿件《安泽绿色发展再起航》《安泽谋划绿色发展新路径》。借助安泽县举办“春行在安泽”旅游宣传活动的有利契机，大力度宣传安泽的旅游资源和亮点，先后刊发稿件：《四月，到安泽去踏青赏黄花》《安泽黄花岭迎来客流潮》《安泽：生态宜居之地健康长寿之乡》等稿件。国庆节前后，跟踪宣传报道和川麻衣寺、马壁龙门口首届休闲旅游节，以及杜村乡、府城镇乡村休闲旅游活动，节前、节中、节后，在《山西日报》《山西经济日报》《三晋都市报》、人民网等媒体推出了《相约安泽休闲旅游节》《走起到安泽来一场不得不去的旅行》《在安泽尽享旅游盛宴》等新闻报道。在加强对外宣传推介上，借助全省市报社长总编业务研讨会在安泽召开的有利契机，在《临汾日报》推出了专版《走进荀子故里　探访魅力安泽》，并精心准备采写新闻通稿，精选新闻图片，为各家市级媒体提供新闻素材，《太原日报》《长治日报》《大同日报》等省内多家媒体推出了《安泽擦亮旅游“金字招牌”》《来安泽尽情呼吸吧》《好山好水好林子　美丽后花园》等大篇幅报道，大力度高密度地推介安泽，在全省掀起了一场新的舆论波。在助力“创卫”工作中，自安泽县启动创建国家卫生城镇以来，先后在省市报刊刊发了《安泽八大工程创建国家卫生城》《奏响“三步曲”创建卫生城》。同时，认真采写市“两会”专版稿件，推出了专题报道，集中展示了安泽县在新常态顶住经济下行压力、破解发展难题中取得的新成效，重点对安泽“十三五”期间加快全面振兴，绿色崛起的发展路径进行了深入报道。主题宣传鲜活有效。扎实开展“纪念红军长征胜利80周年”主题宣传活动。9月30日，县四大班子领导带领全县各部门各单位负责同志在杜村乡小李村开展了以“追寻红色足迹　接受红色教育”为主题的实践活动，在王光烈士陵园、太岳行署旧址，聆听了党课，重温入党誓词，观看了以长征为主题的文艺节目，追寻红色足迹，接受革命教育，重温红色历史，激励了广大干部群众不忘初心、走好新的长征路。开展了“好基地讲好故事”活动。通过层层选拔，最后推选作品《永不凋谢的兰花》代表安泽县参加了全市“好基地讲好故事”决赛，获得优秀奖。广泛开展了网上群众性纪念活动，通过微博、微信、飞信等平台，开展了“我是党员”“建党95周年”“信仰的力量”等话题微博。网络舆论引导坚定有力。在舆情监测上，严格执行24小时值班制度，加强对微博、微信新媒体监测。今年以来，共监测到涉及安泽县的网络舆论舆情101件，投诉类的85件，对重要敏感舆情，做到及时上报妥善处置。在舆情应对上，加大培训力度，着力提高工作人员舆情应对处置能力，全年百度贴吧发主题帖8000余条，跟帖评论万余条；共投诉删帖60余条。积极做好网评工作，共参与市网信办组织的300余次网评，评论3000余条。

【文明创建】　抓好文明创建。安泽县被评为“2014—2015年度省级文明县城”，在此基础上抓好各项文明创建工作，巩固文明成果。结合市文明办下发的《市级文明单位季度考评制度》抓实抓好省、市各级文明单位、文明乡镇、文明村、文明社区的管理检查指导工作，以及2015—2016年度县级文明单位、文明村镇的申报准备工作。在全县范围内开展了“诚信示范店”评选活动，评选出安泽伟杰电器商行为“诚信示范店”。加强公民道德建设。做好第四届“临汾市十大道德楷模”评选活动的申报推荐工作，从第二届“感动安泽人物”和各类先进模范人物中推选出8名先进模范参加市评选活动，徐福生、刘福山等4人入围候选人。大力宣传道德模范的先进事迹，通过设立善行义举榜、发放宣传资料、开展座谈会等形式，用身边鲜活的事迹教育感化身边的人，在全社会形成学习模范、崇尚模范、争当模范的浓厚氛围。深化志愿者服务活动。组织“文明荀乡、公益使者”志愿服务队、各文明单位志愿服务队、社区志愿服务队，深入社区、学校、集贸市场、医院、企业等，先后开展了“助力临汾”、助老助困、“庆祝建党95周年”、志愿精神助力脱贫攻坚等系列志愿服务活动，累计开展志愿服务60余次，参与志愿者1500多人次，志愿服务理念在全社会进一步推广普及。着力抓好未成年人思想道德建设。联合教育部门、县直各学校开展了“我们的节日·清明”、“我们的节日·端午”主题活动，组织中小学生缅怀先烈、扫墓踏青，参与网上“祭祀先烈”活动。在全县大中小学校和各级文明单位中广泛开展了“中国梦”为主题的中华经典诵读活动和演讲比赛、“童心向党”歌咏活动，对全县中小学生进行爱国主义教育。开展第三届“感动安泽”系列人物评选活动。此次评选活动于今年9月中旬启动，下发了实施方案，成立了评选活动组委会。本次评选共设立7个大项，11种类型，分7个阶段进行，经过各乡镇、社区、县直各部门的共同努力和广大干部群众的积极参与，通过宣传发动、申报推荐、初审评议，从180余名推荐人选中产生了91名候选人，经征求纪委、公安、计生等8个部门意见，以及7个考察组实地考察，组委会研究，最终确定85名入围人选，目前活动正处于纪录片拍摄和颁奖盛典筹备阶段。

【文化事业、文化产业发展】 加快构建完善公共文化服务体系。继续实施“文化惠民”工程。免费开放文化馆、图书馆、体育训练厅、舞蹈排练厅等场馆，各文体场馆积极服务群众，按时按规开放，全年接待群众2万余人次。免费举办羽毛球、健身舞、农家书屋图书管理员等各类培训。加快推进文化重点工程建设。奥体中心网球馆已完工并免费对外开放，篮球馆正在紧张续建中。强化文化市场监管。坚持文化市场监管日常化、制度化、规范化，每月巡查网吧、歌舞娱乐场所、新闻出版（书店、印刷业、音像制品）不少于2次，并连续开展假日、周末检查行动，全年共出动检查300余人次，确保文化市场健康发展。群众文化活动精彩纷呈。继续打造“乐在周五”文化服务品牌。坚持每周五为群众免费文艺演出，已累计演出512场，全县103个行政村村村跳起了广场舞，每周都有回城登台演出，极大地丰富了群众文化生活。开展了迎“两节”系列文化活动。为群众现场书写春联4500余副、送文艺演出8场、送各类图书2000余册，组织协调各乡镇开展了以属地管理为原则的小型多样的群众性文化活动和社火闹春活动，在城区主要街道两侧和沿街各单位、商场悬挂充满创意、群众喜爱的灯饰，营造了浓郁的节日气氛。开展了电影展演活动，从正月初五到正月十五期间，集中播放了一批优秀的、弘扬社会主义主旋律的爱国主义影片。开展了2016年广场消夏月文化活动。制定了《关于举办庆祝中国共产党建党95周年暨“永远跟党走·唱响中国梦”广场文化消夏月活动实施方案》，举办3场文艺晚会和1场戏曲文艺晚会，每场晚会都有2000余人次观看，为全县人民送上一道高雅的文化大餐。举办了“纪念中国工农红军长征胜利80周年文艺晚会”。演员全部来自各行各业的普通干部职工和群众，集中展现了全县人民继承和发扬红军长征精神的炽热情怀。举办了“同筑中国梦 共筑书香年”楹联展览、“魅力安泽”书画展和“迎国庆、创国卫”运动会。运动会共设篮球、足球、羽毛球、乒乓球、象棋、门球六大比赛项目，参赛人数达350余人，进一步提高了全民健身意识，展现了全县干部群众积极向上、勇于进取的精神风貌。“五一”劳动节期间开展了工间操比赛，组织县空竹协会参加了全市第四届梨花奖广场舞大赛，取得三等奖的好成绩。文艺创作推陈出新。编印《铭记历史 珍爱和平——安泽抗战峥嵘岁月》。组织专人对抗日战争时期太岳革命根据地特别是在安泽革命老区内发生的战斗、烈士、人物、事迹进行了系统性的挖掘整理，历时半年，编印了该抗战史料，全面翔实记录了安泽抗日战争的大事记，再现了安泽老区人民在中国共产党领导下同仇敌忾、浴血奋战，最终取得抗战胜利的光荣革命历程。编印《荀乡主旋律——“十二五”宣传思想文化工作纪实图册》。以影像图片的方式全面总结“十二五”以来宣传思想文化工作，深刻展示理论武装、内宣外宣、文明新风、文化事业、队伍建设等方面工作亮点和突出业绩。文化旅游强力推介。举办了“春行在安泽”主题系列活动。制定了《农信杯“春行在安泽”系列主题活动实施方案》。积极组织协调相关部门，对各项活动进行周密安排部署，较好的开展了开幕式文艺演出、黄花岭健步行、沿沁河自行车骑行、钓鱼比赛等主要活动。出色完成了“助力临汾”投票任务。积极参与“助力临汾赢得2016山西省旅游发展大会主办权”投票工作。制定了《安泽县关于成立“助力临汾赢取2016山西省旅游发展大会主办权”投票督导组的通知》，成立了9个督导组深入各单位开展督导工作，在全县各单位、街道、社区等醒目位置，出租车、公共汽车等交通工具上张贴了助力临汾宣传海报，坚持做好每天的投票统计汇总工作，在一个多月的投票活动中，共发动全县群众投票39000余票，远超市规定的3万票的投票任务。举办了乡村休闲旅游系列活动。国庆长假期间，安泽县以打造“山水田园城、精品旅游县”为目标，致力发展全域旅游产业，在府城镇、杜村乡、和川镇岭南村、马壁乡马壁村举办各具特色的乡村休闲旅游节，协助相关乡镇扎实做好了活动的开幕式和闭幕式等相关工作，确保各旅游节的成功举办。

统　　战

【概况】　中国共产党安泽县委员会统一战线工作部，属于党政机关正科级，设立领导职数1正2副，内设4个股室：办公室、宣传工作股、经济工作股、党外工作股；批准设立事业单位（股级）1个：安泽县光彩事业促进会办公室。

【贯彻落实统战工作会议精神】　2016年是全面落实中央关于统战工作重大决策部署重要的一年，年初召开了统战工作专题研究会议，成立了以县委书记为组长的领导小组，研究并出台了《安泽县委统一战线工作实施意见》，下发了《2016年全县统战工作要点》，为全年统战工作指明了方向，提出了要求。1. 把《条例》的学习贯彻纳入年度工作计划，实行目标管理，纳入党委工作的重要议事日程，建立了统战、组织联席会议制度，建立了常委会定期研究统战工作、中心组学习统战理论、定期听取统战工作汇报等制度。逐步形成党委统一领导、统战部门牵头协调、有关方面各负其责的大统战工作格局。2. 邀请党校冯安芳副校长，就《条例》和习近平总书记重要讲话精神为全县非公企业、党外人士、宗教界代表人士、工商联执委作了专题辅导。3. 把统战工作纳入全县大宣传、大舆论工作体系。通过广播电视、新闻报刊、网络信息等媒体，对统战理论政策、重要活动、工作中涌现出来的先进工作者和优秀统战对象进行了广泛宣传；取得了良好的社会效果。4. 编辑了统战理论政治知识宣传材料，购买了中央统战部编著的条例解答110余册，把《条例》及省市领导重要讲话200余本，发至四大班子领导、各乡镇主要领导、非公经济人士及党外干部。通过多种形式的宣传，扩大了统战工作的社会影响力，营造了良好的社会氛围。

【民族宗教领域工作】 2016年编印《安泽县信教群众普法学习讲义书》400余本，开展了“宗教政策法规学习月”活动，在宗教活动场所广泛宣传了国家的宗教理论政策和法规知识，使全县宗教界人士和信教群众的法制观念进一步增强。同时，深入基层搞调研，撰写了《安泽县民宗局提高基层工作能力和水平调研工作》的调研报告，投资3000余元为全县宗教活动点配备安全消防设施，保证了宗教活动场所和信教群众的安全。

【党外代表人士管理】 2016年3月份起，在全县党外代表人士中开展了“学习讲话、学习作风、跟党奋进”（简称“双学一跟”）活动。认真落实《中国共产党统一战线工作条例》和省委、市委《实施意见》要求，以2016年县乡领导班子换届为契机，进一步加大党外代表人士的选拔使用。严格人选标准和条件，在县级人大、政府、政协换届中，通过统战部把政治可靠、能力突出的党外干部和热爱党派工作的优秀代表人士推荐为代表和委员，目前安泽县共有党外干部27名，其中人大副主任2名，党外副县长1名，政协副主席2名，科级干部22名。在乡镇班子换届中7个乡镇配备了4名党外乡镇副职。

【服务非公经济健康发展】 紧紧围绕“两个健康”工作主题和省委、省政府实施的“三大突破”的重点部署，始终坚持困难与思想“两关注”，鼓励支持与教育引导“两手抓”。一方面继续深化理想信念教育活动，加强思想引导和教育培训，有效提升了民营企业家的综合素质。另一方面面临经济下滑压力的大环境，针对部分中小型企业尤其是煤炭企业发展困难较大的实际情况，积极出主意、想办法，帮助企共同业度过难关。尽管企业发展面临困难，但仍然坚持投身公益事业，阳煤集团登茂通分公司资助考上大学的学生每人每年5000元，直到完成学业为止。爱元教育基金、范志祥教育基金为安泽县部分优秀贫困学生能受到良好教育提供了永久保障，用实际行动践行了光彩精神。

【精准扶贫】 为贯彻中央扶贫开发工作会议精神和中共中央、国务院《关于打赢脱贫攻坚战的决定》，按照《全国工商联、国务院扶贫办、中国光彩会关于印发〈“万企帮万村”精准扶贫行动方案〉的通知》，统战部和工商联迅速制定了实施方案和企业包联贫困村分解表，并深入企业宣传中央各项政策和“万企帮万村”精准扶贫行动方案，确保每个企业包联了1个贫困村或者多个企业包联1个贫困村，通过信息扶贫、就业扶贫、项目扶贫、资金扶贫，为全县精准扶贫做出了积极的贡献。特别是玉和泰煤业有限公司先行先试，总经理李贝成亲自到贫困村马必村送去帮扶金10万元，为贫困户郎拴根送去1000元慰问金。

安泽县荣泰房地产有限公司（御景湾）与陈家沟进行了帮扶对接，总经理冯来平走访慰问了贫困户。扎实开展“三联两报到”工作，积极投身包联村精准扶贫工作，通过扶贫产业——光伏产业和种植油用牡丹，帮助贫困户脱贫致富。深入包联村马壁乡海东村多次。在森林防火特险期，为该村送去30套防火服装和慰问金1000元。结合“两学一做”学习教育，多次在党员活动日，送去100余本学习资料。了解村里生产生活情况，为村里提供可行的发展致富信息和方案；听取群众对工作的意见和建议，提高了工作效率。

民族宗教事务

【概述】 安泽县民族宗教事务局始建于2004年10月，正科级建制（内定和统战部合署办公），行政编制1名，实有人员3名。安泽县人口主要为汉族，约占总人口的99.8%，散杂居有7个少数民族，分别是回族、佤族、彝族、黎族、蒙古族、满族、拉祜族，少数民族人口有47人，约占总人口的0.06%，其中以回族人口居多，约21人，占少数民族总人口的44.6%。全县境内有2个宗教团体，天主教和基督教，依法登记的宗教324人，合法活动场所3处，已备案的宗教教职人员3人。天主教信徒165人，宗教教职人员1人，宗教活动场所1处；基督教信徒159人，教职人员2人，宗教活动场所2处。

【宗教活动场所建设】 2016年3月份投资2300元经费，聘请专业电工对三处活动场所电路进行了全面改造维修；2016年5月份按照市局要求，对三处宗教活动场所负责人进行了电工培训。重新整理、补充、规范了宗教场所各项规章制度，将上级要求的7项制度印制上墙，细化了宗教活动审批、宗教重大活动申报程序，取消了一个不符合规定的活动场所，三个活动场所更换了新证，两个场所开办了组织财务帐号。特别是在攻坚克难规范财务管理方面，积极督促活动场所开设银行账户，使用统一的会计科目、报表和收款发票，对于财务制度不健全、管理不善的情况要求场所及时作出整改，将宗教工作纳入科学有序的管理轨道上来。

【民族宗教政策宣传】 始终把宣传作为抓民族宗教工作的切入点，常抓不懈。通过会议培训、印制标语、印发宣传册等形式，把党和国家的民族宗教政策的要点、重点、传递出去，让广大民族人士、信教群众及基层党员干部了解政策掌握政策。2016年6月份，机关全体人员，在民族宗教政策法规学习月活动期间，深入冀氏镇中小学开展了宗教政策法规进校园宣传活动。2016年8月份投资9000余元，在信教群众居住集中区域制作粘贴瓷砖标语60条，收到了很好宣传效果。

【项目服务】 2016年新一届县委政府，提出了建设“山水园林城”和“精品旅游县”战略目标，积极配合佛教文化开发项目，先后接待了省市开发商5批次；深入全县9处宗教文化遗存进行调查研究，在项目落地后，积极配合开发商做好佛教场所审批、项目设账立户等工作，协调城建、国土、林业等部门做好项目前期三通一平、民房拆迁、土地征用等工作，并取得很大进展，得到了县委及开发商的肯定。

【信教群众活动】 服务是宗教工作的重要方法，也是拉近党和政府与信教群众距离的重要手段，通过搞思想交流会、对困难信教群众的帮扶等形式，真正和信教群众成为朋友，掌握他们的思想动态，为信教群众爱国爱党架起了桥梁，2016 年初，县财政拿出 1.7 万元，对 80 名困难信教群众进行了慰问，得到了信教群众的热烈欢迎，收到了良好的社会效果。

【扶贫攻坚】 2016 年按照县扶贫局和下乡办的安排，积极工作、狠抓落实，积极推进扶贫工作，打好扶贫攻坚战取得了一些成绩。2016 年春节来临之际，深入大黄村对 10 户困难群众进行了走访慰问，送去大米、面粉、食用油等慰问品，把党和政府的关怀和温暖送到困难群众身边。二是包联村大黄村开展护林防火工作，送去了护林防火服 20 套，悬挂护林防火宣传标语 8 条。12 月，单位拿出经费 9000 元为大黄村维修公共设施。 （李丽）

工商业联合会

【理论学习】 按照县委的统一部署，工商联根据统战部党支部的要求，展开了学党章党规、学系列讲话、做合格党员的“两学一做”学习教育。根据日程按排，全体党员手抄党章和《中国共产党廉洁自律准则》，认真学习了习近平总书记系列重要讲话，学习以习近平同志为总书记的中央领导集体“崇尚实干、勇于担当、廉洁自律”的优良作风。并将做好“双学一跟”活动与“两学一做”、理想信念活动、两个健康发展、精准扶贫、企业发展、企业家素质提升相结合，确保活动突出特色、取得成效。

【参政议政】 作为党和政府联系非公有制经济人士的桥梁和纽带，指导和促进非公有制经济转变经济发展方式已经成为工商联工作的重心，成为工商联履行参政议政职能的第一要务。工商联界别政协委员绝大多数身居经济浪潮一线，他们熟悉情况，联系广泛，最有发言权。根据今年人大、政协换届方案要求，工商联积极行动，细致筛选，认真做好工商联界别的政协委员的推荐和考察工作，提出高素质的选拔对象，为圆满换届做好准备工作。

【精准扶贫】 2016 年 10 月，为贯彻中央扶贫开发工作会议精神和中共中央、国务院《关于打赢脱贫攻坚战的决定》，按照《全国工商联、国务院扶贫办、中国光彩会关于印发〈“万企帮万村”精准扶贫行动方案〉的通知》，迅速制定了实施方案和企业包联贫困村分解表，并深入企业宣传中央各项政策和“万企帮万村”精准扶贫行动方案，确保每个企业包联了 1 个贫困村或者多个企业包联 1 个贫困村，通过信息扶贫、就业扶贫、项目扶贫、资金扶贫，为全县精准扶贫做出了积极的贡献。特别是玉和泰煤业有限公司率先行动，总经理李贝成亲自到贫困村马必村送去帮扶金 10 万元，为贫困户郎拴根送去 1000 元慰问金。安泽县荣泰房地产有限公司（御景湾）与陈家沟进行了帮扶对接，总经理冯来平走访慰问了贫困户。

继续做好包联村的结对帮扶“三联两报到”工作，积极投身包联村精准扶贫工作，通过扶贫产业——光伏产业和种殖油用牡丹，帮助贫困户脱贫致富。深入包联村唐城镇梨八沟村多次。在森林防火特险期，为该村送去10套防火服装和慰问金1000元。结合“两学一做”学习教育，多次到梨八沟开展党员活动日，送去学习资料。

机构编制

【落实行政审批事项】 2016年共印发了调整审批事项的文件12份，涉及行政审批事项22项。其中：调整审批事项12项；取消审批事项5项；承接的行政许可审批事项5项。通过电视台、门户网站等媒体对衔接上级取消调整下放行政审批事项进行宣传报道，同时对外公示，接受社会监督。

下发《安泽县人民政府办公室关于调整权责事项的通知》《安泽县行政审批违规和滥用审批权问题专项整治方案》、转发《国务院审改办关于严肃纪律巩固行政审批制度改革成果的通知》等文件，同时联合县委办、政府办、法制办等职能部门对涉及行政审批事项调整的11个主管部门进行了实地督导，检查发现问题，当场解决，确保了上级下放的、需要调整的和要求取消的行政审批项目落实到位。

【落实部门权力清单】 各单位签订了目标责任书，明确各单位落实权责清单制度的时间和任务，并且印发《关于加快推进权责清单工作的通知》的文件，督促各单位认真落实。印发《关于调整权责事项的通知》对各单位每一项权责事项进行了认真严格的再审核，再优化。权责事项比开始公布之初减少了63项。年底全县35个单位的权力清单和责任清单已全部调整完成，权责事项共有2487项，其中：其中：政府工作部门2312项，事业单位132项，垂直管理部门43项。

【“六权治本”全面覆盖】 印发《安泽县推行乡镇权责清单制度实施方案》和《关于加强农村“六权治本”工作的指导意见》，并确定了全县7个乡镇28个试点村进行试点。采取集中培训、下乡指导、建立联系人制度等措施，多种形式推动农村“六权治本”工作的开展。年底乡村两级的权责事项已制定完成，全县104个行政村共确定权责事项3045项，每个村约30项。

【行政审批中介服务事项】 成立由县委常委、常务副县长任组长的清理规范行政审批中介服务工作领导小组，制定印发《安泽县清理规范行政审批中介服务工作实施方案》。

【依法制定随机抽查事项】 召开了推进“双随机一公开”专题会议，并印发《关于报送随机抽查事项的通知》（安编办发〔2016〕26号）。明确要求在具有市场监管职能的行政管理部门全面推行随机抽查机制，细化量化自由裁量权，切实规范事中事后监管。要求在市场监管领域推行随机抽查机制取得阶段性成果的基础上，在各领域全面推开。除确因法律法规规章明确规定，国务院及国家各部委、省政府、市政府专门要求等，不宜推行“双随机”抽查的，全部推行随机抽查。

按照部门申报、审改办审核、法制办审

查、政府审定的程序，共清理规范了全县35个县乡政府部门330项随机抽查事项清单。

【控编减编和实名制管理】 制定《安泽县控编减编实施意见》。为积极完成减编任务，从安泽县的乡镇中小学教师和林业局所属林场编制中核减73个事业编制。全县各类编制比2012年减少168个，完成了事业编制逐年核减的任务。加强编制日常监管，实行年度综合目标考核，建立编制审批责任追究机制和编制总量和财政供养人员只减不增的部门会商机制。实施编制专项检查、巡查等制度。今年7月，印发《关于开展全县机构和人员编制核查的通知》对全县49个行政机构和307个事业单位的机构编制和实有人员情况进行了核查。

实名制管理工作：日常管理突出“实”。数据更新突出“准”。能力提升突出“精”。

【政府机构改革成果进一步巩固】 根据省、市统一部署，紧紧围绕转变政府职能为核心，进一步理顺职责关系，明确和强化责任，优化政府组织结构，规范机构设置，完善运行机制，不断巩固政府机构改革成果。

为整合卫生、计生职责相近的事业单位，将原县妇幼保健站和计划生育服务中心整合为“县妇幼保健计划生育服务中心”，重新确定了机构规格和人员编制，进一步明确了主要职责和隶属关系。

为加强环境保护工作，做好法律法规及政策的宣传、教育，处理环境污染事故、污染纠纷，协助做好单位劳资等工作，为环保局增设了法制股和劳资股，健全了组织机构，为安泽县建设“山水田园城，精品旅游县”提供组织机构保障。

为推进财政科学化精细化管理，强化预算支出的责任和效率，提高财政资金使用效益，破除财政工作中存在重收入轻支出、重分配轻管理、重使用轻效益现象，解决财政运行中存在政府财力与事权不匹配问题，为财政局增设了预算绩效管理股，为财政科学化精细化管理提供机构保障。

为贯彻中央、省、市加强扶贫机构建设等相关精神，撤销原县扶贫培训中心，新成立了安泽县扶贫开发中心，明确职责和机构编制设置，为安泽县加快推进精准扶贫工作提供了机制保障。

为加强工商行政管理、质量技术监督工作，打击危害人民群众生命财产利益的违法行为，增设安泽县工商和质量监督管理局冀氏监管所，承担杜村、马壁、冀氏三个乡镇工商质量监督管理工作；分别更名府城工商所、唐城工商所为府城监管所、唐城监管所，负责对各自辖区的工商行政管理、质量技术监督工作。通过设立和更名工作，重新确定职权，使安泽县的工商质监工作得到全方位监管，切实保障人民群众的切身利益。

【“多证合一”登记制度】 1. 将事业单位的法人证和组织机构代码证合二为一，合并发放新版事业单位法人证书。

为168家本级事业单位更换新版事业单位法人证书，重新申领1个，变更登记47个，并将其组织机构代码证书正本和副本全部收回存档。

2. 将机关单位和群团的组织机构代码证更换为社会统一信用代码证。

印发《关于开展县本级党政群机关统一社会信用代码赋码工作的通知》（安编办

发〔2016〕14号），开展了全县机关单位和群团更换社会统一信用代码证书的工作。2016年底，已完成30家单位的组织机构代码证更换工作。其中安泽县工商行政管理局和安泽县质量技术监督局合并为安泽县工商和质量监督管理局，安泽县卫生局和安泽县计划生育局合并为安泽县卫生和计划生育局，安泽县发改局、商务局、粮食局三家合并为发展改革和经济信息化局，按照上级规定，在为其办理社会统一信用代码证的同时，收回原单位上交至县公安局的公章凭证，及其财务章并进行销毁。

【单位信息实地核查】 按照中央编办《事业单位法人公示信息抽查办法（试行）》要求，建立健全全县事业单位法人名录库，并采用随机抽取的方式对已登记的事业单位安泽县爱元幼儿园、安泽县唐城财政所和安泽县人民医院3家单位进行了实地核查，并在核查后积极督促其对年度报告与实际情况不符事项进行变更。实地核查工作的有效开展，进一步加强了对事业单位的监督管理，促进了事业单位的规范化运行。

县直机关工委

【基层组织建设】 2016年，狠抓基层党委、党支部阵地建设和制度建设。阵地是窗口，制度是保障。经过各基层党组织共同努力，95%党支部有活动阵地，25%党支部达到“十有”标准。强化完善“三会一课”制度、民主生活会制度、党费收缴管理制度。严格发展党员流程，切实纳新政治正确、群众公认的优秀分子。加强了阵地的亮化，增加了新鲜血液，推动了党内生活的经常化、制度化建设。

【加强督促检查】 组织各基层党委对所属党支部阵地建设和制度建设进行交叉检查。抓严抓实机关支部“两学一做”学习教育。5月对县委党委、宣传党委、卫计党委、非公党委10个先进支部的“两学一做”学习教育进行抽查；6月和9月，对四个党委36个支部的“两学一做”学习教育进行两轮督查；11月对5个后进支部的“两学一做”学习教育进行“回头看”。

【党建论文交流】 积极参加市直工委党建论文交流。参加市直工委组织的市（县）工委、市直机关党委党建论文交流，县直工委撰写的《新时期加强机关党建的对策措施》获得优秀奖。

【文明和谐创建】 创建“国家卫生城市”，牵头组织“卫生花园好机关”评选活动。通过层层严格筛选，县电力公司最终脱颖而出，勇夺桂冠。

党校教育

【组织机构】 2016年12月，安泽县委党校共有在编人员21人，其中校委班子成员4名，党校内设科室5个，分别是：办公室、综合科、教务科、理研科、函授教育科。

【队伍建设】 继续坚持每月5日、25日的政治理论学习，要求全体教职工参加，结合“两学一做”学习教育，在按要求学习规定篇目的同时，将时政大事都纳入学习内容，并督促大家利用工作之余进行自学。注重到实践中去学，不定期组织教职工到乡镇入农户，到企业进车间，到包联村访贫困户，到先进单位学典型事例，到田间地头体验生活。今年6月份，在县委的统一安排下，在组织部的协调下，7名教师分驻七个乡镇，开展了为期一个多月的“送教下乡、随岗研修”活动，积极配合全县“两学一做”学习教育。

2016年先后邀请省委党校教授郑延涛、省委党校资深教授高健生、省委党校教授崔建周、市政府法治办主任贾民远4名专家学者为党校教师进行专题业务辅导。先后组织2名教师到上海复旦大学参加“提升党校专题课穿透力感染力”研讨班；副校长尉小芳到省委党校参加“落实党校工作会议培训班”；组织8名教师到市委党校参加“临汾市党校系统师资培训班”；1名教师到北京参加四平党校主办的“名师工程培训班”；副校长尉小芳参加省委党校举办的为期一个月的“第四期骨干教师培训班”培训学习；在十八届六中全会胜利闭幕之际，先后组织7名教师到吉林四平党校北京班，2名教师到中国人民大学举办的“贯彻党的十八届六中全会精神专题研修班”。全年共组织教师外出学习22人次。6月、12月先后组织开展两次教师赛讲活动，要求教师们结合当前形势，对自己所授课题进行深入思考和分析，一人讲、众人评，讲课的人得到了锻炼，评课的人也得到了提高。

【干部教育培训】 在2015年确定的“净化政治生态”“责任与担当”“守纪律讲规矩”三个重点课题基础上，新增了“家风建设”“公务礼仪”等重点课题。

举办农村“领头雁”培训班、新任乡镇党委班子暨新选大学生村官培训班、新型职业农民培训班、创业培训班等各类培训36场次，参训人数达3600余人次。10月中旬举办的新任党委班子暨新选大学生村官培训班，由组织部牵头，党校负责培训管理（食、宿、学），此次培训实行全封闭式教学，食宿学都在党校；培训形式为室内户外相结合，充分利用安泽县杜村乡党性教育基地，新增红色教育现场教学、户外活动拓展训练、师生互动课余联欢。

结合“两学一做”学习教育和各单位需求，党校教师到各乡镇、县直单位和党委宣讲“两学一做”学习教育规定课程、党性教育课、党校五个重点课题以及省市县党代会精神50余场次，参训人数达到了4000余人次；承担中心组讲课任务7次。今年，全县的“七一”讲话精神宣讲全部由党校教师承担，参训人数达3200余人次；十八届六中全会精神宣讲全部由党校教师承担，受训人数达2600余人次。

同时，今年党校共配合组织部承办干部大学堂22期，参训人数达到6000余人次。针对政策理论、时政热点、基层党建、农村脱贫等内容为广大党员领导干部提高了认识，补充了能量。

【理研工作】 今年紧紧围绕县委的“全面振兴、绿色崛起”，开展课题研究和县情调研。在撰写调研文章的同时，将本县的实际和身边人、身边事搬上讲台，达到了以调研促教学的效果。党校教师共发表论文6篇：《继承红色基因　弘扬太岳精神》《年轻工作人员应快速提升自己》均刊登在山西省一级报纸《临汾日报》上，《浅谈当前发展生态农业的重要意义》刊登在省级刊物《山西农经》上，《切实做好新形势下的党员干部教育》刊登在《山西省委党校报》上，《打铁还需自身硬——如何提高县级党校教学水平》一文，荣获山西省党校、行政学院系统优秀教学研究成果优秀奖；配合县发改委完成重点课题“供给侧改革促进资源型地区产业结构调整研究”一篇。

【年度授奖情况】 2016年2月，临汾市委党校、行政学院授予办学先进单位。2016年6月，县委授予“双服务”先进党支部。2016年12月，县委宣传部授予2011—2015全县法治宣传教育先进单位。

老干部工作

【服务老干部工作】 1. 2016年新一届县委、政府主要领导多次抽出时间看望、慰问离退休老干部1411人次，慰问建国前入党的老干部2人，发放慰问金23万元。

2. 建立了联络员制度。老年组织普遍反映与老干部局沟通不畅，操作电脑、开展活动布置场地时都需年轻人帮忙。为此，指定局机关一名工作人员具体负责联络一个老年组织，加强了与各老年组织之间的联系和沟通，凡是老年组织的活动都是出人、出物倾尽全力帮助，争取把每一次活动都搞好。

3. 对老干部提出的问题给予及时解决。将办公楼东侧的活动场地，安装了射灯，即使在黑夜，老干部也可以组织活动。购置了一套舞台灯光设备，为老干部们开展文艺活动时增光添彩。

4. 坚持“三访”“四必到”走访慰问制度。即日常巡访、重点走访和节假日必访，老干部患病必到、老干部病故必到、80周岁以上老干部生日必到、老干部遇到困难和意外必到。每逢80周岁以上老干部生日，都要安排一份蛋糕、一束鲜花由领导班子成员专门登门祝贺，为老干部送去生日的祝福和组织的关怀。全年共日常走访探望老干部70人次，参加了在县城居住的12名老干部的生日。

【落实老干部政治待遇】 扎实开展好“两学一做”学习教育。根据老干部的特点，严格按照学习日程安排，把学习内容缩编为《党员应知应会》，用大号字体印制，送到老干部手中，扎扎实实开展学习教育，使老干部们做到入脑入心学，扎扎实实做，不断提高整体素质。

坚持为老干部征订报刊杂志。今年为副科级以上老干部定阅了《老友报》203份、《山西老年》349份、《特别关注》170份，发放《中共中央办公厅、国务院办公厅关于进一步加强和改进离退休干部工作的意见》小册子、《习近平总书记系列讲话读本》各380本，保证了老同志的日常学习。

利用多种方式组织学习。每季度集中组织一次离退休党支部成员进行集体学习，传达全县重要会议精神和有关涉老文件2次，参加老干部40多人次。今年在老年大学课程中开设政治课程，组织开展了以信仰、信念、信任、信心为主题的“四信”和科学知识、科学思想、科学方法、科学精神“四科”教育活动。通过举办茶话会、座谈会向老干部通报全县发展情况。2016年春节前夕，县委、政府组织召开了老干部迎新座谈会。会上，县委副书记、县长毛跟云通报了2015年全县政治、经济情况和2016年的工作思路，让老干部全面及时掌握全县经济社会发展形势。同时，在每年的政府工作报告起草过程中，县政府都要召开座谈会征求老干部的意见和建议。

【落实老干部生活待遇】 落实“三个机制”。2016年为离休干部报销医药费117.94万元。建立帮扶机制。设立特困老干部帮扶基金5万元/年，并列入了财政预算。为保证帮扶基金的专款专用，公开、公平、公正，制定出台了《安泽县离退休干部特殊困难帮扶救助暂行办法》，对帮扶救助的范围、条件，帮扶资金的申请、审批、管理、监督做了明确细致的规定。2016年帮扶特困老干部10人，帮扶资金2万元。健全服务机制。建立离退休干部健康档案。坚持每年老年节前夕，为全县离休老干部、副县级以上退休老干部进行免费健康体检。10月19日，为25名离休老干部和副县级以上退休干部进行了体检。根据体检结果进行整理登记，为老干部逐一建立了较为详细的个人健康档案。健康档案的建立，有利于老干部在详细了解个人身体状况的基础上加强疾病防范意识，就自身的健康状况与医务人员进行沟通或进行健康咨询，充分体现人文关怀。

【老干部文体活动】 组织老干部紧紧围绕“展示阳光心态、体验美好生活、畅谈发展变化”为主要内容的为党和人民的事业增添正能量活动主题，开展了多种形式的文体娱乐活动，努力丰富老年人精神文化生活。

春节、元旦期间举办了老干部联欢会，并将联欢会举办到安泽敬老院，与孤寡老人一起联欢。“三八”妇女节参演妇联组织的文艺晚会。“五一”参加工会组织的庆祝节目。在“七一”前夕为纪念中国共产党建党95周年暨长征胜利80周年，举办了由老干部们自编自演的专场文艺演出和纪念中国共产党建党95周年暨长征胜利80周年百幅作品书画展。积极参演县委举办的多场消夏文艺晚会。八一建军节前夕，和县武装部、武警中队的战士举办了“军民联欢会”。8月29日，在安泽县马壁乡马壁村举办庙会之际，安泽县老体协带领荀乡情舞蹈健身队50名队员在马壁村举办了一场文体三下乡展示活动。各老年组织积极编排节目，在安泽县系列乡村休闲旅游节和红色旅游节的宣传活动上演出达6场次。重阳节以老年大学为主，各老年组织举办了“夕阳美”联欢会。

【组织老干部服务社会】 向全县老干部发出“创建国家卫生县城、争做安泽文明老人”的倡议书。倡导老干部在“创卫”活动中争做榜样，做好创卫宣传员、保洁员、监督员。在老年大学学员中举办一场好公民、好学员、好老人“三好”演讲比赛，引导老干部为社会增添正能量做出好榜样，推出好典型。组织老干部进农村、进军营、进学校宣讲传统教育活动。组织老干部参加安泽县今年的系列乡村休闲旅游节和红色旅游节，让老干部观赏安泽美景、聆听革命事迹的同时，宣传安泽的旅游事业。

信　访

【概述】 2016年，安泽县信访局共接待群众来信来访事项141件417人次。其中，县级接待来访群众117批392人次，当场答复52批171人次，受理求决类信访事项63批223人次；国家信访信息系统交转事项26件，已全部办结；县级交办63件，到期办结率100%。信访形势总体形势平稳可控，没有发生群众到市、赴省、进京集体访和非正常上访，继续实现“四无”工作目标。

【重大节会期间信访】 全国、省、市“两会”期间，信访局共开展矛盾排查6次，接收矛排表200余份，上报重大节会信访情况“零报告”50余份。针对排查出的矛盾纠纷隐患，全部落实“四包一”措施，明确县级包案领导、责任单位负责人、化解责任人、稳控责任人以及化解措施和稳控方案。抽调精兵强将参加重大节会的驻京、驻省值班工作，全国“两会”期间，安泽县未发生一起进京上访，安泽县驻京工作组在圆满完成本岗工作的同时，还承担了临汾市驻京值班一组组长、驻京组秘书处等部分工作，获得了省市领导的一致好评。

【重点信访事项化解】 2016年底，上级信访信息系统转送安泽县信访事项24件，已全部按照上级要求办结；全国“两会”前期中央、省、市交办的重点信访事项安泽县都不涉及，但是安泽县自加压力，排查出3案，采取县委政府领导包案、合理分流、集中交办、分类处置的方法，现已全部化解到位，维护了群众合法权益，控制了信访增量。6月份，全省“一交办三治理”专项活动交办安泽县自查矛盾纠纷类信访事项6件，县级分管领导亲自包案，第一时间召集相关责任部门召开专题协调会，带案下访面对面接待信访人，15日内将该6件事项全部化解，第一个完成市定任务。

【县级信访系统全面开通运行】 县级信访系统全面开通运行是2016年信访工作的重中之重，安泽县第一个完成初始化数据采集，第一个完成乡镇、社区、县直单位系统的开通，第一个达到内网录入信访事项办结率100%，各项工作都走在全市前列，受到市级通报表扬。2016年底与省级的数据对接工作已顺利完成，安泽县的县级信访系统已全面开通运行，达到省、市要求，也完成县委县政府“冬季行动”的任务，并严格按照国家信访局《信访事项网上办理工作规程》落实工作责任，提高网上信访解决问题的效率。

【信访法治宣传】 进一步推进阳光信访、法治信访宣传教育，全国法制宣传日之际，积极开展普法宣传教育活动。通过派送宣传单、悬挂宣传横幅、工作人员一对一宣传讲解等方式进行，向群众全面介绍维护信访人合法权益、维护信访秩序、规范信访工作行为、法律责任等内容。通过宣传活动的开展，进一步提高了公民法律素质，增强了法治意识，加强了群众理性依法反映诉求、增强遵章守规、依法信访的自觉性，形成了群众理性、有序、依法依规逐级信访的良好氛围。在加强宣传的同时，积极推进“三个规范”活动的开展，即规范信访受理范围、规范信访事项办理程序、规范依法依规解决问题，努力提升依法及时就地解决问题的能力，将信访问题化解在基层，化解在源头。

社会管理联动服务中心

【服务大厅接待工作】 安泽县社会管理服务中心始终坚持以民为本，着重在要事解决上下功夫。2016年，中心接待大厅共接待群众来访116件，电话来访2件、网络诉求1件；全县共接待受理群众诉求35902件，其中矛盾纠纷类案件645件，政策咨询类394件，便民服务类34863件，累计接待群众36811人次，真正使来访群众“抱怨而来，满意而归”，群众合理诉求得到解决，有效化解了社会矛盾，促进了社会和谐稳定。

【指导、培训、督查、考核工作】 1. 坚持贯彻执行管理制度。今年，继续贯彻执行《关于进一步加强网格长手机直报信息工作的通知》、《关于调整网格长手机直报信息相关工作的通知》等文件精神，确保安泽县“311”体系信息上报工作的规范化和标准化。2. 不断加强监督力度。定期对各乡镇中心和便民服务室的诉求事项进行督查，对处理事项进行督办，同时通过下级中心和便民服务室的视频监控，对其工作情况不定时进行抽查，很大程度上规范了工作人员的行为、提高了工作效率。3. 不断提升服务能力。今年，就矛盾纠纷调解技巧、网格长手机信息直报等业务知识逐个对七个乡（镇）、社区中心工作人员进行业务培训。同时中心还对各乡（镇）、村级中心的档案资料、网格长民情日志的填写情况进行了督查，对诉求事项的真实性问题和档案资料填写规范性问题进行了现场抽查。

【诉求事项研判工作】 在贯彻执行各项制度的同时，各级中心严格执行群众诉求事项定期研判制度。县中心每月将全县群众诉求事项、网络舆情等信息进行汇总，并根据汇总情况进行分析、研判，提出解决措施和工作建议，形成县中心诉求事项研判报告，及时上报县领导组。2016年，县中心印发研判报告12期，重点对土地确权、房屋采光、机动地分配、高速占地补偿、帝景铭府小区房屋及物业管理问题等36项群众反映强烈且容易引起群体性上访事件的重点、难点问题及时进行分析研判，为领导决策提供了现实依据。

【信息宣传工作】 坚定执行《“三级中心、一网一格”工作信息考核办法（试行）》，对下级中心和预约单位便民服务室每月信息发布情况及时进行通报，进一步规范“311”信息工作，提高了信息发布的数量和质量。2016年，各乡（镇）、县直单位在安泽县社会管理党建联动服务平台共发布信息8.9万余条，网站点击率超过129万余人次，真正拓宽了群众反映诉求的渠道，充分发挥了网络平台解民情、帮民困的快速响应作用。

史志办工作

【队伍建设】 2016年坚持史志业务学习与“两学一做”学习教育相结合，制定学习教育实施方案，召开专题会议进行安排，把离退休党员纳入到活动中来，把“学党章党规、学系列讲话、做合格共产党员”作为党建工作的龙头任务来抓，坚持集体学与自学相结合，深入学习党的十八大及十八届三中、四中、五中、六中全会精神，省、市、县党代会精神和党章党规、廉洁准则、纪律处分条例以及党的基本路线、方针、政策，不断加强党员的党性修养和自身素质，同时加强班子队伍建设，认真贯彻落实党风廉洁建设“两个责任”，对照县委实施办法、八项规定和《廉洁自律准则》，始终把政治纪律和政治规矩挺在前面，始终牵住党风廉洁建设和反腐败斗争这个牛鼻子，认真履行一岗双责，把党风廉洁建设工作与机关工作统筹结合，同谋划、同部署，持之以恒纠正“四风”，厉行节约，反对铺张浪费，在办公用房、公务用车、公务接待上严格执行有关规定，班子成员带头执行《廉洁准则》和《领导干部报告个人有关事项规定》，经过学习教育，党员干部都能在思想上、政治上、行动上，始终同党中央保持高度一致，按照党风廉洁建设责任制和《廉洁准则》的要求来约束机关干部职工的一言一行，做到了心中有党、心中有民，努力推动全县史志工作全面、协调、可持续发展。

【资料征集和编纂】 1. 根据《2016年全市党史工作要点》，出台了党史工作“十三五规划”，认真完成《临汾改革开放实录》安泽供稿任务、《临汾党史人物》补充卷资料供稿和《临汾历史大事记述》（2013—2016）供稿。2016年在安泽政府网设立《安泽大事记》网络平台一栏，每月按时整理安泽县大事上传到网络平台，全面的宣传安泽县改革发展大事。

2. 认真贯彻落实地方志工作条例，积极完成《山西年鉴》的供稿任务和《安泽年鉴》资料的征集和编纂，全年征集各单位年鉴稿件一百余份，约五十余万字；图片一千余张。完成清雍正十二年《岳阳县志》古本影印工作，填补了安泽没有《岳阳县志》原版的空缺，二轮《安泽县志》编纂工作一审完成后，聘请退下来的领导干部5人，加紧完成县志稿件的收集、整理和编纂工作，同时指导《安泽财政志》的编纂和出版。11月整理编纂出版了《安泽史志》第二辑、第三辑——革命遗址普查、抗战时期安泽财产和人口损失专辑。

【党史宣传教育】 组织开展评选山西省党史教育基地申报工作，上报山西省党史教育基地2处（安泽县和川镇沁河庄村刘少奇路居地、安泽县太岳革命史陈列馆），对全县30处革命遗址进行了普查，为全县进行党史教育、革命传统教育增添了活动阵地。扎实开展“纪念红军长征胜利80周年”主题宣传活动，9月30日，县四大班子领导带领全县各部门各单位负责同志在杜村乡小李村开展了以“追寻红色足迹 接受红色教育”为主题的实践活动，在王光烈士陵园、太岳行署旧址，聆听了党课，重温入党誓词，观看了以长征为体裁的文艺节目，追寻红色足迹，接受革命教育，重温红色历史，激励了广大干部群众不忘初心、走好新的长征路。

【帮扶工作】 2016年根据县上扶贫攻坚的会议精神，积极搞好双包一联帮扶工作，全体党员到包联村进村入户，调查研究。帮助包联村制订收入上万元增收计划，土地流转50亩，“七一”前夕慰问老党员四户，年底给包联村送去31袋面粉，对老党员、老干部、军人家属进行了慰问，并为69口人入了每人18元的意外保险，实实在在为群众办了一点好事、实事。

安泽县人民代表大会

综　述

【概述】 2016年，安泽县人大常委会在中共安泽县委的正确领导下，全面贯彻党的十八大、十八届三中、四中、五中、六中全会和习总书记系列重要讲话精神，紧扣全县经济社会发展大局，依法履行宪法和法律赋予的职权。全年召开常委会7次，主任会议15次，听取和审议“一府两院”专项工作报告11项，组织代表开展视察调研6次，执法检查2次，通过决议决定6项，有效发挥了地方国家权力机关的作用。

【监督】 围绕全县中心工作，进行全县重点工程、民生实事建设、工业经济运行和草食畜发展情况的考察调研；围绕群众关心关切的问题进行全县学前教育发展情况和医疗体制改革进展情况的考察调研；围绕法律法规在全县范围内的贯彻落实，开展食品安全法和旅游“一法两条例”执法检查。

【依法履职】 以“创新、协调、绿色、开放、共享”五大发展理念为引领，围绕全县中心工作，认真履行法定职责，支持、促进“一府两院”协调高效的做好工作，推动全县“十三五”起好步，开好局。加强经济工作监督。持续关注和推进县域经济创新、协调发展，对农村电子商务和草食畜发展情况进行调研，组织代表视察全县重点工程建设及工业经济的运行情况，并听取审议全县重点工程、旅游业和绿色农业发展情况的报告，支持和促进政府加快推进结构性改革，保持经济平稳健康运行。强化对财政资金管理的监督，建立健全预算审查工作机制和程序规则，深化、细化部门预决算审查，促进依法理财、民主理财，推行“阳光财政”。听取和审议预算执行和其他财政收支情况的审计报告，并跟踪监督查出问题的整改情况，对查出问题的整改情况进行全面督查，对整改不到位，或屡改屡犯的行为，常委会启动询问程序，督促相关问题的落实，提高财政资金的使用效益。强化法律法规监督。针对县城未批先建、违规乱建的违法行为，开展城乡规划法执法检查；关注社会热点问题，组织了一次食品安全法执法检查；

开展对打击毁林开荒、盗伐林木、乱占林地的违法行为整治情况进行视察调研，以“七五”普法开局为契机，强化广大市民的法律意识，推动宪法及各项法律法规在全县范围内的贯彻实施。持续关注政法工作，监督和支持审判机关、检察机关和行政司法机关依法查办案件，深入公安机关就打击违法犯罪，保障道路安全通畅进行调研，切实维护人民群众的利益，促进依法行政和公正司法。加强规范性文件备案审查工作，做到有件必备、有备必审。深化民生工作监督。继续把改善民生作为人大工作的自觉追求，回应群众关切。重点听取和审议全县民生实事、扶贫攻坚完成情况的报告，对学前教育、医疗体制改革等工作进行视察调研，推动有关问题的解决，让人民群众在改革发展中有更多获得感。

【调查研究，科学决策】 人大常委会坚持将调查研究作为履职的重要抓手，紧紧围绕县委中心工作和人大常委会会议议题，深入开展调查研究，为科学决定重大事项提供可靠依据。认真行使重大事项决定权。进一步建立和完善重大事项决定权的运行机制，更好地从制度上体现人民当家做主的理念，促进地方事务决策能力日趋科学化、规范化。以事关全局的重大事项和关系人民群众切身利益的重大问题为切入点，在深入调查研究的基础上，适时作出决议、决定，使县委的重要主张通过法定程序上升为全县人民的共同意志。依法开展人事任免工作。坚持党管干部原则和人大依法行使人事任免权的有机统一，认真做好人事任免工作，使县委推荐的人选依法任命成为地方国家机关的领导人员。加强对任命干部的任后监督，结合部门工作职能，听取任命干部依法履职和勤政廉政情况的汇报，提高其依法行政、公正司法的能力和水平。全面推行宪法宣誓制度，着力增强人大任命干部对人民负责的意识和忠于宪法、恪尽职守的履职责任感。

【发挥代表作用】 加强代表活动室建设。代表活动室是代表学习活动的主阵地。2016年，县人大常委会把全县的代表活动室建设作为一项重要工作来抓。通过听取各乡镇代表活动室建设和代表活动情况的报告，实地察看等形式，促进代表活动室的规范提高，进一步夯实人大阵地建设。丰富代表活动形式，发挥代表的主体作用。对新当选的县、乡人大代表开展培训，提高他们的履职能力，落实好委员联系代表和代表联系群众暂行办法，密切组成人员与代表、代表与群众间的联系；保证代表履职时间，落实代表活动内容，为代表依法履职提供服务和保障。组织代表参加执法检查、工作考察、专题调研活动，邀请部分县人大代表列席常委会和各项专题会议，切实发挥各级代表的主体作用。加强代表建议、批评和意见的落实。听取和审议代表建议办理情况报告，督促代表建议、批评和意见的办理，坚持人大常委会领导督办重点建议制度，加大对代表不满意建议的跟踪督办力度，探索将代表建议办理工作纳入常委会“三账”监督年中查账和年底交账内容，推进建议办理从“答复满意”转向“结果满意”。

【换届选举工作】 认真贯彻落实中央和省市县委的部署要求，依法做好县乡人大换届选举工作，及时将发现的重大问题和重要情况向县委请示报告，配合组织部门提出对新任县人大代表候选人初步建议人选的意见，好中选优。强化选举组织工作，及时组织业务培训，认真做好代表候选人考察、审查工作和人大代表资格审查工作，切实把好代表的“入口关”、选举的“组织关”和全过程的“监督关”，努力使代表总体结构更加合理，代表个体素质更加全面。强化对乡镇人大换届选举工作的指导，确保选举法和省各级人民代表大会选举实施细则得到全面贯彻，确保换届选举工作风清气正、顺利进行，为新一届县乡人大及县人大常委会更好的依法履职打下坚实基础。

【自身建设】 坚持理论武装，深入学习党的十八大和十八届三中、四中、五中全会精神和习近平总书记系列重要讲话精神，努力提高政治理论水平。在加强政治理论学习的同时，进一步强化人大业务知识和相关法律法规的学习。注重制度建设，规范人大工作。要进一步加强制度建设，根据人大履职新需要，研究制定新的制度和规则，推进人大工作制度化、规范化。注重改进作风，保持良好形象。进一步巩固和拓展教育实践活动成果，深入践行“三严三实”，强化党风廉政建设责任制落实，持之以恒加强作风建设，始终保持县人大常委会和县人大机关为民、务实、清廉的良好形象。

重要会议与机关工作人员任免

【安泽县第十六届人民代表大会第一次会议】 会议议程：（1）听取和审议安泽县人民政府工作报告；（2）审查和批准安泽县国民经济和社会发展第十三个五年规划纲要；（3）审议县人民政府关于安泽县2015年国民经济和社会发展计划执行情况与2016年国民经济和社会发展计划草案的报告；审查和批准安泽县2015年国民经济和社会发展计划执行情况的报告及2016年国民经济和社会发展计划；（4）审议县人民政府关于安泽县2015年财政预算执行情况和2016年财政预算草案的报告；审查和批准安泽县2015年财政预算执行情况的报告及2016年财政预算；（5）听取和审议安泽县人大常委会工作报告；（6）听取和审议安泽县人民法院工作报告；（7）听取和审议安泽县人民检察院工作报告；（8）选举安泽县第十六届人大常委会主任、副主任、委员，安泽县人民政府县长、副县长，安泽县人民法院院长、安泽县人民检察院检察长，临汾市第四届人民代表大会代表；（9）其他事项。

【安泽县十五届人大常委会会议】 2016年，安泽县人大常委会共举行7次会议，即第三十次至第三十六次会议。

第三十次会议议程：（1）审议通过关于召开安泽县第十五届人民代表大会第六次会议的决定（草案）；（2）审议通过安泽县第十五届人民代表大会第六次会议的议程和日程（草案）；（3）审议通过安泽县第十五届人民代表大会第六次会议的筹备机构及职务（草案）。

会议表决通过关于召开安泽县第十五届人民代表大会第六次会议的决定（草案）、议程和日程（草案）、筹备机构及职务（草案）。

第三十一次会议议程：（1）听取和审议各单位2015年交账和2016年建账情况汇报；（2）审议通过安泽县人大常委会2016年工作要点。

会议表决通过安泽县人大常委会2016年工作要点。

第三十二次会议议程：（1）传达关于进一步加强和改进新形势下人大工作的通知精神；（2）人事工委向常委会提交乡镇换届的相关事宜。

会议表决通过乡镇换届的相关事宜。

第三十三次会议议程：（1）审议通过《关于成立十六届人民代表大会选举委员会的决议》草案；（2）审议通过《安泽县第十六届人民代表大会换届选举工作方案》草案；（3）审议通过《安泽县第十六届人民代表大会换届选举工作日程表草案》。

会议表决通过《关于成立十六届人民代表大会选举委员会的决议》草案、《安泽县第十六届人民代表大会换届选举工作方案》《安泽县第十六届人民代表大会换届选举工作日程表草案》。

第三十四次会议议程：（1）审议通过县政府提请的《关于公开拍卖出让2013年度第三批次第一地块国有建设用地土地使用权的议案》；（2）审议通过县政府提请的《关于向永鑫拨付流存税款奖励资金和向永鑫太岳两个焦化企业返还排污费的议案》；（3）审议通过县政府提请的《关于2016年地方政府债券资金纳入同级预算的议案》；（4）人事任免。

会议表决通过县人大常委会《关于同意安泽县人民政府公开拍卖2013年度第三批次第一地块国有建设用地土地使用权的决议（草案）》《关于向永鑫公司拨付留存税款奖励资金议案的决议（草案）》《关于同意县政府将环保排污费拨付企业建设环保项目的决议（草案）》。决定任命张可新为安泽县副县长；陈建国为安泽县人民法院院长；张临生为安泽县人民检察院检察长；崔军为安泽县公安局局长；李世明为安泽县安监局局长；王新文为安泽县工商和质量监督局局长；赵春亮为安泽县农委主任；雷改萍为安泽县文化局局长；魏金平为安泽县教科局局长；张拥军为安泽县住建局局长；王若刚为安泽县审计局局长；白璞为安泽县发改局局长。

第三十五次会议议程：人事任免

会议表决通过毛跟云辞去县政府县长职务；牛庆国任安泽县副县长、代县长。

第三十六次会议议程：（1）审议通过关于召开安泽县十六届一次人代会召开时间草案；（2）审议通过安泽县十六届一次人大会议议程（草案）；（3）审议通过县人大常委会工作报告；（4）审议通过筹备机构及职责（草案）；（5）审议通过列席人员名单（草案）。

会议表决通过关于召开安泽县十六届一次人代会召开时间、议程、筹备机构、列席人员名单及常委会工作报告。

【安泽县十六届人大常委会会议】 2016年，安泽县人大常委会共举行4次会议，即第一次至第四次会议。

第一次会议：对新当选的的人大常委会组成人员培训

第二次会议议程：（1）听取和审议县财政2015年财政决算草案和2016年1—8月份预算执行情况的报告；（2）听取和审议2015年预算执行和其他财政收支情况的

审计报告；（3）听取和审议全县扶贫攻坚情况的报告；（4）听取和审议全县绿色农业发展情况的报告；（5）听取和审议全县旅游业发展情况报告。

会议表决通过关于批准2015年财政决算草案的决议（草案）。

第三次会议议程：（1）听取和审议关于审计整改落实情况的审计报告；（2）人事任免。会议表决通过孟晋鹤任县人大办主任，冯占先任人事代表工委主任，李社明任财经工委主任，薛增立任文教工委主任，李光明任农工委主任，王少华任法工委主任。

第四次会议议程：（1）听取和审议全县2016年1—11月份预算执行情况及预算调整的情况报告（2）听取和审议安泽县第七个法制宣传教育五年规划草案的说明；（3）市第四届人大代表向大会述职。

安泽县人民政府

综　述

【绿色生态优势持续厚植】 坚定不移地推进绿色发展，建设好绿水青山，打造好金山银山。久久为功狠抓植树造林，加快推进一个国家级森林公园和一个国家级湿地公园的建设，全力打造三晋“绿心”；大力发展林下经济，种植油用牡丹1.09万亩；持续发展壮大主导产业，巩固有机玉米种植1万亩，全县黄牛、猪、羊、家禽存栏分别达到1.3万头、3.1万头、10.4万只、61万只，肉类总产量达1.83万吨，禽蛋产量达0.55万吨，奶产量达0.82万吨；大力开展大气、水、土壤污染防治“三大战役”，2016年二级以上天数达322天，其中一级天数达到43天，全市排名第三位。

【工业转型提质持续推进】 做大做强传统煤焦产业，扎实开展干部“入企服务”活动，千方百计为企业破解发展困难，全年生产原煤445万吨，焦炭240万吨，洗精煤160万吨，煤炭和焦化企业实现了满负荷生产。致力打造国家级循环经济示范园区和低碳生态园区，永鑫千吨甲醇制丙烯分子筛催化剂项目建设已完成可研，省发改委已经备案。总投资1亿元的耀阳光电200兆瓦/年光伏组件生产线项目仅用65天就建成投产。与河北建投集团签署了总投资18亿元的风力发电项目。工业项目转型升级迈出了实质性步伐。

【“精品旅游县”建设开局良好】 启动制定全县旅游发展规划，精心做好“黄花、红叶、荀子”三篇文章，全力推进全域旅游。全力推进绿色生态游、红色文化游、休闲娱乐游，国庆节期间，4个乡镇38个村同时举办多个乡村旅游节，接待游客32万余人次，旅游总收入达4800余万元，带动村集体经济和贫困户增收70余万元，实现了乡村旅游向全区域、全要素、全产业链的发展。

【“山水田园城”建设全面铺开】 抓紧办理北外环及县城集中供气供热工程等项目的前期手续。旧城改造提升工程“一纵”基本完成，“一横”正加快推进；街巷改造等工程先后竣工，城市基础功能持续完善。先后与山西建筑工程（集团）总公司、北京首创资本投资管理有限公司签订战略合作协议，从根上破解了“谁来建设”“谁来投资”等建设难题，为全面开工打下了坚实的基础。

【创建“国卫”工作扎实推进】 全县积极创建国家卫生县城和国家卫生乡镇，大力实施城市净化、蓝天碧水、绿色魅力、街道畅通、亮化提升、市容美化、花园机关、健康教育“八大工程”，全县城乡环境卫生面貌极大改善，做到了从时间上提前、在范围上全覆盖。

【脱贫攻坚首战告捷】 坚持以脱贫攻坚统揽全县发展大局，开展“决战77天，奋力脱贫攻坚”行动，积极探索“党建+产业+扶贫”新模式，大力实施乡村旅游、光伏发电、油用牡丹种植等举措，1678户4400人已实现稳定脱贫；3个集中光伏电站建设全部完成，将带动40个贫困村每年增加村集体经济收入500万元以上。

【民生福祉持续改善】 从解决人民最关心最直接最现实的利益问题入手，全力打好教育均衡发展、医疗卫生、社会保障、文化繁荣等民生保障改善攻坚战。重点实施了和川、杜村、良马三个乡镇中心幼儿园建设、安泽一中标准化建设和教育信息化提升、杜村乡卫生院业务用房、县人民医院医技门诊综合大楼和县中医医院住院楼建设项目主体楼建设等民生工程，全县养老、医疗、工伤、失业等保险应保尽保，群众幸福指数不断提升。

【全县始终保持安全稳定】 牢固树立总体安全观，认真履行安全生产党政同责，扎实开展安全大检查和隐患大排查大整治，不断完善建立长效机制，安全生产形势持续向好。法治建设全面推进，安泽县荣获“全国法治宣传教育先进集体”称号。扎实推进平安建设，深入开展打黑除恶、“六六创安”专项行动，不断强化社会治安防控，群众的安全感和满意度名列全省第一。

政府办公室

【队伍建设】 1. 围绕作风建设，深入开展“两学一做”专题教育。今年按照中央和省委的要求，深入贯彻落实“两学一做”专题教育，周密安排、精心部署。在组织全体人员深入学习了党的十八大和十八届三中、四中、五中、六中全会精神，以及习总书记系列讲话精神和省市县相关会议精神的基础上，围绕“学习贯彻系列讲话、解决若干突出问题”“讲政治、有信念”“讲规矩、有纪律”“讲道德、有品行”“讲奉献、有作为”等精心组织集体讨论，进一步坚定了理想信念和政治立场，提高了党性修养和理论水平。2. 创新学习形式，在潜移默化中以学促用。办公室始终把加强学习作为提升思想层次、提高工作能力的基础工作常抓不懈。继续坚持每周一学习制度，根据年初提出的学习重点，通过提前备课、轮流授课、随机点评、亮点总结等环节，全面夯实学习效果。同时，还采取重要会议及时学、全体党员集中学、公务员网上学、领导干部大学堂学、文秘班子互助学等学习形式广泛开展学习，使人人都学有所思、学有所悟、学有所获，办公室人员的思想觉悟、理论水平和工作能力有效提升。3. 周密细致，充分搞好统筹协调工作。牢固树立"一盘棋"思想，落实"传帮带"结对制度，在重要大材料的撰写过程中，给年轻同志交任务、压担子，并由老秘书一对一的指导和帮助，促进年轻同志的快速上手，成为办公室的后备力量。严格落实请销假、办公物品领取、差旅费报销制度，继续坚持文秘、信息激励制度，在全办营造了人人守规矩、个个思进取的良好工作氛围，整体凝聚力和战斗力显著提高。

【基础工作】 今年紧紧围绕政府中心工作，把工作重心放在提升服务水平、发挥参谋助手作用等方面，主动担当、超前谋划，不断增强办文、办会、办事的效率与质量。在办文方面：1. 严格规范公文办理。坚持统筹考虑，合理安排，精心组织，努力做到高要求、高效率、高质量。全年共签发政府、政府办文件 300 余份，不仅保证了公文的规范性、政策性和严肃性，而且确保了上传下达、政令畅通。2. 以文辅政当好参谋。积极倡导简洁、明快的文风，围绕全县各阶段中心任务，深入调研，掌握实情，紧贴上级精神和领导意图，认真做好文字起草工作，文稿质量和整体水平有了较大提高，得到县领导的充分肯定。全年共为政府及政府领导起草各类文件、报告、讲话、汇报材料、署名文章等 300 余篇，编发政务信息 300 余期，被市政务信息采用近 20 条。在办会方面，坚持会前、会中、会后三检点，共筹备各类大型会议和专业会议 80 余次，均未出现一次差错。大力精简各种会议，严格控制会议次数和规模。认真搞好会务的统筹协调，尽量开短会、开套会，提高会议质量。切实做好会务工作，会后及时形成《会议纪要》，从源头上确保会议的权威性和高效率。全年承办政府常务会议 12 次，县长办公会 26 次，视频会议及各类专业工作会 75 次。在办事方面，坚持责任到人、无缝衔接，着力加强综合协调，把应急值班、来访接待、会议通知等各项制度落到实处，做到了件件有落实，事事有回音。特别是在沟通部门、联系各方上，做到领会领导意图准确，执行政府决策有力，掌握部门情况全面，信息反馈及时，确保了政令畅通。

【核心工作】 2016 年，在牢固树立"四个意识"上率先垂范、走在前列，坚定不移向党中央看齐、向习总书记看齐，始终把责任放在心中、体现在工作上，以忘我无我的精神敬业奉献，以履职尽责的坚守推动工作。督查方面，按照县委、县政府的部署，重点围绕项目建设、民生改善、脱贫攻坚、生态环保、安全生产等重点工作和中心工作，进行专题督查。一年来，共承办 30 余次督查任务，形成督查报告 15 份，有效地推动了政府重点工作的落实。同时，认真做好了建议提案的办理工作，全年共承办建议提案 224 件，办结率、见面率均为 100%。人民防空方面，按照省、市要求，以易地建设费收缴和人防信息化建设为重点，出台了人防"十三五"规划预案等一系列文件，健全了联审联批制度，并将人防审批作为审批窗口进入审批大厅。同时，还配备了无线防空警报、移动指挥系统等设备，全面加强了人防信息化建设。

在县领导的大力支持下，成立了人防信息保障中心，承担安泽县人防信息化建设、设备设施维护管理和演练保障以及全县防空警报系统的建设、管理维护和通信警报的应急保障任务，将人防信息保障工作提高到一个新的水平。应急管理方面，进一步修订完善了《安泽县突发公共事件应急预案》《安泽县安全生产事故应急救援预案》等近30余项县级应急救援预案，先后开展消防、护林防火、危化品、校园应急疏散等方面的应急演练。同时，整合了全县应急队伍资源，改善了其技术装备，健全了应急救援队伍体系，严格落实工作责任制。政府法制方面，推行行政执法责任、落实“六权治本”工作要求，健全完善行政执法程序、落实行政执法职责任务、强化行政执法监督、推进行政执法工作评议考核制度等方面做了大量工作，取得了显著成效。同时，加强了法制工作新载体。通过政府法制网、简报等媒体，发布政府法制办的日常工作动态，多视角全方位，报道全县法制建设情况，并顺利组织了全县673名新申领行政执法证人员考试，为全县行政执法持证上岗打好了基础。切实履行了政府职责，为法治政府建设奠定了基础。政府信息公开方面，全面完善了政府网站信息公开目录，修订完善了《安泽县政府信息公开保密审查制度》等6项制度。建立起了一整套信息采集、审核、发布机制，严格信息发布程序，严谨细致审核把关，对网站内容进行及时维护和更新。今年以来，通过各种方式，主动公开政府信息1025条。市长热线办理方面，共受理“12345”市长热线工单171件，同比上升52%。其中，诉求类125件，占总量的73%；咨询类21件，占总量的12%；投诉类16条，占总量的9%；建议类5件，占总量的3%；总结办率91%。此外，无线电、电子政务等方面工作都有了进一步的规范和加强。

【廉政建设】 按照“一把手负总责”和“谁主管、谁负责”的原则，层层落实党风廉政建设责任制。继续深入推进“六权治本”，扎实推进“两集中、两到位”，全面实行了党政领导“五个不直接分管”，确保了权力沿着规范化、公开化的轨道运行。在廉政教育上，逢会必强调廉政，逢会必学习廉政，并邀请县纪委的同志一起，加强对重点领域和部门的领导干部进行警示教育，针对廉洁从政中存在的重点问题开展谈心谈话，筑牢了党员干部拒腐防变的思想防线。认真落实“一岗双责”，定期检查各部门党风廉政建设责任制执行情况，督促认真查找自身思想、工作、作风及廉洁自律等方面存在的问题，始终做到业务工作和廉政建设两手抓、两促进。

始终坚持求真务实的作风，认真学习中央、省、市有关党风廉政建设责任制的相关规定、文件、会议和领导讲话精神，进一步认识到党风廉政建设在党的建设、经济建设中的重要意义，更加模范地遵守党风廉政建设的各项规定和《廉政准则》，提高了政治敏锐性和鉴别力，确保了党风廉政建设工作始终居于各项工作的中心位置。时刻坚持防微杜渐，严格用共产党员的标准要求自己，用廉洁自律的要求，堂堂正正做人，清清白白做官，踏踏实实做事。坚持贯彻民主集中制原则，增强凝聚力，严格执行集体领导和个人分工负责制。引导办公室成员互相尊重、互相信任、互相支持。特别是在工作和生活中，带头遵守廉洁从政各项规定，不断增强自律意识和自我约束能力，坚持做到严于律己、以身作则、以俭为荣。同时，对亲属和身边工作人员，严格管理、严格教育，决不允许打着政府的旗号谋私利、办私事，真正做到自身正、身边清。

政务管理

【概述】 2016年在县委、县政府的正确领导下，在各窗口单位的大力支持和窗口工作人员的共同努力下，以党的十八大精神为指导，全面贯彻落实十八届三中、四中、五中、六中全会精神，以优化经济发展环境、服务经济发展为目标，以“规范、高效、廉洁、便民”为原则，以提高办事效率和便民服务为宗旨，积极开展“两学一做”学习教育，深化行政审批制度改革，全面推进行政审批服务创新，不断提高行政服务水平，切实改善项目投资环境，提高档案管理水平，为努力实现安泽全面振兴、绿色崛起提供服务保障。截至2016年底，共办理各类行政审批事项3489项，办结率99.37%。

【行政审批“两集中、两到位”改革】 为进一步规范行政审批行为，严格限时办结，提高行政效能，优化政务环境，按照《临汾市人民政府办公厅关于落实行政审批“两集中两到位”工作的通知》（临政办函〔2014〕86号）文件精神，狠抓“两集中、两到位”改革工作落实。目前，全县39个行政审批职能部门改革工作已全部完成，成立行政审批办公室（行政审批科）39所，整合职能股室70所，授权首席审批员89名，窗口主任39名，A岗42名，B岗36名，C岗28名。

结合安泽县人口少、行政编制少的实际，创新推出“窗口主任+ABC岗”“1+3运行”模式，要求派驻政务大厅的各个窗口设首席审批员1名，窗口工作人员实行ABC岗工作制。A岗职能是常驻政务大厅负有审核权限（谁签字谁在政务大厅上班，一般是业务主体股长或副股长）；B岗职能是窗口单位和单位之间流转办件材料，顶岗替班；C岗职能是职能部门负责审批的股室、专业技术人员担任现场勘（调）察岗，受窗口首席审批员领导或协调，负责现场踏勘。这样将有权的人、有权的事放在窗口公开办理，从机制上保证项目从受理、审查、现场勘查、勘验、审核签发、制发批文、打照制证等均在县政务大厅窗口完成，实现“内转外不转”“领导带班”“股长上岗、窗口办结”的行政审批“一站式”运行模式。

对各窗口的工作人员、项目以及流程情况进行了认真的梳理排查，对于窗口主任或者工作人员有变化的单位例如住建局、安监局等要求其重新报送授权书以及人员信息表。要求常驻窗口规范项目流程，重新编制办事指南。对于定期单位，要求其窗口工作人员按时上岗。目前，各窗口工作人员情况以及办事指南已经更新，“两集中、两到位”工作已基本完成。

【“绿色通道”建设】 为进一步优化政务环境，提高审批效率，中心领导积极同发改局、监察局的领导会商形成共识。对于县委县政府确定的重点工程，一律进入“绿色通道”办理，对重点项目进行统一预登记、并联审批、联合勘察、集中办公。今年将惜乡园农民养殖专业合作社、建新农民养殖专业合作社等项目纳入重点项目“绿色通道”办理。由县监察局组织相关单位在政务大厅召开联审会议，当场办理项目核准报告，服务对象与相关单位首席审批员就进一步办理相关审批事项现场签订预约登记表，现场预约，现场承诺。

【事中事后监管】 按照《临汾市人民政府办公厅关于深化行政审批制度改革加强事中事后监管的意见》（临政办发〔2016〕23号）文件精神，中心负责制定集中公开审批的工作方案、规章制度和工作程序，对保留审批事项的审批行为进行监督。今年根据国务院、省、市关于动态项目管理要求，围绕在办项目制定了一整套制度，明确监管职责，确保监管依法有序进行，推进事中事后监管制度化、规范化、程序化。按照市委市政府、县委县政府的统一部署，在大厅各窗口推行群众办事明白卡，对每个承诺件标明承诺办结时限，严格按照时限办结，对不按时办结的情况严肃追究责任。（李敏）

档案管理

【概况】 机构设置：安泽县档案局（馆）是隶属于安泽县人民政府的文化事业机构。2006年10月，安泽县机构编制委员会以（2006）6号文件，将安泽县档案馆（挂安泽县档案局牌子）名称调整为安泽县档案局（挂安泽县档案馆牌子）。内设办公室、业务股、管理股、法规股四个股室。2015年9月成立了安泽县档案局工会。工作职能：掌握全县档案工作事务，制定本县档案事业发展规划，协调各方面的关系，并组织实施；负责对安泽县区域内各机关、团体、企事业单位的各类档案工作进行指导、监督和检查，维护档案的安全与完整；负责接收、收集和保管县直各单位和其他组织按规定移交进馆的档案资料；征集散存在社会上的珍贵档案资料；保守党和国家机密，维护档案的完整，确保档案资料的安全；开发和利用档案资源，为经济建设和社会事业发展提供服务。

【党组织建设工作】 扎实开展“学习讨论落实”活动和“三严三实”教育活动。抓好学习教育，全面完成了规定的学习内容，并认真撰写学习心得和笔记。其间，班子成员轮流领学21次，每人撰写心得3篇，局长讲党课4次，围绕主题开展学习讨论交流5次，参观廉政教育基地1次，建立完善规章制度8条，形成档案局制度汇编1册。

【服务利用】 借助馆藏档案、现行文件利用中心和政府公开信息等平台，2016年共接待社会各界档案利用者180人次，查阅档案500余卷（件）。档案提供利用工作有效地发挥了档案在为民生服务、化解各种社会矛盾、重点难点工作突破等方面不可替代的凭证作用。

【档案安全体系建设】 对档案工作人员开展经常性的安全教育；完善档案管理规章制度；定期对档案库房进行卫生清理和安

全隐患排查工作，及时更换库房内的防虫防霉剂，做好安全检查记录；定期对消防器材进行检查维修或更换。

【资料接收和征集】 共征集到：《荀乡墨韵》4期、《安泽县民间文学集》2册、《中共临汾党史人物》1套（5本）、《中国共产党临汾历史》1本、《大事记述》（1919—1949年）1套（4本）、《安泽文史资料》10本、《大国治理—中国社会治理创新的基层实践》2本、《中国地理标志产品大典》4册，接收了光彩事业促进会财务章和账号章2枚、群众路线教育实践活动档案资料203册（3750件）、学习讨论落实活动档案资料173本、政协八届五次全会材料汇编5册，十四届人民代表大会第三次、第五次会议材料汇编各1册，十五届人民代表大会第一次、第二次会议材料汇编各1册。

【档案业务建设工作】 局业务人员先后帮助指导、整理了采购中心、劳动局工伤保险服务中心、农业局、公安局、县统计局、民政局等单位的档案，采取上门服务、实际操作指导、电话咨询等方式开展业务指导；此外，还收集了学教办党的群众路线教育实践活动档案资料203卷（3750件），学习讨论落实活动档案资料173本（2563件）现已全部整理归档上架，并录入计算机；积极参与了全县的土地确权档案业务指导工作。

【“三联两报到”和扶贫攻坚工作】 结合“三联两报到”活动的开展，局包联干部多次深入包联村上梯村开展调查研究和帮扶工作，通过走访、召开座谈会、与村委成员谈心等方式，详细了解上梯村的基本发展情况、村民收入及生产生活中遇到的困难。多次走访包联户、中药材合作社和惜乡园养蜂合作社，与4户包联户建立党员群众联系卡，送去米面油等慰问品，为合作社提供技术资料和相关的政策、信息，协助养蜂合作社建立网络销售渠道，做好相关配套工作和食品质量安全；督促检查护林防火工作，为村民发放宣传标语、护林防火明白纸，悬挂条幅，提高村民的防火意识。

人力资源和社会保障局

【就业工作】 全县城镇新增就业878人，完成市局下达任务的103%；创业就业370人，完成市局下达任务的106%；失业人员再就业172人，完成市局下达任务的114%；就业困难人员就业123，完成市局下达任务的123%；转移农村劳动力1581人，完成市局下达任务的104%。城镇登记失业率总体控制在3.1%以内。

为全县各事业单位聘任专业技术人员107人，办理高级专业技术人员资格证书13份，对20名大中专毕业生确认专业技术资格工作。对全县各个企业及高速公路各标段的技术人员取得职业资格证书的情况进行了摸底，对50余名无资格证书的技术人员进行了资格鉴定，其中33人通过初级工考试。同时对专向技能人才培养35人，创业培训人数60人。

【劳动监察执法】 变被动为主动，变上访为下访，不间断对所有用人单位进行检查，发现问题现场依法依规给予处理，极大地维护了农民工利益和社会稳定。2016年底主动监察用人单位279户，涉及劳动者2900余人，为80余名劳动者追回工资125万元，依法下达整改指令书18份，行政处罚4件，处罚金额4.2万元。在书面审查和数据采集工作中，按照要求科学合理划分网格，完成采集用人单位245户，对245户用人单位进行了书面审查工作，进一步完善用人单位数据库，确保县“两网化”工作进一步规范。按照建立农民工工资政府应急周转金工作要求，依法要求各相关企业预存工资保证金，目前已预存1036万元，并按照相关文件精神保持财政专户300万元政府应急周转金。为确保安泽县劳动用工和谐稳定，在劳动用工备案及合同签订中做了大量工作，2016年底劳动保障监察案件系统上线运行率达90%，有效处置交办转办案件1件，对3家有重大违法行为企业在安泽县境内进行了电视媒体通报，并记录同级政府社会信用平台，案卷抽检评查合格率达98%，劳动合同签订率达96%，已建立工会企业合同签订率100%，劳动用工备案率96%，农民工劳动合同工作得到进一步规范。

【人事人才服务】 认真开展毕业生档案管理接收工作。2016年底共接收硕士毕业生7人，本科毕业生210人，专科毕业生87人；省内外离校未就业毕业生实名登记180人；提供就业指导、就业见习、重点帮扶220余人；开具调档函、行政介绍信、未就业证明等相关材料合计300余次；参加临汾人才招聘会3次，为安泽县各企业招揽各类人才100余人。

【社会保险工作】 企业养老保险参保人员6585人，完成市局下达任务的101%；征缴基金4485.8万元，完成市局下达任务的162.2%。机关事业养老保险参保人员5254人，完成市局下达任务的150%；征缴基金6700万元，完成市局下达任务的110%。医疗保险参保人员达20490人，完成市局下达任务的100%；征缴医疗保险基金2929万元，完成市局下达任务的139.4%，生育保险参保人员8851人，完成市局下达任务的100%；征缴基金131.2万元，完成市局下达任务的146%。工伤保险参保人员15878人，完成市局下达任务的112.6%；征缴基金767.6万元，完成市局下达任务的114%。失业保险参保人员5108人，完成市局下达任务的100%；征缴基金254.8万元，完成市局下达任务的114%。城乡居民养老保险参保人员33196人，完成市局下达任务的108.6%；征缴基金356.6万元，完成市局下达任务的102%。

全民参保登记计划是以社会保险制度和参保全覆盖为目标，2016年为全力推进全民参保登记工作做了大量工作。1. 加强组织领导。牵头成立了安泽县全民参保登记工作领导小组，组织召开成员单位会议，协调各方力量做好入户登记数据上报、比对工作。2. 强化政策宣传。设计制作了《安泽县全民参保登记工作手册》，开展全方位宣传发动工作，营造浓烈的全民参与的工作氛围。3. 落实经费保障。积极向县政府报告，争取专项资金，为全民参保登记入户调查工作提供资金保障。4. 加强业务培训。先后分两批次共培训100多名入户调查人员，为顺利开展调查、登记工作打下坚实的基础。5. 深入基层走访调查。

组建入户调查队，分批次进行培训，并实行了由人社系统内部职工分片深入各小区，社区协办员负责县城散户，乡镇协办员统计辖区内居民的方法，大面积、全方位的进行入户登记，确保不遗不漏。2016年底入户调查表已全部登记完成，电子版录入1.8万余人。

【入企服务】 为全面提升服务企业的能力和水平，切实把支持企业发展的各项政策措施落到实处，着力帮助企业解决突出问题，自9月21日开始，入企服务小组先后多次深入安泽太岳焦化有限公司，开展走访调查活动。通过召开座谈会，同企业管理层深入交流。了解企业在发展中存在的突出问题，建立帮扶工作台账，跟踪企业动态，积极帮助企业协调解决问题。结合人社局职责，进行上门宣传政策，指导企业规范用工，帮助企业规避用工风险。同时积极与市工伤保险鉴定管理服务中心沟通协调，10月10日，由临汾市和谐体检中心26名医务人员组成的专家团为太岳焦化有限公司170余名一线生产工人进行了健康体检和职业病筛选。针对专业技术人员短缺和流转资金不足的问题，组织相关股室、中心召开专题工作部署会，制定具体帮扶措施，依托人才市场和就业培训中心入企对接，通过引进和培训专业技术人才，为企业解决人才缺乏问题。与中小企业局协调，畅通工人职称评审渠道。

【扶贫攻坚】 按照精准脱贫攻坚工作的总要求，强化措施、积极动员，深入开展包村联户工作，扎实推进精准扶贫工作。1.依托包联村府城村，严格按照规模分解、初选对象、结对帮扶、制定计划、填写手册等工作步骤，按照相应的时间节点，完成54人的建档立卡工作。2.按照结对帮扶到村到户要求，单位51名党员与55名贫困户进行对接。每个帮扶责任人每周至少到村到户1次，认真摸清帮扶贫困户基本情况，谈心谈话积极疏导他们的情绪，引导他们树立积极、健康、向上的生活态度。结合贫困户实际情况，制订帮扶脱贫计划，找准帮扶办法，按照“不脱贫不收队”的工作要求稳步推进。依托局就业培训中心，结合精准扶贫工作，11月23日、12月7日为府城村的贫困户及周边人员，开办了2期为期十天的“精准扶贫”创业培训班，通过对他们创业意识的培训，衡量是否适合办企业，并产生可行的创业想法，通过创业计划培训引导完成创业要经历的各个环节和步骤，衡量企业能否开办下去。通过练习，将自己的创业构思，用系统的知识去计划、演算，形成创业计划书。

【创卫工作】 按照县委、县政府安排部署，严格落实省级卫生城市的标准，强化管理，扎实开展创卫工作。号召全局上下迅速行动起来，积极开展辖区卫生整治工作，全面改善环境卫生，提升全员健康水平。与一楼门面房商户签订了“五包”责任书，细化卫生、绿化、市容、车辆、设施等责任，定期对各商户进行了安全检查。创建“花园式”小区。积极协调后院小区物业，健全机关和小区的管理、环卫、治安、服务等制度，保证辖区内管理工作的规范。完善配套设施，硬化平整小区内道路，重新合理布局停车位，绿化、美化小区环境。同时积极宣传正能量，通过挂标语、小区内设宣传台倡导邻里团结、家庭和睦、尊老爱幼、助人为乐的新风尚，使居民自觉维护小区设施，遵守秩序，保持小区内环境卫生。

民政工作

【民生保障】 2016 年，不断加大民生保障力度，筑牢民生兜底保障网，1. 认真落实城乡低保提标工作。根据上级文件要求，逐步建立起与经济社会发展和居民消费水平相适应的社会救助提标机制，对低保的户数、人数进行了严格核实，解决提标资金，完成提标任务。2016 年，农村低保保障标准每人每月提高 40 元。提标后，保障标准为：一类每人每月 238 元、二类每人每月 228 元、三类每人每月 223 元，全年共计发放农村低保金 225.4 万元。城市低保保障标准提标两次，每人每月分别提高 20 元和 3 元，提标后，保障标准为：一类每人每月 405 元、二类每人每月 375 元、三类每人每月 355 元，共计发放城市低保金 298.1 万元；2. 加大联审核对机制建设。依据《安泽县低收入家庭经济状况核查办法》，充分发挥联审核对机制作用，主动与县上 16 个联席部门密切合作，共享信息，全面开展了对申请救助家庭房产、车辆、社保等 15 个方面的财产信息比对，特别是针对本人或子女属财政供养人员而享受低保的问题进行了认真的核查，实现了动态管理下的应保尽保、应退尽退。全年对 160 户农村低保进行了抽查，对 94 户精准扶贫兜底户进行了全面核查；3. 不断提高医疗救助服务水平。本着为民、利民、便民的原则，进一步完善政策措施，严格规范救助标准和程序。2016 年以政府办的名义重新修订出台《安泽县城乡医疗救助实施方案》，提高医疗救助的精准性和时效性，推行了“一站式”医疗救助服务，并与定点医疗机构签订了合作协议，有效解决了困难患者看病难的问题；4. 严格执行农村五保供养标准。认真核实底数，加大年初预算，确保供养资金按时足额发放，全年共发放五保金 455.2 万元。

【社会福利】 2016 年，将敬老院、福利中心建设作为统筹城乡发展的重点工程来抓，不断完善城乡社会福利体系建设，社会福利事业稳步推进。在农村养老服务水平上，新改建的 4 个农村老年人日间照料中心项目已全部完工，并投入运营。在养老机构安全管理上，为保证集中供养老人的安全，不断完善各项安全管理制度，对消防检查出的安全问题进行了全面整改，并与机构负责人签订安全责任书，加强安全硬件设施建设，2016 年圆满完成福利中心消防设施维修改造任务。在留守儿童摸排工作上，根据上级部门要求，制定出台了专门的实施方案，并召开动员会，加强摸排工作的督促和指导，经过摸排，安泽县共有留守儿童 15 人，留守妇女 6 人，留守老人 18 人。在流乞人员信息化管理上，充分利用全国流浪人员救助管理信息平台，全面采集求助和受助人员必要信息，加强与各地救助管理部门的信息交流，及时开展跨省返乡接送等救助工作，实现了救助管理业务的信息共享和实时监管，2016 年共救助流乞人员 48 人，发放救助资金 8 万余元。

【救灾救济】 2016 年，认真贯彻落实“防御为主、救助为辅”的抗灾救灾工作方针，不断强化提升应急保障能力。特别是面对2016年严峻的防汛形势，作为县防指成员单位，一方面严格执行值班应急制度。建立了重大防汛和重大灾情值班制度，始终坚持领导带班，严格执行24小时双人值班制度，严密防范洪涝等自然灾害的发生；另一方面全力做好灾情统计和救济工作。秉承“灾情就是命令、灾情就是生命”的原则，坚持第一时间奔赴受灾点，第一时间核实受灾情况，第一时间评估灾情损失，第一时间实施救济救助，确保灾情统计上报和救助救济工作的及时有效。2016年，全县受灾人口8846人，农作物受灾面积1509.1公顷，直接经济损失820.14万元，共发放自然灾害生活补助资金200万元，确保了灾民的基本生活。

【优抚安置】 1. 认真落实农村退役士兵政策，2016年新批准11名60岁农村退役士兵；2. 全面落实各项优待抚恤政策，2016年为全县104名优抚对象，发放定期生活补贴115.1万元，为12名烈士子女发放生活补助4.7万元，为80名60周岁以上退役士兵共发放生活补助10.7万元，医疗救助优抚对象28人，发放救助金5.6万元；3. 认真落实安置政策，完成了3名退役士官安置任务；4. 积极开展双拥共建，完成了升级双拥模范城申报工作；5. 开展“两节”慰问和烈士公祭活动。

【社会事务】 1. 婚姻登记规范运行，严格婚登手续，加强婚姻证件管理，全年共办理结婚登记469对，离婚72对，补发148对；2. 圆满完成2016年地名普查工作，完成招标、动员会、外业信息采集等工作，共采集信息2235条，预填登记表1910条；3. 完成界线联检和平安边界建设，2016年，由古县牵头、安泽县配合，完成古县安泽线县界的联检工作，对古县安泽线埋设的6个界桩进行了实地勘察，经过勘察，界桩未见移动且周围的地貌与界桩登记表上所记载的相一致，无危急界桩存在的隐患。

扶贫工作

【减贫工作】 安泽县建档立卡工作从2014年5月启动，历经建档立卡、建档立卡“回头看”、贫困人口核查工作三个阶段和2014年、2015年两年减贫工作，目前全县建档立卡贫困户共3472户，8508人。其中：兜底户532户914人，非兜底户2940户7594人。按照五个一批分类扶持情况，生产就业脱贫2257户5627人，发展教育脱贫543户1630人，易地搬迁脱贫572户1328人，社会兜底脱贫532户914人。

安泽县成立了由书记、县长任双组长的脱贫攻坚领导小组；已完成脱贫攻坚责任书的双签工作；安泽县共有101个村有贫困人口，其中：62个村要求在村一级进行挂图作战，已经全部完成；同时，做到县乡村有三级台账，贫困户有明白卡和贫困户手册，将“三账一卡一册”工作落到实处；帮扶政策牌已制作完成并下发到户。

12月初，根据上级文件精神起草了《安泽县退出实施办法》《安泽县脱贫工作成效考核办法》和《安泽县脱贫攻坚督查巡查考核办法》。按照“12月1日至31日开展脱贫工作成效自查和贫困退出验收工作，2016年12月21日至2017年1月10

日，由第三方进行评估”要求，积极推进全县减贫工作。

2016年市下达安泽县减贫任务18个贫困村摘帽（和川镇7个村、杜村乡5个村、马壁乡6个村），5000名贫困人口脱贫，安泽县下达到各乡镇任务是5500人。年底全县贫困户退出工作村、乡两级公示基本结束，据摸底统计脱贫退出规模在6300人左右。

根据省脱贫攻坚办公室22号文件《关于设立建档立卡贫困户帮扶政策牌的紧急通知》要求，全县建档立卡贫困户必须设立帮扶政策牌。年底4000份帮扶政策牌已经制作完成，严格按照文件要求于12月底前填写完成并悬挂于建档立卡贫困户家中。

【光伏扶贫】 2016年，下达安泽县光伏扶贫指标3800千瓦。除马壁乡海东村去年已建成外，今年建设任务是3700千瓦。为降低建设成本和管理成本，采取集中建设的办法，确定在马壁乡下石村、杜村乡桑曲村和和川镇孔旺村建设三个村级集中光伏扶贫电站（马壁乡900千瓦，杜村乡1100千瓦，和川镇1700千瓦）。按照上级文件要求，按照择优比选的程序对报名的三家企业进行了资格审查，采取县选村定的办法确定施工单位。年底，三个乡镇29个村已全部签订合同并开工建设。马壁乡村级光伏扶贫电站于12月11日主体完工，12月19日上午举行了并网仪式，成功并网。和川镇和杜村乡已经进入安装太阳能板工序，预计12月底完工。关于光伏电站建设资金，根据上级文件精神，每100千瓦最高可补助70万元，建设资金从盘活扶贫资金中解决，剩余资金从电站收益中偿还。关于备案工作，备案权限已下放至县。

分布式光伏，全县安装共169户，485人。其中贫困户96户278人，非贫困户73户207人。

【油用牡丹扶贫】 全县共落实种植面积10934亩。其中：贫困户1021户2436亩，非贫困户1149户8498亩。按照原定贫困户每亩分三年共补助800元，资金计划从明年切块资金中解决。

【易地扶贫搬迁】 2016年全县共涉及5个乡镇25个自然村99户185人。其中建档立卡98户182人，同步搬迁1户3人。9户26人选择分散安置，90户159人选择集中安置。截至目前，据统计已有27户79人竣工。

2016年府城镇集中安置的83户149人（其中普通建档立卡贫困户16户59人，三无特困人员集中安置67户90人），集中安置点设在府城桃曲阳坡。年底，普通建档立卡贫困户16户59人已与开发商签订购房合同并完成装修；三无特困人员集中安置67户90人依托已有设施进行安置，正在按照人均25平方米标准进行建设。

【精准扶贫“雨露计划”】 对全省“建档立卡”贫困户中，参加2016年普通高考并被录取、就读二本B类以上本科院校的大学生，每生给予一次性补助5000元；对接受一、二、三年级中职中技（含普通中专、职业高中、技工学校）、高等职（专）业教育（含普通大专、高职院校、技师学院等）的在校学生，每生每年给予2000元的生活困难补助，在校期间均扶持（包含顶岗实习），实行应助尽助全覆盖。发放2015年中高职学生60名，资金120000元；大学生30名，资金150000元。2016年中职学生资助正在申报过程中。

招商工作

【概述】 安泽县招商局筹建于2012年9月。中共安泽县委员会常委会于2012年9月20日决定筹建成立安泽县招商局，并报临汾市编办。2013年1月25日，市编办批复同意安泽县人民政府成立招商局，为县政府直属事业单位，正科建制。

【目标任务】 2016年度，市里下达给安泽县的招商引资项目签约任务为105亿元，2016年底，全县招商引资引进项目8个，总投资107.5亿元完成目标任务的102%。分别是：（1）招新能源300兆瓦太阳能光伏发电项目，总投资25亿元；（2）唐城镇集中供热项目，总投资1亿元。（3）生态旅游综合体项目，总投资20亿元；（4）树莓种植及深加工项目，总投资1.5亿元；（5）三峡新能源200兆瓦太阳能光伏发电项目，总投资20亿元；（6）中药材种植销售合作项目，总投资2亿元；（7）风力风电项目，总投资18亿元；（8）棚户区改造项目，总投资20亿元。

【招商活动】 3月31日，组织安泽惠原科贸在南京参加省政府组织的专场对接会，期间惠原科贸与南京山西商会达成土特产合作销售意向；4月18日至22日，在安泽县举办“春行在安泽”系列招商引资活动中，积极邀请客商、准备签约项目，期间共发放招商项目册、投资指南2000余册，签约项目4个，总投资43.5亿元；6月2日，在山西临汾帝尧古都文化旅游节期间参加“山西临汾招商引资项目推介会”，期间成功与宝盖晋文化产业有限公司签约生态旅游综合体项目；9月6日至8日，参加能博会，会展期间，实地考察了河北建投山西风电项目，初步达成合作意向，计划在安泽县投资建设100兆瓦风电项目；11月18日，参加“晋商浙商创新合作招商活动”，其间与温州商会来安投资达成意向；12月5日，参加“2016山西省临汾市（北京）招商引资推介会”，成功与河北建投签约200兆瓦风力发电项目。

重点项目办

【机构】 安泽县项目办成立于1999年，于2012年单位名称变更为安泽县重点项目建设领导组办公室，属于政府直属全额事业单位。

【重点项目】 主抓了安泽冀氏6×100万千瓦煤电一体化项目、庞壁180万吨矿井项目、山西锦尚源煤层气勘探开发综合利用项目和唐城工业园区展厅项目。

1. 冀氏煤电一体化项目。安泽6×1000兆瓦煤电一体化项目，厂址位于冀氏镇桃园村一带。2016年底已完成项目初可研的编制审查工作，正完成项目所需24个支持性文件的收集、整理编制工作，各项支持性文件取得后，即可申请开展项目前期工作的批文。项目外输送电线路已基本同山东省达成初步协议，所需配套煤炭资源正报至省政府待批。2015年6月取得国家发改委发改能源〔2015〕1146号关于山西霍东矿区总体规划的批复。七月份矿井开拓方案通过了专家组评审，需帮助协调解决的环保总量及用水指标问题已基本得到落实，项目所需各项资料准备工作基本就绪，申请开展项目前期工作的函已上报省政府，待核准后上报国家发改委审批。

2. 冀氏矿区煤层气抽采综合利用项目。该项目抽采区域、面积、储量已核实，达成初步合作协议，并以安政发〔2012〕50号文件《关于安泽境内取得煤层气勘探权的审核意见》上报市政府，现已通过市级核准并上报省政府待批准。

3. 庞壁1号矿井项目。庞壁1号矿井，建设规模为180万吨/年，配套180万吨洗煤厂一座，面积为16.59平方公里。庞壁一号矿井地质勘探工程始于2009年，对该煤田进行了详查与精查勘探，通过了评审和核准，正式在省国土资源厅储量备案。探转采工作从2008年开始申报采矿权，经国土部审核批准予以正式划定矿区范围。2016年底正着手准备井口位置的“三通一平”、电路架设、火药库建设等前期工作。

4. 唐城工业园区管理中心展厅项目。唐城工业园区展厅项目位于唐城镇肉牛场原焦厂南面地块，县财政投资1031万元，共征用土地4.5亩新建钢架结构展示厅一座，其中建筑面积1493.97平方米，主体钢结构长47.5米、宽30米、高9.5米。分三个工程标段建设，即：展示厅及室内智能化地沉式沙盘、多媒体、灯光、影像，以及室外绿化、硬化等相关配套设施。

展厅按照“项目入园、产业聚集、循环发展”的总体要求进行规划，通过地沉式沙盘、图文展版、声光多媒体影像等方式，对全县规划发展的中部农副产品加工园区、已初具雏形的北部煤焦化工业园区、未来发展的南部煤电化工业园区三大园区进行集中规划展示，重点突出北部唐城煤焦化工业园区。2016年重点实施了室内装饰，智能化部分安装调试、消防设施、室外绿化、硬化等附属工程的施工。2016年底工程已基本全部结束，即将投入运行使用。

【重点项目“六位一体”工作】 通过一年来的多方努力，12月底安泽县项目储备年度任务700亿元，累计完成700.1亿元，占年度计划100%；项目签约年度任务105亿元，累计完成107.5亿元，签约任务完成率102.38%；项目落地年度任务68亿元，累计完成64.17亿元，占年度计划94.37%；项目开工年度任务70亿元，累计完成70.16亿元，占年度计划100.23%；项目建设年度任务52亿元，累计完成52.25亿元，占年度计划100.48%；项目投产年度任务56亿元，累计完成56.38亿元，占年度计划100.68%。

【“冬季行动”和“百日攻坚”】 在全县重点工程项目领域开展“冬季行动”，实施储备一批、招商一批、落地一批、开工一批、建设一批、投产一批等“六个一批”工作，完成重点工程建设投资目标。安泽县借“冬季行动”的有力东风，全力推进实施重点项目的储备、招商、落地、开工、建设和投产达效，为“十三五”开好局、起好步打下了坚实基础。项目储备完成524亿元，占年度任务的75%，项目签约共征集申报了12个项目，其中工业类、城市建设类、园区服务业类各1个，农业、食药、新能源类各2个，文化旅游类3个，已完成了对安泽熏醋、特色养殖、煤矸石烧结砖、段峪河及和川水库旅游开发等项目的市级初核。按照真抓实干、马上就办的精神要求，借审批中心平台开辟了项目办理“绿色通道”，促进和带动了一大批项目手续的办理，涉及到铁路、交通、文教卫生、城乡建设、水利、民生社会事业等多个领域，推动了信用联社大楼、天铁老年公寓、隆盛苑、和川变电站、“一纵一横”二期、和川中心幼儿园、天然气加气站等一批大项目、好项目的落地、开工建设。较去年同期有大幅度增长，达到或超额完成了“冬季行动”期间的任务要求，较好的实现了首季开门红，为推动全年重点项目“六位一体”任务的圆满完成奠定了良好基础。

同年8月份按照市政府要求，在全县范围内开展了项目开工“百日攻坚”行动，要坚持问题导向，突出责任意识，强化工作落实。在巩固“冬季行动”成果基础上，结合“两学一做”学习教育，建立健全了项目新开工推进机制，形成县四大班子领导干部挂帅出征、干部群众担当有为、奋力争先完成项目建设任务的任务的大好局面。从安泽县的整体情况看，市政府监测的10项未开工，未支付资金5项未开工项目两项及时按照“3个不变”的要求，进行项目置换并开工建设，其余53项未开工项目在11月底前全部实现了开工，进展顺利，达到市里的要求；5项财政资金未支出项目也在10月底前已完成支付任务。确保了完成安泽县项目开工“百日攻坚”各项目标任务的顺利完成。　（许慧艳）

招标投标办公室

【概述】　2016年共接受了23个工程项目(其中：房屋建筑7项，市政工程4项，交通工程9项，施工监理2项，设计工程1项)。其中：已招标项目22项，总预算价：12612.71万元；拦标价：10609.05万元；中标价：10539.3914万元，节约资金：69.66万元；已发公告待开标1项。完成了安泽县2015年街巷改造（安福路）工程、安泽县2015年街巷改造（希望街）工程、安泽县人民医院门诊医技综合楼建设项目工程施工监理、安泽县交通运输局冀马线罩面及县道坑槽修补工程、安泽县交通运输局马壁乡石槽村至沁水界公路改造工程、安泽县中医医院住院综合楼消防工程、安泽一中操场地震应急避难场所工程、安泽县农村信用合作联社综合营业大楼建设项目概念性方案设计、府城村村民活动中心办公楼及室外工程、安泽县农村信用合作联社综合营业大楼建设项目施工及监理、农村生活污水防治项目、中医医院住院综合楼附属工程暨综合能力提升项目、农业综合开发高标准农田建设工程、和川镇中心幼儿园建设项目、和川镇罗云村—车道村路面改造、东洪驿村—上田村路面改造、良马乡英寨村至上寨村路面改造、府城镇孔村至桃寨村路面改造、中医院综合楼及附属工程装修安装工程的公开招标；已发公告还未开标工程有安泽县冀氏—沁水界线、罗云—和川线公路安全生命防护工程。安泽县招标投标工作制度较完善，市场较规范，监管得力，社会经济效益显著，所有各类交易均做到了应进必进，应管必管，应招必招，取得了良好的社会效益和经济效益。

【招标代理情况及采用的评标办法】 严格按照招投标法，认真监督审查招标代理公司的资质。在评标过程中，严格按照《房屋建筑和市政基础设施工程施工评标办法》（晋建市字〔2011〕400号）、《房屋建筑和市政基础设施工程施工监理招标评标办法》（晋建市字〔2011〕452号）和标准施工招标文件的要求评标。

【工作措施】 1. 创新机制，完善制度，从源头构建招投标统一平台惩防体系。严格按照有关法律法规执行招投标程序。及时组织学习省市文件精神和新的招投标程序，将公开招标的项目都进入临汾市公共资源交易管理信息系统进行招标。从而进一步建立健全招投标项目的交易平台和监管程序，提升招投标市场管理的规范性和有效性，促进招投标交易活动的规范高效性，确保安泽县招投标活动有序进行。2. 强化监管、规范程序、促进招标投标效能体系建设。一方面严格依照法律、法规的规定认真履行职责；另一方面加强与各部门的协调与沟通，协作配合。自觉杜绝不良现象，坚决抵制招投标活动中的违规行为，不断规范、加强行政监管力度，优化安泽县建筑市场环境，促进全县建设系统工程建设市场的健康发展。3. 紧抓队伍，强化内部管理，增强自身素质。深入开展“两学一做”学习教育，紧密结合自身工作实际进行学习落实践行，整改提高，不断提高自身素质，进一步巩固扩大党的群众路线教育实践活动成果，深入贯彻落实中央八项规定精神。4. 增强服务意识，提供人性化服务。切实增强服务意识。作为服务部门，强化服务职能，端正服务态度；坚持从实际出发，满足招投标各方主体的合理需要，为他们提供人性化服务，尽量做到优质、快捷和高效服务。在实际工作中，合理设计好各种招投标表格、在醒目位置张贴办事指南，提高办事效率。

机关后勤服务

【概述】 县机关事务管理局为正科级建制，科级领导为一正一副，核定财政拨款事业编制10名。保留事业单位安泽县车队，正股级建制，核定股级领导职数一正一副。机关事务管理局实有财政拨款人数35人，临时工21人。内设办公室，财务科、节能办、保卫科、综合科、接待科、饮食科、车队8个科室，车辆编制数18辆，实有车辆数13辆。2016年，在县委、政府的正确领导下，以开展“两学一做”专题教育为载体，深入贯彻落实《党政机关厉行节约反对浪费条例》《机关事务管理条例》，严格执行八项规定，以更加科学的管理，更加细致的服务，更加创新的模式，不断加强队伍建设，扎实推进各项后勤服务保障工作高效开展，较好完成了今年各项工作任务。

【从严管理】 注重示范引领，开展“两学一做”学习教育工作见成效。1. 局班子注重示范引领，及时传达“两学一做”有关会议精神，及时制定印发《机关事务管理局“两学一做”教育工作方案》，成立工作领导小组。通过召开党员干部动员会议，专题研讨会、宣讲会等，结合机关事务的实际工作，将“两学一做”教育工作融合到业务工作中。充分利用网络、微信、报刊杂志、文件、原著读本等载体，深入学习党章党规，开展“两学一做”知识测试，发放学习资料40余份，为老党员送学上门。党支部依托“党员活动日”组织党员到王光烈士墓积极开展“红色教育活动”等。2. 勤练内功，提升素质。通过“两学一做”专题教育的开展，全局上下想事干事的多了，勤学习的人多了，秉公办事的人多了，机关作风明显好转。

【扶贫工作】 根据安泽县扶贫工作规划和扶贫工作要求，包村干部定期不定期深入包联村议宁村了解情况，全面掌握扶贫户的基本情况，局班子领导不仅带领党员同志及副股级以上人员深入所包联的唐城议宁村，慰问困难老党员和困难群众，给他们送去组织的关怀和科技服务；还在包村乡镇干部的指导下栽植优种牡丹；在开展扶贫工作中有针对性地为村里贫困户刘小三家进行一对一困难帮扶，组织干部职工为他家积极捐款捐物。募集到帮扶资金1080元，并为他家更换了新的被褥、棉衣、安装了电灯、电视机等。通过一系列的心贴心地慰问，贫困户得到了实实在在的帮助。

【基础工作】 1. 抓好公共机构节能工作。公共机构节能降耗是国家节能减排工作的重要组成部分，它对全社会节能降耗工作具有广泛的示范作用和带头作用。在去年被国家机关事务管理局评定为第二批全国节约型公共机构示范单位后，增强广大干部职工的责任意识和节能意识，为安泽县节能减排工作营造良好社会氛围。通过不懈努力，被县委、县政府高度认可，今年，节能科科长段元莉被安泽县委宣传部、安泽县司法部、安泽县普法依法治理办公室联合评为2011—2015年全县法治宣传教育先进个人。

2. 抓好清房工作。机关事务管理局领导班子在深刻领会市委办公厅、市政府办公厅《关于报送党政机关办公用房腾退调剂情况统计材料的通知》清房工作精神的基础上，积极主动，严格程序，抓住关键环节，采取有力措施，使全县的清房工作扎扎实实，富有成效。

3. 加强公务用车管理和专项治理。一是按照上级要求，建立了公务用车服务平台，统一部署，认真核实，合理派车，确保了公务用车工作正常有序地开展；二是加强节假日公务用车的管理。节假日期间，对公务车辆严格实施封存管理和集中停放制度。

4. 有效提升服务质量。自八项规定和《党政机关厉行节约反对浪费条例》出台后，不断适应新形势，强化服务创新，转变工作方式，狠抓工作落实，圆满完成各项任务。会务保障方面，规范会议服务流程与标准，加大文明礼仪培训，提供优质的会议服务。顺利完成了党代会、人代会、政协会、省巡视组等各类大小会议保障服务工作，有效巩固了安泽县对外良好的窗口形象。膳食保障方面，打造文明餐桌和标准化食堂，对就餐环境进行了全方位的改造，实行自助就餐，积极开展“文明餐桌”和“光盘行动”，抵制“舌尖上的浪费”。

5. 深化大院巡查制度。完善消防，加大安全保卫力度。一年来，由局班子成员带领各科室负责人每月开展大院巡查，重点检查大院内的绿化保洁、设施设备、食堂管理、车辆停放、大院环境等工作，发现问题，及时分解，尽量做到当日事当日毕。协助三网合一部门做好上访人员的登记、劝退、疏散工作，及时迅速调集警力短时间内化解矛盾。

6. 做到绿化管护精细化。做好机关大院爱国卫生工作，认真组织开展环境卫生清洁和除“四害”活动，加强对机关大院内的环境综合整治力度，加大了巡回保洁力度，强化了卫生死角的重点整治；在机关办公区域设立禁烟标识，通过宣传和劝导，倡导良好的生活习惯；扎实搞好庭院绿化美化，实施园林式管理，综合科实行分类管理和定时跟踪，加大养护、修剪、补种和提档力度。营造机关大院清爽优美的政务环境。

7. 强化行车安全。在车队工作中，开展“安全行驶无事故，优质服务创最佳”活动，让全体司机牢记“准点、舒适、安全”六字工作方针，要求司机“三做到”、“六不准”。“三做到”：做到安全行驶，保证领导安全；做到车内外干净卫生，保持车内有一个好的环境；做到优质服务，让乘车领导满意。“六不准”：一不准开英雄车；二不准酒后驾车；三不准车辆在外过夜；四不准在娱乐场所停车；五不准私自开车办私事；六不准私自修车和购买配件，实行定点修理。

综合检验检测中心

【概况】 根据“安编办发〔2014〕1号”《关于成立安泽县综合检验检测中心的通知》，安泽县综合检验检测中心成立。为县政府直属正科级全额事业单位，编制10名，正科级领导、副科级领导职数各1名。现有人员：共9人，其中主任、副主任各1名，检验技术人员7名。职责为：承担食品、药品、农产品等各类检验检测任务；餐饮业餐具消毒效果检测；食品中亚硝酸盐、甲醛、吊白块、苏丹红等非食用物质定性测定；果蔬样品中有机磷和氨基甲酸类农药的残留情况判断；食品中致病菌和大肠菌群检测；药品常规检验等工作。目前具备开展食用油、肉类、大米、农药残留、食醋等16类共26项食品快速检测能力。

【工作情况】 2015年10月15日中心正式成立，先后通过县里统一招考、调动，9名工作人员陆续到位。当年通过租赁的方式解决办公及实验用房365平方米，完成了机构代码证、事业单位法人证书、机关编制登记等工作，制定了涵盖办公、学习、考勤、实验等共25项内容的《日常管理制度》。

【检验检测工作】 在县发改部门的指导下，制定了《安泽县综合检验检测中心五年发展规划（2016年—2020年）》；中心与省、市食品药品检验机构积极沟通协调，派出专业人员开展实验技能操作实践180人（天）次；新建食品安全快速检验室四间，总面积60平方米；通过与县食药监部门协调，调剂解决食品安全快速检测仪、多功能食品综合分析仪、农残速测仪、食品样品处理箱、药品快速鉴别箱等全套快检设备；新购置食品安全快速检测试剂盒30类；在省质检、省、市食品药品监管部门及食品药品检验部门的指导下，拟定了常规实验室建设规划，已送达上级有关部门审定；全年累计完成蔬菜农药残留、食用油、大米、面粉、食醋、火锅底料、餐饮具消毒等共68份单项检测任务，为食品安全监管部门监督执法工作提供了有力的技术支撑。

中国人民政治协商会议安泽县委员会

综　述

【民主监督】　牢牢把握政协民主监督特点，坚持在参与中支持，在支持中服务，在服务中监督，以专委会为载体，采取现场查看与座谈相结合的方式，围绕大气污染防治、企业安全生产、推进依法治县等工作，先后开展10余次专项考察，提出意见建议30余条，有效推动了相关问题的解决。同时，主动加强与县委政府职能部门的联系沟通，参与社会监督50人次，参加有关议政会议30人次。各专门委员会依托调研、考察、座谈等履职载体，先后开展各类监督检查活动20余次，进一步提高了民主监督的实效。

【协商民主建设】　2016年常委会注重引导政协各专委会和广大委员，深入学习、宣传、贯彻习近平总书记系列重要讲话，特别是在庆祝中国共产党建党95周年大会上和庆祝人民政协成立65周年大会上的重要讲话精神。让委员们深刻认识到社会主义协商民主越发展，社会主义民主政治越完善，国家治理和社会治理的基础就越深厚、越牢固，深刻认识到人民政协作为专门协商机构的重大使命，作为协商平台的性质定位，进而更加坚定了发展人民政协事业的政治自信，更加明确人民政协的履职原则和努力方向。

【委员议政建言】　面对新形势、新任务，县政协结合安泽县实际，找准党政关心、民众关注的热点、难点问题，不断增强调研视察工作的针对性，提高政协履职水平。一年来，先后组织了对安泽县“大众创业、万众创新”、农业机械化、幼小择校情况、环保工作等调研考察活动。在调研中，委员们深入了解实情，积极建言献策，提出了许多操作性很强的建议和意见，由办公室整理形成了一批调研报告，分别上报和送发有关领导和部门。九届一次会议以来，共收到各类提案186件。其中，团体提案11件，委员提案175件，予以立案处理178件，作为意见和转为社情民意信息处理的8件，评选出重点提案12件。总体来看，这些提案内容丰富，思路新颖、措施具体，可操作性强，所提建议整体质量显著提高。委员们围绕改革发展的综合性、全局性问题，围绕县域经济发展的重点问题，围绕关系人民群众切身利益的实际问题，立足全县各项事业长远发展，切实反映社会各界群众意愿，体现了高度的责任感和使命感。激发委员履职热情，不断探索有效形式，突出界别特色，界别工作更加规范、活跃、有效。尝试开展联合调研和座谈，有效地整合界别力量。依托委员活动组，增进界别互动交流。各专门委员会进一步加强了对界别活动的协调服务，委员参与面更广，活动形式更加灵活多样。此外，充分利用政协在组织上的广泛代表性和政治上的包容性，调动各方面的积极性，通过组织委员开展活动，加强与工商联和社会各界人士的联系，积极为安泽县经济社会发展献计出力。

【民生服务】 2016年共收到委员和机关干部撰写的社情民意信息196篇，编发上报43篇。在上报的信息中，《营业税改增值税试点工作中存在的主要问题及建议》《农村低保政策执行中存在的主要问题及建议》《完善行政审批制度改革措施的建议》3篇信息被全国政协采用；《进一步简化住房公积金贷款审批流程》等5篇信息被省政协转报全国政协；另有20余篇信息被市政协采用，其中《建议加强对出租车计价器的监管》《建议建立打击拐卖儿童专门报警系统》2篇信息被市委书记岳普煜同志批示。这些信息为推动相关领域工作开展提供了有益参考。2016年全县政协委员围绕社会公益事业、扶贫济困、脱贫攻坚及教育事业发展等方面办好事实事150余件。委员们立足工作实际，有的通过为群众提供国家政策、农业科技、法律法规等咨询服务，为群众答疑解惑；有的直接为困难群众提供物资资助；有的积极引导包联群众参与专业合作社，发展农业产业；有的为群众出谋划策提供创业思路。

【文化传播】 安泽县政协坚持“突出中心、凸显特色”的原则，从历史与现实相结合的高度，确定选题、精心策划，搜集、抢救安泽历史文化资料，充分发挥文史工作“存史、资政、团结、育人”的社会功能。同时，我们有效利用“安泽县政协”微信公众号宣传荀子文化，先后在公众号上发表了《扬后圣遗风，创卫生县城》《品荀卿箴言，崇师德风尚》《荀子思想研究方兴未艾》等数十篇文章，收到良好社会效果。

【委员学习培训】 安泽县政协高度重视学习，建立完善了每周一、周四机关集体学习制度，切实加强对中共十八届三中、四中、五中、六中全会及习近平总记系列讲话精神的学习。同时，邀请临汾市政协调研室原主任屈波对新一届政协委员进行了培训，九届县政协委员、县政协特邀信息员及全体机关干部150余人参加了培训。开展“两学一做”学习教育，县政协按照县委不同时段的具体安排和要求，扎实开展活动。认真组织开展集中学习。政协机关人员集中学习了《党章》《习近平总书记系列讲话》等规定篇目。扎实开展“三联两报到”走访系列服务。在政协党支部分别以“讲政治、有信念，讲规矩、有纪律，讲道德、有品行，讲奉献、有作为”为专题召开了四次研讨会，政协党组成员以普通党员身份参加研讨。认真做好整改落实工作。按照县委统一安排，针对问题清单，班子及班子成员分别列出了整改清单，排出了整改时限。

重要会议

【政协全会】 2016年2月4日，中国人民政治协商会议第八届安泽县委员会第六次全体会议在黄河京都大酒店召开，选举政协第八届安泽县委员会主席。县领导任秀红、毛跟云、王孝恩、牛庆国、高成锁、李树清、宋晓琴、党爱贞、赵红兵在主席台前就座。政协主席王孝恩主持会议。会议以无记名投票的方式，选举高成锁为政协第八届安泽县委员会主席。

2016年8月13日—16日，中国人民政治协商会议第九届安泽县委员会第一次全体会议在黄河京都大酒店召开。会议选举产生了政协第九届安泽县委员会常务委员，选举高成锁同志为政协第九届安泽县委员会主席，李树清、宋晓琴、党爱贞、娄和玮同志为政协第九届安泽县委员会副主席，王军同志为政协第九届安泽县委员会秘书长。

【常委会议】 2016年2月2日，安泽县政协八届十九次常委会议在常委会议室召开。县政协主席王孝恩，副主席李树清、宋晓琴、党爱贞、赵红兵，秘书长王军，常务委员李福明、杨清河、徐向党、张爱虎、张宏新、尚道亮、孙德胜、高亚萍、蒋青峰出席会议。会议表决通过了增补高成锁同志为第八届县政协委员的决定，通过了《政协第八届安泽县委员会第六次会议召开时间的决定》《政协第八届安泽县委员会第六次会议议程（草案）》《政协第八届安泽县委员会第六次会议日程（草案）》《政协第八届安泽县委员会第六次会议主席团、秘书长名单》《政协第八届安泽县委员会第六次会议常务主席名单》《政协第八届安泽县委员会第六次会议执行主席名单》《政协第八届安泽县委员会第六次会议分组办法和召集人名单》。

2016年8月10日，安泽县政协八届二十次常委会议在常委会议室召开。县政协主席高成锁，副主席李树清、宋晓琴、党爱贞、赵红兵，县政协党组成员娄和玮，秘书长王军，常务委员许根喜、李福明、杨清河、徐向党、张宏新、张爱虎、孙德胜出席会议。会议通过了《政协第九届安泽县委员会第一次会议召开时间的决定》《政协第九届安泽县委员会第一次会议议程（草案）》《政协第九届安泽县委员会第一次会议日程（草案）》《政协第九届安泽县委员会委员名单（草案）》《政协第九届安泽县委员会常务委员候选人建议名单》《政协第九届安泽县委员会第一次会议主席团、秘书长名单》《政协第九届安泽县委员会第一次会议常务主席名单》《政协第九届安泽县委员会第一次会议逐日执行主席名单》《政协第九届安泽县委员会第一次会议列席人员范围及名单》《政协第九届安泽县委员会第一次会议分组办法和召集人名单》，讨论通过了《安泽县政协常委会工作报告（征求意见稿）》《安泽县政协常委会提案工作报告（征求意见稿）》以及《关于提案审查委员会组成人员名单（草案）》。

12月28日，县政协召开九届一次常委会议，县政协主席高成锁，副主席李树清、宋晓琴、党爱贞、娄和玮及县政协常委会组成人员出席会议。会议学习贯彻临汾市政协委员会培训会及临汾市政协四届一次常委会精神。研究讨论了“大众创业、万众创新”工作报告、脱贫攻坚工作调研报告、一财两税工作报告及推动安泽县旅行发展报告。

【考察委员】 2016年6月1日—3日，安泽县政协主席高成锁，副主席李树清、宋晓琴、党爱贞、赵红兵，秘书长王军一行就九届县政协委员考察情况赴七个乡镇进行调研。

【慰问帮扶】 11月4日，临汾市政协副主席、民盟临汾市主委杨益民深入安泽县马壁乡刘村开展驻村精准帮扶工作。县委副书记、政府县长牛庆国，县政协主席高成锁，县政协副主席宋晓琴先后陪同调研。杨益民到刘村通过查看资料，听取汇报，详细了解了扶贫攻坚工作的开展情况，为他们送去了慰问品。

专门委员会

【提案委员会】 安泽县政协提案委员会，在政协常委会和主席会议领导下，坚持“围绕中心、服务大局、提升质量、讲求实效”的提案工作方针。圆满完成了2016年的提案工作。认真深入贯彻党的路线、方针、政策，全面落实2016年的全委会议、常委会议和主席会议的有关精神及决定。认真学习党的理论及相关业务知识，提高自身工作效力。围绕中心、服务大局积极做好提案工作。为做好委员的提案工作。全会前为全体委员拟定了提案导向，引导委员撰写好提案，全会中收到委员提案186件，经审查立案的178件，选定12件提案作为工作重点督办提案。所提提案均围绕县域经济发展的重点问题、民生问题，切实反映了社会各界群众意愿，体现了委员的高度重视责任感和使命感。为提高提案办理实效加强了提案的跟踪督办，加快了提案办理力度。深入基层加强调研，为领导决策提供参考。提案委同时担负农村委的工作，在分管主席的领导下，组织委员深入第一线走访老百姓，就安泽县精准扶贫、农业机械化等方面认真开展了专题调研视察活动，并撰写成相关的调研报告，所形成的《关于安泽县脱贫攻坚工作情况的调研报告》其建议具体有较强的可行性和前瞻性为县委、政府有关部门的决策提供了重要的参考依据。

【经济委员会】 2016年，安泽县政协经济委员会在政协主席的全面领导下，在分管副主席的具体指导下，坚持以邓小平理论、“三个代表”重要思想、科学发展观和习近平总书记系列重要讲话精神为指导，认真履行政治协商、民主监督、参政议政职能，积极发挥经济界委员联系面广的优势，紧紧围绕县委、政府的中心工作，认真履行自己的职能，积极有效地开展并参与社会经济发展的各项活动，深入基层调查研究为县委、政府在经济建设方面掌握第一首材料献计献策，为建设山水田园城和打造精品旅游县，实现安泽全面振兴，绿色崛起做出了积极贡献。经济委员会面对新形式，新任务创新工作方式，拓宽工作思路，与时俱进，认真履行本委员会的职能，结合安泽县实际，找准党政关系，民众关注的热点、难点问题，组织委员开展调研视察活动。2016 年，先后组织了对安泽县“大众创业、万众创新”“一财两税”“一纵一横”“环境保护治理”等调研视察活动。在调研中，委员们深入了解实情，积极建言献策提出了许多操作性很强的建议和意见。整理形成了四篇较高质量的调研报告，分别上报和送达了有关领导和部门，为推动安泽县经济发挥了积极作用。

【文史委员会】 2016 年是深入学习贯彻十八届五中、六中全会的重要之年，也是全县换届之年。政协文史委员会努力做好本职工作。为顺利完成政协换届尽力尽职。1. 精心推荐考核，九届县委员中科教文卫体界别是政协中很重要的一个部分，依照九届政协换届方案，积极向政协组织，推荐优秀人才，让他们进入政协，为政协输送新鲜血液；2. 为开好九届一次会议，搞好委员政协发言和大会宣传报道工作。如何让新委员在新的会议上公开议政。正确发声是展现政协良好形象的重要一环，根据主席会议。有文史委员会负责这方面工作；3. 组织传播荀子文化研究团队，为荀子故里呐喊，传承荀子文化，培养后续人才，招聘 3 人，作为政协荀子文化传播中心，全年共写论文 5 篇。结合时政及荀子思想写出近 30 篇文章。4. 在党爱贞副主席带领下，于 10 月份组织委员进行了小学幼儿园入学难的调研，并写了调研报告上交安泽县委。关于医疗垃圾的处理，到中医院、县医院进行了座谈征集建议，为推动相关工作的开展建言献策。

中国共产党安泽县纪律检查委员会

纪检监察

【监督检查】 强化换届纪律监督。认真贯彻落实全面从严治党要求，从严从实加强换届纪律监督，采取抓宣传、抓责任、抓监督、抓审查“四抓”举措，督促引导全县党员干部增强纪律观念，筑牢纪律防线，严守“九严禁”纪律。换届期间，成立督察组对干部提名推荐、考察公示和换届选举的各个环节进行全程监督，并在党代会、人代会、政协会召开期间开展“跟团监督”，印制发放宣传资料5000余份，签订承诺书500余份，进一步严肃了换届纪律、强化了换届监督，确保了换届风清气正、圆满成功。

【廉政教育】 强化责任体系建设。以“三个清单”为抓手，推进“两个责任”落地生根，各级党组织管党治党责任意识明显增强。协助县委制定了《建立和落实党风廉政建设责任清单实施办法（试行）》《党风廉政建设约谈工作实施办法（试行）》等5个规范性文件，督促各级党委（党组）书记和纪委书记（纪检组组长），进一步细化完善责任清单、问题清单和整改清单。县委常委班子以上率下，主动认领责任，实行“签字背书”，共细化完善责任44项。协助县委与县人大、政府、政协党组、全县各部门、各乡镇签订党风廉政建设责任书，对主体责任提出了具体要求。县纪委建立班子成员包乡镇工作制度，与乡镇纪委、县直纪检组签订《党风廉政建设责任书》和责任清单，通过层层签订责任状，层层传导压力，构建起上下联动、对接严密的责任体系链条，有效克服了责任落实虚化空转。强化责任落实举措。坚持把约谈提醒、监督检查和严肃问责作为推动责任落实的重要手段，倒逼责任落到实处。8月份，召开全县党员领导干部廉政谈话大会，并由县级领导对全县科级以上干部逐级开展廉政谈话，起到了常打预防针、常敲警示钟的效果；先后开展中央“八项规定”精神及“两个责任”落实情况专项检查3次，12月份下发专门通知，在全县开展“四述”专项巡查，对各单位、各乡镇进行“四述”测评和现场质询，“四述”报告经县级分管领导审核签字后上报县纪委，定于明年1月份召开全县“四述”工作会议；全年共办结领导干部问责案件7案11人，责任追究3案3人，对5起典型案例进行通报曝光，对10个单位的负责人进行了约谈，使失责必问、问责必严成为常态。

【巡察工作】 1. 坚持高位推进。根据市县巡察工作安排部署，协助县委及时召开专题会议，成立领导机构，建立组长库和人才库，迅速进入工作状态。坚持以完善制度为抓手，提高依规依纪巡察能力，制定出台巡察工作“一个意见三个办法”，制定了《巡察工作纪律》《巡察工作流程图》等6种制度，印制了《巡察工作知识手册》《巡察工作业务流程》《巡察工作实用手册》等一整套巡察业务用书，确保巡察工作从方案制定到工作开展，从反馈整改到成果运用，全部实现程序化、规范化。2. 坚持探索创新。结合全县实际，探索形成了“四听取、四访谈、四查阅、四结合”工作法，综合运用各种巡察手段，多角度了解相关情况，多渠道发现问题线索，实现全覆盖、无空白，确保巡察工作方法活、问题准、数据实。巡察工作开展以来，共听取各类汇报30余次，召开座谈会20余次，开展走访谈话300余人次，查阅各类文件资料400余份，发现各类问题70条，发现反映党员领导干部的问题线索16条，诫勉谈话2人，党内严重警告2人，留党查看1人，约谈党员干部30余人。3. 坚持督办整改。根据市委巡察工作部署，重点围绕涉农、涉矿和扶贫工作领域，共开展了首轮常规巡察、涉矿专项巡察、“党内政治生活制度”专项巡察和教育卫计系统专项交叉巡察四次巡察。针对巡察中发现的问题，采取即知即改立即上报、整改方案一周上报、巡察进展一月上报、整改报告两月上报、督促落实及时上报“五上报”工作法，突出督办整改的针对性和时效性，切实发挥了巡察监督的“利剑”作用，被巡察单位落实“两个责任”的自觉性不断提高，工作作风和工作纪律明显增强，治本作用初步显现，巡察工作取得了积极成效。

【纠风治乱】 1. 突出系统化治理。针对群众反映强烈的“四风”突出问题，集中开展系统整治，做到了“树倒根除”，形成常态见实效。9月份，县纪委全县开展“公卡私用、私车公养”专项治理活动，制定了方案，明确了自查自纠、重点抽查、全面整改三个阶段的目标任务。工作中，充分运用“四种形态”，一方面，采取下发通知、自查自纠、公开承诺等方式，对主动交待问题的单位从轻处理，对单位负责人一律进行批评教育，既压实了责任，又消除了思想顾虑，达到了抓早抓小、咬耳扯袖、红脸出汗的目的和效果。另一方面，成立检查组，把公务加油电子信息作为检查重点，重点查看了各单位近二年以来使用记录，做到无遗漏、全覆盖，并对活动中承诺没有问题的12个单位进行了重点抽查，对隐瞒不报、未主动交待问题的单位和个人进行了严肃追责问责。专项整治中，全县共有151个单位进行了自查自纠，90个单位146人清退违纪款22.79万元，立案3人、诫勉谈话2人、辞退2人、批评教育2人，其中科级干部4人。通过全县范围的治理，释放了越往后执纪越严的信号，全县党员干部挺纪在前意识明显增强，坚守底线、不踩红线的行动自觉不断增强，形成了严防“四风”反弹回潮的高压态势，取得了良好的政治效果和社会效应。2. 突出常态化督查。深入落实“四风”监督联动协作机制，由县纪委牵头，抽调财政、审计等职能部门组成专项督查组，检查人员随机抽取，检查范围临时分配，做到人员、范围、时间“三个不固定”，领导干部、窗口单位、基层站所“三个必查”，针对不同问题，综合运用现场检查、票据倒查、视频监控、调取数据等多种追源手段，开展了常态化监督检查。全年共查处“四风”问题 11 件 15 人，给予党政纪处分 8 人，全部进行了公开曝光，并重点对 5 个单位的负责人进行了约谈提醒，形成持续有效震慑。3. 突出日常化教育。狠刹“四风”，不仅要保持高压态势，更要加大对党员干部的思想教育、警示教育，从思想上吹进廉洁清风。深入开展“守纪律、讲规矩”大宣讲活动，利用电视台专栏、手机微信平台、专家讲座等方式，持续开展党纪党规宣传，并组织全县 370 余名副科级以上干部参加了《准则》《条例》知识考试。推进廉政文化广场和教育基地建设，将《准则》《条例》、习近平总书记重要讲话等重点融入宣传内容，打造了“一栏”(廉政知识宣传栏)、“一牌”(廉政警句标语牌)、“一亭”(清风亭)等特色景观，让干部群众在耳濡目染中受到廉政文化的熏陶，牢固树立起底线意识和红线意识，推动社会风气持续好转。

【执纪审查】 坚持把监督执纪“四种形态”贯穿于执纪审查的全过程，着力强化第一种形态，用好第二、三种形态，不放松第四种形态，把经常性的教育提醒、约谈函询乃至轻处分，作为执纪审查的重头大头，制定出台约谈、提醒实施办法，从制度层面对谈话提醒的启动条件、程序、对象等进行规范，为运用第一种形态提供了明确依据。同时，注重分析研判违纪问题性质，对相同性质、相同情节的案件统一量纪尺度，避免畸轻畸重问题，确保量纪公平、公正。全年谈话函询 57 件 57 人(去年同期 1 人)，主动交代问题 9 人(去年同期为 0)；信访总量 190 人 209 件，较去年有所上升(主要是因为公检法移送的问题线索较多，县纪委主动出击、主动排查的问题线索较多)。

2016 年 8 月份以来，将信访接待的“关口前移”，在县委机关醒目位置设立了信访接待室，出台《轮流接访工作实施方案》，实行机关全员轮流接访制度，实现接访和办信分离；同时，建成集办公、谈话、陪护、监控、管理于一体，设施完备、功能齐全、管理规范的标准化县级执纪审查专用办公场所。坚持县乡同步建设、同步规范，7 个乡镇纪委全部建立了标准化的信访接待室、谈话室，各类办公设施全部配备到位，从根本上解决了以前下乡没有谈话地点的问题，打通了监督执纪问责“最后一公里”，提高了执纪审查工作的效率和水平。

坚持把严查基层腐败作为纪律审查的重点，围绕脱贫攻坚中心工作，突出各类扶贫资金的专项检查，采取集中抽查、专项资金审计等方式，重点梳理排查异地搬迁、产业扶贫、危房改造等扶贫资金管理使用情况，重点查处了民政局违规发放低保金问题，严格问责追责，免去低保中心主任职务，给予民政局分管副局长党内警告处分，共处理相关责任人13人，并责成民政局进行了认真整改，做好执纪审查“后半篇”文章，达到了标本兼治、系统治理的效果。9月份开始，在全县开展了“群腐案件大会战”，共查办群众身边腐败案件135件（2015年5—12月105件，2016年30件），办结133件（正在核查2件），办结率98.5%。其中查实87人87件，查实率65.4%。

加大纪律审查力度，持续形成惩治腐败的高压态势。2016年共处置问题线索190人209件，立案161件161人，比去年同期增长53.3%；结案160件，给予党政纪处分160人，比去年同期增长52.4%。其中乡科级干部19人（与去年同期相同）；重处分22人，比去年同期增长31.3%；移送司法机关1人，比去年同期减少66.7%。推进全面从严治党向基层延伸，指导督促乡镇纪委认真学习贯彻纪检监察工作新形势、新任务、新要求，聚焦中心任务，严格执纪问责。全县7个乡镇纪委共立案57件，占全县立案总数的35.4%。

【自身建设】 深化监察体制改革。坚持把改革试点工作作为重大政治任务来抓，按照转隶开局、平稳过渡、逐步深化的原则，不折不扣落实省委、市委和县委部署，全面完成了“转隶”前期各项准备工作。一方面，深入学习传达贯彻省委、市委和市纪委关于改革相关会议精神，及时协调召开试点工作领导小组会议研究涉改问题，初步制定监察体制改革实施方案，进一步细化领导小组办公室工作机构，明确了目标要求、领导机构、工作内容、实施步骤和保障措施，确保了改革试点工作顺利开局、有序推进。另一方面，强化协调抓落实，迅速完成涉改单位机构设置、人员编制、设备统计、办公办案用房情况摸底；初步制定了改革试点工作路线图和时间表。2016年办公、办案场所已经解决，并于12月底完成交接搬迁，转隶前的各项基础工作全部协调到位，正在对运行机制、业务流程等“融合”阶段的工作进行深入研究讨论，为改革试点工作的顺利完成做好充分准备。加大学习培训力度。扎实开展“两学一做”学习教育，建立机关周一集体学习制度，以十八届六中全会、省党代会、市党代会精神和《关于新形势下党内政治生活的若干准则》《中国共产党党内监督条例》等内容为重点，强化政治理论学习，引导纪检干部先行一步、深学一层。采取专家讲座、专题培训、外出学习等方式，不断引深“学思践悟·岗位练兵”活动，邀请市纪委业务专家到安泽讲课；积极参加是纪委组织的纪检监察干部培训班；组织班子成员和乡镇纪委书记外出参观学习，通过多途径多渠道，强化纪检干部业务辅导培训。选调乡镇纪委和县直纪检组工作人员参与县纪委重大案件查办，安排机关全体人员轮流到信访接待室参加接访。强化干部队伍建设。将以监察体制改革为契机，强化队伍建设。针对县纪委现有编制41人，但实有人员只有25人，缺编近40%的问题，制定了《借调人员管理使用办法》，为党风室和4个纪检监察室借调了10名工作人员，增强了执纪力量。下一步，拟选调懂法律的优秀公务员，充实和加强纪检监察干部队伍。针对县纪委室主任空缺8人，机关中层干部缺位的问题，将统筹考虑，尽快调整配齐纪委机关各室主任，确保工作不断档。

重要会议

2016年2月26日，中共安泽县第十三届纪委第六次全体会议在县委党校二楼召开，回顾总结2015年党风廉政建设和反腐败工作，部署2016年工作。县委书记任秀红出席会议并讲话，县委副书记、县长毛跟云出席会议。县委常委、纪委书记陈鹏飞主持会议并作工作报告。

2016年8月6日，中国共产党安泽县第十四届纪律检查委员会第一次全体会议召开。会议选举产生了中国共产党安泽县第十四届纪律检查委员会常务委员会委员和书记、副书记。晋红峰同志当选为县纪委书记，宋晓军、马辉峰同志当选为县纪委副书记，高军、陈伟芳、翟海元、郝亚俊等4位同志等当选为县纪委常委。

社会团体

工　　会

【安泽县企业“五小”竞赛】　围绕改革发展，引领职工建功立业。把“五小”（小发明、小创造、小革新、小设计、小建议）竞赛活动作为助推企业创新增效的切入点，进行开展和推进。县总工会确立玉华煤业、永鑫焦化、地电安泽分公司3家重点企业，作为典型示范进行培育引领。参赛企业20余家，覆盖职工3200余人，企业参赛率和职工参与率均达到了80%以上，上报参加省总工会创新成果评选9项。积极向省、市劳动竞赛委员会推荐安泽县涌现出的甘于奉献、勇于创新、善于攻坚的先进单位和个人。“五一”劳动节时，县交警大队张国林被省劳动竞赛委员会授予“五一劳动奖章”荣誉称号，县教科局被市劳动竞赛委员会授予“五一劳动奖状”荣誉称号、地电安泽分公司线路组被授予“工人先锋号”。

【技术技能培训】　充分发挥“大学校”作用，对困难职工农民工开展了不同内容的技术技能培训。县总工会举办月嫂培训班。培训妇女200余人；举办新任职基层工会主席、非公企业工会干部、乡镇（街道）工会干部培训班2期；举办农民工实用种养殖培训班2期，培训困难职工、农民工300余人；举办家政培训班1期，培训职工120人；各基层工会也相继举办了不同形式、不同内容的各类培训班20余期，培训职工2000余人。

【帮扶救助】　春节期间，走访慰问困难企业4家，企业困难职工、困难劳模、困难职工家庭、困难农民工673人，发放慰问金19.2万余元；7月份，积极开展“送清凉”活动，先后深入县环卫队、县交警队、电业局等单位，为坚守岗位的一线职工发放价值3万余元的茶叶、白糖、雨伞等防暑降温用品。

【职工文化建设】　以“中国梦·劳动美”为主题，以举办职工体育比赛、职工文艺比赛、职工技艺比赛为载体，集中举办了职工工间操比赛、“五一”专场文艺晚会和“寻找最美劳动者——劳模故事会”等活动。在国庆节期间，举办了“迎国庆、创国卫”职工运动会，进行了摄影、书画、篮球、羽毛球、乒乓球等比赛活动。

【自身建设】 在今年“工会组建月”行动中，安泽县新组建工会组织10家，新增会员247人，使全县工会组织达到合格以上103家。自身建设不断加强。机关全员岗位培训1次，邀请专家学者专题培训2次，组织选派30余人参加省市业务培训，有力地提高了工会干部工作能力和服务水平。

妇女联合会

【机构改革】 按照省、市妇联安排部署，将村（社区）改建妇联和县、乡选配兼职副主席工作作为党建带妇建的重要内容，县妇联结合实际，多措并举不拘一格选人才、建组织。县妇联下发《安泽县妇联系统关于县、乡镇（社区）村妇联选配兼职副主席的实施意见》《关于在全县开展村（社区）妇联建设工作的意见》和《关于基层妇联组织深化改革的指导意见》。2016年底，全县7个乡镇、104个村、1个社区全部完成妇代会改建妇联工作，全县村一级配备兼职副主席355人，执委869人。社区执委由原来的16名增加到40名，配备16名兼职副主席。7个乡镇全部完成兼职副主席选配工作，执委人数由原来的18人增加到49人，共配备29名兼职副主席。县妇联配备了3名兼职副主席。2016年底全县村（社区）改建妇联和乡镇选配兼职副主席工作圆满结束。

【典型宣传】 立足家庭、倡扬新风，抓实“巾帼文明行动”。以“弘扬家庭美德，共创美好人生”为主题开展了“家”字系列活动。率先启动了“寻找安泽县最美家庭”活动，向全县家庭发出了倡议，征集家训、家风和家庭故事，通过线上线下、微信、微博等主流媒体发布宣传信息16余篇，6个家庭获得市级荣誉称号，通过自荐、推荐等方式选举出89户“敬老爱亲”家庭，并选出3户最美家庭进行最美家庭巡讲活动，其中良马乡的“一个女婿三个爹”的徐富生家庭还被省妇联评为三晋“最美家庭”提名奖，耿成庆夫妇被市妇联评委最美“金婚夫妇”，张腾宇等4人被评为临汾市第四届“十大道德楷模”，参加了安泽县第三届“感动安泽，孝老爱亲”系列人物评选活动，评选出几十年如一日照顾瘫痪在床的妻子杨兰太家庭、府城镇义唐村的陈安萍其丈夫突遭车祸，她本人以母亲，妻子的身份，柔弱的肩膀扛起这个家庭重担。5月期间，组织30户家庭代表参加了“爱在五月，感恩母亲”为主题的家庭拓展体验活动。

【志愿服务活动】 在端午佳节来临之际，组织30名巾帼志愿者来到了安泽县社会福利中心，为老人们送去了粽子等慰问品，志愿者们为老人们梳洗头发、测量血压和心电图、清洁卫生等，让他们以愉悦的心情度过一天。动员全县广大妇女积极参与“我为家乡投票、我为临汾加油”的活动，活动期间发出倡议书5000余份，宣传资料3000余份，宣传标语100余份，披挂彩带1000余条。

【巾帼脱贫攻坚】 2016年通过新闻媒体、

微信平台等方式，大力宣传自立自强、自主创业女性典型，激励广大妇女勇于创业就业。开展妇女创业小额担保贷款，共为35名妇女发放小额贴息担保贷款175万元，共办理贷记卡37张，借记卡230张，存款1750万元，贷款200万元，服务妇女人数1280人次。有效解决了妇女创业就业的资金瓶颈问题，激发了妇女创业的积极性，切实增加了妇女的收入，对全县经济社会转型跨越发展起到了推动作用。扎实推进“三娘子”培训工作，激发巾帼扶志脱贫新动力。加大对农村妇女的教育培训力度，联合县人社局在冀氏镇核桃庄举办了手工编织培训，参加人数达60余人。县、乡、村以妇联平阳花创意产业手工艺品牌建设为载体，组织民间手工艺人根据自身创业意愿和条件开展了月嫂、松针枕、十字绣、手工编织、串珠、剪纸、“三娘”等培训13期，培训人数达1200余人，各乡镇也相继邀请县黄河京都行政总厨、中国工艺美术家协会工作人员、物业公司培训师及安泽县民家艺术爱好者教授为贫困妇女开展了面点制作、剪纸、家政保洁、月嫂、手工勾织等技能培训，培训人数达600余人，通过多渠道、多层次技能培训，激发了广发妇女创业的积极性，如：城关镇吴红霞在天津当金牌月嫂，月收入达到1.2余元；冀氏镇李海霞、府城镇李巧萍等20余名妇女在外地打工，月收入均在6000元左右。为提高广大妇女的致富信息，拓宽致富门路，12月底为各乡镇及县直妇委会订阅山西妇女报117份。抓基地建设，带动妇女创业就业增收。省级巾帼创业示范基地——安泽县荀乡人家手工布艺农民专业合作社，立足于传统手工文化的培训与传播，科学利用当地资源，以开发推广“森海人家”松针枕为主要渠道，为下岗职工就业提供了岗位。创业人常虹先后参加了由市妇联组织的北京和平遥手工艺参展活动，并获得可观的收入，该基地解决了11名下岗妇女的再就业问题，增加了下岗妇女的收入，提高了当地妇女的自身价值。2016年底全县专业合作社达到43个，安置失业妇女人员206人。

【关爱儿童成长】 创新指导模式，送家庭教育进千家门。特邀北京家庭教育专家王占伟老师、中国家庭教育指导站办公室李小勇主任到安泽县普及家庭教育公益讲座，县城5所学校300余名家长在城关小学阶梯教室聆听了此次讲座，时长2个小时，会场气氛活跃，收到了良好的效果。邀请了临汾市艺博家庭教育培训中心李霞、韩玉琴、李瑞3名老师，举办了5场家庭教育海洋计划专题讲座，1300余学生家长受益。倡议开展“家庭公约进我家”活动，促进了幸福家庭关系，促进了孩子健康成长。成立“荀乡芳草园读书会”，发挥新媒体优势，建立并完善“家庭教育海洋计划”“妈妈读书会”等微信群。2016年底，全县成立妈妈读书会站点2个，举办“妈妈读书会”近10期，2000余名家长受益，切实将家庭教育工作深入到千家万户。抓好家庭教育队伍和阵地建设，家庭教育兼职研究员队伍举办“家庭教育领导能力提升班”，组织培训百余人。先后组织全县各中小学21名分管领导及骨干教师参加了临汾市“家校合力——做好家庭教育工作新方法暨互联网+中小学德育新途径”大型报告会，增强家庭教育与学校教育同向同步，规范并进一步提升了安泽县中小学家长教育水平。进一步调整、充实并拓展家庭教育讲师团队伍。建立以在家庭教育工作上有突出成绩的“教师讲师团”，为全县家长传播、辐射各自先进的家教理念，以提升广大家长队伍的整体素质。县妇联积极响应市妇联部署，组织开展了“保护我们的孩子·绿丝带行动”“我爱我家·同悦书香”亲子阅读活动、贫困地区儿童营养改善项目等多个关爱儿童项目。共计救助贫困儿童、留守儿童19余名，争取资金1.5万元，“六一”期间为贫困和留守儿童送去爱心书包150个，共计9000余元，力促贫困儿童健康成长，启动“恒爱行动”，行动仪式上，发放了爱心妈妈招募倡议书500余份和40公斤恒爱毛线，并建立爱心妈妈微信群，一针一线一群都联系着对贫困山区儿童的关怀；“三八”期间与财政局、总工会联合开展“关爱女性”健康活动，为全县2000余妇女干部职工进行免费体检；为全县7个乡镇的贫困妇女群众进行免费妇科检查，使415名妇女受益；扎实开展“两癌母亲救助”，为全县43名两癌患者建档立卡，为“两癌”母亲患者雷润梅申请救助金10000元。

【维护妇女儿童合法权益】 抓宣传，营造妇女维权良好氛围。县妇联选聘2名妇联干部担任县人民法院人民陪审员，建设专业普法宣传队伍，在“三八”“六五”等重要节点深入基层开展法治宣传、维权服务。今年共举办《反家庭暴力法》专题讲座3场，发放资料3000余份。抓重点，深化“平安家庭”创建工作。2016年全县接待来信来访及排查出婚姻家庭矛盾纠纷17件，已化解17件；对1名任职30年以上贫困妇代会主任进行救助1000元。抓实施，做好妇女儿童发展规划评估和编制。对妇女儿童发展“十二五”规划评估报告进行完善、修订，科学编制妇女儿童发展“十三五”规划，已报县政府审定。

共青团安泽县委员会

【概述】 2016年，有团组织（含本级）共178个，其中县（区）直机关事业单位团组织46个；乡镇（街道）团组织8个；村（社区）团组织107个；非公企业团组织10个；学校（非高校）团组织6个；青年之家4个。全县志愿者共有556人，兼职团干部7人。团员人数3363人，今年新发展团员265名，初中毕业班团学比例30%，高中毕业班团学比例60%。今年“五四”期间组织开展入团仪式5场，覆盖1300人。青年人数（14~28周岁的户籍人口和流动人口，其中流动人口为已在当地公安机关办理居住证的人口）17496人；团青比（团员人数/青年人数）19.2%。

【主题服务活动】 建立了一支400余人的青年志愿者队伍，开展各类志愿活动50余次，参与人数达1500余人次。特别是广泛开展了青年志愿者爱心公益活动，团县委组织的“衣衣暖冬情、青春爱同行”活动，以“囧途有我”“发姿轩”等爱心团队开展的敬老爱老、爱心传递等活动，让全社会看到了共青团组织和当代青年的青春风采。全面打造“指尖上的共青团”，不断增强团属微博、微信、青年之声等新媒体平台建设。2016年全县已建立各类平台60余个，覆盖青年2000余人，累计发布信息2700余条，阅读量达45万余次。

创新性的举办了青春风采大赛、安泽首届七夕音乐交友派对、集体婚礼、徒步登山和骑行等30次活动，参与青年达6000余人次。

【教育帮扶、就业培训工作】 在"共青团助力脱贫攻坚"的使命中，各级团组织和广大青年纷纷开展驻村包联帮扶活动，积极入户宣传政策、推动光伏发电项目脱贫增收、与困难群众共度生日、捐赠生活用品等，使脱贫攻坚成为共青团的闪光点。建立基层团组织与乡村小学结对帮扶联系26个，覆盖农民工子女206人。积极开展关爱留守儿童、敬老爱老、阳光助残、送法进校园等主题关爱活动，累计向500余名农村残疾青少年、特困学生、留守儿童等送去了价值30余万元的助学金、学习生活用品和健康奶粉。2016年开展青年创业就业各类培训80余场次，累计为750余名创业青年提供小额贷款达到3500余万元，实现青年就业320余人。

【凝聚青年，服务大局】 "聚是一团火、散是满天星"，全县各级团组织和青年在"助力临汾赢取旅游申办权"活动中，勇于奉献敢于担当，为家乡点赞。在推进"全域旅游"的大局中，以特色乡村游为发力点，以建设山水田园城和精品旅游县为目标，打造出了"太岳山上小延安"红色名片，让"红+绿"成为安泽县脱贫增收、决胜小康的重要抓手，不仅成为全县干部群众的爱国主义教育基地，也吸引了县内外的团队集体纷纷接受红色主题教育。

【团县委换届】 2016年12月26—27日，召开第十四次代表大会，此次换届大会得到了市县领导的高度重视和大力支持，共青团临汾市委书记王栋，县委书记李强，县委副书记、县长牛庆国等四大班子领导及县各人民团体负责人和近年来的拟任团县委书记以及来自全县各条战线的129名优秀青年代表共同出席了此次大会。会议通过了赵宁伟同志代表共青团安泽县第十三届委员会作的《汇聚青春正能量 同心共铸中国梦，为实现安泽全面振兴绿色崛起而努力奋斗》的工作报告，选举产生了25名共青团安泽县十四届委员会委员和10名共青团安泽县十四届委员会候补委员、9名常务委员、7名兼挂职副书记，以及选举产生了以赵宁伟为书记、郑霓霓为副书记的新一届团县委班子。新一届的团县委班子都是从基层工作业绩突出中层层选拔出来的，在年龄、知识等方面的结构均有了明显提高，对于进一步统一全县团员青年思想，动员广大团员青年积极投身到全面建设小康社会的伟大实践，必将起到巨大的推动作用。

文学艺术界联合会

【概述】 文联全称为安泽县文学艺术联合会，属正科级全额财政事业单位，内设办公室、文艺股和组联股3个股室。有5个编制，实有人员4人，正职1人，副职1人。

【文化惠民】 2016年2月20日文联组织部分书法家深入唐城镇固县村、和川镇岭南村、良马乡良马村、冀氏镇冀氏村、马壁乡卫寨、杜村乡郭庄以及包联村府城镇第五村，开展了“迎新春、送春联、送图书”下乡活动。此次活动共送春联4000余幅，并为他们现场书写了春联4500余幅；送图书2000本。慰问了包联村村里的老党员和贫困户，对村里的护林防火工作进行了指导。

【脱贫攻坚】 2016年专门成立帮扶工作领导组，深入该村调查研究，进家入户，与村民详细交谈，了解村情，和该村领导共同制订了帮扶计划。对其进行建档立卡，于今年6月底已完成。第五村贫困户共计97户，181人。组织单位党员干部结对帮扶该村特别困难的群众，坚持扶贫与励志相结合、日常帮助与临时救济相结合、物质帮助与精神激励相结合，一方面为贫困户提供米、面、油等物资扶持；一方面为贫困户提供政策咨询、市场信息、技术服务等方面的支持，帮助贫困户解决生产生活方面的实际困难，提高发展生产致富增收的能力和水平。通过“一户一策、一户一帮扶单位、一户一帮扶联系人”等措施，重点对因灾因病等有劳动能力、有发展意愿、有产业项目、经过帮持当年能脱贫的贫困对象进行帮扶，12月底除2户兜底户之外，95户巩固脱贫。

【对外宣传】 2016年为切实加强安泽县的对外宣传力度，展示安泽的良好生态环境和人文魅力，根据安办发〔2016〕10号文件精神，4月16至18日，组织临汾师大美术学院优秀学生150名到安泽县黄花岭风景区进行实地写生。以高校大学生独特的审美情趣去发现、捕捉安泽县风景区所蕴藏着的大自然的美，展现生态安泽秀丽的自然风光。“春行在安泽”开幕式上，山西师范大学美术学院将黄花岭定为师范大学在安泽县的写生基地，并进行了授牌仪式。7月初，文联特邀请省内知名美术家、书法家24人赴安泽开展以“实地采风、现场创作书画、集结成册印刷出版”为主要内容的“魅力安泽”书画展活动。

以“特色乡村游”为发力点，在“一镇一乡两村”即府城镇、杜村乡、和川镇岭南村、马壁乡马壁村同时举办各具特色的乡村休闲旅游系列活动。首届安泽麻衣寺乡村休闲旅游节在9月29日拉开了帷幕，在此次活动中，文联承办了书画展、摄影展等活动。布置书画展厅两个，农家院1个，共展出书法、剪纸、绘画作品150余幅，有部分书法和绘画作品来自省市著名书画家之手笔。另外在3家农家院里布置了摄影展。让游客们在生态观光，休闲度假的同时，尽享了一道别具特色的文化旅游盛宴。

老龄工作委员会

【概述】 安泽县老龄办成立于1986年，是县老龄工作委员会的办事机构，承担县老龄工作委员会的日常工作。根据安编发〔2011〕53号文件，核定为正科级建制，领导职数一正一副，全额财政拨款，事业编制5名，均为管理人员编制。老龄办工作人员5人，其中主任1人，副主任1人，科员3人。宣传贯彻国家省市县老龄工作方针政策法规，具体组织、指导、协调各涉老优待职能部门开展尊老敬老养老助老活动，使老年人的各项政策落到实处。

【宣传工作】 积极开展老龄工作宣传教育活动。1. 经常性地发放老龄法规宣传资料。以发放宣传册、宣传画、文件资料等形式，向全县群众、各单位宣传老龄政策法规，号召大家都来关心老龄工作。2. 积极上报老龄信息。向省市老龄报刊、县农廉网、党建网、平安网等上报本县老龄工作信息40余篇，涉老信息200余篇，及时发布老龄工作的政策法规、动态信息，切实做到宣传普及老龄法规政策。3. 通过活动开展来树立敬老爱老社会风尚。开展了全国、全市优秀老龄志愿者评选活动，评选出5名优秀老龄志愿者。开展了市级敬老文明号和敬老模范单位、个人评选推荐。向市老龄办推荐了社区指导中心为敬老文明号，司法、国税、工会、社会福利中心四家单位为敬老助老模范单位，3名敬老助老模范个人。在考察评选期间，运用新闻媒体，大力宣传敬老模范单位和个人模范事迹，在全县营造了敬老爱老助老的良好社会氛围。举办了“长寿之星”风采展，对安泽县范围内7个乡镇和4个社区的29位90周岁以上健康长寿老人进行了采访、摄像，并将老人们的精神面貌、日常生活和长寿秘诀制作成版面，在安泽县黄花岭景区向群众和外地游客进行了集中展览，展现了安泽县长寿老人的风采和健康生活理念。

【落实老年人优待政策】 落实好全县高龄老年人生活补助、医疗优待金发放工作。根据安政发〔2008〕11号《安泽县人民政府关于切实加强老年人优待工作的实施意见》、安政办发〔2010〕3号《安泽县关于对80周岁以上农村老年人增加生活补助的实施方案》文件，为全县高龄老年人发放生活补助、医疗优待金。发放标准：农村70周岁以上老年人免交新农合个人2016年120元；农村和居民非离退休80~89周岁，每人年生活补助1080元；离退休80~89周岁，每人年生活补助360元；90周岁以上（无百岁老年人），每人年生活补助1200元。2016年为2972位老年人发放生活补助1387560元。

【老年优待证减费】 依据省市文件精神要求对办理老年优待证实施了免费办理，并对办证程序进行了全面减负，做到随到随办，当月申请当月取证，受到了广大老年人的一致好评。两年共办理发放老年优待证1000余本，为老年人旅游、生活、就医提供方便。

【老年人权益保障】 为了把老年人法律服务和法律援助工作落实到位，与县司法局紧密协作，设立老年司法救助绿色通道。1. 设立老年人法律援助工作站。在县老龄办设立老年人法律援助工作站，确定专人负责老年维权救助，对来访老年人讲解老年维权和优待政策，对老年人诉求实行及时受理或及时转送司法部门并做到限时办结。2. 设立老年人法律援助服务岗。在县司法局法律援助中心设立老年人法律援助服务岗，指导和协调全县的老年法律援助工作。对涉及老年人权益的婚姻家庭、经济纠纷、社会保障等诉讼案件优先受理优先审查。3. 积极开展司法救助。对生活困难的老年人为其争取法律援助和减免律师费用等。两年以来，全县司法救助老年人十余人，公证费、诉讼费给予了全部减免。

【老龄工作信息统计】 2016年开展了老年人口信息统计，由全县8个乡镇（社区）负责信息采集，县老龄办负责数据信息的录入汇总，并制作安泽县60周岁以上老年人基本信息表。经统计，安泽县老年人口共11541人，占全县总人口82496人的13.99%。其中：60—64周岁4736人，65—69周岁3601人，70—79周岁2231人，80—89周岁908人，90—99周岁65人。这些数据的取得，为上级提供了基础数据支持，为全县今后的老龄各项工作开展提供了客观依据。

9至12月，会同各乡镇，对全县失能半失能老年人个人情况、生活自理能力、家庭收入及享受救助情况、失能老年人数作了详实的摸底调查，经统计，全县失能半失能老年人数853人。失能、半失能老年人将作为全省特困老年人救助、“暖心关爱行动”等重点工作的帮扶对象。

【帮扶活动】 积极帮助包联村做好建档立卡贫困户、规划修路、服务调产、搞好支部建设、护林防火各项工作。

2016年落实县委脱贫攻坚中心任务，帮助发展木耳、核桃、油用牡丹、白芷种植业，指导发展养鸡养羊等养殖业促使农业调产农民增收；协助村两委做好一事一议等实事项目。包括新庄街道积水治理工程、挖掘引水道工程、修理田间路等，帮助协调争取资金2万元，为民办实事好事，解决村民生活难题。为包联村送护林防火服20套，并悬挂护林防火宣传条幅4条，并派专人常驻包扶村，与他们一道在重点林区设立警示牌、张贴宣传标语并设卡护林，做到严防死守，有效减少辖区内各种火情。在汛期协助村两委班子分片包干落实防汛工作，确保群众安全度汛。在建档立卡贫困户帮扶工作上，根据县委、乡镇安排，发展18户贫困户种植油用牡丹30亩，连同退耕还林，每亩5年补贴3100元；为贫困户安装光伏发电4户，其中8千瓦一户，5千瓦三户，创收脱贫。组织安排贫困村民在红叶旅游节打工每天80元工资，共计25天，人均增收2000元，出售农产品，创收改善生活，走访慰问贫困户和老党员。春节前夕、“七一”，拿出2000余元的面粉、大米、色拉油等慰问品，解决老党员和贫困户的生活困难，以实际行动送温暖、献爱心。

科学技术协会

【科普惠农工作】 科普惠农是新时期科普工作在社会主义新农村建设中的切入点，直接为农民服务，为农村发展服务，深受农民的欢迎。2016年对全县较大的行政村和新农村建设试点村的104个科普惠农信息栏进行了修补完善，更换挂图2次5600多张，使科普工作走进了千家万户。完善了科普惠农服务站和农科110服务站。对全县比较大的行政村科普惠农服务站和农科110服务站，进行了充实，完善了科普网络，让农村科普工作有人管，扩大了科普惠农成果。

培养和发展了一批农村专业技术协会。农村专业技术协会是带动农村发展，农民致富的领头人，同农牧单位联合在安泽县的农村培养了一批专业合作社和专业技术协会，有力地推进了农村的发展。连续几年协会培养二个科普示范基地、一个农村科普带头人，被中国科协、财政部评为全国科普示范基地和农村科普带头人。

向中国科协申请了一个农村专业技术协会，进过多方努力，有县、市科协、财政部门推荐安泽县畜禽养殖服务协会，被中国科协中国财政评为全国先进协会，并获得以奖代补20万元。

【科普下乡】 开播了科普大蓬车栏目，与县电视台联合开办了科普大蓬车栏目，除声像中心的节目外，还录制了种植业、养殖业、医疗专业节目，该栏目的推出，极大提高了农村群众科学生活、科学种植的观念。在七个乡镇开展了农民电脑培训和种植业培训培2次，共惠及群众1万余人。编制印刷科普知识宣传单1万余份、宣传条幅10条、科普挂图9300张、科普知识宣传喷绘660平方米。科普小册子400余本，发放问卷调查3800份。

【扶贫攻坚】 认真部署，摸清底子，包联村华寨村全村70户，220口人，耕地面积155亩，人均收入5000元，其中支部班子25名，男性23名女性2名，五保户10人，低保户1人，贫困户5人，计16人，集体收入10000余元，危房改造12间，投入141000元，做到了底子清，为下乡工作打下坚实的基础。

运用科普进行农村科技思想培训。十多次更换了该村的科普惠农信息栏，为农民送去科学方法和科学技术，发放宣传单3000份，科普挂图300张，宣传小册子100本，问卷调查500份。多次在该村运用科普光盘对村民进行培训；还多次组织村民进行实地观摩学习，提高种植技能。

残疾人联合会

【概述】 1990年4月14日，根据安泽县编制委员会〔1990〕3号文件设立安泽县残疾人联合会，机构级别为正科级单位，编制5人，人员从县直超编单位和民政局调整解决。近年来，残联机构逐步完善，内设办公室、康复股、组宣股、维权股、就业所、用品用具站等股室，1995年11月21日安编字〔1995〕9号文件批准成立了“安泽县劳动就业服务所”，为股级规格，是县残联的直属全额预算事业单位，人员编制3人。2016年县残联共有干部、职工17人。

【节日慰问】 2016年县残联在“两节”期间慰问救助200余户特困残疾人家庭，发放救助金、慰问品价值2万余元。在“全国助残日”期间，县残联结合实际对这次活动进行了全面安排和周密部署，认真组织和深入开展了形式多样的扶残、助残系列活动，使得“全国助残日”活动有声有色。在县城主要街道大力宣传活动。共发放政策宣传材料800余份，悬挂横幅2条，营造出良好的社会舆论氛围。县残联工作人员还深入到府城镇府城村，将价值1000余元的面、油送到10户特困残疾人家庭，切实帮助残疾人解决生产、生活中的实际困难。

【残疾人技能培训】 为进一步做好残疾人就业服务工作，提升残疾人就业服务水平，残联结合工作实际，落实责任，加大残疾人就业培训力度，提高残疾人职业技能水平，增强残疾人就业竞争力及社会参与能力，除积极选送残疾人到省、市培训外，县残联加大残疾人就业培训力度，提高残疾人农村实用技术水平，组织100名农村贫困残疾人在县委党校进行了职业技能和农村实用技术培训班的培训，促进了残疾人就业创业工作。

【残疾人证换发工作】 在换发第二代残疾人证工作过程中，为提高办证效率，县残联工作人员不断创新办证工作，组织开展了疑似残疾人筛查登记工作，全县共登记疑似残疾人1441人。县残联印制了办理残疾人证申请表、残疾评定表1000多份，全部发放到疑似残疾人手中，为办证和换证工作打好了坚实的基础。2016年，全县共发放残疾人证4006人，新办证165人，注销死亡、康复证件118个。

【残疾人专项调查】 残疾人专项调查工作启动后，县残联非常重视，多次开会专题研究，制定下发了专项调查领导组和实施方案，并对全县七个乡镇、四个社区专职委员进行了一天的业务培训，按照工作安排，全县铺开此项工作，要求全部进村入户，见人填表。与“亲情一家人”工作结合起来，随时掌握信息动态。全县7个乡镇4个社区的工作人员通过一年的“亲情一家人优质化服务”入户调查信息录入工作，不断完善全县残疾人的基本情况、基本潜能和基本需求等信息，2016年底全县底册上4009名残疾人调查全部完成填表。全县共录入残疾人信息5103人，录入率达到100%。

【残疾人口状况监测工作】 安泽县是全省24个残疾人人口监测工作抽调县之一，前几年此项工作一直是全省先进县。县残联抽调人员到省残联培训后，立即投入到重新选点工作，经过协调，安泽抽调监测点定为：府城镇小黄村、冀氏镇冀氏村共161名残疾人，其中儿童11人，工作人员入村进驻，开展工作。按照工作要求，已全部完成了入户调查、审核、编码、自查、互查工作，监测调查工作全部完成。

【残疾人补贴发放工作】 2016年，重度贫困残疾人护理补贴发放是重点工作，县残联深入到全县乡（镇）、村逐一对补贴对象的基本情况进行了详细的筛查。确定了1065名农村贫困残疾人“两补”对象。其中，一级341人，二级724人，并完成逐级审核工作。“两补”补贴资金65.03万元已全部发放。还完成了20户党组织扶贫项目；为11名残疾人发放了机动车燃油补贴。

为搞好残疾人精准扶贫工作，县残联根据上级要求，积极协同扶贫部门开展工作，全县应纳入残疾人1100人，已纳入753人，未纳入347人，建档立卡工作已完成，县残联领导班子还在包联村与残疾人精准扶贫户“结对子”，开展扶贫帮扶工作。

【康复救助】 努力搞好各项康复工作。2016年县残联为400名各类残疾人提供了康复需求服务，为4名残疾人装配了助听器。为9名残疾人免费装配假肢。以“儿童康复”为突破点，完成26名0~6周岁残疾儿童抢救性康复项目任务。依托上级康复中心，训练智障儿童8名，康复训练12人，康复工作取得明显成效。安泽县残联积极争取上级免费用品用具、免费发放康复用品用具219余件，县残联还购买发放用品用具70余件，妥善解决了部分特困残疾人的实际生活困难。为确保全县顺利完成“白内障无障碍”工作目标，按照市的通知要求，经安泽县残联邀请临汾侨联眼科专家来安泽对白内障患者做了术前检查，现场为300名患者进行了眼病筛查，其中70人进行了复明手术。

红十字协会

【送温暖活动】 2016年1月26日，安泽县红十字会“博爱送万家”活动领导组成员，深入到包联村和川镇孔旺村对特困户家庭进行慰问。向贫困家庭发放了慰问物品，并与贫困户群众进行了亲切交谈。展现了红十字会扶危济困的奉献形象，扩大了红十字会的影响，更好地为社会服务。

【学习雷锋精神】 2016年3月5日安泽县红十字会联手安泽县文欣社区在安泽县开展了一次“学习雷锋精神、弘扬奉献精髓”的活动。通过发动宣传，将“学雷锋”活动与《公民道德建设实施纲要》相结合，积极发动广大红十字志愿者，深入安泽县孤寡老人和残疾人家中，给他们“送衣送物、帮扶解忧”。此次活动一共走访了20多户家庭，志愿者在为他们送衣送物的过程中还帮他们打扫了卫生、收拾了垃圾、宣传了红十字法律法规以及一些日常伤害的处理办法和如何防范其他卫生疾病的医疗常识。

【募捐活动】 今年5月8日是第69个世界红十字日，根据省、市红十字会部署安排，安泽县红十字会按照形成合力的要求，早部署、早安排、早行动，于5月8日，举办了以“开展博爱一日捐——传递博爱 共筑梦想”为主题的“5·8红十字博爱周”宣传，启动“博爱一日捐”活动。在泽民路悬挂条幅，营造“捐善款、献爱心”的氛围；设立咨询台和募捐箱，进行现场咨询和募捐，对预防艾滋病防治知识和捐献造血干细胞的有关知识进行了宣传；深入到文欣社区等周边社区对《红十字会法》《条例》《章程》等相关知识进行了宣传，让更多的人了解红十字事业，支持红十字会工作；此次活动发放宣传资料3000余份。“博爱一日捐”活动在安泽县的全面启动，为提升红十字会的救助能力和整体实力奠定了良好的基础。2016年底一共接收到社会爱心人士的捐款数为8.6万元。

【强化领导，健全网络】 为保证红十字会工作有序开展，保持工作的连续性，结合各部门人员变动情况，及时调整了红十字会领导小组，进行了重新分工，对红十字会服务人员也进行了调整，健全了网络组织，明确了专人负责，使红十字会工作走上经常化、制度化、规范化的轨道。

【申请救助】 随着红十字会社会知晓度的提升、社会影响力的扩大，来访对象也逐渐增多，对每位来访对象都做到耐心、热情接待，细心解释，认真答复，做到以人为本，把人民的利益摆在第一位，诚心诚意为人民谋利益，让人民群众满意，让领导放心。全年救助白血病、尿毒症和其他血液病共27人，发放救助金50000元。

【“两学一做”学习教育】 紧紧围绕红十字工作，以“两学一做”学习教育为统领，以办人民满意的红十字、作人民满意的红会工作者为目标，着力加强政治思想建设，着力规范职业行为操守，着力解决突出问题，着力推进制度建设，不断增强红十字会全体党员干部的政治意识、大局意识、核心意识和看齐意识。实现党员的四个“进一步”，通过坚定信念、增强意识、树立正气、强化观念，使党员干部带头推进红十字各项工作，起到先锋模范作用。

【帮扶活动】 6月22日，红十字会和卫计党支部深入冀氏镇对当地群众进行惠民帮扶政策，在抵达冀氏镇后通过向当地领导人咨询，及时了解和掌握贫困群众的详细信息，随后深入住户家中核实实际情况，及时的对贫困户进行登记以待后续帮扶，同时还对当地居民大力宣传红十字会的各项法律、法规以及对艾滋病的防护和防御等各项知识。此次活动深得群众的好评。多次深入包联村和川镇孔旺村参与座谈、调研、征求意见，及时了解当地发展中存在的各种问题及时和县有关部门协调联系。协助发展村集体经济孔旺村纯净水厂的建设和运营。在护林防火期间，单位领导重视，克服人员少的困难，实行轮流值班，轮流下乡的办法，深入到所包联单位对护林防火工作进行督导。在特险期间，对重要山口、路口设卡进行严防死守，确保防火工作万无一失。同时，把10套护林防火工作服送到村委干部手中，以表示对护林防火工作的支持和重视。

【党风廉政建设】 完善了各项工作制度、学习制度，努力打造“学习型”机关，组织全体干部职工认真学习《中国共产党党内监督条列》《红十字会法》和《红十字管理条例》等有关法律法规。将每一项工作以及个人行为纳入制度化管理的轨道，进一步规范了工作人员行为，筑牢了反腐倡廉的制度防线，促进了协会廉洁型机关建设。

人民武装

【后勤管理】 人武部牢牢把握依法治军、从严治军这个强军之基，着眼保持保障工作运行正规有序，持续抓规范、常态抓落实、从严抓整治。着力健全完善各项制度机制，细化明确经费管理，物资采购等方面规定要求，切实扎紧制度笼子，使管财用财的制度规定更加细化、制约机制更趋闭合、执行操作更为具体。严格控制“三公经费”支出，为人武部全面建设提供有力保障。强力推进财务工作大清查，主动自查自纠，如实揭短亮丑，对查出的64项问题进行集中整改，10月份高标准完成了中部战区驻郑州审计中心对人武部的审计，进一步规范了财务管理制度，提升了保障打赢的能力。积极协调县委、县政府推动民兵综合训练场和人武部史馆的建设。民兵综合训练场被列入县年度重点工程，部史馆如期开工建设。

【安全稳定】 2016年，人武部将安全稳定工作贯穿到各项工作之中，牢固树立安全理念，严格安全管理，以“问题归零”的标准抓末端，努力形成“教育无死角、管理无盲区、安全无隐患”的良好态势。全年重点对”人车枪弹密、水火电钱航、酒油黄赌毒、涉处涉地方”进行监控和管理，充分利用交接班时间，节日战备教育时机，重大敏感时期进行安全稳定教育，强化“安全工作无止境，每天都是零起点”的安全意识；不断加强重点防范，重要目标的管控，及时收集驻地民情、社情，做到大局在心中，安全在手中；不断加强监督管理，健全安全组织，明确各级责任，形成层层有人抓、事事有人管，人人都有责的浓厚安全氛围。

（庞红平　史俊）

【干部转业工作】 2月份，面对军队改革的不断深入推进，分区干部转业数量比往年增大，在参加上级“坚决服从改革大局、忠实履行职能使命”和“坚决服从改革大局、正确对待进退走留”两项教育的基础上，部党委与每名干部进行交心谈话，准确掌握干部思想动态，客观看待利益调整、正确对待进退走留，听从组织安排，坚决拥护改革、支持改革、服从改革。部党委在征求个人意见基础上，研究上报了正营职干事王世军为转业对象，圆满完成了军分区党委交赋予的转业任务。做到了转业干部愉快服从组织决定，留队干部踏实工作。（庞红平）

【民兵组织整顿】 2016年的民兵整组工作以党在新形势下的强军目标为统领，以应急、维稳、救灾任务为牵引，在夯实民兵阵地的基础上，部领导分片调研督导，投资28万元，为基层武装部配置了战备器材架，民兵服装及标识符号，机关干部骨干深入民兵营连帮带，狠抓基干民兵队伍建设，完善表、卡、薄、册及各类应急方案，统一制做发放了民兵入队通知书，通过全年军事训练、群众性岗位练兵比武竞赛活动，增强了民兵的责任意识，使命意识。在安泽平安建设、生态建设及应急处突中发挥重要作用。（郑峰）

【非现役警卫执勤训练】 3月8—22日，人武部利用10天时间，对非现役警卫人员进行集训。集训内容有队列训练、轻武器分解结合、警棍盾牌操、应急演练、政治教育等科目，参训人员按照统一编组、统一着装、“连队化管理、封闭式训练”的要求，严格执行连队一日生活制度，为确保训练质量效果，从武警中队邀请10名战士指导传授警棍盾牌操。通过训练，非现役警卫执勤人员应急处突能力大大提高，为确保重要目标安全竖起了一道防线。（侯海洋）

【销毁抗战遗留炮弹】 4月6日，马壁乡辛庄村一村民取土时，发现一枚疑似迫击炮弹的爆炸物，在市县民爆队的指导下，清理出手榴弹50枚、掷弹筒1挺、三八大盖2支、山炮弹2枚、迫击炮弹34枚，炮弹锈迹斑驳，型号、批次等配置参数模糊不清。为确保人民群众安全，市、县、乡三级民警，立即组织疏散围观群众、拉起警戒线、封锁现场。7日早晨，百众爆破公司人员将弹药分五次进行安全销毁。为当地化解了一个特大安全隐患。（庞红平）

【学生军训】 按照县国防教育委员会年度中学生军训计划，从9月2—9日，对安泽一中、安泽二中共计850名新生，分两批次进行了军事训练，训练中人武部精心挑选教官、科学组织筹划、严密组织实施，教官、老师狠抓落实、严格管理，同学们克服困难、认真训练，通过对队列动作、内务规范、红色歌曲、武器常识、国防知识等内容的学习和了解，同学们增强了国防观念、组织性和纪律性得到提高，培养了吃苦耐劳和艰苦朴素的作风，促进了学生综合素质的提升。（侯海洋）

【组织“八一军事日”活动】 为庆祝建军八十九周年，人武部组织四大班子领导及各乡镇、县直机关部门负责人和广大人民群众开展了“八一军事日”活动。活动包括军事训练、国防安全形势讲座、文艺演出、走访慰问等内容。通过开展系列活动，使各级领导们干部受到一次深刻的国防教育，进一步增强了大家的国防观念，密切了军政军民关系，强化了领导干部管武装、建武装的责任，浓厚了领导干部和人民群众的国防情怀，推动军民融合深入发展的自觉性和主动性。（侯海洋）

【兵役登记】 针对兵役登记工作提前展开的实际，人武部及时展开宣传发动，采取电视飘字、公交车悬挂标语等传统方法的同时，将兵役登记纳入国防教育微平台，进行宣传，极大地方便了适龄青年登记。3月份，组织专人到安泽一中、职业中学两所高中进行了兵役登记，并对征兵政策进行了解读，共发放调查问卷300余份，完成1491人的兵役登记工作，为完成兵役征集任务奠定了坚实的基础。（侯海洋）

【兵员动员】 6月份，根据军分区《现役部队预编预备役人员快速动员预告号令》，人武部迅速建立快速动员指挥机构，设立了第一总指挥和总指挥，成立了组织计划组、管理协调组、综合保障组，对预编空军高炮3团、空军地导19旅各1名，空军雷达25旅5名退伍兵进行了摸底，对其工作单位、现实表现、参训态度、思想表现进行了评估，为下步返营训练做好了准备。（庞红平）

【参加“太行—2016”战役集训】 11月份，人武部接到参加省市县三组同步组织的“太行-2016”战役集训后，在时间紧、任务重、标准要求高的情况下，人武部统筹协调，干部职工密切配合，部长政委亲自把关，紧紧围绕首都联合防空作战这个课题，积极参加理论辅导、拟制作业文书、编写想定作业、标绘作战要图、参与研讨交流，参训率达到100%，达到了预期的训练目的。（庞红平）

【军民共建卫生城】 人武部积极响应县委、县政府“创建国家卫生城号召”，着力抓好军民共建卫生城，在创建之初，就成立了创卫工作领导组，明确了分工，落实了责任，下发了创卫工作实施计划，确保了创卫工作有效扎实展开。在营区，实行了环境卫生包干制，日清扫、周讲评、月考核，始终保持了营区卫生整洁有序。同时，发动驻军单位和广大民兵预备役人员积极参加创卫。9月8日，人武部组织全体干部职工、武警中队干部战士以及入伍新兵80余人，对安泽北外环路的路缘石进行了粉刷，使北外环路面段面貌焕然一新，展现了“军爱民、民拥军、军民共建卫生城”的美好愿望，为创建卫生城贡献了军人应有的力量。（裴艳）

【脱贫攻坚】 为贯彻落实党中央和中央军委关于扶贫工作会议和省、市脱贫攻坚会议精神，积极参与驻地在服务转型跨越发展，根据省军区“四帮一助”活动实施方案，结合安泽县委、县政府脱贫攻坚整体规划，人武部发挥自身优势，本着“做深、做实、做细”的理念，按照“点对点、一对一”的精准扶贫路线，对全县军烈属贫困户进行了调研摸底，将5户军属贫困户列为帮扶对象，通过建档立卡、结对帮扶、制定措施、定期走访，完成了3户军属彻底脱贫。同时积极参加全县脱贫工作，将2名素质高、能力强的职工派驻到良马乡司马村、杜村乡魏家湾村任“第一书记”，进行蹲点帮扶，通过帮班子、转观念、扶产业、定目标的模式，有力推进了驻村的脱贫工作，为打赢全县脱贫攻坚仗、实现到2020年贫困人口同步达到小康宏伟目标做出了积极贡献。（史俊）

【营院文化建设】 人武部把浓厚的军营文化氛围建设当作一项基础性工作来抓。2016年，针对军委国防动员部对省军区系统赋予的新职能新使命，人武部积极推进营院文化建设，投资12万元，在营区新建两组宣传橱窗，将建设“四铁”党委机关的要求在一楼大厅进行固定，在办公楼顶新设1.5×2米的“听党指挥、能打胜仗、作风优良”强军目标12个大字，在楼梯两侧安装了强军目标和反腐倡廉等格言，通过这些具有时代性，军营特色性的氛围营造，使干部职工在耳闻目睹中得到熏陶，在日常工作生活中得到教育，也美化亮化了办公环境。（史俊）

武警中队

【概述】 2016年中队以“抓班子强素质、抓教育铸忠诚、抓能力保中心、抓规范严管理、抓保障增效益”的工作思路，狠抓思想政治建设，铸牢听党指挥的思想根基；狠抓执勤战备工作，有力提升遂行任务的能力；狠抓军事训练，强化部队战斗力标准；狠抓安全管理，夯实部队安全基础；狠抓后勤保障，全面提高综合保障能力。目前中队官兵思想稳定，士气昂扬，内部关系融洽，班子团结能战，执勤处突拉得出、过得硬，后勤工作规范到位，中队呈现蓬勃向上发展态势。

【支部建设】 年初，中队在按纲建队形势的基础上，深入贯彻上级指示精神，以习主席强军兴军思想为指导，按照“能打胜仗”的要求建队，科学谋划了各项工作，圆满完成总队军事训练监察、总队正规化执勤等级评定及战备工作交叉检查等各项任务。坚持严格按照支部议事规则和程序讨论决定中队建设的重大问题，在涉及官兵切身利益的敏感问题上，坚持原则，严格标准。今年研究发展党员1名，改转士官4名，选送技术兵4名，在评选“最美士兵”“岗位之星”和“优秀军属”、选改士官、加强干部队伍教育管理、肃清郭徐流毒等大项工作中，支部严格程序审议，均能做到公开公平公正，官兵反应良好。

【勤务工作】 中队党支部始终坚持中心工作这条主线，认真贯彻“全面建设、体系防控、科技强勤、确保安全”的总体思路，坚持把执勤作为“饭碗工程”摆上位，严密勤务部署、严格勤务制度、严肃勤务纪律、严抓勤务训练、严治执勤隐患。支部一班人“围绕中心抓建设、抓好建设保中心”的思想根基夯实有力。在开展“三学一练一整治”、值班执勤岗位大练兵、“学规范、查隐患、找问题、补漏洞”执勤安全教育整顿等专题活动的基础上，积极开展“执勤工作大家谈”，广泛听取官兵对执勤工作的建议和意见，让“三优人员”走上讲台现身说法，谈感受、谈思想、谈认识，提高官兵投身执勤工作的自觉性、主动性和创造性。着眼提高“两个不经，一个保持”能力开展训练，主要在抓好“三个能力”、体现“一个素质”上下功夫，即：干部的组勤能力、骨干的控勤能力、哨兵的执勤能力和哨兵依法执勤、文明执勤的素质。严格落实干部查勤、上哨制度，全年干部共查勤1580余次，上哨21余次，有力促进了执勤秩序的正规有序。以“五防一体化”建设为契机，狠抓执勤隐患治理，精心谋划，积极作为。年底中队“五防一体化”建设项目已立项，建设经费已批复，项目正在进行评审阶段。并先后协调目标单位花费经费 14.3 万余元，完成了在押人员信息共享，为自卫哨安装对射探照灯和监控探头，解决了监墙照明老化、监门出入不正规、看守所办公区安全防范设施不坚固等 13 处执勤隐患，目标的安全系数得到提升、两警合力明显增加。

【军事训练】 认真贯彻执行《军事训练与考核大纲》《军事训练“八落实”》等规定，坚持训战一致原则，科学制定训练目标，真难严实训练部队，不断提升能打仗打胜仗核心能力，圆满完成了总队训练监察工作。支部一班人把大抓部队实战化训练作为谋划部队建设、确保任务完成、研究部署工作的中心环节来抓，每月召开议训工作会议对训练进行专门分析，突出问题整改，找准落实短板。坚决贯彻习主席加强反恐军事斗争和练兵备战重大战略思想，按照能打胜仗要求，紧紧围绕“训战一体化”要求，大力开展大练兵活动，在训练中历练胆魄血性，锤炼品质毅力，锻炼体能技能，强化战术素养，提升综合战力，为遂行反恐任务提供理论先导和能力素质支撑。结合中队担负的任务实际，为把应急班打造成反恐“拳头”，每月对体能、擒敌、战术等重难点课目进行考核，每人一表量化打分，在时刻以严于部队、难于部队、强于部队的标准要求应急班队员，确保其随时处于良好的战斗状态。根据武警部队《军事训练“八落实”标准》，中队着眼满足实战化训练需求，本着“立足现有、布局合理、功能适用、设施配套”的原则，努力推动建设训练场地这个短板，满足部队实战化训练需求。积极同县委、县政府和目标单位汇报、协调，在县领导的大力支持下，选定位于县武装部和武警中队之间约 10 亩地作为训练场地建设用地，训练场建设项目报告已批复，为中队军事工作建设又迈向一个新台阶。

【政治工作】 坚持把培养党和人民的忠诚卫士作为根本目标，在任务中培育官兵核心价值观，始终把思想政治建设摆在首位。把主题教育与习主席、武警部队首长关于国防和军队改革重要论述精神结合起来，使官兵充分认清“维护核心，听从指挥”的真正内涵，引导官兵把教育中焕发出的政治热情，转化为坚定理想信念、树立正确追求的精神动力。在配合活动上，严密组织官兵瞻仰革命烈士陵园、参观太岳司令部旧址，观看《将改革进行到底》，学唱《堂堂正正一辈子》《做习主席的好战士》系列歌曲，重温入党誓词，听老革命讲烈士故事等活动，激发官兵维护核心、听从指挥的决心和拥护改革的信心。将开展“两学一做”活动统揽于部队正常教育之中，结合建党节、建军节、“九一八”纪念日等特殊时期和作风纪律教育整顿等时机，开展向党旗宣誓、观看红色影片、讲述党史军史、撰写个人体会等形式，进一步打牢官兵坚定理想信念、提高政治素养和思想认识水平，筑牢部队听党指挥、能打胜仗、作风优良的思想政治基础。有力推进了肃清“郭徐”流毒工作，坚持从严从紧、落细落实、立查立改，切实使党员干部受到警醒，作风积弊得到纠治，官兵思想意志更加统一，保持发展党的先进性和纯洁性。坚持以人为本的要求，在“知兵知到一口清、爱兵爱到心坎上、带兵带到长远处”中确保经常性思想工作实效。

八一期间，县法院利用来中队慰问时机，开展法律进警营授课、赠书活动。在总队评选“六个一”和支队组织“岗位之星”和“优秀军属”活动之机，中队立足自身，评选出了中队的“好党员、好骨干、好战士、好军属”，并进行了表彰奖励。深入开展读书育人、影视评论活动，与县图书馆结成共建对子，建立流动图书站，组织官兵每月读一本红色书籍，看一部红色电影，定期开展书评、影评活动，既丰富了官兵精神文化生活，又达到了教育人、激励人、感染人的目的。充分发挥驻地资源优势，大力挖掘中队各类小能人，促进文化活动的开展，建立锣鼓小队、开展鬼步舞、武术、绘画等育才活动。活跃重大节日文化生活，加强与共建单位联谊，开展形式多样的文艺节目，丰富了官兵文化生活，缓解了压力，构建了快乐、和谐的警营。

【安全管理】 紧紧围绕“部队依法管理、官兵依法履职”的目标，治理痼疾顽症，刚性落实制度，精细规范养成，“五个”秩序不断正规，管理内涵不断提升。为让法治精神、法治理念深入人心，把法规学习作为硬指标硬任务，采取集中教育、授课辅导、观看录像、群众性讨论等方法，普及法规知识。严密组织开展“学法规、守法规、用法规”、枪支弹药大清查、干部作风纪律专项教育整顿和“百日安全竞赛”活动，反复组织观看《迷失的初心》等警示教育片，并组织官兵撰写体会、讨论交流，官兵法治意识进一步牢固。认真对照《基层正规化管理规定》和尧都区现场会精神，大到每个房间的基本设置，小到衣服挂放后警衔的高度、衣袖的整理、衣服与衣服之间的距离都逐项规范。成立中队长为组长，各班副班长为成员的检查小组，每周不定时抽出一个小时进行检查，做到翻箱倒柜找问题，统一标准抓规范，检查结束后，进行挂账消号，“五个秩序”日趋正规。以贯彻落实中央军委严禁违规宴请喝酒“十一条禁令”、武警部队“八个严禁”和“六个纳入”禁酒要求为契机，坚持把抓好“五个绝对禁止”（即绝对禁止不假外出，绝对禁止违规喝酒，绝对禁止内部关系不和谐，绝对禁止违规驾车和绝对禁止警民纠纷）作为强化行政管理的重要举措，采取逐人立下“保证书”，按级签订“责任状”的方法，强化铁律意识，严格纪律规定，拓展管控渠道，加大执纪力度，有效推动“五个绝对禁止”的经常化落实。严格依据条令法规，建立纵向到底、横向到边、无缝连接的责任制和问责制，真正使铁律发力生威。坚持在“四抓”（抓教育引导，筑牢思想防线；抓排查摸底，消除安全隐患；抓制度落实，规范日常使用；抓主体责任，严格常态管理）上使长劲、用真功，多措并举抓好手机网络使用教育管理工作。围绕手机网络使用管理，重点讲清当前形势是什么、泄密渠道有哪些、违规使用对不对、落实制度怎么办等基本问题，并开展群众性大讨论，切实使官兵充分认清手机失泄密的严重危害。对官兵使用手机严格落实审批制度，严格执行手机网络使用“双十二条禁令”，认真组织填写《手机网络清查情况登记表》，确保手机网络管理工作见效见底。

【后勤建设】 坚持围绕保中心保生活，强化质量效益观念，提高后勤建设和管理水平。经费和伙食管理，坚持民主化和公开化，每月底将伙食费收支情况和经费管理使用情况在“经济民主”专栏和“财务公开”专栏上张榜公布。特别是经费的管理，坚决落实总队、支队要求，将驻地政府、共建单位和用兵单位资助中队的经费一分不留地及时划到财务股统管。严格按制度开支经费，发挥好“红管家”的作用，防止了乱支乱用，提高了经费的使用效率。发挥好“四小工”的作用，搞好日常维护和保养，将管理责任分解为完全责任、分管责任、直接责任和连带责任，实现了科学化、制度化、规范化管理。中队后勤保障以战士利益为出发点，在伙食保障上用心调剂，科学制定食谱，精心调剂伙食，使伙食满意率达到100%。在支队党委的正确领导和亲切关怀下，在相关业务股室的精心指导下，在驻地政府和相关部门的大力支持下，中队与安泽县人民医院签订了《山西总队小散远单位人员门（急）诊社会化医疗保障协议》，官兵就诊只需携带有效身份证件和就诊介绍信，八一建军节期间组织全体官兵去县医院进行体检，除此之外，安泽县卫生局还专门组队到中队进行义诊，开展医疗服务到军营活动，确保官兵以最佳的身心状态投入到日常工作中去，有效解决了小散远单位官兵看病难等相关医疗保障问题。卫生员坚持跟班作业指导卫生防病，全面做好卫生防病工作，严密落实防控措施，严把食品采购关，食物留验和分餐制落实经常。

人民防空

【联审联批机制】 严格按照相关法律、法规、条例的要求，规范审批行为，简化审批手续，改进审批方式，提高审批效率。1. 开设“一站式”服务窗口，将审批项目作为一个审批窗口进入审批大厅，成为城建项目审批的前置关口，通过集中受理，规范化管理，最大限度为办事群众提供优质服务，采取一站式服务，即一个窗口进，一个窗口出的方式。2. 严格审批程序，制定严格审批制度和服务措施，减少环节、减少程序、压缩办结时间，提高效率。同时，制定了审批流程，公布上墙，使得审批程序进一步规范。3. 加大力度，充分授权，全部在窗口审签，所有项目的受理、发证、盖章、年检等统一在大厅窗口办理，从根本上杜绝了两头受理、两头办理现象。2015 年末审批了县医院与中医院两个项目，共收缴易地建设费 49.44 万元。2016 年共审批三个项目，其中安泽县府城村村级组织活动场所建设项目和安泽县隆盛面粉厂项目均为危房拆除后重建项目，且不增加建筑面积，按照《条例》规定可予以免收人防易地建设费。安泽县农村信用合作联社综合营业大楼项目按照《条例》规定，应同步修建防空地下室，已令建设单位严格按照设计进行施工。

【人防信息化建设】 在完成第一期装备的基础上，积极争取第二期设备的安装。在人防警报建设上，在城北、城南和政府楼顶安装了三台无线人防警报，和一台无线终端控制设备，三台警报器，由无线终端统一控制鸣响。今年“9·18”前，我们对设备进行了调试，确保设备正常运行，并成功在 9 月 18 日试鸣，鸣响率达到 100%。在短波电台建设上，按照上级要求，通过短波电台及时与市人防办取得联系，确保人防通信网络时刻保持通畅。

【人防宣传教育工作】 1. 网络多媒体宣传。通过安泽县电视台和广播，开展了人防法律法规和防空知识的普及教育，扩大人防宣传教育普及面。2. 向机关、企业宣传。今年安泽县人防安全生产大检查中，通过设置宣传台、向单位、企业发放宣传资料等形式，对人防法规政策以及防空应急措施进行了大力宣传。3. 向社区和学校宣传。把宣传册向人口居住密集的小区和县城所在地的学校发放，让居民和学生了解防空知识和应急措施，增强和平时期人们的防空意识和应急能力。

【人才队伍体系建设】 今年，按照上级要求，并在县领导的大力支持下，安泽县成立了人防信息保障中心，承担安泽县人防信息化建设、设备设施维护管理和演练保障以及全县防空警报系统的建设、管理维护和通信警报的应急等信息保障任务，我们将以此为契机，努力将战时防空、平时应急能力建设提高到一个新的水平，开创人防信息保障工作的新局面。

【安全生产工作】 为了切实抓好今年人防安全生产大检查，安泽县人防办按照以主任任泰成为组长，副主任丁波为副组长的人防安全生产大检查领导小组的要求，以“安全第一，预防为主，强化主体，标本兼治，综合治理”为核心，针对安泽县人防安全生产工作的特点，确定了以人防设施隐患排查为重点，对人防信息化设备进行全面检查，确保了人防设备安全无事故发生。

【反腐倡廉工作】 认真贯彻落实“照镜子、正衣冠、洗洗澡、治治病”的总要求，对照“四风”问题进行批评与自我批评，并组织全办人员到反腐倡廉教育基地参观，观看警示教育片，在开展的“三严三实”专题教育实践活动中，与政府办同步推进，对照“三严三实”要求，聚集对党忠诚、个人干净、敢于担当，把思想教育、党性分析、整改落实、立规执纪结合起来，着力解决“不严不实”问题，杜绝腐败问题的滋生。2016 年，在开展的“两学一做”专题教育中，组织全体党员深入学习贯彻习近平总书记系列重要讲话精神，手抄党规党章，切实将做一名清正廉明的合格党员落到实处。

法治政府建设

【依法治县新格局】 2016年安泽县委召开常委会议专题研究落实市委加快法治临汾建设实施意见，制定出台了《关于推进法治安泽建设实施意见》和《2016年法治安治建设工作要点》。认真落实市2016年法治建设考核标准和考核细则，对法治建设及“六权治本”考核目标、任务责任等进行细化分解，明确了相关责任单位。把“六权治本”工作列为“一把手”工程，成立工作领导组，下设政策法规组、平台建设组、监督问责机制建设组、综合组4个专项工作组。先后制定了《安泽县“六权治本”推进工作方案》《关于加强农村“六权治本”工作的指导意见》。对每一项权责事项进行了认真严格的审核，经县政府推行权责清单制度联席会议研究，通过了权责清单审核稿。建立权责清单，除保密事项外，全部以清单形式在政府门户网站公布运行，接受社会监督。全县7个乡镇“两单、两图”工作正按进度有序完成。全县40个行政审批职能部门除人行安泽支行因涉及金融管理安全无法执行进驻大厅集中办公外，其余39个行政职能部门审批事项已全部进驻大厅，整合职能股室70所，授权首席审批员89名，204项行政审批项目全部实现厅内办理，实现“大厅之外无审批”。创新实行“窗口主任+ABC岗”“1+3运行”模式，确保审批项目全过程在大厅完成，从机制上保证了“一站式”审批。围绕“三重一大”（即重大事项决策、重要干部任免、重要项目安排、大额资金使用），制定出台了《关于规范“三重一大”事项决策和执行的实施意见（试行）》明确决策事项范围，严格决策流程，强化对决策执行的监督和责任追究。针对“一把手”权力过度集中问题，全面建立落实“一把手”不直接分管人事、财务、工程等五个不直接分管规定，以及主要领导末位表态等制度。针对党风廉政建设“两个责任”落实，又细化制定了责任清单、工作约谈、党委巡察、监督提醒和“四述”等五个实施办法，推进“两个责任”落实的具体化。建立健全了《关于加强领导干部日常管理监督的办法（试行）》和《干部八小时外监督办法》，全面加强对干部的管理。全县形成统一领导与分工负责相结合的法治建设领导工作格局。

【依法行政】 按照《关于加快临汾法治政府建设的实施方案》，制定《关于加快安泽法治政府建设的实施方案》，学习宣传国务院《全面推进依法行政实施纲要》。将“完善政府决策机制，提高政府领导依法行政决策水平”作为依法行政工作的重点，制定出台了《安泽县人民政府重大行政决策程序规定》。全年县法制办共审核把关交办政府决策事项26件，共审核办理规范性文件7件。落实中办、国办《关于全面推进政务公开工作的意见》，修订完善了《安泽县政府信息公开保密审查制度》《安泽县政府信息主动公开和依申请公开制度》《安泽县政府信息公开评议制度》《安泽县政府信息公开工作考核制度》等制度。同时按照2016年政务公开工作要点，全面推进深化改革、经济社会政策透明、政府投资的重大建设项目，公共资源配置、减税降费、民生改善、扶贫、社会救助和救灾、推动就业创业，打造棚户区改造、农村危房改造等重点领域信息公开，着力回应社会关切，提高政府公信力和透明度。

【多方参与推进法治社会建设】 推出《普法快板》《普法三字经》《学法童谣》《合法夫妻难成真》等安泽法治教育系列节目。开通“安泽县司法局”微信公众号，编辑专栏信息进行推送，截至2016年底，微信关注用户数量为10000人，发布微信200多条；县司法局制作的眉户剧《合法夫妻难成真》被临汾一套、二套、三套以轮播的形式向全市人民进行播放。法律援助中心将接待区域与办公室独立分设，专门设置了等待咨询区、咨询接待室、残疾人专用通道。建立了15个法律援助工作站，并根据要求开通法律援助远程视频服务系统，实现了优质法律服务资源共享，全面打造了“零距离”敞开式服务，提高了法律援助管理效率和服务水平。全县共有115个人民调解委员会，其中乡镇调委会7个，村（居）调委会107个，村级覆盖率达100%。行业性调委会1个，共有人民调解员521人，对全县人民调解组织队伍进行了电子登记备案，并定期组织培训，极大提高了人民调解员的整体素质。依托“一村（社区）一法律顾问”活动，组建了由21个专业法律顾问和104个法律顾问联络员的专业法律队伍，市县两级律师同全县103个乡村和4个社区分别签订了法律服务合同。立体化治安防控，在城区建设高清监控点73个，出入境卡口8个，280个监控探头。社会视频监控自建2595个，分布在12家政府机关、41家企事业单位、42所学校、20个居民小区、5所人员密集场所、6家危险物品储存单位、22家水电油气供储场所、2个大型活动场所、220家街道门店、11个乡镇农村。工行、农行、建行、信用联社、邮政局等金融机构22个营业网点接入110联网报警系统，县政府视频监控接入110指挥中心，有效加强了城镇区域的防控措施，群众安全感提升。

政法委及综治

【概述】 2016县委政法委紧紧围绕“把握政治方向、协调各方职能、统筹政法工作、建设政法队伍、督促依法履职、创造公正司法环境”新的职能定位，着力在平安安泽建设、法治安泽建设、过硬队伍建设上狠下功夫，安泽列入了全省社会服务治理体系规范化试点县，各项任务已全部完成。群众的安全感和满意度名列全省、全市前茅，继续保持进京赴省零非访。

【队伍建设】 围绕习近平同志提出的“五个过硬”要求，1. 围绕政治过硬下功夫。认真学习党的十八大、十八届三中、四中、五中、六中全会精神，深刻领会党中央关于全面建成小康社会、全面深化改革、全面推进依法治国、全面推进从严治党等中央治党治国理政的重要纲领性精神，坚定不移地同省委、市委、县委保持高度一致，真正做到将政法工作置于党的绝对领导之下，确保沿着正确政治方向前进。以“两学一做”为契机，狠抓自身和政法队伍的政治教育，组织机关干部赴革命圣地延安进行学习，认真学习“延安十三年”党史，接受革命教育的洗礼。2. 围绕纪律过硬下功夫。认真遵守党的政治纪律和规矩，做到有令必行、有禁必止。认真遵守廉政纪律，重点强化廉洁建设。坚持领导干部“一岗双责”，层层签订党风廉政建设责任书，把廉政建设责任落实到岗到人。加强廉政教育，通过组织干警参加廉政报告会、观看廉政警示片、听廉政党课、发廉政微信等方式，提升干警廉洁意识。3. 围绕业务过硬下功夫。政法委进一步加强了执法监督、综治督查、法学研究、涉法涉诉等业务学习，积极参加省委政法委、市委政法委组织的学习活动，切实提升了业务工作能力。4. 围绕责任过硬下功夫。在各级“两会”、G20 峰会、“7·5”等重要关键节点，做到了责任到人、严阵以待、外松内紧，确保了和谐稳定。认真学习政法干警英模典型，积极融入感动安泽评选等活动，用身边的干警教育干警，继去年的荀乡卫士之后，今年又有 1 名干警被评为感动安泽见义勇为荣誉。在执法司法领域专项整治中，认真落实各项措施，对存在的问题，认真整改落实。5. 围绕作风过硬下功夫。在行业领域内，认真落实各项禁令，形成了禁令就是底线，底线不可触碰的意识。在服务群众上，以“脱贫攻坚”为纽带，密切干群关系。政法委派驻了 2 名“第一书记”，为包联村制定了相关规划，与包联村党员干部共同上党课、谋发展，积极支持包联村发展中药材、木耳种植、小杂粮、养殖业；增进了党员干警与人民群众的友谊，也树立起政法系统的良好形象。

【平安建设】 1. 加强乡镇（社区中心）社会治安综合治理工作。下发了《关于进一步加强乡镇（社区中心）社会治安综合治理工作的通知》，确定各乡镇 (社区中心) 社会治安综合治理领导组成员。同时，县综治办要求原综治专干调整的几个乡镇迅速确定 1 名有能力的工作人员担任综治专干，承担社会治安综合治理具体工作。2. 发挥县级综治机构的引领作用。县综治办结合安泽县实际制定了《2016 年全县综治(平安建设) 工作要点》和《2016 年平安安泽建设行动计划》，为全县综治工作的顺利开展奠定了基础。3. 及时开展综治工作督查。6 月底，在县综治委的统一安排部署下，由三个副县级领导带队组成 2016 年上半年综治及“311”工作督查组，对全县 42 个县直单位和 8 个乡镇（社区中心）的综治（平安建设）工作进行全面督查。12月初，由政法委副书记、综治办主任雷巧萍带队，对全县7个乡镇1个社区中心的综治（平安建设）工作进行全面督查。进一步提高安泽县综治（平安建设）工作水平，维护全县经济社会稳定和谐。4. 开展社会治安风险隐患大排查大整治，制定安泽县《关于在全县开展社会治安风险隐患大排查大整治活动的实施方案》，紧紧围绕三大类16项重点领域，共排查、消除各类隐患36条。5. 坚决打击各类违法犯罪，部署开展打黑除恶、铲除“黄赌毒”、治爆缉枪“三大战役”，“一深化三整治”等行动，在县电视台滚动播放《通告》，悬挂宣传标语300条，印制、发放宣传彩页5000余份、大小通告5.3万份，做到家喻户晓。收缴雷管320枚、炸药60公斤、导爆索300米，导火索100米，土枪3支、黑火药1.5公斤。6. 开展了打击“盗抢骗”专项行动、新型网络电信诈骗、互联网金融风险专项整治等，严厉打击侵害农村留守老人、妇女、儿童等突出违法犯罪，与安泽县人大、食药局在全县范围内开展了食品药品安全大检查，破获了多起重大案件。

【矛盾调处】 1. 坚持做好服务大厅接待工作。县中心接待大厅共接待群众来访110件，电话来访2件、网络诉求1件。全县共接待受理群众诉求34315件，其中矛盾纠纷类案件632件，政策咨询类379件，便民服务类33304件，累计接待群众35185人次。2. 坚持做好指导、培训、督查、考核工作。进一步加强网格长手机直报信息工作，确保信息上报的规范化、标准化。定期对乡镇中心和便民服务室的诉求事项进行督查，对处理事项进行督办，切实提高了工作效率。3. 坚持做好相关培训工作。就矛盾纠纷调解技巧、网格长手机信息直报等业务知识逐个对七个乡（镇）、社区中心工作人员进行业务培训。4. 坚持做好诉求事项研判工作。认真落实综治办主任和县中心主任一月一次、政法委书记两月一次、县委副书记每季度一次的定期研判制度。重点对土地确权、房屋采光、机动地分配、高速占地补偿、帝景铭府小区房屋及物业管理问题等32项群众反映强烈且容易引起群体性上访事件的重点、难点问题及时进行分析研判，为领导决策提供了依据。

【基础建设】 “六网覆盖”上，建成了城区高清监控、出入境高清车牌摄像机和车辆记录系统；整合了金融、医院、学校等社会内部监控；建成县级公安机关350M数字集群无线通信指挥网络；全县乡镇党委所在地的行政村以及条件较好的行政村，已经实现“天眼”覆盖。“六项整治”上，认真落实《健全落实社会治安综合治理领导责任制规定》，与各级各有关单位签订了责任书，进一步落实治安防范管理措施，规范流动人口、出租房屋和旅馆业、娱乐场所、废旧金属收购业等行业管理，有效净化了“四类地区”“九小场所”环境。认真开展学校内外及周边环境排查整改。同时，加强道路交通、消防、食品药品安全管理，加强煤矿、非煤矿山、危险化学品、工商贸企业、人员密集场所、特种设备等重点行业领域的安全专项治理。“六大领域”上，环保、住建、人社等部门均成立了专业调解组织。人民调解、诉调对接与三级矛调中心实现无缝对接。全县81%的行政村、100%的乡镇达到平安创建标准，评选出一批县级平安乡镇、平安单位、平安家庭、平安社区。

【法治建设】 完成法院、检察院各项改革工作的摸底、对接等工作。认真做好人民警察管理制度改革，落实警衔津贴新标准，规范辅警人员管理，全县辅警统一编号、规范着装。切实做好涉法涉诉信访工作，全年共接待受理涉法涉诉信访案件24起，依法批转6起；司法救助7案10人，救助16.8万元。切实做好国安办各项工作，确定办公场所。切实做好执法监督工作，交叉进行案件评查，对发现的问题严格落实整改。切实做好铁路护路工作，深入到铁路沿线大力开展铁路护路宣传教育。切实做好法学研究工作，积极参加黄河金三角、环渤海法学研究活动，法学活动日趋活跃。荣获中宣部、司法部、普法依法治理办公室“2010—2015全国法治宣传教育先进集体”。推出了《普法快板》《普法三字经》《学法童谣》《合法夫妻难成真》等安泽法治宣传教育系列节目。《学法童谣》荣获第十三届全国法治动漫微电影展播活动省内三等奖。《合法夫妻难成真》在临汾电视台轮播。充分发挥“互联网+”宣传作用。开设普法宣传微信公众号，关注用户数量为13000余人，发布微信210多条，将与老百姓生活息息相关的法律知识运用鲜活案例来解释。同时，继续做好“法律六进”工作，利用重大节点开展法治宣传，特别以安泽县乡村休闲旅游节为契机，开展法治宣传教育，起到了良好普法效果。

公　安

【概述】 2016年紧紧围绕全县工作大局，坚持防控风险、补齐短板，以维护稳定为中心，以队伍建设为根本，以改革创新为突破，以警务实战化为抓手，深入落实“两个责任”，进一步加强和改进公安工作和队伍建设，为实现“十三五”时期良好开局创造安全稳定的社会环境、公平正义的法治环境和优质高效的服务环境。

【机构设置】 安泽县公安局执法勤务机构11个（指挥中心、国内安全保卫大队、刑事侦查大队、交通管理大队、治安管理大队、出入境管理大队、法制大队、经济犯罪侦查大队、网络安全保卫大队、防暴巡逻警察大队、食品药品犯罪侦查大队）；综合管理机构3个（政工室、警务保障室、纪检监察室），监管场所1个，派出所7个（府城、唐城、和川、冀氏、马壁、良马、杜村），事业单位2个（信息中心、警犬基地）。行政编制92个，事业编制10个。2016年末共有工作人员296人，其中授衔民警114人、干部11人、职工11人、文职12人、合同制3人、暂住人口协管员14人、交通协管员18人，公益性岗位113人；局党委下设6个支部，党员153人。

【警务实战化建设】 健全完善警务指挥机制和警务合作机制，全面制定、修改了了10余项指挥调度制度、20余项实战化预案。强化实战教育训练，制作了基础战术教程，开展了各类应急预案演练、警务实战技能训练，提升了实战化水平。组织参加了临汾市隧道坍塌事故应急救援演练，提高了各警种在紧急状态下应急处置和抢险救援能力。

【基础信息化建设】 建设并完善了公共无线管理系统、图像侦查系统、舆情监测系统、视频接访系统等；完善了350M数字集群系统网络，对个别机房进行了整体迁移，优化资源配置，提高通信质量；投资90余万元对“三台合一”系统和视频会议室进行了升级改造；继续开展了基础信息采集，采集、录入“两实”信息12万余条、社会信息43万余条；强化信息技术应用，在全省公安机关合成作战暨网上比武追逃竞赛中抓获目标逃犯39人，100%完成抓获任务。

【严打暴恐专项斗争】 开展了社会治安风险隐患大排查大整治，加强了信访维稳，进一步加大了网上斗争，圆满完成了十八届五中、六中全会、首届乡村休闲旅游节、国庆节等重要节点和重要领导来安工作期间的安全保卫工作，做到了万无一失。坚决打击各类犯罪，遏制恶性案件发生，2015年刑事案件发案同比持平，八类案件发案率同比下降22%；全年无命案发生；治安案件发案数同比下降13%；2016年立刑事案件123起，破55起；抓获犯罪嫌疑人46人、逃犯32人，深挖余罪破获案件11起；受理治安案件117起，查处115起，保持了对各类犯罪的高压态势。加强了公共安全管理，落实了危爆物品实名登记和寄递物流“三个100%”制度，强化常态巡逻防控机制建设，开展消防、道路交通专项整治，2015年交通事故下降17%，办牌、办证分别是去年同期的35倍和27倍，未发生死亡3人以上的重大交通事故；未发生较大以上火灾和人员伤亡事故，消防火灾同比下降3%；2016年全县道路交通事故死亡、受伤、直接经济损失三项指标同比下降30%、67.57%和63.8%；全县社会治安环境持续向好。落实公安改革措施，在政府支持下出台了《安泽县关于加快推进户籍制度改革的通知》文件，统一城乡户口登记制度，取消“农业”和“非农业”二元户籍管理模式，调整了户口迁移政策，降低了落户门槛；全面实施居住证制度，共办理居住证3175人。服务全县经济建设，深入开展精准扶贫，积极开展创卫工作，在全县范围内开展了食品药品安全大检查，保障了群众饮食安全。

【立体化防控】 投资122万元，在5个乡镇新建26个视频监控点，拓展了“天眼”的视野范围；坚持了常态化武装巡逻，全面落实了“1135”工程经费和警力的具体要求，分别达到108%、100%；深入推进“六项整治”“护校安园”行动及校园安全防范工作；突出加强寄递物流管理，安装了112个视频监控设备；加强了出入县境治安卡点建设，初步形成了上有“天眼”实录、下有人力巡防、线有交警把控、点有卡点驻守的全天候、立体化、点线面结合的立体化防控体系。完善执法规范化建设，制定并推行《安泽县公安局受案立案工作规定》，进一步规范了执法场所使用、案件办理同步录音录像等，提高了执法办案质量。加强现场执法管理，大力推进接处警信息规范录入和网上执法办案工作，坚决做到了“五个一律”。行政、刑事案件的流转率100%，刑事案件的移送起诉率

100%。2016年在全市公安机关执法质量考评工作中，被评为优秀等次。

【组织建设】 深入开展了“两学一做”学习教育、“三严三实”活动、学习讨论落实活动等，完成了6个支部换届选举，发展新党员2名，培养入党积极分子28人。严格落实“两个责任”，明确了党委主体责任30项共性任务、班子成员41项个性任务及纪委监督责任6项共性任务。扎实开展党风廉政建设，不断开展警示教育，坚持不懈纠正“四风”，建立了网上《廉政教育平台》，开展了“四项整治”、纪律作风专项整治等活动。坚持从优待警，落实了新标准警衔津贴等，为全局270名辅警办理人身意外伤害保险，成立了维护民警正当执法权益委员会，并办理了两例维护民警合法权益案件。规范队伍管理，实施了“全员述职”制度，将全局辅警统一编号，实行协勤月绩效工资考核制度，进一步强化了民警职业荣誉感和使命感。对违法违纪案件始终保持查办高压态势，诫勉谈话1次、约谈2人，协助县纪委对1起问题线索进行了初步核实，营造了风清气正的政治生态，未发生民警违法违纪事件，未发生被上级通报批评等问题。

【获奖情况】 山西省文明委全省2014—2015年度文明单位；山西省公安厅集体二等功一次（2015年市级公安机关综合考评及群众安全感满意度测评成绩突出）；全市优秀公安局。

交通警察大队

【概述】 安泽县交通警察大队共设10个科室所队：办公室、秩序科、宣传科、法制科（内设）、车管所、事故中队、城市中队、良马中队、冀氏中队、唐城中队；现有人员96人，其中正式民警27人；协勤人员68人；现有警用车辆16辆。全县机动车保有量14098辆。其中，大型汽车598辆，小型汽车6858辆，农用运输车2406辆，摩托车4198辆，挂车38辆；驾驶人保有量13861人。辖国道1条45公里，省道1条53公里，县乡道路6条147公里，村村通公路797公里。

【交通执法】 2016年，共查处“三超一疲劳”、涉牌涉证、酒驾、客货混装、逆行、机动车违法载人、摩托车不戴安全头盔等各类交通为违法行为10674起，其中无证驾驶114起、饮酒驾驶34起、醉驾10起、超速行驶1794起、客运车辆超员4起、货车超载63起、驾驶人未按规定使用安全带3594起、闯红灯341起、逆向行驶248起、货车违规载人209起、未悬挂机动车号牌75起、违法停车1461起、不戴安全头盔127起、遗洒载运物82起。共拘留91人。通过整治，严重交通违法行为大幅下降，辖区道路交通秩序明显好转。

2016年，共接处道路交通事故935起，同比增加343起，上升57.94%。其中：涉及人员伤亡一般程序处理的道路交通事故15起，同比减少16起、下降51.61%；死亡7人，同比减少3人、下降30%；受伤12人、同比减少25人、下降67.57%；直接经济损失27950元，同比减少49250元、下降63.8%。全县发生统计范围内的生产经营性死亡道路交通事故1起。事故起数同比减少2起，下降66.67%；死亡人数同比减少3人，下降75%。2016年共立刑事案件31起，其中：交通肇事案5起，危险驾驶案26起，刑拘6人，取保候审30人，移送起诉30起。全年全县未发生一次死亡3人以上的道路交通事故。

【道路交通安全管理】 2016年，大队在春运、全国“两会”、清明节、“春行在安泽”“五一”、高中考、国庆、杭州二十国峰会等交通安全保卫工作中，结合辖区实际，早部署、早动员、早行动，紧紧围绕“降事故、保安全、保畅通”工作总目标，全力以赴备战道路交通安保工作。全体民警站在讲政治的高度，按照道路交通安全保卫工作“安全第一、保障有力、方便快捷、服务至上”的总体要求，坚守岗位，认真履职。工作中严格执行各项规章制度，做到文明执勤、公正执法，切实提升了形象及公信力，圆满完成了安保工作。

【农村道路生命安全防护】 为有效防止农村地区机动车交通违法行为的反弹、上升，大队安排部署加强农村地区道路交通安全管理工作，坚决遏制交通事故发生，全力确保辖区农村道路交通安全形势持续平稳。1. 树立大局意识，为农村经济发展营造良好环境。大队要求全体民警要进一步增强政治意识、大局意识、责任意识，全面开展农村交通安全管理“四同时”、“两同步”警务工作模式，认真抓好道路交通安全管理各项措施的落实，确保农村道路交通安全畅通。2. 树立责任意识，全方位开展农村道路交通安全隐患排查。以农村主干道路为重点，对交通标志标线和交通安全设施，临水、临崖、视距不良等危险路段的安全防护设施隐患进行全面排查，通报督促相关职能部门，尽快完善安全设施，改善农村道路通行环境。3. 树立服务意识，提升农村机动车、驾驶人上牌办证率。继续推动“流动车管所”下乡工作，民警深入到田间地头、农户家中，零距离的同群众接触沟通，开展手拉手、心贴心的服务，使农村机动车辆上牌率和驾驶证申领率逐步抬升。从而对农村道路交通安全管理做到补齐短板、堵塞漏洞，筑牢交通安全防线。4. 树立宣传意识，进一步营造农村道路交通安全管理的舆论氛围。以交通安全宣传“五进”活动为主线，通过发放宣传材料、安全讲座、农村大喇叭、媒体网络传播等形式，使广大群众进一步认识交通违法行为的严重危害，做到珍爱生命，安全出行，文明出行。

【危化品运输安全】 针对辖区道路交通呈现出车流量大、情况复杂的态势，特别是各类危化品运输车辆急剧增多，进一步埋下了道路交通安全隐患的实情。积极落实措施，坚决遏制危化品运输事故的发生。1. 加强领导，周密安排部署。大队把危化品运输车辆安全管理作为重点整治工作，强化措施，明确责任，加大对辖区危化品生产企业和309国道、326省道、第安线等危化品运输车辆必经路段的实时管控，确保道路交通安全。2. 深入企业，杜绝源头隐患。大队联合安检、交通运输等部门深入辖区危化品生产企业，对企业危化品运输车安装紧急切断、GPS定位等装置使用情况进行检查。要求企业切实把生产安全主体责任和各项安全管理措施落到实处，严把出厂关，决不允许违法违规危化品运输车辆出厂上路，危害人民群众生命财产安全。3. 严控路面，严格核查登记。大队充分依托交通安全检查站和设立的临时检查点，对危化品车存有"四非"情况、相关人员的资格证等进行重点检查。对危化品车"三超一疲劳"、酒驾、闯禁等严重交通违法行为一律依法予以严惩。4. 未雨绸缪，提升防范能力。大队组织民警学习危化品运输事故处置相关知识，开展实战演练。做到面对突发警情，能快速反应，科学施救，为群众打开生命绿色通道，确保险情及伤亡人数降到最低。同时，加强与消防、医疗等部门联系，协调做好应急处置，医疗救护，现场抢险，严防次生事故发生，全方位打造危化品运输安全平台。2016 年共发生涉及危化品运输车辆的事故 6 起，同比减少 3 起，下降 33.33%，6 起事故均适用简易程序处理。

【专项整治】 针对各类专项整治行动，明确了分工、细化了措施，严肃工作纪律，强化责任担当，努力营造风清气正的交通管理环境，持之以恒的"清除隐患、严查违法、强化共治"，为群众的出行创建安全、有序、畅通的道路交通环境。大队结合辖区实际，破解难题，补齐短板，科学安排警力，深入到国省道和县乡道路主战场，紧紧围绕客运车、危化品运输车、学生接送车、"营转非"大客车、货车、农用三轮车等重点车辆，以午晚饭后为重点时段，以省市统一行动日和自行组织的统一行动为重点平台，采取错时执勤、昼夜巡查、交叉执法等方式，严厉打击违法行为，形成高压态势，全力压缩违法行为滋生的每一寸空间。通过整治，取得了良好的效果。专项整治行动中查处各类道路交通违法行为 3108 起，其中无证 47 例、拘留 42 人，饮酒驾驶 14 起，醉酒驾驶 4 起，超速 523 起，客运车超员 3 起，货车超载 2 起，逆向行驶 79 起，驾驶人未按规定使用安全带 989 起，其他违法行为 1447 起。

【校园交通安全防护网】 根据辖区中小学校园布局较为分散的情况，主动作为，周密部署，织密校园安全防护网。1. 掌握主动权，严厉打击违法行为。组织民警对校园周边道路环境进行重点整治，加强上学、放学时段交通秩序维护，严厉打击超员、醉驾、无牌无证车辆违法载运学生行为，努力为学生优化交通安全环境。2. 开展接送学生车辆大检查。通过道路排查、校园周边巡查、逐辆摸排车辆信息等相结合的形式进行集中检查整治，杜绝不符合规定的机动车搭载学生上下学。3. 深入校园开展安全大宣讲。针对学生不同年龄阶段的特点，围绕出行注意事项和如何保证安全乘车等要点开展主题教育活动。用真实的案例，教育学生学会分辨、学会拒绝、学会自我保护等基本常识。4. 充分发挥"护学岗"的作用。针对交通流量和易发交通事故规律，增设"护学岗"，科学安排勤务，严格落实定时间、定路段、定人员、定责任的模式，进一步加大对校园周边道路车辆超速行驶、随意调头、乱停乱放等交通违法行为的整治力度，全力维护中小学生的交通安全。

【宣传教育】 为进一步提高交通参与者的法治意识、安全意识和文明意识，大队把交通安全宣传教育作为一项基础性、先导性工作来抓。通过“四项”措施，建立起交通安全宣传教育长效机制。1. 健全宣传机制。为切实发挥交通安全宣传是交通管理工作第一生产力的作用，紧紧围绕《2016 年全市公安交通管理工作计划》，建立健全了宣传工作各项制度，明确了职责、任务及要点，大造声势、大造舆论，全力开展交通安全宣传活动。2. 充实宣传警力。为给宣传工作提供人力保证和智力支持，大队在全体民警中遴选出具有交通管理五年以上工作经验和演讲口才好的民警组成一支业务精湛的宣传队伍，向广大交通参与者宣传道路交通安全常识，保证了宣教质量，提升了宣教效果。3. 丰富宣传内容。大队针对不同人群、不同季节等，制作了以交通安全知识为切入点、以提升交通参与者交通安全素养为目的的丰富多彩的宣教材料。重点宣传醉驾酒驾、无牌无证等违法行为存在的隐患、可能引发的严重后果以及群众安全出行的常识。通过交通事故案例剖析、播放警示片、摆放展板，“小手拉大手”等形式，引导广大群众自觉遵守交通法律法规，摒弃交通陋习，文明安全出行。4. 灵活宣传形式。借助安全教育日等平台充分利用媒体、墙体标语、黑板报、业务窗口及农村大喇叭、交通安全劝导站等新宣传渠道，高频次、高密度宣传交通法律法规和知识，及时为广大群众答疑解惑。

消防大队

【概述】 2016 年，安泽县的消防工作始终践行“三严三实”理念为统领，深入开展“改革强警”和“两学一做”，扎实推进消防安全“网格化”“户籍化”管理，严格贯彻落实《中华人民共和国消防法》，全面落实消防安全责任制，全面开展消防安全专项整治行动。狠抓火灾隐患排查治理，强力推进基层基础防控工作，不断深化消防宣传教育培训。认真开展了“今冬明春”“消防安全大排查大整治”、夏季消防安全检查等专项行动，圆满完成了春节、元霄节、“两会”“五一”“六一”、高考、中秋、“十一”、G20 峰会等消防安全保卫任务，极大提升了消防工作社会化水平，有效保持了辖区火灾形势总体平稳。 （史爱福）

【“改革强警和两学一做”主题教育】 根据支队开展改革强警和两学一做主题教育的部署要求，结合消防工作和部队建设实际，按照市、县统一部署，消防大队认真地开展了改革强警和两学一做主题教育，全体官兵把政治纪律和政治规矩教育作为重点，以尊崇党章、遵守党规和学习贯彻习近平总书记系列讲话精神为基本要求，以党支部为基本单位，以七项组织生活制度为基本形式，以落实党员教育管理制度为基本依托，教育引导党员自觉按照党员标准规范言行，充分发挥先锋模范作用。在活动开展中，广大官兵通过开展“改革强警、两学一做”主题教育，认真学习十八届六中全会精神、开展“严纪律、强素质、抓制度、促落实”百日教育整顿，着重解决党组织和党员队伍在思想、组织、作风、纪律等方面存在的问题，重点解决理想信念不坚定、组织生活不严肃、教育管理不到位、能力素质不过硬、精神状态不振作、自身要求不严格、模范作用不明显等问题，引导党员官兵牢固树立正确的权力观、政绩观、价值观，切实增强事业心、责任感，进一步增强党员官兵的凝聚力和战斗力，真正把为民务实清廉的价值追求深深植根于全体党员的思想和行动中，始终保持同人民群众的血肉联系，努力把消防部队建设成信念坚定、作风优良、执法为民、纪律严明、廉洁自律的公安现役部队，更好地担负起新时期党和人民赋于的历史使命。（曹跃亮）

【安全专项整治】 2016年度重点开展了易燃易爆单位、建筑消防设施、人员密集场所、商场市场、消防产品、燃气隐患治理、公路隧道交通安全等专项治整治行动，结合当前正在开展的消防安全大排查大治理活动，消防部门共检查社会单位776家，发现火灾隐患1025处，督促整改火灾隐患1013处，临时查封单位11家，责令三停单位10家，罚款151500元。强有力地将火灾隐患消除在了萌芽状态，全县消防环境有了良好的改观。（史爱福）

【灭火救援】 2016年全县共接警45起，出动消防车49辆次，出动消防官兵372人次，抢救被困人员15人，疏散人员121人，抢救财产价值214.7万元。其中抢险救援41次，火灾4起，无人员伤亡，直接经济损失6万元。与去年相比较，火灾起数下降了17.95%，直接财产损失下降了17.95%。抢险救援（包括火情、道路交通事故、野外山火等）41起，与去年相比，接警起数下降了17.95%，抢救被困人员数下降了16.67%，全县消防安全形势持续稳定，未发生较大以上火灾和人员伤亡事故。（史爱福）

【荣获“七一”演讲比赛第一名】 6月15日，安泽县公安局举行的“维护核心见行动、对党忠诚保平安”庆“七一”演讲比赛暨宣讲活动。消防大队文职田慧安作声情并茂、慷慨激昂地讲述了身边消防队员的感人事迹，抒发自己立志从警、激情战斗的情怀。整个演讲主题鲜明，感染力强，催人奋进，充分展示了消防官兵良好的精神风貌。通过激烈的比赛，7个评委，现场打分，现场公布成绩，消防大队文员田慧安同志脱颖而出，荣获全局演讲比赛第一名的好成绩，通过此次活动陶冶了广大民警情操，激发了民警工作热情，进一步丰富警营文化生活。（武长江）

【消防培训进军训】 为进一步提高学生的消防安全意识，消防大队将消防培训内容列入军训科目。9月7日，安泽官兵走进安泽县第一中学为学生讲解基本的消防安全知识，并结合火灾案例对日常防火、灭火、报警、逃生等技能进行了言传身教。并通过参观消防车辆、消防器材和观摩灭火演练，让新生们了解了消防知识，学会了使用灭火器的方法，掌握了消防技基本能。达到了“教育一名学生，带动一个家庭，影响整个社会”的目的。为筑牢校园消防安全防火墙打下了扎实基础。（武长江）

【盘秀山隧道跨区域演练】 4月28日在安泽县盘秀山隧道开展长临高速公路盘秀山隧道跨区域应急救援演练。此次演练调集临汾市消防支队特勤中队、安泽大队、洪洞中队2辆消防车、12名指战员以及县安监、公安、交警、路政、医疗救护、隧道管理部门等安委会成员单位参加演练。拟定盘秀山隧道发生坍塌事故，9时59分，县安委会组成现场指挥部（总指挥县安监局长尚道亮），立即启动应急预案，消防大队、交警大队、急救中心根据指挥部指令要求依次到场，迅速进行现场布控及交通管制；接着，临汾消防支队特勤中队、洪洞消防大队增援车辆和人员到场，展开救援；随着时间的推移将8名被困人员全部救出，并及时将2名受伤人员现场妥善处置后，送往医院救治。10时50分，事故处理结束，被困人员全部救出，演练圆满完成。（史爱福）

【消防救援力量再上“新高度”】 价值200万元的32米登高平台消防车在安泽消防大队“安家落户”，32米登高平台消防车升至顶端喷水可达65米，设计合理、性能可靠、造型美观、技术先进，该车的配备到位结束了安泽县无举高类消防车的历史，这是继临汾消防拥有专职中队的消防大队的第一高度（目前32米高度以上的登高车全市不足五辆,）。这一新装备的投用，将进一步提升消防部队扑救高层建筑火灾的能力，辖区消防安全保卫工作筑起了一道坚实屏障。整车长11.85米、宽2.5米、高3.9米；最大工作高度和跨度分别为32和15米；工作斗能将总重为400千克的装备送到事故点。车辆工程师介绍说，“车辆为德国奔驰底盘，所用的燃料为柴油，最高时速每小时85千米。”（史爱福）

【省总队警力下沉】 9月4日，省总队第六督导组深入安泽大队进行实地帮扶和督导检查，特别是对“G20杭州峰会消防安保”“夏季消防检查”“消防安全隐患大排查、大整治”等工作进行了实地帮扶指导。总队第六督导组领导主要采取实地检查和反馈相结合的方式方法，对部队管理、值班备勤、火灾隐患整治等进行了督导检查。重点督查了安泽大队值班人员在位情况、执勤消防车情况、驾驶员对各种消防车的各项操作情况、车辆器材装备的使用、储存、管理情况、专职队员宿舍、大队荣誉室、训练室和会议室以及大队营房布置、管理及后勤保障工作。（武长江）

【“119”消防宣传】 11月9日，安泽大队消防官兵走向繁华街头，举办了第26届“119”消防日宣传活动。县政府分管副县长、公安局分管领导、消防大队官兵参加了宣传活动。宣传人员共向群众派发宣传资料2000多份、宣传册700册，雨伞50把，消防宣传鼠标垫100个。宣传员向市民介绍生活中用电、用火、用气的安全常识，以及火场逃生自救技巧，使大家对火灾避险自救有了更深刻的认识。安泽消防大队将以此次宣传为契机，将“八进”宣传工作落实到实处，扎实深入到群众中去，打响一场重视消防安全的战役，为人民的安居乐业创造安全、稳定的环境，建立健全“四个能力”宣传的长效机制，全面构建消防安全“防火墙”，积极营造人人参与消防的良好消防安全氛围。（史爱福）

【易燃易爆危化品排查】 8月29日上午9时，安泽消防大队召集辖区3家加油站单位开展了约谈活动。会上表明，现阶段各单位的主要就是落实消防安全自查，确保安全；并吸取易燃易爆危化品场所事故教训，强化危机意识，将消防安全作为企业安全发展、科学发展的生命线，严格落实消防安全主体责任，逐级、逐岗位明确落实消防安全职责，做到法定职责清、违法后果清、重点部位清、检查方法清、应急措施清。通过此次约谈的形式，不仅让社会单位相关人员明确了自身职责、重视消防，也促使他们接受和理解消防工作，最重要的是能够促使他们更加去防、去改，同时虚心接受消防部门的监督管理，确保易燃易爆场所的消防安全稳定。（史爱福）

【述职述廉】 6月17日上午，安泽县公安消防大队邀请公安局分管领导、工会主席，县人大、县政协、县行评办、检察院、法院、乡镇政府、居委会、村委会分管消防安全工作的领导代表及全县人员密集场所消防安全重点单位、一般单位消防安全责任人等50余人召开公开述职述廉大会，公开面向社会述职述廉，诚恳征求社会各界对消防部队作风建设和队伍管理的意见建设，以此推动消防官兵牢固树立“忠诚、为民、公正、廉洁”的执法理念，不断提升行政办事的效能、提高服务社会的能力。（史爱福）

检　　察

【职能发挥】 始终保持对职务犯罪的高压态势。反贪污贿赂局查处3案3人，1案1人已作出有罪判决，1案1人已移送法院，1案1人已移送审查起诉。反渎职侵权局查处1案1人，已作出有罪判决，办案过程中，牢固树立以证据为中心的侦查理念，坚持全面收集运用证据揭露证实犯罪，坚持讯问职务犯罪嫌疑人全程同步录音录像，案件办理全部做到程序合法、事实清楚、证据充分、效果良好、经得起考验。侦查监督科受理提请逮捕案件19件21人次。批准逮捕犯罪嫌疑人14人次，不批准逮捕10人次；共受理立案监督6件，其中应当立案而不立案3件（8月份公安主动立案2件，公安说明立案理由的1件）；不应当立案而立案3件（8月份公安主动撤案2件，10月份主动撤案1件,）；对行政执法机关移送涉嫌犯罪的案件的监督6件次，均要求行政执法机关移送案件。受理侦查活动监督7件，书面纠正违法，已纠正。公诉科共受理审查起诉60件62人，共起诉各类刑事犯罪案件55件57人，不起诉5件5人，正在审查的0案0人。从受案情况来看，受理移送审查起诉案件60件62人中，交通肇事6件6人，占受案数的10%，危险驾驶32件32人，占受案数53.3%，两项累计占受案数的63.3%，诉讼监督方面，纠正侦查机关违法案件3件4人。监所检察部门向看守所发出纠正违法通知书28份，均收到回复；对监外执行工作发出纠正违法通知书36份，均收到回复；发出羁押必要性审查意见书5份，已采纳。民行检察科对民事行政执法活动的监督3件次；对审判程序中的违法行为监督9件次；支持起诉8件次。对行政机关不当履行职责监督10件次。对民事行政生效监督案件2件次。控告申诉科受理举报贪污贿赂线索7件7人；受理控告类信访案件14件次；受理民事申诉2件次；受理刑事申诉4件次。预防科开展预防宣传18次，警示教育6次，受教育人数400人，开展预防调研2件次，发出检察建议3件次，案例分析4件。

【维护群众合法权益】 参与社会管理，根据高检院的统一部署，开展主题为“加强举报人保护，惩治群众身边腐败”的举报宣传周活动，采取立体化宣传模式，在单位办公大楼外利用电子显示屏滚动播放宣传标语，并采取设点宣传与流动车到乡镇、去企业巡回宣传相结合，欢迎群众利用网络、来信、来访、来电举报职务犯罪，努力在全县营造浓厚的举报宣传氛围。参与社会建设。在全县上下掀起扶贫攻坚的热潮下，院党组心系群众、主动作为，将扶贫攻坚与“三联两报到”活动无缝对接，先后帮助包联村义唐村制订了发展规划、增收计划及精准脱贫计划，对全院23名在岗党员确定了帮扶对象并建立了党员群众联系卡和工作台账，明确了“三联两报到”党员必做的“四个一”，结合单位职能，还为包联村提供了法律援助，开展了法律讲座和法律咨询，帮助发展小杂粮项目和养殖业，拉进了党员干警与人民群众的距离，2016年“七一”，检察院全体党员与包联村全体党员共同开展了一次共过组织生活的活动，党员一起上党课，重温入党誓词，两家代表发言，共忆党的光辉历程，深讨新农村发展和促进农民增收的新思路。另外，在义唐村广泛调研的基础上完成了一篇调研报告。

【检察队伍建设】 1. 狠抓思想政治建设。扎实开展“两学一做”学习教育。于5月10日成立了“两学一做”学习教育协调小组，5月23日召开了“两学一做”学习教育动员会，截至2016年底，开展集体学习20次，均由党组成员领学；讨论会5次，开展党员活动日10次，党课3次（邀请党校讲师授课1次，党组书记讲党课1次，支部书记讲党课1次），组织观看中共中央庆祝中国共产党95周年大会实况直播，观看市院统一组织的英雄事迹巡回报告会1次，慰问贫困老党员1次，观看纪录片《最美村官段爱平》、大型专题片《永远在路上》《榜样》，组织全体干警开展“两学一做”必知必会知识测试1次、学习合格党员“三个十”标准1次、学习县优秀共产党员事迹1次，组织全体干警参加党校讲师刘辉刚的“七一”讲话专题讲座1次，开展“创卫”活动清理街头“牛皮癣”2次，志愿小分队深入唐城镇人口比较集中的厂矿企业、学校街道宣传酒驾、毒驾危害性1次、组织全体干警学习十八届六中全会公报。为了能让“两学一做”学习教育达到预期效果，还建立了“两学一做”微信平台，前后下发了《开展“两学一做”的实施方案》《活动安排日程安排》《2016年版习近平总书记系列重要讲话读本》等，确保了每个班子成员和干警都能够知晓活动进程和要求、并按时完成。对退休党员采取上门送学的方式进行，确保了“两学一做”学习教育党员受教育的全覆盖性。

2. 狠抓业务能力建设。出台《安泽县人民检察院学习制度》，规定每周二、四下午学习，此外开展业务培训12次，召开案件分析会4次，营造干警之间相互学习、相互促进的学习氛围。检察长带头撰写调研论文1篇，其撰写的《关于贪污案件中主观故意如何认定的思考》在《临汾检察》发表。先后选派多名干警参加省市检察机关组织的专题培训活动，多措并举，干警的业务素质得到了明显提升。

3. 狠抓纪律作风建设。严格落实“两个责任”，检察长与分管副检察长、分管副检察长与科室负责人层层签订党风廉政建设责任状，责任分解横向到边、纵向到底，坚持把党风廉政建设与业务工作齐抓共管、共同推进。组织干警认真学习党纪政纪相关制度规定及新修订的《廉洁自律准则》和《纪律处分条例》，强化检察干警纪律意识和规矩意识，拧紧纪律的“螺丝钉”。同时采取“三个一”的模式，切实加强职业道德教育和党风廉政教育。

【阳光检察机制】 自觉接受人大监督。进一步强化“接受人大监督就是接受人民监督，对人大负责就是对人民负责”的意识，始终把检察权置于人大监督之下。严格执行县人大常委会的决议，通过年初建账、年中查账、年底交账、专项工作报告等方式，向人大常委会报告工作情况5次。开展“加强侦查监督，维护司法公平”检察开放日活动，邀请市、县人大代表在内的“阳光检察”评议员参与。

自觉接受政协、社会监督。及时向政协通报检察工作情况，充分听取意见，诚恳接受监督。主动接受法院、公安和司法行政机关的监督制约，不断改进自身工作。深入推行“阳光检务”，把检察机关的职能、受案范围、司法依据、程序和结果公布于众，把检察机关的重大部署、重要活动和重大案件查办情况及时公开，建成了集接待受理、案件查询、法律咨询等功能为一体的检务公开大厅。加强检察门户网站、微信、微博平台建设，公开案件程序性信息200余条，重要案件信息7条，文书公开19份，打破了检察机关神秘感，增强了检察工作透明度。

自觉加强内部监督制约。严格执行案件集中管理，对各项执法办案活动全面实施源头控制、全程管理、动态监督、案后评查、综合考评的案件集中管理机制，提升执法规范化水平；全面上线运行统一业务应用系统，对所有执法办案活动实行全程、统一、实时、动态管理和监督；制定出台了《案件管理工作实施办法》《刑事案件受理细则》等业务管理机制，确保各项检察工作规范、有序运转。

法　　院

【机构设置】 2016年，安泽法院内设办公室、政治处、研究室、立案庭、刑事审判庭、民事审判一庭、民事审判二庭、行政审判庭、审判监督庭、执行局、纪检监察科、司法警察大队12个机构，下设冀氏、唐城2个人民法庭和机关后勤服务中心1个直属事业部门。安泽法院编制44人（中央政法编制36人，地方事业编制8人），现有人员79人，其中：中央政法在编35人、事业在册12人、临时工作人员32人；副处1人、正科6人、副科6人；大学本科学历43人、专科学历19人；法官20人、法官助理6人、书记员12人、法警11人、司法政务人员30人。

【审判工作】 全年共受理各类案件1259件，审、执结1213件，综合结案率为96.35%，审限内结案率96.19%，审限内结案率全市基层法院排名第二，为县域经济社会健康发展提供了有力的司法保障。其中，受理刑事案件55件，结案53件，结案率96.36%；受理民商事案件689件，结案666件，结案率96.66%；受理行政类案件26件，结案26件，结案率100%；受理执行案件488件，执结467件，执结率95.70%，执行标的额达3900余万元。

【司法为民】 在诉讼服务大厅设置了接待、立案、调解一站式服务功能区，继续实行院领导值周接访工作制度，及时了解群众诉求，切实做到有案必立，有诉必理。积极采取法官错时办案、假日法庭、巡回法庭等便民诉讼举措。为唐城、冀氏两个人民法庭调配干警2名，建设了办案网络专线，改善了人民法庭办公、办案条件。继续加大司法救助力度，保障弱势群体诉讼权益，全年为9个困难当事人减、免、缓交诉讼费24.1万元，为4名贫困申请人发放司法救助金8.5万元。

积极发挥诉前联动调解室和人民法庭前沿阵地作用，支持鼓励人民法庭参与辖区矛盾纠纷排查化解，加强与辖区基层调解组织协调联系和配合指导，做实诉调对接，深化联动化解矛盾，民事案件收案数比去年减少241件，同比下降25.91%。积极参与社区矫正、回访帮教、特殊人群帮扶等工作，有效预防和减少犯罪。深入开展综治宣传月、法官"六进"等法治宣传活动6次，为全县104个村民调员订阅了《山西法制报》，积极促进全民学法、知法、守法。

扎实开展了基层党组织"三联两报到"和包联村"结对"帮扶工作，院领导班子及本院干警23人深入马壁乡刘村开展精准扶贫工作，走访群众120余人次，采取帮扶措施11项，赠送慰问物资价值1万余元，确保包联村精准扶贫工作顺利推进。

【司法改革】 扎实开展家事审判方式改革。组织民事法官到山东参加"家事审判方式改革和家事诉讼立法"研讨会，深入学习家事审判理念和审判方式，研究制定了《家事审判方式改革实施方案》，积极邀请妇女工作者、社区调解员、村民调解员等社会各界人员参与家事纠纷调解、协调工作，逐步将新型的家事审判方式融入到审判工作中。家事审判方式改革以来，共受理家事纠纷案件98件，其中以调解、撤诉方式结案的有58件。

积极开展以审判为中心的刑事诉讼制度改革，组织召开了庭审实质化专题研讨会，认真落实了罪刑法定、疑罪从无、非法证据排除、证人和鉴定人出庭作证等法律原则制度，逐步把庭审实质化工作要求融入审判活动中，确保有罪的人受到应有制裁、无罪的人不受追究。

按照省高院、市中院统一部署，重点推进了人员分类管理改革暨首批入额法官遴选。全院12名法官经过资格审查、入额考试、民主测评、岗位适配度测评等层层考验，成为首批入额法官。

【阳光司法】 坚持严格司法管理，强化司法工作质效。把执法办案全程监督管理作为严格司法的重要抓手，立案庭对每起案件的审理（执行）实行流程跟踪监督，审判监督庭每半年对审（执）结案件进行评查，案管办对改判、发回重审、涉诉信访和超期归档案件进行重点督查，办公室加强诉讼档案管理，对发现的问题进行分析反馈、督促整改、定期通报，促进了法官业务水平和案件质量不断提高。

加快信息网络建设，提升司法服务能

力。围绕智慧法院建设中心，先后投资了160余万元，安装了审委会应用系统、法官工作平台等8套办案、办公系统；建设了庭审网络直播工程；开展了本院库藏档案数字化处理工作，年底已完成了40%左右，提高了办公办案效率。同时开通了官方微信，建立了微信政务管理群，充分利用自媒体方便快捷的优势，提升法院政务管理及法治宣传工作质效。

【监督管理】 始终坚持党的领导，坚持重大事项及时向县委、人大请示汇报，定期向人大常委会报告工作，主动把工作置于人大、政协、检察机关及社会各界的监督之下。全年积极邀请人大代表、政协委员来视察指导工作、旁听庭审、参与案件执行3次；主动深入县两会现场征求意见70余人次，进一步增进了人民群众对法院工作的监督、理解和支持。人民陪审员陪审案件158件，陪审率达100%。通过微博、微信、官方网站发布信息800余条；发布生效裁判文书218份，群众可以及时了解法院工作和办案信息，促进和保障了司法公正。

【法院荣誉】 2016年，安泽法院共荣获县级以上集体荣誉11项，其省级1项，市级5项，县级5项；有9名干警受到县级以上表彰，其中国家级1项，省级3项，市级5项，县级2项。

司法行政

【法律援助工作】 围绕"应援尽援、应援优援"的目标任务，在《法律援助条例》规定的受援范围基础上，降低受援门槛。将交通事故、工伤损害赔偿等纳入法律援助范围，针对某些案件的费用很高，超过当事人承受能力的，也可以获得法律援助。同时对办结案件进行专项评查，引导法律援助人员严格遵守法定程序和职业规范，实行信息专人录入，严格落实电话回访、上门走访制度，竭力办好每一起法律援助案件。2016年，全县共受理各类法律援助案件60件。公证工作主动拓展服务领域，新增中国建设银行临汾分行、中国工商银行临汾分行为长期合作关系；积极开展"公证宣传日"、"送法下乡、进企业"、公证"现场法律咨询"等活动，发送1000余份公证宣传资料，办理各类公证事项141件。律师工作护航重大项目建设，为城市集中供热工程项目招商、为沁河县城段综合治理、农村饮水工程提供全程法律服务等重要工程提供全程法律服务；指派优秀律师为安泽县光伏发电项目签约文件进行审查并提出修改法律意见。以"一村（社区）一法律顾问"工作为契机，在巩固扩大去年工作成果的基础上，继续深入推进，探索建立长效机制，着力抓好从"有形覆盖"到"有效覆盖"，引导包村律师主动参与村内法律事务处理、村规民约、社区公约制定、邻里纠纷调解，并提供法律咨询、法律知识宣讲。

【法治宣传】 2016年是"七五"普法的启动之年，坚持以县荣获"2011—2015年全国法治宣传教育先进集体"荣誉称号为契机，主动作为，精心谋划，不断探索新形势下的普法教育的途径和办法。充分挖掘本土文化内涵。因人普法，因需普法，立足快板书、广场舞、微动漫、传统戏等形式，推出了《普法快板》《普法三字经》《学法童谣》《合法夫妻难成真》等安泽法治教育系列节目，广接地气，反响强烈，深受欢迎。5月份，《合法夫妻难成真》被临汾一套、二套、三套以轮播的形式向全市人民播放。9月份，这五部法治宣传作品全部作为候选作品由市司法局报送至省厅参加“第十三届全国法治动漫微电影展播活动”。充分发挥新媒体宣传作用。大胆运用“互联网+”新型媒介，开通“安泽县司法局”微信公众号，发挥微信平台在版块设置、内容选择、宣传对象、推送形式上的优势，将与老百姓生活息息相关的法律知识运用鲜活案例来解释。2016年底微信关注用户数量为13000余人，发布微信210多条。坚持“法律六进”，利用重大节点开展法治宣传，特别以安泽县乡村休闲旅游节为契机，组织普法小分队，深入和川镇、马壁乡，为群众送上了法治宣传作品演出+法律服务的特色法治文化大餐，起到了良好普法效果。积极筹备并启动“七五”普法工作。9月28日全省法治宣传教育工作会议之后，在深入学习中央、国务院转发的全国“七五”普法规划的基础上，及时进行专题调研，广泛征求了对“七五”普法规划的意见建议，并起草完成了“七五”普法规划的制定。2016年，共开展了9次法律宣传，发放宣传物品700余份，宣传单、宣传书籍9000余份，提高了全县群众学法、用法的积极性，进一步夯实了法治建设根基。

【特殊人群监管工作】　以社区矫正管理中心为平台，充分运用手机定位、人脸识别、指纹签到机等高科技手段，实时对社区服刑人员进行定位监管、轨迹跟踪、定期考核，为监管帮教提供了有力支撑和奖惩依据。严格规范社区矫正调查评估机制，做好拟矫正对象的审前社会调查评估工作和社区矫正人员的衔接配合工作；严格日常管理和考核，综合运用走访排查、动态分析、风险评估、考核奖惩等措施，督促社区服刑人员遵守法律法规和社区矫正报到报告、请销假、居住地变更等监督管理规定，较好地遏制了脱、漏、虚管、再犯罪行为的发生，维护社会治安稳定方面发挥了重要的作用。2016年底开展审前调查15人次，在册42人。依托安置帮教信息管理平台，建立数据库，完善信息录入，进一步做好服刑人员基本信息的核实和衔接工作，目前在册刑释解教人员126人，全部建档登记，列入帮教对象。

【人民调解工作】　充分发挥人民调解在维稳工作中的基础性作用，安泽县各级各类调委会在坚持“调防结合，以防为主”的人民调解工作方针的基础上，一是补齐短板完善激励机制。从规范档案和工作制度入手，开展了“双调”星级评定工作。由市级命名的三、四星级人民调解委员会9家，调解员6名。进一步调动了调解员的工作积极性。二是不断创新人民调解工作。在全县开展了“防风险、解纠纷、促发展矛盾纠纷排查化解”活动，积极引导各类调解组织，聚焦化解征地拆迁、资源整合等重点改革发展领域和劳资、医疗、交通、环保等民生领域和涉法涉诉类矛盾纠纷，建立了动态矛盾纠纷排查制度，并通过跟踪监督、现场指导，运用法、理、情相结合的方式，有效地提高了调解成功率。2016年底共调解各类矛盾纠纷73余起，调解成功69起，调解成功率达95%以上，进一步加强了调解工作的实效性。道路交通事故调解委员会发挥作用明显，全年调结纠纷53起，为当事人挽回经济损失83万元。

【班子及队伍建设】 把专项活动作为强骨固根守魂、提升工作水平的重要契机，深入扎实地开展了“两学一做”学习教育、“把纪律挺在前面”“向李培斌同志学习”“干警政治业务培训”和“七一学党史讲党性”系列专项活动。

以“两学一做”为统领，锤炼了队伍作风。召开“两学一做”学习教育动员会，制订详实方案与学习计划，对党支部进行换届，开展党关系、党费自查，并健全完善了各项运行机制，制订了详尽的学习计划，坚持开展了班子带头讲党课作调研，党员手抄党章活动，开展“讲政治、有信念”“讲规矩、有纪律”“讲道德、有品行”这三个专题的研讨，目前正在准备第四个专题研讨。以“脱贫攻坚”为纽带，密切了干群关系。为帮扶村制定了2016年包村增收目标规划，资助中药材、木耳种植，主动为村委会协调办公危房建设资金；建档立卡，严格落实“一户一策”扶持措施，确定了17组“一对一”式结对帮扶结构。通过活动党员和群众面对面、心贴心，问计、问策、问需于民，切实激发了“内生动力”融洽了干群关系。以“严守纪律”为常态，规范了队伍行为。召开全局会议，规范制度严格签到，对人员在岗情况检查并通报，确保铁规发力、禁令生威。以“政治业务培训”为抓手，提升了干警履职能力。进行了7期政治业务培训，统一印发试卷检验考核，参训人58名，参考人56名，出勤率达96.6%，合格率百分百，切实增强了干警素质立身、履职尽责的能力和水平。以“学习英模”为契机，激发干事创业激情。开展七一听党课、学党史、讲党性和党知识测试活动，并举办“向李培斌同志学习”主题演讲活动，对照典型补足短板，号召广大干警在讲中学，在学中干，进而激发了工作热情。局2名干警分别荣获全省司法行政系统优秀共产党员和全县优秀共产党员。

经济管理

发展和改革

【主要经济指标完成情况】 2016年全县地区生产总值年度任务为6.5%，1—9月份累计完成28.3亿元，同比增长3.5%（季度指标）；规模以上工业增加值年度任务为3.5%，1—11月完成工业增加值18.72亿元，同比增长5.9%，全市排名第十；固定资产投资年度任务为65亿元，1—11月份累计完成53.02亿元（上报55.6亿元，市统计局核减2.6亿元）；民间投资比重年度任务为45%，1—11月份比重为35.79%；万元地区生产总值能耗降幅年度任务为4.3%，三季度下降4.3%（季度指标）。

【项目管理】 2016年共计审批项目44项，累计总投资55657.8297万元。其中：审批类12项，投资7777.9797万元；备案类19项，投资24008.4万元；核准类6项，投资18855.58万元；上报审批类7项，投资125115.87万元。

2016年争取到以工代赈项目1项，即安泽县和川镇和川村以工代赈五里庄小沟流域治理项目，该项目省以工代赈资金100万元已下达到县财政，于11月底开工建设。

根据省、市“各类项目受理大起底”工作方案和“关于认真开展各类项目受理大起底清理自查及分类办理阶段工作的通知”要求，县政府高度重视，在县领导的要求下，结合工作实际，狠抓落实，迅速开展清理自查，扎实开展了“各类项目受理大起底”工作。2016年9月2日局配合县政府办制定并下发了《安泽县人民政府办公室关于“各类项目受理大起底”工作方案》（安政办发〔2016〕71号），2016年9月9日局按政府办工作方案要求通知了36个相关职能部门，要求各部门依据工作方案认真开展了自查清理，经自查，各部门报回的相关情况如下：1. 各部门2013年至2016年均不存在县级受理未审批事项。2. 上报未审批项目一项，即国土局“长治至临汾高速公路（安泽县段）工程建设项目土地审批事项”以安政发〔2015〕22号上报市政府待审批。3. 36个部门2013年以来合计报回县重点工程63项，其中24项已完工且手续已办理完善，其他39项存在项目未完工及手续办理不完善问题。

【采煤沉陷区治理搬迁安置工作】 采煤沉陷区治理是省委、省政府重大决策部署，是改善农村人居环境的重要内容和重点工程，也是受灾群众的殷切期望。今年按照省、市要求完成了唐城镇上庄村桦林疙台村40户118口人的认定，成立了《安泽县采煤沉陷区综合治理领导小组》，下发了《关于加快推进采煤沉陷区治理搬迁安置工作的通知》，制定了《安泽县唐城镇上庄村采煤沉陷区治理项目搬迁安置方案》。督促唐城镇完成了桦林疙台村40户的房屋实地勘测评估、签订三级安置协议和拆除协议、编制《安泽县唐城镇上庄村采煤沉陷区治理项目可行性研究报告》等工作，2016年共争取上级资金248万元。通过货币补偿安置方式，下一步将由镇村发放补偿金共计434.88万元，给唐城镇上庄村受灾群众一个满意的答复。

【国家重大储备项目库录入工作】 2016年已录入国家重大储备项目库县级29项，上报市级29项，总投资额达3.8亿元。

【承建县重点工程】 2016年承建5项县重点加气站项目及永鑫铁路专用线项目。5项县重点加气站项目，2016年底山西太岳焦化公司太岳加气站已完工，处于试运营阶段；其余4项手续正在办理中，待手续办理完后，方可开工建设。具体进展情况如下：山西太岳焦化有限公司太岳加气站，总投资1533.44万元，于2015年4月27日，经市发改委以临发改区域审批函〔2015〕13号文取得了山西太岳焦化有限公司“四气”加气站类从业资格。同年，6月29日县发改委以安发改函〔2015〕5号文取得该项目开展前期工作的函，根据前期工作函要求，2016年4月8日，已办理发改备案、选址、规划、施工许可、环评批复、土地手续、节能登记、防雷验收、消防审核、消防验收等手续，工程建设、人员培训、安装、调试已全部完成，2016年1月经环保部门批准，现已进入试运行阶段，正在办理燃气经营许可证。临汾市金百丰新能源科技有限公司安泽县义唐和瑞加气站，总投资预计3000万元，已办理发改备案手续、环评手续、住建选址意见书，待土地手续、住建工程规划、施工许可证手续完善后方可开工建设，预计2017年可办理下来。临汾华油良马村LNG加气站，估算总投资1000万元，已办理发改备案手续、环评目前手续、住建选址意见书、土地手续，待住建规划条件施工许可证手续完善后即可开工建设。安泽县源通洁净能源有限公司府城镇第五村LCNG加气合建站，总投资2600万元，已办理发改备案手续、环评手续、住建选址意见书、住建规划条件、土地手续；正在办理工程规划手续。临汾市城燃天然气有限公司安泽府城LNG/L-CNG合建站，总投资1800万元，已办理发改备案手续、环评手续，住建手续、土地手续等待省、市调整土地规划，现阶段无法预计。

永鑫铁路专用线项目，总投资23.3亿元。该项目核准、选址意见书、环评、能评、土地、压矿、地震评价、文物、防洪评价等手续均已批复。永鑫铁路专用线安泽站接轨工程与中南铁路同步施工，专用线接入安泽站工程已施工完毕。2014年10月对安泽接轨站外1.2公里路基标段及桥梁第二单元标段两个标段组织公开招标工作，确定了中标单位并签订了施工合同。2015

年7月14日就专用线桥梁第二单元标段开工（五个主体桥墩），于2016年4月完工。

【入企服务】 作为安泽县入企服务工作领导组办公室，严格按照县委、县政府及领导组要求，积极协助领导组扎实开展各项入企工作。第一时间制定了《安泽县干部入企服务工作方案》（安办发〔2016〕65号），提出了指导思想，明确了工作目标和重点任务，强调了时间进度和工作要求，确保安泽县入企服务工作落到实处。2016年9月20日，县委、县政府组织相关单位召开了“全县干部入企服务工作动员会”，对入企服务工作进行了详细的安排和部署。成立了安泽县干部入企服务工作领导小组。成员由组织部、宣传部、政府办、发改委、财政局、环保局、人社局、工商质监局、安监局、国土资源局、商务局等部门组成。明确了领导小组的职责，组织领导，统筹安排，综合协调，解决重大问题。8个入企服务小组在动员会之后立即联系服务企业做好对接工作，并围绕了解掌握企业情况，宣传政策，分类梳理问题诉求，建立了问题清单和责任清单开展工作。收集汇总企业在经理管理、要素保障及行政审批等方面的10个问题。

2016年对企业反映的问题，已解决6个：1. 县财政局入企服务小组通过返还排污费、帮助争取项目资金等方式帮助永鑫焦化解决了2500万元左右的资金问题；2. 安监局入企服务小组解决了玉华煤业井下架空乘人装置钢丝绳脱轮运行不畅的问题；3. 国土局入企服务小组帮助风山选煤厂解决了矸石沟临时用地手续问题；4. 人社局入企服务小组帮助太岳焦化解决了流资短缺、专业技术人员资质短缺、技工短缺等3个问题。其余4个问题正在积极协调解决中。

【节能监察】 加强节能制度建设，确保节能工作常态化。制定了《节能预警调控方案》和《节能工作要点》等文件，对安泽县节能工作进行了具体的安排，使节能工作由以前的突击攻关提升为一项常规性的日常工作来抓。层层分解节能目标，确保节能工作顺利开展。年初根据2016年度节能目标，针对每个企业工业增加值能耗、节能量等指标，进行了分解，签订了责任书，确保节能目标的顺利完成。积极开展节能监察工作，有序推进节能工作。2016年，节能监察大队对重点耗能企业落后机电设备淘汰情况、高耗能落后燃煤工业锅炉淘汰情况等进行了专项督查。通过对企业的节能监察，帮助企业进一步夯实企业能源管理基础，提升企业节能降耗能力。加大宣传力度，增强节能意识。为提高全民节能意识，创造全社会节能的良好氛围，开展了以“节能领跑绿色发展”为主题的节能宣传周活动。

【安全生产管理】 安全生产方面，加强组织领导，健全长效机制。认真贯彻“安全第一、预防为主”的方针，坚持“谁主管谁负责”和“管生产必须管安全”的原则。按照“党政同责、一岗双责、失职追责”的要求，进一步健全完善了安全生产监管责任体系，并同企业签订了《2016年度安全生产目标责任书》。进一步完善了各项安全生产规章制度。制定了《安全生产管理制度》以及《突发事故应急预案》等一系列安全措施和保障，要求各企业也相应完善安全生产制度，确保了安全生产无事故。

积极开展安全检查，确保安全生产无事故。2016年先后20余次深入通信、电力、天然气长输管线输气行业开展安全大检查活动，共排查出安全隐患31条。积极开展“安全生产月”宣传活动。通过悬挂宣传条幅，设立宣传咨询台等多种形式开展了“安全生产月”宣传活动，使安全生产意识深入人心。

【市场价格监管】 完成中秋国庆两节市场检查、涉企收费检查、药品价格专项检查以及明码标价专项检查等工作，发放宣传资料200余份，明码标价签20000余张。加强收费监管和工作，完成了2015年度全县行政事业单位收费信息上报工作。全面推进收费动态监管系统应用工作以及价费调整工作。圆满完成成本调查和成本监审任务。做好玉米成本预测调查和分析工作，完成了“农户种植意向”“农资购买情况”“农户存售粮情况”三个专项调查，切实为政府制定农产品价格政策提供依据。完成涉案财物认定5起，认定金额1.6万元；完成长临高速公路评估工作，金额1107.9万元。

【服务经济发展】 编制完成《安泽县国民经济和社会发展“十三五”规划建议（讨论稿）》，2016年1月20日经中共安泽县委十三届委员会第十五次全体会议审议通过。编制完成《安泽县国民经济和社会发展第十三个五年规划纲要》，2016年8月16日经中共安泽县第十六届人民代表大会第一次全体会议审议通过。

【转型综改】 编制完成《安泽县国家资源型经济转型综合配套改革试验实施方案（2016—2020）》及《2016年行动计划》。并按要求制定了重大改革工作方案，明确了具体改革时间进度节点和工作措施。积极上报综改信息10余条。多次深入项目单位和企业，了解和解决改革中存在的问题和困难。并和县委党校一同走进企业，完成了供给侧改革促进资源型地区产业结构调整研究重大课题。各项工作完成了预期目标。目前正在进行2016年工作总结和自查，并整理相关印证资料上报市综改办，接受市级年终考核。

【中南铁路】 境内铁路建设已基本完工，全年共接待和电话回复铁路协调工作中的群众诉求事件10余次，完成了铁路征地680余亩（清册编制）。协调相关部门完成了电气化征地。多次与省、市相关部门沟通，顺利完成了铁路派出所的拆迁以及选址新建。2016年底正在进行铁路建设边角地补偿费用的下拨工作。

【脱贫攻坚】 包联府城镇风池村和良马乡上寨村，共包联45户，103口人。做到精准扶贫、一户一策，积极帮助贫困户寻求致富路，目前安装光伏发电项目9户，种植油用牡丹22户44亩，社会兜底4户，其余包联户从事种植、养殖及三产服务。包联党员为97口人交纳大病医疗保险，为常年有病的4口人缴纳新农合医疗保险，切实解决贫困户的实际困难和问题。

【创国卫工作】 强化领导，落实责任。按照县委、县政府有关文件、会议精神和县创卫办的要求，成立了由局长任组长，副局长任副组长，各位股长任成员的领导小组，确保创卫工作任务落到实处。周密部署，详细安排。组织召开了机关创国卫工作专题安排会议，安排部署了本机关创国卫的指导思想、目标任务、组织领导、主要工作任务、实施步骤以及保障措施。广泛宣传，营造氛围。充分利用宣传栏、讲座等多种形式，广泛宣传开展爱国卫生运动的重要意义，多渠道普及健康常识及卫生防病知识，引导广大干部职工革除“随地吐痰、乱扔垃圾、乱摆乱放、乱贴乱画、损坏公物、破坏绿化”等不文明行为，自觉维护环境卫生，养成健康文明的生活习惯，形成“人人参与爱国卫生运动，人人争当创国卫优秀公民”的良好局面。深化治理，改善环境。切实改善办公区域的环境，广泛组织干部职工积极参与机关环境治理，建立承包责任制，认真做好日常清理工作，定期清除死角，及时清除垃圾杂物，规范物品的摆放和车辆的停放，彻底清除机关周边的“牛皮癣”小广告，使办公区域得到了美化、亮化。开展控烟宣传和健康教育，通过举办讲座、发放宣传资料等形式开展控烟宣传和健康教育活动，规范控烟管理制度，普及控烟知识，推广不吸烟的健康生活方式；强化监督，考评问责。成立了日常督察组，定期检查机关各个办公室、公共区域等环境卫生状况，将创卫工作纳入绩效考核，实行责任追究，奖优罚劣。并建立督查考核机制，从而推动创卫工作条块互动、部门协作、整体推进。

国土资源管理

【党风廉政建设】 1. *落实了“两个责任”制度体系* 组织召开了全局党风廉政建设专题会议，县局党组切实担负起了全面落实的责任，对党风廉政建设主体责任进行了全面布局，县局班子成员认真履行“一岗双责”，根据党风廉政建设工作特点制定了班子成员共性责任清单 20 条，个性责任清单 27 条。局行政监察室着力从决策部署、制度执行、程序规范、效能督查上强化监督，要求大家在当前反腐态势高压、倡廉力度空前的严峻形势下，说话办事更要守纪律讲规矩，要认真落实“两个责任”，从严把好“三个自我”，跟紧形势，尽快弊革陈规陋习，有力推进了国土资源部门党风廉政建设深入开展。2. *创新了“六权治本”新机制* 为切实把权力关进制度的笼子，实现治本目标，局班子在列出主体责任清单和监督责任清单的基础上，结合国土部门职能特点，提出了岗位定位化、行为准则化、办事程序化、制度规范化、考核标准化、监督网络化“六化”工作理念，使各项工作基本实现行政有规范、行为有准则、岗位有职责、责任有追究。3. *形成了“三个高压”态势* 根据上级部门要求，在全县 7 个基层所配备了纪检监察员，加强对工作人员廉洁自律以及作风纪律、工作秩序行为的监督。深入开展对违规收送礼金红包、制止大操大办、弊革陈规陋习问题专项整治，巩固了国土资源局落实中央八项规定和纠正“四风”问题成果，营造了全体干部职工廉洁从政、风清气正的良好氛围。4. *构建了党建新格局，提升了党务业务深度融合意识* 2016 年以着力构建“大党建”格局为抓手，以“党建”开局作为中心，以党建与业务深度融合为前提，以保障县域经济发展为基础，在成立领导机构、制定活动方案、开展集中学习的基础上，先后开展了“学系列讲话精神、谋工作落实之策”专题学习讨论和“两学一做”学习教育，全面提升了全县国土资源系统干部职工的责任担当能力、依法行政能力、落实执行能力、崇廉拒腐能力，切实推进各项业务工作有力有效开展。组织了“学系列讲话精神、谋工作落实之策”专题学习讨论5次，“四讲四有”“不忘国土初心、继续挺步前行”“学榜样、做榜样”专题研讨6次，集中学习51次，每位党员形成专题研讨材料6篇、心得体会5篇，形成专题简报56期，提升了党建信息化水平。

【耕地资源保护】 2016年强化耕地保护目标考核，层层签订耕地保护责任状，实施保护责任关口前移，确保了安泽县30.66万亩耕地、20.6万亩基本农田总量不减少，用途不改变。年底高标准基本农田建设任务已报备到实施阶段。按照《关于进一步做好永久基本农田划定工作的通知》（国土资发〔2014〕128号）等相关文件要求，成立了政府牵头相关乡镇部门组成的永久基本农田工作小组，在全县范围内逐地块进行摸底调查，征求相关部门意见。2016年底，完成了安泽县永久基本农田数据库的初步建设，为最终完成永久基本农田划定工作奠定基础。

【资源保护 权益维护】 长治至临汾高速公路（安泽段）项目占用安泽县耕地占补平衡指标1336.56亩（水浇地12.29亩、旱地1324.26亩），根据占补平衡的要求，占用指标已从安泽县耕地库及全市耕地库中挂钩使用。继续组织实施了2013、2014、2015三个年度17个占补平衡项目，2016年底共完成总工程量的71%，待全县林地变更后，从中选取合适位置，抓紧完成并组织实施。29个省级开发项目，已完成总工程量的60%，待国家林业局下达结论、林业部门完成全县林地数据变更和林保规划调整后，多规合一、全面对接国土二调和林业数据，尽快选取合适位置进行项目变更，争取将已开工项目实施完毕。

【入企服务】 经局入企工作组反馈，风山洗煤厂占地面积41亩（已办理用地手续），为年入选原煤90万吨洗煤项目，建筑总面积2850平方米，投资总规模1326万元，现面临的主要困难是矸石沟临时用地手续已到期，将影响企业正常运行。针对入企工作组反馈的问题，进行了专题研究，从服务企业发展、简化办事程序入手，上门服务，给予现场办公，为企业办结完毕了矸石沟临时用地手续，保障了该企业的正常运行。

【保障县域发展】 1. 用地报批 完成了2015年第一、二批次建设用地材料的组卷上报；上报了长临高速公路重点建设项目报批资料，保障了单体工程的顺利建设。2011年至2015年供地473.2229公顷，平均供地率为74.26%。2. 土地供应 编制了安泽县2016年国有建设用地供应计划，挂牌出让了7宗国有建设用地，面积6.1576公顷，实现国土增益3880.58万元，2016年国有建设用地供应计划完成率和住宅用地供应计划完成率分别为1277.22%和496.33%。3. 两权发证 安泽县“两权”地籍调查工作自2013年5月开展以来，在省厅、市局的精心指导下，在县委、县政府的鼎力支持下，在各乡镇党委、政府的通力配合下，共完成了20.89平方公里，23046宗土地及相关地上附着物的权属调查和地籍测量，建立了每一宗土地的位置、权属、界线、数量和用途等基本情况的地籍档案资料，2016年底，安泽县农村集体土地地籍调查完成率和农村宅基地使用权地籍调查完成率均达到100%。4. 不动产统一登记　按照《山西省国土资源厅办公室关于做好2016年度不动产统一登记工作的通知》（晋国土资办发〔2016〕10号）和《山西省市县启动颁发不动产权证书基本条件》文件精神，在完成职责整合、机构设置、人员划转和培训、窗口设立、公章启用、设备采购、地籍区、地籍子区的划分，制定制度及办事指南、安装调试软件系统等工作后，已基本具备颁发不动产权证书的条件。经市局党组同意，于2016年7月8日在县行政审批大厅举行了启动仪式，市局党组成员、纪检组长姚书记和县委常委、政府常务副县长分别向安泽县源通洁净能源有限公司和安泽县炜烨房地产开发有限公司颁发了2宗不动产证书。2016年，共颁发不动产登记证3宗，现有土地登记资料已全部移交完毕，房产、林业等资料正在协调移交过程中。5. 土地变更调查　安泽县2016年土地变更调查与遥感监测图斑共下发178个图斑，监测总面积3241.2亩。经过野外调查及内业判别，对178个图斑均进行了判定。178个图斑中，伪变化图斑共68个，面积共2408.5亩；临时用地图斑共53个，面积367.2亩；农村道路图斑共3个，面积10.7亩，占用农用地7.58亩，占用耕地5.08亩；设施农用地图斑共19个，面积64.6亩，占用农用地61.58亩，占用耕地25.14亩；变更建设用地图斑共35个，面积390.2亩，占用农用地260.07亩，占用耕地174.9亩（其中，合法用地图斑共18个，面积326.2亩，占农用地199.66亩，占用耕地154.73亩；违法图斑共8个，面积52.6亩，占用农用地49.29亩，占用耕地11.81亩；个人建房图斑共9个，面积11.4亩，占用农用地11.12亩，占用耕地8.36亩）。年底，相关成果已上报到国土资源部。

【矿政管理】　企业年检　完成全县13座矿山企业年检工作，参检率100%，合格率为100%，并及时录入了系统。储量年报　完成上报了4座矿山企业遴选矿山储量年报编制单位工作；完成安泽县4座矿山企业的矿山储量年报审查工作。价款征收　山西安鑫煤业有限公司需交价款20601.2万元，共分5期缴纳，已缴纳4期，共17305.008万元。2016年底欠交16年价款3296.192万元，局已按时下达催缴通知书。

【煤层气勘探项目年度建设】　中石油煤层气勘探项目总投资2.9亿元，2016年计划投资0.25亿元，已完成0.238亿元，建设完钻资料评价井10口，预计年底可全部完成。

【执法监察】　1. 执法监督　在全县范围内组织开展了严厉打击非法违法采矿行为促进安全生产大检查、大排查。共出动76车次，228人次，对全县辖区内36个关闭坑口进行巡查，未发现私挖盗采等违法行为；开展了土地动态巡查，共发现违法用地5宗，查处5宗，下达了处罚决定书5份，行政处分建议书1份，收缴罚款12.224万元已全部上缴财政，维护了全县土地矿产资源秩序的持续稳定。2. *卫片执法检查* 建立了以政府副县长为组长的卫片执法领导组，对部、省下发的涉及安泽县的土地卫片202个图斑进行了核查，清、拆、查、改、报，措施到位，立案率、查处率、履职率完成了100%，违法占用耕地比例7.26%。3. *涉地涉矿信访工作* 建立局长接待日制度和信访案件领导包案制度，2016年受理来信来访4件，处理4件，做到了件件有落实。4. *加大宣传力度* 开展了“4·22”地球日、“5·12”防灾减灾日、安全生产月”、“6·25”土地日、“8·29”测绘日、“12·4”法制宣传日等宣传活动，采取发放相关宣传资料、悬挂宣传横幅、粘贴宣传标语、出动宣传车等方式，向人民群众宣传国土资源的政策法规及安全生产等相关法律知识，进一步扩大了国土资源法律法规及土地国情的知晓面，增强了干部群众对国土资源管理的忧患意识、责任意识、节约用地意识、依法用地意识。

【民生工作】 1. *地质灾害防治* 印发《2016年安泽县地质灾害防治方案》，县、乡、村三级签订了责任书；严格执行汛期地质灾害24小时领导带班和专人值班制度，确保了信息畅通；完善地质灾害应急预案，建立了35人的应急小分队和应急物资储备库；开展两次地质灾害应急演练，设立了5个应急机构，提高了防汛地质灾害抢险救灾工作水平；累计下达地质灾害监测记录本196本，地质灾害隐患通知书196份，设立警示标志牌60块，发放地质灾害明白卡196份，地质灾害避险明白卡2689份。2. *农村地质灾害治理搬迁* 2016年农村地质灾害治理搬迁涉及安泽县冀氏镇、杜村乡共计32户，总投资386.56万元。2016年底32户已全部开工建设，项目开工率、竣工率、入住率均达100%。

【脱贫攻坚】 国土局包联唐城镇冯子节村，冯子节村地处唐城镇唐城村北，和沁源县交界，全村有耕地808亩，人口104户259口人，其中党员人数14人。村民主要的收入来源为种植玉米，辅助性收入因距唐城村比较近，部分村民在太岳、永鑫焦化厂打工，另有村民发展“院落经济”搞了养殖副业。2015年全村人均纯收入为5800元。村集体经济相对落后，主要靠2个砖厂的承包费，每年收入17300元。冯子节村有扶贫工作“建档立卡”在册贫困户20户，涉及人口41人。根据调查摸底情况统计，社会兜底户5户9人，主要原因是年老或残疾丧失劳动力贫困户，另有5户7人平均年龄在65周岁以上，基本丧失劳动力贫困户，其余10户25人，主要因病、因学、残疾陷入贫困。根据唐城镇发展总体情况，太岳、永鑫焦化厂都在唐城村周边，小城镇发展比较迅速，但是配套的垃圾处理方式还比较落后，造成周边村垃圾污染情况。结合冯子节村的地理位置优势和村集体有大片未利用地现状，通过和镇党委政府、村两委的多次沟通协调，计划在5年内建设垃圾填埋场地，主要为唐城镇发展服务，一方面可以解决村集体创收难题，另一方面可以扩大村民就业增收。光伏发电是国家提倡的新能源经济，也是安泽县脱贫工作的重点项目之一。冯子节村积极申请光伏发电扶贫项目，国土资源局协调各有关部门，帮助具备一定条件的贫困户

发展光伏发电项目。2016年初，通过班子会议研究，在春耕播种前，向冯子节村帮扶2万余元的优质玉米种子。（李晋）

审　　计

【概述】 安泽县审计局人员编制17人，其中公务员10人、工勤人员2人、事业人员5人；现有人员共27人，其中公务员8人、工勤人员2人、事业人员17人。内设7个职能科（室）：办公室、财金股、行政事业股、综合股、审理室、基建股和经济责任审计中心。

2016年，共完成审计项目16个，审计单位129个，查出违规违纪行为金额41079.13万元，收缴入库金额831.99万元，决定罚款20.4万元，移送案件58起，其中移送纪检部门35起，移送主管部门23起，提出审计意见建议219条，撰写审计信息320篇，被各级新闻媒体和报刊杂志采用189篇。

【财政预决算审计】 围绕省市审计系统工作要求，按照县委、政府安排和广大人民群众关心的问题，以预决算为主线，将全部财政性资金作为主要内容，专项资金作为重点，对2015—2016年度财政局、地税局等25个单位预算执行情况和府城镇等6个乡镇的决算情况进行了审计，审计查出收入未及时缴库、固定资产未及时入账、挤占挪用专项经费等问题，决定罚款11.3万元，移送纪检部门案件16起、主管部门14起。针对存在的这些问题，县审计局提出了加大财源建设力度、完善征收措施、加强内控制度管理、严格控制“三公经费”支出等多条合理化意见和建议，确保了财政资金的高效使用。

【经济责任审计】 按照“积极稳妥，量力而行，提高质量，防范风险”的原则，积极推进经济责任审计工作，牢固树立“一盘棋”思想，坚持审计对象分类管理、任期轮审、党政领导同步审计等做法。2015年对8名领导干部进行了任中审计，2016年对24名领导干部进行了离任审计，共查处应负主管责任和领导责任的问题行为金额12536.05万元，移送处理案件28起。

【政府投资审计】 专门成立了基本建设审计股，加强了对政府投资项目的审计监督。2015—2016年度共完成政府投资审计项目64个，送审金额11199.53万元，审定额10470.33万元，审减额729.25万元。

【专项资金审计】 2015—2016年上级审计部门共安排了7个项目的专项审计，分别是稳增长促改革调结构惠民生防风险政策落实情况跟踪审计（两个年度）、城镇保障性安居工程跟踪审计（两个年度）、安泽县地税局2014年财务收支审计、安泽县农村信用社2013、2014年资产负债损益审计、太原市清徐县农业综合开发资金审计。

统　　计

【概述】 安泽县统计局下设“一室两股两队两中心”，其中统计监测中心为副科级建制；社会经济调查队、执法大队、普查中心三个事业单位为股级建制；办公室、综合股、能源和服务业股三个股室为行政股室。2016年认真贯彻落实全县经济工作会议和全市统计工作会议精神，围绕县委、政府中心工作，全面完成了县域经济运行监测、第三次全国农业普查、1%人口抽样调查等重点工作任务，为推进安泽县经济社会的健康发展做出了积极贡献。

2016年，全县地区生产总值预计完成42.8亿元，比上年同期增长2.9%；规模以上工业增加值预计完成21.26亿元，比上年同期增长4.4%；全社会固定资产投资额预计完成55.88亿元，比上年同期下降11.8%；社会消费品零售总额预计完成9.05亿元，比上年同期增长6.6%；城镇居民可支配收入预计达到25195元，同比增长5.7%；农民人均可支配收入预计达到8335元，同比增长6.7%。

【经济运行监测】 为切实做好经济运行监测工作，提升统计服务质量，为县域经济发展提供统计保障。紧紧围绕新常态经济下行领导关心、社会关注的焦点、难点问题，积极发挥统计工作“晴雨表”“风向标”的作用，全力打造统计工作升级版。2016年撰写分析报告243篇，其中省网采用23篇，市网采用205篇，编写《安泽统计》4期，《安泽县域经济运行监测》11期等统计资料，并编印了《数说安泽“十二五”》，详细用数据解读了安泽县“十二五”期间的经济社会发展状况，为领导科学决策提供参考依据；加强方法制度宣讲，努力提高政府统计的公信力。充分利用“统计开放日”“12·4”国家宪法日等契机，设立宣传台进行统计宣传，使社会各界了解统计、理解统计、支持统计，不断提高政府统计的公信力。

【第三次全国农业普查工作】 按照省、市普查办要求，认真落实机构、人员、经费、办公场所和数据处理机房，实现了“五到位”：调整充实完善了农普领导小组，成立由分管县长刘剑任组长，相关单位为成员的第三次全国农业普查领导组，印发《关于做好第三次全国农业普查工作的通知》文件，全县7个乡镇也都成立了相应的机构。将今年农业普查经费65万元列入了年度财政预算，经费到位。数据处理机房按照省、市要求全部升级到位，以满足农普数据处理的需要。

普查宣传工作有序进行，为营造全社会认识普查、理解普查、支持普查的良好氛围，印发了《关于加强第三次农业普查宣传工作》的文件；利用街头电子屏、电视台、网络媒体、手机短信、微信等进行宣传；编辑农普简报6期，发送相关领导和部门。

普查试点圆满完成，按照普查试点要求，在风池村的一个普查小区68户村民、1个农业单位进行了试点，通过开展试点工作，进一步熟悉了普查方案和普查工作程序，对普查表和普查指标有了全面了解，同时通过入户访问调查实践，对普查当中可能出现的问题有了初步认识，为做好正式普查工作打下了坚实基础。先后建立《安泽县第三次全国农业普查2016年行动计划》《安泽县第三次全国农业普查领导组成员单位包乡镇责任制》《安泽县第三次全国农业普查检查督导制度》《安泽县第三次全国农业普查数据质量控制制度》等普查制度、工作规划、推进机制，并以文件形式印发，分工到位，责任明确。普查领导小组成员单位积极参与配合农业普查工作，普查各项工作顺利开展；召开了两员选聘和培训工作安排会议，并下发两员选聘文件，两员选聘圆满完成。

责任到人，清查摸底和入户登记工作有序开展。为保证安泽县的农业普查工作能够按照上级要求的时间节点圆满完成，实行了包乡镇责任制，包乡镇人员对所包联乡镇从清查摸底开始到农普工作全面结束一包到底，负责各乡镇农普业务指导，进展情况督查，疑难指标解释等环节出现的问题。1月1日，安泽县的农业普查入户登记工作已正式铺开，全县400多名普查员深入7个乡镇、277个普查小区对全县23000多农户进行普查登记，2016年底安泽县的正式登记工作已完成80%，圆满地完成了市农普办时间节点要求的任务。

【扶贫济困】 加强结对帮扶工作的组织领导。工作中做到“四有”“四落实”，认真搞好摸底调查，坚持不吃请、不扰民，决不给群众增加任何负担，通过召开座谈会、走访群众，深入田间地头，访贫问苦了解情况，与农民面对面沟通思想，交流感情真正了解群众所急、所盼、所想的难点、热点问题，寻找问题，分析问题的根源，研究解决问题的办法。严格按照计划落实帮扶措施。积极帮助包联村开展护林防火工作，为包联村购置防火服装10套，制作护林防火宣传标语2条；积极落实党员联户工作，包联贫困户19户，7名在职党员和副科级领导干部进驻包联村与包联户进行了对接，了解包联户存在的困难，有针对性的制订相应的帮扶计划。为11户贫困户争取低保措施，社会兜底进行脱贫，6户贫困户种植油用牡丹脱贫，为2户贫困户联系厂矿企业务工。2016年包联的19户贫困户有8户脱贫。并为包联单位唐城镇亢驿村提供“创卫”帮扶款10000元，用于解决包联村的村容村貌，建设魅力乡村。

【党风廉洁建设】 局党组高度重视党风廉洁建设责任制工作，始终把党风廉洁建设责任制摆上重要议事日程。认真落实主体责任，制定下发了《2016年统计局党风廉洁建设工作实施方案》，与各分管领导签定了党风廉洁责任书，将工作任务进行分解细化，逐项落实，明确职责。在年初召开的统计工作会议暨党风廉洁建设工作会议上，将党风廉洁建设工作与业务工作同部署，同落实，同检查，同考核，有序推进了党风廉洁建设工作开展。制定了统计局党风廉洁建设责任制，局长（党组书记）是局党风廉洁建设第一责任人，对全局党风廉洁建设负总责，并明确了领导班子在党风廉洁建设工作中各自的责任，形成了一级抓一级，层层抓落实的良好工作格局。局党组主要领导坚持从自己做起、以身作则、以上率下、管好自己，带头自觉遵守“三重一大”“五不直接分管”等制度规定，坚持重大决策、人事任免和大额资金使用等事项集体研究、集体决策，同时，为了增加权力运行的透明度。制定完善了安泽县统计局权力清单、安泽县统计局责任清单和风险防控流程图，持续推进权力制约监督，有效提升统计人员尽职履尽责意识。

工商和质量监督管理

【机构概况】 工商和质监局行政编制50

人，工勤编制5人，事业编制15人，内设机构11个（办公室、人教股、财务股、法制股、企业股、市场股、质监股、计量股、经检股、监察室、非公工委办公室），协会3个（安泽县个体劳动者协会、安泽县消费者协会、安泽县民营企业协会），基层所3个（府城监管所、唐城监管所、冀氏监管所），科级干部9名。现实有公务员38人，事业编制15人，工勤5人，共计55人。

【市场规范管理】 继续落实各项优惠政策，开通绿色通道，新注册登记个体户429户，新注册登记各类企业112户，变更登记各类企业229户，新发展农民专业合作社33户。今年10月份开办的“五证合一”稳步推进，外网企业名称核准和设立登记全面展开，进一步为企业的发展创造了良好的外部环境。

【专项整治】 1. 加大对山西省著名商标、临汾市知名商标申报力度；继续开展农村和城乡结合部假冒伪劣专项整治；结合“红盾护农”开展打击农资市场侵权假冒行为；打击食品市场的侵权假冒行为；打击制售假冒伪劣日用品专项行动；打击网络商品交易专项行动；商标代理市场专项整治。2. 开展节日市场专项执法，累计检查5次，共检查各类经营户134户。开展虚假广告专项整治行动2次；开展农资市场整顿1次，检查农资经营户23户；开展汽车市场专项整治2次，检查经营户6户；开展打击侵犯知识产权和制售假冒伪劣商品专项行动1次，检查经营主体42户；在合同格式条款整治中，重点对银行业、电信业使用的格式合同进行了全面的检查，共检查合同格式条款25份，备案25份；开展查处无证无照专项执法10次。取缔无证无照加油点1户；开展了治理超限超载、反垄断、传销专项执法3次；开展学校周边专项整治8次，检查经营主体60户；开展安全生产专项执法5次，安全生产稳步发展。

【注册登记与监管】 全县共有企业428户，合作社470户，6月初年报369户，年报率86%，提前10天完成市局下达的企业年报率达85%的任务，6月底年报率达到96%以上。

【消费者权益保护】 开展了“3·15”宣传月活动、“12·4”法制宣传活动，取消“土制锅炉”月活动等活动。通过咨询展台宣传、发布“消费警示”、出动宣传车辆下乡宣传、服务单位公开承诺和对服务单位进行满意度测评等10项活动。现场接受各类咨询41人次，回复41人次，“311”便民服务室及12315申诉举报中心共受理消费投诉举报14起；接待群众来人来访20余人次，切实维护了消费者的合法权益。“一会两站”工作继续稳步推进，在全县各行政村已建立“12315”联络站和消费维权站85个，覆盖率达95%。

【特种设备安全工作】 特种设备的安全工作直接关系到全县经济是否平稳运行。特种设备安全工作始终是工作重点，2016年省局、市局和县安委会的安排部署，组织开展了七项主要工作。每次检查都要求从严、从细、从实，查出的隐患要立认，立整立改。2016年，共落实处理安全工作方面的文件139个，其中市质监局86个，县安委会文件53个。制定下发方案14个，转发市县文件33个。全年共开展专项检查9次，全年共检查特种设备使用单位46家，并签订了《特种设备安全承诺书》和《特种设备安全目标责任书》，共下达《特种设备安全监察指令书》30余份，帮扶督促特种设备生产使用单位整改隐患50余个，取缔土锅炉25个，并全部销毁，顺利通过了市政府的检查验收。

2016年7月份，对县交警队在良马乡查获一起流动汽车充装天然气案件进行了查处，2016年12月29日，对良马乡群众举报的无证使用汽车起重机案件进行落实查处。

【计量工作】 计量器具的精确与否与群众的生活息息相关，今年把加油机、地磅、瓦斯机作为抽检的重点，加大对计量器具监督抽查力度，对民生计量、农资计量、制配眼镜商店计量、加油站计量、定量包装商品计量等方面进行了各种周期检定、监督检查和专项整治。今年检定加油机91台；电子汽车衡22台；压力表503块；瓦斯机85台，血压机60台。

【精准扶贫工作】 精准扶贫联系帮扶唐城镇唐城、庞必2个村24户对象，抽调24名党员形成一对一结对子帮扶，主要从光伏发电、种植养殖、外出务工等入手，并且签订了扶贫承诺书，制定了帮扶日程表，明确帮扶措施，先后对帮扶户进行家访慰问、交保险等，扶贫工作有序开展。

安全生产监督管理

【概述】 红线意识和底线思维，认真宣贯新《安全生产法》，推进依法行政。安监局成立于2002年10月，正科级建制，与安泽县煤炭工业局合署办公。安泽县安全生产监督管理局（安泽县煤炭工业局）是安泽县人民政府负责综合管理全县安全生产工作，履行安全生产监督管理和煤炭行业管理的职能部门。2016年，在县委、县政府和上级主管部门的正确领导下，认真贯彻落实中央、省、市、县关于安全生产工作的一系列会议精神和决策部署，牢固树立安全、依法治安，深入开展安全生产大检查、安全风险隐患大排查大整治和“反三违”等行动，持续推进“基层基础管理年”活动，有效防范和坚决遏制各类事故的发生。全县2016年共发生生产经营性安全事故4起，死亡4人，全部为交通事故，其他行业未发生生产安全事故，安全生产形势保持总体平稳。

【落实安全责任】 县政府安委会与7个乡镇、27家重点单位签订了安全生产目标责任书；各乡镇、各部门结合各自实际，与所辖村庄、所属企业签订目标责任书；各企业从经理（厂长）到车间、到班组、到个人，逐级签订责任书，并做出安全承诺，做到了层层分解安全任务，逐级落实安全责任。

【安全隐患大排查大整治】 在安全生产日常监管工作中，坚持属地管理与行业督导相结合、企业自查和政府督查相结合，紧紧抓住企业自查、部门检查、县级督查三条主线，严格落实安全责任，全面加强安全监管和隐患排查治理，全县共组织检查组72个，检查586（人/次），检查各类企业645个，查出各类安全隐患1969条，已整改1955条，整改率达到99%，全县无重大安全隐患。

【安全生产大检查活动】 按照中央、省市县的要求和部署，深入开展安全生产大检查活动。煤矿安全上，严格落实县政府“十天一检查、一月一例会、一月一通报”及“煤矿领导带班下井、安监员驻矿监管、五人小组监督巡查”等各项制度，以煤矿质量标准化为主线，以煤矿行业“专家会诊”活动为抓手，重点抓好瓦斯和水害两个重点环节，扎实开展煤矿行业安全生产大检查，深入排查治理安全隐患。危化安全上，切实抓好危险化学品企业内部管理和安全生产管理，对企业危险化工工艺、重大危险源以及各类自动化控制设施设备进行了重点监管和检查，尤其是加强对企业动火、进入受限空间等八项特种作业审批情况的监督检查，严厉打击各类违规违章行为，规范企业生产、检修等各个环节的作业行为。特别是在危货车运输安全上，对危化品生产企业销售环节用户档案进行全面检查，杜绝超装、超载和未提供“一书一签”等现象，从源头上管好危化品运输车辆。同时，在非煤矿山、烟花爆竹、民爆物品等行业领域也认真组织开展了安全生产大检查活动。

【宣传教育行动】 以宣传贯彻新的《安全生产法》为主线，通过在县电视台播放安全标语，在县城区、各乡镇、各企业悬挂宣传条幅、刷写安全标语等形式，大力开展安全宣传“六进”活动。同时，以“安全生产月”为依托，开展了形式多样的宣传教育活动。6月16日，组织县安委会28家成员单位，在县城繁华地段设置宣传咨询台，进行安全宣传，共散发宣传资料2.3万余份，悬挂条幅28条，摆放各类宣传版面64块，出动各类宣传车辆19辆，在全县营造了良好的安全生产氛围。在培训上，在企业狠抓亲情教育、技能教育、警示教育和反思教育，累计培训人员1200人。同时，在煤矿、危化企业组织开展了2场安全知识竞赛和技能比武，检验了高危企业安全培训实际效果，也提升了一线员工学安全、抓安全的积极性和主动性。

【安全基层基础活动】 根据县政府的安排部署，持续推进了“安全基层基础管理年”活动。在部门层面上，通过加强基层安全监管体系建设和制度建设，加大安全检查监管力度，规范完善各类安全工作台账，逐步提升了乡镇、部门的安全监管水平；在企业层面上，重点抓牢企业安全机构建设、班组建设、检查监督、劳动用工管理等工作，大力开展企业标准化创建，加强企业应急预案的完善和演练工作，全面筑牢了企业的安全生产基层基础。

【科技强安工作】 狠抓了安全生产“科技强安”工作，在县财政严重紧缺的情况下，投资190余万元，全面建设全县安全生产信息化平台项目。建成后，安泽县将以此为依托，督促企业以科技进步为先导，以信息化为支撑，强化安全管理，全面落实“科技兴安”要求。

工业经济

中小企业

【经济指标完成】 全县中小企业民营经济实现营业收入513839万元，完成工业总产值328944万元，实现利润19727万元，实现上缴税金29604万元。

【融资服务】 资金缺乏仍然是困扰中小微企业创新和发展的首要问题。2016年把此项工作当作重头戏来抓。进一步推动“助保贷”等融资模式在安泽县的运行，立足于破解融资瓶颈，构建中小企业融资服务体系。主要是贯彻落实国发〔2012〕14号《国务院关于进一步支持小型微型企业健康发展的意见》、晋政办发〔2012〕42号《关于印发扶持小型微型企业加快发展若干政策措施的通知》及晋财企〔2014〕84号《关于印发扶持小型微型企业加快发展若干政策措施的通知（第二批）》文件精神，有效解决安泽县中小微企业融资难问题，促进中小微企业快速发展。

【人才服务】 人才是企业创新和发展的原动力和根本，2016年采取了以下举措：根据临市企培〔2016〕1号文件，鼓励扶持中小企业发展，推进中小企业人才建设，推荐安泽县永康洗煤参加临汾市成长型中小企业高级职业经理人资质评价培训班。帮助企业提升团队领导能力、沟通公关能力、经营决策能力、营销能力、资本运作能力、企业文化建设能力、自主创新能力和危机公关能力，提升企业的管理能力和人才资质。加大对企业经营管理人才的培训力度，推荐我县天盛化工、太岳焦化、永康洗煤、宏泰建材、九州超市、鑫泰有机肥等企业经营管理人员参加由市中小企业局组织的“宏观经济形势与供给侧结构性改革”专题讲座，让企业能够在新形势下加快企业方向性、结构性改革，尽可能降低损失、提升企业的盈利能力及对企业未来发展方向进行引导鼓励。推荐经营效益较好的中小企业参加由山西省中小企业局中国证券监督管理委员会山西监管局关于举办中小企业改制上市培训班，实施“山西省中小企业规范化改制三年行动计划”落实中小企业发展政策、优化改善中小企业发展环境，推进中小企业规范化改制进程，促进中小企业发展。让企业能够在新形势下加快企业方向性、结构性改革，尽可能降低损失、提升企业的盈利能力及对企业未来发展方向等方面进行引导鼓励，有效地促进了管理人员的能力和素质的提升。

【企业产品销售】 组织安泽县企业参加第十二届“中、俄、蒙经贸洽谈暨商品展销会”，为企业加大推广宣传平台，提高企业及产品的认知率，帮助企业做好推广工作，扩大销售渠道；组织安泽县和川蔺泉酿酒及森海人家参加临汾市“专精特新”名优产品展示会，借市政府和中国物流与采购联合会联合举办的“2016 中国公路货运行业发展论坛暨临汾互联网+物流创新发展峰会”之际，进一步提升安泽县中小微企业品牌知名度，展示安泽县“专精特新”中小微企业名优产品风采，使企业产品产得出、销得出、市场好、前景好，发展市场更为广阔。

【信息服务】 2016 年积极开展“送法律进企业”“送政策下乡”和大型政策宣传活动，专门印发国家、省、市关于扶持中小微型企业发展的优惠政策，通过走上街头、深入企业等多形式向企业、广大群众发放宣传册和宣传资料 8000 余份，使广大企业及时掌握政策信息，促进了小型微型企业发展。

电力工业

【概述】 山西地方电力有限公司安泽分公司隶属山西国际电力集团所属的山西地方电力有限公司，现有在册正式干部职工 96 人，农电工 87 人，下设 7 个管理部门及 11 个供电所。党群机构有：党支部、工会、共青团、妇女小组。现供电区域内拥有 220 千伏变电站 1 座（国网公司所辖），110 千伏变电站 3 座（国网公司一座），35 千伏变电站 2 座。110 千伏线路 121.377 公里，35 千伏线路 83.334 公里，10 千伏线路 579 公里，配变容量 422 台/40355 千伏安。2016 年度累计完成供电量 30139.25 万千瓦时，售电量完成 28304.04 万千瓦时，线损率 6.09%，平均电价 647.89 元/千千瓦时。截至 2016 年 12 月底，公司安全运行天数达 5734 天，未发生任何安全生产事故及设备损坏事故。

【经营指标完成情况】 1. 供电量：1—12 月份累计完成 30139.25 万千瓦时，比同期 41536.91 万千瓦时少供 11397.66 万千瓦时，比计划指标 24507.2 万千瓦时多供 5632.05 万千瓦时。完成年计划 24507.2 万千瓦时的 122.98%。2. 售电量：1—12 月份累计完成 28304.04 万千瓦时，比同期 39028.29 万千瓦时少售 10724.25 万千瓦时，比计划指标 23000 万千瓦时多售 5304.04 万千瓦时。完成年计划 23000 万千瓦时的 123.06%。3. 线损分析：1—12 月份累计完成 6.09%，比同期 6.04%升高 0.05 个百分点，与计划指标 6.15%降低 0.06 个百分点；总损失电量为 1835.21 万千瓦时，比同期 2508.62 万千瓦时少损 673.41 万千瓦时。4. 平均电价：1—12 月份累计完成 647.89 元/千千瓦时，比同期 627.20 元/千千瓦时增加 20.69 元/千千瓦时，比计划指标 604 元/千千瓦时增加 43.89 元/千千瓦时。5. 电费回收：1—12 月份累计应收 19658.90 万元，实收 19658.90 万元，回收率 100%，预收 1350.56 万元。

【安全工作】 1. 严格落实安全主体责任。从讲政治的高度来抓安全生产工作，层层落实安全生产责任制，层层履行监督职责，对公司安全生产委员会及交通、消防、应急等领导组成员调整情况通过文件进行公示。2. 落实风险管控管理。针对农网改造、春检预试、迎峰度夏工作实际，严格落实到岗到位监督要求，加强安全管理和现场管控，合理安排工作任务和计划，强化标准化作业。3. 严格执行“两票”管理。对各班组两票的执行情况进行认真考核，进一步规范、统一“两票”签发、执行、管理工作，坚决杜绝了无票工作和无调度许可的行为。严格执行智能签票、网上审票，切实减少了填票、签票过程中的人为失误，便于各级管理人员对“两票”的监督，防止了违章的发生。4. 开展安全标准化建设和安全文化建设示范企业建设。为切实保证安全标准化工作深入开展，印发了《深入开展安全标准化建设实施方案》，成立了以公司经理为组长，各部门负责人为成员的安全标准化工作领导小组，并对建设任务进行分解，落实责任，分步骤实施。于8月18日组织召开了由晋能电力集团安全顾问冀锦云授课的安全生产标准化达标培训会，针对电网企业安全生产标准化达标评级工作内容、开展的方式和重点、难点进行讲解，对达标工作中的疑问进行了现场解答。2016年安泽分公司被晋能电力有限公司推荐为山西省安全文化建设示范企业，为将此项工作开展好，于8月29日召开了安全文化建设示范企业及电力企业安全生产管理考评工作任务分解会，就开展安全文化建设示范企业工作进行了任务分解。5. 开展“安全生产大讨论”活动。按照晋能电力和地电公司工作安排，10月12日召开了“百日安全生产大讨论活动”动员会，要求全体党员干部职工结合“两学一做”学习教育，进一步落实安全生产责任制，夯实安全生产基础，确保安全生产局面的持续稳定。在每周安全日活动时，针对活动方案中的七条讨论议题每周一条展开认真讨论，对发现的问题进行梳理汇总，保证了“百日安全生产大讨论”活动真正落到实处。6. 加强安全培训教育管理。采取多种形式，加大安全宣传教育培训力度，特别是重点加强安规、两票、两票移动系统、应急救护心肺复苏法等生产一线员工的自我安全防范意识和安全技能培训，引导员工树立正确的安全观念、思维和行为。充分利用“安全生产月”活动契机，组织开展“守护生命”安全知识竞赛、“干部上讲台，培训到现场”知识讲座及重要用户突发事件应急演练，并结合周四安全活动日，大力培育以“崇尚安全、敬畏生命、行为规范、自主保安”为核心理念的安全文化，全面提高员工自身业务技术素质和安全防护能力。7. 积极开展配网自动化建设和站端改造。在“安全生产标准化达标”的基础上，围绕电网安全可靠运行要求，以提高供电可靠性、电压合格率为目标，积极开展配网自动化建设和站端改造，切实提升了配网自动化和无人值班变电站水平。并统筹安排各类季节性检修工作，实现了安全隐患、安全评价、危险源管控、应急管理等工作的信息化管理。

2016年，实现安全生产天数366天，累计安全生产天数5734天，未发生任何考核性事故，“两票”执行1472份，正确率99.93%。

【经营管理】 1. 提升经营绩效管理。强化线损管理，重新修订了《线损管理考核细则》，分区、分压、分线、分台区将各项指标分解到部门和人，对线损率波动大的线路、台区逐个分析，认真研究降损节能措施，制订并严格实施技术降损计划。通过理论线损计算软件，全面进行了理论线损计算指导指标管理和降损节能工作。加强电费管理，修订完善《电费回收考核办法》，加强对基层营销人员电费回收考核力度，严格执行电费日清、月结，杜绝违规现象发生，将电费回收工作责任切实落实到人，有效防范电费回收风险，确保考核指标按期完成。2. 强化计划和预算管控管理。严格执行计划闭环管理和审批程序，减少预算外支出。项目实施过程管控，切实规范项目支出范围和渠道，及时办理结算、决算，保证已完工项目的正常闭环。3. 加强计量管理。通过严把质量技术关，开展电能表的首检工作和周校工作，加强了专变、公变总表（包括集抄器的安装和调试）的校验、轮换和调试，杜绝了跑、冒、滴、漏现象；结合春检工作对变电站各条柜线进行 PT 二次压降测试，对不符合《电能计量装置技术管理规程》要求的贸易结算电能表和 PT 二次压降的计量装置进行了改造。4. 规范用电管理。制订了用电检查计划，统筹安排安全隐患排查、非（违）法生产、特殊保电、营业普查、用电异常等各项检查。配合主管部门对辖区内的焦化、煤矿、洗煤、搅拌站等重要用户和大用户开展了检查，通过检查对用户存在的安全隐患、问题及时下达了书面整改通知书，并上报安全生产管理和行业主管部门。

【脱贫攻坚】 供电所积极与各乡镇政府沟通、配合，确定及签订并网协议。配合县政府办对马必、和川等乡镇集中光伏发电项目进行选址规划。根据用户申请，完成了 2016 年分布式光伏项目市发改委备案，共报备四批 460 户，总容量 3470.48 千瓦。购置分布式光伏用户并网材料，对光伏设备完善的用户及时安装并网。参加了和川镇孔旺村等 7 个光伏发电项目并网工程可研审查会。

2016 年，受理光伏网 414 户，现场勘察确定并网方案 284 户，并网安装完成 192 户，并网资料齐全 283 户，完成备案 461 户，完成并网 169 户，其中贫困户并网 115 户。马壁乡村级光伏扶贫电站于 12 月 19 日并网；杜村乡村级光伏扶贫电站于 12 月 29 日并网；和川集中式光伏电站于 2017 年 1 月 5 日并网。

【项目工程建设】 按要求完成了 2015 年新增农网改造项目并完成决算，完成投资 387.4024 万元。变电站站端改造全部完成，城镇配网智能化项目落户安泽。南湾、东湾、冀氏、唐城 4 座变电站智能辅助系统已全部安装完成并接入调度系统，完成投资 403.52 万元。2016 年机井通电项目有序进行。工程于 2016 年 7 月 8 日获得山西省发展和改革委员会立项批复，包括 15 个项目 21 处水井，计划投资 148 万元。8 月份进行了现场勘察设计，待地电公司批准后开始设计招标。2016 年农网改造升级工程及和川 35 千伏输变电工程稳步推进。由于山西地方电力有限公司工程资金投资计划变更，工程未能获得初步设计批复，推迟至 2017 年实施，2016 年办理前期手续。

【党风廉政建设】 积极推进“两个责任”落实。与各部门、各班组层层签订了党风廉政建设目标责任书，将党风廉政建设目标责任层层分解，落实到人。严格制度约束。坚持“三会一课”等制度，在以往的基础上不断完善企务公开、党务公开。制定出台了《党政联席会议制度》《中基层干部管理办法》《周例会工作制度》《领导干部外出报备规定》等办法制度。开展了“两学一做”学习教育。首先抓好党员干部日常学习，发放了《中国共产党章程》《中国共产党廉洁自律准则和纪律处分条例》《中共共产党党员权利保障条例》《习近平总书记系列重要讲话读本》《习近平谈治国理政》等书籍，组织党员干部集中学习15次，邀请党校讲师专题辅导2次，领导讲党课2次。以领导领带头学、集体交流研读等形式，每月一主题，在微信平台成立党员学习交流群，每日推送学习信息，创新学习方式。其次是开展了4个专题的学习研讨会，针对存在的不足认真开展回头看，查漏补缺，扎实进行整改。再是结合建党95周年开展了“五个一”系列活动，通过党员测试、领导党课、红色教育、送学活动等不断丰富学习教育内容，真正做到学习教育有特色、接地气、见实效。集中排查党员组织关系。逐个核实党员信息，查清摸实党员底数，规范组织关系转接，健全完善了57名党员档案。

【扶贫帮困、优化环境】 开展“精准扶贫”工作帮扶包联村。围绕“精准扶贫”工作，21名党员与包联村贫困户建立精准扶贫档案，根据贫困户实际情况，一对一制定精准脱贫帮扶措施，确保贫困户如期脱贫。继续巩固省级文明单位创建成果。积极开展了“花园式机关”创建活动，营造整洁优美的工作环境和优雅清新的办公环境，组织人员对辖区内变压器周边及电杆卫生进行了清理工作，自觉维护环境卫生，摒弃陈规陋习和不文明行为，真正使创卫工作从“面子”到“里子”靓起来，共同打造文明和谐企业。通过“感动安泽人物”“工人先锋号”“文明班组”“文明个人”评选等活动，加大对好人好事的宣传力度，形成“人人重视，个个参与”的创建氛围。组织开展了“企业与家”道德讲堂、“我们的节日”经典诗文朗诵会、职工运动会、志愿服务等活动，受到社会各界一致好评。

（孔淑桃）

集体工业联合社

【概述】 联社机关下设“一室两股”，即：办公室、资产运营管理股、经济运行股。现有全部干部职工20人，其中：在职干部职工9人，离退休干部11人；联社党支部现有党员19人，含女党员4人，其中：离退休党员9人。2002年根据《安泽县县级党政机构改革方案》精神，不再保留安泽县二轻工业总公司，保留城镇集体工业联合社。

【党风廉政建设工作】 领导班子坚持不懈地抓好干部理论学习，制定党支部集中学习制度、学习规划和干部学习制度，提出了学习目的与要求，坚持每周三学习日制度。认真学习《党章》《中国共产党党内监督条例》《中国共产党纪律处分条例》等规定。做学习笔记，撰写心得体会文章，举办学习专栏，开展学习交流活动。在抓好政治学习的同时，开展生动活泼的思想教育，组织党员干部观看警示教育电教片，用正反面的题材教育大家明是非，辨善恶，提高拒腐防变能力。通过学习和教育活动领导干部和机关工作人员提高了对党风廉政建设和反腐败斗争必要性、重要性和长期性的认识，增强了党员干部自重、自省、自警、自励的自觉性，廉洁自律的意识和拒腐防变能力有了进一步提高。

【为企业职工及退休人员办实事】 完成企业退休人员身份核定工作，协调完成了制鞋厂退休职工的补充医疗工作。积极配合县人社局，安排专人负责退休人员的指纹年检工作，深入职工家中把工作做到实处。春节及八月十五期间对制鞋厂退休及困难下岗职工家庭进行了慰问，了解他们的所急所难，切实帮助他们解决生活中的实际问题，让他们过一个快乐祥和的节日。

【信访接待】 2016年共接待处理来信来访20余起，加大矛盾排查解决力度。针对信访问题时间跨度长，涉及的人员化解矛盾难度大，将继续细心地做好职工所反映问题的解决和政策解释工作，及时沟通疏导，防止或减少上访事件的发生。

【安全隐患排查】 2016年，协调资金5000余元对制鞋厂楼顶进行了改造，解决了群众反映的楼顶瓷砖掉落的安全问题；根据租赁户要求，更换制鞋厂水表、部分管道及一楼楼梯通道的卷闸门，有效地消除了安全隐患。对租房户的安全工作进行了检查，并下发了用水、用电安全宣传资料，在发现问题后进行了及时纠正，并安排专人进行监督整改，确保了全系统健康安全运转。对下属企业装潢公司的安全进行了检查，并督促企业对查出的排水困难、电线打火等问题进行了整改，有效地消除了安全隐患。

【工艺美术协会工作】 积极组织县工艺美术人才参加“临汾工艺美术.非遗精品展示”雕塑文化展示活动，受到临汾工艺美术协会的高度好评，展现了县作为“荀子故里.千年古县”的深厚的文化底蕴和无穷的文化魅力。圆满完成了临汾市工艺美术大师的评选推荐工作，现有一人获得市工艺美术协会授予的“工艺美术大师”称号。根据上级的要求，县正在积极筹建“安泽县工艺美术协会”现已完成名称核准、验资等工作。协会在筹备过程中得到了县政府的大力支持。

【创卫工作】 积极开展创卫各项活动，深入月亮湾社区、下属企业制鞋厂和装潢公司开展集体创卫活动6次，制定卫生工作制度、创卫管理办法，建立健康教育领导组，制定禁止吸烟管理规定，开展卫生健康宣传知识讲座1次，在单位明显位置放置“禁止吸烟”标志3个，制作健康卫士宣传栏一个。形成全局动员、人人参与的良好局面，为早日实现创建国家卫生城市的奋斗目标做贡献。

农业经济

农业委员会

【农业建设】 粮食产量创历史新高。2016年，县委、县政府高度重视农业和粮食生产，在落实中央惠农政策的基础上，加强农业基础设施建设，改善农业生产条件，实施科技兴农战略，推进粮食高产创建工程，开展防灾减灾，粮食生产克服前期干旱、局部暴雨冰雹宠害、后期病虫害等诸多不利因素影向，全县粮食生产持续稳定发展。经县统计局核定后公布，2016年全县粮食总产量达到154257.7吨，比上年增产4.13%；全县粮食平均亩产446公斤，比上年增加21公斤，粮食总产和单产均创历史新高。

【经济建设】 全年全县农作物种植面积379471.5亩，比上年减少2695.5亩。其中，粮食种植面积346212亩；减少2685亩；油料种植面积3448.5亩，减少0.5亩；烟叶种植面积4323.5亩，比上年减少11.5亩；蔬菜种植面积14440.5亩，比上年增加860.5亩；瓜类种植面积924亩，比上年增加21亩。在粮食种植面积中，玉米种植面积328170亩，增加8394亩；小麦种植面积无。

【种植业】 2016年，全县粮食播种面积基本稳定，产量增加。其中：秋粮面积、产量增加。特别是玉米面积略增、产量增加；而杂粮、高粱面积、产量减少，全县经济作物总面积基本稳定，不同作物播种面积和产量年度间变化明显。烟叶、油料面积减少，产量增加；蔬菜、瓜类面积、产量增加。

全县粮食作物播种面积346212亩，比上年减少2685亩，减幅0.77%；产量达到154257.7吨，比上年增加6115.7吨，增幅4.13%。其中：小麦播种面积无，减幅100%；玉米播种面积328170亩，比上年增加8394亩，增幅2.62%；产量150575.9吨，比上年增加8334吨，增幅5.86%。高粱播种面积1258.5亩，比上年减少39.5亩，减幅3.04%；产量410.5吨，比上年减少3.5吨，减幅0.85%。杂粮播种面积16420亩，比上年减少1354亩，减幅7.62%；产量8447吨，比上年增加30吨，增幅0.36%。

全县经济作物播种面积23136亩，比上年增加869亩，增幅3.9%。其中：蔬菜播种面积14440.5亩，比上年增加860.5亩，增幅0.34%；产量43500.8吨；比上年增加4286.8吨，增幅27.14%。油料播种面积3448.5亩，比上年减少0.5亩，减幅0.01%；产量653.3吨；比上年增加20.3吨，增幅3.21%。烟叶播种面积4323.5亩，比上年减少11.5亩，减幅0.27%；产量738吨；比上年减少23吨，增幅3.22%。瓜类播种面积924亩，比上年增加21亩，增幅，2.33%；产量2971.6吨；比上年增加110.6吨，增幅3.87%。全年粮食产量154257.7吨，增加6115.7吨，增产4.13%。秋粮346212吨，增产2.17%。全年完成造林373公顷，减少57.51%。

【养殖业】 全年全县猪牛羊肉总产量1824吨，增长37.45%。其中，猪肉产量778吨；牛肉产量307吨；羊肉产量253吨；禽蛋产量2965吨，增长4.77%。

【农业机械】 2016年底，全县农业机械总动力71476千瓦。机械耕地面积24万亩，比上年减少2.04%；机械播种面积24万亩，比上年增长26.98%；机械收获面积3.6万亩，比上年减少26.5%。全县农机经营总收入达到1267万元，同比减少27.95%。

【农村土地确权工作】 开展农村土地承包经营权确权登记颁证工作是在现有农村土地所有权确权登记发证材料为依据的基础上进行完善，解决承包地块面积不准、四至不清、空间位置不清、登记簿不健全等问题，为开展土地经营流转、调处土地纠纷、完善补贴政策、进行征地补偿和抵押担保提供重要依据。经摸底调查安泽县二轮承包面积（在册）148008.61亩；机动地面积14020.84亩；自留地7626.2亩；其他地28296.77亩。

2014年开展确权试点工作2个村；涉及确权面积1.14万亩，农户413户；2015年开展确权工作全面开展涉及72个村，确权面积20.79万亩，农户11746户；2016年开展剩余的30个村、涉及确权面积8.44万亩，农户5309户。

截止2016年底，2014年、2015年74个确权村已全部完成二轮公示；2016年确权的30个村完成一轮公示；17个村完成二轮公示；完成二轮公示的村两年合计91个；符合公示“零错误”标准，可以签订合同的村32个；其中2个村，签订合同190份。

【农民专业合作经济组织和家庭农场发展】 2016年底，全县农民专业合作社累计达到446个；其中：2016年新成立农民专业合作社21个（养殖业4个，种植业15个，购销2个）；获得农业财政扶持资金的合作社数1个；当年承担国家涉农项目的合作社数2个。家庭农场:截至2016年底全县录入山西省家庭农场网址共计19个；其中2016年新增家庭农场2个，（养殖业1个，种植业1个）

【农民技能培训】 三个措施：1、利用农闲时间针对玉米、中药材、设施蔬菜进行技能培训，全县共完成培训26期，2650人次；2、安泽县被定为临汾市新型职业农民培育重点县,工作任务是243人，其中生产经营型118人，专业技能和社会服务型125人,2016年底全部完成；3、退耕还林职业技能培训1348人，完成培训任务。

（李铁岭　韩军）

水　利

【工程建设】 1. 安泽县北崖底小流域（片）水土保持综合治理工程。工程于2015年12月开工，至2016年5月31日完工。完成投资318万元，治理水土流失面积9.88平方公里，其中：坡改梯111.6公顷，乔木林130.41公顷，封禁治理745.9公顷，（机械围栏8000米、小标志牌20块）；生产道路1.6公里。2. 农村饮水安全巩固提升工程。投资150万元，建设9处工程，解决6个乡镇、9个行政村、9个自然村、5328口人，65头大畜的饮水不安全问题。

【水资源管理】 围绕节水型社会建设，强化“三条红线”刚性约束，严格用水量控制，全面实行地下水保护及关压采行政首长负责制，2016年底完成全县地下水压采5万立方米。2016年全县万元工业增加全县地下水压采量5万立方米；收取水资源费296万元。

【防汛抗旱】 1. 河道防汛。加强了河道清障排障工作，清除河道障碍物6.6万立方米。同时，设置38个危险地段的警示牌，明确河道管护责任人；2. 水库防汛。制定了一库一策、一库一案的防洪预案和度汛方案，并严格落实防汛责任制，特别是对和川水库移民工程中，尚未迁出的70余户群众进行了重点监管；3. 地质灾害防范。健全群测群防网络，在46个地质灾害易发地段设置警示牌，并安排专人监测，制定应急预案，将责任落实到乡（镇）、到村、到户；4. 危房危窑排查整治。分两个组对7个乡镇的危房危窑排查进行督导。同时，为确保今年安全渡汛，具体做到了“六个到位”：1. 预案到位。对各类预案进行了完善，提高可操作性，形成了切实可行、完整高效的预案体系。2. 队伍到位。组建专兼职防汛队伍70余支，830余人。3. 物资到位。实行统一部署、统一调度。储备水泵100台、编织袋10万条、照明设备600余台、发电机11台。4. 预测到位。建立预测预报会商制度，气象、水文及时发布水情雨情，防汛指挥部及时发布预警信息，为防洪指挥决策、科学调度提供依据。5. 宣传到位。通过县电视台向社会发布各类预警信息30余条，通过宣传车上路、乡干部进村等方式，积极引导群众自我防范，将各项防汛措施进行延伸和拓展。6. 值守到位。严格执行各乡镇、各部门24小时值班制度和领导带班制度，明确规定报告信息的时限和要求，做好上传下达，确保政令畅通。

【河道管理】 采取各种形式，积极开展水法规宣传教育，扎实推进河湖确权工作。河湖确权实施方案已完成并上报，汛前查处擅自进行河道设障行为8处，完成收集沁河安泽县段生态修复规划资料并上报。

【水土保持】 1. 加强宣传。利用《水法》宣传日、宣传周，深入建设工程实地和企业厂矿宣传《水土保持法》和《水土保持法实施条例》，强化日常水土监督执法管理、抓好水土流失治理，持续推进生态环境改善。2. 加强执法。对县域范围内的长临高速建设工程和煤矿企业开展水土保持执法，对山西玉和泰煤业和玉华煤业的水保工程未验收的违法行为开具了《责令停止水土保持违法行为通知书》并责令其限期整改。完成并上报了《安泽县2016年麦地庄小流域水土保持综合治理工程实施方案》。

【水库移民】 1. 配合省、市完成了张峰水库移民的终验工作，专家组深入安泽县马壁进行实地调查，为马壁移民安置各项工作落实到位，确实做出了搬得出、稳得住，群众生产生活有明显改善。2. 和川移民工作在资金短缺的情况下，仍然奋力推进水、电、路等各项新村配套工程。南湾村52户155人已全部完成搬迁安置，荆村247户740口人已有188户634人完成搬迁，移民新村主体及专项复建工程、水、电和有线电视已全部完成。3. 马壁移民后期扶持工作有序进行，完成了后期扶持1316人，直补资金78.96万元。同时进行后期扶持项目的规划，由各移民村为实施主体，完成了美丽家园建设项目220米深井一眼、硬化巷道250米，完成投资95万元。

【扶贫攻坚工作】 根据县委政府精准扶贫工作安排，并选拔优秀党员帮助郎寨村发展光伏发电及养鸡产业，鸡苗达到1000只；推广种植优质梨树品种“玉露香”30亩，同时向上级申请农村饮水资金，改善了西里、高峪村民组吃水困难的问题，向包联村拨付抗旱专项补助款1万元，12月又抽调40余人分四个组赴7个乡镇深入对贫困户进行饮水安全调查，确保贫困户饮水脱贫。

【创卫工作】 1. 以“创建国家卫生县城，构建文明和谐单位”为主题做好创卫工作，成立创卫工作领导小组，明确了工作任务。2. 召开了创建卫生工作动员会，把义唐河清淤工作放在创建卫生县城工作的首位并认真组织落实，经过半个月紧张施工，共清淤11847立方米，砼拆除824.84立方米，全面完成任务。3. 机关卫生工作方面，制定《水利局“创建卫生县城”实施方案》，完善卫生管理制度、公共卫区域卫生包干责任制度、会议室卫生制度，每月开展一次全局性的清洁卫生检查评比，严格卫生考核等制度，让创卫工作切实做到有章可循，有规可守，有据可依。

林　业

【概述】 安泽县林业局成立于1973年；1992年改称“安泽县林业开发服务中心”，保留林业局建制；2002年机构改革，依据安编发〔2002〕1号文件，建立“安泽县林业服务中心”，为县政府直属事业单位，科级建制；2009年12月政府机构改革，职能整合，依据安发〔2009〕33号，组建县林业局。不再保留林业服务中心；依据安办发〔2010〕3号文件，安政办发〔2010〕23号文件设置安泽县林业局，正科级建制，为县政府工作部门。局机关下设：5个内设机构（分别是办公室、资源林政股、营林绿化股、绿化委员会办公室、发展计划与资金管理股）；下属事业单位20个（分别是国有林场经营管理局、林业站、种苗站、公安森林派出所、技术推广站、森林病防站、良马和杜村木材检查站、七个林场、苗圃、森林防火指挥中心、荀子文化园、林权服务中心、湿地公园管理站）。安泽县林业局主要职能是拟订全县林业及其生态建设的发展战略、中长期规划和年度计划，并组织实施；承担林业生态文明建设，组织、指导、监督林业重点工程建设等，2016年末局机关人员81人。完成2016年国家、省、市下达营造林任务0.56万亩。县，森林防火、资源管护、林权改革、有害生物防治等日常工作。

【林地变更】 林地变更数据初核完成。2016年3月份全面启动林地变更调查工作，通过与国土、农业、水利、畜牧等相关部门数据对接，已完成外业调查、内业纠偏、国家级公益林落界调整、退耕地还林确认上图，现已与省直林局完成数据对接，省级已对所有数据初核，通过省级验收后，召开政府常务会议确定林地一张图，资料完备上报省级备案。机关建设工作任务，加强机关党建工作，完善相关制度等。

【林产业发展】 加快推进优质核桃和有机连翘产业的发展速度。加强春、秋季节已栽植优质核桃的后期管理工作，采取有效措施确保成活率，实现“栽得上、活得了、效益高”的目标。连翘加大采青管护力度，对防治采青也正在发布公告，加大巡查执法力度，争取做到正常采集，确保连翘资源安全。推进连翘加工产业发展，在县委、县政府的大力支持下，促进产业健康发展。

【造林绿化】 坚持因地制宜、造管并重，高标准推进整合后的造林绿化工程实施，全方位提升绿化水平和品位。造林措施到位，为确保今年造林绿化质量和实效，积极完善各项措施，落实相关政策和责任制度，严格招投标，严把技术关，依据相关技术规程，实行程序化管理，强化技术服务，把技术服务渗透到造林的每一个关节，切实提高全县造林绿化质量和科技含量，对各项营造林工程成活率低的进行补植补栽。抓好封山育林，加快防护网建设，配齐、配强专兼职管护员，落实封禁措施。共完成上级主管部门下达营造林任务营造林任务0.56万亩，2016年全部完成，进入管护期。其中：投资30万元在杜村乡文州村，完成太行山绿化防护林工程0.1万亩；投资52.5万元在全县七个乡镇，完成巩固退耕还林成果干果经济林0.15万亩；投资60万元在全县四个乡镇五个行政村，完成造林补贴项目0.3万亩；投资4.5万元在和川镇上县村，完成植被恢复项目0.01万亩。以上逐项任务全部完成，进入管护期。2016年度太行山绿化防护林工程0.6万亩，总投资157万元，其中：植苗造林0.5万亩，投资150万元，主要栽植树种为侧柏、连翘、刺槐；封山育林0.1万亩，投资7万元，实施拉网、封禁碑、结界碑、林间空地补植补造等封禁措施。2016年底已全部完成，进入管护期。

【森林防火】 树立森林防火工作全年抓的理念，抓好预警工作。重点抓好防火带和防火林道的建设，加强火情处置时的交通保障，依靠防火带阻隔，把火情控制在较小范围。保证物资充足，在火情发生时做好后备跟进工作。保证车辆的正常运作，加大检修的力度。全年没有发生重大森林火灾。

【林政资源管理】 行政审批：按照推行“两清单”制度的相关要求，对涉及林业部门的行政事项权力清单（181项）、行政职权事项权力清单（181项）、权责清单（115

项），以及行政职权运行流程图和廉政风险防控图（15 项流程图、行政许可“权力清单、风险防控”监督图），4 月底前全部在政府网向社会公布，接受监督。同时，严格按照审批流程办结临时占用林地审批 17 件，木材采伐审批设计 219 件。行政执法：按照省、市、县主管部门要求，加大执法力度，依法严厉打击毁林开荒、乱占林地、乱挖乱运、盗挖树木等破坏森林及野生动物资源违法犯罪行为，有效维护林区秩序稳定，确保生态资源安全。截至 11 月 7 日，公安森林派出所共查处各类林政案件 75 起，案件处罚共计 33.02 万元。其中：毁林开垦林地案件 59 起；滥伐林木案件 4 起；盗伐林木案件 3 起；非法采石案件 1 起；野外用火案件 4 起；擅自改变林地用途 4 起。办理公安治安案件 1 起，行政拘留 1 人。移送临汾市森林公安分局刑事案件 11 起。

【有害生物防治及苗木检疫】 林业有害生物防治。加大了全县松线虫病、红脂大小蠹、美国白蛾等林业有害生物的监测，林业有害生物的发生防治情况逐月上报，按时进入中国森防信息网进行预测预报。针对兰村林场 1000 亩油松林轻度松梢螟危害，通过悬挂鸟巢进行了防治。同时，严格产地检疫调运管理，尤其是对重点绿化工程所用苗木进行了跟踪检疫，严禁感染病虫的苗木出圃、栽植和调运，共检疫各种苗木 20 余车。

【学习教育活动】 结合林业工作实际，在全体党员中开展“两学一做”学习教育，认真学习党章党规和习总书记系列讲话，争做讲政治、有信念，讲规矩、有纪律，讲道德、有品行，讲奉献、有作为的合格党员。按照学习教育的要求，已开展“四讲四有”学习讨论六次，党员完成学习笔记和学习心得，班子成员每人讲党课两次。

【帮扶活动】 精准扶贫完善规划，制定出《扶贫发展攻坚造林专业合作社实施方案》《精准聘用贫困森林管护员实施方案》，结合“三联两报到“深入包联村石槽，结合包联村实际，协助完成了蓄水池维修，顺利推进了道路拓宽工程。局党员干部参加村委组织生活会，党员入户，确定了帮扶项目，提供了种植及养殖技术资料。引导建档立卡贫困农户组建、加入合作社，政策、资金、技术上予以扶持，帮助脱贫。栽植核桃 115 个贫困户进行技术培训，提升管理水平，增加产业收入。未成林管护项目人工巡护吸纳贫困人员负责管护，增加年度收入。下一步将继续完善扶贫规划，努力帮助贫困人员脱贫。

畜　　牧

【概述】 2016 年积极开展“两学一做”学习教育，领导带头，党员带头，真抓实干，提供优质服务，提升服务水平，努力创优畜牧业发展环境，创建标准化养殖示范场 1 个，创建果蔬循环示范场 2 个，创建家庭牧场 11 个。全县肉类总产量 1.835 万吨，禽蛋产量 0.548 万吨、奶产量 0.81 万吨。投资 70 余万元，完成了伟晋养殖有限公司畜禽粪污治理工程，投资 120 余万元完成了黄花香养猪专业合作社、瑞达养牛农民专业合作社 2 家合作社病死动物无害化处理工程，完成了年初下达的目标任务。

【重大动物疫病防控工作】 2016年初，局、站层层签订了“安全生产责任书”，做到了工作量化，责任细化。工作中，狠抓四项措施，扎实开展畜禽集中免疫。在春、秋两季集中免疫中，坚持“政府保密度、部门保质量”原则，早动手、早安排、早部署，认真落实规模养殖场行政、技术双包责任，切实做到“应免尽免，不留空档”，高致病性禽流感、牲畜口蹄疫、高致病性猪蓝耳病、猪瘟、鸡新城疫应免免疫密度均达到了100%。同时，科学运输、储藏和使用疫苗，严格集中免疫操作程序，规范填写免疫档案和户口薄，确保了免疫效果。稳步开展疫病监测。严格落实疫情日常监测、随机监测和集中监测制度，定期对规模养殖场进行抗体抽检监测，及时掌握疫情动态。做好应急准备。进一步完善了《安泽县防控重大动物疫病应急预案》，坚持领导带班，24小时值班制度，一旦发生疫情，能迅速反应，科学处置。加强基层动物防疫体系建设。充分发挥乡、村两级动物防疫人员的作用，健全冰箱、冰柜、冷藏包等冷链实施，保证县、乡、村三级防疫服务网络正常有效运行。

【畜产品质量安全监管】 严格执行县局领导包乡镇，乡镇人员包村、包户，层层分解任务，细化责任，实现了监管区域全覆盖，做到了纵向到底、横向到边，无盲区监管。动物卫生监督工作，全面实施了电子出证和《动物检验记录工作规范》。产地检疫实施申报制，确保农村散养动物产地检疫率达95%以上，规模养殖场产地检疫率达100%，屠宰厂动物的产地检疫证明持有率达到100%。严格动物耳标佩带和管理工作，进一步完善了可追溯体系建设。饲料、兽药、生鲜乳监管和监测工作，完成了下达的抽样检测任务，积极开展兽药饲料日常监管工作，严格执行全省饲料和生鲜乳质量安全监管责任制，落实日常巡视制度，加大了经营主体的监管力度。此外，积极开展放心农资下乡进村宣传和农资打假专项治理等活动，开展了畜产品安全“宣传周”“宣传月”活动、“兽药、饲料、瘦肉精、生鲜乳专项整治”，对屠宰场、点，兽药、饲料经营门店等重点场所定期不定期展开拉网式排查。大力宣传畜产品安全的重要性和危害畜产品安全的严重后果，有效增强了群众对畜产品安全的科学认识。

【精准脱贫工作】 包村工作上，成立了精准脱贫攻坚工作领导小组和驻村扶贫工作队，局负责人坚持每周到村，驻村工作队和帮扶党员与贫困户进行了一对一对接。全年，局领导干部与包联村两委班子召开谈心谈话座谈会3次，全体党员开展政策宣传1次，发放技术资料100余份，开展慰问活动一次，帮助贫困户种植油用牡丹一次，为包联村精准脱贫工作顺利开展夯实了基础。拿出8000余元帮扶资金为包联村安装会议室电子屏一套，印发防火、退耕还林、还草等宣传材料等。产业脱贫工作上，9月份，开展建档立卡贫困户养殖意愿脱贫户摸底，制定了畜牧产业精准脱贫工作方案，上报省主管部门。开展“大象公司+家庭农场”生猪养殖情况调研，采取到隰县实地考察、和大象企业座谈、和乡镇领导座谈等方式，对全县的生猪养殖情况及隰县“大象公司+家庭农场”管理模式进行了调研，并形成调研报告上报，为上级决策做好参谋助手。开展“一卡一库一培训”养殖业特惠补贴工作，对64各村，839户建档立卡贫困户发放补贴资金229876元。协助府城、和川、唐城、杜村、马必5个乡镇开展业务培训，助力乡镇开展脱贫攻坚工作，共派出专业技术人员12人，开展培训课时40余课时，培训人员500余人次，涉及畜禽养殖、疫病防控、饲草饲料、粪污处理等知识业务知识，为养殖业产业脱贫夯实了基础。协助选派第一书记村开展精准脱贫工作上，选派第一书记村是马壁乡石槽村，拿出3000余元为该村购买防火服、打印宣传标语、送“两学一做”资料等，开展业务培训1次，发放消毒液2箱。

【党风廉政建设】 切实落实党风廉政建设主体责任，狠抓党建工作和机关纪律作风建设。按照县委要求，召开了动员会议，制订了实施方案，落实了日常工作人员，制定了学习计划，有序开展“两学一做”学习教育。启动了“讲政治、知敬畏、守规矩”专项治理活动。结合“定查评”和“亮晒述评”工作，科学制定年度目标和工作计划，层层落实责任，细化责任。同时组织机关干部职工学习了十八大精神以及中央、省、市重要文件，认真学习了畜牧业相关的方针政策、业务知识和岗位职责。严格落实学习制度、请销假制度和下乡工作制度，不断推进工作的规范化、制度化、程序化、标准化，为各项工作顺利开展夯实了基础。积极开展送科技“到百场入千户进万家”活动，及时把饲养管理、疫病防治、品种改良、种草养畜等新技术送到百姓手中。

农　机

【概述】 安泽县农机局是县政府授权的行政执法的主管部门，负担着全县农业机械的监督管理、质量鉴定、安全监理及机车上户、检验、操作人员培训、办证、审验工作；新型农业机械、农机新技术的试验推广工作；以及落实国家强农、惠农政策，农机具的购置补贴工作。

农机局现有干部职工36人，各乡（镇）设农机员18人，农机协管员104人，内设4站1室1股，分别是办公室、人教股、管理站、推广站、质鉴站、监理站。下设大型农机站，拥有推土机1台，大型拖拉机1台及配套机具1套。

2016年在国家农机具购置补贴政策的刺激之下，全县农民的购机热情空前高涨，极大推动了安泽县农业机械化的快速发展。连续12年不断加大补贴力度，累计安排补贴资金达1697万元，带动农民投入购机资金3959万元（2016年补贴资金230.017万元）。多年补贴政策的实施，促使农机数量大幅提升。2016年底，安泽县拖拉机拥有量4125台，其中大中型拖拉机675台，玉米联合收获机73台。可完成春夏秋三季机耕面积24万亩，机播24万亩，机收面积5万亩，累计完成保护性耕作面积9万亩。

【农机具购置补贴】 2016年落实国补资金230.017万元，补贴农机具324台，受益农户191户。农机补贴正成为推进全县农机化发展的强力引擎，大大加速了现代农业发展进程。

【农机新技术推广】　在马壁乡的东里村、卫寨村、郎寨村、马壁村建立示范园区，实施保护性耕作项目工程建设示范面积7500亩，补贴资金15万元，项目区农户每亩增产11%，节本20%。同时大力推进深松整地项目，2016年在安泽县的6个乡镇19个行政村实施深松整地项目面积2万亩，补贴资金50万元。

【新型农机具推广】　安泽县玉米机械化收获还处于示范推广阶段，完成玉米丰产方机收秸秆还田项目1万亩，补贴资金30万元，同时积极抓住玉米收获机的补贴工作，新增10台，组织好秋季作业，年玉米机械化收获面积达到3万亩以上。

【农机社会化服务】　新增农机大户1个，完成了马必乡唐村、府城镇上掌村和寺村3个磨坊油坊升级改造工程。年可加工米面10万公斤，辐射周边16个村，1.5万多人口，基本上解决了当地农村农民米面加工难的问题，使农民群众吃上安全面、放心油。

果业服务中心

【概述】　1992年4月，根据安发（1992）22号《中共安泽县委安泽县人民政府关于组建果树开发服务中心的意见》，将原林果服务中心改建为果树开发服务中心，将农业局的果桑站人、财、物划归果树开发服务中心，中心设主任、副主任。下设一室五科，即：办公室、财统科、生产技术科、供销科、质检科、审计科。近年来，随着工作的开展，业务量的不断加大，果树中心与单位主要职责范围不匹配，与全省果业部门名称不相符，不适应工作的需要，2014年3月，经编办更名为“安泽县果业服务中心”。果业中心为全额事业单位，编制8人，领导职数一正一副一纪检，设四个股室，办公室、财务科、技术站、质量科。现有人员21人，其中在职12人，退休9人。果业中心负责全县果树、药材、蚕桑、花卉、生产的组织指挥和协调调度；负责全县果业开发项目的考察、论证和审查及资金的引进和承贷承还。负责全县果树、药材、花卉、蚕桑生产技术的培训、推广和示范；负责办理果树、药材、花卉、蚕桑等苗木出入境手续。

【中药材发展】　2016年，全县新发展中药材面积7600亩，其中，黄芩4000亩、连翘1000亩、白芷100亩，柴胡1000亩、白术750亩、苦参750亩。今年，安泽县春季受冻害影响较小，连翘产量较大，价格在10元/公斤左右，药农收益平稳，人均收入在1000—2000元之间。

【“两学一做”学习教育及“311”工作】组织广大党员扎实开展“两学一做”学习教育，认真开展三联两报到、党员在活动、党员在行动等活动。2016年，中心通过“311”工作平台，共录入信息85条，接待群众来访9次，对有种植中药材、果树的群众，中心主动派出技术指导组进行实地指导服务30余次，对种植人员手把手进行技术培训指导，并发放各类技术宣传资料2000余份。

【科技培训】　4月11日，中心主办的“安泽县中药材果树培训班”在安泽县委党校开班，培训班为期3天，参训学员116人，涉及全县七个乡镇的中药材、果树合作社及生产大户、能手，有效推进安泽县中药材和果树产业健康发展。

【中药材普查】 2016年，对安泽县境内的野生中药材资源进行了深入仔细的调查，共采集900个品种，700种植物，600个标本，制作成品标本361个，《安泽县中药材普查大全（上册）》通过原省药检所副所长郭文菊教授审定，在国家质检出版社已出版发行，下册正在撰写阶段。由中心承建的“安泽县中药材标本展厅”已进入尾声，预计年底可全部完工。

【山西省中药材产业发展考察交流安泽会议顺利召开】 5月11日，全省中药材产业发展考察交流活动走进安泽县并在安泽县召开会议，省农业厅副厅长张红星、临汾市副市长王振宇出席。全国各地有关中医药方面的重点企业负责人、研究单位专家等100余人参加会议。会后，全省中药材产业发展考察交流团还前往安泽县黄花岭野生连翘抚育区参观考察。此次考察交流，对安泽县中药材产业的发展起到了很大的推动作用，更有信心把中药材产业发展打造成广大农民致富、群众脱贫的重要产业。

【精准扶贫】 果业中心党支部帮扶村是杜村乡良种场村，全村总面积15平方公里，总户数19户，总人口52口，共计党员5名，村、支两委班子成员4人，主导产业以玉米为主。依托其自然条件，中心积极引导其发展种植中药材，在以玉米为基础的农产品上，利用荒山、二坡底等闲置土地，发展中药材种植，规划种植3亩连翘育苗，并帮扶养殖户扩大养羊、养蜂等致富项目的规模。在进村道路的修建、架设变压器通高压电等事项正在积极沟通协调中。

【年度授奖】 2016年被省果业总站授予中药材先进集体。

新农办

【概述】 新农办成立于2007年4月，2009年6月30日，经县委常委会研究，县委干部下乡领导组办公室由县农林局划归新农办，和新农办合署办公。全县驻村帮扶工作队有104支，工作队中有工作队员340人，帮扶全县104个行政村，实现了帮扶全覆盖。29名县级领导帮扶28个村，全县各单位组织机关干部帮扶贫困户3472户，全部有人帮扶，也实现了机关干部帮扶贫困户全覆盖。

【产业扶贫】 各级领导都把扶贫帮困作为干部下乡住村工作的重点，在落实扶贫政策和资金的基础上，努力将扶贫由“输血”向“造血”转变，帮助帮扶村树立科学发展理念，梳理发展思路，因地制宜抓调产、上项目、兴产业，帮助群众脱贫致富。县安监局在和川镇东洪驿村，结合帮扶村特点，从农业调产入手，帮助群众发展特种种植和养殖项目等；县文物旅游局帮助府城镇原木村发展养殖业和核桃种植业，增加农民收入，现种植核桃410亩，发展养羊和养蜂村民12户。县财政局为和川镇沁河庄村争取资金10万元，帮助村民发展绿色小米产业。县党校帮助马壁乡唐村村民安装光伏发电项目。全县104个单位、320多名干部开展驻村工作，确定致富项目136

个，协调解决资金 140 万元，为群众办实事好事 246 件，联系农户 600 余户，解决农村矛盾纠纷 76 件，形成调研报告 11 篇。

【兴办实事】 广大下乡干部依托部门优势，积极整合资金，协调各方关系，帮助驻村解决了大量与群众利益最直接的、息息相关的安全饮水、交通、供电等生产、生活难题。县党校为马壁乡唐村修田间道路 2.5 公里，硬化街道 4.3 公里。县红十字会与上级部门沟通后，为府城镇孔旺村村民修田间公里 3 公里。县委宣传部为马壁乡卫寨村修护村坝 110 米。县农发办争取资金 4 万元为良马乡英寨村修复村西口涵洞。今年以来，各单位为帮扶村捐款物 80 余万元，解决饮水安全 21 个自然村，修建乡村道路 10.5 公里，修桥 14 座。

【加强基层组织建设】 各级各部门把加强农村基层党的建设作为工作重点，实现了党建工作的城乡互补互动，发挥了党的组织优势，整合利用资源，为构建统筹城乡一体化党建新格局奠定了基础。今年，整顿后进支部书记 7 个，通过整顿，增强了基层组织活力。

【干部作风】 广大下乡住村干部，积极深入农村，走访群众，倾听民声，掌握民情，与农民群众结亲戚、交朋友，做到了问政于民、问需于民、问计于民，以实际行动践行了全心全意为人民服务的宗旨。安泽县通过干部下乡驻村活动的开展，使广大干部进一步贴近群众，站在群众的位置上，想群众之所想，急群众之所急，进一步树立服务的理念，从机关走进千家万户，想方设法促进农村发展，提升农民收入。农村的发展、农民的增收，进一步提升了广大干部的整体形象。

烤烟开发服务中心

【概述】 安泽县烤烟开发服务中心隶属于安泽县人民政府，成立于 1991 年 9 月 4 日，下设 7 个职能股室：办公室、财务股、生产购销股、杜村站、府城站、和川站、工会。现办公地址位于安泽县泽民中路 16 号，现有人员 40 人，财政供养人员 6 人，财政补贴人员 19 人，自收自支人员 15 人。

【烟叶生产】 2016 年，中心把提高服务质量作为收购工作的重要内容，在开磅收购之前就将国家制定的烟叶等级和相应的烟叶收购价格、收购技术要求宣传到每个烟农家中，让每个烟农都能在家中提前根据自家烟叶情况估算出今年的收入情况，消除了以往对国家烟叶收购等级价格的模糊掌握不准，收购工作中有压级压价的猜测。中心聘请的河南验级员必须做到上门在烟农家中验收，杜绝了人情烟、亲情烟，让烟农对自己烟叶等级和价格清清楚楚，明明白白，卖得放心。中心干部职工发扬爱岗敬业，吃苦耐劳，扎实工作的干劲，坚持 24 小时值班制度，随时为烟农提供服务，避免了烟农为交售烟叶耽误时间而影响其他农活，从而调动烟农交售烟叶积极性。经过全中心干部职工的共同努力，坚持集中连片、规模种植、抓质量、促效益，实行区域化发展和规范化管理办法，在 2 个乡镇，烟叶合同种植面积 265 亩，圆满地完成了 2016 年烟叶收购 4 万公斤的任务。

城乡建设

【城市规划】　1. 规划体系逐步完善。委托临汾市翔宇勘测设计有限公司完成城市排水设施普查，完成《安泽县城市排水防涝综合规划 2015—2020》的编制、评审、报批，已完成备案工作；委托山西省城乡规划设计院对《安泽县城市总体规划》进行中期评估，于 9 月份完成评估报告，10 月份省、市专家成立专家组完成评审工作；《绿色建筑示范区规划》已经由临汾市规划设计院编制完成，现正报县政府批复实施；委托临汾市规划设计院进行《安泽县县城地下管线综合规划》的编制，现正在编制中；《农村垃圾转运站处置点建设规划》正在委托临汾德臻规划设计公司编制中；“十三五”近期建设规划、城镇中小学校幼儿园建设规划、海绵城市规划、县域农村生活垃圾治理专项规划、县城消防专项规划、县城地下管廊建设规划、城市黑臭水体排查及整治计划等 7 项规划现已提出申请进行政府采购。

2. 严格按照规划报批程序实行审查，规划的科学、民主决策机制进一步健全。按工程建设领域突出问题专项整治工作要求，适时深入施工现场开展规划执行情况核查，严防房地产开发项目擅自变更规划、调整容积率等违法违规问题的发生，做好清华园小区等房地产开发项目的规划管理及街巷改造工程、中南铁路安泽站通站道路工程等重点市政工程项目的定点放线技术服务工作。积极推行规划审批班子会议研究、公示等制度，增强规划透明度，打造“阳光”规划。

3. 规划管理工作进一步规范。在建设项目审批管理中，严格按照《城乡规划法》要求，规范“一书两证”发放程序，2016 年底，共核发选址意见书 5 份；建设用地规划许可证 6 份；建设工程规划许可证 14 份，“一书两证”发放率达 100%。同时规划执法大队按照《城乡规划法》要求，函告电力公司、自来水公司密切配合，对违法建设采取断电、停水等措施，坚决遏制无序开发、乱修乱建现象，有力维护了县城规划的严肃性、权威性和法律性。

【城市建设】　2016 年重点工程和民生实事共五项，其中有两项重点工程：中南铁路安泽站站前广场续建工程和中南铁路安泽站通站道路续建工程；三件民生实事：沁河及义唐河县城段治污工程、县城污水管网改造工程和安泽县街巷改造工程。

中南铁路安泽站站前广场工程

1. 工程基本情况：项目总投资806.65万元，位于府城镇桃曲村，总占地面积约2.1公顷，其中广场面积1公顷，环岛面积1.1公顷，建设内容主要包括：土方工程、广场硬化、停车场、绿化、照明、给排水工程等。

2. 工程进展情况：该工程从4月份全面开工建设，2016年底，工程已完成土方清运、挡土墙砌垒、基础垫层、给排水管线铺设，现正在进行广场石材铺装工程，完成投资726万元，完成工程总量的90%。下一步将进行绿化和照明工程，2017年将全部完工全面投入使用。

中南铁路安泽站通站道路工程

1. 工程基本情况：总投资1091.74万元，起于中南铁路安泽站，止于高交线，总占地面积约2.3公顷，道路总长1221.47米，建设内容主要包括：土方工程、道路铺装、绿化、照明、给排水等。

2. 工程进展情况：该工程从4月份全面开工建设，2016年底，已完成土方清运、雨污电力管线铺设、挡土墙砌垒、路基水稳层铺设、路面沥青混凝土铺装工程、行人行道和照明工程，完成工程总量的91%，完成投资993.5万元。下一步将进行绿化亮化工程，预计2017年全部完工投入使用。

沁河及义唐河县城段治污工程

1. 工程基本情况：预算总投资600万元，以建设义唐河两岸景观为主线，同时改造河道的引水管道，对河道的排污状况进行治理，并对沁河县城段污水管网改造进行总体规划方案设计。

2. 工程进展情况：2016年已完成方案规划，正在进行可研、地勘、设计采购工作。

县城污水管网改造工程

1. 工程基本情况：预算总投资1000万元，对县城现有雨水收集及污水排放管网进行联网改造。

2. 工程进展情况：2016年底已完成初步规划和地勘，现需进行县城沁河地形地貌的标高测绘，地探报告已完成，正在与地形测绘公司洽谈地形等有关事宜。

安泽县街巷改造工程

1. 工程基本情况：总投资400.32万元，其中，巷道包括安福路（500米）、新星巷（300米）、二中南街一巷六排（150米）、房产家属区（290米）路面硬化及下水道改造工程；街道包括希望街道路改造长137米，宽7米，人行道改造长137米，宽11米；原武装部西侧道路改造长139米，宽5米，主下水道长139米。

2. 工程进展情况：工程于4月8日全面开工建设，于6月20日完工并通过验收。

【城市管理】 1. 强化市容市貌管理。按照建管并举的方针，积极探索建立城市管理长效机制，以突出解决占道经营、乱摆乱放、乱停车辆为重点，集中整治占道经营违规行为，通过宣传发动、媒体曝光、联合整治三个步骤，城市秩序和交通秩序有了明显好转。积极探索环境卫生保洁、管理的新机制，认真落实环卫保洁各项责任制，城市主要街道定时清扫、全天保洁，城市垃圾日产日清，环境卫生质量稳步提高，城市面貌焕然一新。

2. 强化公共设施管理。加大安全供水管

理、巡回检查和隐患排查整改力度，确保文明优质供水。加强路灯管理，着力解决有路无灯、有灯不亮的问题，抓好公共区域亮化工作。同时，积极做好县城绿化养护、市政设施维护、民用燃气管理等方面工作，努力提高市政公用行业的整体服务水品。

3. 强化建筑市场管理。深入开展建筑施工安全专项整治、严格执行安全生产许可证制度、建立事故应急救援机制，重点落实各项安全制度，坚决遏制建筑施工伤亡事故。加强质量监管、全面落实各项质量法规制度、把质量管理严格贯穿到施工的全过程、验收的全过程，决不允许出现劣质工程和不合格工程。加大建筑执法力度，严格按法律程序办事，严肃查处违法建设工程项目，严肃查处违法招标和拖欠农民工工资行为，努力营造公平竞争、合法从业的建筑市场环境。在规范房地产开发管理中，严格市场准入门槛，严把规划审批、放线、验线以及竣工验收四大关口，加强监督管理，确保开发质量。

【创卫专项整治】 在全县动员大会之后迅速召开了专题会议，成立了局创卫工作领导组，制定了实施方案，将各项工作落实到位、落实到人。并多次召开会议专题研讨解决突出问题，进一步推进创卫工作。还分别和人武部、北门小学等多家单位开展了以“共创卫生城”为主题的公益劳动，并通过宣传车、LED 屏、条幅、网络等多种形式进行了广泛宣传。在做好日常工作的基础上，各股室按职责分工主动领责，推进各项工作齐头并进，成效显著。在环卫园林工作上，加班加点清理死角垃圾 130 余次，道路两边杂草 2100 余米（神南大桥至西北环隧道口），整治残羹剩饭倾倒点 50 处，清理雨水篦子中的杂物 80 余处，维修县城段绿化带围栏约 150 米，维修喷泉凉亭两座，补栽草籽约 700 平方米，修整南外环柳树 334 棵，运送树枝 65 立方米；309 国道绿化带补苗 1000 余平方米；南外环绿化带修剪 12000 余平方米，清理县城绿地、公园垃圾杂草 17000 余平方米。在规划执法工作上。停工违法建筑 5 处，清理 309 沿线规划区内、南北外环路边违规广告牌匾 500 余处，清理规划区域内的建筑垃圾 70 余处 600 余立方米，拆除 309 沿线刘会祥处停车棚 1 处、大众汽修作业棚 1 处、汽车站大广告牌 1 个，清理南方家具水箱 1 个，拆除违建彩钢房 3 处，泽民小区门前、南山根简易房 2 处。在市容市貌整治工作上，与 1000 余家商户签订了门前五包责任书，落实商户门前环境管理责任具体到商户，落实管理责任，规范市场管理。清理“牛皮癣”小广告 5300 余处，刷县城临街、下穿隧道等地涂料约 15000 余平方米，统一喷刷门店卷闸门 1000 余个 6000 余平方米，清理 240 余处破旧牌匾、横幅，清洗下水道口 580 余次。规范户外烧烤等摊点 40 余次，规范流动摊点、马路市场 420 余次，规范店外经营 1000 余次。在市政工作上。拆除迎宾馆南侧危房 21 户，清运建筑垃圾 8000 余立方米，拆除迎宾馆北侧危房 1 户，回填石料 1300 余立方米，硬化面积 400 平方米，拆除原井队危房 33 间 1788 平方米，清运建筑垃圾 800 余立方米；宏安园小区前清理杂土 465 立方米，拆除彩钢围栏 91 米，场地平整 1198 平方米，外运杂土 93 立方米，混凝土硬化 1198 平方米，规划停车位 47 个；小桥头路面硬化 263 平方米，大理石铺装 75 平方米；涂刷北外环路牙石 1000 余米；改造309国道井篦33座，原309国道井篦17座；修补主街道沥青路面坑槽157平方米；维修人行道彩砖345平方米。

【党风廉政建设】 新班子换届上任后，组织召开了全局党风廉政工作会议，落实党风廉政建设“两个责任”，用行动体现了“主体责任”的担当。这次新班子换届，还充实了纪检组组长一职，结束了之前8年无纪检组组长的工作局面，形成党风廉政建设监督新格局。六个月以来，按照“抓好党风廉政建设是分内事，抓不好是渎职失职”的工作思路，始终将党风廉政建设工作从严落实“两个责任”工作和具体住建业务工作同部署、同安排、同落实，严格确保落实党风廉政建设主体责任“走心”不走过场。此外，党组书记、局长还与局班子成员、班子成员与各股室负责人、股室负责人与股室工作人员层层签订了党风廉政建设责任书，签字背书责任清单，明确了局领导班子成员及各股室在党风廉政建设工作中的职责，并要求全局上下都要尽职履责，层层落实责任，层层传导压力，做到知责、明责、履责、担责、尽责。

【住房保障】 2016年廉租住房补贴发放工作正按程序进行审核。2016年市定棚户区改造任务为开工建设100套。经2016年4月12日政府常务会议研究确定府城镇府城村“三里桥”城中村改造项目作为安泽县2016年棚户区改造项目。该项目采取“政府主导，市场运作”的方式建设，总占地面积14900平方米，总建筑面积45000平方米，拆迁总面积7000余平方米。其中实物安置50户，货币化安置50户。2016年底该项目已完成拆迁、设计、立项等前期工作，已开工建设。2016年市定危房改造任务644户，已全部分解到户，年底已竣工644户，其中扶贫开发建档立卡贫困户147户。

房地产管理

【房产开发市场管理】 市场管理进一步规范。严格了房地产去库存日报制度，掌握全市房地产开发楼盘的销售情况，了解房地产的市场动态，为市场监管做好充足的准备；以房地产市场秩序整治为契机，对拟建和在建的房地产开发楼盘的项目手册备案进一步督办，加强房地产市场监管；企业队伍进一步壮大。2016年安泽县新增房地产开发企业6家，房地产开发企业总数达到8家。预售许可进一步严明，在商品房预售许可中严格执行国家宏观调控政策。

【房屋登记】 国家建立不动产统一登记工作以来，安泽县全面启动不动产登记工作，从7月8日开始停止发放房产证等证书，原证书依然有效，待产权发生变化时再更换不动产证书，全力配合，积极支持帮助不动产机构理顺职能关系使房屋交易与房产登记工作顺利有效衔接，从而保证了群众能够正常办理房产业务。

【网签工作】 按照上级安排，投资23万余元建设了新建商品房和存量房网签系统，摆脱繁杂的传统纸质合同，杜绝了开发商“一房多卖”，进一步规范了市场秩序，对整个行业进行新一轮的洗牌，彻底告别“刀耕火种”的原始经营时代，全面进入信息化时代。只有有资质、有实力的公司才能有网签的资格，那些“夫妻店”、独家店、将失去生存的空间。同时也打破旧的行业秩序，建立新的行业秩序，促进整个行业向健康，良性的轨道去发展，盘源信息也更加可靠，交易的流程也更加清晰，交易双方权益将会更有保证，市场信息数据更加准确，交易过程中的资金将会更加安全。

【房屋租赁管理】 为了全面规范落实《国家房屋租赁管理办法》，通过积极宣传发动，设立咨询台，发放宣传资料，图解办理流程以及法律宣传，使广大租户明白租赁备案的重要性，积极申请租赁备案，全年共办理房屋租赁备案手续101件，实现突破性的进展。

【物业管理】 2016年结合新出台《业主大会指导规则》和相关物业管理条例，组织物业企业在学习掌握新法规、新政策的基础上，针对安泽县近年来陆续建设的小高层和高层的物业管理问题，组织物业企业外出学习，结合自身实际做好了小区的物业管理，促进了企业做大做强。

【窗口服务】 房屋产权产籍的管理，涉及到所有权人的切身利益，为了保证服务质量，提高办证效率，规范了业务服务流程，促使窗口服务绩效俱佳。

2016年结合实际修订、完善房屋登记申报程序、材料及收费标准，并出台房屋登记补充规定，使房屋产权产籍的管理制度更加完善；对房屋所有权初始登记实行实地查勘制度，出具实地查勘报告；理顺产权产籍手续，仔细调查产权来源的真实性、合理性、合法性、有效性，认真负责好资料的收集、填写、整理、归档工作，建立健全各种工作台账，严把资料审核关，贯彻落实责任追究制，为今后产权产籍管理扫清障碍，确保办证质量。全年共办理房屋登记522宗。存量住房转移登记1宗；新建商品房转移登记321宗；房屋他项权利登记413宗；预购商品房抵押权预告登记5宗；遗失声明及公告3宗；办理查封、解封34宗。

环　保

【概述】 2016年，牢固树立生态文明理念，认真贯彻县委、县政府提出的“全面振兴，绿色崛起”口号，突出抓牢污染减排，全面加强环境执法监管，持续推进生态环境综合治理，各项环保工作取得明显成效。创新开展全国生态环境监察试点工作，荣获全国十佳生态环境监察示范单位；扎实推进国际环境管理体系认证工作，在全国首家以县级为单位通过ISO14001国际环境管理体系认证工作；致力打造绿色名片，先后被授予“中国绿色名县”“国家级生态县”“国家级生态示范区”等荣誉称号。全年全县二氧化硫、氮氧化物、烟尘、粉尘、化学需氧量等各项减排指标超额完成序时进度，全县二级以上天数达322天，超过了市考核的优良天数，达到71.4%的指标，其中一级天数达43天。沁河水质保持在三类水质以上。

【污染减排】 这是一项硬性指标，是“一票否决”的工作。实施减排管理联动机制，组织相关部门加大对减排重点企业的检查监督，及时督促企业加强减排管理，落实减排措施。完善减排措施，加大淘汰落后产能力度，加大燃煤锅炉整治和淘汰力度，按要求完成年度任务。突出抓牢工程减排，完成了府城石桥沟村污水管网污染减排项目建设。和川镇石渠村、马壁乡东里村两处农村生活污水防治工程也顺利完工。煤焦企业减排走在全市前列。全县2个焦化厂、4个煤矿、9个洗煤厂全部建成了矿井水和生活污水处理站，特别是永鑫焦化在去年市场不景气的情况下投资2个亿以上，完成干熄焦、锅炉烟气脱硫脱硝和工业废水深度处理等项目。2016年，全县二氧化硫减排73吨，降幅4%，氮氧化物减排37.5吨，降幅4%，烟尘减排39吨，工业粉尘减排18.2吨，降幅4%，化学需氧量减排125吨，降幅3.2%，氨氮减排6吨，降幅3.3%。

【环境污染整治】　2016年，根据安泽县《大气污染防治2016年行动计划》《水污染防治2016年行动计划》，扎实推进环境污染整治，全面加强环境执法监管，主要集中在大气污染和水污染的整治上，同时还加强了企业的污染防控。

在大气污染整治上，认真落实市政府下发的《大气污染防治目标责任书》，全面推进各项防治工作。投资200万元，安装了污染源在线监控平台，10月份已开始投入使用，这在山区县是第一家；投资40余万元，将太岳、永鑫等11个点位的污染源自动监控委托运营。永鑫、太岳两焦化企业在线监测有效传输率达75%，企业自行监测公布率达到80%。同时，划定了“高污染燃料禁燃区”，改造燃煤营业性炉灶45个。全县所有煤矿、洗煤、焦化企业全部配套建设了防风抑尘网，大型煤堆、料堆全部实现封闭存储。为应对冬季采暖可能面临的大气污染上升的局面，县政府设立环保奖励专项资金，奖励对象为采用燃气锅炉供暖的小区及单位和采用安装脱硫除尘设施燃煤锅炉供暖的小区及单位。并且，根据临汾市大气污染防治“冬十条”，编制了安泽县大气污染防治“冬十条”，采取各种措施，来应对采暖季严峻的天气形势。

在水污染整治上，落实安泽县《水污染防治行动计划》，取缔不符合国家产业政策的生产项目，杜绝工业企业污染水环境；对全县饮用水源地进行了集中整治，设置和完善了标识标牌，经排查没有水源地污染问题；完成和川镇石渠村、马壁乡东里村两处农村生活污水防治工程，提升污水处理效率。在省定2处断面的基础上，又增设3处县级断面，分5个断面对沁河水质进行监测，省定断面水质考核标准为三类。安泽县断面监测值为三类，是全市主要河流监测断面水质最好的断面。在2015年全省主要河流监测断面水质考核中，省政府奖励安泽县10万元。2016年1—6月份奖励安泽县20万元。

【企业环境安全监管】　实施排污许可证制度，以“环境资源有偿使用”为切入点，推进排污权核定，明确并严控排污量。聘请省、市化工专家编制了焦化行业现场环境监察指南，按照监察指南要求，要求企业组织专业人员24小时检查各工段，保证“在岗一分钟，负责60秒”；专门抽调了业务骨干在焦化企业长期驻厂，每天进行检查，每天填写检查日志，对发现的各类问题和隐患跟踪整改到位；特别是聘请市局环保专家和相关专家成立“专家库”，每月展开一次“专家会诊”，“会诊”之后由专家针对发现的隐患和问题对企业进行专题解读辅导，有效提升了企业全员的安全意识和操作技能。在应急预案方面，积极编制完成了《安泽县突发环境事件应急预案》和《安泽县环保系统突发环境事件应急预案》，并在县政府进行备案。积极督促企业完成突发环境事件应急预案的制定与备案，聘请省市化工专家对两焦化企业的《环境应急预案》进行了重新修订，并结合季节特点，针对不同工段、不同时段、关键部位，针对防泄漏、防爆、防中毒等事故，组织企业开展局部应急演练，2016年围绕安全消防、危化防泄露组织永鑫、太岳焦化企业开展演练2次。

【环保执法监管】 严格执行环评制度，2016年环评达标率为100%，是全市环评执行率最好的县份。大力宣传贯彻新的《环保法》和《大气污染防治法》，组织开展了新《环保法》《大气污染法》“六进”宣讲活动。启用新版排污征收系统，2016年申报排污企业共46家；采用企业年初申报、监察人员现场核实、按规范和程序核定排污量、核算排污费的方式，扎实开展排污费征收工作，做到了应收尽收、足额征收；规范了排污许可证管理工作，按照省市要求，今年核发排污许可证5家，初始排污权核定42家工业企业，包括22家砖厂。严格环境安全监察监管，创新实施县、乡（镇）、县直部门、村委三级环保网格化管理制度，进一步细化各级的环保职责，落实环保责任，明确工作任务，实现对全县环境监管整治无缝隙、全覆盖。相继开展了环境保护专项整治、环境安全大检查等一系列专项检查活动，对全县煤矿、焦化、化工、洗煤企业，全部建立“一企一档”；对全县饮用水源地进行了集中整治，设置和完善了标识标牌，经排查没有水源地污染问题。

【“创卫”工作】 切实发挥环保作用，第一时间召开动员会安排部署环境保护“创卫”各项工作。在县城神南桥头醒目处刷写大型标语，发放宣传资料，积极营造“创卫”氛围；并加大城区露天烧烤专项整治力度，全县共有烧烤摊点28家，经过执法工作人员的工作，已取缔9家，有17家申请改造环保型炉灶；严格监控企业烟尘、水排放标准；持续加强了黄标车淘汰工作，12月底前全部完成淘汰任务，同时，对空气、水、土壤、噪音污染管理实行严格的责任制。并对全县施工企业和燃煤小区下发整改通知40份。

【党风廉政建设】 制定《党风廉政建设及反腐败工作实施方案》，将党风廉政建设各项目标任务细化分解，层层落实到每个股室、每个人头，并纳入年度考核体系，对完不成目标任务的科室，实行“一票否决”。切实加强廉政制度建设，在环保验收、环评审批环节，实行环保审批廉政建设意见反馈制度，接受企业和群众的监督；在行政处罚环节，实行处罚集体讨论决议制度，减少处罚自由裁量权，规范行政处罚行为。同时，建立健全了集体领导和分工负责制度，完善领导干部述廉、职工民主评廉、党内情况通报和重大决策征求意见等制度，全面推行人事、财务、工程、采购等党务、政务公开，有效杜绝了腐败行为。特别是扶贫工作，全体党员共同努力，集资3万余元，帮扶10户贫困户种植了油用牡丹，1户建起了100只的养鸡场。 （陈明）

财政 税务

财 政

【财政预算收入】 2016年，煤炭市场虽复苏回暖，但价格仍然不稳定，面对当前形势，积极协调“两税”部门，采取有效措施，强化收入征管，顺利实现了首季“开门红”和“双过半”。2016年，安泽县公共财政预算收入累计完成30005万元，占预期目标31667万元的94.75%，短收1662万元，同比减少3.29%。全市进度排队第9名、增长排队第9名、总量排队第8名。分部门完成情况为：国税部门完成8399万元，占预期目标5359万元的156.73%，按进度超收3040万元，同比增长48.13%，增收2729万元。地税部门完成7217万元，占预期目标9641万元的74.86%，按进度短收2424万元，同比减少27.63%，减收2755万元。财政部门完成14389万元，占预期目标16667万元的86.03%，按进度短收2278万元，同比减少6.47%，减收996万元。

【公共财政预算支出】 2016年，安泽县公共财政预算支出累计执行87013万元，占预算指标的100.96%，同比增长5.38%，增支4446万元。主要项目为：一般公共服务支出10270万元；公共安全支出5494万元；教育支出16224万元；科学技术支出1002万元；文化体育与传媒支出1423万元；社会保障和就业支出13118万元；医疗卫生支出7438万元；节能环保支出5522万元；城乡和社区事务支出1311万元；农林水事务支出15667万元；交通运输支出1406万元；资源勘探电力信息等事务支出571万元；商业服务业等事务支出439万元；国土资源气象等事务支出2380万元；住房保障支出3101万元；粮油物资储备等管理事务支出262万元；债务付息支出1385万元。

【财政政策落实】 1. 积极争取项目资金。2016年，积极向上级财政申请置换地方政府债券3720万元，申请地方债券资金7500万元，转移支付6000万元，主要用于医院综合楼、中南铁路站前广场及通站道路、幼儿园、公路等全县重点工程建设。2. 全面清理行政性收费项目。积极落实结构性减税的各项政策，全面清理涉煤收费、涉企行政事业性收费和政府性基金，从4月1

日起，停止代征“三费一金”，涉煤收费每吨停征 7.85 元；从 5 月份起，水土流失补偿费每吨减收 1 元；两项共为企业减负 4050 万元，做到了应减尽减、应免尽免。3. 抓好融资担保工作。充分发挥中小企业信用担保中心融资作用，帮助中小企业解决融资难的问题，为其发展搭建融资平台，2016 年，共为 2 家企业提供担保，担保贷款 395 万元。加大对小微企业的支持力度，拨付 290.9 万元支持 5 家中小微企业发展。为 16 名妇女创业提供小额贴息贷款 80 万元，有力推动了广大城乡妇女创业致富。为大学生村官创业提供小额贴息贷款 18 万元。4. 做好国际资金项目申报。2016 年，结合安泽县实际，积极做好世界银行贷款 2015—2017 年备选项目规划，主要在农村供排水、公路建设、铁路建设、新能源开发及义务均衡教育方面做好项目前期储备工作；同时向上级归还各项外国政府贷款本息共计 43034.3 元。5. 做好入企服务工作。2016 年，选派 3 名工作人员深入山西永鑫煤焦化有限公司开展入企服务工作，及时了解企业的发展经营状况和困难，帮助该公司向省厅申报贴息资金 790 万元。

【民生投入】 2016 年始终坚持“民生投入只增不减”的原则，将民生投入资金作为重中之重，坚持提前安排、优先保障，在民生改善的道路上积极作为。1. 支持“三农”发展情况。2016 年，投入“三农”资金达 15667 万元。其中：投入 5578.38 万元，全力支持易地扶贫搬迁、光伏扶贫发电、贫困村旅游扶贫及产业扶贫等脱贫攻坚工程，落实各项惠农补贴 2656.37 余万元，农业保险 661 万元，“一事一议”财政奖补 244.04 万元，国家农业综合开发土地治理 984 万元，支持农民专业合作社和龙头企业发展 892 万元等。2. 支持教育发展情况。2016 年，投入教育资金 16224 万元，完善了教育经费保障机制，全面落实义务教育阶段全免费政策和县高中学费、书费、住宿费“三免费”政策。3. 支持社会保障事业发展。2016 年，投入社会保障事业资金 13118 万元。其中：投入 2481.34 万元，实施医疗卫生体制改革；投入 2256 万元，用于农村新型合作医疗和城乡医疗救助补偿；投入 640 万元，继续实施数字电视全免费工程；投入 91 万元，支持失业人员再就业；投入 79 万余元，为财政供养人员进行免费体检；投入 150 万元，为安泽县所辖户籍的居民投保意外伤害保险，实现了意外伤害保险“全覆盖”。4. 提高财政供养人员待遇。按照政策，提高了行政事业单位人员住房公积金、医疗保险基数和边远山区津贴。投入资金 2000 万元，提高并补发了行政事业单位工作人员基本工资、离退休人员离退休费等。投入资金 448 万元，补发全县公务员和参公人员车补。5. 全力支持重点工程建设。2016 年，投入 19628 万元，用于支持一纵一横拆迁安置、医院综合楼、中南铁路站前广场等重点工程及民生工程。

【财政体制改革】 1. 进一步深化国库集中支付改革。认真贯彻落实上级深化财税体制改革有关精神，进一步深化国库集中支付改革，实现了各行政事业单位同国库集中支付局联网工作，各项支出由单位录入，支付局审核，大大减化了审核程序，提高了支付效率。2016 年，共审核原始凭证 52378 张，办理业务 37410 笔，支付金额

15.67 亿元，拒付不合理支出 159 笔。2. 加强盘活财政存量资金管理。加强存量账户管理，对财政专户进行了清理整顿，按月向市局报送盘活存量资金情况等信息。3. 加强预算绩效管理。积极组织业务人员参加市财政局的预算绩效管理培训；组织局班子成员、下属各单位负责人及局机关相关股室人员开展预算绩效知识考试；按照《临汾市预算绩效管理办法》做好预算绩效管理各项工作。4. 加强政府采购管理。进一步规范和简化政府采购程序，提高采购工作效率。2016 年，共完成采购额 8011 万元，节约资金 1731 万元，节约率 18%。5. 严格公务卡管理改革。全面推广公务卡强制结算目录，实现了公务卡使用检查常态化。6. 加强非税征收管理。进一步加强非税收入分类预算管理，完善非税收入征缴制度和监督体系，定期深入煤焦企业进行调研，重点加大土地出让收益、国有资产有偿使用、政府性基金等征管清收力度，拓宽增收渠道，确保非税收入足额入库。7. 加大预算公开力度。严格按照新《预算法》和上级财政部门要求，进一步扩大预决算公开范围，细化公开内容，及时在县政府门户网和阳光农廉网公开 2015 年度部门决算和 2016 年政府预算和“三公”经费预算信息，接受社会各界监督。8. 推进政府购买服务。完成了机关事业单位公务用车维修、保险定点的项目采购。做好了全县机关事业单位会议定点饭店服务项目谈判招标及网上注册上报事宜。9. 做好公务用车制度改革工作。对全县公务用车制度改革取消车辆进行公开拍卖，确保了国有资产的保值增值；做好全县综合执法执勤用车服务中心管理工作。

【财政监督】　1. 开展各类资金检查。积极开展会计信息质量检查、非税收入收缴专项检查、乡（镇）预决算检查等，对违规问题进行处罚，进一步严肃财经纪律。2. 做好票据管理工作。对 2015 年度所有收费和收款票据进行了年检，年检单位 22 个，缴销收费票 66 本、收款收据 21 本；按照上级要求，对取消、免征、修改的收费项目进行了整理删减，规范了各单位票据使用和管理。3. 加强会计基础管理。先后举办了行政事业单位及企业单位会计继续教育培训班、农村财会人员支农政策继续教育培训班等，培训人数达 710 余人次，并顺利完成了 2016 年会计从业资格证年检工作。4. 加大财政投资评审力度。2016 年，共评审预决算项目 105 个，评审资金 15558.9 万元，审减金额 14319.9 万元，审减率 7.69%。5. 做好黄标车、老旧车淘汰奖补工作。通过黄标车、老旧车淘汰“一站式”服务窗口，累计淘汰黄标车、老旧车 78 辆，发放奖补资金 51.05 万元。6. 做好国有资产清查工作。完成了 14 户国有企业资产产权登记统计上报工作和 140 个行政事业单位固定资产信息统计上报工作；认真做好行政事业单位基建维修测算认定和重点工程征地拆迁补偿评估。7. 做好“双随机一公开”工作。按照市局有关要求，结合工作职能，制定了 8 项随机抽查事项清单。8. 启动安泽县行政事业单位内控规范及内控基础性评价工作。召开行政事业单位内控规范及内控基础性评价工作培训会，对此项工作进行专题部署。

【队伍建设】　2016 年以创建省级文明单位为重点，以强化队伍建设为抓手，认真开展了“两学一做”学习教育、创建国家卫生县城、为临汾主办全省旅游发展大会助力加油及评选“感动安泽人物等活动，努力提升财政干部队伍形象，丰富干部职工生活。1. 深入开展“两学一做”学习教育。积极动员全体党员投入到学习教育中，实现了党员学习教育全覆盖；各党支部都能结合实际，细化工作措施，创新工作方法，有序进行，扎实推进，认真完成各项学习任务，保证了党员学习的常态化，推动了集中教育向经常性教育的转变。2. 抓好财政干部教育培训工作。坚持周二集中学习制度不放松，2016 年，共举办财政干部教育培训班 27 期，举办“道德讲堂”12 期，从政治理论、业务知识、道德素养等方面为财政干部职工“充电”“加油”。3. 抓好机关党建工作。全力抓好“定查评”工作，党支部紧扣实际“定”出 9 项目标，建立“定查评”目标任务台账，建立严格的自查、督查制度，完善考评机制，按进度逐一落实到位；完善“311”工作体系，2016 年，在阳光农廉网、党建服务网、平安创建网上发布各类财政信息、政策法规 1000 余条，方便群众上网查询，提高财政工作透明度；接受群众咨询 80 余人次，帮助解决群众诉求 6 件；做好“三联两报到”工作，积极落实“支部包村、干部联户”帮扶机制，深入到包联的沁河庄村与贫困户结成一对一帮扶，并与包联的贫困户合影，建立贫困户手册，要求每月至少开展一次帮扶工作。今年，全局党员平均每人为包联贫困户捐赠 300 元，帮助他们购买种子、化肥等农需品；筹集资金 53 万元，支持沁河庄村维修农业管道 500 米，硬化村间道路 520 米，种植绿色小米 100 亩，修建刘少奇路居旧址等，使沁河庄村生产生活条件有了明显改善；在“七一”、中秋、春节等重要节日，慰问村困难老党员和群众。4. 不断丰富职工文化生活。积极组织大家参与社会公益事业活动，开展“博爱一日捐”“送温暖献爱心”公益募捐等活动，捐款金额 1.8 万余元；组织“一财两税”全体干部职工为白血病患儿刘家贝捐款，筹集爱心捐款 10 万余元；积极组织开展的植树造林、篮球比赛、“七一”系列活动、中秋慰问福利院孤寡老人等活动，进一步充实和丰富了职工文化生活。5. 狠抓党风廉政建设。完善廉政建设机制，2016 年初召开安泽县财政工作暨党风廉政建设会议，与局属各单位负责人签订党风廉政建设责任书，将党风廉政建设与财政工作同布置、同落实、同考核；结合工作实际，制定了《安泽县财政局关于落实党风廉政建设党组主体责任和纪检组监督责任实施方案》，全面抓好“两个责任”的落实；深入开展党风廉政教育，以每周二、五学习为契机，认真学习中央“八项规定”、新《中国共产党廉洁自律准则》、《中国共产党纪律处分条例》以及省、市纪委关于典型案件的通报等，使廉政宣传教育工作更具有吸引力、感染力、渗透力。

国家税务

【依法组织收入】 2016 年，共入库税收 33955 万元，绝对额减收 5208 万元。分级次入库：中央级完成 19465 元，绝对额减收 9389 万元；地方级完成 14490 万元，绝对额增收 4181 万元。市县两级完成 10143 万元，增收 2927 万元。

【税收】 减值税完成33092万元，绝对额减收5394万元；消费税完成41万元，绝对额减收18万元；企业所得税完成619万元，绝对额增收193万元；储蓄存款利息所得税没有收入，与去年同期相同；车辆购置税完成203万元，绝对额减收7万元。

【征收管理】 面对严峻的收入形势，始终坚持组织收入原则不动摇，不存在虚收探收和有税不收现象。同时，加大对征管质量的考核力度。重点加强煤炭企业管理，认真抓好重点税源的监管，确保重点企业税收及时足额入库。积极做好税收评估工作。提高纳税服务质量，简化涉税事项审批流程，缩短办税时限。注重税收分析，把握税源变化脉搏。特别是保增长促发展政策措施落实情况和存在的问题、把握组织收入的主动权。抓好税收稽查工作，切实有效的提出整改措施和完善建议，规范征收管理，堵塞税收政策漏洞。

【营改增试点】 在推进“营改增”方面，从确认管户的入手，全力以赴打好基础。应确认366户，已确认366户，占应确认户的100%。转变管理方式，使纳税人感受到“营改增”效应。例如，进行增值税一般纳税人登记6户；升级发票管理25户；开展票种核定204户；签订税库银三方协议签署256户，使纳税人大大提升了办税效能。积极开展营改增业务培训。邀请235户次纳税人到税务局进行培训，上门培训161户次。尽管如此，在落实中还对个别纳税人因政策概念不清，操作流程不熟悉，开票、申报等方面的问题，逐一进行了现场指导，确保了“营改增”工作全面落实。在“营改增”后续管理方面，主要是对增值税专用发票使用、抵扣情况进行了关注，特别是对可能出现虚开的建筑行业，加强了管理，对企业每月的开票金额、抵扣金额、收入核算、税负情况进行按月监控，一旦发现异常，会及时开展应对，将风险降为最少，由于安泽县使用专用发票的营改增户较少，目前企业运行正常，未发现异常情况。

【税收政策落实】 扩大消费需求税收政策落实，主要是对安泽县信用联社。对农村信用社的优惠，做到了先备案后享受优惠，在备案中做到了备案资料齐全，对金融企业的准备金落实中，每年开展后续管理工作进行核实，在工作中，通过辅导、约谈，企业对多计提的准备金进行了补缴税款，共计270万元，其中税款为236万元，加收的滞纳金为34万元。

2015年10月1日1.6升及以下排量乘用车车辆购置税减征政策实施以来，截至2016年11月30日，安泽县共减征车辆212辆，减征车辆购置税79元。做到了应减免的全部给予了减免，减免的都符合规定，没有违规执行政策的情况。

《财政部　国家税务总局　工业和信息化部关于免征新能源汽车车辆购置税的公告》（财政部　国家税务总局　工业和信息化部公告2014年第53号）规定涉及安泽县只有一户公交企业，2016年共减免25辆新能源车，免征车购税款673075元，企业也进行了备案，做到了手续齐全，资格符合规定，不存在问题。

支持小微企业发展、鼓励企业加大研发投入和科技成果转化力度、激励科研人员创新创业等“大众创业、万众创新”税收政策措施落实情况：此方面，涉及安泽县的只有小微企业税收优惠政策的落实，在小微企业税收政策落实中，通过网络宣传、发放宣传资料、集中纳税人培训、申报辅导、征后监控、分析的方式进行落实。今年共有3户纳税人享受小微企业优惠，共减免税款1.21万元。在政策落实过程中，没有发现小微企业存在符合条件但没享受优惠的情况、申报享受了优惠政策，但没有按照规定标准足额享受、申报享受的优惠政策超过政策规定标准、不符合小微企业条件，但申报享受了优惠政策等方面的问题。

【行政审批制度改革】 在税务行政审批制度改革落实过程中，采取的一系列措施进行全面落实，具体体现在五个方面：1. 结合本级实际，列明了本级税务行政审批事项，并在“311”网站和办税服务厅进行了公告，公告过程符合要求，并附有行政审批公开目录、公告起草说明、政策解读、税收规范性文件备案报告表。2. 开展了对审批过项目和取消过的项目的自查，对审批过程中文书使用不规范、缺章漏项等情况进行了整改。3. 为进一步落实好行政审批制度改革，制定了《安泽县国家税务局关于推进“六权治本”工作的实施方案》和《安泽县国家税务局关于推行权力清单制度的实施方案》等一系列配套制度，将行政审批权力进行了法定、公开、监督，为更好地搞好审批改革提供了保障。4. 开展了行政审批违规和滥用审批权问题专项整治自查工作，没有发现有违规办理、超时限办理、以备案之名行审批之实、滥用权力、暗箱操作、以权谋私等违规情况。5. 开展了税收执法督察工作，对推进简政放权落实税务行政审批改革方面进行了督察，做到的问题早发现、早纠正。6. 以五个“有没有”为标准开展了自查，包括行政审批事项该取消的有没有取消、该下放的有没有下放、该规范的有没有规范、该公开的有没有公开、该简化的有没有简化等五方面内容进行了自查，对已取消的审批事项和已审批的事项全部进行了自查，整理的文书档案，做到了问题早发现、早纠正。

【商事制度改革“五证合一、一照一码”落实】 1. 开展宣传培训，确保“五证合一（个体户为两证合一）、一照一码”工作正常运行。通过电视台、办税服务厅LED电子屏、微信群、e税客、宣传资料等宣传工具，大力宣传“三证合一、一照一码”登记制度改革政策的宣传解读。对窗口工作人员开展了全员培训，从综合业务操作、登记材料提供、工作流程流转等进行了培训学习。2. 窗口工作人员通过培训学习使大家能够掌握工作流程、熟练操作业务。在办理涉税事项时不得要求纳税人重复提交资料，切实解决纳税人负担。3. 积极编发宣传资料，供纳税人掌握办税指南。同时，在办税服务厅为纳税人随时提供良好的导税服务。

【党风廉政建设】 1. 加强组织领导，推进党风廉政建设工作。及时组织召开全县国税系统党风廉政建设工作会议，对2016年的党风廉政建设和反腐败纠风工作任务进行了全面安排部署，层层签订了《党风廉政建设责任书》。2. 严格落实“两个责任”。

按照“谁主管，谁负责”的原则，制定下发了《安泽县国家税务局2016年党风廉政建设和和反腐倡廉工作任务分解方案》，对党组主要负责人、党组成员、各职能部门和纪检监察部门各自承担的责任分门别类提出具体项目清单，把“笼统的责任”变成“明晰的责任清单”。3. 继续严格落实中央八项规定精神。严格执行公务接待管理办法、车辆管理办法，做到公务接待有公函，节假日封车报备，进一步强化财经纪律，“三公”经费同比下降41.05%。在办公用房腾退方面，按新标准对县局领导班子和相关科室办公室进行了调整，不存在领导干部先腾退后占用的问题。4. 大力开展作风纪律专项整治。着力解决“四风”问题，截至11月30日底，共开展明察暗访10次，给予14人经济惩戒，并按绩效考核给予相应扣分，同时在全局通报批评。5. 开展廉政教育，增强警示教育的震摄力。继续抓住元旦、春节、清明、“五一”等节日时间节点，及时组织学习上级有关纪律要求和典型通报材料，打好招呼，做好提醒，专题开展严重违纪违法案例警示教育，以案说法，敲好警钟，结合“岗位大练兵、业务大比武”，在全局业务学习培训中增设廉政课时，做到每训必讲，形成常态，积极组织学习中纪委六次全会精神，通过讲纪律、讲规矩，播放警示教育片、微电影等方式，教育广大干部职工认清形势，做到畏法度、明底线、守纪律，遵规矩。6. 以廉政文化为建设主线，增强廉政文化的感染力。以健全完善的反腐倡廉“大宣教”格局为依托，制定了《安泽县国家税务局廉政文化示范点建设实施方案》，通过教育倡廉、读书养廉、对比思廉、典型引廉、谈话促廉、歌曲唱廉、展室集廉，在全局形成浓郁的廉政文化氛围。为拓展特色廉政文化，结合国地税合作，与地税共同开展了“家风伴我成长”活动，通过征集家风家训书法作品、“我的家风家训”“我的廉政故事”分享交流、经典家训诵读、家风家训竞答、致国税干部的一封信等活动，赋予廉政文化建设新内容。7. 加强对进户执法和管理行为的监督。全面推行廉政监督卡，要求在开展税收实地核查、纳税评估、定额核定、发票增量、税务稽查等入户执法和管理活动时，要求必须向纳税人递交“廉政监督卡”，严格进户执法审批；1—6月发放廉政监督卡17份，收回廉政监督卡回执联17份，收回廉政监督卡反馈联17份，回访5户，未发现吃、拿、卡、要等不廉行为。

【党支部建设】　1. 狠抓政治业务学习，扭正党员干部思想。学习教育是政治思想工作的基础。创新学习形式，在每次政治学习之后，领导带头谈自己的学习心得、谈自己通过学习对促进工作的想法、设想等；完善了学习制度，除继续坚持每周二下午为集体学习日之外，还先后将每月13日、14日、15日、16日分别定为党组中心组学习日、党小组日、党员活动日和学习成果交流日。通过大家的共同努力，党员干部队伍积极发挥先锋模范作用，为顺利完成各项工作任务打下了坚实的基础。突出表现在“营改增”工作中，先后涌现了“孕妈妈”王琳、“病爷爷”宋社宏、“拼命三娘”王海荣等先进典型，展现了党员干部奋发有为的干事创业精气神，用自己的实际行动践行着“诚实、肯干、担当、奉献”的安泽国税精神。

2. 加强组织建设，建立了适应机关发展需要的组织体系。党支部是党员之家，只有组织体系完善，才能充分发挥党支部的战斗堡垒作用。为此，组织建设作为党建工作的重中之重：对党小组进行了调整，由4个调整为3个，将离退休老党员分别编进不同的党小组，使党建做到“全覆盖”；发展新党员，不断为党组织充添新的血液。严格“三会一课”和民主生活会制度，坚持每月召开一次支委会、每季召开支部大会，各党小组也按季召开党小组会，学习传达、贯彻落实党的重要决策和上级指示精神，研究解决涉及党建工作的重大问题；严肃党内政治生活，班子成员带头深入查摆问题，深刻剖析思想根源，揭短亮丑，不回避、不掩饰。特别是在“四讲四有”专题研讨中，每位班子成员都以普通党员的身份，参加了所在党小组的生活会，经受了严格的党内生活锻炼，既出了汗、也流了泪，思想受到洗礼、灵魂受到触动。

3. 不断强化作风建设，树立共产党员良好形象。不忘初心，关键在做。坚持学做结合、以学促做。无条件支持纪检监察部门执纪监督，例如班子成员每次下乡调研，都要求纪检检察人员跟随，主动接受监督；拓宽渠道，多方倾听来自社会各方面的声音。例如，前不久举行了县纪监察部门参加的税企业座谈会，就“营改增”和国地税合作等热点问题征求意见和建议，共征求到意见和建议8条，目前已分别整改到位；落实问责规定。特别是在个别退居二线的老税干迟到早退问题上，全局坚持一碗水端平，从而做到了“一级做给一级看”，保障了在特殊时期，无一人被纪检委等部门通报；坚持“一案双查”等制度，通过纪检监察部门对执法全过程的实施监控，进一步构筑税务干部对腐败行为“不愿为、不能为、不敢为”的严密防线。在全体党员干部的共同努力下，党员干部队伍形象进一步好转，社会反响良好。

【“两学一做”学习教育】 在“两学一做”中，体现出了“快、准、精”的特点，主要是：1. 提前动员，开展“两学一做”行动“快”。4月16日，召开局党员大会，对“两学一做”学习教育进行了初步动员，县局党组成员、党支部副书记、副局长做了动员讲话，制定下发了《关于在安泽县国家税务局全体党员中开展“学党章党规、学系列讲话，做合格党员”学习教育实施方案》，要求全体党员干部要早做宣传，以上率下，通过班子成员学，带动党员共同学，树立良好学风。局党支部建立了“两学一做”微信群，通过这一创新形式，丰富了党员学习方式，达到了共同提高的目的。使“两学一做”融入到党员干部的工作和生活中，做到学习工作两不误、两促进。2. 丰富载体，开展“两学一做”方法“准”。围绕中心工作开展学习教育。党支部列出学习计划进度表，明确学习篇目内容和效果要求，确保学习实效性；严格执行“三会一课”等党的组织生活制度，每月组织开展一次集中学习、每季度进行一次集中研讨，引导党员认认真真学、原原本本学、理论联系实际学，逐条逐句消化理解，确保学习教育稳步推进；创新载体，依托手机、电脑、电视“三屏互动”系统，推送微党课，方便党员随时随地学习；紧扣国税工作和“四个全面”战略布局、推进供给侧结构性改革、保障改善民生等重大任务之间的辩证关系，确保学习教育和中心工作两手抓、两促进，实现相互推动、相得益彰。坚持层层示范、层层带动，形成上行下效、整体联动的总体效应。

地方税务

【概述】 安泽县地方税务局成立于1994年9月，是受上级地税部门垂直管理和地方政府双重领导的地方税收行政执法单位。现有干部职工54人，其中：大专以上文化程度50人，党员44人。内设五股二室，三个直属机构、两个城区税源管理所和两个农村税务所，负责全县833个企业及1782户个体工商户的税收征管工作，承担着资源税、企业所得税、个人所得税、城镇土地使用税、城建税、印花税、房产税、车船使用税、土地增值税、烟叶税、耕地占用税、契税共12个税种和工会经费、教育费附加、文化事业建设费、水资源补偿费、残保金、价格调控基金、河道管理费等6项规费的征收管理工作。

【多措并举促税收】 2016年，面对煤炭市场持续疲软、“营改增”税制改革等严峻的经济税收形势，全体税干坚持“应收尽收、决不允许虚收探收、严格落实税收优惠政策、夯实收入基数”的组织收入原则，大力强化税收征管、开展营业税专项清查、小税种专项治理、房地产税收专项检查等工作，持续加强重点税源监控、开展税收分析、稳步推行税收收入预警机制等手段，有力地促进了组织收入工作。切实转变组织收入理念。全局税干牢固树立依法治税理念，强化法纪意识，使法治贯穿税收管理、税款征收、纳税服务等各个环节。不断加强重点税源管理。在宏观经济下行压力持续增大的情况下，为更好地掌握组织收入工作的主动权，班子成员、股室、管理人员定期深入各个企业开展调研，切实做到底子清、目标明，强化了对重点税源企业的监控，准确把握了税收收入趋势，努力做好了挖潜、堵漏、防欠工作，确保了税款应收尽收。开展营业税专项清查工作。召开营业税专项清查会议，部署了为期一个月的营业税清查工作。对金融保险业、房地产业、住宿餐饮业及安泽县重点工程进行了全面摸底，评估入库税款517万元。全力做好年度所得税汇算清缴工作。2016年共汇算65户企业，汇算补缴企业所得税1457万元。稽查工作持续发力。对10户企业发放了自查通知书，共自查查补税款39万余元。

在全局上下的共同努力下，2016年共完成税收收入19581万元，其他收入2776万元。省以下地方公共财政收入完成16770万元，到年底超额完成市局调整后收入计划。

【地税文化建设】 合理分工，增强领导班子的合力。进一步明确和完善班子职能和分工，让每个班子成员的作用得到充分发挥，营造出了“心齐、气顺、风正、劲足”的党组干事创业新常态。干部岗位大调整。11月，县局党组知人善任、着眼激发干部队伍活力，营造干事创业的良好氛围，完成涉及7个单位，6名税干的岗位调整。此次调整使人员岗位结构更趋合理，使我局干部结构得以优化，干部队伍面貌焕然一新，全局上下人心思齐、人心向上，呈现出越来越好的发势头。人文关怀愈加凸显。

借助“九九”重阳节，对已退休的9名老干部进行了慰问，送上了节日的温暖，对长期生病的税干本人或家属进行了家访和慰问，表达了组织的关怀。对考上大学的3名税干子女进行了助学，在春节前，对生活困难职工进行了慰问，送上了慰问金。

税务干部业务再学习。为进一步提高税务干部综合素质，切实适应税收发展新形势，分两期举办了每期5天的全员素质提升培训班。参加了市局组织的业务能手选拔学习，有2名同志获得省级业务能手称号并被市局遴选。积极组织45周岁以下人员参加市局组织的备战2017年省级业务能手摸底考试。经过筛选8名同志参加了市局干教中心组织的业务学习。组织集中学习，抽取50周岁以下的干部参加“大比武、大练兵”考试，并取得了较好的成绩，督促全体税干按时完成山西干部在线学习，成立税收业务学习小组，使业务学习经常化、常态化。

培育地税精神，大兴地税文化建设。培养良好的税务文化氛围，提高职工的道德修养和文化品位。积极筹备市局第一届职工运动会，购买各种文体活动器具，做好组织服务工作，使职工在活动中增进感情，培养大家的集体观念和协作配合意识。关心爱护职工，考虑到职工的实际，第一次在临汾为职工进行体检。并建立和落实职工有病住院必访、婚丧大事必访、有困难必访的访问制度，让职工能时刻感到集体的温暖，增强集体归属感和幸福感，积极倡导快乐工作、快乐生活的工作生活理念。组织多种形式的文化活动。积极参加省局“新常态、新税风”税收文艺创作活动，《曾经的我们》被评为三等奖；“七一”通过全体党员推荐、评选表彰了一批优秀共产党员、优秀党务工作者，树立了先进典型，弘扬了清风正气。全局的文明创建活动继续深入开展，连续八年被文明委命名为省级文明单位。

【依法治税工作】 开展“六权治本”工作。按照“六权治本”工作要求，对税收行政执法全流程进行梳理，制定了《安泽县地方税务局职权事项责任清单和廉政风险防控图》和《安泽县地方税务局行政职权权力清单和权力运行流程图》，要求税干明确执法责任、严格依法行使权力。同时要求全局税干严格按照省局《规范税务行政处罚裁量权实施办法》和《规范税务行政处罚裁量权执行基准》，确保税务行政处罚更加公平合理。

【税收执法督察】 根据市局《2016年税收执法督察工作方案》，及时部署，以市局执法疑点和风险数据为切入点，对三证合一、一照一码登记制度执行、大众创业万众创新税收优惠政策落实、小微企业税收优惠政策落实、组织收入原则执行情况进行了专项督察及整改，通过执法督察，有效防控了执法风险，有力促进了依法治税。为加强安泽县印花税征收管理，依据上级文件制定了《安泽县地方税务局关于购销合同类印花税核定征收比例的相关规定》规范性文件，使得安泽县印花税核定征收比例有了确切依据，大大方便了印花税的计征工作。

【“营改增”工作】 联合国税局对新政策进行了研讨、学习，并对前台的开票业务进行了现场指导，使申报征收各个环节都落实好优惠政策。设置了营改增业务办税绿色通道，挑选业务熟练的干部在窗口工作，保证营改增各项业务顺利办理。进驻国税局纳税服务厅，开设两个窗口，整合资源实现窗口融合，提高办税效率，解决纳税人“往返跑”的问题。

【国、地税合作工作】　共同制定联合办税工作流程规范，真正实现办税窗口统一受理，内部流转、同步审批，限时办结的模式和效果。开展联合办税联席会议制度。针对国、地税合作规范中所涉及的事项进行研究讨论，进一步建立健全相应的工作机制，制定出切实可行的涉及具体业务的工作制度和工作流程，使联合办税工作务求取得实效。联合开展第25个税法宣传月暨“便民办税春风行动”启动仪式。为了实现宣传手段多元化，联合国税局以“营改增”为背景，以一名普通税务干部真实的生活和工作为主线拍摄了微电影《荀乡税韵》，受到了纳税人及广大税干的一致好评。

【廉政建设】　强化监督，完善制度，认真贯彻落实八项规定。严格执行中央和省、市局一系列禁令，正风肃纪，定制度、严监督，促管理。结合工作实际，制定出台了公务用车、公务接待、政府采购等一系列配套的相关制度办法，以制度约束干部行为，以机制规范权力运行。

认真履行主体责任，扎实开展节日监督检查工作。为进一步深入贯彻落实中央八项规定，紧盯节日节点，防止“四风”问题反弹回潮，严格履行“一岗双责”。认真学习宣传《中国共产党廉洁自律准则》和《中国共产党纪律处分条例》，加强党章党规党纪教育，党员领导干部带头崇廉拒腐，树立良好家风，坚决杜绝“节日腐败”。

强化看齐意识，全面建立约谈和民主生活会制度。为认真贯彻落实全面从严治党主体责任，抓早抓小，把纪律和规矩挺在前面，结合工作实际，制订了党风廉政建设约谈制度和约谈计划。年内先后开展廉政约谈会议4次，规范了税干行为，做到了警钟常鸣。坚持民主集中制，建立班子内部自我监督、自我约束、自我纠错的机制，建立了班子成员工作规则和议事规则，明确在重大问题上发扬党内民主，从根本上杜绝重大问题“一言堂”的现象。

国库集中支付

【预算内外集中支付业务】　2016年及时做好支付凭证的审核、打印、传递、退款更改等业务工作。截至12月30日，共审核原始凭证52378张，办理业务37410笔，支付金额15.67亿元，其中办理退款更改业务225笔，涉及金额367万元，拒付不合理支出159笔，金额达58.3万元。

【规范支付核算报账程序】　1. 严把报账“受理关”。在报账受理过程中，从原始凭证把关入手，做好源头监管，对不合规、不完整、不真实应补充和更正的凭证予以退回，要求纠正和补充后再报账，并向报账员做好解释和业务辅导工作。2. 严把报账“政策关”。会计核算是一项政策性很强的工作，我们严格按照有关财经法律、法规和制度，严把政策关，对单位未按规定办理政府采购手续的、不遵守八项规定的支出事项坚持不予受理。3. 实行支付“交叉复核”。每笔支付业务都必须经过分管会计初审、主管会计复审，真正形成事前事中有效控制、事后跟踪问效的资金支付使用监控模式。

【控制开支】 坚决贯彻落实党中央“八项规定”“六项禁令”以及提倡节约制止浪费等规定要求，严控一般性行政开支，特别是加强对三公经费及招待费的控制，要求外出符合公务卡使用范围的必须使用公务卡进行结算。

【国库支付数据对接】 积极做好银行、财政之间的数据自动对接问题，提高国库支付工作的质量和效率，做到及时清算。为安泽县财政资金管理把好关。

国际资金管理

【落实还贷工作】 落实还贷工作是2016年的一项重点工作。为确保项目引得进、用得好、还得起，维护政府信誉，防止形成累欠积多，采取各项措施，确保还本付息工作的顺利完成。全面落实责任，对国际金融资金回收工作采取分组包片的办法，实行局机关人员包联乡镇、乡镇财政所人员包联到户责任制，签订回收任务目标责任书，做到人人头上有任务，个个肩上有压力，形成九牛爬坡各个出力的工作局面。统一印制催款通知书，由包片责任人进村入户，送到贷款户和项目单位，将各项目单位还本付息情况与内部信用评级挂钩，严格执行奖惩制度。想方设法对贷款户基本情况进行了解，变通方法督促他们及时还款。五是将还本付息列入财政预算，确保当年还本付息任务的完成。2016年底，通过积极努力，共回收世行、亚行外国政府贷款本息共计20434.3元，其中：回收世行贷款本金10730元，利息7304.3元；回收亚行贷款本金2400元。

【项目管理】 2016年本着规范项目管理的目标，结合“中心下移、着眼基层、突出服务、加强基础”的工作方针，加大对项目的监管力度，全面提高监管水平。对已建或在建项目进行全方位、全过程的监督，2016年8月份，抽调人员对各乡（镇）的世行贷款及亚行贷款情况进行了检查，对已引用国际资金的项目单位的财务状况、偿债能力、项目财务效益、投资进度等进行调查摸底，加强项目的跟踪问效，进一步规范了账务，提高了资金使用效益。及时转发省、市有关国际金融贷款项目的办法、通知，让一些企业和项目单位尽快了解相关情况，使项目单位了解上级政策，做到有章可循，有据可查，规范操作。

非税收入征收

【收入完成情况】 2016年底各项收入累计完成9892万元。其中：非税收入完成9642万元；财政专户收入完成250万元。原煤完成470万吨，完成计划94%，焦炭完成257万吨，完成计划107.08%，确保税费收入的足额入库。清理收回历欠1754.8万元。

【票据监管】 充分利用票据管理在收费工作中的源头控制作用，加强对票据的购领、发放、保管、核销、销毁各个环节的管理。实行了专人保管、专人领购制度，防止票据流失，实施了核旧领新制度，要求各单位在领用新票的同时，对已用票据进行核销，对各收费单位的票据做到了及时核查，有效地防止了滥用票据的现象的发生。

【煤副产品监装工作】 由非税收入稽查大队牵头，派人驻站驻矿进行监装，实行轮班制，保证24小时无空档，严格把关，杜绝“跑、冒、滴、漏”现象发生。全年底煤炭副产品累计监装23.8万吨，其中：中煤19万吨，煤矸石4.8万吨。

【清理规范收费项目】 在全面清理规范涉煤税费项目、降低收费标准的基础上，进一步对行政性收费项目进行全面清理，严格执行省政府取消相关收费项目的政策，对保留的收费项目严格按照现定标准收取，为企业营造良了的政策环境。

【帮扶包联村工作】 根据县委要求，全体党员深入包联村，党员联户帮扶贫困户，详细了解他们的生产生活情况，制订了帮扶计划，并建立了安泽县精准扶贫建档立卡贫困户手册。1.与帮扶对象在家沟通联系，做好相应的扶贫脱困工作，力所能及的帮助帮扶对象解决实际困难，密切关注帮扶对象的情况。2.走访慰问。积极向帮扶对象宣传党和政府的政策，了解其家庭生活状况，帮助其协调解决就业、就医和子女就学等方面的困难。使其感受到党和政府的关怀和温暖。3.对帮扶对象基本生活有困难的家庭，亲自到帮扶对象家中进行走访，对患有大病、重病的，借助政策方式，减轻帮扶对象的负担，尽力帮助他们解决实际困难。4.对有就业能力、就业意向的，帮助其转变就业观念，做好服务工作，一方面积极提供就业信息；另一方面多渠道帮助寻找就业门路，想方设法促进其就业或自谋职业；同时帮助联系家政服务、发展经营项目等，为增强创业脱贫的提供条件。5.对子女读书难的困难家庭，建立长期助学计划，在每学期开学前上门家访，了解其子女读书情况，并协调相关职能部门落实困难家庭的助学措施，帮助顺利完成学业，增强其家庭的脱贫能力。6.每逢年过节为他们送去生活必需品。7.引导产业结构调整，种植药材（白术）260亩，糯玉米68亩。积极协调争取资金18万元修建漫水桥一座，彻底改变了群众行路难的问题。

政府采购中心

【概述】 2016年共接受全县各单位委托项目269项，已办理226项，废标30项，终止8项，正在办理5项；涉及采购预算资金9742万元，实际采购资金8011万元，节约资金1731万元，节约率达18%。分项情况为：工程类采购83项，涉及采购预算资金3917万元，实际采购资金3252万元，节约资金665万元；服务类采购24项，涉及采购预算资金699万元，实际采购资金355万元，节约资金344万元；物品类采购162项，涉及采购预算资金5126万元，实际采购资金4404万元，节约资金722万元。

【规范采购程序】 根据《政府采购法》《政府采购法实施条例》及相关规定，进一步健全管理制度，完善采购程序，进一步规范了采购流程、细化了采购目标、强化了采购责任，增强了采购透明度，提高了服务质量。采购项目由采购人代表和专业技术专家等组成评审委员会或评审小组，负责评标定标，制定评标规则和评标纪律，用以约束评标行为，切实做到“公开、公平、公正”。8月起，凡参加安泽县采购项目的企业，在该项目结束后，中心直接将采购保证金采用转账或电汇方式，汇入报名企业提供的公司账户（开户名），否则不予办理退还保证金手续，进一步规范了企业参与政府采购行为，净化了政府采购环境，确保了政府采购活动的顺利开展。从10月17日起，工程类采购项目实行报名和参加采购会议必须由建造师亲自到场，否则取消该投标企业的采购资格，进一步规范了开标评标秩序，方便了评审专家的现场解疑，有效地节约了会议时间，提高了采购效率，保证了政府采购活动的顺利开展。同时，所有采购项目都邀请财政部门进行监督、采购人代表全程参与。根据上级文件和县纪委“一网多平台”建设要求，在采购会议现场安装电子监控系统，对评标现场实行同步录像录音，严格禁止在采购会场抽烟、闲聊、接打电话及随意走动等不良行为，加强对评标现场的有效监管，达到了“阳光采购”的目的，增强了采购人、供应商及社会各界对政府采购的认知感，杜绝违法违纪行为发生。

【服务重点工程】 为了更好地服务于全县重点工程建设，根据《关于贯彻落实重点工作“清单式”管理的通知》要求，中心对采购单位委托办理的所有涉及县重点工程项目的采购事项，在遵循采购法律法规的前提下，按照“急事急办、特事特办”的原则，建立环节少、时间短、效率高、运转协调、操作规范的工作机制，开辟“绿色通道”，建立了首问负责制、限时办结制，为采购单位提供高效、快捷的服务，确保安泽县重点工程项目的顺利推进。

【精准扶贫】 结合该村的实际情况，想方设法，因地制宜，发挥优势，协调各方面的关系，积极向上级争取资金和项目，党员精准入户，体察民情，积极帮助贫困户从贫困中走出来。1. 3月21日进驻包联村和川镇议亭村，给该村发放了防火物资10余套及宣传资料、防火标语，并要求他们提高认识，不断创新和完善防控体系，打造坚实的绿色屏障。2. “七一”期间，对该村10户进行走访，全面调查、走访困难家庭，通过了解情况，党员干部职工自己出钱作为慰问金，为每户送去面、油，并走访了崔志国、陈秋安、孟庆国、胡建忠、侯增祥5家困难户，分别送上了面和油，鼓励其振作精神，增强生活信心，使他们真切地感受到党和政府的关怀。3. 为了积极发挥农发在扶贫攻坚工作中的重要作用，坚决打好扶贫攻坚这场硬仗，中心积极落实“支部包村、干部联户”帮扶机制，与贫困户结成一对一帮扶，建立手册，达成共识；2016年底，中心包联贫困户34户，包联人员每人为包联贫困户捐赠了现金及其他生活用品，并与个别贫困户共同过生日，送去了生日蛋糕和祝福。4. 积极帮助筹措近10万元修建了进地桥3座，彻底结束了村民趟水过河的历史，解决了春耕秋收之难。5. 筹集资金3万元帮助该村清理杂草垃圾、净化环境卫生，村容村貌得到显著改善，为村民打造了一个安逸舒适的生活环境。6. 投资4万元为村里购买太阳能路灯 14 盏，维修 8 盏，得到村委和村民们的一致好评。全村 109 户贫困户经过镇党委、政府及中心全体党员的共同努力，引进光伏发电及产业化调整，已全部实现脱贫。

农业综合开发

【概况】 安泽县是典型的山区农业县，全县总面积 1967 平方公里，总人口 8 万人，辖 7 个乡镇、104 个行政村。2002 年被列入国家农业综合开发县，2016 年农业综合开发立项 28 个，总投资 16049.9 万元，土地治理项目 24 个，产业化项目 18 个，科技推广项目 4 个，项目主要集中在府城、冀氏、和川、马壁、良马 5 个乡镇，20 个行政村，改造中低产田 8.04 万亩，开发高标准农田建设项目 2.807 万亩。修建了一批电灌站、输变电线路、小型蓄排水工程和溪流护岸工程及水网管道铺设，机耕砂石化、防护林建设等工程，使直接受益人口达到 1.8 万元，占农业总人口的 22%。

2001 年 12 月成立安泽县农业综合开发办公室，2002 年被列入国家农业综合开发县，为科级建制全额事业单位，归口财政局管理，设主任 1 名，副主任 1 名，纪检组长 1 名，五个股室（队）分别为：综合股、土地项目股、产业化项目股、计划财务股和管护工作股，现有干部职工 18 人(党员 12 人)。

【扶持龙头企业】 山区农业综合开发要把产业化经营的理念贯穿始终，促进农业增效、农民增收，把基础设施建设和高效农业发展有机结合。要积极培育市场主体，扶持农业龙头企业、联合经济组织、专业大户和农民参与丘陵山区开发，促进土地有偿合法自愿流转，特别要大力扶持土地股份合作社，实行多元开发，按照“山上建基地，山下搞加工，山外找市场”的开发思路，鼓励农业龙头企业和经纪人与农民实行订单收购，一头连接市场，一头连接基地农户，大力发展农产品加工、贮藏和流通，拓展产品销售的时间和空间，从产后加工流通中增加农民收入，要培育壮大技术含量高、诚信度好、质量安全的产品品牌，提升企业研发能力、自主知识产权和制订行业标准的能力，提高农产品的市场竞争能力。

【农业信息化建设】 如何抓住信息化发展的机遇，充分利用信息化手段，促进山区农业快速、健康发展，促进农民增收、农业增效、农村稳定，是迫切需要解决的一项新课题。因此农业综合开发立足于山区农业发展现状和农业资源概况，利用现代信息技术，逐步整合、开发和利用各类山区农业信息资源，建立完善的农村信息服务体系，形成了有效的山区信息资源采集、加工、开发、传输、利用机制。通过建设数据库、农业网站，开展农讯通项目，充分利用报纸、媒体等媒介传播农业发展最新前沿科技动态，促进农村信息化发展。

【科学化管理】 山区农业综合开发，离不开各类市场主体的介入，如农业龙头企业、农民专业合作经济组织（协会）等。要加强政策扶持，培育各类山区农业开发主体。发挥其带动作用，创新组织模式，鼓励农技推广部门的科技公司、承包经营大户参加山区农业开发。

创新山区农业管理机制，首先要立足山区实际，注重加大宣传，提高农民参加项目的自发性和积极性；其次，要明确各级主管部门的职责分工，由政府统一高度整合力量，做好对山区开发项目的监督、验收和有序管理。建立健全决策咨询机制，建立领导决策和专家咨询相结合的工作推进机制，使农业综合开发工作走上科学化、制度化、规范化道路。建立健全农业科技人才培养机制，采取请进来，走出去相结合的办法针对性地多层次开展农业技术市场营销，经济管理等方面的培训，保证项目的实施质量。建立项目筛选竞争机制，严格按照项目立项和评审程序，通过层层筛选和科学论证评估。建立监督机制，全面推行项目法人负责制、项目招投标制、工程建设合同制、工程建设监理制、资金项目公示制和资金县级报账制。

【项目建设】 2016 年，根据上级文件要求，积极申报项目。

1. 国家农业综合开发良马片高标准农田建设项目，总投资 985 万元，涉及良马乡良马、宋店 2 个行政村，开发任务为高标准农田建设 0.65 万亩，主要建设内容有：新建排灌站 5 座，架设输变电线路 1.4 公里，埋设管道 40 公里，新建渠系建筑物 31 座，新建小型蓄水池 5 座，新建项目区公示碑 1 座、标志牌 40 座，改良土壤 0.25 万亩，修筑田埂 33.67 公里，新修田间道路 9.2 公里，营造防护林 36.7 亩，科技技术培训 1000 人次。2. 省级农业综合开发车道高标准农田建设项目，总投资 90 万元，涉及和川镇车道村 1 个行政村，开发任务为高标准农田建设 0.06 万亩，主要建设内容有：埋设管道 4.89 公里，小型蓄水池 1 座，改良土壤 0.03 万亩，购良种 0.17 万公斤。3. 国家农业综合开发产业化经营财政补助项目 6 个，由安泽县晋南黄牛养殖专业合作社承建的“新增出栏 300 头优质肉牛养殖基地改扩建项目”，总投资 122.4 万元，其中：财政补助资金 60 万元，主要用于：用于土建工程、设备购置、良种引进。由安泽县红伟养殖专业合作社承建的“新增出栏 1000 只优质肉羊养殖基地扩建项目”，总投资 123.32 万元，其中：财政补助资金 60 万元，主要用于：用于建设羊舍、设备购置、种羊引进。由安泽县润禾种植农民专业合作社承建的“1800 亩中药材种植基地配套设施建设项目”，总投资 122.48 万元，财政补助资金 60 万元，主要用于：用于土建工程建设、设备购置、种苗引进。4. 由安泽县牧兴养殖农民专业合作社承建的“年出栏 600 只优质肉羊养殖基地扩建项目”，总投资 92.23 万元，其中：财政补助资金 45 万元，主要用于：用于建设羊舍、精料库，兽医室，铺设排水管道。5. 由安泽县希望养殖农民专业合作社承建的“年出栏 1000 只优质肉羊养殖基地扩建项目”，总投资 151.87 万元，其中：财政补助资金 75 万元，主要用于：用于扩建羊舍、设备购置、种养引进。6. 由安泽县绿万里蔬菜发展有限公司承建的“2000 亩连翘种植基地建设项目”，总投资 426.64 万元，其中：财政补助资金 210 万元，主要用于：用于连翘苗木费、机械整地费、晒场和库房建设费及部分设备的购置费。

【精准扶贫】 结合英寨村的实际情况，想方设法，因地制宜，发挥优势，积极协调各方面的关系，积极向上争取资金和项目，切切实实为群众办一批实事好事，对促进该村经济社会的发展起到了一定推动作用。3 月 21 日进驻包联村良马乡英寨村，发放了防火物资 10 套及宣传资料、防火标语，并要求他们提高认识，不断创新和完善防控体系，打造坚实的绿色屏障。“七一”期间，党员干部职工深入该村，与村委进行了座谈，走访了困难老党员 10 户，分别送上了面和油，鼓励其振作精神，增强生活信心，使他们真切地感受到党和政府的关怀。为了积极发挥农发在扶贫攻坚工作中的重要作用，坚决打好扶贫攻坚这场硬仗，积极落实“支部包村、干部联户”帮扶机制，与贫困户结成一对一帮扶，建立手册，达成共识；2016 年，包联村共贫困户 13 户，单位每人为包联贫困户捐赠了现金及其他物品，并与个别贫困户共同过生日，送去了生日蛋糕和祝福。积极争取资金 10 万元，帮助该村西口修复涵洞工程和英寨至红泥寺维修田间道路工程，这不仅加快了社会主义新农村建设步伐，也为统筹解决“三农”问题注入了新的活力。

银监办

【概述】　临汾银监分局安泽办事处于2004年5月经中国银行业监督管理委员会山西监管局《县（市）监管办事机构设置的批复》（晋银监复〔2004〕57号）批准成立。监管办事处根据分局授权，对属地银行业机构实施监督管理，主要承担辖内法人银行业机构风险监管的主要责任，通过现场监管、非现场监管和市场准入监管等手段，重点对操作风险、流动性风险、信用风险和声誉风险进行监管；同时，监测、收集辖内其他银行业机构有关重要信息，及时向分局报告。机构和人员从人民银行分设，人员3人，第一任负责人崔玉昌（2004年5月至2009年5月），第二任负责人关则强（2009年6月至2013年9月），第三任负责人杨建民（2013年9月至2016年）。安泽监管办秉持"审慎、科学、务实、清廉"的工作理念改进金融服务、防控重点风险，加强能力建设，截至2016年末，辖内银行业各项存款359738万元，同比少增2114万元，在经济下行压力加大的情况下，各项贷款179396万元，同比增加37928万元。

【支持实体经济】　贯彻中央1号文件，出台加强和改进农村金融服务工作实施意见，协调落实税收减免和财政奖补。截至2016年底，全县银行业投放涉农贷款余额72959万元；完善扶持政策，改进小薇企业金融服务。开展小薇企业金融服务宣传月活动，宣传政策，推进落实，组织银行业金融机构"银税合作"，截至2016年末，全县小薇企业贷款余额91918万元；加强民生领域信贷支持。引导银行业金融机构积极满足居民新型消费品及文化、教育、旅游等服务消费领域的合理信贷需求，截至2016年，发放文教、卫生、娱乐、社会保障、居民服务业及个人消费类贷款14519万元。

【金融服务】　引进各类银行设立分支机构，提升金融服务功能。分别于2012年10月24日引进了中国工商银行安泽县支行，于2013年8月9日引进了中国建设银行安泽县支行，于2011年8月5日引进了中国邮储银行安泽县支行。提升金融服务面，实现全县金融"村村通"服务。截至2016

年末全县银行业机构设立标准化网点23个，向行政村布放POS机363台，开通运行自助机具38台，设立助农取款点82个，布放转账电话167部，全县行政村已实现金融服务全覆盖。

【防控风险】 严控信用风险。督促各银行业机构要组织开展信贷资产排查工作，全面摸清可能影响本机构、本区域金融安全的重大信用风险，及时向监管部门报告。要进一步完善授信工作机制，多渠道收集授信客户风险信息和非传统融资信息，有效识别客户风险状况，并在此基础上加强统一授信、统一管理，严控增量风险。严管法人机构风险。把治理法人机构风险摆在更加突出的位置，积极采取有效措施，努力推动重点风险缓释。法人机构要严格落实风险防控主体责任，增强防范意识，完善工作机制，切实规范经营管理行为。作为监管部门将组织“两会一层”风控责任落实情况专项检查，约谈乃至建议调整一批风险控制不作为、乱作为的理事、监事和高管。要做实并表监管，防止监管套利，避免风险交叉传染。坚持资质管理、合规管理、风险管理原则，综合治理同业投资、理财业务和信托业务风险。严防案件和操作风险。立足当前，按照遵守党的纪律与遵守法律法规相统一，培育合规文化和惩戒违规行为相统一，培养职业道德与共产党员道德情操相统一，发现问题与整章建制、深化改革相统一的原则，以最坚决的态度严治操作风险，牢牢守住不发生重大案件和风险事件、不发生重大负面舆情底线。严防其他业务领域风险。督促银行业机构继续加强对政府融资平台贷款风险管控，认真落实新预算法和国务院关于地方政府性债务管理的有关要求，不得将新增地方政府融资平台贷款视同政府性债务管理。积极配合有关部门推动政府融资平台转型，按照信息公开、责任明确的原则，全面摸清融资平台债权债务关系，加强债权维护，防范债权悬空风险。继续推进P2P网络借贷风险专项整治，推进联合整治非法买卖银行卡信息专项行动，联合有关部门严厉打击电信诈骗，坚决遏制客户信息泄露、银行卡盗刷事件。各银行业机构要继续加大防范非法集资宣传教育和监测预警工作力度，实现关口前移、早发现早报告，加强柜面操作行为，严禁为非法集资提供任何金融服务，严禁内部员工违规参与各类集资活动，严禁发生“飞单”事件。

中国人民银行安泽支行

【财税入库情况】 2016年12月底，国库累计完成各项预算收入46510笔7亿元，较同期减少1.11亿元，下降15.86%，其中：中央收入完成2.26亿元，较去年同期减少1.01亿元，下降44.69%；省级收入完成1.32亿元，较去年同期增加0.02亿元，增长1.52%；市级收入完成0.42亿元，较去年同期减少0.02亿元，下降4.76%；县级收入完成3亿元，较去年同期减少0.1亿元，下降3.33%。预算支拨32424笔13.37亿元，更正业务30笔，金额为0.29亿元。均做到严格按制度要求处理业务，无超计划、无计划支拨，做到了“三无“即无损失、无事故、无案件”标准，确保了库款支拨的准确、及时和预算资金的安全。

【金融运行情况】 1. 各项存款持续增长，住户存款仍是增长的主动力。截至2016年末，全县金融机构各项存款余额359738万元，较年初增加44264万元，增长14.03%。其中：住户存款余额243959万元，较年初增加34505万元，增长16.47%，占全部新增存款的77.95%；广义政府存款余额67984万元，较年初增加7782万元，增长12.93%；其中财政性存款7974万元，较年初增加1764万元，增长28.41%。2. 各项贷款适量增长，主要以中长期贷款为主。截至2016年末，全县金融机构各项贷款余额179396万元，较年初增加25241万元，增长16.37%。其中：住户贷款余额76746万元，较年初增加1603万元，增长2.13%；非金融企业及机关团体贷款余额102650万元，较年初增加23638万元，增长29.92%。

【金融宣传】 重点开展了“3·15”人民币反假、打击预防经济犯罪暨金融法治宣传、征信知识宣传等金融知识普及普惠工作，制作宣传板面10余个，设立宣传柜台20余个，散发宣传材料、金融知识手册等3000余份，开展送金融知识下乡2次，现场接受群众咨询500余人次，使更多的群众了解金融、关心金融、应用金融、支持金融发展。积极开展了“金融与诚信”进课堂工作，将全县27所小学2000余名5年级学生列为重点普及对象，在县北门小学组织进行了师资培训，举办了启动仪式，该项工作于9月份在全县所有小学5年级学生中推开，覆盖面达到了100%。

【金融稳定方面】 支行组织力量在认真测算、反复实验的基础上，制作了简单实用的测算模型，协助太原中支金融稳定处完成了全省投保机构的保费测算工作。配合临汾中支金融稳定科，完成了对临汾市4家地方法人机构存款保险评级工作。完成了安泽农信社去年下半年、今年上半年的保费测算、征缴工作。去年下半年应交保费145729.84元、今年上半年应交保费169963.74元，均已按时、足额汇入中国保险业务中心。制定了《安泽县存款保险档案管理办法》，该办法经临汾中支上报太原中支后，得到了金融稳定处的充分肯定。同时，还配合临汾中支，完成了金融风险监测系统扩容增量创新任务。完成了金融风险监测系统日常数据的采集、维护工作，数据质量和数据采集率不断提高。完成了“两综合、两管理”综合评价工作，全县11家参评机构，A类3家、B类9家。

【货币信贷工作】 支行严格落实各项金融扶贫相关文件、会议精神以及工作安排，全面有序推进金融扶贫工作顺利开展。2016年，辖内金融机构累计发放扶贫贷款4163.72万元，比年初增长3078.41%，带动建档立卡贫困人数474户，其中：累计发放扶贫小额贷款927.62万元，累计发放产业扶贫资金3236.1万元。安泽农信社运用人民银行扶贫再贷款资金发放扶贫贷款3500万，扶贫再贷款发放进度在临汾市10个贫困县中排名第二位。

【征信管理】 全年累计查询个人信用报告1565人次，企业信用报告5份，办理机构信用代码证262户。在办理查询业务过程中，严格执行相关制度，规范操作，得到了客户的广泛好评；组织辖内金融机构，开展了“6·14”信用记录关爱日宣传活动、《信用名片》微电影播放工作，通过宣传，使社会公众逐渐了解个人信用的重要性，提高了社会公众的信用意识。

【金融服务】 1. 认真履行经理国库职能，加强国库资金管理。截至12月底，国库累计完成各项预算收入4.6万余笔7亿元，办理预算支拨3.2万余笔金额13.37亿元。2. 深化农村支付服务环境建设，支付结算工作得到加强。组织指导金融机构加快助农取款服务点的升级改造为农村金融综合服务站的工作。召开了3次辖内金融机构农村金融综合服务站建设联席会议，组织人员下乡检查指导服务站建设工作6次。截至2016年12月底，验收达标的农村金融综合服务站103个，农村金融综合服务站实现了全县行政村全覆盖，改善了农村地区支付环境。3. 账户管理得到加强。到12月底，共核准开立账户299户，核销核准类账户114户，变更核准类账户157户。4. 人民币管理工作进一步加强。召开反假货币工作联席会议2次，通报辖内假币发案特点和应对措施，2016年共收缴各类假币166张，金额13735元；同时加强了对金融机构小面额票币供应兑换工作和不宜流通票币挑剔工作的检查指导，促进金融机构小额票币兑换和不宜流通票币回收工作稳步推进。

【党风廉政建设】 支行新班子组建以来，认真落实了党建统领各项工作的总要求，坚持围绕业务抓党建、抓好党建为业务的思想。

1. 紧密结合“两学一做”学习教育的开展，把学习放在更加突出的位置。成立了以党组书记为组长、党组班子成员为副组长、各相关部门负责人为成员的“两学一做”学习教育领导组，明确了职责分工、对学习内容、步骤要求、达到的目的、工作措施等都进行了详细的明确，做到了思想认识到位、组织到位、责任到人。在纪念建党95周年之际，开展迎“七一”系列文化活动：邀请中支党委书记侯龙为大家做“两学一做”专题讲课；手抄党章展评；举办“感动大家谈”、“身边榜样”评选活动等。2. 坚持把规矩、制度挺在前面，规范业务，强化监督，推进党风廉政建设向纵深发展。党建工作更需要有健全的规章制度、严密的操作程序和工作流程。在探索抓好基层党建工作方面，支行认真落实党组书记的第一责任人制度。认真落实“三会一课制度”、重大事项集体决策等制度，在抓党支部、党组、党员工作方面，将坚持把是否符合党组织的办理原则、是否符合党员的身份为各项党建工作的前提。时时、事事用党的纪律、制度约束言行、规范操作。切实按照习总书记提出的：织密制度的篱笆，把权力关进制度的“笼子里”落实到日常生活、工作的方方面面。全年对公章管理、会议管理、公务出差、临时外出、绩效工资考核分配办法等多项内部管理制度进行了修订完善，建立督查督办工作制度、工作落实处理处罚办法等，把制度、规章允许不允许，《条例》《准则》有限制没有作为衡量全部工作的标尺，做到了底线不碰、红线不触。

中国农业银行安泽支行

【主要指标完成情况】 2016年各项存款

余额为4.34亿元，当年净增5940万元,核心存款日均净增4548万元，其中个人存款日均增加769万元，对公存款日均增加3779万元。各项贷款余额8.23亿元，2016年新增法人贷款1.5亿元，个人贷款余额1813万元，当年累计发放1585万元，贴现贷款实现零的突破。全年累计清收不良资产56.9万元，自营不良资产净压16.95万元，委托资产处置清零。实现中间业务收入94万元，拨备前利润1697万元（拨备后利润1756万元），完成计划950万元的179%。

【实体经济转型】 2016年安泽县农行继续加大力度支持县域经济发展，重点支持在建、续建重大基础设施建设项目，为晋豫鲁铁路通道股份有限公司继续放款1.5亿元，支持铁路建设发展。

【支持“三农”】 2016年以来，多措并举压降农户小额贷款不良率恢复贷款发放，今年共累计发放农户小额贷款460万元，农民安家贷365万元。积极落实上级行和县政府、县人行的扶贫工作要求，成立金融扶贫工作领导小组，制定安泽农行扶贫金融服务方案，完善三农服务金融图谱，在乡镇建立10个金融服务点，为方便群众普惠金融迈出了坚实的一步。开展“三联两报到”工作，深入包联村和川镇上田村，与当地村支部一起制定发展规划和增收计划，并与县委签订脱贫责任状；组织在职党员开展“一帮一”帮扶活动，逐个深入自己所包的农户家中，宣传讲解金融政策，惠农政策，农行的惠农产品等，通过找信息、找资源、讲解金融政策等积极落实帮扶计划，多措并举，助力精准扶贫，实现所包12户全部脱贫。

【内控及风险管理】 2016年，安泽县农行结合合规网点建设、三化三铁、制度执行年活动，加强员工合规文化理念，开展合规文化教育、案例警示、员工行为排查等，强化基础管理。结合内外部案防监管要求，落实银监局“双录”工作要求，设置双录专区，严防操作风险，相继完成案防、员工行为管理、投资产品销售、银行相关业务、社会治安风险等自查工作，积极落实内外部检查整改工作。

中国农业发展银行安泽支行

【概述】 中国农业发展银行安泽县支行成立于1996年12月，2016年有员工18人，其中：正式工12人，市场化用工3人，临时工2人。

【业务开展】 1. 贷款情况：2016年底贷款余额为7114.39万元，其中：地方储备粮234万元，粮食政策性挂账贷款6880.39万元，贷款五级分类：正常贷款234万元，关注贷款6880.39万元，贷款质量基本良好。

2. 利息收回：2016年，应计贷款利息282万元，实际收回318万元，利息收回率达112.77%。其中：市、县级储备粮贷款利息10万元，收回利息10万元；老挂账贷款利息153万元，收回利息189万元。新挂账贷款利息119万元，实际收回119万元，在利息收回中，全部为中央、省市财政负担利息。

3. 利润情况：2016年实现收入326.25

万元，支出570.91万元，盈余-244.66万元。

4. 中间业务：2016年完成中间手续费收入1466.78万元。

5. 存款情况：2016年各项存款余额为1273.12万元，其中：非贷款企业存款余额为1019.24万元。各项存款日均余额为1288.49万元，企事业单位日均存款余额为941.42万元，财政日均存款为347.07万元。

信用联社

【概述】 2016年11月末，全县农信社各项存款余额达208141万元，较年初净增29232万元，其中，储蓄存款余额150795万元，较年初增加20965万元；各项贷款余额66198亿元，涉农贷款63806.02万元。不良贷款余额为13000万元，占比为19.64%。实现各项收入9931.54万元，其中，利息收入4859.12万元，金融机构往来收入4042.02万元，手续费收入95.61万元；实现经营利润562.74万元。

2016年县联社紧紧围绕“稳中求进”的总基调，夯实业务经营，聚合发展力量，实施特色营销，创新服务手段，全县上下呈现出“齐心协力谋转型，众志成城促提质”的蓬勃态势。

【信贷管理】 2016年将“制度先行”作为日常工作主导思想，持续提升信贷业务基础管理工作，制定业务部工作职责，梳理业务办理流程，明确部门和岗位职责，根据工作需要又先后制定、修改了《安泽联社贷款营销管理办法》《安泽联社“工薪贷”贷款管理办法》《金融扶贫工程实施管理办法》《安泽联社资产质量评价管理办法》《安泽联社扶贫再贷款管理办法》《安泽联社“光伏贷”贷款管理办法》等。与此同时，在风险可控的前提下，简化审批流程，缩短审批链条，强化贷后管理工作，实现信贷管理规范化。进一步丰富信贷产品，组织员工经常深入一线征求客户意见，了解客户需求，有针对性地推出一些具有自身特色的信贷产品，全方位满足客户的融资服务需求。面对不同层次的农民客户，开办“惠民贷”“强农贷”“光伏贷”等信贷产品16种，推行多种形式担保、延长贷款期限、还款方式，从而破解“三农”客户贷款难问题，拓宽经营、消费的新路径。面向“工作稳定、收入稳定、社会形象较高”的正式公职人员，研发了专属的“工薪贷”消费型信贷新产品。该产品信用贷款授信额度最高为10万元，担保贷款授信额度最高为50万元，还款可采取一次性还款、不定期还款、等额本金法、等额本息法等多种方式。“工薪贷”一经推出，备受安泽县公职人员的青睐。通过对全县101个单位3490余名公职人员进行摸底调查，有资金需求48人，需求金额467万元，自8月初“工薪贷”开办以来，共办理17笔128万元。2016年，重新修订《营业经理信贷条线考核办法》，科学引用“定量”考核标准，结合实际中的问题和短板，引入日常实际操作考核、工作日志检查以及汇报免责制度，把日常考核与制度执行相结合、信贷合规环境建设和长期考核相结合、信贷条线人员的发展与教育培训相结合、信贷条线人员的风险防范意识与公平公正的责任认定相结合，通过每月1号的信贷档案展评，相互学习，查找问题，工作效率和质量切实得到了提高，违规率由最初的16.38%降到了10月份11.87%，整体合规意识显著增强。

【帮扶脱贫】 在落实推动精准扶贫工作中，积极发挥金融杠杆作用，加强精准对接，重点推进产业扶贫、带动扶贫、普惠服务扶贫。根据县域产业扶贫发展规划和主导产业，精准选择扶持产业，加强与县扶贫局的信息沟通与联络，及时掌握政府确定的重点扶贫项目，制订专门的扶贫计划，做到扶贫项目精准对接，扶贫群体精准对接、扶贫产业精准对接。结合网点整体布局，精准实施责任分区划片，对辖区内的建档立卡贫困户实行名单制管理，由客户经理对贫困户开展逐户走访和信用评定，使金融扶贫的服务主体更加精准，服务责任更加明确。分析建档立卡贫困户现状，精准采取扶贫举措，创新针对贫困户脱贫专属的、特惠的信贷产品“强农贷”和“富民贷”，并按照“逐步推进、辐射带动”的扶贫工作要求，对全县4063户建档立卡贫困户进行了摸底调查，筛选具有带动作用的贫困户开展前期的帮扶工作。年底已累计支持建档立卡的贫困户117户，累计发放贷款金额405万元，其中支持扶贫搬迁户9笔，金额45万元。

【电子银行】 2016年大力推广网上银行、微信银行、手机银行，完善第三方支付功能，用以满足广大客户基于互联网和移动通讯技术高速发展而产生的金融服务需求。另一方面，加强与财政局、社保中心等部门的合作，目前，与省社保厅达成了代理安泽县社保卡业务的相关协议，制卡工作全面启动，IC卡的覆盖面将进一步扩大。

同时继续扩大自助设备的服务覆盖面，加大离行自助设备的布放力度，在人流集中的街道、企业等地布放离行式自助设备，同时为现有网点合理配备自助设备，提高电子渠道对柜面业务的替代率，降低柜面服务压力，提升服务效能。2016年，安泽县联社自助网点12个，布放ATM机总量达到14台。针对城北没有设立的网点，借助长临高速即将开通的优势，已选好地址，准备增设1台存取款一体机和1台查询机。截至10月末，发展网银用户总数达2127户，开通手机银行用户1154户，开通微信银行用户4818户，第三方快捷支付开户数达到6350户，布放POS机总量达到201台，在全县78个行政村设立助农取款点，形成渠道集群开发、资源集约利用、优势集聚提升的跨越发展新模式。

【中间业务】 为了提高县联社的核心竞争力，把代理业务工作作为一项新的收入增长点，先后与太平洋保险公司、泰康人寿保险公司、新华保险公司、人保财产保险公司、人寿财产保险公司、安泽县住房公积金管理中心、烟草公司、中小企业担保有限公司、安泽县电业局、安泽县电信、联通等单位签定合作协议，开办了10余种代理业务，促使中间业务得到稳步发展。截至10月末，代理保险保费收入166.44万元，代理理财手续费收入1.68万元，代收话费2.74万元，代收电费8.95万元。

【特色活动】 2016年为了进一步丰富员工业余文化生活，增强凝聚力，加快企业文化建设步伐，激发团队正能量。4月8日举办自编自演的2016年“点燃激情　放飞梦想”文艺晚会；5月4日利用五四青年节举办“活力农信，健康同行”运动会；6月20—21日，顶酷热，冒酷暑，积极参与“助力中考献爱心”公益活动；8月1日走进驻地武警官兵开展慰问活动；9月16—17日组织员工参加“激扬农信、强身健体”临汾农信首届职工运动会，充分展示安泽农信朝气蓬勃、团结向上的精神风貌；10月12日，为全县260名环卫工人制作并发放带有农信标语的环卫服，在社会各界进一步树立了“包容开放、激情进取”的安泽农信形象。同时，还组织员工参与团县委组织的“庆五四　践行核心价值观　弘扬青春正能量”知识竞赛、县工会组织的“庆五一”文艺会演等，营造出浓厚的企业文化氛围。

【案件防控】　始终把案防放在工作的第一位，突出明责，年初继续实施案防基层网点“一把手”负责制，分层逐一签订案防责任书，构筑横向到边、纵向到底、经纬交织的案防责任体系；突出管理，以资料查落实、以考核促质量，严把基层负责人履职，加大案防工作督导，促进案防基础工作不断夯实；突出落实，在召开案防工作会议，部署上半年任务的前提下，坚持按月跟进落实、按季分析引深，督促整改完善，促进各项案防任务扎实推进；突出整改，针对检查发现的问题，抓问题的确认、反馈、通报，抓问题成因及潜在风险的分析、提示，抓问题整改工作的督查、验收，强化内控、规范管理，促进稽核工作成果向经营管理成果有效转化。与此同时，加强三防建设，从严管理强人防、严格把关强物防、加快步伐强技防，安全防范水平再上台阶。6月13日，组织机关部门、基层网点安防骨干力量，走进县消防大队，开展消防知识培训和安全应急演练；9月26日开展三季度突发事件应急演练，进一步提升全员面对突发事件的应急处置能力，达到预期的效果，为安泽县农信社各项业务安全稳健运营提供了安全保障。

人保寿险

【任务完成】　2016年共达成总保费760.82万元，其中个险业务达成156万元，银行保险业务达成578.58万元，互动业务达成1.32万元，收展业务达成24.77万元。

【商业保险的社会覆盖面】　为积极发挥保险的社会“稳定器”和经济“助推器”作用，安泽营销服务部坚定不移的贯彻执行省、市分公司全年保险工作会议精神，不断创新工作思路，以业务发展为主线，实行“经理室成员分工负责制、部门领导督导责任制、绩优人员带动制”，开拓创新、扎实工作，做到早计划、早安排，把目标任务分解落实到各部门，使得人人目标清楚，任务明确。坚持队伍建设和业务发展两个轮子一起转，相互促进，相互推动。全年发展过程中以“客户联谊会”“财富论谈会”“反非法集资、反洗钱宣传活动”等多种形势加大城乡新老客户的沟通和宣传。通过提高认识，扩大宣传、提升服务、积极营造业务发展的新局面，改变承保方式，变压力为动力，深入一线各乡镇网点、企事业单位拓展寿险业务，加强与工行、邮政银行的业务合作，满足客户的各种理财需求。

【售后服务】 人保寿险安泽营销服务部是安泽县大的寿险分支机构，引领着安泽县寿险业的发展，多年来承保着广大客户的长期寿险。公司经理室高度重视售后服务工作，树立了“领导为员工服务、内勤为外勤服务、全员为客户服务”的服务宗旨，按照保险条款责任，坚持实事求是，“准确、及时、合理、快捷”的原则，做好理赔服务工作。

【依法合规经营】 认真贯彻落实县纪委及上级公司纪检监察、内控合规、销售督查工作会议精神，以科学发展观为统领，以风险管控为核心，以监管法规为依据，规范管控流程，健全风险防范机制，为公司业务超常发展保驾护航。认真贯彻落实《中国共产党员领导干部廉洁从政若干准则》，要求广大党员恪守“务实、高效、廉洁”的理念，进一步加强自身建设，切实增强执行力，加大“懒、散、庸”的治理力度，带头执行各项廉政规定，清清白白做人、踏踏实实做事，坚决抵制和反对吃喝风、玩乐风、攀比风，树立阳光廉洁公司形象。同时认真学习行业管理规定，定期开展保险法律法规和员工警示教育的学习，切实提升公司管理水平和案件防范能力，有效的预防不良案件的发生，逐步杜绝在业务销售过程中出现销售误导的行为。

【“家”文化建设】 公司一方面积极参与省、市分公司组织的学习培训机会，同时服务部也定期不定期的组织各类业务学习及专题讲座，通过各类学习、专题讲座、业务技能培训、业务技能竞赛，不断提高员工的综合素质。工作中提倡“家”文化建设，把“家”文化融入到企业文化建设中。企业文化是一种无形生产力，一种潜在生产力，无形资产和财富，企业之间的竞争越来越表现为文化的竞争，企业文化成为企业竞争力的基石和决定企业兴衰的关键因素。在公司“成己为人、成人达己”的企业文化之下，营造“家”文化，“家”文化的内涵就是“相互尊敬、相互关心、相互理解、相互支持，在企业营造家的氛围、家的温暖、家的感受”，使员工把家的事当作自己的工作做，把自己的事当作家的事来干，处处体现温暖，处处体现真情。全司系统形成一个大家庭，就是国寿之家，共同构建和谐国寿，共同创造美好家园。“家”文化的建设和发展实现了互相协调、互相补充、互相促进，以文化建设促进业务发展，以业务发展推动文化建设。“家”文化建设逐渐得到广大员工的认可、参与和支持。

财产保险

【业务发展】 2016 年累计完成保费 1263.3 万元，其中车险完成 716.52 万元，交强险 312.92 万元，商业车险 403.6 万元，农险完成 387.44 万元，企财险完成 68.45 万元，家财险完成 4.69 万元，责任险完成 61.63 万元，货运险完成 1.95 万元，意外险完成 6.88 万元，健康险完成 15.82 万元。累计保险赔款支付 376.99 万元，实现利润 517.64 万元，简单赔付率为 29.84%。

【积极参与全民健身运动】 2016 年 10 月首届人民财产保险安泽支公司“PICC 杯”团体羽毛球比赛在文体局开幕，员工们在紧张工作之余，积极参加健身运动，体魄更棒，工作更好。

【精准扶贫】　根据县委、县政府精准扶贫工作要求，及时调整精准扶贫领导小组和驻村队员，并细化工作任务，明确工作职责，为顺利开展精准式扶贫工作提供坚强的组织保障。

按照县委、县政府对2016年脱贫攻坚工作“回头看”督查的内容要求，公司及时组织认真学习省、市、县脱贫攻坚推进大会精神，立足公司工作实际及所帮扶村和贫困户的实际情况，制定规划及实施方案。

4月份，深入桃寨村调查护林防火情况，送去护林防火衣服。过年过节，使用公司节约下来的经费，购买面粉、食用油等慰问品19份，和村干部一起将慰问品送到贫困户手中，及时把县委和县政府的关怀送到群众家中，既拉近了关系，又为贫困户群众过上祥和温暖的节日尽了一点绵薄之力。

利用公司的优势，帮扶队成员每人给帮扶的贫困户每人赠送一份人身意外伤害保险，每份保险金额高达30000元，切实为贫困户办好事、办实事。

对桃寨村19户贫困户进行了详细的入户了解，对其中有意向养殖的贫困户送去鸡、鸭、羊，为其家庭增收。在县委、县政府的指导下，贫困户每户种植油用牡丹2亩，并给贫困户李爱萍家安装光伏发电设备，为其带来经济收入，加快甩掉贫困户的帽子。

交通　邮电

交通运输

【公路建设】　2016年完成杜村河阳至马壁石槽连通工程为2016年续建工程，全长13.66公里，路基宽6米，路面宽5米，15厘米厚干压砂砾，增设桥涵、防护等；良马小寨村至杜村魏家湾村连通路工程为2016年续建工程，全长约12公里，6米路基，5米路面，15厘米厚干压砂砾，增设排水、桥涵、防护等；冀马线罩面及全县县道坑槽修补工程是2016年新建工程，全长20公里，路基6米，路面5米，采用1厘米沥青罩面处理，全县道路路面坑槽修补及排水等工程；马壁石槽至沁水界公路改造工程为2016年新建工程，全长15公里，四级路标准建设，路基宽5米，路面宽4.5米，20厘米厚碎石水稳定层，5厘米厚沥青混凝土面层，增设桥涵、防护等，排水设施。

【安全生命防护】　冀沁线、唐沁线、高交线、罗和线四条县道安全生命防护工程为2016年新建工程，该工程全长65.384公里，财政已完成评审，下一步进入招投标程序。

【窄路面改造】　2016年良马乡英寨村至上寨村路面改造工程全长8公里，路面宽4.5米，18厘米厚混凝土路面。已完成招投标程序，下一步进行平整路基。府城镇孔村至桃寨路面改造工程全长5公里，路面宽4.5米，18厘米厚混凝土路面。已完成招投标程序，下一步进行平整路基。东洪驿至上田水泥路拓宽铺装工程，全长16.5公里，平整路基已完成，下一步进行路面铺装。完成车道至罗云线，全长6.5公里，四级路标准。完成凤池至南庄水泥路拓宽铺装工程，全长1.4公里。

【道路管理养护】　农村公路建设是基础，管养是保障。第一，加大双超治理。车辆超限超载治理是有效保护公路的重要手段。强化科技引领。优化科技治超信息监控系统，确保24小时全天候开通使用，对源头企业的监控实施全覆盖。严打短途双超。一方面建立短途双超治理长效机制，实施源头企业人员派驻、重大项目提前报备、重点工程便道通行、严格路面稽查巡查、双超车辆严罚重处“五项制度”，用制度制约，重源头防范；另一方面深入开展短途双超治理专项整治，加大执法力度，搞好路面控制，对违法双超车辆进行围追堵截，集中攻势，严厉打击。第二，强化路政管理。路政管理是依法维护路产路权的必要措施。根据上级文件精神，积极开展农村公路路域环境综合整治活动，清理路旁垃圾，整治路容路貌，美化公路环境，完善公路设施。重点治理农村公路违法搭建、违法堆放、违法采挖、违法占道施工、违法占道经营等行为；重点查处私设平交道口、车辆敞篷运输造成的滴漏抛洒污染路面、损害公路标志及公路附属设施的行为，保障公路产权。第三，加强公路养护。农村公路"三分建、七分养"。在农村公路管养上，全面提高通行安全系数，倾力打造安全通道。今年采取措施，对全县养护路段的安全隐患进行排查和排除，修补坑槽15000余平方米，疏通边沟282000余米，整修路肩143200余米，清理塌方12处，共计240余立方米，维修第安线岭南桥一座、石渠西沟涵洞一座，东沟渠护岸100余米，冀沁线补栽标志标牌22块，第安线冷喷标线42.5公里，石渠南站山体滑坡抢险一处，飞岭增设平交道口一处。第四，为安泽县旅游节助力。高交线、第安线、冀沁线共计粉刷安全设施3731.9平方米，维修护墩132.3平方米，安装广角镜5块，整修路面2.3公里，修补高交线坑槽14.5公里，清理沿线落石塌方40余处，200余立方米。

【行业监管】　安泽县监管客运企业5家，其中长途客运企业1家，城乡客运企业1家，城市公交企业1家，城市出租企业1家，长途汽车站1家。目前有城乡公交28辆，645座；长途客车13辆，345客座；城市公交车辆25辆，城市出租车辆20辆，20辆待更新。货运企业3家；维修企业74家，其中二类企业2家，三类企业72家；驾校1家；政府公示货运源头企业18家，长临高速公路建设标段9处。

【客运管理】　1. 认真落实"两个主体"责任。以源头监管为抓手，以路检路查为手段，规范行业秩序，保障运输安全。加强GPS动态监管，有效遏制超员、超速、乱窜线路、倒客、甩客、欺客等违法违规行为的发生。2. 城乡公交站牌建设工程完成。全县共建公交候车亭6个，招呼牌83个。同时，积极响应国务院精神，推广新能源汽车使用，将原有25辆燃油公交车全部更换为新能源纯电动公交车。3. 惠民出租公司截至2016年4月份共计报废出租车30辆，由于公司资金紧张、市场疲软等因素影响，将分三次每次更新10部车辆投入运营。4. 认真组织圆满完成2016年节假日期间道路旅客运输工作。同时积极开展汽车客运站专项整顿活动，重点督促客运站执行"三不进站、六不出站"规定，保障旅客运输安全。5. 积极开展"爱心送考"活动。召开动员大会，鼓励企业积极参与，共有10辆出租车、5辆公交车参与"爱心送考"活动，免费接送考生及家长160人次。

【货运管理】　1. 对全县货运企业进行细致深入地摸底排查，建立健全货运企业质量信誉考核档案，对不符合条件的整改规范，对非法经营依法取缔。2. 认真组织开展货运车辆年审工作，通过企业下发通知、新闻媒体等方式广泛宣传，确保货车年审家喻户晓，保证审验进度。同时，严格按照"谁审验、谁签字、谁负责"的原则，有序开展年审工作，确保审验质量。

【驾培、维修管理】 1. 为加强驾校安全监管，深入洪祥驾校开展安全消防大检查，提高企业及从业人员的安全防范意识和应急措施。2. 积极推广驾培服务模式改革宣传与落实，实行“先培训、后收费；计时培训、计时收费”的培训模式。3. 开展驾培市场清理整顿，清理一处非法培训招生点。4. 深入全县七个乡镇对维修企业进行全面的摸底排查。积极宣传《汽车维修业开业条件》(GB/T16979—2014)。对照新国标对 72 家三类维修业户进行了质量信誉考核，对 2 家二类企业要求对照新国标自查完善延期考核。

【汽车租赁】 辖区内注册租赁企业 3 家，其中两家无经营车辆，处于停营状态；另一家因车辆不合格已责令企业将车辆转换。

【精准扶贫】 认真学习领会习近平总书记扶贫开发战略思想讲话，按照县委、县政府的工作部署，制定《关于打好精准扶贫攻坚战的实施方案》，印制相关挂图，倒排工期，挂图作战，强力推进。组成结对子，帮扶小组。深入冀氏镇王村完善贫困人口识别指标体系，编印村户档案样本，开展建档立卡“回头看”，精准识别贫困人口，解决好“扶持谁”的问题。以此为基础，逐村逐户制定扶贫开发的路线图和时间表，确保脱贫致富奔小康的路上不落一户一人。5 月份为帮扶村修建田间路 5 公里。

运输执法

【概况】 山西省临汾交通运输执法局安泽县分局，其职能是在省交通运输厅授权和委托范围内组织实施交通运输行政执法，规范和监督管理执法活动，逐步实现交通运输综合执法。目前主要职责是实施辖区内交通运输执法监督工作。当前在职干部职工 4 人。

【交通运输执法监督工作】 安泽分局结合工作实际，坚持全面监督、常态监督、深入监督的总方针，优化监督工作流程、拓宽监督内容，将源头监督、客货运站场、路面执法、公路畅通、执法人员执法行为等作为监督重点，按照“四不两直”的工作要求，明察有安排、暗访不间断的方式进行巡查检查，开展公路“三乱”专项整治、治超执法行为专项监督等活动，对安泽县交通运输局所设唐城临时卸载点长期履行治超职能的的问题依法进行监督，督促其进行整改关停。2015 年全年共查处监督案件 8 起，其中，执法监督案件 6 起，治超监督 2 起。被市局评为优秀案件 1 件。2016 年全年共向被监督单位下达《行政监督意见书》 11 份，办结涉及运政、路政、安全生产案件 11 件。其中执法监督案件 10 件、安全生产监督案件 1 件。办结省局优秀案件 1 件。安泽分局全程跟踪被监督单位治理整改情况，寓服务于监督，着力发挥免疫系统功能，保证辖区内公正、高效、务实的交通运输执法环境。

【精准扶贫工作】 根据“精准扶贫”工作部署，安泽分局班子成员进驻包联村府城镇花车村开展精准扶贫工作。制定花车村远期、近期发展规划、确定帮扶产业，开展生产技术指导。对包联村今年调产——种植油用牡丹严重缺乏资金一事，经过请示市局领导，在经费紧张的情况下，拨出1万多元扶持资金支持该村调产急需，解决了包联村燃眉之急。

公　　路

【概况】　安泽公路管理段隶属于山西省公路局临汾分局，工作职能为：为公路畅通提供养护与路政管理保障。承担着安泽境内国道309线45公里和省道53公路的国省干线公路养护与路政管理任务，全段有干部职工84人，段机关设置两股一室一队（即生产技术股、财务资产股、路政大队、综合办公室），下设五个养护道班和两个路政中队。

【公路养护】　针对辖区内公路路况质量不断下降的实际情况，在养护工作中以养护管理“八比八看”活动为内容。1. 强化公路日常性、预防性养护力度：在面对路用性能降低、交通量大等综合因素造成路面病害严重的情况下，不断加强预防性、日常性养护的投入，建立健全科学规范的养护机制，对国省干线进行四次病害处治，完成填补坑槽8120平方米、处理基层1276.5平方米，刷油72988.7平方米、灌缝65490米，有效稳定路况质量。2. 深入开展路基、路面达标：针对山区公路养护成果保持难度较大的实际，积极调整养管思路，定标准、定计划，更加注重“学”与“做”的相互结合，因地制宜对土边沟、路基、绿化平台高标准挂线整修，使路肩及绿化平台平整、线型清晰，边坡坚实稳定，完成补载百米桩550根，补载道口标柱110根，新增涵洞警示标柱360根，维修边沟2000余米，新建混凝土边沟1101米，疏通边沟249000米，新建盖板258块，整修路肩238000平方米，高标准整修绿化平台5千米，整修路基边坡52千米，开挖土边沟2千米，拉土方1000立方米，各类机械120台次，人员2000余人次，使路容路貌有了新的改观。3. 强化沿线绿化、美化工作：抓住有利时节对公路沿线开展绿化工作，补栽绿化苗木200株，绿化草坪3500平方米，在省道326线栽植牡丹5000余株，美化了公路环境。

【强化管理】　以维护路产路权和保障公路安全畅通为宗旨，结合县政府创建“全国卫生县城、乡镇”活动为契机，强化路域环境综合整治力度。严格规范审批程序，从严管控建筑控制区和规划控制区，加大长临高速涉路事宜的管控力度，按要求规范设置平交道口30个，取缔不符合要求平交道口11处，与高速项目部签订安全及养护协议10份，收取道口维护费15万元。加大过村镇路段整治力度，与公路沿线乡镇、村委、门店签订《爱路护路协议书》44份，拆除非公路标志8处，新建路店隔离828米；根据大气环境保护工作安排，重点对沿线洗车点利用边沟排放污水、村民乱扔垃圾、路面堆积建筑物料、短途运输车辆抛洒等行为进行有效管理。强化公路宣传力度，发放公路保护条例、超限运输车辆新规定、大气环境保护及冬十条等宣传材料2000余份，书写墙体宣传标语6条，提升沿线群众爱路护路意识。加大公路巡查与路政案件查处力度，及时清理路面堆积物36处，下发责令整改通知书50余份，查处路政案件61起，收回路产赔（补）偿费13万余元，案件发现率、查处率均达到98%以上，有效维护路产路权。

【安全监管】 为保持安全管理情况总体良好和安全工作有序稳步推进的目标。1. 明确安全责任。健全机制，进一步完善和制定安全生产制度和保障措施，层层签订安全责任书，严格落实安全责任，形成在养管工作中全员把安全工作放在首位落实，责任人之间相互督促，齐抓安全的有序循环机制。2. 强化安全意识。强化安全教育培训，制定各从业人员的安全管理制度，在全段形成“做好安全才能发展”的理念，把安全作为一项重要内容进行考核。强化宣传，在县城主要路段开展“6·16”全国安全生产宣传咨询日活动，现场发放宣传材料500余份，解答群众意见12条。3. 严格安全隐患治理。掌握管养桥梁和涵洞的技术状况和运行状况并进行常态化安全检查，进行安全检查13次，及时处理沁河大桥人行道板断裂险情。强化路用标志管理，补充、维修各类标志20套，补栽护柱450根，新增护墩30个，补载百米桩550根，补载道口标柱110根；新增涵洞警示标柱360根，新增波形护栏480米；粉刷设施35000余平方米；粉刷路缘石98公里；划设标线11000余平方米，保证了公路的安全畅通。强化危险路段24小时管护与盯防工作机制，对省道326线K67+700-K67+900处地质灾害路段进行卸土处治，保障公路行人、行车安全。

【队伍建设】 严格落实工作管理制度、请销假制度、出差制度、后勤接待等管理制度，严格机关考勤签到和外出登记制度，严格机关工作纪律和养管工作的考核，以完善的制度夯实了机关各项基础管理工作；并先后组织机关中层、路政养护人员赴西山各公路段对养管工作观摩学习，组织路政、生产及各股室负责人赴侯马、临汾公路段学习养管经验。强化机关值班与信息报送工作，段班子成员都以身作则落实值班制度，做到值班期间无空档；加强宣传，在各类报纸、网站上稿18篇，为公路养管工作注入了正能量。积极推行民主管理，使职工充分行使民主参与、民主决策的权利，按程序召开了职代会；加强职工教育培训，详细制订学习计划；加强财务管理，严格执行财经制度和审计制度，完善内部控制制度，合理规范支出预算资金。

【综合治理、民生帮扶】 加强综合治理工作，强化信访源头沟通与责任落实，完善矛盾纠纷排查和及时化解机制，对群众反映的问题积极予以回复和处理。扎实开展包联帮扶工作，按照精准帮扶工作要求，对包联村8户贫困户分情况、分步骤、分计划实施精准帮扶，帮助包联村调产增收，维修秋收道路3.5公里。

【基础设施管理】 对义唐道班、桃园道班投资30余万元进行了维修改造，建设中采纳一线人员的建议，在道班设置活动室、洗漱室、图书室等丰富职工业余文化生活的合理配置，安装暖气，满足职工居住需求。对义唐机械化养护中心拌和设备采用水箱连接烟囱的小改造，有效改善排污情况。精心实施劳井山道班国省干线公路服务区建设项目，该项目省局投资125万元，主要工程量有挖土方4661立方米，填土方1490立方米，两侧通道水泥稳定底基层与基层5406平方米，沥青混凝土5+3面层5406平方米，院内基层1243平方米，沥青混凝土5+3面层1097平方米，挡土墙328立方米，锅炉房23平方米，厕所55平方米及其他绿化、休闲等配套设施。

邮　　政

【概述】　2016年共完成业务收入金融专业：596.43万元，其中：储汇专业：514.12万元；保险专业：82.31万元；函件专业：51.56万元；报刊发行专业：44.11万元；集邮专业：42.49万元；电商专业：63.28万元；分销专业：21.16万元；包裹快递：23.94万元；国内标快：13.04万元；快递包裹：1.97万元；机要：0.04万元。出租及其他4.33万元，合计847.34万元。

【重点业务】　为体现“人民邮政为人民”的宗旨，在咬定邮储余额不放松的基础上，重点调整活期比重，制定考核激励政策。发挥速递业务特点，支持地方经济发展。分公司奉行方便快捷的服务理念，最大限度地利用邮政速递业务时限优势、服务优势、价格优势和荣誉优势为地方各行各业提供高效的邮政服务。2016年的“临邮乐购”平台，分公司先后推出安泽的特色产品安泽小杂粮、安泽柴火煎饼、安泽森海人家简形颈椎枕。抓住地方经济热点搞好特色服务。为安泽县的寄递业务的腾飞服务。“寄递翼”安泽县分“尖刀排”现有队员3名，是一支朝气蓬勃的营销团队。自创建以来，该团队瞄准市场，重点开发协议客户，取得初步的成效，他们用“邮政服务和时限的改善”说服一批电商选择邮政。真诚服务“三农”，融入安泽经济建设。为解决农村群众用邮不便问题，以方便、快捷、普遍性的邮政服务支持农村经济发展，大力投入农村支局（所）邮政基础设施建设，先后对农村邮政投递网络进行优化改造。打通农村投递的“最后一公里”。专业联动。邮政作为网络型企业，其核心竞争力体现在便民综合服务品台的能力上。金融转型以来，开展“画同心圆，打组合拳”活动，老年报刊赠阅、“代”字类业务绑定绿卡、周周游、生肖主题存单、分销+寄递+金融……以金融专业为圆心破题，营造出“无处不金融，无人不金融”的营销氛围。

【职工业余生活】　坚持把节日、纪念日与企业的中心工作相结合，积极组织开展各种有益于职工身心健康的文体活动。2016年分公司在“三八”妇女节和“五一”节日期间举行职工知识竞赛，使职工在工作之余仍能保持良好的学习劲头。活动开展充分调动职工工作积极性，提高工作效率，激发了职工爱邮政、爱企业、爱岗位的热情，文明之风在全分公司盛行。工会还成立活动室，临汾市分公司给置办了台球桌、乒乓球桌、跑步机等健身器材，丰富了职工的生活，增添了职工和公司的凝聚力。

移　　动

【网络建设】　2016年大力推进4G网络“更深、更厚、更广、更精”，4G基站新增23个，总量达169个，4G网络综合覆盖率县城达到99%以上；乡镇4G网络综合覆盖率达到75%以上。网络结构更加合理，传输网新建235公里，OLT乡镇覆盖率达到100%。业务接入能力大幅提升，传输汇聚机房新增5个，综合业务区承载率由34%提升至75%。

【宽带建设】 严格按照“宽带中国”发展战略要求，大力开展宽带建设，38元及以上套餐免费安装使用，接入能力和用户规模实现快速提升。全年PON小区新增34个，总量达60个，城市PON小区占比达到87%。因地制宜细分宽带市场、开展差异营销，宽带竞争能力稳步提升。全年新增宽带2165户，净增宽带用户1384万户，同比增幅200%，宽带市场份额达到34%，较上年底提升7PP。

【局域网建设】 依托移动丰富的产品内容应用，重点发展电子政务外网该项目包括政务中心主干网络50兆专线，涉及安泽县23个政府单位的互联网专线。为各单位提供局域网建设方案；信息安全防火墙设备接入；以及后期维护等，充分发挥电子政务网公共设施的作用及效能，满足各级政府部门社会管理和公共服务的需要。

【驻村扶贫】 安泽县分公司为认真贯彻落实县委、县政府脱贫攻坚安排部署，扎实抓好包联工作，促进包联村落后面貌改善，帮助贫困群众早日致富，加强调查研究，深入群众解民情。通过走访、与村干部座谈等形式摸排马壁辛庄村贫困户家庭情况及原因，了解强农惠农政策落实情况、精准扶贫脱贫情况等，分析研究制约辛庄村发展的突出问题和群众普遍关注的热点、难点问题，理清发展思路。包联村全村农村人口245户、603人，有贫困人口3户、5人，做到底数清、情况明；认真研究分析，制定扶贫方案。充分发挥企业优势，加强扶贫村网络建设。3月份公司下拨了2016年精准帮扶物资手机终端3部，以及固话设备约1000元，累计约6000元的通信设备产品，与此同时，公司片区及客服员工多次下村积极宣传移动业务知识，还向村民赠送移动卡20余张，确保有需要的村民人人1张移动卡，5月中旬辛庄村民反应移动杆路因雨季造成部分光缆落地、电杆倒地，公司接到这一反应、第一时间及时进行了现场处置，大大方便了村民出行、种地与外界的沟通和联系，村民表示对中国移动的服务感知良好。加强走访送温暖，密切党群干群情。走访慰问了该村困难户、五保户、残疾人员等，了解困难家庭的生活状况。公司节约办公经费，向辛庄村捐赠现金2000余元以用于村民购买防火服等材料，由分管扶贫的毛经理亲自带队送到村民手中，确保冬季村民的防火安全。平时走访时为贫困户送上生活如用品，床单、炒锅等，将关怀温暖送到他们身边。

【党建工作】 2016年，安泽移动坚决落实全面从严治党要求，将党的建设与公司发展同研究、同部署、同落实、同检查、同考核。推进思想建设、组织建设、作风建设、制度建设、反腐倡廉建设。

电　信

【生产经营指标】 2016年11月底，业务收入完成计划任务的86.12%；预计年底业务收入完成计划任务的 93.87%。11 月底，宽带用户完成净增计划任务的 68.9%，预计年底宽带净增完成计划任务的 91.71%。

【天翼 4G】 经过两年的精心耕耘，天翼 4G 品牌形象逐步被市场认可。1. 做好基础网络建设覆盖。通过持续的补盲补缺，网络优化，天翼 4G 网络区域覆盖率达到 90%，为优质的通信服务提供了网络保障。2. 踏踏实实谋发展。坚持“量质并重”的发展策略，不采用过激的、激进的进攻策略，认认真真地拓渠道，培育销售能力，即使净增目标为负，也不放弃原则，坚定不移地撇脂去油，做正确的事。3. 一丝不苟做服务。在做好营业服务规范达标的基础上，坚持做好用户维系工作。入网即关怀，次日即维系，精心设计话术，苦练内功，让用户获得最有价值、最有温度的服务。

【百兆光宽】 山西电信积极响应国家号召积极推进“宽带中国”“光网城市”战略，通过光改平移、提速降费等举措，致力于打造大带宽的极速网络体验。1. 光改平移，逐步淘汰 ADSL、LAN、FTTB 等接入方式，从技术层面解决最后一公里的网络瓶颈；2. 提速降费，从年初的 10 兆提速到 20 兆，再到 50 兆、100 兆，中国电信百兆光纤领跑光宽带市场；3. 提高装维服务水平，相继实施“装维营一体化”“24 小时修障、超时双倍补偿”“装维划小”等措施，努力创建“服务快、装机快、修障快”的服务体验。

【拓展创新业务】 学习贯彻集团深化转型的经营战略，在推进业务重构方面，积极拓展创新业务本地化。1. 天翼高清业务，给用户不一样电视新玩法。以电信百兆光宽为基础，逐步向智能家庭延伸。2. 翼支付，添翼宝理财、中石化加油、万家福购物，通过翼支付线下商户拓展，打造翼支付生活圈，让用户享受“能省会赚”的轻松生活。3. IDC 业务拓展，在系统集成、云计算等方面开拓市场。

【队伍建设】 坚持党的领导，践行“三严三实”和“两学一做”，切实转变工作作风，不断加强党性修养。落实“一岗双责”，严格自律，带好队伍，坚定不移地做好党风廉政建设和反腐败工作。开展“建家行动”、劳动竞赛等活动，坚持教育引导、提升职工技能，通过“比、学、赶、帮、超”，创造“快乐工作，快乐生活”的工作氛围。积极参与扶贫、捐赠、创卫等社会活动，履行企业公民的社会责任。

联　　通

【概述】 2016 年，面对复杂严峻的客观经济环境和多种叠加的电信市场竞争形势不利的影响，公司上下认真贯彻落实党的十八大及五中、六中全会和省、市公司工作会议精神，牢牢根据“稳中求进，转型发展”的指导思想，紧紧围绕“重点业务发展”目标，凝心聚力、埋头苦干，各项工作都取得了较好的成绩。

【主要工作】 1. 快速扩大社会渠道规模，提升社会资源，聚力渠道拓展和能力提升。2016 年共发展社会渠道 7 个。2. 打好农村市场，提升市场份，进一步加强渠道建设，同时以大语音、大流量为拳头，形成具有明显的差异化产品优势，于11月份开展了农村市场大会战活动，分南、北两组深入农村发展移动业务，从而使农村市场拉动了收入的增长。3. 打好宽带融合业务规模发展，强化市场支撑，促进项目拓展营销宣传，抓住终端销售适合用户的产品，同时，通过执行标准资费，竞争区域实行灵活资费进行统一宣传，此外，还狠抓装维服务时限，保证装移服务质量的提升。4. 打好集商客4G发展提速，针对异网全力进行策反紧迫工作，加大资费宣传力度，上门征求客户意见，确保集客用户稳定增加。2016年1–12月份，业务收入完成1706万元，完成市公司年计划的98.87%，全市排名第一；4G到达用户数14357户；移动宽带净增出帐用户达到19141户；固网宽带业务达到9520户。

【经营工作】 1. 主营收入累计完成1706元，预算完成率98.87%，市公司排名第一；同比提升2.82%，排名第一；通服收入预算完成率97.44%，市公司排名第一；同比提升.16%，排名第一；移网本年累计完成856万元，与去年同比增幅0.22%，排名第一，县公司唯一正增长单位。2. 运营管理水平明显提升。基础管理不断深化，人力资源管理持续优化，改革工作不断深入。全面梳理、修订、完善了企业规章制度，并通过强化企业规章制度的执行，切实提高了工作质量和效率。加强各项运维、营销管理成本管控，形成成本资源有效配置和成本管控的长效机制。加强资金管理，加强日常营业款上缴、在途资金划拨管理，强化稽核、用户欠费管控，确保公司资金运转。3. 进一步强化创新和全员经营意识，多措并举创新经营模式，拓宽全渠道经营，从而实现企业效益最大化。4. 加强员工培训力度，坚持每日晨会制度、每周培训制度落实，注重人才培养、使用，确保人尽其才，人尽其用。5. 强化服务工作，加大投诉管理力度，严格执行工单处理流程，480服务制度的落实，规范投诉处理流程，加快投诉问题处理，实现受理、处理、回访的闭环管理，提高客户满意度。6. 强化企业安全检查隐患整改工作，开展了“春季防火专项检查”、“夏季安全隐患排查”、“反恐工作”等活动，为企业经营发展创造和谐稳定的内部环境。

【工程建设】 1. 完成古县–安泽广覆盖3G改4G基站接入工程；2. 完成安泽和谐家园小区宽带接入新建工程；3. 完成和川移民新村宽带接入网建设工程。在运维支撑方面，配合市公司验收FTTH项目工程，4月份开通了中桃曲FTTH项目，完成309高速路施工工地专线3处，迁改线路4处，基站隐患处理3处；调测开通信合小区、鑫圆小区、西沟平房区FTTH光改项目，对良马、英寨、石槽三相电进行了改造，为经营发展做好网络支撑。在运行维护管理方面，对每月电费、发电油料进行审核，对唐城接入网机房FTTH资源进行录入，完成县城区域光交16、17、18、19、20、21资源核查录入，接入网单元资源检查报表工作，抢修冀氏–兰村、唐城亢驿–南三交光缆线路，同时，完成了基站资源核查工作，并按时进行基站交接工作。

【网运工作】 安泽2016年全年运维综合考

核得分 94.35 分，排名第一；移动网得分 33.87 分，排名第一；宽带网得分 29.56 分，排名第一。

【基层党建和幸福安泽联通建设】 2016 年公司始终坚持把构建和谐企业放到事关全局的重要位置，扎实开展企业文化建设，使企业精神文明建设取得丰硕成果。1. 加强党建工作，推动作风建设。组织广大员工，党员认真学习党的十八大、十八届四中、五中、六中全会精神，习近平总书记一系列重要讲话精神，特别是今年五月份根据上级安排，开展学党章、学党规、学系列讲话，做合格党员“两学一做”学习教育，制定方案，成立领导组，召开动员会，深入学“党章”、“准则”、“系列”、“习总书记论重要讲话精神”、学习中严格按照日程安排，坚持自学集中相结合，元月、八月迎接县委督导组的检查，并按时上报有关材料和报表，使公司学习教育活动取得了显著成效。坚持持之以恒纠正“四风”工作，对公司整改落实进行了一次“回头看”，扩大教育实践成果，坚决防止“四风”反弹，按照县委要求，对科级干部廉政档案重新进行登记建档，促进领导干部规范履职。2. 进一步加强党廉政建设，贯彻落实“两个责任”。加强部门之间的协调配合，形成齐抓共管的整体合力。3. 强化责任意识，提高执行能力。广大党员特别是领导干部面对繁重的转型发展任务，能自觉站在政治上、思想上、行动上与市公司保持高度一致，创造性地、卓有成效地抓好公司各项工作落实。4. 关注员工生活，促进企业和谐。公司领导班子坚持深入基层调研，帮助解决基层在发展中存在实际问题，开展好“两节送温暖、职工有病必访、金秋助学、员工帮扶等工作，进一步改善员工生产生活条件，想方设法为员工谋求福利，增加员工收入，按要求召开企业年金启动会，讲解企业年金的好处和员工收益情况，并按时上报有关表格、材料、确保此项工作的完成。从而进一步协调维护员工权益机制，消除了不稳定因素，营造企业和谐的内部环境。

商 贸

商 务

【概述】 商务局成立于2004年10月，由原商业总公司、物资总公司、外贸公司三个单位合并而来，现设4个行政股室：办公室、对外经济贸易股、市场管理股、市场整规办；2个事业机构：商务综合执法大队、酒类流通监督管理办公室；下属7个企业：民爆站、糖酒公司、百货公司、木材公司、五交化公司、饮食服务公司、食品公司。现局机关在职23人，离退休16人；企业在职116人，退休133人。2016年，安泽县社会消费品零售总额累计完成9.04亿元，同比增长6.6%，超市定任务的0.6%。

【外贸出口】 继续深挖企业潜力，引导帮助已取得出口资质的企业通过各种渠道与外商对接，大力宣传安泽县优势产品。2016年市定任务是1万美元，安泽县具备出口资质的企业共有4家，分别是：山西太岳焦化有限公司，安泽县粮食局直属二库，安泽县强盛蚕桑农民合作社（新增），山西润生园农业有限公司（新增）。2016年底，安泽县太岳焦化有限公司出口焦炭至印度尼西亚和墨西哥2万余吨，销售收入2047万元，但由于企业生产能力有限，没能用自己的资质报关出口，因此虽有出口业绩，但无法计入任务之中。

【贸易产业转移】 2016年9月，安泽县人民政府与晋城市硕阳光电有限公司在政府二楼会议室签约“200兆瓦/年光伏组件生产线项目框架协议”，完成了当年承接加工贸易产业转移工作目标。

【“314”电商龙头企业工程】 2016年，把电子商务作为重点工作之一，高度重视、强力推进。该工程以“314”电商企业为龙头，计划建200平方米培训孵化中心，200平方米名优特等产品展厅和电商体验馆，在县城和7个乡镇建8个仓储分拣物流中心，配备物流车辆10台，覆盖全县90个村网购实体店等。该项目计划投资800万元，年底已投入资金360万元，物流分拣中心已正常运行，物流车辆也已全部投入使用，网购实体店各项业务已逐步开展。

【开发区规划和建设】　2016年底开发区建设的相关审定资料已报到市局，相关的优惠政策正在商定中，下一步的工作将在市局的统一安排部署下逐步推进。

【市场监测和调控】　对五大类600余类商品的流通渠道、价格、销售、库存等进行具体翔实的分析，并利用商务预报、商务之窗等网站发布信息。继续做好防震救灾应急储备工作，积极建立健全应急物资储备制度。与10家商贸企业（店）签订了储备协议，其中：生活必需品储备方便食品15000公斤、饮用水42000公斤、日用品3万元；防汛物资储备水泥200吨、钢材100吨、彩条布10000平方米、塑料布5000平方米、尼龙绳200公斤。并多次到物资仓储库（点）进行实地检查落实，确保物资供应充足。强化单用途商业预付卡、再生资源、二手车交易市场和报废汽车回收拆解市场等行业的日常监管与专项整治。加强酒类流通管理，积极推进运用山西省酒类管理信息平台。加强成品油市场管理，对全县车用燃油进行专项整治；2016年，回收、灭失黄标车及老旧汽车206辆。严厉打击侵犯知识产权和制售假冒伪劣商品。

供　销

【概述】　2016年全系统职工人数149人，其中在岗职工55人，离开本单位仍保留劳动关系的职工94人。离退休人员180人。

【主营业务】　1. 2016年，县盐业公司深入全县270余家零售店进行了摸底抽查，通过下乡宣传，市场稽查，形成了全面抵制私盐、假盐的氛围，全年共配送下乡，直达网点食盐150余吨。2. 2016年，县果品公司烟花爆竹销售额达到60万元。

【惠农服务】　根据省、市供销社综改总体要求，创新为农服务方式，扩大为农服务规模，强力实施“农业社会化服务惠农工程”。流转了638亩土地，分别种植了有机大田玉米、糯玉米，红谷米、中药材、小杂粮等。今年安泽县6个项目单位实际流转土地638亩，超计划完成58亩，其中红谷242亩，有机玉米230亩，糯玉米60亩，中药材100亩，杂粮6亩，共收回各种粮食、药材23.6万公斤。2016年首次尝试土地流转来创新为农服务方式，通过规模种植、科学种田、科学施肥积累了可贵的经验和依据，帮助广大农民增收致富具有一定的指导意义。供销社此举是用行动去践行中央提出的供给侧结构改革，探索新形势下服务三农的有效道路。新建2个庄稼医院，改造提升了2个庄稼医院。唐城供销社在现有2个庄稼医院的基础上社里改造庄稼医院库房40平方米，增加了农药储存量，购买了农业种植、植保、病虫害有关书籍2000余册，购买了测土仪等设备，服务功能和质量得到很大提升。新建的冀氏供销社庄稼医院，城关社良马村庄稼医院房屋一新，柜台货架、设备全部入驻，培训了庄稼医生，已正常营业。

【专业合作社发展】　2016年，规范发展供销社创办领办的城关“绿洲苑”农产品生产加工、杜村“樑上绿”农副产品购销、和川“蔺湘”药材种植3个专业合作社。参办参股和川“云祥”养殖、和川“博远”

黑山羊养殖和杜村“玉祥”苗木种植3个农民专业合作社。投入资金，扶持专业合作社发展，壮大供销社集体经济。启动城关“绿洲苑”农产品加工厂建设。并于2016年12月底完成了招投标手续，项目完成后，年加工五谷杂粮等农产品可达1000吨。同时启动杜村供销社领办的“墚上绿”红谷米生产加工厂扩建项目。招投标完成后，于2016年11月15日动工修建。

【基层社改造升级】 2016年，基层组织体系建设重点放在冀氏供销社门面房加固加层，旧房院墙维修，基础设施完善功能上。投资28万元改造旧大门，新增门面房2间，3间门面房加一层，新建面积150平米解决了专业合作社惠农服务中心办公场所之需，维修了后院5间老办公房，改造大门及硬化计500平方米。2016年，重点完成了唐城综合服务社基础设施提档升级工作。划拨7.3万元，改建72平方米的便民服务室，购置活动设施、制度牌匾，院内公厕改造，聘请常年法律顾问、会计师、经济师等，做到便民服务系列化。

粮　　食

【概述】 2016年，粮食局有干部职工人数26名，为“两股一室一队”，办公室、粮油基金管理股、调控和储运股、粮食稽查大队。

【落实粮食收购政策】 粮食流通体制改革后，粮食购销主体以粮食经纪人为主，全县共有粮食收购许可证的购销企业（户）19家。2016年，安泽县出现玉米销路不畅，价格较低的情况。针对具体情况加强对危仓老库的维修改造，先后筹集资金50多万元，对一些仓库进行维修修理；加强对粮食购销的监督管理，对12个国有粮食站库点和7个粮食经纪人大户的粮食收购许可证进行了审核，并建立了信息共享制度，定期对玉米市场情况进行发布。2016年6月末，全县商品玉米已全部收购与销售完毕。

【仓储设施建设】 安泽县基层站、库的粮食仓库80%是20世纪七八十年代修建的，部分仓房年久失修。2016年，争取上级资金25万元，县级配套资金10万元，重点改造直属一库、二库仓房门窗436.29平方米，其中仓库门316.34平方米，仓库窗户119.95平方米，10月底已全面完成改造任务。为使库区亮化、美化，直属一库将各仓房墙壁全部进行了粉刷。

【粮食储备】 安泽县储备库所存小麦4000吨，直属一库存粮2500吨，其中：市级储备1500吨，县级调控2500吨。山西省粮油集团屯留储备库在安泽县储存玉米10000吨。为确保储备粮安全，认真落实日常监管，坚持保管每周自查、县局每月检查的粮情检查制度，定期与不定期对一库、二库储备粮粮温、水分、虫害等情况进行检查，并成立专项检查组，侧重从八个方面（一查十五项制度的落实情况；二查岗位责任制落实情况；三查粮情检测情况；四查熏蒸情况；五查是否存在不安全隐患；六查出入库粮食是否出入有凭有据；七查账、表、卡及实物是否一致；八查质量档案是否健全、完善），对各库区的储备粮管理制度和储备粮质量档案的建立工作进行细致检查。

【应急保障体系】 为应对突发事件和救灾应急供应需要，进一步增强全县粮食应急保障能力，根据“粮食安全责任制”的要求，按照“合理布局、全面覆盖、平时自营、急时应急”的原则，在认真调查、全面分析的基础上，结合安泽县实际，于2016年6月中旬，在全县7个乡镇初步确定设立了粮食应急供应网点7个、应急粮食加工企业1个、应急配送中心1个，进一步夯实了安泽县粮食应急保障供应体系。按照布局合理，结构对接的原则，优化了品种和结构，充实应急成品粮库存，使成品粮达到了10天供应量的要求。

【粮油市场管理】 为保障人民群众身体健康和生命安全，维护市场安全，以市场监管为主导，严把市场准入关，规范执法程序，对全县粮油市场、17家放心粮油店进行定期、不定期的监督检查，先后出动检查人员170人次。

【粮情监测预警】 为了进一步落实粮情监测，建立健全粮情监测预警机制，以粮油批发市场、产粮大户等粮油经营户为重点，在各乡（镇）合理设置粮情监测站点，全面了解全县粮油行情；坚持定期不定期监测粮油行情，实施每周定期监测粮油产品价格，在节假日等重点时段随时了解粮油行情和供求关系；对粮情监测数据及时汇总、分析，为粮油保供稳价奠定坚实基础。

【粮食企业改革】 依据“一县一企、一企多点”的改革意见，于2015年再次对国有粮食企业进行兼并重组，合并为一个国有粮食企业，总占地面积141112平方米，库房容量51125立方米，资产基本保护完好，粮食仓储设施完好率达到85%以上。通过企业改革，国有粮食企业发挥场地、资源等多方面优势，开展市场经营，指导和监督国有粮食企业加强会计核算，已完成市下达的统算盈利任务7万元。

【粮食安全责任制考核】 根据临汾市粮食局、市农委等15部门联合文件《关于开展2016年度临汾市粮食安全责任制考核工作的通知》的部署和要求，进一步落实粮食安全意识，精心组织，严密部署，狠抓落实。经县政府同意，先后印发出台了《安泽县人民政府关于落实粮食安全省长责任制的意见》（安政发〔2016〕30号）、《安泽县人民政府办公室关于印发安泽县粮食安全责任制考核办法的通知》（安政办发〔2016〕74号）、《安泽县人民政府办公室关于印发安泽县粮食安全责任制考核工作方案的通知》（安政办发〔2016〕102号）文件，明确了各项考核任务，并于10月下旬，经县政府同意，召开考核协调会，与农委、发改委等部门沟通协商考核事宜，11月底，对全县涉及考核任务的13个部门自查工作圆满完成。

【脱贫帮扶】 2016年，本着“为民务实清廉”的原则，结合“三联两报到”活动，深入开展了“走进群众、改进服务、解决难题”主题实践活动，着力为群众办实事、办好事。班子成员5人先后多次带领机关干部党员下到包联村宋店进行实地调查研究，先后走访群众60余户，座谈养殖、种植户10余户，细心了解了养殖、种植业的发展前景、难点，认真了解群众的困难，进一步明确了指导思想、工作重点和主要工作措施，制订了全局三联两报到工作计划，完善了户情台账；深入包联村宣传党的十八大精神以及相关法律法规，让群众知法、懂法、守法，先后两次邀请专家、学者为村民讲解种植、养殖相关知识；提供文化建设资金1万元，用于宋店村文化基础设施建设工作，完善了村中舞台建设，丰富了群众文化生活；认真落实精准扶贫工作，积极救济贫困村民，从民政局争取棉被40套，为贫困户、五保户、低保户送温暖；精准扶贫9户13人，包联到户；在护林防火方面，提供资金10000元，用于购置条幅20条，防火服20余套，书写固定标语20条等支出，提升了村民的安全意识；与村两委沟通协商，帮助宋店村调整产业结构，引领产业发展，积极引进和推广福寿瓜项目30亩，培育养羊大户15户，现养殖山羊规模已达3500只；调整青椒种植100亩；开展慰问活动，花费7200元，购置面粉40份，食用油40份，为贫困户、老干部、贫困老党员送去慰问品。

烟草专卖

【概述】 截至2016年底，安泽烟草专卖局（营销部）共销售卷烟3750.24箱，同比减少405.58箱，降幅9.76%；销售收入7972.82万元，同比减少1192.42万元，降幅14.95%。实现毛利1962万元，同比减少172万元，降幅8.07%；销售结构85.03元/条，同比减少3.19元/条，降幅3%。上交各项税款555.98万元。

三项费用开支389.67万元，同比490.32万元减少了100.65万元，降幅20.52%，其中固定费用363.94万元，同比降幅13.88%，可变费用支出25.25万元，同比降幅61.95%；从严管控修理费、办公费、水电费、燃料费、车杂费、网络通讯费等六项重点费用，全年同比下降23.01%，达到市局降本增效的目标要求。

【经营销售】 1.集中精力稳销量。2016年，是安泽烟草近年来最为艰难、最为艰辛的一年，围绕卷烟销量毛利核心指标，坚持在拓展中端、培育高端、保障低端上下功夫，强化责任落实、转换营销方式、挖掘市场潜力，齐心协力、想方设法完成销售目标。2.注重品牌培育。在新品培育上，重点关注上柜率、订足率、再购率等指标，确保目标客户品牌上柜率达到100%；在主导规格“压舱石”品牌培育上，重点关注动销率、合理库存周转量等指标，确保客户库存趋于优化；在整体品牌布局上，重点加大对动销慢、市场接受程度较弱品规的消化力度，确保品牌布局合理，市场适销对路。加大信息采集及应用力度，重点关注品牌异动、市场走势、零售价格、社会库存及市场需求等方面的信息搜集、分析和应用，提高品牌培育、经营决策的针对性、科学性。3.挖掘市场潜力。挖掘把农村市场挖潜作为重头戏，针对农村人口外流现状及农村消费特点，做好中低档烟的培育；针对农村事件用烟特点，引导消费需求，提升用烟档次；根据重要节日消费特点，拓宽中高档烟市场空间。适时安排客户经理、市管员下乡指导，强化对农村客户的有效服务。同时，在依法依规和市局营销中心的组织下，加大宣传促销力度，主动帮助零售客户解决实际困难、拉动卷烟消费、提升经营水平。4. 加强营销工作考核。围绕客户经理“两个转型”要求，建立客户经理销量进度排名通报和末位淘汰制度，加大对客户经理市场实地走访率、价格标签维护率、客户订货成功率、营销策略执行率等基础工作相关指标的考核力度，加强对新品牌上柜率、紧俏品牌订足率、主销品规再购率、潜力品规断货率等品牌状态指标的考核，以增强“不换思想就换人、业绩小收入少”的危机感和紧迫感。

【专卖管理】 1. 卷烟打假打私。2016 年安泽县局共查获涉烟违法案件 17 起，违法卷烟 2.608 万支。其中真烟案件 15 起、涉案卷烟 1.78 万支；假烟案件 2 起、涉案卷烟 0.828 万支。查获重大案件 1 起（2 万—5 万元案件）；上缴罚没款 0.22 万元；接受省局市场监督检查 4 次，守法经营率保持在 96%以上。2. 市场监管。认真贯彻落实市局“尧风”系列清理整顿卷烟市场专项行动，全力打好专卖管理关键战。以市局开展“三深一帮”活动、以公、检、法联合检查活动、以东山片区联合检查活动、以“3·15”“12·4”法制宣传日等一系列活动为契机，强化市场监管，保持高压态势，进一步规范卷烟经营秩序，促进规范经营持续好转。3. 加强内部监管。内部监管是行业健康发展的重要保证，是提高效率，注重自律的根本要求。今年共产生两种类型共 2432 条预警。其中零售户单次订购数量预警 641 条，零售户单次订购价格预警 1791 条，分别占到 26.32%和 73.68%。预警 100%启动调查处理流程，经内管工作人员调查核实，未发现有异常情况，未发现有违规情况，预警处理质量较大提升。4. 零售许可证管理。加强对卷烟零售许可管理制度，重点解决许可证到期后零售客户不主动申请延续，停业、歇业不及时办理相关手续的问题。通过移动平台实时实地传输零售许可证办理中的相关资料，确保实地核查的真实性。

【降本增效】 1. 完善管理制度。在原有管理制度的基础上，逐条对照，逐条完善，细化各项费用预算定额，完善预算定额标准，明确各项费用管控手段和方法，充分发挥控制费用的主导作用，确保实现修理费、办公费、水电费、燃料费、车杂费、网络通讯费等 6 项费用总额要比上年实际支出下降 5%。2. 增强节约意识。转变观念，厉行节约，积极响应“降本增效”的号召，从“节约一度电、一滴水、一张纸、一升油、一度气”做起，在全体干部员工中开展“我为增效做贡献”活动。从我做起，从细节做起，不该用的不用，不该换的不换，不该花的钱一分也不花，不该浪费的一点也不能浪费，努力创造出一个人人重节约、个个要节约的良好氛围。

中石化安泽石油分公司

【概述】 中石化安泽石油公司下辖 11 座加油站，分布在 309 国道 4 座，326 省道 7 座，员工 57 人。年销成品油在 14000 吨左右，市场占有率在 80%左右。

【任务指标完成】 2016 年零售计划 10400 吨，实际完成 9400 吨，完成率 90%。其中：汽油 3057 吨，柴油 6343 吨。同比情况增加386吨，增幅8%，其中汽油增加119吨，增幅6%，柴油增加267吨，增幅8.5%。直销情况：2016年直销计划1350吨，实际完成1467吨，年计划完成率130%，同比增加235吨，增幅19%。非油品销售情况：2016年计划124.5万元，实际完成129万元，年计划完成率104%，同比增加18.1万元，增幅16%。

【经营市场】 1. 零售。上半年主要受几个方面的因素影响和制约着零售进度。①安泽县域经济萧条。在此因素影响下成品油需求减少；②竞争加剧。境内有5家私人加油站采取赊欠、低价销售、行政强制、冲抵运费、发送礼品等促销手段抢占了一定量的市场份额，另更为忧虑的是山东地炼东明石化已经在县城内投资兴建新的加油站预计在2016年底运营，对销售（特别是汽油）带来较大冲击，可以说在销售上的“大考”是在2017年；③煤焦行业不景气，随着国家对钢铁行业去产能的要求势必会引起与之相关的煤焦铁的联动效应，间接导致运输业用油量的减少；④工程用油量锐减。县内两大主要工程中油钻井探气和中南铁路站台修建工程竣工，柴油需求量大幅减少；⑤运煤专业线国道309、省道326上受山东、河北及长治系统内外加油站柴油低价（长期比点对点站低0.6至1元/升）的影响，固有的部分客户流失。

面对零售市场的严峻局面，没有泄气而是迎难而上积极主动创造性的开展工作，取得了较好的经营业绩。①开展重点加油站点对点营销，站长锁定大客户群体，进行一对一的走访，根据用油量实行加油优惠返利政策。对长期固定到站加油的个体客户，保持热线联系，定时回访；②按照上级公司要求积极健全和完善路圈图建设，开展客户走访和排查工作，根据客户用油量的排名，客户从高到低确定由县公司班子分级维护，上门走访系统外客户17家，宣传油品品质，充值优惠等情况，使客户流失现象得到遏制。其中效果最明显的是安泽宏达货运有限公司，前期因价格等原因停止和公司多年的合作关系，将其21台拉煤车转到沁县中石油加油，其后通过多次上门走访与沟通，跟上级公司争取限时价政策，该用户决定重新到公司唐城站定点加油，通过客户分级维护，取得了良好效果；③针对流散客户，以加油量赠返非油礼品（抽纸、卓玛泉、手套等）的手段吸引司机，向其承诺油品数质量，耐心讲解劣质油品给车辆造成的危害性，吸引用户到加油站加油想方设法增销量；④对用油量一次在3000升上的用户坚持小油罐车小额配送送货上门服务，提升销量。在上级公司的支持下，启动了一部小额配送车，主要服务于公司境内的的长临高速路建设项目，全年配送柴油300余吨，有力地提升了枪出零售量；⑤开展IC卡和油非互动促销活动，提升销量。

2. 直销。在全年的销售上主要面临两个不利因素：①县域经济难以回暖，成品油市场需求极度低迷。主要建设工程和大型厂矿柴油进货量锐减；②山东地炼对市场冲击较大。上半年与吨油差价维持在：汽油1000元/吨，柴油700元/吨，由于价格过于悬殊，境内的直销客户流失严重。

在此恶劣的市场环境下，采取了针对性的措施力保市场不丢失，直销实现逆势增长；①通过地毯式摸排，加强市场调查工作，完成直销客户静态档案的整理与完善。现建立直销大客户档案73个，为经营决策提供有力保障；②努力留住老客户，积极拓展新客户。新客户安泽运达货运有限公司去年10月开始运营，发展较快，月需求量30吨，通过客户平常维护，目前全部由本公司供油；需求量较大的安泽环通有限公司，月需求量在40吨以上，对价格较为敏感，一直在中油进油，通过多次上门沟通，每月能对其销售20吨；③大力开拓重点建设工程用油，上半年通过深入走访，上下营销等形式拉回长临高速路建设项目用油400余吨。

3. 非油品销售①层层分解销售任务，传递经营压力。县经理年销售目标24万元、副经理12万元、机关管理员2万元，同时严格按年初奋斗目标分解落实到每个加油站，并着重分解重点商品的销售任务。②搞好非油商品的要货调进，抓好市场分析，组织适销对路的商品，合理安排站间调拨，优化商品周转率，降低商品库存积压，确保俏销商品不断档，为加油站解决后顾之忧。③活用上级公司制定的各种促销办法，开展行之有效的促销活动。在“3·15”消费者权益保护日、安全生产月、黄花旅游节等活动中摆放促销商品加大宣传和有质营销，提升了销量。④在日常巡查过程中，加大了对员工促销返利的督查，检查员工是否知道商品返利明细，站长是否严格兑现返利，以此提高员工销售非油品的积极性。⑤落实上级公司组织的微信营销工作，加大员工开口营销。

【管理工作】 全年未发生一起安全事故。1. 与加油站签订了安全目标责任书，建立隐患台账（未遂事故）及应急预案。2. 将风险排查落到实处，每月排查，落实整改，无力整改的及时上报。唐城加油站进出口和营业房之间地势高低落差大，遇到雨季无法排水严重时雨水会淹入营业房，采取沙袋封堵和人工排水的简易办法暂缓隐患，具体治理已经上报分公司。3. 定期组织消防和安全预案演练，在历次督导检查中注重现场管理，并留下安全检查记录做到事事有记载。4. 在节假日期间，执行领导代班、值班制度，节前对所有加油站进行安全检查，确保加油站正常运营。

【“比学赶帮超”活动】 今年的销售环境对公司极其不利，但是绝不气馁，借各项促销管理办法以及各种促销活动，为上量奠定一定基础。通过开展“多卖一吨油、多加一升油”销售竞赛活动，调动了员工的销售积极性并对市场进行了调研，采取有力措施，努力扩销增量，在零售量上勇夺1面红旗、充值上获得2面红旗。并在5月份取得月度先进单位。（周新华）

科技办

【科技信息“村村通”工程】 根据全市科技工作会议精神，2016年，和组织部、移动公司三个部门继续联手提升科技信息“村村通”工程，在去年开通的基础上，把科技信息“村村通”工程延伸到了全县7个乡镇、94个行政村，从而在科技和“三农”之间架起了一座直通桥梁，大大推进了农村科技信息化建设，为科技服务“三农”奠定了坚实的基础。由于安泽县启动的这一工程，具有低成本、高效率、全覆盖三大特点，为广大农民群众及时全面地免费提供了科技信息、市场信息、劳务信息和政策法规等，受到了广大乡村干部、养殖大户、种植大户、科技示范户、科技带头人和农民专业合作社的好评，率先走在了全市的前列，被市科技局立项，给予了项目扶持。

【宣传活动】 4月26日，根据省、市知识产权局的要求，积极开展了以“知识产权助推经济转型”为主题的知识产权宣传周活动。充分利用电视台滚动播放知识产权保护及自主创新的宣传教育片，在县城主要街道设立咨询台，发放宣传资料，现场解答有关知识产权及专利问题。同时，深入到企业、学校进行广泛宣传，共悬挂标语30余条，刷写固定标语21条，发放宣传资料2700余份。2016年，全县已完成专利发明8件，拥有有效发明专利4件，分别提前完成了市下达的目标任务，率先走在了全市的前列。

【农业科技培训】 在科技活动周期间，组织林业、畜牧、烟叶、蔬菜等技术人员深入到冀氏、和川、杜村、唐城等乡镇，向广大农民群众普及科技知识，推广农村实用技术，现场解答农民群众在农业科技调产中遇到的疑难问题，在东唐村国家级优种核桃推广示范园区、郭庄村优质烟叶种植示范园区、关庄村日光温室大棚蔬菜种植示范园区、冀氏村优质小杂粮种植示范基地、沁河庄双千亩优质核桃种植示范基地、和川村千头肉牛育肥示范基地和东湾村两万头生猪养殖示范基地等集中开展了现场培训，实地讲解生产技术，并免费向群众发放科技书籍和光盘等，使科技下乡周活动既富有特色，又扎扎实实。全年共发放科技书籍4900余册，科普光盘320余盘，宣传资料5640余份，培训农民4700余人（次）。

【申报农业科技项目，助推农业专业合作社】 按照全市科技工作会议的安排部署，紧密结合县情，围绕农业科技调产，积极组织公司和专业合作社申报了4个市级农业科技项目，分别是：1. 安泽县绿之源生态蔬菜有限公司的精细蔬菜项目；2. 安泽县绿生源农民专业合作社的双苞菇种植项目；3. 山西柳江禽业有限公司的万只生态土鸡养殖示范项目；4. 安泽县郭庄兴达养殖农民专业合作社的50000只蛋鸡养殖项目。年底四个项目已全部完成申报，通过了市科技局实地考察。此外，还组织实施了1项省级农村技术标杆项目（安泽县伟晋养殖公司的5000头网床仔猪养殖项目），组织实施了2项规模大、技术含量高、产业关联度强的科技富民项目（安泽县康盛养殖公司的5000只水貂养殖项目和安泽县绿生源农民专业合作社的50棚双苞菇种植项目）。报送星火科技"12396"信息176条，被政府信息采编36条。

气　　象

【概况】 安泽县气象局为国家基本气象站，担负着地面气象观测、农业气象观测及预报服务等任务。单位内设两个管理机构：综合管理科（办公室）和防灾减灾科，2个直属事业单位：安泽县气象台（安泽县气象观测站）、气象应急减灾中心。

全局编制为11人，无地方编制。2016年在编职工12人、编外人员1人。在编职工中研究生在读1人、大学本科10人、大学专科2人，党员8人。

【气象现代化建设】 2016年，在县委、县政府和市局的大力支持下，购置了2套校园自动气象站和1套道路交通自动站，已投入使用。10月中旬，三农项目"农田小气候仪"在和川瑞生园有机玉米种植基地进行了安装调试，该设备投入使用后，为有机玉米在生长发育期积累更多更准确的气象资料，为后期的气象服务奠定了良好的基础，进一步开拓了气象为农业服务的新领域。

【防灾减灾】 2016年，县政府将气象防灾减灾工作纳入对各乡镇政府年终目标责任考核；全县100%的乡镇建立了气象工作站，每个乡镇有一名副镇（乡）长分管气象工作，并配有一名协理员，信息员达到163名，11月对全县163名农村（社区）气象信息员和部分种粮大户养殖户进行了气象预报预警、气象灾害防御和灾情直报及现代农业知识的培训。与国土局联合发布地质灾害风险预警3次。在月亮湾公园、良马乡政府、和川瑞生园有机农业有限公司等公共场所中建立气象科普展区，全年接待1000余人次，通过各种形式普及气象灾害知识，提升社会公众的气象灾害防御常识，增强防御能力。

【服务"三农"专项建设】 2016年，中央财政支持"三农"服务专项资金50万元，安泽县成立了以政府分管县长为组长的气象为农服务领导小组，县政府将气象为农服务工作纳入了安泽县“十三五”规划，在和川镇岭南村安装农田小气候站1套，在府城镇绿万里蔬菜发展有限公司安装大棚温湿报警器5套，对全县的163名农村气象信息员队伍进行了培训，加强了气象灾害预报预警信息的发布和气象灾情的收集能力。

【气象服务工作】 公众气象服务 2016年，借助各类短信平台发布天气预报26.5万人次，预警信号5.1万条次；节假日、高考等各类专题预报1万条次；春运气象服务3万条次。决策气象服务 2016年，报送各类决策服务材料共31期，其中，重要气象报告卡8期，气象信息专报23期，获县领导批示2次。“直通式”为农气象服务 2016年，成立了为农服务专家联盟，召开农业专家联席会1次。与36家种养殖专业大户、涉农企业建立“直通式”联系，明确服务对象的具体人员和联系方式，开展“直通式”气象为农服务。应急气象服务 与多部门合作，参加了县里组织的危化品泄露应急演练、长临高速盘秀山隧道塌方应急演练，为演练现场提供风向、风速、气温、气压等应急气象服务。

【科普活动】 以“3·23”“5·12”“12·4”宣传日活动为契机，积极组织气象科技下乡，气象科普进校园、进社区等活动，大力提升人民群众气象防灾减灾的意识和避险自救的能力。除此之外，还深入农村，走进田间地头、蔬菜大棚，面对面的向农民朋友开展气象服务活动。发放气象服务材料、农用气象300问、农村气象灾害防御等宣传资料3000余份。

【气象安全宣传】 2016年，利用“3·23”、“5·12”、“安全生产月”等主题宣传日进行气象法治宣传，增强公众气象法制观念；共计发放宣传资料和手册2000余份，接受咨询20余人次，对全县36家防雷安全重点单位开展专项安全检查，并建立全县危化企业防雷安全台账，强化防雷安全事前事中事后管理。

地　震

【地震知识宣传】 充分发挥安泽防震减灾教育基地平台，利用“5·12”“7·28”两个宣传日，培训县、乡防震减灾专兼职人员130余人，印发宣传资料10000余份，在街头设立咨询台，悬挂20余条标语进行宣传。同时，进乡镇、进农村、进家庭、进企业、进学校、进社区等“六进”活动进行防震减灾科普宣传。2016年新增了冀氏中学为市级科普示范学校。同时，在“7·28”唐山地震40周年之际，在全县中小学中开展了一次以“地震灾难与城市安全”为主题的征文比赛，经过与教育部门的前期沟通、筹备、投稿、筛选、评选等工作，已于8月份将优秀作品编撰成册并予以出版。2016年，承担了县委、县政府建设安泽一中国家二类标准应急避难场所的任务，该工程既是县重点工程之一，也是全县十大民生实事之一。在施工过程中，视防震减灾利国利民为己任，集中精力、人力，认真研究部署、统筹安排规划。年底，主体工程已经全部完工，下一步，将完成仪器的采购工作。

【震情监测】 2016年度震情监测跟踪工

作，依据省、市局文件精神，结合安泽县县情，于3月份研究制定了《安泽县2016年度震情跟踪工作方案》。充分发挥身处一线的宏观监测点的作用，密切监测跟踪异常发展，发现宏观异常及时上报。每日上报“零报告”，每周、每月上报会商卡，将日常工作与震情跟踪工作有机结合，扎实做好震情监测跟踪工作。同时，定期和不定期对每个观测点进行实地抽查，提高了前兆资料的连续性、准确性和可靠性。

教育科技

【基础教育】　把振兴高中教育作为全县教育的关键环节，作为提升安泽形象的重要任务来抓。投资840万元，实施安泽一中标准化建设工程，全面维修校舍，补充购置教学仪器设备，进一步完善各种功能设施设备；开展“院县共建”、精细化管理，各项工作逐步走向规范化、制度化管理的轨道；今年高考成绩达二本B类以上录取分数线113人，应届生86人，其中一本分数线以上34人。特色发展职业教育。采取双向培养的思路，对口升学；另一个是“订单式人才培养”，与当地的永鑫煤焦化公司等地多家企业合作开展，输送相应专业的毕业生，就业率达90%以上。深入推进义务教育均衡发展。规范办学行为，严格作息时间、学籍管理、计划招生、教辅教材征订、均衡编班、后勤管理等工作。深化校长、教师交流工作，今年交流教师36人，均衡配置城乡教师资源。加快推进乡镇幼儿园“全覆盖”，今年杜村乡、良马乡中心幼儿园主体工程已完工，和川镇中心幼儿园正在进行地基基础工程处理。乡镇幼儿园建设，满足了全县幼儿就近入园需求，有效解决幼儿“入园难”的问题。扎实落实免费补助政策。认真落实县委、政府住宿生膳食补助、交通补助、“五类困难家庭学生”资助等“十二年教育全免费”政策，让群众真正得到了实惠，实现“安泽的孩子上学不花钱”的目标。

【师资水平】　2016年把校长教师队伍建设作为重中之重，放在教育发展的首要位置，开展高水平、大规模强师工程。1. 加强队伍管理。在校长、教师队伍中扎实开展“十个一”活动，统领日常管理和队伍建设，完善了《安泽县中小学校长、教师城乡交流暂行办法》。2. 加强业务培训。邀请北京教育专家开展4次专题讲座，通过远程培训、网络研修培训850名教师，组织3名校长到北京师范大学等地参加培训。3. 加强专业成长。组织全县教师900人开展区域教研、联片教研，以教研的实效促进教学活动的开展；组织50名优秀中小学教师、20名幼儿教师到乡镇中小学、幼儿园开展走教助教，加快乡镇教师能力的提升；扎实做好三优评选工作，各学校积极参与，认真组织评选，审核上报至县教研室“优秀班主任”19名、“优质高效课”39节、“优秀教研团队”17个，待再评选上报市教育局；选派2人赴北京参加信息技术专业培训，组织再培训信息技术管理员38人。教师开通网上个人空间上传资料，开通率达85%，为教师开展各项教育工作奠定基础。

【教育内涵发展】　坚持以素质教育为核心，不断规范办学行为，加强教育教学研究，实现教育内涵发展新突破。1. 积极推进家庭教育。组织21名教师走出去，到临汾参加家庭教育培训；邀请北京大学家庭教育专家举办了4场专题讲座，加强家校联系和共建；评选出4所学校申报省级家庭教育实验学校；同时各学校通过座谈会、家长作业、家长教育小报、学校开放日、家长进课堂等形式增进沟通，家长的参与度明显提升。2. 深入推进综合实践活动。加强综合实践活动建设，让学生在丰富多彩的实践活动中得到锻炼。和川中学废旧电器利用、桃曲小学学习制作屋顶花木、安泽二中的荀子文化研究、和川小学的剪纸、马壁小学的泥塑等活动，极大地调动了学生的学习积极性。3. 大力加强校园文化建设。成功举办了第十七届校园艺术节，并建立了音乐器材、美术学习、象棋围棋、体操体育等兴趣小组活动，充分利用"阳光大课间"、体艺2+1、文艺晚会、班级活动等充分展现个人风采，校园文化异彩纷呈。4. 切实加强教育督导工作。经过反复修订，完善了《学校工作考核指标体系》，规范了学校的管理、考核；对学校的安全管理、设备使用、办学行为等方面工作进行督导。5. 扎实开展创卫工作。全县各学校广泛动员，积极响应县委、县政府号召，安泽二中、城关小学、北门小学及各乡镇中小学走出校园，走上街头，擦栏杆，扫垃圾，撕小广告，制止不文明行为，为安泽的美化、绿化、净化做力所能及的事。在学校，主动承担中小学健康教育的使命和责任，加强学生的健康行为与生活方式、疾病预防、心理健康、生长发育与青春期保健、安全应急与避险的教育。在机关，争创卫生文明和谐单位。切实增强教育系统广大师生卫生意识、健康意识、环境意识、文明意识和创卫意识，营造整洁、文明规范的学校生活和社会生活环境。

【安全治理】 牢固树立底线思维，坚持"预防为主，综合治理，保障有力"的工作方针，持续开展"平安校园"建设，实现了"0"安全事故，确保了全县教育系统安全稳定。1. 坚持"一校两制，一岗双责""24小时无缝对接"安全工作机制，层层签订安全目标责任书，从工作时间、学校区域、人员安排上进行全覆盖。2. 落实"十防教育"和"968"食品安全管理，坚持安全教育进课堂、安全演练不间断，共进行安全演练210余次，每次13000余人。3. 联合公安、综治、消防、安监、食药、疾控等相关部门共同参与的综合治理，定期排查校内外各种隐患，大力开展校园周边环境治理，扎实开展"护校安园"行动等，下发督查通知书、检查记录、整改通知书70余份。建立"人防、物防、技防"的安全防范措施，形成社会、学校、家庭齐抓共管的安全工作格局。4. 继续实施"三化三体系"建设，使学校安全能力得到新提升，实现了全县校园的和谐平安。

【宣传活动】 通过电视台、网站、文体广场、手机微信、征文等平台和活动播放义务教育均衡发展宣传片，组织5场舞台节目展示，播放6个涵盖从高中到幼儿园学段的专题片，举办3次征文活动、3场县域专家座谈、1场邀请华东师范大学专家访谈，全面、客观地审视安泽教育，找出安泽教育做得好的地方和工作不足之处，通过专家点评指引、社会献计献策、教育人发掘发现等方式，找准教育工作着力点和切入点，全面提升教育教学质量，促进教育公平。

【教育脱贫攻坚】 满足适龄人员从幼儿到高中的“十五年”教育。普惠学前教育，先后完成了爱元幼儿园、冀氏镇中心幼儿园建设，杜村乡、良马乡中心幼儿园土建工程已完工，正在进行室内装修招标审批工作。和川镇中心幼儿园正在进行地基基础处理。除各乡镇外，在大的行政村将建立分园满足适龄儿童入园。均衡发展义务教育。加强城乡校长、教师交流，均衡配置教育资源，提升农村教育教学质量。凸显高中教育质量。安泽一中与临汾七中、太谷二中建立帮扶；职业中学与山西省戏剧学院建立帮扶，着力提升教师素质和教育质量。从根本上阻断贫困的代际传递。扎实推动职业教育中心建设工作，着力实现农民、待业人员等人群的学历教育、扶贫开发、劳动力转移培训、技术推广、社会生活教育。

安泽一中

【概述】 安泽一中建校于1954年，2010年9月搬迁至现址，新校园占地128亩，建筑面积4.2万平方米，各项教学设施设备完善。现行八轨制，24个教学班，在校学生1200余名，教职工155人，专任教师114人，特级教师1人，中高级教师43人。有省市骨干教师、学科带头人、优秀教师、教学名师32人，专任教师学历合格率100%。

【高考成绩】 2016年高考参考人数491人，达二本B类线以上119人，达线率24.2%，比上年提高了3.4%，再次实现新的跨越。从2008年的达线32人，到2016年的达二本B类线以上119人。十年来，学校先后为高等院校输送大学生1081人，平均每年108人。

【制度建设】 学校通过不断实践和创新，形成了以领导值班制、全员签到制、上午坐班制、自习跟班制、大周例会制等“五制”为核心的常态化、规范化的管理制度。结合工作实际，不断修订和完善《安泽一中关于教职工绩效考核暂行办法》《安泽一中关于教师晋升专业技术职务考核细则》等20多项规章制度，确保了学校各项工作的高效运行。

继续落实好“八项坚持”。即：坚持周一、周三集体备课和周四大教研活动；坚持在集备、上课、批改、辅导、教研活动、公开课、示范课、教案检查、作业检查、听课笔记检查十项工作的认真落实；坚持组织好35周岁以下年轻教师参加省、市组织的高三年级模拟考试；坚持参加临汾市高中名校组织的期中、期末考试和五校联考；坚持严肃考试纪律和成绩分析会；坚持鼓励教师外出培训；坚持开展公开课、优质课评选活动；坚持在教师节对优质课教师、模范班主任、优秀教育工作者、35岁以下专业考试优秀教师等进行表彰。这八项常规教学工作的坚持，确保了教育教学的正常进行，收到了良好的效果。

【校园文化】 全面开展校园文化活动。按照学校文化建设“每学期一次大型活动，每月一次小型活动”理念的要求。每学年，学校都要举办多项活动，参与人数突破千人，学生参与率达到90%。2月26日举办“高考百日冲刺誓师大会”，激发了高三学子奋斗的热情；4月1日，举办清明节扫墓活动，增强了学生的爱国主义意识；从4月6日起举办为期一个月的“第七届校园科技文化艺术节”，包括密集型跑步比赛、文理篮球对抗赛、英语限时作文比赛、校园剧比赛、拔河比赛、大合唱比赛、校园朗读者、舞蹈比赛等丰富多彩的文体活动；4月27日举办教职工拔河比赛，5月4日举办教职工硬笔书法大赛，丰富了职工的文化生活；5月12日，举办应急逃生演练，增强了学生的安全防范意识；5月17日进行高考诚信教育暨考前心理辅导；6月2日晚7点30分，在学校操场举行高考壮行文艺汇演，为高三学子壮行。活动的开展，锻炼了学生的能力、提升了学校的文化品位。9月7日举办新高一年级“开学第一课”，张校长和杨校长亲自授课，反响热烈；9月8日圆满完成2016级高一新生军训活动；10月12日，成功举办第九届秋季田径运动会，共有6项校运会记录被打破；10月28日，和县防疫站联合举办“防艾滋、防结核病”专题讲座，提高学生对这两种传染病的防范意识；11月份，学校举行冬季密集型跑步比赛，11月下旬举办家校交流合作会议；12月份学校举办第二届经典古诗文背诵默写大赛等。

【安全工作】 1. 建立学校安全工作机构网络图，坚持校长负总责、亲自抓，分管副校长负实责、具体抓，政教处和值班领导具体实施的安全领导机制，签订了安全工作责任书，做到“一岗双责”。2. 加强安全教育，增强自我保护意识。利用班会、旗下讲话、黑板报宣传等形式对学生进行防震减灾、疾病预防、交通法规等方面安全知识教育，使安全知识寓于教学之中。加强安全演练，每学期都要对学生进行了防震、防火灾等安全疏散演练，这些演练，使学生掌握自救、互救逃生技能和抵御、应对应急突发事件的能力。

【获奖】 学校先后被授予省级“模范职工之家”“省课改实验学校”“省科普示范学校”“山西省创建平安校园先进单位”“教育部山西师范大学历史教学实验基地”“市、县教育教学先进单位”“红旗单位”“安泽县文明和谐单位”等30多项荣誉称号。

职　　高

【德育工作】 始终把德育工作摆在重要位置，长期聘任安泽县法院刑庭庭长为我校的法制副校长。为了培养学生的爱国主义情怀，坚持每周一上午10点升国旗。

清明节组织师生到革命烈士陵园进行爱国主义教育，并组织学生开展歌唱、演讲比赛，并成立了“啄木鸟行动”小组。为了开展好第二课堂教学，学校长期成立了书法、绘画、舞蹈、篮球、象棋、围棋、合唱团等社团，既丰富了师生的校园文化，又创造了文明上进的和谐氛围。

学校积极开展德育课堂教学，开设礼仪课，倡导学生文明礼貌，孝老爱亲，形成良好的文明礼仪习惯。对一些后进生，采用多种教育方式进行教育，并多次进行家访，召开家长会，为他们排忧解难。

【教学管理】　学校牢固树立“安全为根本，教学为核心”的指导思想，不断强化学校内部管理，规范办学行为，加强教师队伍管理，全体教师实行签到制、坐班制。同时，提高教职工待遇，每年免费为代教体检，正式教职工在县财政体检费基础上每人加100元，进行全面体检。教职工保险和大病互助医疗费均由学校负担。“3·8”妇女节组织全体教职工开展象棋、跳绳、踢毽子等活动，丰富了教职工的业余文化生活。

积极开展教研活动。每学期在普遍听课一轮的基础上，优中选优，进行公开教学，极大的调动了广大教师工作的积极性。同时学校出资鼓励教师参加各种培训，凡在职进修教师，每外出考试一次，学校补助100元，提高教师自身素质。

针对学生基础差、底子薄的情况，因材施教，实施分层次教学，提高学生兴趣，使学生学有所获。强化专业教学，从而使学生能够学有所得，学有所用，100%的学生拿到了计算机等级证及学历证书，96%以上的学生都能就业。大力推行工学结合，校企合作等模式，积极组织学生参加国家、省、市举行的文明采风及征文比赛。今年有10名同学积极报名参加了“阳光校园、我们是好伙伴”征文活动。

为了突出职校学生就业能力，学校一改传统教学管理模式，实行了高一学基础、高二学专业、高三顶岗实习或半工半读的办学模式，以便让孩子形成专业技能。在全省星级评估验收中，被评为三星级学校。

【学生管理】　学生是学校的主体，是学校的生命，以《中学生日常行为规范》为依据，建立考核制度，严肃校纪，严格管理，每班每天都认真填写教室日志，对每个学生的请假、销假、课堂考勤都登记在册，同时，成立了学生会、共青团等学生组织，机构健全，分工明确，成为学校管理的好帮手。

学校采用多元化，互动评价模式，促进学生多元化发展，使学生的德、智、体、美、劳全面发展，并对每个学生的学习、体质、模范、先进和不足及时登记在册。

【招生就业工作】　始终坚持以服务为宗旨，以就业为导向，加大招生宣传力度，适时开展培训，深入基层学校和中考现场宣传党的惠民政策。每年由校长挂帅，副校长包片，走村入户进行招生，2016年共招18名学历教育新生。对每一名学生实行信息化管理，严格实行招生资格、招生计划与学生学籍电子注册等制度，确保招生录取结果的真实性。

在就业方面，学校实行多元化办学，走联合办学之路。2008年与永鑫焦化、2011年与北京商鲲教育集团、2013年与太岳焦化签订了校企合作协议，实行订单培养，即入学就意味着就业。今年又向北京、永鑫等公司输送了一大批定岗实习的学生，努力实现“进的来，学的好，出的去”的良性循环发展轨道，使每年的就业率达96%以上，并且对就业情况长年进行跟踪调查与服务。今年继续和以上企业进行合作。

【校园环境与安全管理】　县委、县政府对职业教育高度重视。县教科局将职业教育工作纳入了全县教育工作的重要议事日程，投资数万余元制作标语、版面、硬化院面、美化校园，营造出良好的学习氛围，为校园文化建设创设良好的环境。学校更换了天然气锅炉、茶炉和天然气灶具，既节约了开支又环保整洁，且效果良好。这些措施极大地调动了广大教职工工作的积极性，使他们能够全身心的投入到教育教学工作中去。

学校将安全工作放在各项工作的首位，坚持安全第一的宗旨，制定了校领导值周制度。中层以上的领导轮流值班，每人一周，吃住在校，保证24小时在岗。保安、门卫配合，空间段衔接紧凑，实行无缝连接，杜绝校外闲杂人员进入，保证学生在校期间的安全。实行“首问制”，坚持“一校两制”、“一岗双责”，全体教职工人人有责，人人有权过问，把问题消灭在萌芽状态。加强对学生的安全教育，开设安全教育课，定期不定期进行紧急避险演练，对学生家长发放“交通安全教育公开信”，利用国旗下讲话和晨会、班会对学生进行安全教育。配备消防器材，改造用电线路，安装防护网，安装电子监控设备；严把食品安全关，建立食品安全台账，坚持饭菜留样48小时，坚决杜绝腐烂变质和不合格食品进入灶房，确保师生饮食安全；及时排查和消除各种安全隐患，确保师生的生命和财产安全，为创建平安校园，和谐校园奠定了坚实基础。

安泽二中

【概述】 安泽二中位于况山脚下，沁河之畔，系山西省示范初中。自1954年9月建校，历经60年代的“扩校增容”，80年代的“小初分离”；从1985年8月搬迁现址的“城关镇初级中学”到2004年8月“三校合一”的安泽县第二中学，学校占地面积32501.16平方米，建筑面积22679.2平方米，2016年，投资140余万元对科技楼地面下陷进行了维修和加固。行10轨30个教学班，有学生1189名。全校教职工178人，专任教师132人，其中本科学历教师114人，学历合格率100%。有中级以上职称教师75人，县级以上骨干教师、教学能手27人，省特级教师1人。学校设有教务、教研、信息、政教、德育、宿管、餐饮、综合、党政办9个处室及工会、团委、妇联等群团组织，设置完善，功能齐全，管理有序。

2016年，高扬素质教育大旗，把立德树人作为教育的根本任务。在上级教育部门的正确指导下，按照县委、县政府加快建设教育强县总方针，以县教科局教师队伍水平、校园文化建设、教育教学质量水平、安全工作保障“四个提升”为统领，始终以“品学三年、印象一生”为办学宗旨，坚持以“差异教育、因材施教、注重个性、全面发展”的指导思想，努力在弹好“安全和谐、质量提升、全面发展”三部曲上下功夫、做文章，沿着“建设三晋名校，让普通孩子也优秀”的办学目的奋力前行，以适合的教育创办适合孩子学习生活的美丽校园。

2016年7月荣获全国“中华魂”主题读书活动先进集体，被国家关工委授予“践行社会主义核心价值观”先进集体，2016年在全省150所联盟校中被评为20所人文校园之一，被科学导报社、现代教育盛典组委会评为2016年现代教育盛典人文优秀校园。

【党风廉政建设】 自党的群众路线教育实

践活动开展以来，尤其是随着“三严三实”活动的逐步推进，紧密联系工作实际，重点围绕党风廉政建设和廉洁自律等方面的要求，在三个方面狠下功夫：1. 制度上纲性约束。严格执行中央“八项”规定和反“四风”要求，严守党的政治纪律、组织纪律、工作纪律、财经纪律和生活纪律，按照一《准则》一《条例》的纲性约束，弘扬求真务实、厉行节约的工作作风，倡导昂扬正气、抵制不良歪风的工作锐气，提高党性修养，为人师表的优良品质。上设高压线，即不违法、不违纪；下设警戒线，即不违规、不违德。在全校形成了“爱岗敬业，用心工作”的浓厚氛围。2. 领导层率先垂范。遵照党风廉政建设责任制的要求，进一步落实了工作主体责任。首先是始终坚持“一把手总抓，分管主抓，各系统负责”的工作原则，分层要求，相互连带，一岗双责、全员参与。分别建立完善了《工作流程责任制》《全体员工“七个禁止”承诺书》，公布了监督电话，设立了校长信箱，做到了“有报必查，有访必查，有责必追，有失必纠”。其次是要求大家做到的，校委会成员必须带头执行。按照班子成员工作分工，一方面要亲历亲为，坚决抓好各系统的责任落实、工作督查、实效访谈，及时纠正工作过程中漏洞、偏差和盲点，杜绝了“送人情、做好人、看表象、不巡查”的不良现象。另一方面是班子成员率行垂范，把《准则》立为纵向标杆，把《条例》立为横向标尺，要求在这个“坐标系”中洁身自好，上不负党和组织，下不愧社会和百姓。杜绝了公车私用、违规吃请、铺张浪费等不良现象。3. 工作中践行职业操守。针对个别人身上存在的“个别教职工缺乏创新，工作松懈；个别教职工钻研业务少，业余时间有打麻将现象；管理松懈，用水用电及物品有浪费现象”三大共性问题，在全体教职工中深入开展了为期50天的“落实‘三严三实’暨‘三风’整治推进活动”，成立了七、八、九年级组及后勤和综合五个活动小组，由校委会班子成员任组长，按照“反思剖析、讨论帮扶、公开测评、整改提升”四个环节，扎实推进，严格程序，并将测评结果同评优评职和教师交流相挂钩。这一活动的开展，提振了广大教职工的工作自觉性和主动性，有效促进了教育教学工作，保障了一方校园平安和谐。

【规范教学】 做到了国家课程开全开足，既不“省时省力”，也不“精简压缩”，更不“偷梁换柱”。实践活动课达到生活化。按教学要求，为发展学生的社会真知、动手能力，把生物课程同校园植被认识相结合，标识生物牌。已连续三年在县上统筹的实践基地上，聘请农技人员协同师生亲自种植各类作物、蔬菜，从播种、管理、习性、到收获实现“一条龙”学生作业实践，极大地激发了学生的创新和实践能力。对学生实施“发展性评价”。一方面不以学业测试为主要手段，而是按要求实行学生综合素质评价。另一方面把学生常规体质、体格、心理特质按国家要求始终坚持学生体质健康测试综合评价，已连续三年为全体学生免费体检，并给以学生个体“预警”。

【绩效考核】 学校从“德、能、勤、绩”四个方面着手，出台了《师德师风建设考核细则》《教务工作考核细则》《坐班考勤细则》《教研工作考核细则》《教学测试成绩评价细则》共五大类，一切从公平、公开、公正、公心出发，并与绩效工资相挂钩，实行考分与考绩有机结合。坚持周考核、月公示、学年度兑现制度，极大地调动了教师“静心教书、潜心育人、以校为荣、快乐从教”的工作积极性、主动性和自愿意志。

【评职评优】 由于教学工作体现了集体利益和个人发展利益的需求，教师奉献的多少、成功与否的快乐感、成就感、被认可感在一定程度上决定了一线教学工作的好与坏。学校从整体均衡发展着想，兼并个人能力大小，制定了评职评优“五大通则”，在学历、论文符合必要条件的基础上，把“绩效常规考核得分、奖励得分、教学成绩得分、班主任考核得分、双任职时间得分”统筹考核，并实行“师德师风测评”一票否决制，淘劣优胜、奖勤罚惰，公平竞争，既实现了“德性好、业务精、有成绩、会教学”品牌老师的推优，又达到了“行就是行，不行就为过”的长效评优机制。

【教师队伍建设】 学校拟定《中青年教师培养规划》，通过常规教学评价、赛讲活动竞争、教研活动考核，涌现出诸如朱莉、刘芳、暴俊梅、王淑芳等一批骨干教学能手，为造就“名师”奠定了良好基础，并对在赛讲中获奖能手予以奖励。同时把“班主任队伍建设抓在手上，按照“有责任心的、善于协调的、能独挡一面的”选任要求，实行了班主任工作考核绩效长态化，达到了学校常规工作、核心工作、安全保障的实效化。

【教研教改】 充分利用“课改”载体，促变教学理念向深层次转变，方法向灵活性、主体性、育人性、质效性转化，灌输教育的生成性、质量性。主要做了四方面的推进工作。1. 推进理念革新。通过专题学习、专家讲座、课题研讨、实地观摩等方式，逐步将教育新思路、新做法、新观点内化为教师的驱动力。组织一线全体教师专门赴山东杜郎口中学及北京21世纪学校对接培训，使大家的思想境界、课改精神、奉献意识有了极大的提高，获益匪浅。2. 推进课改效能。教无定法，模式可以有，但方式要活，追求高效课堂永无止境。在借鉴“洋思中学经验”和“杜郎口中学模式”基础上逐步形成了“3+5”简式教学运行载体：“3”——即课堂总体结构要求为“先学后教、小组合作、当堂评价”；“5”——即课堂5环节：（1）示标导学；（2）自主学习；（3）交流展示；（4）精讲点拨；（5）达标检测。通过多年的摸索，老师由先入“模”，再出“模”，把教学模式同自身风格相结合，在很大程度上调动了教师课改的积极性，整体提升了课堂的实效性。3. 推进教研落地。教改教研说到底是解决问题、反思提升、积累经验。首先是在常态教研活动中，定时间、定地点、定内容，查不足、找疑惑，并同平时的备、讲、评、批、辅等相结合，个人亮相，集体评审。其次是通过听评课、观看录像、理论讲座、经验交流等，在教研组、年级组和全校三个层面公开展示，相互借鉴，反思提高。同时，每年都组织全体教师举办或参加县上的大教研活动。再次是出台了详细的教研工作考评细则，并纳入了绩效考核予以奖罚。4. 推进地方校本课程。立足安泽县

“荀乡古色”这一深厚文化历史底蕴，围绕“探究荀子文化”这一主题，引领学生“赏荀子篇章”“诵荀子名言”“撰荀子文章”“集荀子楹联”等活动，积极开发地方校本课程。分年级编辑了《用智慧的双眼看荀子》系列教材。同时利用“荀子文化园”模型，组织学生模拟学习讲解，争当“文化小导游”，使学生在历练中感悟荀子思想。5. 融合信息技术教育。利用“三通”，加大信息量的融合，把现代信息技术教育同课堂教学、教育教学整体活动相贯通，进一步促变教师的核心素养和学生的对现代知识学习的能力。

【安全管理】　为切实保证安全工作向保障性行进，按照“过程管理、全员参与、把握环节、超前防范”16字工作原则，突出“以人为本，关爱生命”这一宗旨，做到了有机构、有制度、有责任、有值班、有巡查、有落实。始终坚持主体责任与全员担当的统一，坚持岗位履责与责任追溯的统一，坚持前后勤交叉节点的弥合，坚持住宿与餐饮的协调性、一致性。具体讲就是“一二三四”，即始终坚持“一流程，二主体，三严防，四落实”工作制度。一流程就是实行24小时工作流程追溯责任制，从早6点到晚10点流水签字单作业，事事有人做，处处有人管，切实达到无缝对接。二主体就是一要点清人数，确保24小时一个学生都不能少；二要巡查到位，确保各空间段不出现小的意外。三严防就是：严防餐饮食品出现问题；严防各时段学生拥挤无序出现踩踏事故；严防封闭管理后学生心理安全出现问题。四落实就是：1. 严格落实“一岗双责”双管责任制，强力推行全天24小时工作流程责任链，着力实施“学生一日行为养成口诀”行为化。2. 严格落实晨会、班会、家长会、法制安全报告会“四会”制度，积极开展防火、防震等系列化演练；实行安全教育“间周一节”进课堂，针对不同节令、不同时段、不同场合、不同内容对学生进行各类安全防范知识教育和警示。3. 严格落实加大人防、物防、技防“三防”工作力度，校园监控实现了全覆盖，同时还配齐了对讲机、强光手电、警棍、钢叉、安全卷闸等安防器材。4. 严格落实后勤管理制度，坚持天留样、日消毒、月考核工作制度，坚持食品卫生“一承诺八落实”责任追究制，坚持不培训不上岗，不体检不上岗，不专业不上岗“否决”辞退制度。通过以上举措，落实了全员担当、团结合作“八想八不行”的安全文化工作指南。

特别是2015年9月份封闭以来，学校在过程管理和细节上狠下功夫。抓餐饮。每周一食谱，全面向学生公示；落实48小时饭菜留样制；成立家长和学生两委员会，每月征求一次意见；每学期集中进行一次家长开放日；值周领导、值班班主任、校警及餐厅管理员和学生同灶同餐。总之，在过程管理上实行“分层管理、错时用餐、刷卡排队、自主洗涮、统一消毒”的模式，尽可能地培养学生的规矩意识、自主意识和文明意识。抓住宿。按照“教师的素质、医生的修养、家长的胸怀、校家的理念”四句话，严格要求宿管员。把严格管理和人文关怀有机结合。在不间断巡查基础上，认真落实“两清点一巡查”责任制，即中午饭后和晚休前两清点学生人数，午夜1点左右要轮班在楼道里巡查一遍，并对管理员实行严格的绩效考核。

【素质教育】 在确保一切工作开展的前提下，学校不断拓宽校园活动，使校园文化向内涵式递进。狠抓养成教育，塑造文明和谐校园。坚持“分层施教、过程养成、教学渗透、活动带动”工作方式，着力“初一抓养成、初二抓生成、初三抓激励”，全面培养学生的社会主义核心价值观。1.突出德育“三爱”教育主题。自爱——自我警醒，学会感恩，开展了每周一语、每周一旗、每周一歌、每周一信“四个一”活动；互爱——互相帮扶，学会做事，开展了每月一好事，每月一演练，每学期一展示“三个一”活动；关爱——关心集体，学会做人，开展了每月一次爱校活动、每学期读一本好书、每学期一次实践活动。2.拓宽两项评优活动。一方面在全校开展“文明好少年”评比活动。每学年推荐评优一次，大力宣传校内身边的好人好事，并张榜展示；另一方面是开展“文明和谐宿舍”竞赛活动。分三个层次梯度跃进，在展示栏予以亮相。3. 继续办好安泽二中校报校刊。以校报为载体，开辟了“教研论坛”“课改新思”“园丁心语”“成长路上”“杏坛”“图说校园”“工作动态”等栏目，为教师展示、学生乐学提供了良好平台，浓厚了校园文化的底蕴，成为服务师生的亮丽窗口。

创新活动载体，丰富校园文化内涵。1.发挥“三色”主题读书活动的辐射作用。在抓好师生公共阅览室的同时，“红、蓝、绿”主题阅览室走进楼层，教室设有图书角，宿舍设有图书墙，实行开放式管理，自主式阅读。2. 考虑到初中生的活泼天性和成长规律，学校充分尊重和发挥学生的学习积极性，以人的健康和谐发展为目的，重视学生的亲身体验和探究过程，重视学生心理素质的完善，强调学生个性的张扬和对学生个性的培养。以丰富的课余活动进行行为塑造。课间操做到了延伸化。学校根据学生年级特点，组织进行踢毽子、跳绳和跑步活动。并组织成立了以音、体、美、信息技术为主线，包含舞蹈、独唱、小合唱、田径、书法、绘画、沙画、演讲为内容的兴趣小组。学生们在不同的活动中，爱好得到满足，特长得到发挥，享受到奋斗后的成就感，这种经历积淀为激励学生不断向上的精神源泉。校园文体活动丰富多彩，寓教于乐：每周一上午，升旗仪式庄严而隆重；“校园广播”营造了书香气息，舒缓的校园歌曲，深受学生的欢迎；师生演讲比赛、合唱比赛、书画展览都展示着学生的艺术天才。“体艺 2+1”活动做到了常态化。每天下午 5—6 点进行“体艺 2+1”活动，活动由音体美老师组织，教务处督促监管。主要内容：学生的手工作品制作；初一年级口风琴训练；初一、初二年级口风琴、鼓乐、合奏训练；初三花样健美操；初三中考体测项目训练。学校采取切实有效的措施，让学生健康和谐地成长，快乐地、各得其所地发展。省《现代教育报》和现代教育网及国家语言文字报对这一做法进行了全面报道。“封闭式管理整体运行平稳，教育教学工作有效推进，师生素质稳步提升，社会和家长口碑趋好”。中考整体成绩逐年提升，600 分以上优质生名列全市山区县前列，被市重点高中录取人数 23 人。创安泽县历史最好。

文化　旅游

文　化

【概述】　安泽县文化局前身是安泽县文教科，成立于1950年，1955年设立文化科，1958年与教育科合并称为文教局，1975年成立文化局，1992年改为文化娱乐服务中心，2002年由文化娱乐服务中心和体育训练服务中心合并组建为文化体育局，2009年更名为安泽县文体广电新闻出版局，2015年又改名为安泽县文化局（安泽县版权局）。2016年有公务员编制5人，其中局长1人，副局长3人；总工程师1人（空缺）；文化馆编制8人，现在职8人；图书馆编制5人，现在职7人，其中有2名编外人员；网络文化管理中心编制5人，现在职5人；少体校编制3人，现在职3人；文化体育市场行政综合执法编制5人，现在职5人。

【文化惠民】　免费开放各个场馆　文化馆、图书馆、多功能厅、棋牌室、体育训练厅、舞蹈排练厅、图书阅览室、电子阅览室、广场、篮球场、多媒体活动室、报刊资料信息查询、电影等场馆项目，全年免费开放，群众可直接入馆活动。2016年，体育训练馆、棋牌室、舞蹈排练厅分别接待上万人次，图书馆共接待读者近5000余人次，借阅13000余册。坚持“服务第一”的宗旨，将免费开放文化惠民工作落实到实处，使得场馆免费开放有了显著的成果，受到了广大市民的一致好评。免费举办各种展览　开展楹联展览，传承传统文化，从而加强文化传承和社会服务，突出安泽县图书馆对于文化惠民的重要意义。推广试点成效，传承乡村记忆。根据省文化厅有关要求，安泽县积极开展乡村文化记忆展览和保护工作。免费开展各项培训　开展大型高考报考公益讲座；开展暑期羽毛球培训；开展全县农家书屋图书管理员培训和知识竞赛活动。

【文化活动】　举办了“3·8”妇女节文艺演出；配合县委宣传部、安泽县教育局、安泽县人民武装部举办4场消夏月晚会；组织体育比赛，开展工间操比赛；开展“春行在安泽”系列活动；配合各运动协会举办比赛；带领空竹协会51人参加临汾市第四届梨花奖广场舞大赛，并取得了三等奖的好成绩；举办“迎国庆　创国卫”运动会。通过举办各类文化活动、体育活动，支持体育赛事，普及群众性体育，不仅提高了全民健身意识，还增强了国民体质，是安泽县全民健康发展的一项重要标志，同时充分展示了安泽县人民群众积极向上、勇于进取的精神风貌。

【文化市场监管】　加强日常监管工作，维护了文化市场秩序；加强行政审批工作，规范了文化市场管理；加强治理校园周边环境，促进了青少年健康成长；加强“扫黄打非”工作，净化了文化市场环境；加强文化市场执法人员及文化经营户培训工作，推进了文化市场发展。

【重点工程及民生实事】　奥林匹克活动中心是安泽县的一项重点工程，由文化局承建，2016 年底网球馆（综合训练馆）已完工并免费对外开放，网球馆内部设施设备配备部分已安装完成。篮球馆在续建中，正在加紧进行装饰。荀子园至奥体中心道路基本完工。县城首家数字影院于 2016 年春季建成并投入运营。在工程建设过程中，为确保工程进度和工程质量，严格按照报建程序进行审批，把依法管理和规范管理有机地结合起来，并制订详细的工期计划，坚决克服各种困难，确保工程如期竣工。

【“乐在周五”】　“乐在周五”坚持每周五为百姓举办文艺演出，已累计演出 534 场，全县 103 个行政村也已全部跳起了广场舞，而且每周都有各乡镇回城演出。“乐在周五”的举办极大地丰富了老百姓的业余生活，带动了老百姓对于文化的热情，也为开展基层文化打下了根基，充实了力量。

广播电视

【概况】　安泽县广播电视服务中心位于安泽县城墙岭街 86 号，主要负责安泽县广播电视网络维护维修，地方新闻、专题、栏目等广播电视节目拍摄制作，以及按照有关要求安全优质转播国家、省市广播电视节目。干部职工共 63 人，设办公室、新闻部、网络股、电台、计财股等科室。

【宣传报道】　安泽县广电中心注重新闻、专题、专栏等自办节目的创新创优，从编排、制作、播出三方面入手，以拍摄内容和拍摄角度为突破口，改进报道方式、提升信息量、提高趣味度，使自办节目更加接地气、更加吸引观众，更受广大观众欢迎，社会反响强烈。2016 共采制电视新闻 3000 余条，编制安泽新闻 200 余期，拍摄制作各类专栏 9 个，专题片 4 部，上送省市台并被采用的新闻比去年同期增加 4 条，达到了 230 条。音乐鉴赏、诗歌散文、少儿节目、健康之声等广播节目被制作播出，真正做到了广播与电视的共同发展、同步提升。

利用新闻片头片尾空间，播出各类公益宣传标语，每日免费播出政府通告、公众公示、天气预报、空气质量报告、用电用水通知等群众关注的信息，方便广大人民群众生产生活，收到了良好的社会效益。

为了更好地展示安泽各项事业建设，多渠道全方位宣传安泽，“安泽广电”微信平台于 8 月 27 日完成了认证、创建、分析、调试工作并正式开通，平台设安泽新闻、诗歌美文、生活向导三个板块，2016 年共编发 44 期，关注人数已达 2000 余人。

【安全播出】　通过采取对有线信号传输层层签订责任书，实行 24 小时值班制度、播控机房工班制度、24 小时联络机制等，以及“0 秒发现、当即切换”的措施，使安全播出工作成效明显，连续十一年未发生任何安全播出事故，安全事故为零。

【网络维护】　安泽县广电中心在圆满完成城网数字电视整体平移、数字电视入农户、数字电视全免费的基础上，今年继续加大数字电视运行维护力度，大力提高服务工作质量和效率。特别是通过扎实开展的党的群众路线教育实践活动、学习讨论落实、“两学一做”学习教育，制定完善了“广播电视网络维护限时办结制、回访制”等一些列规章制度，从而使全体干部职工进一步强化了服务意识、端正了服务态度、提升了服务水平，做到了一般情况接到故障电话后 10 分钟内到达现场处理故障，4 小时内处理完，特殊情况不超过 8 小时，重大故障不超过 24 小时。经过以电话回访的形式调查，用户的满意度达到了 100%。

【服务群众】　2016 年，安泽县广电中心重点对人员居住分散、架设有线主干线路过长等原因造成的个别有线无法通达的村落，解决用户安装有线电视的需求。在县上大力支持下，上半年完成了马必乡荆村、唐村、水海，杜村乡窑上、苏村、良种站，府城镇上掌、三交等村有线电视线路改造，优质地把党和政府的信息、声音传达给了每位村民，广播电视网络得以拓展延伸。与包联村府城镇高必村开展了共创共建活动，大力支持包联村各项建设，有力地促进了包联村村域建设，建立了牢固的干群关系。2016 年，广电中心驻村联户参加人数 33 人，其中科级以上 3 人，现场办公 10 次，现场办公人次 330 人次，办实事好事 4 件，帮扶资金投入约 7000 元。中心 33 名党员干部具体包联 33 户贫困户，做到了定期走访慰问，积极开展脱贫各项工作，除免费发放科技致富手册、生产生活用品、面粉食用油外，还为每名贫困人口购买了 18 元的大病医疗保险，共计 1188 元。积极主动开设脱贫攻坚宣传报道专题节目，以典型示范带动脱贫攻坚工作开展。

【“创卫”行动】　对办公楼后院 12 间破旧房屋进行了拆除清理。前院和后院规划停车驻车区 12 个，更换办公门窗 26 面。搞好粪便清掏和厕所保洁及粪便无害化处理，消除办公区及周边区域垃圾污物、杂物和堆放物，清理墙面张贴物，清洗门窗和楼梯扶手等。充分利用广播电视媒体优势，大力开展了创建国家卫生城市宣传报道，营造强烈的“创卫”舆论氛围。充分利用 8 月 27 日新增设的“安泽广电”微信平台，多渠道全方位宣传报道安泽县“创卫”活动，切实起到了舆论引导、宣传典型、全民动员关心“创卫”、支持“创卫”、参与“创卫”，主动为“创卫”献计献策的作用。开设了《创卫在进行》和《创建国家卫生县城》专栏节目，共计 30 余期。

文物旅游

【概况】　安泽县文物旅游局位于县城府兴

路文体中心三楼，成立于2007年3月，现有在职人员13人，编制数为9个。本科学历9人，大专学历4人；45周岁以上年龄2人。下设办公室、文物科、旅游科、财务科、博物馆等五个科室。其中，办公室、文物科、旅游科、财务科属局内设机构，博物馆为股级建制，人员3名，肩负着保护地上、地下、馆藏文物资源，开发利用发掘历史文化遗产，举办文物陈展，搞好流动展览；保护、开发县域旅游资源，立足荀子文化，搞好宣传推介，促进当地经济发展；承办县人民政府交办的其他事项。2016年，市定考核任务目标旅游综合收入为3.06亿元，完成3.06亿元。

【安全监管】 2016年，按照国家和省、市、县关于安全生产活动的精神要求，努力做到日常安全监管不放松，实行拉网式安全大排查，明确安全责任，坚决杜绝安全隐患，确保辖区内旅游生产经营企业安全无事故。强化文物安全责任制，落实四级文物保护网，积极开展文物安全大检查等专项活动。

对安泽县境内七个乡镇的63处古建筑进行了全面的消防检查。对存在消防隐患的文物保护单位责成兼职保护员形成书面材料向文物保护单位所在村委会反映，请村委会相关领导协助排除消防隐患，并登记造册，形成台账。

高标准严要求做好旅游安全工作。成立了旅游安全工作小组，对各旅游景点进行了一次全覆盖地毯试大检查，对存在的隐患进行了登记造册，同时召开了各景点负责人会议，研究解决存在的安全隐患。文物旅游局向各景点配备了安全消防用具，悬挂了禁烟，防火标识，每月两次向安委会报送安全排查工作情况，高标准严要求全力以赴做好旅游安全工作，为旅游安全工作奠定了坚实基础。

【宣传】 6月16日是全国第15个安全生产日，积极响应县安委会要求，在县城繁华地段悬挂安全生产条幅两幅，并组织人员在安全生产日当天走上街头参加安全生产知识传播活动，向过往行人发放关于文物、旅游的相关安全知识手册100余份。

全力做好对外宣传安泽县旅游工作。在安泽县旅游宣传网上及时有效的对安泽县的四季美景进行了及时性报道，在太原南站的地下通道内设置宣传版面，向更多的人宣传安泽县迷人的风景和良好的自然生态，以扩大安泽县知名度和美誉度，使更多的人了解安泽，吸引他们来安泽县参观游览。另外，文物旅游局工作人员还与时俱进，开通了文物旅游局微信公众平台，并生成二维码，更好地宣传安泽县。

2016年6月11日是我国第11个文化遗产日，文化遗产日的主题是“让文化遗产融入现代生活”，6月11日当天，在县城繁华地段，悬挂宣传标语、设立宣传摊位，向过往的行人发放宣传单100余份，并向他们讲解文化遗产的概念及保护文化遗产的意义，在文物遗存比较集中的村落向村民传播文化遗产的相关知识，为乡村文化遗产保护工作营造良好的氛围。

【“春行在安泽”系列活动】 安泽县在4月18日至5月18日开展了为期一个月的“春行在安泽”系列活动。为了保证活动的顺利开展，对黄花岭景区的基础设施建设和景区环境进行了完善和维护，对坍陷的停车场进行了维修，对景区环境进行了整顿，并在原有景区厕所的基础上新建了3座景区公厕以满足旅游月期间增多的游客的需求；还在景区设置了十多个临时垃圾桶，并安排环卫工人每天在景区巡视、打扫卫生、收拾垃圾，以保证活动期间景区的卫生；安排了4名讲解人员在活动期间负责接待讲解工作。通过开展的全民健身精品展示、“最美安泽之星”风采展、“安泽之春”摄影比赛和“安泽之春”美术写生等活动，吸引了大量的游客前来安泽县参观游览，提高知名度和美誉度，为旅游事业的发展奠定了基础。

【乡村旅游节活动】　9月29日至10月31日安泽县开展了一系列乡村旅游节活动，包括和川镇岭南村麻衣寺塔乡村休闲旅游节、马壁乡龙门口乡村休闲旅游节、府城镇红叶岭乡村休闲旅游节及杜村乡小李村红色之旅等，以“特色乡村游”为发力点，以和川岭南、马壁龙门口、府城红叶岭、杜村红色革命为支撑，充分展现安泽县良好形象、深挖独特乡村旅游资源和厚重的红色文化，为加快“打造山水田园城，建设精品旅游县”建设进程奠定良好工作基础。此次活动中，共接待游客32.45万人次，旅游综合收入总计4867.5万元。

【项目建设】　根据2016年安泽县重点工程和民生实事责任分解落实情况，承担荀子文化园文化内涵充实提升工程，该工程总投资约841.4万元，为续建工程，今年完成：1. 维修百福百寿广场、书林广场及聚贤堂广场等三处广场；2. 安装荀子文化园监控工程；3. 荀子文化园文化展厅布展工程；4. 后圣殿壁画更换工程；5. 荀子文化园内安装广播系统工程；6. 塑像广场雕刻小品广场；7. 亮化后续工程；8. 荀子文化园环山路维修工程，约6000米，路面在原有基础上拓宽2米，路面铺设商品混凝土，修筑排水涵洞5个，挖土方3000平方米，挖石头120平方米。荀子文化园内聚贤堂广场、百福百寿广场、书林广场的维修工程由河南天河建设工程有限公司承揽，合同价为52.26万元，该工程于3月17日开工；荀子文化园内监控安装工程于1月25日在政府采购中心七楼会议室进行了公开招标，最终由临汾市祥鹏科技发展有限公司承揽，中标价为16.965万元，到2016年12月底这两项工程均已完工。

图书馆　新华书店

·图书馆·

【发展变迁】　安泽县图书馆的前身是安泽县人民文化馆图书阅览室，始建于1954年，1978年正式成立安泽县图书馆。1981年修建第一座二层图书馆楼，位于县城十字街政府路口，建筑面积约600平方米。1985年县城扩建拆除，1986年经研究决定在东河边修建二层拐角图书馆，建筑面积约720平方米。2004年县委县政府文化资源整合，新建文体综合大楼，于2006年搬入，图书馆占用面积500余平方米，2009年县委政府投资300万元新修建图书馆，位于县城二中南街一巷8号，建筑面积1964平方米，2011年10月份正式投入使用。

【历届评估情况】 1995年4月在全省公共图书馆首次评估定级工作中被山西省文化厅评定为四类图书馆；2009年在第四次全国公共图书馆评估中被评为三级图书馆；2013年在第五次公共图书馆评估中被评为二级图书馆。

安泽县图书馆是国家举办的公益性图书馆，具有保存人类文化遗产，开展社会教育、传递科学情报，开发智力资源、文化休闲娱乐等职能。向社会免费开放服务内容有：图书（盲文）借阅室；成人、少儿阅览室；文化共享—公共电子阅览室；电子借阅机、少儿阅读机；农家书屋管理中心；多媒体活动室；参考咨询、文印室；以上七项开放时间，除正常上班时间外，节假日、双休日开放时间：上午9:00—11:00；下午3:00—5:00夜间开放时间：19:00—21:00。

图书馆分上下两层，有流通书库、各类阅览室4个，可容纳300人阅览；可提供多样化的服务。传统服务有阅览、外借、文献复制、馆际互借、公益讲座、公益阅览、社会培训等，现代服务有数字资源服务、移动图书馆服务、网络信息服务等，基本形成传统服务与数字服务相融合的现代化服务新格局。共有业务部门9个，即：公共电子阅览室、报刊阅览室、采编室、借阅室、资料室、文化共享安泽县支中心，农家书屋办公室和多功能活动厅，总藏量近12万余件。

【文化志愿服务活动】 图书馆自今年向社会公开招募志愿者以来，暑假期间分别有5名学生志愿者来图书馆进行志愿者工作，为读者提供咨询引导、对图书报刊进行整理分类上架，参加馆内举办的大型读者活动及其他临时性工作。

【公益培训活动】 1. 2016年6月中旬在县委党校会议室举办高考公益讲座。邀请高考报考学普及工程高级讲师，CCDM职业规划师王涛老师主讲，为全县高三学子家长提供高考报考、专业选择、院校选择等高考报考知识的普及，帮助孩子选择一所满意的真正的好大学。通过此次讲座，进一步促进家庭与学校之间的沟通交流，帮助高三学生、家长掌握平行志愿的填报技巧与规则，辅助考生顺利进入理想院校。

2. 为使农家书屋管理员掌握更多的图书管理知识和通借通还操作技能，提升农家书屋管理水平，减少书屋管理员的日常工作量，提高工作效率，方便广大农民群众，在2016年11月18日在黄河京都会议室开展全县103个农家书屋管理员业务培训及农家书屋知识竞赛。特邀请山西省图书馆副馆长、少年儿童图书馆馆长、副研究馆员赵谞炯系统地讲解了国家有关农家书屋的政策、书屋的管理及运用。

3. 举办了迎新春、送春联活动，送出春联1500余副。参与人数2000余人次；举办“同筑中国梦　共筑书香年”为主题的新春楹联文化展。展览通过历史典籍和近现代名家描述春节的作品，来梳理春节的历史，以及自腊八开始到正月十五期间中国传统的民风民俗，并在每个日子配以应时应景的楹联，让大家从书香中品味春节这个中国最为传统、隆重的节日。共展出30块展牌。活动开展以来县委书记及领导班子、安泽县第二中学的师生参与了此次展览并由工作人员为大家讲述楹联起源及发展历史，使大家对楹联了解更加深入。

先后有群众及学生2500余人次参加展览，观看楹联展体验年文化。

4. 为充分发挥图书馆开展社会教育、开发智力资源、传播公共文化的职能，三月份开设公益书法培训班。特邀安泽县知名书法教师进行授课30课时。每期人数20人。

5. 为了加大阅读推广力度，激发广大人民的读书热情，鼓励大家多读书、读好书，在“4·23”世界读书日来临之际，举办了“倡导全民阅读，共建书香安泽——阅读在路上”系列公益活动。活动地点选择在县城新华书店街口，人员密集的地方，开展扫码看书全民阅读有奖活动。县委宣传部部长，文化局局长及领导班子参加了此次活动仪式。现场挂条幅，摆放宣传版面、倡议书，经典图书展览，不少市民积极参与到活动中来，图书馆工作人员耐心为大家讲解，更多市民朋友纷纷拿出手机尝试扫码，本次有奖扫码活动受到广大读者的热烈欢迎，活动现场气氛活跃，参观人数达400多人。

6. 在“七一”建党节、国庆假期期间在图书馆一楼展厅举办红色记忆图片展。

【数字文化工程建设情况】 安泽县图书馆总藏量近12万余件，图书年藏2500种，报刊150种，电子文献年入藏量100种，视听文献年入藏量为30种，同时还加入了全省图书馆总分馆制建设，建立了数据库，实现图书馆管理的自动化，2009年底，公共电子阅览室共有电脑35台，其中，电子阅览室20台，供读者使用，业务办公使用10台。为贯彻落实《文化部、财政部关于进一步推进全国文化信息资源共享工程的实施意见》精神，积极争取，正式成立了“文化信息资源共享工程安泽县支中心”。工程总投资68万元，建立主机房，拥有服务器、磁盘阵列、防火墙、UPS等。配备便携式计算机、激光打印机、条码制作机、移动硬盘和刻录机等各项设备，2009年使用了总分馆interlib系统成为第一批县级分馆，与全省几十所图书馆组建馆际互借网络，实现一证通用，通借通还，达到了资源共建共享，实现了图书馆业务标准化、系统化。利用文化共享设备，开展“服务宣传周，科技文化下乡”等活动；免费为广大城乡群众提供信息资源。全年每晚在文体广场免费播放群众喜闻乐见的节目（爱国主义教育影片、动画片、健康指南和科技财富）等方面的内容，收到良好的社会效益；截至2016年底，安泽县103个行政村完成了文化共享村级服务站、农家书屋的建设工作。为了更好地利用这些设备设施，对各村文化员共103个专职管理员进行了培训，初步掌握了投影仪的操作使用技术。在2016年第六次公共图书馆评估期间对照评估事项，针对薄弱环节，积极争取上级领导支持，县财政给予建设资金30万元，建立了图书馆门户网站、移动图书馆和微信公众平台、自建数字资源4TB和图书自动借还一体机等项目的建设，通过多渠道宣传扩大了图书馆在社会各界的影响。

【农家书屋】 1. 2008年山西省农村流动图书库为安泽县103个行政村各配送300册图书，2个图书柜，省财政厅馈赠流动图书车一辆。2. 自2009年以来，国家实施农家书屋建设工程，安泽县103个行政村实现了全覆盖工程，每年农家书屋图书进行补充更新，先后配送了1430册图书，100件电子音像制品，2015年各书屋补充更新图书76册，2016年重点为40个书屋补充更新图书各177册。3. 管理运行情况。农家书屋工程于2008年开始在安泽县全面实施，至2011年累计建成农家书屋103个，实现了各行政村农家书屋全覆盖。每个书屋建筑面积均在20平方米以上，配备了4节以上的书柜、1个以上的报刊架、10人以上同时阅览的桌椅和消防水桶，统一制作悬挂了三项管理制度牌，统一对出版物进行了规范、严格、完备的分类、编目、排架、建账、备案，统一规范出版物借阅登记手续，统一规定书屋开放时间（每周不少于30小时）。每个书屋都要求配备村委会成员兼任或退休教师等专任的书屋管理员。

农家书屋工程不仅解决了农民群众看书难、借书难的问题，而且拉近了科学文化知识与农民群众、农村学生的距离，丰富了农村的精神文化生活，支撑了农民群众的科技致富，使基层群众受益并推动了全县农村文化建设的步伐。

·新华书店·

【概述】 山西新华书店集团临汾有限公司安泽分公司；注册地址：安泽县府城镇泽民北路12号；负责人：李东生；经营性质：国有企业；经营方式：批发零售；经营范围：主营：图书、课本、批发零售，办公用品与文体用品零售等；与母公司关系：临汾市子公司下属分公司，企业资产2676688.08元，实行改制后所有者权益全部上缴市店，全年职工人数8人。

【经济目标完成】 1、销售收入码洋，年初目标560万元，实际完成590万元，超年初计划30万元。2、利润总额：年初目标30万元，实际完成34万元，超年初计划4万元。3、三项期间费用率：年初目标21%，实际实现费用率20.34%，四项可控费用也都严格控制在费用率指标之内。4、货款回收率：年初目标98%，实际完成100%。5、集团货款承付率：年初目标100%，实际承付率100%。6、国有资产保值增值率：年初目标117.82%，实际达到96.43%。参加各类活动十余次，捐赠各类图书5000余册，价值3万余元。

新闻网络中心

【完善工作机制，狠抓工作落实】 严格执行7×24小时值班制；实行舆情监测零报告制度，正常情况下每日下午6:00向领导汇报舆情监测情况，如有网络舆情，随时向领导汇报。严格实行量化考核制。严格执行政府网站运行管理制度。

【强化舆情监测，做好舆情应对】 在舆情监测上，继续严格执行值班制度，加强监测，重点向微博、微信等移动新媒体侧重，并根据各个时期的特点，及时调整监测重点。2016年，共监测到涉及安泽县的网络舆论舆情101件，投诉类的85件。舆情应对上，在夯实舆情工作理论基础上下功夫，每天抽出一小时时间，学习新华网、人民网舆情频道热点舆情应对案例，学习中央、省、市网信办各种会议精神，夯实舆情应对工作理论基础；在提高舆情应对实战能力上下功夫，进一步加大培训力度，提高各部门、各单位媒体应对能力和网络舆论处置能力，对舆情引导控制不力、发生重大舆情事故、造成工作被动的单位和个人要予以通报，并追究相关人员的责任。2016年底，百度贴吧发主题帖8000余条，跟帖评论万余条；共投诉删帖60余条。

【做强对外宣传，营造良好舆论氛围】 开设“深入学习习近平总书记新闻舆论座谈会讲话精神”专栏，方便全县党员干部对讲话精神进行深入系统地学习；开设“两学一做”学习教育专栏，努力营造学习教育的良好氛围；充分利用“两微一端”等新媒体进行正面宣传，为全县经济社会健康发展营造良好舆论氛围。

【狠抓网络管控，重视舆情引导】 充分利用网络监管系列法律法规，逐步探索县域网络媒体可管可控途径。重视舆情引导，积极做好网评工作。2016年，共参与了市网信办组织的300余次网评，评论3000余条。

卫生　医药

卫生和计划生育

【概述】　卫计局总编制人数45人。局行政编制13人，工勤人员编制3人，卫生进修校编制3人，卫生监督所编制26人，其中，局领导职数5名，股级职数8名，工勤人员编制3名，内设机构8个：综合办公室、政策法规及行政审批股、医政医管股（中医股）、防妇股（基卫股）、计财股（药政股）、计划生育基层指导股（信息中心）、宣教股、综合监督股。下辖卫生进修校和卫生监督所。2016年，局班子领导成员有5人，其中党组书记兼局长1人，党组成员、副局长3人，党组成员、纪检组长1人；股室负责人10人。卫生进修校3人，卫生监督所21人。

【医疗体制改革】　两所县级公立医院全面引入竞争机制，引入竞争机制，建立起能上能下、按岗取酬的绩效化管理模式，充分调动了广大医务工作者的主观能动性。通过取消药品加成，在全县公办医疗机构努力推行"四免一降"，即免药品利润，免费挂号，免费煎药，免费接送县城内急诊患者，降低大型医疗设备检查费用，合计减免群众看病检查等费用118万元，切实减轻了群众负担，充分体现了公立医院的公益色彩。同时全面推进奉献社会和服务群众的步伐，推动创先争优活动向纵深拓展，通过开展有组织、分层次的系列对口援医活动，县乡两级卫生机构深入乡村为群众义诊累计1万余人次，举办各类健康讲座76期，努力使广大群众能就近接受优质的医疗服务。

【计划生育工作】　按照"巩固、完善、提升"的要求，做好计划生育各项工作。1. 积极稳妥实施全面两孩政策。全面贯彻落实《人口与计划生育法》，做好全面两孩政策实施前后的相关政策衔接工作，2016年，全县共出生689人，其中男孩349人，女孩340人。人口出生率8.0‰，符合政策生育率99.56%，自然增长率4.28‰，性别比为102.65，圆满地完成了上级下达的人口责任指标。2. 加强计划生育基层基础工作。坚持计划生育党政一把手亲自抓、负总责，加强对基层计生服务站工作量化考评，严格落实月汇报、季例会、半年一考评、全年总督导的工作制度，确保计划生育各项工作取得实效。严格落实计生工作“一票否决”制，2016年以来对选举的各级人大代表、政协委员及所有部门评先表彰严把计生关，2016年以来共审查单位15个和个人1592人次。3. 提升计划生育服务管理水平。开展了流动人口动态监测调查工作，完成了40户问卷调查。加大计生特殊家庭扶助关怀力度，完成了“4+2”奖励扶助，累计确认奖扶对象2779人，奖励扶助金197.6万元。开展城镇独生子女父母奖励工作，全县确认495名城镇独生子女父母奖励对象，奖励金28.5万元。

【基本公共卫生服务】　按照“打基础、促规范、重内涵、上水平”的总体要求，夯实基础，科学管理，取得了显著成效：1. 居民健康档案开展规范。全县共建立城乡居民健康档案80851份，录入电子档案68723份，建档率已达85%。公共卫生服务均等化成效显著。0~6周岁儿童预防接种建卡建证率和常规免疫报告接种率达到98%；孕产妇管理率、新生儿访视率及0~6周岁儿童系统管理率均达到90%；对65周岁及以上老年人健康管理率达到85%；对确诊的高血压和糖尿病患者，每年能提供至少4次面对面的随访和1次健康检查，群众健康意识逐年上升。2. 全面优化项目内容，完善服务模式。在乡村两级卫生机构深入开展签单式服务，现已签约8672户，通过与服务对象建立稳定的契约型服务关系，力争使每个农民家庭都有了一个固定的家庭医生，真正使群众享受基层公共卫生服务的便捷与高效。3. 努力加强业务培训。通过举办基本公共卫生服务项目等专题培训班，培训基层医务人员400余人次，牢牢抓住了公卫工作的重点部位和关键环节，提升实际工作的本领。

【疾控、妇幼及卫生监督服务】　疾病预防控制方面，加强了计划免疫和结核病防治等工作；切实开展地方病防治，完成了300份食盐碘含量检测检验任务；同时做好春季传染病防控、食品安全风险监测及艾滋病等工作。妇幼工作方面，全面完成了农村妇女宫颈癌筛查工作，检查人数1001人，免费孕前优生检查353人。完成农村孕产妇住院分娩359人，补助资金10.77万元，为711名育龄妇女发放叶酸4266瓶，叶酸服用率达99%，有效提升了全县妇女儿童的健康水平。卫生监督方面，组织实施了医疗卫生等专项监督检查，加强法律法规执行监督检查力度，共出动执法人员420余人次，监督检查各类场所387户次，监督检查覆盖率100%，有力的保障了全县群众的健康安全。

【农村合作医疗工作】　围绕服务群众、方便群众的目标稳步推进，共有5.9万名农民参加合作医疗，参合率达到99%，到目前共支付4.4万人次，支付基金1686万元，使广大农民群众充分享受到改革的红利。人员队伍建设方面，按照“内提素质，外树形象”的方针，积极选派县乡两级医务人员到上海瑞金医院等大医院进修学习，组织乡镇卫生院长、公共卫生人员等100余人次先后参加了省市组织的培训。举办了基本公共卫生服务、中医药工作、卫生应急、基本药物制度等培训班，培训县乡村医务人员1000余人次，有效提升了医技人员的业务水平。

【创国卫工作】 认真对照国家卫生县城标准及县创卫办分解的工作任务，在全系统开展了三大工程。1. 健康教育工程。各医疗机构设置健康教育专栏134个，创建微信创卫平台15个。积极开展健康体检活动，服务群众10000余人次，累计发放健康知识资料5000余份，开展健康咨询5000余人次，举办健康教育讲座76次，刷写健康教育标语34条，进一步提升了群众的健康素养。2. 公卫促进工程。出动执法人员120余人次全面规范全县四小场所和其它场所的卫生监管，开展了执业人员专题培训，培训公共场所人员320余人次，有效改善了公共场所卫生环境。3. 花园式机关建设工程。以“环境整治月”为抓手，大力实施绿化、亮化、净化、美化工程，全面清除单位周边小广告120余处，清理垃圾21平方米。

【健康扶贫工作】 恪尽扶危济困操守，勇挑健康扶贫重担，全面打响精准健康脱贫攻坚战。1. 强化责任落实，夯实健康扶贫工作基础。召开了健康扶贫工作会议，成立了工作领导小组，制定下发了《安泽县卫计局健康扶贫工程实施方案》，对工作目标、任务及保障措施进行了关翔实的安排部署。同时，积极采取措施传导压力、增添动力，与各责任单位签订了健康扶贫工程目标责任书，将工作任务进行分解细化，逐项落实，责任明确，确保打赢健康扶贫攻坚战。2. 建立健康扶贫分类建档信息库，做到村建台账、乡建档案、县建信息库。积极同各乡镇及县扶贫部门通力协作，对全县贫困人口进行拉网式排查，建立了健康扶贫分类建档信息库，全面摸清患病人数、具体病因概况，摸清因病致贫、因病返贫底数，目前已建立贫困人口档案3934人，做到了村建专门台账、乡建专门档案、县建专门信息库，实行了台账化、动态化管理，切实提高了健康扶贫的针对性和有效性。3. 切实开展建档立卡贫困人口签约服务。制定印发了《安泽县推进家庭医生签约服务的实施方案（试行）》，为建档立卡贫困人口建立动态管理的电子健康档案和健康卡，乡镇卫生院（站）和村级卫生室与贫困家庭签订《家庭医生签约服务协议书》，建立服务契约，并提供基本公共卫生、疾病诊疗等服务，2016年底已签约3355人。4. 积极开展对口帮扶，免费为贫困群众义诊。建立了县乡医院结对帮扶机制，采取“组团式、菜单式”精准帮扶方式，由县人民医院与和川中心卫生院、罗云卫生服务站结成紧密型医联体；县中医医院与马壁乡卫生院、石槽卫生服务站结成紧密型医疗联合体，进行医疗管理和重点学科等帮扶指导，深入基层坐诊52人次，为乡村医疗机构培养医务人员150余人次，进一步提升了安泽县基层医疗机构服务水平。有效提升了基层医疗机构的服务水平。同时深入各乡镇积极开展健康体检活动，全年免费为贫困群众体检3000余人次，让贫困群众足不出户就能享受到优质的医疗服务。

【重点工程】 2016年：实施重点工程建设方面，承建的重点工程共三项，即县人民医院门诊医技综合大楼建设项目、县中医医院住院楼建设项目和杜村乡卫生院业务用房建设项目。年底，县人民医院医技门诊综合大楼工程项目和县中医医院住院楼建设项目已完成主体工程。杜村乡卫生院业务用房建设工程已投入使用。

疾控中心

【概况】 安泽县疾病预防控制中心前身是安泽县卫生防疫站，始建于1975年，2003年6月18日更名为疾控中心，2006年7月卫生监督执法职能划转卫生监督所。现有干部职工24人，其中研究生学历2人、本科学历11人、专科及以下11人；具备中级以上专业技术职务任职资格6人、初级6人，在职党员8人。中心设有计免科、检验科、结防科、传染病艾滋病防治科、地病科、办公室、应急科、生物制品科、健教科等13个科室，承担着全县疾病预防控制、计划免疫接种、结核病地方病防控、监测检验、健康教育及突发公共卫生事件应急处置等职责职能。

【计划免疫工作】 全年冷链运转12次，七苗接种率均在99%以上，截至2016年12月，全县已有12个接种门诊共上传儿童预防接种信息个案5128条。深入各学校完成了今年的查漏补种工作，通过对全县接种人员进行培训、考试为考核合格人员放了接种资格证书。脊灰疫苗换转工作，共计收回2438粒，其中8个乡镇及服务站接种点680粒，中心接种点1758粒，全部按照《三价脊髓灰质炎减毒活疫苗回收销毁技术指南》进行了回收封存登记，并于5月27日，邀请县食药监局的工作人员对回收的三价脊髓灰质炎减毒活疫苗进行了焚烧销毁。每季度对各乡镇免疫工作进行督导及培训，使安泽县预防接种工作统一化管理，极大地提高了安泽县免疫规划工作的整体形象和水平。冷链设备信息录入、疫苗出入库管理工作延伸到乡级，保证疫苗安全运转。积极开展“4·25”预防接种宣传及“7·28”世界肝炎日宣传活动，通过电子显示屏、制作并展出免疫规划国家政策、免疫程序、接种告知、接种方法、安全注射等知识，鼓励群众自觉参与预防接种活动。

【结核病防治工作】 2016年共接诊83人，登记活动性肺结核病人36例，36例结核病人全部得到免费督导治疗。其中涂阳肺结核病人7例，新涂阳肺结核病人为7例；涂阴肺结核病病人为28例。筛查新涂阳肺结核病人家属21人筛查率为100%；新涂阳肺结核患者治愈率：上年度1—12月登记新涂阳肺结核病人11例，经过一年治疗管理治愈11例，治愈率为100%；举办“3·24”世界结核病日宣传活动、“百千万志愿者”结核病防治知识传播活动、结核病防治知识进校园活动，完成学校结核病知晓率调查，师生知晓率达到90%以上，共发放宣传资料1万余份。举办了结核病防治工作会议和结核病防治业务培训班，取得了圆满成功。继续巩固扩大“三位一体”新型结核病防治工作模式成果，支持县医院痰培养实验室建设。

【地方病防治工作】 1. 碘缺乏病方面。2016年随机对全县5个乡镇20个行政村300户居民的食用盐进行抽样，并完成食盐碘含量定量检测检验工作。并与盐业公司共同开展了丰富多样的“5·15”碘缺乏病日宣传活动。2. 人间布病方面。及时掌握人间布病疫情动态，新发布病21例，按规定进行了规范管理，并及时上报，且全部做好个案调查。3. 消除疟疾工作有序推进。确定县人民医院监测点，承担全县的“三热”病人的疟原虫检测工作。全年共抽取不明原因发热病人数为123人，全部为传播季节抽取的不明原因发热病人数。4月26日，在疾控中心门诊大楼设立宣传咨询点积极开展疟疾防控知识宣传。累计向群众、重点人群发放疟疾防治知识宣传材料1000余份。活动现场接受群众咨询300多人次，提高了社会各界群众对疟疾防治知识的了解。4. 农村环境监测方面。组织人员深入5个乡镇中的20个行政村对农村环境卫生进行了监测，每个检测点随机抽取5户，共100户居民开展了入户调查，并按要求对5个乡镇的8所中小学进行了卫生调查，同时采集各乡镇20份土壤样品，进行了监测，微生物及重金属全部符合标准。5. 大骨节病方面。组织中心人员深入府城镇义唐村、小黄村对30名大骨节病人进行随访，于9月16日开始，为30名贫困的大骨节病患者提供救治服务，免费提供3个月的救治药品。6.体检工作。11月为城关小学1820余学生进行预防性健康体检工作。

【传染病防控工作】 传染病网络直报和监测预警不断完善，设立网报专室、专线，传染病疫情信息网络直报率达到98%，及时报告率达97.1%，及时审核率达100%，重卡删除率达100%，每天浏览传染病报告卡6次。按规定报告法定传染病13种229例，上报《风险评估报告》11期，疫情分析13期，处理预警信息5种32例。密切关注人感染H7N9禽流感疫情动态，修订完善了手足口、人感染H7N9禽流感、寨卡病毒病等传染病防控预案，及时浏览、审核网络直报；入托入园对全县学龄儿童进行手足口等易感染疾病防治培训，手足口病样及时采集、送检，采样率达到90%以上；分别于4月与10月对全县各级医疗机构传染病相关工作人员进行传染病防治知识与网络直报知识培训；9月对城关小学500名家长代表进行传染病防治培训；10月对全县9所医疗机构进行消毒效果监测，采样77份全部合格；按季度对县直医疗机构和各乡镇卫生院开展传染病督导检查。

【艾滋病防治工作】 2016年追踪管理本土艾滋病病人/感染者3例。2016年11月11日由隰县疾控中心报告一名安泽县艾滋病感染者，于当月份接受追踪管理。认真做好艾滋病自愿咨询服务和监管场所羁押人员HIV抗体监测，监测自愿咨询HIV抗体检测256份，监测羁押人员75人，未检出阳性。根据上级要求，安泽县积极开展“全民检测”，截至11月底共检测3565人，未检测出阳性人员。深入安泽一中举办艾滋病防治专题讲座活动。按规定对全县农民工、暗娼人群进行了摸底估计，制作了高危场所电子分布图，并积极开展干预工作，及时做好现场记录与季度报表。深入安泽一中、小黄村完成艾滋病防治知晓率调查，群众知晓率达到96%以上。12月1日，以“携手抗艾，重于预防”为主题开展世界艾滋病宣传日宣传活动，同时根据活动要求还在农村社区开展了一次艾滋病防治知识宣传，一次健康体检活动。

【健康教育工作】 以每年的世界无烟日、碘缺乏病防治日、结核病防治日、艾滋病防治日等各种卫生宣传日为契机，采取设立宣传台、开展义诊、发放宣传资料等多种形式开展主题宣传日宣传活动，传播健康知识；并深入学校、社区、乡镇，开展健康教育“进学校、进社区、进农村”活动，全年组织健康知识讲座10次，让广大群众更有效的学习掌握各种健康知识；单位设立电子屏，滚动播放健康知识，并在学校放学等人员高峰期播放健康知识讲座，供广大群众学习积累，提高居民健康素养。为乡镇卫生院订购《健康时报》12份，提高专业人员的健康素养。开展了3次针对全县7个乡镇卫生院和3个卫生服务站的健康教育督导工作。

【食品安全风险监测工作】 认真贯彻全市食品安全风险监测工作会议精神，协助卫生行政部门制定了《安泽县食品安全风险监测工作实施方案》，并成立了食品安全风险监测工作领导小组。对县直医疗单位、各乡（镇）卫生院、服务站业务人员30余人进行食品风险监测业务工作培训。全年共采集食源性病例163例，完成采集任务的181%，网报准确率、审核及时率、审核准确率均为100%，食源性暴发事件报告0例。2016年共采集食源性致病菌监测样品9种18份，化学污染物和有害因素监测样品5种10份。

【慢病工作】 慢病防治工作逐步推进，今年4月对各疗机构的死因监测、慢病管理人员举办了慢病防控工作培训班。截止2016年11月底，辖区医疗机构共上报死因病例274人；死因编码合计错误比例<5%；县级医疗机构死因覆盖报告率达100%，乡镇医疗机构网络直报覆盖率达100%。各医疗机构录入筛查病例，新筛查确诊重性精神疾病患者132人，累计在管患者290人。截至2016年底，老年人登记5726人、健康管理5474人；高血压健康管理7879人、规范管理7453人；糖尿病健康管理1258人、规范管理1187人。4月份、5月份、9月份对安泽县11个乡镇卫生院及卫生服务站开展了2016年慢性病及重性精神病专项督导考核工作，督导结果以通报形式反馈到个医疗机构。结合创卫工作深入社区、车站、各事业单位、学校、电力公司及法院等公共场所发放宣传资料，宣讲慢病防控知识。按照《国家基本公共卫生服务规范》《中国糖尿病防治指南》《中国高血压防治指南》的要求，深入家庭，全面掌握辖区内常住居民及居住半年以上人口的主要健康问题，各种疾病规范管理。

【水质监测工作】 根据《2016年临汾市饮用水水质卫生监测实施方案》制定了安泽县监测实施方案，监测范围覆盖安泽县城城区和6个乡（镇），设监测点28个，分别为城区6个、农村18个和学校4个，已完成枯水期及丰水期56份水样采集、送检、检验、上报工作。结合水质检测项目招标投资115万元，购进检验设备5台，对实验室进行升级改造，2016年实验室已完成碘盐监测、HIV抗体筛查、临床生化、医院消毒效果监测等检验工作。

【创卫工作】 结合安泽县创建国家卫生县城工作要求，制定并下发了中心《创建国家卫生县城实施方案》，紧紧围绕“开展健康活动、传播健康知识、倡导健康方式，提高健康素养”的工作重点，坚持做到了“三个全覆盖”：1. 坚持教育内容“全覆盖”，从健康意识、知识、行为三大部分入手，教育的内容涵盖疾病、饮食、心理、运动、营养、学习、工作、娱乐、安全等各个方面；2. 坚持宣传方式“全覆盖”，积极开设电视健康教育专栏，设置 LED 电子滚动宣传屏，建立健康教育微信平台，编制创卫简报 10 期，印发各种健康教育资料，全民普及卫生健康知识；3. 坚持服务人群“全覆盖”，抽调业务骨干组成专业服务队，通过“六进”，即进社区、进农村、进家庭、进机关、进学校、进企业开展活动，促进健康教育和疾病预防的同频共进。

【扶贫工作】 开展以帮扶包联村转型跨越发展为主题的精准扶贫工作，结合“三联两报到”活动，认真落实山西省卫计委开展健康扶贫“五个一”活动。1. 与小黄村委共同制定了小黄村五年总体规划：以蔬菜为主导产业，突出“一村一品”，力争农民五年纯收入达到 17860 元。2. 协调各方关系，为小黄村积极筹措帮扶资金 2 万元。3. 及时向村委报到向 23 名包联户报到，班子成员一对三和党员一对二进行帮扶。4. 组织业务骨干为小黄村民进行免费体检。5. 联合县医院专家为帮扶户进行治疗大骨节病免费送医药活动。6. 安排党员干部开展汛期探访及护林防火工作。7. 确定了贫困户种植油用牡丹 2—3 亩，使帮扶户户均增收 1600 元以上。8. 开展访寒问贫及冬季送温暖行动，党员干部自费为帮扶户购买米面油及户均 200 块共计 4600 块过冬煤球。

【党建工作】 坚持以科学发展观为指导，全面落实县委、县政府战略部署，在建设生态安泽、富裕安泽、幸福安泽中充分发挥疾控工作的职能和作用。坚持“两手抓，两手都要硬”的工作方针，始终把党风廉政建设工作摆在突出位置来抓。深入开展“两学一做”学习教育，制定活动实施方案、建立活动办公室和资料专柜，确保在组织推进、活动内容、进度安排和方式方法等方面不折不扣地贯彻上级党委精神。集中学习《党章》《条例》、习总书记系列讲话等 40 余次，累计 120 个学时，深化了理想信念，强化了党性党风党纪和道德品行教育。

妇幼计生中心

【机构改革】 2016 年按照县委、县政府的统一安排，根据安编办发〔2016〕4 号文件精神，顺利地将原县妇幼保健站与原计划生育服务中心整合为县妇幼保健计划生育服务中心，整合的同时及时召开由各乡镇妇幼计生工作人员及全体干部职工参加的工作会议，传达 2016 年市定目标任务及本职工作，从而理顺工作思路，明确工作目标，敲定工作任务。

【队伍建设】 根据工作的需要，调整工作思路，调整和提升专业技术人才的专业知识结构，致力于提高医务人员的整体素质。采取了多形式多渠道的学习方式。1. 请进来走出去，多次聘请市妇幼专家到中心进行业务指导，其次选派有关技术人员赴省市进行业务知识培训，提升中心人员的诊疗水平，2016 年共参加省市培训 10 余次。

2. 以会代训，专题培训，举办各级各类培训班3次，培训人数200余人次。3. 集体学习与个人学习相结合的形式学习专业知识，法律法规，医德医风等知识。党员同志结合开展“两学一做”学习教育，认真学习党章党规、学系列讲话，争做合格党员，在工作中做到了起模范带头作用。

【宣传活动】　以开展农村妇女宫颈癌免费筛查项目、孕前优生免费检查为契机，进一步加大宣传力度，为妇幼计生工作的顺利开展营造浓厚的氛围，为了使基本公共卫生和重大公共卫生及妇幼保健意识深入人心，采用在电视新闻后循环播放《致全县孕前夫妇的一封信》等宣传片、电视飘字，在县城繁华地带悬挂宣传条幅、在每个自然村文化广场张贴宫颈癌、孕前优生免费检查的通知，入户宣传等形式宣传妇幼保健和计划生育政策及健康知识。利用单位的电子屏播放关于预防“两癌”、出生缺陷预防知识、新生儿疾病筛查、孕前优生等相关健康知识，深受群众好评，除此之外，中心还在街道繁华地段悬挂大型条幅10余条，制作多种宣传册10000册，电视播放15天，飘字50余条，发放宣传资料3000余份，设立咨询台为广大群众答疑解惑，零距离服务。

【公共卫生项目落实】　1. 继续做好出生缺陷干预工作。在“看服第一片”的基础上，实行“311”管理模式，防止领而不服或漏服现象发生，确保了叶酸片服用效果，全年共有655名农村育龄妇女领取并服用叶酸，222名城镇育龄妇女增补叶酸，中心还定期组织孕产妇死亡评估分析和围产儿死亡评估分析，制定和采取相应的干预措施。2. 做好农村孕产妇住院分娩补助项目的落实工作。为了使全县农村孕产妇人人得到实惠，按照项目实施方案要求，制定了资金管理制度，指定专人负责项目财务管理及报账工作，做到专用账户，专人管理，专款专用。本着方便群众，简化程序，规范服务、科学合理的原则，实行住院分娩后医院直补、方便了广大农民，建立和完善了孕产妇系统管理档案，确保每个孕产妇在孕期做到免费2次B超，5次产前检查。2016年共为461名农村孕产妇住院分娩进行了补助。3. 农村妇女宫颈癌筛查项目全面启动实施。根据省市工作要求，农村妇女宫颈癌筛查项目已在安泽县启动5年。为了使妇女同志们认识到宫颈癌的危害性增强其防治意识，采取了利用单位电子屏，发放宣传单，发放宫颈癌宣传手册，街道设立宣传台等方式进行了全方位多渠道的宣传，力争做到家喻户晓，人人皆知。2016年共检查人数1001人，活检3人，其中：CIN3级2人，宫颈癌1人，检查出有问题的已经到上级医院诊疗，对被检查的妇女，进行归档管理，一人一档，以乡镇、村为单位专柜存放，确保档案资料齐全，以便核查。4. 乙肝、梅毒、艾滋病项目规范化管理。安泽县全面启动乙肝、梅毒、艾滋病项目，市妇幼保健院儿童医院副院长、安泽县卫计局副局长、安泽县中心主任参加了动员会，会上分别作了动员讲话，会后中心邀请、市妇幼专家分别对安泽县参与此项目的所有医护人员进行业务知识培训，中心还为县医院、中医院妇产科、检验科配发了防护服，为开展此项工作的开展奠定了良好的基础。

【基本公共卫生指导】 1. 0~6周岁儿童健康管理服务，以加强儿童保健为目标，对0~6周岁儿童实施系统管理，建立《0~6周岁儿童保健手册》按照规范进行随访，4~6周岁儿童每年进行一次免费健康体检服务。2. 孕产妇健康管理服务，对孕产妇的孕期保健不少于5次，根据随访情况对孕妇的健康状况和胎儿的生长发育情况进行评估和指导，产妇出院后7天内、产后42天，对产妇进行产褥期健康管理，加强母乳喂养和新生儿护理指导。2016年，中心抽调专业技术骨干跟随卫计局一同深入乡镇进行了3次业务指导。

【计划生育服务】 为了做好孕前优生项目，圆满完成任务目标，中心积极协调，由安泽县人民政府办公室签发《关于开展免费孕前优生健康检查实施方案》，成立领导小组，成立免费孕前优生健康检查项目工作专家指导组，明确各相关职能单位职责及专家组主要职责，发放至相关单位及各乡镇政府，中心还抽调技术小组深入乡镇免费进行孕前优生检查，中心主任带领业务人员到民政局婚姻登记处为办理结婚登记的人员发放宣传手册，耐心讲解孕前优生的知识，同时，为了更好地完成此项工作，及时召开孕前优生项目落实推进会，安排此项工作，2016年共完成342例。

【日常工作】 1. 加强《出生医学证明》等法律证件的管理和使用工作，此项工作实行专人管理，保留存根。按相关法律法规出具《出生医学证明》，严格把关，杜绝出具虚假、违法证明。2016年共发放682份。2. 继续开展新生儿疾病筛查工作，为了做好此项工作，首先加大宣传力度，发放宣传资料，力争使《新生儿疾病筛查疾病管理条例》家喻户晓，深入人心，从而提高家长的认知度，进而得到家长的配合，新生儿疾病筛查全县673人，未筛查出一例异常。3. 认真继续做好妇幼卫生信息统计工作，按时完成妇幼卫生信息的上报工作，做到完整、准确、及时。4. 按时召开例会，每季度召开一次，今年共召开例会2次，由各乡镇妇幼人员及全体职工参加，以会代训进行业务知识及基本技能培训，收到了良好的效果。5. 为了发挥中心的龙头带动和业务指导作用，每季度定期与卫生局联合组织人员巡回各乡镇村进行业务督导，三年共督导4次。

卫生监督所

【“创卫”工作】 2016年认真贯彻落实县委、县政府“创卫”工作精神，积极安排部署，制定了“创卫”实施方案。成立领导机构，坚持依法“创卫”，科学“创卫”，为民“创卫”工作理念。紧紧围绕“创卫”工作的目标要求，特别是公共场所卫生和生活饮用水卫生是“创卫”工作中的重中之重，对相关科室人力物力进行了合理调配，从量化、细化、规范化入手，横向到边，纵向到底，不留死角，不留盲区，为“创卫”工作的开展打好基础。10月底为更好的促进创卫工作的开展，对部分公共场所负责人进行约谈。就消毒设施的配置、通风换气设备的使用、消毒记录的规范化建立等方面进行了讨论，为安泽县公共场所创卫工作的全面铺开奠定了基础。

【队伍建设】　为加强单位的内部管理工作，由从前的人管人转变为制度管人，所长负总责，分管副所长负责相应的业务科室，科长具体主抓科室业务工作。按照监管区域划分和目标责任的细化，使人人身上有担子，个个身上有责任，大大地增强了员工的工作责任感，定期不定期召开所务会、员工大会，坚持每周二雷打不动业务学习和政治学习及上级精神的传达会议。进一步了解工作的进展，掌握工作动态，部署并安排下阶段工作。建立内控管理制度、财务公开制度、财权分离制度、限时办结制度、并梳理权责清单66项，提高了工作效率，简化了办事程序，加强了内部管理，完善了队伍建设。

【业务知识培训】　加强卫生监督员培训，提高队伍整体素质。紧紧抓住队伍建设这一重点，加强业务培训，提高人员素质。定期组织学习，坚持每周二例会集中学习；积极参加省、市组织的各项培训，全年累积派出学习26人次，培训人员返回后对单位人员进行再培训；要求全部人员在卫生监督网络培训平台上自学40个学时以上，有效地提高了监督员队伍业务素质。对全县医疗机构相关从业人员进行法律法规培训，提高从业人员的法律意识、责任意识。5月份在唐城中心卫生院会议室通过讲解课件对唐城公共场所从业人员开展了卫生安全知识培训。

【公共场所卫生监督】　2016年，环境卫生监督科按照所里年初工作安排部署和县委县政府“创卫”工作整体安排，严格按照《公共场所卫生管理条例》和《实施细则》的要求，明确工作目标，积极开展公共场所卫生监督检查及检测工作。全年以经常性监督工作和专项整治工作相结合，共出动卫生监督人员210人次，出动执法车辆50辆次，监督户次173户次，住宿场所量化分级管理率100%，美容美发场所100%，对检查中发现未办理卫生许可证和未取得本年度有效健康证明擅自营业的经营户，责令限期整改；制作了执法文书173份。对86户公共场所免费开展了室内环境监测工作，出具现场快速检测通知单86份，使县城内的公共场所检测达到了全覆盖，并免费发放了公示栏。同时严把卫生行政许可准入关，全年共核发公共场所卫生许可证44户（新核发11户，延续核发33户），各项卫生许可均按《行政许可法》的要求，依法审批、依法办证。

【学校卫生及生活饮用水监管】　为加强学校及托幼机构传染病防控监督管理，开展学校卫生监督检查。集中对全县42所学校（高中2所，初中4所，小学31所，幼儿园5所），进行了全面监督检查。检查内容包括教学环境、生活设施卫生情况，传染病防控情况，学校饮用水卫生等方面，下达监督意见书91份，共出动执法人员50余人次，执法车辆20余辆次。对检查情况通过卫生监督信息平台及时上报，学校卫生监督达到全覆盖。以中小学校生活饮用水检测为工作重点，其间共出动执法人员32余人次，执法车辆15余辆次，制作《非产品样品采样记录单》49份，采样49份，经检测，其中7所学校水质检测个别项目不合格，其余35所学校检测结果均符合《生活饮用水卫生标准》。对不达标的7所学校进行复检，对复检仍不达标者下达监督意见书，要求查找问题原因直至达到卫生标准，确保水质符合《生活饮用水卫生标准》。四月份，对县城生活饮用水固定监测点进行了抽检，六个监测点分别为黄河京都大酒店、安泽一中、西沟卫生所、安泽县职业中学、县自来水公司出厂水及水源水，经检测均符合《生活饮用水卫生标准》。

【医疗服务市场监管】 加强医疗服务市场经常性监督检查，建立长效监管机制，规范医疗服务秩序。共监督医疗机构134户，出动车辆50余台次，出动监督员150余人次，对医疗机构进行监督检查全覆盖。全年共查处案件4起，其中在卫生监督检查中发现3起，社会举报1起；结案4起；罚没款总额5400元。规范了医疗市场服务秩序，净化了人民群众的就医环境。

【医疗机构年度校验】 按照卫生和计划生育局安排，5月份起配合局医政科对全县132个医疗机构执业许可证进行了年度校验，采取现场审查及经常性监督检查相结合的方法，重点审查医疗机构是否符合《医疗机构基本标准》、诊疗科目和人员资格是否符合法律法规要求、规章制度与技术规范是否健全、有无出租、承包科室、聘用非卫生技术人员、超范围执业等违反国家法律法规的执业行为。能否按照规定使用医疗文书，是否配备有门诊登记本、传染病登记本、消毒登记本、医疗废物处置登记本等情况，对登记不规范的单位下达了监督意见书，责令立即改正。通过此次校验工作的开展，切实履行了依法监管职能，促进了医疗机构依法执业。

【放射、职业卫生监督】 1. 全县配置放射诊疗设备的医疗机构9家，其中开展放射诊疗工作的2家，其余7家由于缺乏放射工作人员，未开展放射诊疗工作。对2家放射诊疗单位重点检查了放射诊疗许可证、放射工作人员证持有情况、放射诊疗建设项目职业病危害评价情况、设备、场所检测情况、放射工作人员个人剂量监测、职业健康监护情况、辐射危害警示标志设置情况、有无擅自变更放射诊疗项目或者超出批准范围从事放射诊疗工作情况、是否按规定使用个人防护用品等行为。2. 全县有职业健康体检资质的医疗卫生机构1家。对取得职业健康体检资质医疗卫生机构进行监督检查。重点监督检查职业健康检查资质是否在有效时限内、是否在批准的资质范围内开展工作、管理制度是否健全、出具的报告是否符合相关要求、是否依法履行职业病、疑似职业病报告职责，有关档案是否健全，人员、仪器、设备是否满足工作要求。

【消毒产品监管】 1. 全面开展消毒产品经营单位的监督检查。重点查处药品经营企业和医疗机构等消毒产品经营单位是否按要求进行索证索票，产品是否在有效期内等行为。共检查药品经营企业3家，医疗机构134家，监督检查达到了全覆盖。

2. 强化餐饮具消毒单位监督。按照《消毒管理办法》《消毒机构卫生规范》《餐饮具集中消毒单位卫生监督规范（试行）》等相关法律法规要求对所辖区内的1家餐饮具消毒单位进行监督检查，出动监督员6人次，车辆2台次，下发监督意见书2份。严格监督餐饮具消毒单位的加工流程，使用的消毒器械、消毒剂、洗涤剂、和包装材料是否符合规定，选址、布局、生产用水、设备、环境卫生、出厂检验、包装是否符合规定，对不符合要求的行为当场下达监督意见书，并责令限期改正。

【卫生监督协管】 全面落实基本公共卫生服务项目，夯实农村卫生监督协管服务工作，推进基层基本公共卫生服务均等化。确定专人负责（巡查笔录，巡查意见，协管制度，年初计划，协管档案及年、月的报表），制定卫生监管协管年度考核标准，对辖区进行了4次卫生协管工作督导考核，按考核标准进行打分，对有问题的单位，下达卫生协管整改意见书。

【卫生监督稽查】 组织开展了卫生行政许可、卫生行政处罚案件质量评查和执法行为检查活动；在行政执法过程中坚决做到事实清楚、证据充分、定性准确、程序合法、处罚适当、手续完备、使用法律法规准确、证据材料归档及时、案件卷宗内容齐全规范，所有行政处罚案件都没有出现行政复议和行政诉讼。

【监督信息系统报告】 信息报告系统反映各卫生监督机构和执法人员整体工作质量和业务水平，为此，按照卫计委《卫生监督信息报告管理规定》，制定了信息报告相关管理制度，确定专人管理信息报告工作，实行统计报告工作制度，谁填报、谁负责的工作要求，有效保证统计信息报告数据准确及时，为确保信息报告质量，每一次信息数据的上传，所领导都要亲自审核，确保准确、规范。2016年，公共场所、生活饮用水、放射卫生、学校卫生、医疗市场监管、传染病防治、职业卫生、消毒产品单位、计划生育专业、餐饮具集中消毒单位、10个专业的卫生监督信息已经全部录入卫生监督信息报告系统，各项上报数据均达到了上级要求。全部完成了2016年监督员网上培训任务。

【专项整治工作】 医疗机构专项整治情况。1. 在日常监督工作的基础上，进一步推进了打击非法行医专项行动，专项整治行动开展以来，共出动执法人员100余人次，出动车辆40余台次，以县城、城乡结合部为重点开展了打击非法行医专项行动，共检查医疗卫生机构、零售药店、生活美容机构等150余户次，查处非法行医案件2起，取缔无证行医2家。通过专项整治，进一步规范了安泽县医疗行业秩序。2. 依据相关法律法规，结合安泽县实际情况开展了打击“两非”的专项行动，重点对县医院和县中医医院开展14周以上人工终止妊娠术及B超使用情况进行了监督检查，专项行动中未发现非医学需要的胎儿性别鉴定和选择性别的人工终止妊娠行为。规范了安泽县相关医疗机构及从业人员开展人工终止妊娠术及B超的使用行为。3. 积极开展传染病防控监督检查工作，覆盖了辖区内134家医疗机构传染病防控工作。重点对医疗机构传染病疫情报告管理、传染病防治业务开展、医疗废弃物管理情况，特别对于医疗废弃物的管理制度，分类、收集、运送、贮存、处置等环节是否符合规定进行重点督查。针对监督检查中发现的问题，监督员当场下达了卫生执法文书，责令其限期整改。保证了传染病防控工作的落实，有效地预防了各类传染病的爆发流行。开展疫苗接种专项监督检查　针对山东非法经营疫苗案件，根据《山西省卫生计生委办公室关于组织开展疫苗接种专项监督检查的通知》和临卫监督〔2016〕10号文件要求，对全县12个疫苗接种点进行了监督检查，重点从单位资质、接种人员资质、疫苗的购进计划、台账记录、疫苗的使用、疫苗的冷藏储存记录进行检查。各接种点使用的疫苗均由县疾控中心统一配送，未发现有违法违规行为。开展实验室生物安全管理专项检查　根据山西省卫生和计划生育委员会办公室文件《山西省卫生计生委办公室关于开展实验室生物安全管理专项检查工作的通知》晋卫办科教〔2016〕140号文的要求，对辖区内疾病预防控制机构、医疗机构等病原微生物实验室进行了专项检查，主要从组织管理及制度落实情况，实验室资质和运行情况，菌（毒）种及样本的运输、保藏、实验情况，突发事件应急处置情况进行了专项检查。开展了口腔类医疗机构专项监督检查。对安泽县9家口腔类医疗机构的审批、诊疗科目的核准、放射性设备的规范使用、医护人员的资质、消毒隔离、医疗废物处理等方面进行了全面检查。对检查中发现的问题，责令立即整改。对医疗机构医疗废物处置情况开展专项检查　出动执法车辆50辆次，执法人员160人次，对辖区内134家医疗机构的医疗废物处置情况进行了专项检查，重点对医疗机构是否建立健全医疗废物管理制度，医疗废物收集、运送、暂存、处置情况是否符合规定，不具备集中处置医疗废物条件的医疗机构自行处置情况进行了专项检查。对不符合相关规定的30家单位责令立即整改。公共场所专项整治　10月份，精心组织、积极部署，依据《安泽县卫生局卫生监督所创建国家卫生县城承担任务分解表》，制作了《公共场所创建国家卫生县城专项督导表》，并通过开展巡查摸底、法律法规宣传、现场指导等方式方法，进一步规范辖区内各场所卫生管理。选定了以发姿轩造型机构、秀发丽人美发店、红楼快捷宾馆等部分公共场所为工作重点，督促其完善设施设备，强化卫生管理，建立标准化门店。制作《监督意见书》32份、填写《公共场所创建国家卫生县城专项督导表》32份。

【扶贫帮扶】　2016年，对帮扶工作做到早部署、早安排，定期不定期深入帮扶村和村委共商脱贫致富大计。在护林防火期间8次深入村里进行巡查。组织全所职工捐衣服100余件，并向贫困户捐款，在走访中带生活必需品看望贫困户，帮助解决贫困户生活中的实际困难。

【宣传活动】　在县城十字街进行卫生法律法规的宣传活动4次，发放宣传资料800余份，接受群众咨询130余人次，有效向群众普及了卫生法律法规知识。

人民医院

【概述】　安泽县人民医院位于安泽县府城镇泽民中路65号，始建于1948年10月，是一所集医疗、教学、科研、预防、保健为一体的二级甲等综合性医院，是新农村合作医疗定点医院、山西省爱婴医院、城镇居民医疗定点医院、城镇职工医保定点医院、工伤保险定点医院、职业病健康体检医院、高危孕产妇急救定点医院。担负着全县 8 万人民的医疗、保健和乡镇卫生院的医疗技术指导工作，是全县的医疗技术指导中心和急救中心。

医院占地面积 13 亩，建筑面积9167 平方米，业务用房 8540 平方米，固定资产 1900 万元，现编制床位 200 张，实际开放床位 100 张。

全院职工 212 人，卫生专业技术人员 162 人，护士 81 人，医师 53 人，医技 28 人，占总数的 76%，其中在职副高级职称 5 人、中级职称 30 人，初级职称 128 人。

医院设有内科、外科、妇产科、儿科、急诊科、洁净手术室、中医科等十余个临床科室，功能科、检验科、放射科、药剂科四个医技科室，理疗针灸科、医保科、院感科等八个二线科室以及办公室、护理部、医务科等十一个行政科室。

2016 年，业务总收入 1960.3 万元，其中门诊收入 926.8 万元，住院收入 1033.4 万元，门诊人数为 93200 人，住院人数为 3450 人，病床周转率为 92.5%。

【项目建设】　2016 年 5 月 12 日，向省发改委申请的 8500 平方米，地下一层、地上九层，总投资 2805 万元的门诊医技综合楼项目正式开工建设，2016 年 11 月 25 日主体建设已完工。

【支援服务】　2016 年 7 月，根据临汾市卫生计生委、财政局、编办、人社局联合下发的关于印发《临汾市县乡医联体建设实施方案》和《安泽县县乡医联体建设实施方案》文件精神，与和川卫生院、罗云卫生服务站形成一对一对口支援关系，并选派妇科主任王秀玲同志、康复理疗科主任王寅平同志分别为和川卫生院、罗云卫生服务站挂职副院长，结合医联体医院实际，推广适宜适用技术，并免费安排医联体医院人员进修和专业技术培训，通过“以县带乡、资源共享”的原则，不断提高乡镇卫生院的诊疗水平。

【人才培养】　人才建设是医院内涵建设的关键，造就一支高素质的卫生队伍是提升医疗服务能力的基础。首先推荐 60 人次到山西医科大学第一附属医院、临汾市人民医院、临汾市铁路医院等进行进修学习，每人回来后将自己的所学所见进一步系统整理后，在院内开展医护知识提升比武讲堂活动；其次与山西医科大学第一附属医院、临汾市第四人民医院结为对口支援医院，让上级医院的专家来实地传授经验，讲课培训，搞好较高层次的传帮带，使广大患者即可享受省、市级专家的诊疗，医护人员专业技术水平和能力得以极大提高。

深化人事制度改革，将中层管理干部由任命制度改为聘任制，实行科主任一年一聘，做到“能者上、庸者下、平者让”，逐步完善用人机制。实行岗位绩效工资制、成本核算制，体现多劳多得、优绩优酬的原则，重点向关键岗位，高层次人才，临床一线业务骨干和成绩突出的工作人员倾斜，发挥绩效工资分配的激励导向作用。经过几年来的改革，在推行以岗位绩效工资为主体的分配形式、实施绩效考核等方面进行了一些有益的探索与实践，加大了科室全成本核算力度，实现了从分配形式、考核措施趋向规范的转变，进一步增强了成本意识和经营理念，充分调动了全院医务人员的工作积极性，有力地促进医院事业健康发展。

【医德医风转变】 加强行风建设，开展“改善服务态度，提升服务质量”活动，从关注医疗服务细节，通过多项便民措施为患者就医给予方便，为广大患者提供更为优质的服务：1. 开展“四免一降”活动。“四免”指免15%药品加成、免门诊挂号费、120急救车免费县域内接送住院患者、免费煎煮中药；“一降”指降低DR、CT等大型设备检查费用。自2014年开展这项活动以来，在两年的时间里，“四免一降”活动共计减免各项费用220余万元。2. 进一步优化服务流程。设立导医台，合理安排患者诊疗路径，缩短服务距离。医务人员实行首诊负责制，全体人员实行首问负责制。优化医保报销流程，提升效率，将原来在二楼的医保科搬迁到一楼收费室对面，方便群众咨询新农合的报销问题。合理布局科室，将B超室、心电图室、检验科等科室相对布置集中，将挂号、收费、取药一站式安排。3. 成立回访中心。更好地了解出院患者康复情况。

中医院

【概述】 2016年是中医院建院30周年纪念日，自1986年建院以来，由最初的砖瓦平房发展到今天设施设备先进、医疗技术精湛、人才队伍强大、医护服务规范、受到全县广大患者称赞和信赖的二级甲等医院。全年业务指标：门急诊48902人次，2015年42744人次，比上年同期增长14.5%，1—12月出院患者2495人次，2015年2306人次，同比增加189人次；收入情况：截至2016年12月收入共计1670万元；住院1031万元（2015年896万元）；门诊639万元（2015年591万元）。住院手术例数338例（373例）；体检人次11299人（9450人）；2016年药品收入：394.98万元（349.39）。其中，中药75.54万元；西药：319.44万元，药品收入占总收入的23.65%（23.49%）。

【医疗质量、安全、服务管理】 2016年，进一步强化医疗质量、安全、服务管理，规范医疗行为，保障医疗安全。医务部门每月组织对全院各科室运行病历、归档病历、门诊病历、合理用药、合理用血、十七项核心制度执行情况进行检查，及时对病历问题较多的医师进行补课、整改，围绕医疗质量与安全月活动，推进手术期管理、合理用血管理、合理用药管理、医务人员科学合理排班等。从控制医疗缺陷入手，强化疑难、医源性损伤、特殊、危重、严重并发症、纠纷病人等报告制度。落实医疗安全事件上报制度，实行医疗不良事件非惩罚性上报制度。加强手术室、ICU、急诊科、妇产科等重点部门，手术、急诊和疑难危重病人等关键环节和节假日、交接班时，实习、进修及轮转医生等薄弱环节管理。强化医疗安全防范机制，定期召开临床、医技、门诊相互之间的沟通会，发现问题、共同研究、及时整改。

【人才培养与技术引进】 医院紧紧围绕人才培养这一环节环节，多渠道、多途径积极加快高学历人才、技术型人才的培养步伐。2016年，组织院内业务学习、培训15次，参加各类短期学习班、学术会等34人次，不仅增强了医院的学术氛围，更重要的是提高了医护工作人员专业技能水平。领导高度重视新技术、新项目的引进与应用，多次派影像科专业人员赴长治市和平医院、运城市盐湖区人民医院观摩学习，并邀请山西中西医结合医院影像科姜永红主任亲临指导；诚邀山西中西医结合医院影像科专家邓昉来医院开展为期三个月的坐诊指导，为影像科诊疗工作提供了帮助，并特别针对新开展的增强CT进行了技术指导，为影像事业的发展奠定了扎实的基础；特邀山西省针研所专家段永峰来开展为期六个月的坐诊，为康复中心诊疗工作的开展提供了莫大的帮助。

【特色诊疗项目】　自2015年10月康复中心挂牌成立以来，充分发挥中药特色，发展中医特色诊疗技术，备受广大患者的信赖和支持，业务量稳步向好，各种中医特色疗法的开展收到广大患者的一致好评。康复科2016年实现业务收入69.7万元；门诊9634人次，住院133人，三伏贴966人次。康复科开展的特色理疗“冬病冬治·夏病冬防·三九贴”“冬病夏治·三伏贴”，秉承中医“治未病”“未病先防”的治疗理念，一方面拓展了业务范围，诊疗技术更趋专业，提高了医护人员的技能水平，另一方面对广大患者各类适应症、慢性病的治疗和预防都起到了良好的诊疗效果，敷贴人数稳步递增，其中最大者79周岁，最小者仅3周半。

骨伤科为市重点专科，2016年骨伤科成功完成了首例单膝关节置换术，该手术的成功开展，使骨伤科在治疗重度膝关节疾病方面取得重大突破，填补了安泽县此类病症治疗领域的空白，标志着关节置换技术达到了新高度，推动骨伤科技术迈上了新台阶，也为安泽县此类患者早日摆脱顽疾带来了新希望！外科成功实施了安泽县首例显微镜外科手术——桡动脉断裂显微镜下吻合，这在县级二甲医院是十分少见的，此项手术的成功不仅验证了院医务工作人员精湛的医疗技术水平，同时对于扩大院知名度，提升院整体医疗质量也起到非常重要的作用。

【业务知识培训】　以创建“学习型”医院为主要发展思路，不仅平时注重科室内专业医务人员的培训和考核，同时也面向全县人民开展各类知识讲堂和业务培训。1.通过开展“关爱女性健康大讲堂”活动，面向全县女性普及妇科保健知识，并由院内知名妇科主任医师当面为听课者答疑解惑，教授他们一些日常的体检方式和预防措施，反响很好。2.开展的“健康中国行——第15个世界慢阻肺日”宣传活动，提高了广大群众对慢阻肺的认识，宣传活动现场，院医务人员还为群众提供免费测血压、测肺功能，旨在进行慢阻肺的介绍和筛查，提高了群众了解慢阻肺的危险因素并合理干预，提高慢阻肺的早期识别能力，实现早防早治，进而极大降低慢阻肺的发病率和致残率。3.“2016年基层中医药服务能力提升培训班”在安泽县中医院成功举办，着力于基层中医人才建设，同时大力提升基层中医药服务水平和基层中医药专业技术人员的技术水平，普及推广中医药适宜技术，加大健康扶贫力度，充分发挥中医药特色优势，为推进中医药事业发展打下了坚实的基础。

【创卫工作】 1. 积极响应安泽县委、县政府号召，根据《安泽县卫计系统创建国家卫生县城实施方案》的文件要求，专门成立“创卫”领导小组，制定了详细的实施方案，开展多种宣传形式，营造浓厚的氛围，强化医疗废物管理，严格按照流程和规范集中处理，积极开展控烟工作，创建无烟医院，认真做好中医院清洁区域的卫生工作，为职工提供整洁有序的工作环境，为病友提供舒适的就诊环境，促进构建和谐县城建设。

【医疗下乡】 为进一步贯彻国家医改精神，深化公立医院改革，构建科学合理的医疗卫生服务体系，促进安泽县卫生事业均衡发展，提高各级各类医疗卫生机构的整体医疗卫生服务水平，中医院与马壁乡卫生院、石槽卫生服务站共建“医疗联合体”。为促进对口支援和医疗联合体工作建设，提升院医疗服务能力，山西省中西医结合医院和中医院建立帮扶关系，并组织段春鹏、谷晓虹、赵爱平、王丑叶、姜永红、刘超群、李跃进等专家两次到安泽开展义诊活动。中医院医疗队伍多次深入基层，到马壁乡卫生院、石槽卫生服务站、良马乡卫生院开展和谐下乡义诊活动，抽调有内儿科、骨外科、妇产科、五官科、中医科等专业的主治医师以上专家组成卫生下乡工作队伍，发放健康就诊联系卡，为农民群众提供服务优质的就诊治疗环境；发放健康教育宣传资料，提高农民保健意识，并免费为部分群众赠送药品；帮助农民特别是留守儿童、留守老人掌握基本卫生知识，形成健康的生活观念，建立文明健康的生活方式，提高农民的健康水平和生活质量，促进社会主义新农村和谐发展。

【扶贫帮困】 全院职工为杜村乡东塘村村民捐款35000余元，院党支部领导班子带领党员干部和24名临床经验丰富医务人员，到杜村乡开展“送医送药送健康”义诊活动，共诊疗110余人次，发放健康宣传册300余份，提供免费体检42人，费用达8000余元，赠送药品30余种，免除费用达3500余元，医务人员还为每个病患写下医嘱，将精准扶贫落到百姓的心坎儿上。

【党建工作】 牢固树立科学发展观，结合医院工作的实际开展思想政治教育；在全院范围内开展主题会议，坚持以马克思列宁主义、毛泽东思想、邓小平理论、“三个代表”重要思想、科学发展观为指导，全面贯彻党的十八大和十八届三中、四中、五中、六中全会精神，深入贯彻习近平总书记系列重要讲话精神和治国理政新理念新思想新战略，以“推动科学发展、促进社会和谐、服务人民群众、加强基层组织”为总体目标，紧紧围绕群众反映的“看病难、看病贵”的这一问题，针对院发展现状开展专题会议，以解放思想，加快发展卫生事业为目的，以自我学习、自我反思、自我查找、自我提高为主，进一步把党员干部思想统一到党的十八大精神上来，努力改善医患关系，构建和谐社会；加强院内党建工作，把医院精神文明建设和党风廉政道德建设结合起来，促进医院内涵建设，构建和谐社会建设；顺利完成十六届人大代表选举工作，李卫国当选为十六届人大代表；深入推进“两学一做”学习教育，组织30多名党员干部赴杜村乡王光烈士陵园、太岳行署旧址接受红色革命传统教育，集体接受革命传统思想的洗礼。

【基础设施建设与后勤、安全保障工作管理】

1. 积极推进住院综合大楼项目。住院大楼项目建设开展顺利，于2016年3月15日开工建设，9月底主体封顶，预计2017年底投入使用。

2. 加强后勤保障管理。认真做好后勤物资计划、预算和招标，引进、培养后勤管理、项目管理急需技能型人才，落实后勤110电话实效，完善后勤人员的考核与分配，努力转变后勤保障管理观念。

3. 加强安全综治管理。建立安全生产三级网络系统，明确各级各类人员的安全生产职责和安全区域，对门诊、急诊等重要场所、重点岗位定岗定人，协调落实第三方调解工作，全面完成社会治安综合治理各项工作。

食品药品监督管理

【概况】　安泽县食品药品监督管理局于2012年5月22日作为县政府行政机构，在原“临汾市食品药品监督管理局安泽分局”基础上组建成立。全局设有办公室、餐饮服务监管科、药品监管科及保健品化妆品监管科四个科室。根据机构改革要求，成立了食品药品稽查队与三个乡镇监管站，即“府城食品药品监督管理站”、“唐城食品药品监督管理站”“冀氏食品药品监督管理站”均于2014年7月21日挂牌成立。

到2016年末，安泽县食品药品监督管理局编制人数33人，实有人数25人。

【食品安全工作】　为推进食品经营许可制度改革，夯实监管工作基础，从2016年元月1日起，食品药品监管信息化应用平台开始启动，办理食品经营许可网上申报、审核和新证核发工作。根据《食品安全风险分级监督管理办法》，在食品生产经营单位监督检查全覆盖的基础上，委托资质完备的食品检验检测机构，对辖区内重点品种和高风险食品进行抽验，2016年共开展了9期食品抽检工作，抽验各类食品和食品相关产品265批次，涉及经营主体49家，抽检54个品种，检测合格率均为100%。

按照“纵向抓延伸，横向抓覆盖”的工作思路，将食品安全各项监管任务实行网格划分，逐步建立“全面覆盖、分级管理、层层负责”的食品安全监管网格。通过“以网定格、以格定人、以人定岗、以岗定责”的工作模式，实现了对全县1157家食品经营户的无缝衔接监管，有效防止和消除了执法盲区和监管空白。同时建立完善餐饮监管工作机制的基础上，制定出台了《全县重大活动餐饮服务食品安全监管工作规范》和《餐饮服务“明厨亮灶”建设工作方案》，进一步推进了餐饮服务单位诚信经营。

【药品安全监管】　强化日常监管。加强对药（械）广告和药（械）营销人员监督管理，对到安泽县实施药品广告和药品营销的企业和个人，实施备案管理，全年共备案监测 10 家次。

积极宣贯《药品不良反应报告和监测管理办法》，邀请省市专家来安泽县授课、组织相关人员深入霍州市参观学习。加强对化学药品制剂特别是注射剂（含中药注射剂）、生化药品、疫苗等药品和医疗器械不良反应（事件）的重点监测，药械不良反应监测报告同比增长 42%。

强化疫苗监管。以疫苗购进、分发、供应渠道，储存、养护、使用情况，冷藏设施设备配置、使用情况，过期失效及不合格疫苗销毁情况，疫苗不良反应报告情况等为重点，全方位、不留死角的对全县 13 家疫苗接种单位进行监督检查，确保了全县疫苗安全。

充分发挥技术监督作用，突出重点，加大对生物制品、违法广告药品、中药饮片、非法添加化学物质的中成药的监督抽验力度，按时完成了上级下达的年度监督抽验任务 15 个批次，为执法监管工作提供有力的技术支撑。

【保建食品化妆品日常监管】 健全保健食品、化妆品经营日常监督管理制度，完善监管网格体系，落实监管责任。强化企业质量安全意识，严把产品进货关、销售关，做到有台账、登记全、信息准、可追溯。严厉查处各类违法违法违规行为。结合日常监管和专项整治，严厉打击各类保健食品化妆品违法违规行为，对发现的违法违规线索，一律查明来源和去向，并做好各项记录；对标签标识不符合要求的产品，一律要求下架退市。落实“四化”监管要求。根据保健食品、化妆品监管要求，大力实施责任网格化、检查格式化、管理痕迹化、监管信息化，明确监管事项和重点，确定监督检查内容和标准，进一步统一监管尺度和执法标准。科学使用保健食品化妆品监管信息化平台，积极探索保健食品电子监管追溯体系。

【稽查办案】 通过制定《安泽县食品药品投诉举报管理规定》，明确工作程序，完善登记台账，细化职责分工，确保投诉举报工作有效运行。全年共接到各类热线电话 11 个，其中咨询类 7 个，举报食品药品安全类 4 个。通过检查，其中 1 起举报符合立案条件已按程序办结。全年共出动执法人员 1204 余人次，出动执法车 450 辆次，先后深入全县 7 个乡镇，组织开展了 20 项专项行动，共下发责令整改通知书 872 份，限期整改 160 余家次，警告 10 余家次，立案 5 起，结案 5 起，移送公安机关 1 起，罚款 4.145 万元，“四品一械”生产经营行为得到进一步规范。

【行政许可审批】 全面落实权力清单和责任清单制度，优化权力运行流程图和廉政风险防控图，进一步规范权力运行；通过对食品生产经营许可实行“四化”目标管理（许可规范化、流程合理化、管理标准化、档案科学化），制定《食品生产经营许可量化考核办法》，建立食品生产经营许可管理运行规范，落实许可责任，切实把住关口。2016 年共受理许可咨询 450 件，网上申请 270 件（流通 200 家，餐饮类食品加工小作坊 70 家），全部受理，现已发放“流通类食品经营许可证”118 件，发放

“餐饮类食品经营许可证”56件，其余许可均在正常许可流程办理中。

【科普知识宣传】　充分利用“3·15”“3·31”“食品安全周”等重要节点，通过“五进”（进农村、进机关、进社区、进企业、进校园），面对广大群众，深入开展了饮食用药安全知识和系列法制宣传活动。半年来，共组织宣传活动近10次，先后共出动宣传车20余辆次，宣传人员50余人次，发放宣传资料近5000余份，《食品安全法》口袋书600余册。

乡镇　社区

唐城镇

【概述】　唐城镇位于安泽县北部，距县城33公里，东与沁源县相邻，北与古县相接，西与府城镇李村、佛寨毗邻。全镇辖13个行政村，43个村民小组，有14107口人，共有15个党支部，453名党员，其中农村支部12个，农村党员363人。拥有耕地面积24243亩，镇域面积175平方公里。2016年，全镇农村粮食产量稳定在1.07万吨，农民人均纯收入7900元。唐城辖域内建有两座大型焦化厂，四座生产120万吨的煤矿，七个生产30万吨以上的洗煤厂，四个制砖厂。年国民生产总值达4亿多万元，是安泽县的工业重镇。

【党建工作】　1. 着力实施以强化思想建设为主要内容的“引领工程”。创建了以唐城、三交村党建工作为引领的先进村；以上庄村核桃基地为产业引领的先锋村；以梨八沟、固县“美丽乡村”为创卫引领的特色村，形成创树典型、以点带面，分片发展，整体推进，全面覆盖的格局。着力发挥村支部及党员在产业发展上的先锋模范作用，将“双引领”活动引向深处。以“两学一做”学习教育为载体，不断完善党员干部知识结构。初期在各支部开展“三找活动”（组织找党员、党员找组织、党员找党员活动）对全镇党员进行了梳理排查；学习中开展“六结合”活动。即集体学与自学相结合、送学与年轻党员干部帮学相结合、寄学与微信、网络学相结合、年轻党员帮老党员上网学相结合、正面宣传与警示教育相结合、专业老师授课与班子成员去村里授课相结合。2016年底共开展集体学习150次，其中讲党课45次，党委书记讲党课3次。开展“三向活动”（党员向组织报道、党员向群众报道、党员向党旗宣誓）。严格执行双重组织生活制度，在各支部开展了“四讲四有”等6次研讨；召开民主生活及组织生活会1次，并每月组织党员入贫困户进行帮扶；“七一”期间，开展5次巡回演讲学习敬老院大师傅蒋生宝同志的个人事迹、对全镇80余名生活困难党员开展了慰问活动。

2. 着力实施以强化队伍建设为主要内容的“标兵工程”。党的建设，关键在人。重点抓好“六支队伍”建设，通过抓集体学习，抓纪律作风整顿，抓精神文化建设，将机关党员干部队伍打造成为一支干实事、求实效的主力军。在农村“两委”主干队伍建设上，强考评、促团结形成齐头并进的良好局面。在网格长队伍管理上，今年对网格长共开展两次培训，今年共排查出问题86个，为群众代办事项达102件，有效地维护了稳定，促进了和谐，密切了干群关系。在“两代表一委员”管理上，每名代表每年撰写1—2篇高质量的议案，发表意见建议3条，解决实际问题1—2个，共同致力于唐城各项事业发展。认真开展大学生村官、第一书记“十个一”活动，加强对他们的日常管理与培养，让他们在农村一线发挥聪明才智，增长才干。

3. 着力实施强化政治功能为主要内容的“堡垒工程”。以“定、查、评”、“亮、述、晒、评、转”等工作法为依托，明确各项工作的责任人和完成时限，向群众公示，接受监督。着力实施以关怀帮扶为主要内容的“暖心工程”，以关怀帮扶为目的，抓好困难党员帮扶，经常性对生活困难党员进行慰问走访，为他们送去党的关怀和温暖。着力实施以“支部+协会+合作社”为主要内容的“金桥工程”。主要把党支部在政策上的优势加上协会（合作社）在产业发展上的优势，走农业经营产业化的路子。着力实施以抓基层党建工作责任促党风廉政建设的“清风工程”。抓基层党建工作，坚持带头学习，注重发挥领导核心作用，提高自身责任意识。在创新党建工作思路、丰富党建工作措施、抓好监督落实等方面有了新的认识，有力推动了党建工作的扎实有效开展。狠抓制度建设，坚持用制度管权管事管人，制订、完善了各类管理制度。认真落实“三转”目标、抓好培训学习，把准则、条例培训学习抓好抓实，对镇村两级干部进行13个村进行了2次集中培训学习。落实“两个责任”，细化目标，责任到人，党政班子成员履职有目标有时限，纪委履行监督责任有依据；严查群众身边腐败问题，今年以来共受理案件3起，对违纪的干部实施党内严重警告1人、党内警告1人，初核了结2人，对镇村两级党员干部起到了震慑作用；驰而不息刹“四风”，进一步扭转了镇村两级党员干部作风；综合运用“四种形态”，今年共进行谈话函询4人，避免了党员干部进一步划向违法违纪的境地；认真开展纪委规范化建设，对纪委信访室、档案室和谈话室的硬软件建设进行了全面改造和提升，提升了镇纪委整体职能。

【产业发展】 坚持立足镇、村实际，紧紧围绕调结构、保增长这一重点，按照“五大产业基地”发展战略，大力发展现代农业，不断推动产业提质增效。1. 农业发展基础不断夯实。积极争取县农业综合开发项目，在固县村建蓄水池3个，井房3个，全部配套电力设施；先后完成了上庄核桃基地和亢驿千亩核桃基地道路10000余米、机井修建和管道铺设等工程，农业发展基础得到了全面增强。2. 主导产业发展步伐稳健。结合镇村地域实际，初步形成了有机玉米、特色种植、道地药材、畜牧养殖、蔬菜水果种植、三产服务等产业发展格局。着力做好了“稳粮增收”大文章，以科技入户为抓手，优质玉米种植达2.2万亩。上庄核桃基地新增500亩，梨八沟新增500亩，亢驿新增105亩，核桃成活率达85%

以上，并套种1100亩黄芩，东湾村新增中药材种植50亩。板栗种植面积500亩；投资30万元完成了永鑫蔬菜基地建设；完成了冯子节苗木基地310亩管护工作。巩固了三交鸡场养殖规模。扩大了唐城村大型机械规模、冯子节村绿化队伍、三交矿区服务队伍和上庄村富民运输合作社规模，解决剩余劳动力300余名。稳步推进了“农民工人化”进程，2016年，向企业输送劳动力235人，在企业务工的达到2800余人。3. 农业发展活力明显增强。坚持“龙头+基地+合作社+农户”模式，积极扶持发展农副产品加工企业，上庄村服务三农协会、唐城村莲花山石磨玉米糁合作社、休闲垂钓新型农民专业合作社运行良好，全镇农产品加工企业销售收入达到15万元，专业合作社已达28个。

【唐城精细煤化工园区建设】 按照全县“一区两园”的发展部署，唐城精细煤化工园区建设前期工作正在着手准备中。园区总面积达32平方公里，其中核心园区面积达8平方公里。园区北起亢驿，南至固县土头沟，西起议宁村西，东至李家沟村东。园区共涉及唐城村、议宁村、李家沟村、庞必村、南湾村、肉牛场6个村和永鑫煤焦化公司、太岳焦化公司两个企业，人口共计7742人。2016年，完成了园区建设范围内的李家沟村化沟组移民工作，涉及移民搬迁户21户81人，房屋全部拆除，补偿资金622余万元全部发放到位，为精细煤化工园区建设奠定了坚实的基础。与此同时，依托唐城精细煤化工园区建设优势，唐城三产服务区、公路沿线物流服务区、北部煤矿服务区等“三大功能区”正在着力构建中，多元化的产业发展新格局正在逐步凸显。

【重点项目建设】 2016年，承担的重点工作共有六项，分别为唐城村集中供热项目，太岳加气站，永鑫铁路专用线征地以及上庄采煤沉陷区治理。1. 在工业园区外环路建设上，调整了外环路建设工作组，责成专人负责此项工作，协助交通部门，在协调用地、地面附属物补偿、社会治安等方面提供全方位的服务，一期补偿款全部兑现，二期涉及到的占地工作95%的达成协议。2. 在集中供热项目上，该工程为社会投资，具体由承建单位负责实施，基建工程全部完成，因资金紧缺问题，现正通过招商引资与寰慧科技集团有限公司洽谈中。3. 在山西太岳焦化公司太岳加气站建设上，该项目由太岳焦化公司具体承建，总投资1533.44万元，占地8.45亩，已办理选址、规划、施工许可、环评批复、土地手续、节能登记、防雷验收、消防审核、消防验收等手续，2016年底工程建设、人员培训、安装、调试已全部完成，经环保部门批准，现正在试运行。4. 在永鑫铁路专用线协调征地上，去年11月份铁路专用线工程重新启动，专门成立了铁路专用线征地指挥部，由三名包村干部与固县村、议宁村、唐城村分别负责土地征用，签订协议，解决纠纷。截至12月底，260户群众中签订协议240户，已预付总补偿资金的20%，其余20户正在商定中；涉及占地1680亩，因部分有争议被搁置，正在积极协调解决中。5. 在上庄采煤沉陷区治理项目上，积极争取县财政资金，对接上级采煤沉陷区治理相关政策，镇政府成立了由党委副书记、政府镇长任组长，分管纪检、土地、城建、安全等行业领导任副组长，财管所、派出所、国土所等站所负责人及相关村支部书记、村委会主任负责人等为成员的搬迁安置工作领导小组，镇纪委全程监管，严格执行财政资金管理办法，专款专用，经过县、镇、村三级共同努力，将上庄村桦林圪台村采煤沉陷区范围内40户118人全部搬迁安置，483.2万元的补偿资金全部发到群众手中，群众生命财产安全得到了保障。6.在生态旅游开发工作上，积极响应县委、县政府提出的“打造山水田园城、精品旅游县”号召，紧紧抓住全县实施生态旅游发展战略机遇，与安泽松林生态农业有限公司洽谈成功，该企业预计投资1.2亿元，将在庞必春阳沟至三交车底沟、瓦窑沟一带开发集森林旅游、生态养殖、农家乐为一体的休闲观光旅游业，对推进景区内的村民致富，加快扶贫攻坚步伐具有十分重要的作用。通过镇、村两级的共同努力，已投资2000万元完成了400亩耕地（荒）地、5000亩林地，500余棵杨树、槐树等经济作物征地补偿摸底和协议签订工作。

【脱贫攻坚工作】 2016年以来，唐城镇把脱贫攻坚作为“十三五”期间全镇的第一要务和第一民生工程，以“16524”作为脱贫攻坚总体工作思路，严格按照“六个精准”“五个一批”的总体要求，以“脱贫扶智、扶贫扶心”为理念，实施思想教育帮扶工程，开展了党员干部结对帮扶贫困户活动，因地制宜、分类施策、扶贫到户、责任到人，全镇上下凝心聚力、协同攻坚，在205户472人贫困户中实现了100户269口人稳定脱贫，脱贫率达57%。1. 发展生产脱贫一批。针对有劳动能力的贫困户，以种植优质玉米作为基础，着力从产业发展和转移就业两个方面狠抓帮扶。在产业发展上，以光伏发电为契机，完成唐城村、固县村、东湾村、梨八沟村、议宁村14户光伏安装并实现并网发电，每年可增收近万元；种植油用牡丹500余亩，户均2亩，三年见效后，每亩可增收1000元；以上庄村核桃基地为龙头，辐射带动梨八沟核桃基地建设，为贫困群众提供众多的就业机会和就业岗位。年底，核桃基地共解决剩余劳动力200余人，解决贫困户55人的生产就业问题；持续巩固养殖业发展，着力打造以东湾为主的养猪园区，以三交、梨八沟、南湾、亢驿为主的养鸡园区，以议宁、唐城为主的养羊园区，以村带户，共有38人通过发展养殖业实现脱贫。在劳动力转移就业上，依托唐城镇良好的区位优势，实施劳动力就地转移就业实现脱贫，通过和企业沟通协商，实现每户贫困户有1人在企业务工，转移就业的贫困户有82人，人均每年可增收2万余元。2. 易地搬迁脱贫一批。坚持“政府主导、群众自愿”原则，通过广泛宣传政策、走访入户调查摸底，“十三五”期间易地搬迁共计26户85人，其中10户30人的集中安置点定在议宁村，现在正在着手解决安置点的土地问题解决。3. 社会保障兜底一批。全镇社会保障兜底的共85户154人。结合农村低保、五保、临时救助、医疗救助等社会保障救助制度，对丧失劳动能力、无法通过产业发展和转移就业实现脱贫的贫困人口，特别是对一些老弱病残的鳏寡老人实施社会保障兜底，确保各项社会保障救助制度功能充分发挥、资源充分整合，切实做到应保尽保。

【环境卫生治理】 以创建国家级卫生乡镇为契机，以公路沿线整治和街道整治为突破口，将日常管理与重点整治相结合，组织精干力量，采取得力措施，突出重点，狠抓落实，“创卫”工作初见成效。印发了16000余份倡议书，在全镇各村刷写固定标语15条，积极开展“小手拉大手”活动，营造了“创卫”工作人人参与浓厚氛围。1. 机关环境整洁舒适。今年通过采购中心招投标，共投资57余万元对政府机关外墙粉刷、办公楼一楼加固、室内粉刷、地板更换以及排水、地面等基础设施维修，机关环境焕然一新，坚持定期保洁清扫制度，环境卫生干净整洁，为干部职工营造了舒心舒适的办公环境，重塑了唐城工业大镇的良好形象。2. 公路沿线整治成效明显。组织9个公路沿线村和永鑫、太岳2个焦化企业开展公路沿线环境卫生整治工作，集中清除小广告、拆除破旧房屋、公路两侧、河道白色垃圾、清除煤堆柴堆料堆等。总动用1111人/次，三轮76辆，铲车32台/次，挖机3台，大车10辆，拆除玉米架子11个，清理小广告、喷绘650余条，清理水渠1200余米，清理垃圾1395方，煤泥200余吨，清理道路17000余米，拆除垃圾池2个，危房5个，清理河道300余米，条幅35个，粉刷3个桥梁和100余个水泥墩子，公路沿线环境干净整洁。3. 街道整治成效明显。组织工商所、食药监站、环卫队等对唐城主街道街面商户门前“三包”、流动摊贩乱摆乱放、车辆乱停乱放进行了规划整治。将流动摊贩、车辆统一集中到指定地点，规范有序停放，与街面商户签订责任书，对唐城镇街道26家店铺门面乱搭乱建、乱摆乱放、占道经营及80余辆机动车辆乱停乱放进行了整治。4. 完成了沿路绿化与河道清理工作。完成了固县村至东湾村公路两旁的绿化工作，做好了蔺河固县段河道治理工作，确保河道两侧100米范围内无生活、建筑垃圾，河道畅通做到了无乱占河面、无乱填乱挖、无障碍物。同时，积极引导企业推进节能减排，全镇煤矿、洗煤、焦化等企业污水处理实现了达标排放；大力发展清洁能源，启动实施了500立方米大型沼气工程，全力打造了生态、环保、清洁的生活环境。

环境保护工作持续推进。按照市、县两级环保工作要求，结合唐城镇实际，将大气污染防治工作作为环保工作重中之重来抓。1. 强化责任。认真履行班子成员“一岗双责”工作职责，成立了环保治理工作领导组，明确了分管副职、职能站所工作职责，加强对环境保护工作的领导。先后多次召开政府班子成员会议研究我镇环境保护工作，定目标，理思路，找问题，强措施。2. 强化宣传。深入厂区、各村、各单位设立工作宣传台，发放宣传资料8000余份，发放了全镇大气污染防治倡议书5000余份，印发了“冬十条”令5000份，全部在醒目位置张贴，宣传环保工作重要性、当前工作重点及防护措施，要求全镇上下同心协力，从小做起、从现在做起，倡导环保低碳新生活。3. 定期督查。突出日常管理和重点治理两个重点。在日常管理上，定期组织环保、安监等职能站所深入各工矿危化企业进行环保检查，对建筑施工粉尘、道路扬尘、机动车尾气、露天烧烤、焚烧秸秆等问题进行督查；在重点治理上，对排污企业环评审批、环保设施建设及运行情况、排污许可情况进行专项检查，发现问题，立即督促整改并进行“回头看”验收，一年来，共开展专项检查50余次，发现问题37个，全部整改到位。4. 专项整治。根据全县“冬十条”规定，结合自查和上级反馈问题，对涉及到12个行政村23项突出问题进行专项整治，对建筑料堆、煤堆等进行绿网覆盖，覆盖面积达9300余平方米。做好46辆黄标车及8辆老旧车治理，该项工作走在了全县前列。

【民生事业发展】 坚持文化惠民，完成了唐城镇文体活动中心提升改造工程，免费开放了镇村两级图书室、农家书屋，实现了“农民健身舞”13个村“全覆盖”，极大满足了群众日益增长的精神文化生活需求。坚持文化与体育并重，2016年在上庄村举办了第一届全民健身篮球邀请赛，共组织了6支参赛队伍进行了为期一周的体育比赛，达到了强健体魄，激发活力，开启了农民体育运动的先河，并组织参加了“相约府城·红叶传情”篮球邀请赛，取得了第二名的优异成绩。坚持计生利民，利用计生信息平台加大全面放开二孩政策宣传力度，完成了流动人口动态监测调查工作，免费已婚育龄妇女进行孕前优生检查，建档率100%，孕检率50%，发放奖励扶助金251280元。坚持教育惠民，认真落实“五类困难家庭学生”资助、住宿生交通补助等教育惠民政策；唐城中学课堂教学改革、唐城小学安全教育管理等走在了全县教育前列，中考、小考成绩名列前茅。坚持卫生护民，抓好基层公立医院改革契机，对乡镇中心卫生院进行了改扩建，医疗硬件设施全面提标升级；探索推行了中心卫生院与全镇13个村卫生室公共卫生双线管理模式，建立普通居民健康和重点人群档案9231份，新农合参保率稳定在99%以上，确保居民足不出户就能享受高效卫生医疗服务。力办实事为民。镇、村两级先后完成了户户通水泥路，水管道联网、田间路、排水渠、日间照料中心建设、水窑修建、村委会修缮、漫水桥、垃圾池修建、沼气入户、幼儿园选址、67户危房改造、130户低保户、86户五保评选、3019人44余万元养老保险收缴、3.2余万元意外保险人等76件实事好事，基础设施不断完善，惠民成果百姓共享，幸福指数不断提高。此外，高质量高标准地完成了土地确权工作，完成了2308各农业普查登记对象的调查摸底工作和1634.73亩的新一轮退耕还林工作。

【安全保障】 1. 建立安全责任体系。在全镇划分了五大安全生产责任体系，形成了镇长、副镇长、安全办、各职能站所、各企业分级负责责任机制，突出抓好煤矿焦企安全、食品药品安全、道路交通、消防、防火防汛安全、建筑安全、地质灾害、民爆物品、危险化学品等重点领域的安生生产工作。2. 完善工作机制。健全完善了安全生产“11184”运行机制，即：一周一次党政班子成员例会专题研究、一月一小结、一季一总结、健全八项制度、做好四本台账，形成了上下贯通、配套联动的运行机制，一年来，共召开68次会议研究安全生产工作。3. 完善软硬件设施建设。成立了全镇安委会和镇安全生产监督管理办公室，配备了3名兼职工作人员，与上级申请配全3~5名专业技术人员，专门划拨3间办公室供安监办办公，共投资6万余元配备了办公桌、档案柜、电脑、打印机、扫描机等硬件设施，制作了版面、各项规章制度上墙，建立了安全生产应急物资储备库，加强了应急值班，组织了应急演练。4. 突出日常监管与集中整治。在镇安委会会和安监办的统一协调下，将煤矿焦企、危险化学品、民用爆破器材和烟花爆竹、道路交通运输、“三无”车辆、学校食堂、公众聚集场所等日常监管进行了明确分工，归口负责。认真开展了“反三违”专项行动和综合大检查、大治理专项行动，发现隐患300余条，全部整改。同时，举办了安全知识竞赛，发放安全生产宣传彩页5000余张，发放给全体干部职工、村民的一封信4500余封。集中一个月时间对全镇土制锅炉进行了摸底、整改、取缔工作，消除了安全隐患。5. 建立长效机制。完善了护林防火、防汛、地质灾害、食品药品安全、道路交通、消防和学校安全等持之以恒、常抓不懈的常态化工作机制，全镇全年各领域安全稳定无事故，为实现全县全面振兴、绿色起奠定了坚实的安全稳定基础。

【廉洁建设】 认真贯彻落实政府班子党风廉洁建设责任制，规范班子成员的从政行为，始终保持自重、自省、自警、自励，防微杜渐，牢固树立拒腐防变的思想防线。1. 强化廉洁从政教育。加强政府班子党纪党规的学习教育，认真贯彻执行党中央八项规定、学习新《纪律处分条例》和《廉洁自律准则》等党规党纪；深入开展警示教育。组织观看《警钟长鸣》《焦裕禄》等廉政宣教片，召开廉洁从政讨论交流会，加强正反两方面警示教育；认真落实党政领导班子“一岗双责”，制定了“一岗双责”的职责清单，签订廉洁从政承诺书，加强对班子成员的教育监管，强化领导班子廉政意识。2. 健全廉洁从政制度。认真落实公务用车改革和管理等制度，完善了《唐城镇机关公务接待管理制度》《唐城镇红白理事会制度》《唐城镇大操大办借机敛财违规违纪行为及早发现和纠正处理制度》，强化班子成员廉洁从政制度约束。3. 加强廉洁从政监督。在镇党委领导下，定期对班子成员工作纪律执行情况、“311”大厅带班情况、进行监督检查。全面落实信息公开，通过“311”大厅、举报电话、“阳光农廉网”、意见箱等方式拓宽群众监督渠道。定期与班子成员谈心谈话，注重平时提提醒、敲敲钟，从源头上预防和治理腐败，强化班子成员筑牢廉洁自律思想防线。严格遵守公务用房、用车规定，决不搞以权谋私，一切按党性原则和工作纪律办事。坚持“法无授权不可为、法定职责必须为”，自觉运用法治思维和法治方式推动工作，始终做到政府工作法治化、政府事务公开化。

（孟连根）

和川镇

【概述】 和川镇位于安泽县城北20公里处，全镇地处太岳山之南麓，扼沁蔺两河之要冲，南北交通要道安第线（安泽——第一川，即马唐公路）穿镇而过。现属安泽县七个乡镇的四大镇之一。全镇总面积为320平方公里，辖18个行政村，87个村民小组，86个自然庄，共有3680户，11616口人，24个党支部共有党员661人，耕地面积61971亩，人均耕地5.78亩，牧坡面积8695.6亩。牛羊存栏：牛3989头，羊

11627只。2016年，全镇农村粮食产量稳定在3.16万吨；农民人均可支配收入增长10%，全镇农民人均纯收入7804元。和川镇最大的行政村是和川村，有826户，3019口人，最小的车道村47户，180口人。和川镇有贫困村15个（除东洪驿村、西洪驿村、北崖底村外），贫困户1290户，共3428口人。2016年底，全镇实现8个贫困村退出，脱贫623户1737人。

和川镇水源充裕，沁河水由北向南流经议亭、双头、罗云、河东、北崖底、法井、沁河庄、西洪驿、荆村、岭南、石渠11个村，全长45公里，上县、和川有蔺河，长10公里，孔旺、东洪驿有一条经年不断的小溪。架设漫水桥共18座，引沁入汾库区位于和川镇辖区。

和川镇气候温和，年平均气温9℃左右，7月最高气温达37℃，1月最低气温—18℃，无霜期达170天左右，早霜多在10月下旬，晚霜多在次年3月下旬。年降雨量600毫米左右，主要集中在7—8月份，平均海拔在900—1200米，境内山峦起伏，沟壑纵横，地势东北高，西南低。

2016年度和川镇政府干部职工总人数40人，其中公务员编制18人，事业编制10人，大学生村官2人，县直派驻人员3人，公益性岗位1人，临时工6人，班子成员11人，机构设置包括：计生站、便民服务中心。

【党建工作】 以“常规工作有亮点、重点工作有推进、特色工作见成效”为工作思路，扎实开展基层党建各项工作。1. 抓班子、带队伍，激发党员干部活力。以“两学一做”学习教育活动为契机，特邀专家学者开展专题讲座，激发党员的积极性和创造性，通过开展“两学一做”学习教育，共查出6个方面132条问题。从落实责任、分类指导、强化监督等方面进行认真整改，使基层党组织工作水平得到了整体提高。同时，加强党员干部、第一书记及大学生村官的管理。组织他们上党课、“面对面”和座谈会等会议10余次。2. 抓管理、强服务，提升基层组织工作效力。共接待来访来电120件，化解率为100%，同时认真落实“定查评”工作，全年共制定目标任务229项，完成220项。3. 抓监督、严执纪，全力支持镇纪委工作。加强队伍建设，选优配齐新一届镇纪委班子；按照纪委规范化建设的要求，建设标准化的谈话室、档案室、接待室；及时查处发生在群众身边的违纪案件、四风问题。4. 阵地建设。投资92万元，2016年底完成荆村支部阵地建设主体工程。支部阵地占地面积500平方米，共两层18间。

【产业发展】 和川是一个纯农业镇，玉米种植是和川的重头戏。经济建设取得成效。1. 重抓园区建设，力促增效增收。把工作的重点放在了农村经济的快速发展上，拓宽渠道，跟踪服务，积极引导农民调产增收，形成了有机玉米、西瓜、花生、小杂粮、烤烟、中药材、黄牛育肥、养羊、养鸡等。2. 稳定粮食生产，拓宽增收渠道。粮食总产稳定在1.5万吨左右。突出荒山造林。全年完成荒山造林4000亩，四旁植树26万株，义务植树2.4万株，连翘种植500亩。在四荒治理上，治理面积达3万余亩。超额完成了全年林业生产任务。狠抓畜牧增收。充分发挥和川黄牛交易区的优势，全年黄牛交易200余头，交易额达200余万元。全年育肥羊出栏量6000只，交易额达540万元。狠抓劳务输出。由镇政府牵头，协调有关部门，大开方便之门，快速办理各种证件，并牵线搭桥，拓宽剩余劳动力就业渠道，全镇外出打工人数达1500余人，全年增收500余万元。

【民生工程】 东洪驿村—上田村道路改建工程。项目全长16公里、路宽4.5米、总投资706万元。工程分三个标段，前期土地、城建、环保、立项、评审招标等程序，现已完成桥涵、路面拓宽、路基压实，由于气温过低无法保证工程质量，2017年春天复工。其中，上级配套336万元，争取资金230万元，仍有140万元的资金缺口。道路的建成将大力方便群众出行，缓解玉米销售难的状况，使得玉米价格每斤提高2—3分。罗云—车道道路改造工程。该条道路全长6.5公里，路基宽5.5米、路面宽4.5米，工程于9月15日开工，11月15日完工。项目总投资231万元。

和川村垃圾填埋场。和川村人口3200人，荆村移民过来1000多口人，加上流动人口和机关工作人员共有5000多人口居住。生活垃圾和建筑垃圾已无处安放，严重影响了群众的生产生活。该垃圾填埋场建成后既可满足和川村30年的垃圾安放，又推动了创建卫生乡镇工作。工程总投资150万元，2016年已完成环评、土地、评审等前期工作，垃圾填埋场已进入立项环节。投资120万元的和川村“以工代赈”工程，资金已到位，10月份开始实施；石渠村的农村下水管网改造工程已于10月4日开工，11月20日完工。

2016年7月20日和川村东沟出现大面积塌方，危及8户25人的财产安全，影响200余人的正常出行，塌方事故发生后，经请示县主要领导，会同水利、城建、土地等部门现场勘测，做出抢修方案，于9月5日完工。工程砌坝长90米、高6米，投资65万元。

和川镇村级集中光伏电站，全镇13个贫困村光伏电站的集中建设点，总投资1278万元，装机容量为1700千瓦。于2017年1月5日并网运行。和川镇的13个贫困村和一个非贫困村搭上光伏政策便车，走上光伏扶贫致富之路。全年可为13个贫困村集体经济增收200万~240万元，使1103户2941贫困人口受益。

【脱贫攻坚】 和川镇18个行政村，贫困村15个（除东洪驿村、西洪驿村、北崖底村外），2016年通过对贫困户重新梳理识别，最终确定贫困户1325户3515人。易地扶贫搬迁 “十三五”易地扶贫搬迁审核上报的贫困户共97户，265口人，占总贫困人口的7.53%。集中安置点设在和川村文体中心以东，规划占地2亩，2016年开工建设。产业扶贫 1、上田鹌鹑养殖场新上27万只小鹌鹑，全部投产后可达30万只，可解决贫困劳动力50余人，年消耗本地玉米2万亩1.5万吨，既节省运输成本，又可平均每斤增收3至5分钱。2、孔旺山泉水的60余项化验结果已出来，全部合格，受到检测部门的一致好评，其它手续即将办理完毕，投产后可解决劳动力50余人，集体增收5万余元。3、车道村黑猪、水稻等产业带动全村189口人增收，并形成了“233”产业模式即“户均两头猪、垣地3亩谷、川里3亩稻”。此外，车道村还发展黑鱼养殖500条；带领25户村民种植甜玉米200亩；带动18户村民种植有机谷子200亩。形成集体牵头、村民自发、分散到户、人人受益的增收新模式。4、油用牡丹种植，有10家合作社与潞安集团签订了油用牡丹种植协议，共552户已种植2503.6亩，其中贫困户206户700亩。乡村旅游发展扶贫利用节假日举办安泽麻衣寺乡村休闲旅游节增加村集体和群众收入，2016年共有8.32万余人次的游客观光，旅游综合收入达1248万元，交易额达38.5万元，其中村集体经济收入12.5万元。贫困户中21户52口人贫困户参与旅游节相关项目收入3.78万元。同时，贫困户向游客出售农产品收入2万余元，增加了农副产品的附加值。

【文化建设】 以打造文化强镇为目标，继续开展文化下乡活动。今年，以举办旅游节、物资交流会为契机，镇村共举办文艺演出七十余场，极大地丰富了群众的业余文化生活。认真落实农家书屋免费开放制度，和川镇文化站建有图书阅览室1个，村级农家书屋8个。在农家书屋，图书归类上架，供村民借阅，并有专人负责管理，自阅览室免费开放以来，平均每天接待读者50余人次。

【农机建设】 农机装备实力增强。截至2016年底，全镇农机总动力达10200千瓦。拥有拖拉机670台、配套农具815套、玉米联合收割机15台、粮食加工机械26台、饲草料加工机械18台，众多适应农业产业结构调整的农业机械进入千家万户。农机作业发展较快。2016年，全镇共完成玉米丰产方机收秸秆还田作业任务1000亩，其中北崖底村500亩，双头村500亩。完成农机深松整地项目作业任务2350亩，共涉及3个村，其中和川村1000亩，岭南村1000亩，北崖底村350亩。在保证作业质量和农机安全生产的前提下，全面完成了项目作业任务，将作业补贴落实到位。农机科技推广和人员培训成效明显。围绕农业产业结构调整和农业产业发展需要，引入农机生产商、销售商等社会力量开展农机新技术、新机具试验示范、推广运用。全年推广各类农机新机具123台套，组织和川镇农机大户、购机户参加县农机局组织的2016年新型职业农民培训3次共150人次。

【社会管理服务】 全镇建立社会管理服务中心19个，其中乡镇中心1个，村级中心18个。镇村两级服务中心为群众提供优质服务，积极处理群众诉求，成为政府和群众的连心桥。镇村两级大厅共接待来电、来访群众200余人次，群众诉求得到100%解决。网格长定期走访群众，了解社情民意，主动开展服务，即及时化解矛盾纠纷，上半年，和川镇网格长走访群众158户，提供政策咨询19条，提供便民服务159件159人次，化解矛盾纠纷5起，群众反映的诉求得到100%的答复。通过“311”工作平台，进一步密切了党员干部和群众之间的关系。

【农业技术推广】 和川镇2016年共有29个春秋蔬菜大棚正常使用，其中石渠村12个，岭南村5个，上县村6个，其中新建6个蔬菜大棚。各村积极推广露地辣椒种植，法井村、安上村、上田村是辣椒种植相对集中的村，各村有十到二十户种植辣椒，平均每户种植2亩。玉米种植方面：2016年种植玉米59784亩，玉米收成良好，平均每亩收350公斤玉米，合计玉米产量达到20924400公斤，完成下达和川镇玉米种植面积同时也完成下达和川镇的玉米产量。农技服务方面：成立了农产品质量安全监管工作领导小组，领导小组负责统筹协调全镇农产品质量安全监管相关工作。按照县政府、农业部门及本镇创建生态村的工作要求，和川镇认真做好无公害农产品产地认证、产品认证和管理工作。和川镇通过认证获得无公害面积12504.5亩，其中甜玉米面积10000亩，优质核桃面积2404.5亩，蔬菜大棚作物面积100亩。

【农民专业合作社】 2016年和川镇农村专业合作社有75个，较上年的68个增长了7个。其中种植业27个，畜牧业31个，农机服务业10个，林业1个，综合服务类的合作社6个。

【土地确权】 和川镇2015年13个村土地确权，2016年，这13个村进行了二轮公示，并和村民面对面核实，逐一纠正。今年，和川镇5个村土地确权，进行了一轮公示，和村民面对面核实。积极配合，提前通知村委干部，让村委干部积极配合，通知村民核对。多次下村督查，督促测绘公司尽快并高质量完成测量、绘图、和村民核对、纠错一系列任务。

【团组织工作】 镇团委下辖团支部19个，其中村级团支部18个，学校团支部1个。全镇现有团员430人；今年新发展团员60人。镇党委高度重视团建工作，把团建工作纳入重要议事日程，同时大力推进"党建带团建、团建促党建"的工作模式，把镇基层团组织建设纳入党建的总体格局，统一部署实施，把团建考核纳入党建考核中。坚持党团联建，不断提升基层团组织工作水平。

【工会送温暖】 送温暖是工会心系职工，帮助困难职工的有效途径，也是工会增强凝聚力的重要措施。每逢节日，都积极筹措资金进行慰问。2016年共走访慰问特困职工及离退休职工10余名，看望慰问因病住院的本单位职工及家属2名，为他们送去了组织的温暖，体现了组织对他们的关怀，办理困难职工医疗救助7名，金秋助学3名。

（李芸）

府城镇

【概述】 府城镇地处安泽县城所在地，是全县政治、经济、文化中心，全县唯一的二类乡镇。全镇总面积318平方公里，辖21个行政村、32781口人，其中农村人口15164人。共有25个党支部，732名党员，其中农村支部21个，农村党员624人。镇直机关共有干部职工46名，党政领导班子成员11名。2016年，全镇农村粮食产量稳定在2.85万吨，农民人均可支配收入为13850元。

【党建工作】 1. 高度重视，认真做好日常党建工作。认真履行党建第一责任人职责，定期主持召开党建工作专题例会，严格落实党政班子成员党建工作“一岗双责”，层层签订党建目标责任书，明确了班子成员和支部书记的党建工作职责。同时，严格执行书记“面对面”工作述评会制度，传导压实党建工作责任。2. 积极创新，扎实开展“两学一做”学习教育。认真开展手抄党章党规的“双百”活动，使全体党员时刻牢记党员身份，强化宗旨意识。率先提出“1456”（一枚党徽、四大微信群、五突出、六结合）工作法和争做合格党员的“三个十”标准，将“两学一做”学习教育变成一种工作常态，实现两手抓、两不误、两促进。3. 严格落实，圆满完成“7+3”任务。严格对照“7+3”任务和要求，认真开展各项工作，重点对基层党组织关系进行集中排查，确保了全镇无身份不明党员、失联党员、口袋党员；严格执行党费收缴制度，对照每名党员的实际薪资，重新确定党费收缴基数，做到按时足额收缴党费，并严格落实党费追缴制度，全年共追缴党费 3.2 万元；从“三个到位”“严把三关”“三个不能”“三个坚决”入手，严格执行换届政策，确保整个换届工作风清气正。4. 严格制定，按时完成“三个清单”。研究制定了《府城镇党委抓农村基层党建工作三个清单》，列出基层党的建设 4 方面的突出问题，提出全年必须完成的 7 项重点任务，明确完成时限和责任单位，落实主体责任，确保基层党建工作真正落到实处。5. 对症下药，整顿软弱涣散党组织。2016 年确定桃寨村、花车村为软弱涣散村，通过调研摸底，制定整顿方案，通过“两学一做”学习教育、脱贫攻坚、发展产业等措施，提升了两个党支部的凝聚力和战斗力。6. 因地制宜，发展壮大集体经济。针对 21 个行政村的实际情况，制定不同的发展路径，多渠道探索增加集体经济收入的新办法、新路子。2016 年，府城村、小黄村集体经济收入达 10 万元，高壁村、义唐村集体经济收入超过 5 万元，21 个行政村集体经济收入全部“破万”，彻底扭转了村集体没钱办事的窘况。7. 从严治党，认真落实党风廉政责任制。严格落实“一岗双责”，把党风廉政建设工作纳入总体目标管理，强化执纪监督，严肃案件查办，大力查处发生在群众身边的腐败问题。全年共查办违纪案件 8 起，处分违纪党员干部 9 人。同时，坚持标本兼治，完善了廉政建设责任制，结合“两学一做”学习教育，加强制度建设，切实根除党员干部“四风”之弊，形成了从严治党的新常态。

【产业结构优化】 2016 年，坚持把优化产业结构作为三农工作的重中之重，全面推进优质玉米、优质核桃、设施蔬菜、特色种养殖、三产服务五大主导产业健康发展。在农业调产方面，2016 年全镇优质玉米种植面积 58015 亩，优质核桃种植总面积 3500 亩，建成高标准温室大棚 80 个，全镇蔬菜种植面积达 200 余亩，飞岭、小黄、高壁等沿沁河设施蔬菜种植带已初具规模。同时，还在建设“三交一条沟”特色种养殖基地上狠下功夫，全力推动中药材、木耳、小杂粮、土豆、树莓、黑山羊特色种养殖业上规模。2016 年底，完成中药材播种 2000 余亩，涉及黄芩、白术、板蓝根、连翘等品种；完成小杂粮播种 1000 余亩，土豆播种 200 亩；新种植树莓 300 亩、秋葵 30 亩；新发展野生木耳养殖 30000 余杆，黑山羊存栏已达2000余头。在三产服务业方面，府城镇党委、政府紧紧围绕县委、县政府建设“山水田园城、精品旅游县”的战略目标，立足于辖区内红叶岭景区得天独厚的生态资源禀赋，投资130余万元，在红叶岭山下，上掌村连家庄，精心打造了一座占地26亩的红叶风情小镇，建造了37座风格迥异的景观小屋，给全镇21个村集体都提供了一个经营特色产品和餐饮娱乐的商铺，在增加各村集体收入的同时，还实实在在带动了全镇三产服务的全面发展。2016年底，各景点累计接待游客11.5万人次，各地车辆10000余辆，实现21个村增加集体经济收入23.6万元，实现旅游综合经济效益1725万元。同时，在府城、义唐、高壁、风池等城郊村通过成立劳务公司和家政服务合作社等方式，积极转移农村剩余劳动力，共转移农村劳动剩余劳动力2000余人，在农业调产之外，也趟出了一条三产脱贫的新路子。

【民生改善】 2016年，进一步加大改善民生工作力度，积极向上争取资金优化基础设施、民生服务。1. 完成“十三五”时期266户农村困难群众危房改造信息采集工作，计划用两年时间基本完成全镇农村危房改造全覆盖的目标。2. 投资45万元，完成群众反映强烈的沁河神南辛庄段建筑垃圾治理工程。3. 完成全镇农村土地确权工作，共排查和化解各类确权纠纷20余起。4. 完成2016年度农村低保户评定工作，共评定低保户47个，新增五保户2个。5. 完成709户1974人的贫困户建档立卡和19户69人的扶贫移民搬迁工作。6. 全力抓好森林防火、汛期防汛、地质灾害排查治理、道路交通、食品药品、饮水安全等重点领域的安全生产工作，切实维护全镇安全稳定。

【项目建设】 2016年，牢固树立大局意识和服务意识，积极做好省市县各重点项目征地、拆迁、赔偿、安置、协调等工作，确保了长临高速、“一纵一横”、火车站站前广场、信用联社综合业务大楼等各项重点工程的顺利推进。2016年底，长临高速府城段8个施工点的临时征地已基本完成，火车站站前广场共完成征地90亩，信用联社综合业务大楼共完成征地13亩。

【民生实事】 2016年，完成以下十件民生实事：1. 投资3400万元实施三里桥城中村改造工程。2. 投资400万元完成府城村村级组织活动场所修建工程。3. 投资110万元完成小黄村到大黄村之间水泥路修建。4. 投资20万元完成高壁、小黄村道路绿化工程。5. 投资100万元完成21个村的垃圾清理工作。6. 投资约200万元实施桃曲、小黄美丽乡村建设。7. 投资430万元完成120户农村危房改造工作。8. 投资250万元实施大黄村农业综合开发工程。9. 投资100万元完成原木、李垣、飞岭、桃寨、孔村、桃曲6个村道路维修工程及佛寨、上梯、花车等村漫水桥工程。10. 投资65万元完成桃曲、原木、花车、李垣、上掌、桃寨、寺村、义唐、石桥沟、神南、三交11个村的饮水解困工程。

【脱贫攻坚】 产业扶贫 本着资源可持续利用、项目能长久发挥实效的原则，府城镇在产业扶贫开发方面重点发展以优质玉米、优质核桃、中药材、设施蔬菜、特色种养殖、三产服务为龙头的六大主导产业。1. 优质玉米种植基地，涵盖全镇 21 个村，年产玉米 2950 万公斤。2. 高壁、飞岭设施蔬菜基地，已建成第五代大棚 70 余亩，桃寨建成树莓种植基地 100 亩。3. 小黄休闲观光农业基地，已建成 QQ 农场采摘园区 140 余亩。4. 野生黑木耳养殖基地，三交、寺村已发展 5000 余杆。5. 中药材种植基地，以寺村为龙头，全镇已发展黄芩、白术、板蓝根等中药材 1000 余亩。6. 优质核桃种植基地，以原木为龙头，全镇已发展优质核桃 3500 余亩。同时，还着力推广大户带动脱贫、合作社帮扶脱贫、产业聚集脱贫、分散包户脱贫四种产业脱贫方式，力争到 2017 年底使 537 户 1118 口人摘掉贫困的帽子。易地扶贫搬迁　依托现有配套设施，规划建设三个易地扶贫搬迁集中安置点，确保在 2017 年完成 190 户 445 人的易地搬迁任务，同时还要确保搬得出、稳得住、可发展、能致富。经过一年的努力奋战，2016 年底第一批次整村搬迁 18 户 66 人（建档立卡贫困户）的集中安置任务已全部完成，“三无特困人员”集中安置点正在做室内装修，2017 年初可竣工，易地扶贫搬迁工作首战告捷。教育脱贫　计划到 2017 年底，通过发展教育脱贫 76 户 296 人，确保不让一位贫困户的子女辍学，让孩子都能享受公平的教育。社保脱贫　全力扩大社会保障覆盖面，努力防止因病致贫、因病返贫的现象，进一步降低了贫困发生率，力争在 2017 年底，通过社会兜底的方式，实现脱贫 96 户 157 人的目标。旅游产业扶贫　以“打造一个景点，发展一个产业，带动一个乡镇，帮扶一个群体”作为工作思路，自 10 月 5 日“2016·相约府城·红叶传情·赏枫攻略”主题旅游活动启动以来，优先安排 22 户 36 名贫困人口到景区就业，帮助周边群众增收 3.96 万元；同时带动上掌村及其余 20 各行政村增加收入，将产业发展、脱贫攻坚和壮大集体经济三项工作统筹结合，走出一条脱贫致富的新路子。

冀氏镇

【概述】　冀氏镇位于安泽县南部，距县城 18 公里，北与府城接壤，南与马必为邻，东与杜村乡、良马乡相接，西与古县相连，冀氏镇地势平坦，气候温和，土地肥沃，沁河贯穿南北，光照充足，雨量充沛，水源丰富，素有“安泽小江南”之美誉。国土面积 284 平方公里，辖 15 个行政村，51 个自然村，全镇共有 4037 户，10263 人。有 21 个党支部，555 名党员，其中农村支部 15 个，农村党员 453 人。镇直机关共有干部职工 38 名，党政领导班子成员 11 名。全镇耕地 68427 亩，林地 188957 亩，森林覆盖率 60%，植被覆盖率 85%，耕地面积占全县的 1/6，粮食产量占全县的 1/5，2016 年，农村粮食产量稳定在 3.11 万吨，农民人均可支配收入为 4736 元。

【组织建设】　强化主体责任。认真贯彻落实“党要管党、从严治党”要求，履行党建第一责任人职责，顺利完成了镇党委、人大、政府换届工作，选举党代表 107 名，人大代表 45 名，产生了新一届党政领导班子，为全镇经济社会发展提供了组织保证。工作中始终把抓好基层党建工作作为提高镇党委执政能力的基础性工程，以身作则，率先垂范，完善了抓农村基层党建工作“三个清单”，党委书记与党政班子成员、支部书记分别签订了党建工作目标责任书和党风廉政建设目标责任书。强化基础保障。在党建经费上，全镇150万元党建经费全部足额拨付，全力保障各支部正常开展工作。在党费收缴上，严格按照《党费收缴、使用、管理工作细则》规定，各支部每月15日设为党员活动日，党员持证缴纳党费，没有未按规定缴纳党费的情况，今年共缴纳党费29789元。在阵地建设上，投入10.3万元对南孔滩、北孔滩、良种场3个组织活动场所进行了维修，组织部帮助解决资金5.3万元。

【“两学一做”学习教育】 坚持谋划部署，注重责任落实。自县委下发“两学一做”学习教育方案后，镇党委及时召开专题会议，集体学习中央和省市县关于“两学一做”学习教育工作会议精神，及时研究制定《“两学一做”学习教育实施方案》，成立了“两学一做”学习教育工作协调推进领导组和督导组，做到了组织机构、办公场所、人员配备、工作经费“四到位”。2016年底镇党委共开展集中学习45次，党员在行动8次，党员在活动8次，专题讨论5次，党委书记讲党课3次，科级干部到包联村讲党课24次。镇党委共查摆出问题12条，班子成员55条，各支部127条，普通党员1314条，并全部制定了整改措施。坚持宣传动员，营造浓厚氛围。为深入传达县委学习教育工作会议精神，我们分三次对全镇“两学一做”学习教育工作进行再安排、再部署。动员会和推进会后，镇党委包村领导和工作人员面向全镇镇直单位和农村党员，发放明白卡1000份、发放党徽548个，各支部建立了“冀氏党旗红、某某支部在行动”微信平台，发送学习、活动情况，在全镇营造起了广泛宣传、积极动员的良好学习教育宣传氛围。亮身份晒业绩。为深化党委的党建主体责任，将“两学一做”的主体责任进一步细化、实化、具体化，形成了“年初亮身份和任务，每月进行督查通报，每季度末晒出工作进度和业绩，年底进行述职和评议”的压力传导机制。戴党徽亮身份、学党章守党纪、上党课强党性主题活动。党委号召全镇548名党员胸前佩戴党徽，表明自己的党员身份，学习党章党规，增强党员干部的使命感和归属感。同时发放明白卡，要求每个党员“揣着明白卡，不做糊涂人”。搭建镇、村两级微信平台。通过添加党员关注微信公众号、发送电子邮件等现代化信息手段，使每名基层党员都能及时的开展“两学一做”，真正随时随地读懂、学会、悟透党章党规和系列讲话精神。做到“在家党员无遗漏，流动党员同进步”。为确保应学尽学，对67名因老弱病残无法参学党员，通过讲学、帮学、送学、寄学的形式确保了应学尽学；对40名流动党员采取寄送学习资料，定向发送通知，定期汇报学习情况的方式，确保流动党员同进步。

【农业产业】 坚持两手抓，两手硬，持续巩固设施蔬菜、优质玉米等优势产业，突出发展油用牡丹、中药材等新兴产业，全力推动农业增效、农民增收。优质玉米，播种面积5万亩，配套深松3000亩、机收2000亩，鼓励发展小杂粮作物6000余亩，引进大型碾米设备1套，取得了良好的经济效益。设施蔬菜，沿沁河精品蔬菜带已初具规模，蔬菜大棚数量突破300座。中药材种植，发展以连翘为主的中药材产业，全镇连翘抚育面积达1700余亩。油用牡丹种植，按照“企业+基地+农户”的模式，以合作社为纽带引导群众，打造企业得效益、农户得实惠的规模化油用牡丹示范基地。全镇共栽植油用牡丹5485.68亩。

【脱贫攻坚】　按照底数清、量身做、措施明、真帮扶、常家访、严考核的总体思路，确定产业扶贫57户132人，其中，发展油用牡丹328亩，安装光伏发电5户，养鸡3户，党参种植50户。确定社会兜底66户127人，易地搬迁48户119人，2016年底脱贫36户101人脱贫。*产业脱贫*　将油用牡丹作为全镇农业结构调整、农民增收、脱贫攻坚的重要举措，按照“企业+基地+农户”的模式，以合作社为纽带引导群众，打造企业得效益、农户得实惠的规模化油用牡丹示范基地，2016年，全镇共栽植油用牡丹5485.68亩。已形成一定规模的设施蔬菜、中药材等产业得到了持续巩固、创新发展，在巩固210座春秋大棚、30座温室大棚的基础上，冀氏村用2座大棚试种羊肚菌；柳树沟村新发展30座大棚果蔬采摘、休闲农业，既增加了集体收入，又拓宽了致富渠道；镇党委动员125名党员，拉土2000余立方米，无偿为贫困户种植党参17万株4330平方米；马寨村建设野生连翘抚育基地1处，约105亩；李庄、柳树沟、马寨等村的黄芩、白术等中药材种植面积达到3000亩。镇村两级和帮扶单位采取出钱、出力多种方式，帮助无劳动能力的25户贫困户，种植油用牡丹30余亩。县环保局对柳树沟村5户贫困户，提供每亩225元的栽植补贴，解决了贫困户发展产业的最大难题。*易地搬迁*　在良种场村实施20户整村搬迁工程，修建房屋38间，2016年底，主体已基本完工。

【民生工作】　实施了地质灾害隐患点集中搬迁工程，共修建安置楼房2栋，3000余平方米，受益群众48户；完成了沟口、李庄、和平等村4处农村饮水安全工程，惠及群众200余户；完成了兰村至马寨水泥路已全面完工，方便1600余群众出行；完成了白村、关庄、半道、和平村等村的漫水桥修复工程，方便了800余户群众出行；为69户128人申请了低保、五保，办理临时救助35人45000元，新建关庄村、南孔滩村2个日间照料中心，全面提高群众基本保障水平。

【环境建设】　镇党委政府与镇直各单位、各行政村分别签订了《创卫工作目标管理责任书》，明确了单位一把手为第一责任人，把责任落实到人，将工作完成质量列入绩效考核，实行动态管理。制作彩色喷绘30条，悬挂宣传标语50条，定制宣传海报、倡议书50余张，累计立固发放创卫明白纸3000余份，各村和各单位设定的宣传专栏，张贴宣传海报。在干部群众的支持下，成功承办了“春行在安泽”骑行活动，关庄村在创卫工作中组织党员群众开展了“创美丽村庄，建卫生家庭”活动，成功进入了创卫先锋卫生美丽好村庄评选。实行镇领导包片、包重点地段，镇干部包村、村干部包组、党员干部包户的“三包”管理机制，做到“三明确”，即目标明确、人员明确、措施明确。所有行政村都建立了卫生清洁队伍，共有保洁人员30余名，严格落实保洁员管理制度和经费保障制度，按每人平均每年4500元的标准发放工资。创卫以来，镇创卫办召开工作例会5次，专项整治会议4次，开展检查、评比2次。环境卫生长效管理机制在各村、各单位健康运行，确保环境卫生整治365天不断线。全年全镇共清理道路街巷70余条，整治车辆乱停乱放100余辆，整治居民乱搭乱建30余处，占道经营20余处，特别是还严格设置分片区垃圾填埋场，动用机械车辆挖土机、吊车、推土机等100余辆，共清理垃圾街道生活垃圾、建筑垃圾、垃圾废弃物300余处，累计清理5000余立方米，清理小广告30余处；严厉打击毁林开荒行为。全年镇村两级共排查上报334起、530亩毁林开荒行为，全部交由县森林派出所查处，并对相关违纪违法人员进行了严肃处理。加强污水管网和垃圾填埋场的运用和管护力度，确保污水管网建得好，用得着。充分结合镇独特的自然风貌以及油用牡丹产业规划，以“绿化进庭院、鲜花进家庭”为目标，完成了“沿路四旁绿化全覆盖、房前屋后空地种植牡丹全覆盖”的两个“全覆盖”，同时重点打造326省道牡丹长廊工程，兰村林场周围、柳树沟至关庄沿线、冀氏主街道两旁种植牡丹，白村对面的土岸种植爬山虎等绿色植被，做到春季繁花似锦，夏季绿树成荫，秋季五彩缤纷，冬季草木常青。

【社会事业】 按照“狠抓社会建设，强化民生保障”的工作目标，在文化、教育、医疗、社会保障等方面取得新进步。教育方面，实施了各项教育惠民工程，确保全镇农村中小学入学率继续保持100%；文化方面，积极参加“感动安泽人物”评选活动，2016年全镇有4名优秀的道德人物荣获“感动安泽人物”称号。卫生方面，新农合参合人数达到9176人，参合率达到98.5%。社会保障方面，圆满完成了全民参保登记及第一批农村居民社会保障卡发放工作。为72户137人申请了低保、五保，办理临时救助66人58300元。城乡居民养老保险缴费人数达到4093人，缴费金额56.2万元。

【安全工作】 严格落实领导干部“一岗双责”责任制，按照“安全第一、预防为主、综合治理”的方针，与各村、各单位签订了安全目标责任书，责任到人，层层抓好落实。同时，全镇上下时刻保持了安全生产高压严控态势，扎实做好防火、防汛、防疫、食品、药品、学校、交通、地质灾害等各方面的安全工作，将宣传、检查、督促、整改、复查、落实融为一体，切实抓好、管好安全工作，保障群众生产生活环境。

【廉政建设】 镇党委与党政班子成员、各村、镇直各单位签订了党风廉政建设目标责任书，把党风廉政建设作为党的建设和队伍建设的重要内容，纳入党政领导班子、领导干部目标管理。重点开展了“把纪律挺在前”和“乡镇纪委规范化建设”两项工作。在推进“乡镇纪委规范化建设”上，在镇政府一楼显著位置，专门腾出3个房间，分别作为镇纪委办公室、接待室和谈话室使用，安装了带录音功能的摄像头，配备了电脑、打印机等相关设备，并对谈话室进行了墙体软包，提高了办公标准。在“把纪律挺在前”工作上，通过开展集中学习、集体讨论、基地参观、廉政宣传、廉政谈话、重温党章六项活动，结合“四风”常规督察和群众身边腐败问题专项检查，制订“6+2”工作计划。每周召开党政班子扩大会议，专门听取纪检工作情况，全力支持纪委查办违纪违法案件。全年镇党委共召开党政联席扩大会议听取各支部书记履职报告1次，对各支部书记约谈4人次，开展廉政教育谈话2次，全镇共收到问题线索26件，已办结26件。其中：谈话函询7件，初核立案19件，给予党政纪处分19人。（魏志勇）

良马乡

【概述】 山西省安泽县良马乡位于安泽县东部、东与屯留县张店镇接壤，西与府城镇相邻，南与杜村乡毗邻，北与和川镇相接，有“临汾东大门”之称。全乡总面积315平方公里，辖12个行政村（郭都、文上、劳井、良马、边寨、宋店、华寨、小寨、司马、英寨、曹家沟、上寨），57个村民小组，90个自然庄，1728户，6600口人，21270亩耕地，15个党支部，402名党员分布在劳井河、泗河两条流域，309国道横贯全乡5个行政村80余华里，森林覆盖率达67%以上，以种植、养殖业为主的农业乡。2016年，农村粮食产量稳定在1.45万吨；农民人均可支配收入增长1%，农民人均纯收入9200元。有全县着力打造的八大旅游景区之“黄花岭景区”，“桃花坡景区”。

良马乡气候温和，年平均气温9℃左右，7月最高气温达36℃，1月最低气温—20℃，无霜期达160天左右，早霜多在10月上中旬，晚霜多在次年4月下旬。年降雨量600毫米左右，主要集中在7—8月份，平均海拔在1000—1200米，境内山峦起伏，沟壑纵横，地势东北高，西南低。

2016年良马乡干部职工总人数45人，其中公务员编制15人，事业编制10人，大学生村官3人，县直派驻人员6人，公益性岗位4人，临时工4人。机构设置包括：计生站、便民服务中心。

【组织建设】 2016年，良马乡坚持把抓党建作为最大的政绩，按照年初制定党建工作新思路，全力提升全乡党建工作水平。良马党政一班人，以上率下，率先垂范，日常工作要主动，微小事情要带头，重大事情要担当。1. 按时缴纳党费。今年以来，良马乡将每月的1号规定为党费日，定期提醒党员缴纳党费，全乡15个党支部每月按时足额缴纳党费，并定期公示，通过规范党费收缴，进一步增强了党员的规矩意识、党性意识；2. 主动参加组织生活。良马乡召开半年民主生活会1次，组织生活会15次。通过定期召开党内组织生活会，班子成员之间认真开展批评与自我批评，就思想、作风和工作上的问题互相交换意见，谈心通心，互相帮助，互相监督，总结经验，统一思想认识，进一步增加了班子的团结意识；3. 主动健全支部班子。针对劳井村支部班子的短缺，良马乡组成工作组，深入劳井村组织召开党员大会和村民代表会议，采取投票推荐和个别谈话推荐，在推荐的基础上，召开党委会议研究任命劳井村支部书记。从而配齐健全了劳井村的支部班子，进一步增强了支部班子战斗合力；4. 认真落实“三会一课”制度。今年，党委书记深入基层讲党课 4 次，支部书记讲党课 30 次。各支部每月定期召开支部委员会和党小组会，随时召开党员大会，并认真做好会议记录，通过认真落实“三会一课”，进一步提升了党员干部参政议政能力，提高了民主决策水平，提高了农村党员思想觉悟；5. 完善提醒谈话制度。今年，党委书记集体廉政谈话班子成员 1 次，各村支部书记 1 次，涉及长临高速协调村两委班子和机关有关工作人员 1 次；纪委对机关人员和农村主干约谈 42 人次，集中提醒谈话 180 人次；包村领导对农村主干约谈 28 人次。通过完善提醒谈话制度，进一步加强了对干部的廉政教育和监督，进一步增强了党员干部的纪律意识。

【“两学一做”学习教育】 扎实开展“两学一做”学习教育。在“学”上强化实效。按照“四不同”原则制定了学习日程。即：乡机关党员领导干部不同于机关普通党员干部；机关普通党员干部不同于村“两委”干部；村“两委”干部不同于村正常参加学习的普通党员；村正常参加学习的普通党员不同于老弱、流动党员。并充分利用现代科技，成立了“干事创业”领导群、“爱岗敬业”党员群、“创业致富”农村支部群、“流动党员”交流群 4 类微信平台群，从而营造了党员人人参与，个个争先的浓厚氛围。在“做”上强化实际。通过结合乡村实际、精准扶贫等工作，制定了“双包双联”工作机制，双包即：机关党员及村“两委”主十每人包联一户贫困户、包联一名困难党员；双联即：机关党员及村“两委”主干每人包联一项产业、包联一项重点工程项目。全乡党员干部共包联贫困户 104 户，困难党员 28 名，产业发展 48 项，重点工程 25 项，制定帮扶措施 446 条。同时为了庆祝建党 95 周年，按照县委合格党员“十个标准”和入党誓词的内容，分类给领导干部制定了桌牌，给普通党员印发了宣传墙画，通过宣传发放，进一步提升党性意识和凝聚力。同时积极开展了“四讲四有”、“七一”讲话等六次专题学习研讨，并每月按时组织开展党员活动日，进一步提升了党员干部学习的自觉性、积极性，向一名合格党员紧紧靠拢。

【脱贫攻坚】 坚持把脱贫攻坚作为当前和今后一个时期的一项政治任务来抓，密切协作配合，统筹协调安排，形成了上下联动、同向发力的扶贫开发工作新格局。1. 抓基层党建，增强发展能力。良马乡结合乡镇工作、精准扶贫等实际，制定了“双包双联”工作机制，双包即：机关党员及村“两委”主干每人包联一户贫困户、包联一名困难党员；双联即：机关党员及村“两委”主干每人包联一项产业、包联一项重点工程项目，确保每户贫困户有 1 名干部帮扶。目前包联党员已经全部对包联对象进行了走访、制定了帮扶计划。对前期识别出来的贫困人口，建立精准扶贫对象管理档案，实现户有卡、村有册、乡有档，建立贫困对象推出机制，实行贫困人口动态管理。以户为单位，了解贫困户当前急需解决的困难和问题，算好时间帐、经济帐，找准脱贫致富的路径，按照“一户一策”制定年度目标、阶段计划和帮扶措施。针对贫困户实际，按照市场需要什么种（养）什么，什么赚钱种（养）什么的要求，尊重群众主体意愿，找准每户产业发展和增收路子，制定覆盖到户的产业发展规划，全面推进产业扶持到村到户。到2017年底，全面消除贫困。2. 抓整村推进，完善基础设施。良马乡加强农业基础设施建设，力办14件民生实事：维修英寨至上寨村村通公路；打通小寨至魏家湾连通公路；维修郭都村黄地坪砂石路；良马村街巷硬化17000平方米，上寨村街巷硬化300平方米；修建宋店村小杂粮加工厂东河坝300米；维修边寨村苍耳湾、榆林庄水泥路；改造郭都杨家沟饮水工程；修建郭都村垃圾池5处，英寨垃圾池8处，曹家沟垃圾池5处；新建司马村、边寨村、小寨石堆漫水桥各一座；维修英寨孔村水窑一处；维修曹家沟漫水桥一座；良马村新建水窑2处；新建劳井。

【新农村建设】 2016年，全力办好了涉及群众生产生活的路、水、坝、五保户供养、文化娱乐休闲等方面的10件实事，不断改善群众的生产生活条件，提升群众的生活品质。2016年全乡总投资419万元，完成了边寨等村引水工程；完成了良马村3740米水泥路，宋店村1000米砂石路、500米护村坝，华寨等村5000米田间公路维修等工程；完成了英寨等村10座漫水桥和30米涵洞坝修建工程；完成了全乡254盏太阳能路灯的维修工作；完成了郭都村文化大院建设工程；完成了良马村幼儿园修建工程；完成了良马乡小寨村至杜村乡魏家湾连通路工程；泗河治理后期工程已全面完工。

文化上，完成了乡村两级文化服务站后续配套工程建设，共无偿为村民演出电影200余场次，各村进行文艺汇演9场，极大地丰富了广大群众的文化生活。医疗保险上，新型农村合作医疗参加人数6230人，圆满完成2016年的参合工作，参合率达100%。农村养老保险全乡任务超额完成。民政上，坚持专款专用、公开、公正、公平的原则，及时、足额将救灾款发放到灾民手中。对全乡弱势群体进行认真摸底，严格按照农村低保政策，重新申报、审核、审批低保对象及其待遇，做到应保尽保。认真抓五保户入住敬老院工作，着力解决五保户老有所养问题。农村土地确权上，结合各村人地变化实际，坚持一村一策，一事一议，做好公示，制定了严格的档案管理制度。2016年底第一轮公示已经完毕，正在解决突出问题，正在准备第二轮公示。精神文明建设上，积极搞好乡村两级的文明创建活动，并对全乡12个村实施了“四堆”清理工作，对生产生活垃圾坚持统一堆放、转运和填埋，做到日产日清，全乡脏、乱、差的现象明显改善，给全乡人民营造了一个良好的生产生活环境。

【防火防汛】 林业站进行《森林法》和《退耕还林条例》宣传，扎实开展森林防火巡逻检查监督，在护林防火重点区域设置护林防火瞭望点，由专职护林防火瞭望员值班。防火重点时期，在白天或晚上，定期不定期深入各林区协调、指导、检查督促林木管护和森林防火工作值班登记、林区巡逻记录、入山登记等，检查死角，及时消除隐患。采取设立防火宣传警示牌、张贴宣传标语、悬挂横幅、书写固定标语、每天广播森林防火知识等形式加大宣传教育力度。同时下发《安泽县人民政府封山禁火令》《良马乡护林防火明白纸》及护林防火宣传画等到每家每户。进一步增大护林防火宣传力度。汛期加大宣传，提高群众的认识。充分利用会议、标语、过街横幅等宣传形式，提高广大干部群众对防汛工作的认识，进一步增强防汛意识，消除麻痹意识。认真开展汛前检查。3月初，乡防汛抗旱两道小组专门组织了对辖区内的河道、漫水桥进行汛前安全检查，排查隐患30处，漫水桥堵塞10处，其他隐患6处，并对每个安全隐患都提出了整改意见，限定了整改时间，现在以全部整改到位，危房危窑34户，其中危房67间，危窑10孔，已全部搬迁。

【妇女工作】 以创建“巾帼文明示范岗”为载体，全面提升妇女岗位的服务能力。在教育、卫生、交通等窗口单位开展“巾帼岗位建新功”活动，现已成为以倡导职业文明为核心，以提高服务质量、创社会效益为目的群众性劳动竞赛；以创建“学习型家庭”为载体，提高妇女素质。积极倡导妇女终身学习理念，在全乡全面开展“学习型家庭”创建工作；以创建“文明家庭”为载体，倡导文明新风。全面开展“文明家庭创建”活动，实施挂牌摘牌制度。在每年的“三八”节前夕，乡妇联都会组织巾帼志愿者开展“绿色通道、养绿护绿”的绿色环境保护巾帼大行动；以创建“平安家庭”为依托，创建文明乡镇。实施平安家庭计划，积极评选出良马乡的平安家庭，依托平安家庭为全乡做表率，在全乡形成一种良好的文明氛围。

【团委工作】 坚持“党建带团建、团建抓创新”的工作思路，推进乡团委规范化建设。在今年换届过程中，乡团委共有7名团干；12个行政村均设立了团组织，选举了团支部书记；按照实体化大团委有关文件要求，结合良马乡实际，深入调查和研究，在原有的基础上又在各行业领域发展了20个团支部，共有团员青年105人。乡团委以促进青年就业创业为重点，今年良马乡农村创业青年45人提交申请，发放小额贷款资金360余万元。开展“学雷锋月”活动为主题，美化乡村环境。

【文化活动】 组织各村开展乐在周五文艺演出，全乡12个村分别在各村邀请县文体局到本村各演出1场次，由乡、村两级组织到县文体广场会演各村一场次。管理各村农家书屋，采取定期检查的方式，了解各村文化书屋的运行情况，确保群众精神食量管得好、用得好，乡文化站的建设，还有文化站的图书、KTV等对外开放的各个活动。进村入户播放电影，先后在各村播放影片300场次，覆盖25个行政村。

【农机建设】 调动农民购买农业机械的积极性，搞农民购买和经营农业机械的能力，促进农民增收。促进农机装备总量增加，结构优化，提高良马乡优势玉米产区及装备水平，增强农业综合生产能力。加大先进适用农机化技术推广应用力度，提高良马乡主要农作物和种植加工管理环节尤其是玉米收获、设施农业等机械化水平。玉米机收秸秆还田，良马村1200亩、小寨村1000亩、司马村800亩。共计3村，3000亩，确保安全生产以完成。农机补贴，大中型拖拉机共5台，补贴55900元。小型手扶车44台，补贴47900元。

【社会管理】 建立社会管理服务中心13个，其中乡镇中心1个，村级中心12个。乡、村两级服务中心为群众提供优质服务，积极处理群众诉求，成为政府和群众的连心桥。在网格化管理方面，结合人口数量，按照便于管理、便于服务、优化结构的思路，划分出19个网格，共设立19个网格长，网格内人口信息录入工作已完成，网格管理运行正常。针对当前农村工作实际，本着干部严管理、重服务、谋发展的要求，完善了《首问责任制》《领导带班值班制度》等16项工作制度，2016年全乡共接待来电来访群众282人次，包括政策咨询135人次，便民服务78人次，矛盾纠纷39人次，其他7次。其中乡服务中心接待群众56人次，政策咨询23人次，便民服务18人次，矛盾纠纷10人次，其他5人次，群众反映的诉求得到100%的答复。

【农业技术推广】 按照“农业抓绿色、绿色抓特色”的方针，大力发展绿色农业，依靠绿色玉米、绿色蔬菜等专业合作社，在县农委的具体指导和技术支持下，大力推广测土配方施肥，引进玉米优种2.4万亩，有机蔬菜种植3000余亩，小杂粮种植4000余亩，核桃栽植3300余亩，栽植玉露香150亩，连翘管护200余亩，生猪存栏1000余头，逐步形成了我乡特色农业产业新格局。在粮食生产上，县农委给良马乡以大力支持，通过实施机深耕和秸秆还田技术，以及测土配方施肥，引进玉米优种，播种面积31058.55亩，总产量6879468.825公斤，户均产粮3843.29，人均产粮1042.34公斤。

（张磊）

杜村乡

【概述】 杜村乡位于安泽县东南部，东与长治市的长子县交界，是临汾市连接晋东南地区及河南、河北的主要通道，辖12个行政村（魏家湾、郭庄、桑曲、陈家沟、小李村、杜村、河阳、文洲、东唐、苏村、窑上、良种场），42个村民小组，156个自然村，1943户，5915口人，31500亩耕地，12个党支部，345名党员，2016年，农村粮食产量稳定在1.55万吨，农民人均纯收入4632元。326省道横贯全乡，境内沟壑纵横，土质肥沃，生态环境好，森林覆盖率达65%。境内山川秀美，土地肥沃，广大群众民风淳朴，乡风文明，百姓安居乐业，人居环境得天独厚。一条无污染的河流兰河贯穿全乡70华里，全县最高的山峰——安泰山，海拔1592米，横跨在杜村和马必交界处。2016年，杜村乡干部职工总人数29人，其中行政编制20人，实有20人；事业编制9人，实有9人。

【党建工作】 2016年，杜村乡党委、政府高度重视，各村、各支部积极配合，紧紧围绕省、市、县组织工作的要求和部署，增强政治敏锐性、责任感，全乡党员干部紧紧围绕习近平同志系列重要讲话精神，十八大、十八届四中、五中、六中全会精神，以开展“两学一做”学习教育为契机，围绕中心工作，全乡组织工作进展良好。1.抓学习，强素质，提高党员政治理论水平。召开“两学一做”学习教育动员会，制定课程计划，发放学习资料。要求各党员干部结合自身工作实际，开展自学活动，逐字逐条学习《党章》《准则》和《条例》原文，深刻把握精神实质，准确领会立意内涵。同时，利用每周工作例会之机，由9名党政班子成员轮流带头领学，逐字逐句原文领读，并结合全乡实际展开讲解和专题讨论，带头交纳党费，撰写交流学习心得，引导全乡党员干部真学、真懂、真用。党政班子成员累计领学6次，开展专题讨论2次。各支部组织集体活动共28次。通过学习，增强了广大党员、干部的工作能力、政策水平和驾驭复杂局面的工作能力。2. 抓基础，注效果，狠抓基层组织建设工作。严格党员管理，纯洁党员队伍；加强党务、政务和村务公开工作；加强农村党员队伍建设；开展党建工作督查；党费收缴规范、足额；党建经费下拨及时、分配合理；各支部阵地修缮完成、设施配备完善。3. 抓具体，狠推动，扎实开展党委换届、人大政协换届、“两学一做”学习教育、党建七项重点任务等工作。4. 抓作风，严纪律，反腐倡廉工作取得新成效。组织领导到位；分工落实到位；部署落实到位；宣传教育到位。乡党委解放思想，开拓创新，团结一心，以干克难，推动了全乡经济社会持续健康发展。

【产业发展】 2016年紧紧围绕产业结构调整和农民致富增收两个中心，不断巩固发展畜禽养殖、传统种植、烟叶种植、优质核桃等传统产业，又新增了油料牡丹种植和中药材种植项目，在转型发展上有了新亮点、新突破。畜禽养殖方面，全乡蛋鸡养殖达到30万只，日产鸡蛋0.5万公斤；山羊、绵养存栏达到2.5万只，生猪存栏达到700头，肉牛300头。传统种植方面，稳定优质玉米种植面积3万亩，发展红谷子等小杂粮种植1000亩；烟叶种植方面，以郭庄、魏家湾、陈家沟、桑曲四村为主，面积达5000余亩，亩均收入达到5000元。优质核桃方面，重点抓好东唐村的核桃示范基地建设，提升园区标准，以挂果见效为目标，跟踪管护好2000余亩核桃。油料牡丹种植上，以苏村为试点，由支部书记率先垂范，试种150亩，试点成功后，进行推广。中药材种植方面，以陈家沟村为试点，已发展白术种植30亩，在全乡形成了科技带动、规模发展、一村一品的新格局。

【惠民工程】 协调有关县直部门，争取资金投入，完成十大民生实事。1. 新修文洲、河阳等村漫水桥5座；2. 完善文洲等村饮水安全配套工程；3. 修建河阳等村护堤坝3处；4. 继续完成河阳15户移民安居后续工程；5. 配合做好魏家湾至良马小寨连通路相关工作；6. 建设完成畜禽粪污治理点2处；7. 完成桑曲林下经济生态第三期工程建设；8. 配合做好杜村乡社保服务站工程建设；9. 抓好乡村通道绿化工程；10. 完成东唐“粮上绿”小米加工厂区建设。

【“311”工作】 完善了乡、村两级服务中心职能，简化流程、专业对接，做到带着职能入大厅实施各项便民服务。完善了网格化综合服务体系，优化“四账一簿”人口信息管理资料，要求各村安排好值班人员、完善好档案资料、了解好社情民意、记好民情日志。完善了网格精细化管理，已完成对杜村村网格长进行手机定位信息服务试点工作。

2016年底，全乡共受理解答群众诉求、实施便民服务67项，上传各类信息923条，乡村联动调处矛盾纠纷6起。

【综合治理工作】　健全信访工作责任制，完善矛盾纠纷排查调处机制，建立各村党员干部为民服务代理制，设立“村干部接待日”，实行专人值班，为农民群众提供各项便捷服务。建立打防结合、预防为主、群防群治的社会治安防控体系，尤其在全国两会召开期间，做到“小事不出村，大事不出乡”，确保了社会稳定。

【安全工作】　在“以人为本，安全第一”的指导思想下，组织开展好“安全生产月”活动，共组织小学观看交通安全宣传片1次，出动流动宣传车50余次，张贴、悬挂安全宣传标语60余条。森林防火上，完善修订了全乡森林防火应急组织机构和应急预案，成立了救火分队，添置了一批救火物资。严格落实24小时值班制度，做到了分管领导包片，乡工作人员包村并全部进驻到村，村村启动“十户联防”。签订责任书，在各村主要路口设立防火检查站，对进山人员严格登记检查，出动宣传车1辆，悬挂标语30条，固定标语24条，发放明白纸2000张。畜牧防疫上，出动排查车对全乡养殖场所进行安全大排查，分发动物疫病防疫明白纸200余份。在地质灾害排查和防汛期间，排查地质灾害隐患点13户，排查和清理河道16次，汛期发放危房危窑告知800余份，搬离危房住户12户，进行汛期联合演练1次。交通安全上，发放交通安全明白纸1800余份，签订目标责任书12份，加强危化品源头安全管理，杜绝车辆灌装煤层气上路。校园安全上，对全乡4所小学进行4次饭食留样抽查，进行地震应急演练1次，排查出地质灾害隐患1处。

【脱贫攻坚】　扶贫工作方面，精准建档立卡488户1257人，占全乡总人口的22.5%。完成47户127人移民搬迁，申请投资光伏发电项目6个。换届以来，乡党委政府高度重视扶贫工作，要求领导班子成员身先士卒，亲自走访包联村贫困户，制定切实可行的脱贫措施。为了检验各村扶贫工作质量，还组织了一次扶贫工作汇报会，由包村干部一一上台汇报本村扶贫工作进展情况，乡党委书记、乡镇长现场点评，提出问题和整改意见。民政工作方面，积极争取扩大农村低保覆盖面，做到应保尽保，新申请32户85人享受低保，新增五保户1户1人，帮扶困难群众50余人，拨付救灾款、物10多万元。

【旅游发展】　杜村乡红色资源熠熠生辉，是太岳革命老区，素有“太行山上小延安”之称。王光烈士墓、太岳行署、太岳军区司令部、太岳军区政治部等已被确定为省级爱国主义基地。安泽红色精神，薪火相传，在抗日战争和解放战争时期，先后有1300多名荀乡英雄儿女为革命献出了宝贵生命。安泽有红色遗存22处，其中，杜村乡境内就有9处，宛如“太行山上的小延安”。太岳行署、太岳军区司令部、太岳军区政治部、太岳兵工厂、太岳新华日报印刷厂都曾驻扎安泽；朱德、刘少奇、邓小平、陈赓、薄一波等老一辈革命家都曾在这里生活和战斗过。红色文化旅游资源丰富的杜村乡，深入挖掘红色旅游资源，以王光烈士墓、太岳行署旧址、太岳军区司令部旧址等红色旅游资源和省级爱国主义党性教育基地为依托，全力打造“太岳山上小延安”精品红色之旅，以追寻红色足迹、传承老区文化、感悟革命精神。2016年，红色教育基地两日游，在杜村乡已经发展成为常态化活动，几乎每周都有游客来接受红色教育。以太岳行署为核心的红色旅游项目涉及红色旅游提质完善工程、红色旅游爱国主义文化教育培训基地建设、红色文化宣传咨询服务、农家乐、户外拓展训练、采摘、垂钓以及安泰山生态休闲旅游等内容。

常规的旅游项目包括“十个一”活动，即穿一套八路军服、重走一段抗战路、倾听一个烈士事迹、重温一遍入党誓词、聆听一堂太岳党课、齐唱一曲革命老歌、观看一台抗战演出、体验一顿窝窝稀饭、开展一次户外拓展、进行一场党性洗礼。

2016年，太岳行署旧址所在的小李村已成立旅游公司，“十一”黄金周成功举办了以“太岳山上小延安”为主题的红色旅游节；常态化开展“十个一”活动；建立了省级爱国主义教育、省级青少年爱国主义教育基地、安泽县党性教育基地、安泽县党风廉政教育基地。项目总体建设投资了200多万元，全年共接待5000余人次，累计收入49万余元。今后以杜村乡小李村红色旅游为龙头，联结王光烈士墓等景点，带动周边开发建设一个大型的休闲田园度假村，科学配置人文资源，集红色体验、度假、生态旅游为一体，同时开发山珍野菜生产项目，这样不仅可以带动经济的发展，而且还可以带动相关产业的发展，安泽县小李村旅游开发公司将有广大的前景和巨大的发展潜力。　（孟祥轶）

马壁乡

【概述】　马壁乡位于安泽县南部，距县城45公里。东与沁水为邻，西与古县接壤，南与沁水、浮山相连，北与安泽县冀氏镇交界。南北宽30余公里，东西长80余公里，总面积356平方公里。辖马壁、郎寨、卫寨、东里、刘村、秦必、唐村、荆村、海东、下石、石槽、王河、辛庄13个行政村，59个自然村，共2993户，7694口人，劳动力3387人。15个党支部，449名党员，2016年，农村粮食产量稳定在2.24万吨，农民人均纯收入4200元，乡政府机关工作人员共有行政编制20名，全额事业编制9名。设3个行政综合办事机构：党政综合办公室、经济发展办公室、社会事务办公室。2016年，依托张峰水库龙门口的水域景观，举办了“龙门福地、美丽马壁为主题的”首届龙门口乡村旅游节。

【基层党建】　2016年聚焦党建第一责任，按照“围绕发展抓党建，抓好党建促发展”的工作思路，乡党委全面加强党的执政能力建设和先进性建设，深入推进党组织思想建设、队伍建设、作风建设、党风廉政建设，不断凝聚全乡党员干部合力，形成了抓党风促政风带民风的良好局面。

1. 主体责任全面压实。通过严格落实党委主体责任，突出党要管党、从严治党。明确职责分工，建立责任制台账，列出问题清单，形成谁主管、谁负责、一级抓一级、层层抓落实的责任体系；明确并严格落实“五个不直接分管”制度，形成重大事项发扬民主的议事体系；明确党政班子

“六权治本”职责清单139项，实行签字背书，逐项责任到人，形成职清责明的运行体系。2. 思想建设不断深化。以思想政治建设为切入点，扎实开展好“两学一做”学习教育，坚持完善学习制度，每周开展党政班子中心组学习一次、全体党员集中学习一次；坚持创新活动方式，通过采取党员领导干部带头讲党课、收看专题片、开展专题讨论、送学下乡、开展督查检查等方式，做到了全乡党员学习教育全覆盖。坚持问题导向、边学边查、边学边改、即知即改，促进全乡党员干部统一思想、振奋精神。3. 队伍建设。从严落实换届纪律，通过换届选举，配强配齐了乡党政班子队伍，打造了一支年轻化、能力强、敢创新的领导队伍。加强村“两委”班子教育管理，注重思想教育，通过组织培训、谈心谈话等，切实凝聚了干部思想，鼓舞了干部干劲。强化第一书记管理，采取明职责、列任务、表决心的做法，高涨了驻村干部干事创业的激情。4. 作风建设。充分发挥“311”便民服务优势，坚持实行领导轮岗带班、全员进大厅值班制度，进一步简化办事程序，提高办事效率，坚持深入基层、了解民意，倾听群众呼声，变上访为下访。一年来，全乡通过信息平台累计发送信息866条，来人接待43件53人次，矛盾纠纷6件12人次，便民服务35件39人次，政策咨询2件2人次，为民办实事6件，群众诉求解决率达100%。坚决杜绝群体访和越级上访事件的发生。5. 党风廉政建设。认真落实党委主体责任和纪委监督责任，坚持把党风廉政建设和反腐败工作纳入党委总体部署。通过组织学习党风廉政知识、集体研究党风廉政建设和反腐败工作，增强全乡党员干部的责任意识和廉洁从政意识。创新执纪方式，加大查处违纪案件力度，一年来，共受理各类举报线索14件，其中立案6起，党内警告处分4人，党内严重警告处分1人，留党察看1人，诫勉谈话3人，切实将党风廉政建设“两个责任”落到实处。

【经济社会事业】 马壁乡把优化产业结构作为全乡脱贫攻坚的重中之重，坚持因地制宜、创新发展，不断壮大传统产业，全乡产业发展有了新亮点，经济发展实现了新进步。

1. 传统原有产业提质增效。坚持“稳粮、增畜、强药”，坚决主打绿色牌、生态牌。全乡稳定发展粮食种植44511亩。巩固发展蔬菜种植400亩。壮大马壁村、荆村林果产业，全乡核桃栽植面积达3270亩。规模发展畜牧养殖业，全乡牛饲养量达到100余头，羊饲养量达到3万只，鸡饲养量达到1.8万只。启动连翘野生抚育规范化建设，全乡中药材栽植面积达1.2万亩。

2. 油用牡丹产业稳步发展。采取典型引领、示范带动、党员参与、干部带头，大力发展油用牡丹产业。建起了50亩的乡村主干产业引领示范基地和“两委员一代表”创业示范基地，全乡油用牡丹产业由一个村发展到13个村，面积达到547亩。

3. 光伏发电产业快速推进。坚持统一规划、统一设计、统一建设、统一管理、统一维护，投资675万元，建成8个村900千瓦的集中式光伏电站一处。投资77万元，完成海东整村推进光伏电站建设。通过干部带头、党员示范，为56户村民安装分布式光伏发电站，现已全部并网运行。

在实现村集体经济发展壮大的基础上，确保了160口贫困人口的脱贫增收。

4. 乡村旅游产业成功起步。借助全县建设精品旅游县的大好机遇，立足马壁乡独特的区位优势和资源条件，投资100余万元，成功举办以“龙门福地、美丽马壁”为主题的首届安泽龙门口乡村休闲旅游节，共接待游客82600余人次，为马壁乡发展壮大乡村旅游产业进行了有益尝试，积累了宝贵经验，提高了马壁的知名度，开创了全乡又一项新型产业。

【服务民生】 脱贫攻坚　按照县委县政府统一部署，不断加大扶贫攻坚的工作力度，采取产业发展、易地搬迁、社会兜底、健康体检等措施，邀请县中医院分三次对300余贫困人口进行健康体检，启动了荆村、卫寨两个贫困户集中安置点建设，完成了全乡374户876人的脱贫任务。先后接受了省政府脱贫攻坚领导小组的检查，省政府脱贫攻坚领导小组第三方评估组的评估验收和市巡查组对脱贫攻坚工作的专项巡察。“创卫”工作　积极实施了环境整治、基础设施建设等“四大工程”，突出宣传发动，采取以会代训、刷写悬挂标语、发放倡议书等形式，组织各村、乡直各单位积极开展各项整治行动。基本实现垃圾定时清扫、按时清运，群众的生活方式、健康理念明显提高。民生项目建设　加大基础设施建设力度，投资1523万元的石槽至沁水界公路改造工程、投资118万元的唐村街道硬化二期工程、投资110万元的东里村污水处理工程已全部完工，涉及8个村的护村坝、便民桥、饮水井、排水渠、村庄绿化、饮水工程已全部完工。深入开展医疗卫生、社会保障、文化事业等民生保障工程。扎实推进土地确权工作有序开展。安全生产　按照“党政同责、一岗双责、失职追责”和“管行业必须管安全、管业务必须管安全、管生产经营必须管安全”的要求，突出做好了重点行业、重点单位、重点时期的安全生产专项整治，不断加大安全排查、隐患整治的力度，探索建立了乡、村、企业三级联动的安全防范网络，一年来无安全责任事故发生，保障了全乡群众的生命财产安全。

（吕海瑞）

社区服务指导中心

【概述】 2016年，4个社区配全配强“两委”班子成员，共推选出“两委”班子成员22名，交叉任职的2名，大学生村干部有2名，妇女干部有14名，“两委”主干平均年龄比上届降低了10.1岁，大专及以上学历比上届增加了14人。

【社区工作职能】 1. 管理职能：在政府部门的指导下，在社区党组织的领导下，组织社区成员进行自治管理，搞好社区卫生、社会保障、文化、计生和治安等各项管理，完成社区成员代表大会及确定的管理目标。2. 服务职能：组织社区成员进行便民服务，动员和组织社区成员共驻共建，资源共享，办理社区公共事务和公益事业，组织志愿者队伍，办好社区服务业；协助政府落实城镇最低生活保障制度，介绍就业和开展优抚救济工作。3. 教育职能：组织引导社区成员开展法制教育、公德教育、青少年教育和“两劳”人员教育，开展职业培训，文化娱乐和体育活动。开展五好文明创评活动，形成具有本社区特色的文化氛围，增强社区成员的归属感和凝聚力。4. 监督职能：受社区成员代表大会成员指派，及时将监督意见向上级机关及部门反馈，对社区内的物业管理履行其工作职责的情况进行监督。5. 配合协助政府及其派出机构完成相关任务。

【提升基层党建】　社区党工委制定了《2016 年度党建工作计划》，党工委书记与各社区党支部书记签订《党建目标责任书》，进一步细化党建任务，夯实工作责任；全年共召开 6 次专题会议，集体研究党建工作；党工委领导班子成员到社区开展专项督导调研 40 次，确保各项工作落实到位；组织支部书记开展面对面述评 1 次，层层传导压力，抓好落实。以“两学一做”教育学习为契机，进一步完善党员教育新机制。开展在职党员“自学”，发放《党章》《习近平总书记系列重要讲话》等学习资料，印制了“两学一做”明白卡，制作了“两学一做”宣传栏，要求党员干部结合自身实际，开展自学；开展支部书记“领学”活动。每周各支部自行安排一天由支部书记带头领学，引导党员干部真学、真懂；开展专项“促学”活动。党工委督查组不定期对各支部开展跟踪督查，及时了解掌握各社区党支部学习情况，及时交流做法经验，提高了学习效果；开展党员“帮学”活动。各社区党支部组织社区党员干部开展“党员结对帮学”活动，通过上门入户以及利用微信、QQ 平台给年老体弱、流动党员发送学习资料，帮助他们开展学习。以“两个责任”落实为抓手，全力抓好党风廉政建设。1. 强化主责意识，落实主体责任。把加强党风廉政建设与社区工作同部署、同落实、同检查、同考核，层层推进、抓好落实。组织社区党员干部观看警示教育片，有效提升了党员干部拒腐防变、抵御风险的能力。2. 履行“一岗双责”，筑牢廉政防线。认真落实党风廉政建设责任制，督促班子成员严格履行“一岗双责”，切实担负起反腐倡廉建设的领导责任，筑牢党风廉政建设的基层防线。3. 弘扬廉政文化，营造良好氛围。通过开展内容丰富、形式新颖的廉政文化宣传活动，为社区党风廉政建设工作营造了良好的氛围。进一步强化了社区党员干部的廉政意识。4. 落实党务公开、政务公开、居务公开，在低保审核、廉租房补贴、公租房入住等方面严把“入口关”，从源头上预防腐败案件的发生。

【党员志愿服务】　社区党工委积极与驻区单位开展“共驻共建”活动，组建了 10 支志愿服务队，有 90 个驻区单位的 1932 名党员到社区报到，今年以来共召开联席会 15 次，组织开展环境卫生整治、政策法规宣传、治安义务巡逻、免费义诊等党员志愿者服务活动 21 次，参与党员 1400 余人次。

【群众文化活动】　为了满足居民文化生活需求，先后成立了月亮湾社区文化站和清华园社区文化站，组建了月亮湾社区梦翔歌会和清华园社区老年健身队，组织居民开展丰富多彩的文化活动。其中，清华园社区老年健身队编排的《四个老婆夸社区》节目入选省民政厅主办的 2016 年山西省首届社区网络春晚。社区中心党工委在 2016 年春节录制了 2016 年春节电视文艺晚会，受到了全县群众的好评。2016年，两支业余演出队伍共参加“乐在周五”等演出十余场，极大地丰富了居民的文化生活。

【服务群众】 利用社区党建服务中心，搭建服务平台，积极为群众办实事，做好事，解难事。全年共接待居民群众8917余人次，办理服务事项7560件。社区网格长利用网格长手机通过山西人口信息平台上报网格内信息1807条，登记居民意外伤害保险5773人；收缴居民养老保险604人32.28万元；审核发放老年人补贴172人6.27万元；配合统计局完成了人口抽样调查工作；现在正在进行全民参保入户调查；配合民政局进行地名普查工作。进一步完善了社区低保申报、复核工作，公平、公开、公正的为居民办理低保，实现了“阳光施保，应保尽保”。2016年，社区共审核低保385户，尽力让更多的贫困家庭感受到党和政府给予的温暖。另外，根据《社会救助暂行办法》要求，对27户因大病大灾申请临时救助的居民进行了入户调查，并根据家庭情况分别发放了500—1000元不等的救助金；全年共发放救助金2.38万元。

为加快解决城市低收入家庭住房困难，切实改善低收入家庭居住条件，严格按照规定要求，复核廉租房补贴333户，复核廉租房实物配租61户。